The special feature of this unique lexicon is the provision of abundant contexts from Scripture, the Dead Sea Scrolls, and ancient inscriptions. This feature as well as several others make this lexicon an excellent learning tool for Bible students.

EMANUEL TOV, J. L. Magnes professor of Bible emeritus
The Hebrew University of Jerusalem

In this valuable resource, Duke provides a new, original, and helpful tool for learning, developing, and enhancing the acquisition of biblical Hebrew and putting the language in its larger context. It should be used and appreciated by generations of Hebrew students.

WILLIAM SCHNIEDEWIND, professor of biblical studies
and Northwest Semitic languages
University of California, Los Angeles

Serious students exploring biblical languages are trained to be attentive to context. This book offers a unique and accessible aid for the study of Hebrew and Aramaic lexicography within context.

ADAM MIGLIO, professor of Old Testament and archaeology
Wheaton College

Finally! A dictionary that categorizes biblical Hebrew and Aramaic vocabulary as "real words," according to how they are used in the language, not as derivatives of root letters. Also ingenious is including sample sentences from more than just the Hebrew Bible and preserving the Paleo-Hebrew script for texts that utilized it. Students can now internalize vocabulary not just as part of a linguistic system but as language that communicates, while simultaneously being exposed to a greater breadth of the available Hebrew and Aramaic corpus up until the early Roman period. Brilliant!

BRIAN SCHULTZ, professor of biblical and theological studies
Fresno Pacific University

Robert Duke has written a superb dictionary geared for the intermediate student of biblical Hebrew and Aramaic. The project is well conceived, the layout is very user friendly, and the biblical data are enhanced by extrabiblical material from Iron Age inscriptions, the Dead Sea Scrolls, and the Elephantine papyri. The result is a most welcome addition to the array of pedagogical tools available to both the seasoned scholar and the college or seminary student still making his or her way through the intricacies of biblical Hebrew and Aramaic.

GARY A. RENDSBURG, distinguished professor of Jewish studies
Rutgers University

Any resource that serves to advance students in the biblical languages is to be welcomed by both instructors and students. The extrabiblical Hebrew citations in this volume will set this resource apart from other introductory and intermediate tools.

MILES V. VAN PELT, professor of Old Testament and biblical languages,
director of the Summer Institute for Biblical Languages
Reformed Theological Seminary

Biblical Hebrew and Aramaic Dictionary

Biblical Hebrew and Aramaic Dictionary

ROBERT R. DUKE

ZONDERVAN ACADEMIC

Biblical Hebrew and Aramaic Dictionary

Published in Grand Rapids, Michigan, by Zondervan. Zondervan is a registered trademark of The Zondervan Corporation, L.L.C., a wholly owned subsidiary of HarperCollins Christian Publishing, Inc.

Requests for information should be addressed to customercare@harpercollins.com.

Zondervan titles may be purchased in bulk for educational, business, fundraising, or sales promotional use. For information, please email SpecialMarkets@Zondervan.com.

Library of Congress Cataloging-in-Publication Data

Names: Duke, Robert R., author.
Title: Biblical Hebrew and Aramaic dictionary / Robert R. Duke.
Description: Grand Rapids : Zondervan Academic, 2024. | Includes bibliographical references and index.
Identifiers: LCCN 2024009810 | ISBN 9780310119517 (hardcover)
Subjects: LCSH: Hebrew language--Dictionaries--English. | Aramaic language--Dictionaries--English.
Classification: LCC PJ4833 .D85 2024 | DDC 221.3--dc23/eng/20240325
LC record available at https://lccn.loc.gov/2024009810

All translations are the author's own.

Cover direction: Tammy Johnson
Interior design: Kait Lamphere

Printed in the United States of America

24 25 26 27 28 LBC 5 4 3 2 1

הַט אָזְנְךָ וּשְׁמַע דִּבְרֵי חֲכָמִים
וְלִבְּךָ תָּשִׁית לְדַעְתִּי

מִשְׁלֵי כב, יז

In gratitude for my Hebrew and Aramaic teachers at JUC, HU, and UCLA.

Contents

Preface

I have taught Hebrew and Aramaic in various contexts and to students pursuing diverse career paths. Some of my former students include those preparing for ordination, others pursuing scholarly careers in Semitic languages, and still others fulfilling an undergraduate general education requirement. Almost all of these students began at the same place, by learning the Aleph-Bet. Very few of my students had any prior knowledge of Hebrew before beginning their first semester. They faced similar challenges and experienced the same joy when they read beloved passages of Scripture in the original language.

By the end of the first year, the students had a good understanding of the grammar and controlled a good amount of the most common Hebrew words. However, the pivot to the second year of Hebrew was usually a stiff climb. To put it humorously, during the first year the students learned the rules of Hebrew, but in the second year they learned that there were no rules. Obviously, this is hyperbole, but second-year students would regularly say "but I thought we learned. . . ." In response I often used the Hebrew phrase מַה לַעֲשׂוֹת ("what to do") as I showed them variants in spelling, morphology, and syntax.

This dictionary is attempting to bridge a gap for intermediate students who know basic Hebrew grammar and vocabulary but find standard lexicons, like *The New Brown-Driver-Briggs-Gesenius Hebrew and English Lexicon* (BDB) or *The Hebrew and Aramaic Lexicon of the Old Testament* (*HALOT*) too dense for easy access. While BDB and *HALOT* include helpful and essential reference data, the mid-level language student can feel overwhelmed and lose some of the initial passion they had for the Hebrew language. Thus, the goal has been to create a resource that simplifies without falsifying the data.

Since having the original concept and pouring over existing resources to complete this project, I have seen myself as a curator. Just like in museums, a curator needs to select the best way to present content to tell a story. My curatorial activity has focused on helping students see the diversity in the ways Hebrew and Aramaic words exist in the Bible. The final product provides a quick reference tool that continues to draw them down the path to mastery. As described in detail below in the Introduction, exposing students to the ways Hebrew words are evident and change over time was the goal.

A project like this has been possible because of the many professors and colleagues that have made learning Hebrew and Aramaic a joy. I have dedicated this volume to the many teachers at Jerusalem University College (JUC), Hebrew University (HU), and the University of California, Los Angeles (UCLA) who have shaped me. I wish I had kept a list of all the scholars and ulpan teachers who added more and more tools to my Semitic toolbox over the years. I would like to thank especially Gary Long, Randall Buth, Avi Hurvitz, Esti Eshel, and Yona Sabar. My utmost gratitude is reserved for Bill Schniedewind who called me in Jerusalem during the Spring of 2001 inviting me to come to UCLA. I have never second-guessed that decision and share gratitude with many fellow students (Russ, Jeremy, Bob, Roger, Grace, Peter, Josiah, and many others) who have been prepared for scholarly careers because of Bill.

I began teaching at Azusa Pacific University (APU) during the Fall of 2006 after completing my PhD the previous academic year. The various roles (professor, chair, dean) I have played at APU have made me love this institution that truly exhibits John Wesley's vision, for it is a place where head and heart knowledge work in harmony. To my students, thank you for teaching me to be a better teacher. To my colleagues in the School of Theology, and especially the Biblical and Religious Studies Department, you have always inspired me with your passion for scholarship that was only surpassed by your love and care for students. To the staff with whom I have been blessed to work, you make us all better. To my fellow administrators, we have faced challenges that made me grateful for your wisdom and dedication to APU. At APU, I want to especially thank Dr. Robert (Bob) Mullins. Your patience with a young graduate student in Jerusalem in 1997 who pestered you with questions and your partnership on projects, especially our trips to Israel, have blessed me in immeasurable ways (תּוֹדָה רַבָּה, מוֹרֶה וְחָבֵר!).

One final colleague, Nancy Erickson, deserves a special thank you. I cannot thank her enough for introducing me to the Zondervan family. I am so grateful for her editorial guidance throughout the entire process from concept to completion. Her knowledge of the languages and eye for how best to present greatly improved the final product.

This project began during the initial months of the COVID-19 lockdown in the Spring of 2020. As I saw the tragedies unfolding around the world, connecting with the writers of Scripture and the ways they used words brought unexpected hope that what we were facing had been faced before and humanity found a way to move forward. So much of the initial work on this project happened while my whole family was logging on to meetings and classes at our home. My love and thanks for the patience and space given to me by my children (Zachary, Jeffrey, Mariah, and Jaicee) to complete this project have been noticed. It brought joy to my heart when I was asked "How many words did you do today, Daddy?" May each of you find projects to enjoy and pour yourself into as I have with this dictionary. Finally, for Jenny, even an exhaustive dictionary could never contain enough words to express my gratitude. When we met in Jerusalem in 1997, who could ever have guessed the adventures and blessings that life would provide.

Abbreviations and Symbols

adj	adjective
adv.	adverb
coll.	collective
conj	conjunction
def.	definite
def art.	definite article
dem	demonstrative
dir obj.	direct object marker
exclam	exclamatory
f	feminine
gent	gentilic
hiph	*hiphil* stem
hitp	*hithpael* stem
hoph	*hophal* stem
inf	infinitive
interj	interjection
interrog	interrogative
k	*ketiv*
lit.	literally
m.	masculine
metaph	metaphor
nc	noun common
nf	noun feminine
niph	*niphal* stem
nm.	noun masculine
np	noun proper
part	particle
pass	passive
peal	*peal* stem (Aramaic)
piel	*piel* stem
pl.	plural
prep	preposition
pron	pronoun
ptc	participle
q	*qere*
qal	*qal* stem
rel	relative
v	verb
?	item in question
[–]	word not found in the Hebrew Bible in exact form
*	word not found in dictionary

Paleo-Hebrew Alphabet

𐤀	א
𐤁	ב
𐤂	ג
𐤃	ד
𐤄	ה
𐤅	ו
𐤆	ז
𐤇	ח
𐤈	ט
𐤉	י
𐤊	כ
𐤋	ל
𐤌	מ
𐤍	נ
𐤎	ס
𐤏	ע
𐤐	פ
𐤑	צ
𐤒	ק
𐤓	ר
𐤔	ש
𐤕	ת

Hebrew Book Names and Order in the Hebrew Bible

בְּרֵאשִׁית . . . . . . Genesis
שְׁמוֹת . . . . Exodus
וַיִּקְרָא . . . . Leviticus
בְּמִדְבַּר . . . . Numbers
דְּבָרִים . . . . Deuteronomy
יְהוֹשֻׁעַ . . . . Joshua
שׁוֹפְטִים . . . . Judges
שְׁמוּאֵל א . . . . . . 1 Samuel
שְׁמוּאֵל ב . . . . . . 2 Samuel
מְלָכִים א . . . . . . 1 Kings
מְלָכִים ב . . . . . . 2 Kings
יְשַׁעְיָהוּ . . . . Isaiah
יִרְמְיָהוּ . . . . Jeremiah
יְחֶזְקֵאל . . . . Ezekiel
הוֹשֵׁעַ . . . . Hosea
יוֹאֵל . . . . Joel
עָמוֹס . . . . Amos
עֹבַדְיָה . . . . Obadiah
יוֹנָה . . . . Jonah
מִיכָה . . . . Micah
נַחוּם . . . . Nahum
חֲבַקּוּק . . . . Habakkuk
צְפַנְיָה . . . . Zephaniah
חַגַּי . . . . Haggai
זְכַרְיָה . . . . Zechariah
מַלְאָכִי . . . . Malachi
תְּהִלִּים . . . . Psalms
מִשְׁלֵי . . . . Proverbs
אִיּוֹב . . . . Job
שִׁיר הַשִּׁירִים . . . . Song of Songs
רוּת . . . . Ruth
אֵיכָה . . . . Lamentations
קֹהֶלֶת . . . . Ecclesiastes
אֶסְתֵּר . . . . Esther
דָּנִיֵּאל . . . . Daniel
עֶזְרָא . . . . Ezra
נְחֶמְיָה . . . . Nehemiah
דִּבְרֵי הַיָּמִים א . . 1 Chronicles
דִּבְרֵי הַיָּמִים ב . . 2 Chronicles

Bibliography

Works Consulted

אֶבֶן־שׁוֹשָׁן, אַ. מִלּוֹן אֶבֶן־שׁוֹשָׁן בְּשִׁשָּׁה כְּרָכִים. יִשְׂרָאֵל: הַמִּלּוֹן הֶחָדָשׁ, 2010.

Accordance Bible Software with the *GRAMCORD Hebrew MT* (Groves-Wheeler Westminster Hebrew Morphology) database. Distributed by Oaktree Software, Inc, www.oaksoft.com.

Avigad, Nahman. *Corpus of West Semitic Stamp Seals*. Rev. and completed by Benjamin Sass. Jerusalem: The Israel Academy of Sciences and Humanities, The Israel Exploration Society, and The Institute of Archaeology, The Hebrew University of Jerusalem, 1997.

Brown, Francis, S. R. Driver, and Charles A. Briggs. *The New Brown-Driver-Briggs-Gesenius Hebrew and English Lexicon*. Peabody, MA: Hendrickson, 1979.

Even-Shoshan, Abraham, ed. *A New Concordance of the Bible: Thesaurus of the Language of the Bible Hebrew and Aramaic Roots, Words, Proper Names, Phrases, and Synonyms.* Grand Rapids: Baker Books, 1993.

Gogel, Sandra Landis. *A Grammar of Epigraphic Hebrew*. Atlanta: Scholars Press, 1998.

Koehler, Ludwig, Walter Baumgartner, and Johann J. Stamm. *The Hebrew and Aramaic Lexicon of the Old Testament*. Study Edition. 2 vols. Translated and edited by Mervyn E. J. Richardson. Leiden: Brill, 2001.

Mitchel, Larry A. *A Student's Vocabulary for Biblical Hebrew and Aramaic*. Grand Rapids: Zondervan, 2017.

Van Pelt, Miles V., and Gary D. Pratico. *The Vocabulary Guide to Biblical Hebrew and Aramaic*. 2nd ed. Grand Rapids: Zondervan, 2019.

Other Works

Anderson, Francis I., and A. Dean Forbes. *The Vocabulary of the Old Testament*. Rome: Pontifical Biblical Institute, 1992.

______. *Spelling in the Hebrew Bible*. Rome: Pontifical Biblical Institute, 1986.

Armstrong, Terry A., Douglas L. Busby, and Cyril F. Carr. *A Reader's Hebrew-English Lexicon of the Old Testament*. Grand Rapids: Zondervan, 1989.

Holladay, William Lee. *A Concise Hebrew and Aramaic Lexicon of the Old Testament.* Grand Rapids: Eerdmans, 1988.

Landes, George M. *Building Your Hebrew Vocabulary: Learning Words by Frequency and Cognate*. Atlanta: SBL Press, 2001.

Lauden, Edna, Liora Weinbach, and Miriam Shani. *Multi Dictionary: Bilingual Learners Dictionary: Hebrew-Hebrew-English English-Hebrew*. Tel Aviv: AD Publications, 2006.

Payne, J. Barton. *Hebrew Vocabularies Based on Harper's Hebrew Vocabularies*. Grand Rapids: Baker Books, 1956.

Pleins, J. David with Jonathan Homrighausen. *Biblical Hebrew Vocabulary by Conceptual Categories: A Student's Guide to Nouns in the Old Testament*. Grand Rapids: Zondervan, 2017.

Sailhamer, John H. *Introduction to A New Concordance of the Old Testament*. Grand Rapids: Baker Books, 1993.

VanGemeren, Willem A., ed. *New International Dictionary of Old Testament Theology and Exegesis*. 5 vols. Grand Rapids: Zondervan, 1997.

Van Pelt, Miles V., and Gary D. Pratico. *Biblical Hebrew Vocabulary in Context: Building Competency with Words Occurring 50 Times or More*. Grand Rapids: Zondervan, 2019.

Watts, John D. W. *List of Words Occurring Frequently in the Hebrew Bible*. 2nd ed.. Eugene, OR: Wipf & Stock, 2008.

Introduction

Background

For all who have taught Hebrew and/or Aramaic, there are moments when you honestly have to agree with the students about the complexity and (at times) seemingly incomprehensible tools that have been published in the past. Like learning any new skill, scaling the acquisitional levels is not always easy to do. For our subject, there is a plethora of resources for beginners and many tools for experts that have been refined many times over the years (think of a work like BDB, that should actually include Gesenius and Robinson to tell the full story of its completion).

For this work, creating a tool that would be easy to use, attractive in appearance, and inclusive of items that expose students to material in Paleo-Hebrew and in unpointed texts was desired. What was accomplished by the scholarly greats of the past with the technological tools they had is utterly amazing. We all have received a gift in a work like BDB that has been in print for over a century. Today, though, we have many more technological tools that help overcome the barriers faced in the past with handling a right-to-left language that used different scripts over the centuries. This tool, then, is updated less in areas of content and more in areas of presentation to help students continue to enjoy learning Hebrew and encourage them to cross the bridge that leads toward more expert tools.

Guiding Principles

A work like this requires many decisions to be made before beginning in order to establish the scope and depth of the work. The guiding principles that were used in the selection of the entries are the following:

- Provide all Hebrew words that occur ten or more times; provide all Aramaic verbs and all non-verbs that occur five or more times.
- List verbs not by the root but by the first letter of the perfect third masculine singular (3ms) form.
- Present a user-friendly layout for ease in finding the actual form found in the biblical text.
- Include material in Paleo-Hebrew and later unpointed texts from the Dead Sea Scrolls (some are quotes from the Bible preserved in Dead Sea material).
- Include comprehensive indices in order to help find words that are more readily known by the root.

How Words and Examples Were Chosen

Each word that occurs in this dictionary was chosen based on the number of times that it appears in the biblical text (see above). Unlike a lexicon, which provides words by roots, this dictionary presents words as discrete from the root from which they come. A comprehensive lexicon like *HALOT* or BDB presents every word in Scripture regardless of the number of times present; however, any non-exhaustive lexicon usually provides words that appear a few times based on the fact that the root is used very often. This is true also of word lists. A certain root may be used many times; however, a specific stem (בִּנְיָן) might only be evident one or two times in the entire Hebrew Bible. The students using notecards or other vocabulary learning systems end up commiting to memory (or not) items that are almost never encountered.

The process for selecting the individual entries started with Even-Shoshan's exhaustive concordance. A review of every entry provided the list of words that was cross-checked with other word lists found in the bibliography. These words were then listed alphabetically, with Hebrew stems being listed according to the 3ms perfect form. Thus, there are many more entries under the letters ה and נ because all of the *hiphil*, *hithpael*, and *niphal* forms are presented under those letters.

For both the biblical and extrabiblical examples, the goal was to choose examples that included words found elsewhere in the dictionary. When this was not possible, an asterisk is used to identify that the word is a uncommon word in the Bible. The examples in Paleo-Hebrew come from the inscriptions and seals available in the following three works: the Accordance Hebrew and Northwest Semitic modules, Avigad (*Corpus of West Semitic Stamp Seals*), and Gogel (*A Grammar of Epigraphic Hebrew*). The examples are drawn from various media, including cave inscriptions and seals. The latter are very common due to the preservation of the clay seals, even when the documents they sealed were destroyed in battles and fires.

The Dead Sea Scrolls examples were provided using the Qumran Non-Biblical Manuscripts module in Accordance. The references for the Dead Sea Scrolls either use the common name given to the document by scholars or use the system created by the first generation of scholars to identify the location (1Q means cave 1 at Qumran) followed by the document number, fragment number(s), column, and line numbers. For example, the word אבד below presents 4Q171 f1_2ii:1. This means the document was found in cave 4 at Qumran, is the 171st document labeled, includes two fragments connected, and the example is on line one of the second column. The more one becomes familiar with material from Qumran, the labels given will become more comfortable.

For reconstructions, brackets indicate completely reconstructed text, and the dots and circlets above letters identify material that has some level of reconstruction based on evidence visible. A dot means high confidence, and a circlet means a lower degree of certainty. To illustrate, the following is a Dead Sea Scrolls example under the entry בָּרָק which includes fully reconstructed, low confidence (ex. *waw*) and high confidence (ex. *ḥet*) content.

On] high [he made w]inds and lightning. *4Q392 f1:9*	ב]מרום [עשה ר]ו̊ח̇ות וברקים

Scholars disagree on the use of circlets and dots, so these examples are to help the reader gain confidence in reading unpointed texts, not as a replacement for the *editio princeps* of the given texts. For Aramaic examples, all the words are either in biblical Aramaic or have a close cognate in Hebrew that is found in the dictionary (ex. חֶרֶב—"sword"; see אֱזַל below for an example of an Aramaic entry using the common Hebrew word for "sword").

Presentation of Entries

To begin, the Hebrew and Aramaic entries are differentiated by gray text of the Aramaic entries. Unlike most works that include biblical Hebrew and Aramaic, this dictionary does not separate the two languages into distinct sections. This helps the student see the similarities and differences when cognate Hebrew and Aramaic entries are next to each other.

The entries are presented differently depending on the part of speech. The uniqueness of how the different parts of speech affect the way the words are actually found in the Bible explains this need. Hebrew is a very economical language that combines different parts of speech in ways that at times take two, three, or even more English words to translate. There are infinitives, for example, that are attached to a conjunction, a temporal preposition, and a subjective suffix—four different grammatical items in as few as five letters (ex. וּבְבֹאוֹ, "and when he came")!

Another issue encountered was the challenge of which form of the base word to provide. For example, the word translated "all" shows up in forms with and without *waw* (plene or defective, כֹּל\כּוֹל). In general, the way in which a word is most evinced was the preferred form. This diverged at times from Even-Shoshan, who tended to default to the plene spelling in his presentation, probably being influenced by the preference in modern Hebrew for the fuller spelling. When a word occurs with variant spellings, its alphabetical placement is determined by its most common variant, with the other variant form(s) listed immediately following. Also, the base word is not always found in the biblical text, which is indicated with the word being presented in brackets. This all will become clear the more the dictionary is used.

In general, every entry includes in the top line the word, the number of times the word is found, the root, an English gloss, and in parentheses, the grammatical category. Instances where there is not scholarly consensus on the root or the root is unknown are indicated with dashes. The subsequent line provides an example of the word being used in an actual context with a corresponding English translation, usually in a form that makes it easy to understand how the translation reflects the grammar in the original. The biblical reference is given in both its form in the *Tanakh* and in English versions. The next section for each entry includes the unique forms presented in different ways based on the part of speech, discussed more below. Proper nouns and certain particles do not provide any additional forms due to the nature of these items. Finally, examples of the word in extrabiblical texts, whether early in Paleo-Hebrew (i.e., seals and inscriptions) or later Dead Sea Scrolls, are provided. There are a few instances in the dictionary where idioms, phrases, or other noteworthy features are added at the end of an entry in order to help students learn commonly occurring items.

The script used for all the Paleo-Hebrew examples was provided and used with permission by Kris Udd (https://www.bibleplaces.com/paleo_hebrew_fonts/). Udd has provided scripts unique to specific texts, but for this dictionary one font has been consistently used to help students gain confidence in their reading ability.

Below, the different grammatical entries (verbs, nouns, proper nouns, adjectives, and prepositions) are described with one example from the dictionary provided.

Verbs

The verbs provided the greatest challenge to present in a way that valued the principle of "ease of use." Hebrew authors stacked multiple grammatical items together in what appears to be one word on the page. This is most evident among verbs. For verbs, the order of material provided under each verbal entry follows the example below.

1. infinitive construct (infinitive absolute) | suffixed forms
2. perfects | suffixed forms
3. imperfects | suffixed forms
4. participles (construct form) | suffixed forms | passive participles | suffixed forms
5. imperatives | suffixed forms

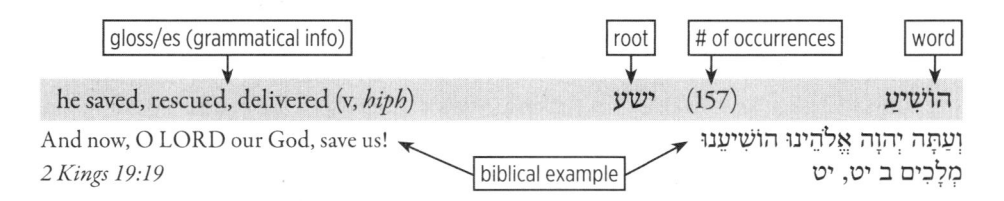

gloss/es (grammatical info) — root — # of occurrences — word

הוֹשִׁיעַ (157) **ישע** he saved, rescued, delivered (v, *hiph*)

biblical example:

וְעַתָּה יְהוָה אֱלֹהֵינוּ הוֹשִׁיעֵנוּ
מְלָכִים ב יט, יט

And now, O LORD our God, save us!
2 Kings 19:19

1. הוֹשִׁיעַ (הוֹשֵׁעַ\הֹשֵׁעַ) | הוֹשִׁיעֵנִי, הוֹשִׁיעֲךָ\הוֹשִׁיעֶךָ, הוֹשִׁיעָהּ
2. הוֹשַׁעְתִּי, הוֹשַׁעְתָּ, הוֹשִׁיעַ\הוֹשִׁעַ, הוֹשִׁיעָה, הוֹשַׁעְתֶּם | הוֹשַׁעְתִּיךָ, הוֹשַׁעְתִּים, הוֹשַׁעְתָּנוּ, הוֹשִׁיעוֹ, הוֹשִׁיעָם
3. אוֹשִׁיעַ\אוֹשִׁיעָה, תּוֹשִׁיעַ, יוֹשִׁיעַ\יוֹשִׁעַ\יְהוֹשִׁיעַ\יוֹשַׁע\יֹשַׁע, תּוֹשַׁע\תּוֹשַׁע, תּוֹשִׁיעוּן, יוֹשִׁיעוּ | אוֹשִׁיעֵךְ, אוֹשִׁיעֵם, תֹּשִׁעֵנִי, תּוֹשִׁיעֵנוּ, יוֹשִׁיעֵנִי, יוֹשִׁיעֲךָ, יוֹשִׁעֵךְ, יוֹשִׁיעֶנּוּ\יוֹשִׁיעֵנוּ\יֹשִׁעֵנוּ, יֹשַׁעֲכֶם, יוֹשִׁיעֵם, יוֹשִׁעָן, תּוֹשִׁיעֵנִי, יוֹשִׁיעוּךָ, יוֹשִׁיעוּם
4. מוֹשִׁיעַ | מוֹשִׁיעֲךָ
5. הוֹשַׁע\הוֹשִׁיעָה\הוֹשְׁעָה | הוֹשִׁיעֵנִי\הוֹשִׁעֵנִי, הוֹשִׁיעֵנוּ

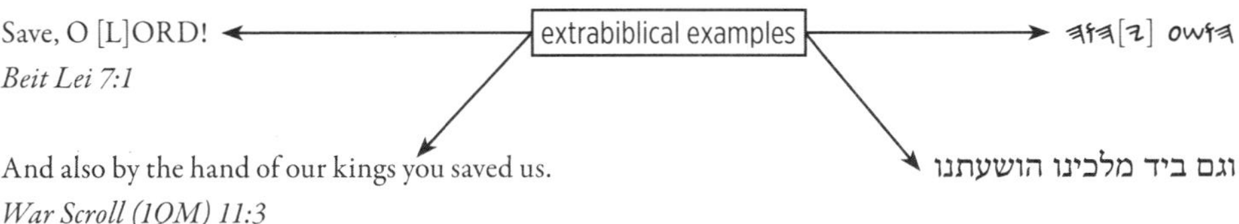

Nouns

1. plural (including dual forms)
2. construct singular: suffixed forms
3. construct plural: suffixed forms

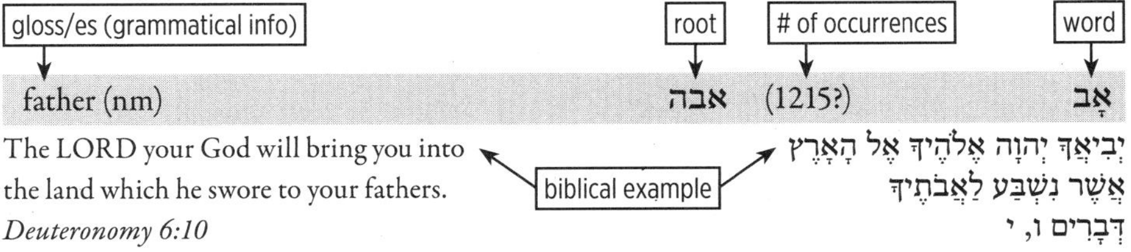

1. אָבוֹת\אָבֹת
2. אֲבִי־\אַב־: אָבִי, אָבִיךָ, אָבִיךְ, אָבִיו\אָבִיהוּ, אָבִיהָ, אָבִינוּ, אֲבִיכֶם, אֲבִיכֶן, אֲבִיהֶם, אֲבִיהֶן
3. אֲבוֹת־: אֲבוֹתַי\אֲבֹתַי\אֲבוֹתָי\אֲבֹתָי, אֲבוֹתֶיךָ\אֲבֹתֶיךָ, אֲבוֹתָיו\אֲבֹתָיו, אֲבוֹתֵינוּ\אֲבֹתֵינוּ, אֲבוֹתֵיכֶם\אֲבֹתֵיכֶם\אֲבוֹתֶכֶם, אֲבוֹתָם\אֲבֹתָם\אֲבוֹתֵיהֶם\אֲבֹתֵיהֶם

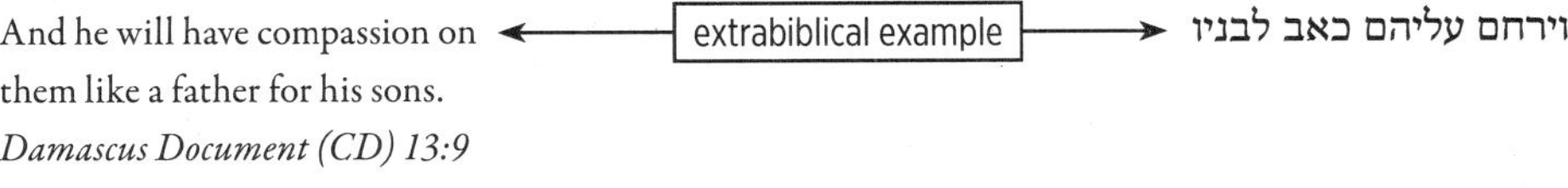

And he will have compassion on them like a father for his sons.
Damascus Document (CD) 13:9
extrabiblical example
וירחם עליהם כאב לבניו

Proper Nouns

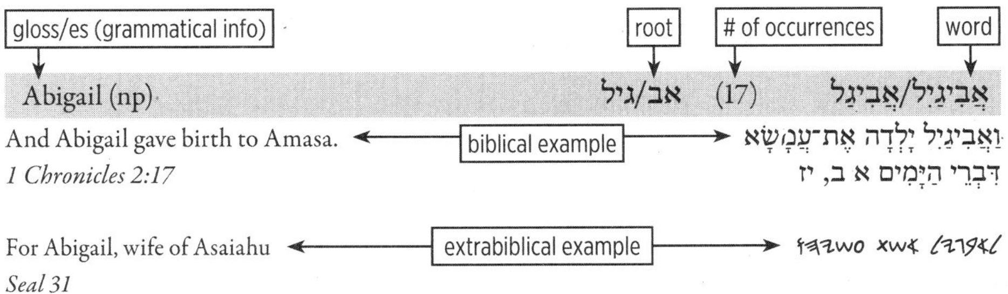

Adjectives

1. ms | fs | mp | fp
2. suffixed forms

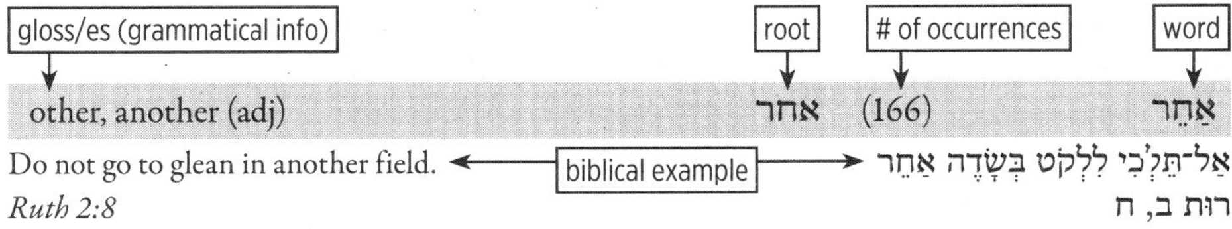

1. אַחֵר | אַחֶרֶת | אֲחֵרִים | אֲחֵרוֹת
2. ---

Prepositions

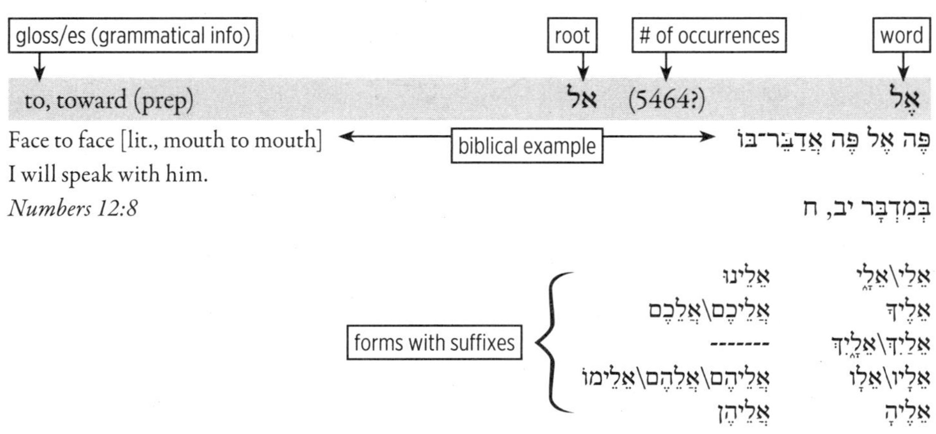

How to Use This Dictionary

Different students will chart their own course for how best to use this dictionary; however, a few general directions will help. First, this dictionary can be used right alongside the reading of the biblical text and consulted when words are not known. While this dictionary is not exhaustive, the majority of biblical texts can be understood with the words available in this work.

A second use for students and professors is to use the Hebrew or Aramaic examples to test themselves. For example, a professor could assign a certain number of pages from which the Hebrew or Aramaic examples given will be used for an evaluation quiz or exam.

Finally, this work can be consulted on a regular basis to refresh one's Hebrew vocabulary and familiarity with the Paleo-Hebrew and unpointed texts. Setting a goal of reviewing one letter each day for a month will be a good way to remind oneself of words that have been forgotten. The ability to translate Paleo-Hebrew and Dead Sea Scrolls texts will ultimately lead students to delve into these fascinating, nonbiblical corpora with confidence in their ability to read and understand the world of the Bible more fully.

Alphabetical Dictionary Entries

א / ࡀ

אָב	(1215?) אבה	father (nm)

יְבִיאֲךָ יְהוָה אֱלֹהֶיךָ אֶל הָאָרֶץ אֲשֶׁר נִשְׁבַּע לַאֲבֹתֶיךָ
דְּבָרִים ו, י

The LORD your God will bring you into the land which he swore to your fathers.
Deuteronomy 6:10

אָבוֹת\אָבֹת
אֲבִי־\אַב־: אָבִי, אָבִיךָ, אָבִיךְ, אָבִיו\אָבִיהוּ, אָבִיהָ, אָבִינוּ, אֲבִיכֶם, אֲבִיכֶן, אֲבִיהֶם, אֲבִיהֶן
אֲבוֹת־: אֲבוֹתַי\אֲבֹתַי\אֲבוֹתַי\אֲבֹתַי, אֲבוֹתֶיךָ\אֲבֹתֶיךָ, אֲבוֹתָיו\אֲבֹתָיו, אֲבוֹתֵינוּ\אֲבֹתֵינוּ, אֲבוֹתֵיכֶם\
אֲבֹתֵיכֶם\אֲבוֹתֵכֶם, אֲבוֹתָם\אֲבֹתָם\אֲבוֹתֵיהֶם\אֲבֹתֵיהֶם

וירחם עליהם כאב לבניו

And he will have compassion on them like a father for his sons.
Damascus Document (CD) 13:9

[אַב]	(9) אבה	father (nm)

הַנְפֵּק נְבוּכַדְנֶצַּר אֲבוּהִי מִן הֵיכְלָא דִּי בִירוּשְׁלֶם
דָּנִיֵּאל ה, ב

Nebuchadnezzar, his father, removed [vessels] from the temple which is in Jerusalem.
Daniel 5:2

---: אֲבִי, אֲבוּךְ, אֲבוּהִי
---: אֲבָהָתִי, אֲבָהָתָךְ, אֲבָהָתַנָא

אָבַד	(117) אבד	he perished, was lost (v, *qal*)

אָבְדוּ גוֹיִם מֵאַרְצוֹ
תְּהִלִּים י, טז

Nations perished from his land.
Psalm 10:16

אֲבַדְךָ | (אָבֹד) אֲבֹד
אָבַדְתִּי, אָבַדְתָּ, אָבַדְתְּ, אָבַד, אָבְדָה, אָבַדְנוּ, אֲבַדְתֶּם, אָבְדוּ
יֹאבַד\יֹאבֵד, תֹּאבַד\תֹּאבֵד, נֹאבֵד\נֹאבְדָה, תֹּאבְדוּ\תֹּאבֵדוּ\תֹּאבֵדוּן, יֹאבְדוּ\יֹאבֵדוּ\וַיֹּאבְדוּ, וַתֹּאבַדְנָה
אוֹבֵד\אֹבֵד, אֹבֶדֶת, אֹבְדִים, אֹבְדוֹת

יובדו בחרב וברעב ובדבר

They will perish by the sword, famine, and pestilence.
4Q171 f1_2ii:1

אִבֵּד	(41) אבד	he destroyed (v, *piel*)

אִבַּדְתִּי אֶת עַמִּי
יִרְמְיָהוּ טו, ז

I destroyed my people.
Jeremiah 15:7

אַבֵּד: אַבְּדֵנִי
אִבַּדְתִּי, אִבַּדְתָּ, אִבַּד, אִבַּדְתֶּם
תְּאַבֵּד, יְאַבֵּד, תְּאַבֵּד, תְּאַבְּדוּ\תְּאַבְּדוּן | אַבֵּדְךָ, יְאַבְּדֵם
מְאַבְּדִים

They will destroy many with the sword. — יאבדו רבים בחרב
Habakkuk Pesher (1QpHab) 6:10

he was willing, consented (v, *qal*)	אבה	(54)	**אָבָה**

But the men were not willing to listen to him. — וְלֹא אָבוּ הָאֲנָשִׁים לִשְׁמֹעַ לוֹ
Judges 19:25 — שׁוֹפְטִים יט, כה

אָבִיתִי, אָבָה, אֲבִיתֶם, אָבוּ\אָבוּא
תֹּאבֶה\תֹּבֶא, יֹאבֶה, תֹּאבֶה, תֹּאבוּ, יֹאבוּ
אֹבִים

Abigail (np)	אב\גיל	(17)	**אֲבִיגַיִל\אֲבִיגַל**

And Abigail gave birth to Amasa. — וַאֲבִיגַיִל יָלְדָה אֶת עֲמָשָׂא
1 Chronicles 2:17 — דִּבְרֵי הַיָּמִים א ב, יז

For Abigail, wife of Asaiahu — לאביגל אשת עשיהו
Seal 31

Abijah	אב\היה	(25)	**אֲבִיָּה\אֲבִיָּהוּ**

And she bore to him Abijah. — וַתֵּלֶד לוֹ אֶת אֲבִיָּה
2 Chronicles 11:20 — דִּבְרֵי הַיָּמִים ב יא, כ

Abihu (np)	אב\הוא	(12)	**אֲבִיהוּא**

And Nadab and Abihu died before their father. — וַיָּמָת נָדָב וַאֲבִיהוּא לִפְנֵי אֲבִיהֶם
1 Chronicles 24:2 — דִּבְרֵי הַיָּמִים א כד, ב

And you remember the judgment [of Nadab and Ab]ihu, the sons of Aaron. — ואתמה זכורו משפט [נדב ואב]יהוא בני אהרון
War Scroll (1QM) 17:2

poor, needy (nm)	אבה	(61)	**אֶבְיוֹן**

There will not be among you poor. — לֹא יִהְיֶה בְּךָ אֶבְיוֹן
Deuteronomy 15:4 — דְּבָרִים טו, ד

אֶבְיוֹנִים\אֶבְיֹנִים
---: אֶבְיֹנְךָ

אֶבְיוֹנֵי־\אֶבְיֹנֵי־: אֶבְיוֹנֶיהָ

יחזיקו ביד עני ואביון ולזקן אשר [יכר]עֹ

They will grasp the hand of the poor and needy and to the elder who will be [slump]ed over.
Damascus Document (CD) 14:14–15

אֲבִימֶ֫לֶךְ (67) אב\מלך Abimelech (np)

וַאֲבִימֶלֶךְ הָלַךְ אֵלָיו
בְּרֵאשִׁית כו, כו

And Abimelech went to him.
Genesis 26:26

אֲבִינָדָב (13) אב\נדב Abinadab (np)

וַיִּקְרָא יִשַׁי אֶל אֲבִינָדָב
שְׁמוּאֵל א טז, ח

And Jesse called to Abinadab.
1 Samuel 16:8

אַבִּיר\אָבִיר (23) אבר strong, powerful, mighty, chief (adj)

לֶחֶם אַבִּירִים אָכַל אִישׁ
תְּהִילִּים עח, כה

Man ate the bread of mighty ones.
Psalm 78:25

אַבִּיר (אַבִּיר־\אֲבִיר) | --- | אַבִּירִים (אַבִּירֵי־) | ---
אַבִּירַי, אַבִּירֶיךָ, אַבִּירָיו

אֲבִירָם (11) אב\רום Abiram (np)

וַיֵּלֶךְ אֶל דָּתָן וַאֲבִירָם
בְּמִדְבַּר טז, כה

And he went to Dathan and Abiram.
Numbers 16:25

אֲבִישַׁי\אַבְשַׁי (25) אב\ישי Abishai (np)

וַיֹּאמֶר אֲבִישַׁי אֲנִי אֵרֵד
שְׁמוּאֵל א כו, ו

And Abishai said, "I will descend."
1 Samuel 26:6

אֶבְיָתָר (30) אב\יתר Abiathar (np)

וַיָּשֶׁב צָדוֹק וְאֶבְיָתָר אֶת אֲרוֹן הָאֱלֹהִים
שְׁמוּאֵל ב טו, כט

And Zadok and Abiathar returned the ark of God.
2 Samuel 15:29

אָבַל (81) אבל he mourned, lamented, withered (v, *qal*)

אָבְלָה יְהוּדָה וּשְׁעָרֶיהָ אֻמְלְלוּ
יִרְמְיָהוּ יד, ב

Judah mourns and her gates grow weak.
Jeremiah 14:2

אָבַל, אָבְלָה, אָבְלוּ
תֶּאֱבַל\תֶּאֱבָל

יחד יאבלו ובדרכיכה יזכרוכה והייתה טֹ[וב]

Together they will mourn and will remember you in your ways and it will be g[ood].
4Q525 f14ii:16

אֵבֶל	(24)	אבל	mourning, funeral (nm)

טוֹב לָלֶכֶת אֶל בֵּית אֵבֶל — It is good to go to the house of mourning.
קֹהֶלֶת ז, ב — *Ecclesiastes 7:2*

אֵבֶל־: אֶבְלֵךְ, אֶבְלָם

נפתח לי מקור לאבל — A fountain for mourning opened for me.
Thanksgiving Hymn (1QHa) 19:22

אֲבָל	(11)	---	but, however, indeed (adv)

אֲבָל עוֹד הָעָם זֹבְחִים בַּבָּמוֹת — But the people still sacrificed on the high places.
דִּבְרֵי הַיָּמִים ב לג, יז — *2 Chronicles 33:17*

אבל אנכי אה[ב את העו]שׂה רצוננו — But I lov[e the one who do]es our desire.
4Q223_224 f2ii:13

אֶבֶן\אָבֶן	(269)	אבן	stone (nf)

וְשָׁם אֶבֶן גְּדוֹלָה — And there is a large stone.
שְׁמוּאֵל א ו, יד — *1 Samuel 6:14*

אֲבָנִים
אֶבֶן־: אַבְנוֹ
אַבְנֵי־: אֲבָנַיִךְ, אֲבָנָיו, אֲבָנֶיהָ, אַבְנֵיהֶם

ויביאו מנחתם כסף וזהב ואבן יקרה — And they will bring their offering: silver and gold and precious stone.
4Q504 f1_2Riv:10

אֶבֶן	(8)	אבן	stone (nf)

וְהוּא מִתְבְּנֵא אֶבֶן — And it is being built of stone.
עֶזְרָא ה, ח — *Ezra 5:8*

אֶבֶן־: ---

אַבְנֵר\אֲבִינֵר	(63)	אב\נר	Abner (np)

וַיִּקְבְּרוּ אֶת אַבְנֵר בְּחֶבְרוֹן — And they buried Abner in Hebron.
שְׁמוּאֵל ב ג, לב — *2 Samuel 3:32*

אַבְרָהָם	(175)	אבר\הם?	Abraham (np)

And Abraham fell on his face and laughed. | וַיִּפֹּל אַבְרָהָם עַל פָּנָיו וַיִּצְחָק
Genesis 17:17 | בְּרֵאשִׁית יז, יז

A land he gave to Abraham who loved him. | ארץ נתן לאברהם אהֹבו
4Q252 2:8

Abram (np) אב\רום (61) **אַבְרָם**

And Abram descended to Egypt to live there. | וַיֵּרֶד אַבְרָם מִצְרַיְמָה לָגוּר שָׁם
Genesis 12:10 | בְּרֵאשִׁית יב, י

Absalom (np) אב\שלם (109) **אַבְשָׁלוֹם**

And Absalom crossed the Jordan. | וְאַבְשָׁלוֹם עָבַר אֶת הַיַּרְדֵּן
2 Samuel 17:24 | שְׁמוּאֵל ב יז, כד

letter (nf) אגר (10) **אִגֶּרֶת**

And I gave to them the letters of the king. | וָאֶתְּנָה לָהֶם אֵת אִגְּרוֹת הַמֶּלֶךְ
Nehemiah 2:9 | נְחֶמְיָה ב, ט

אִגְּרוֹת
אִגֶּרֶת־: ---
אִגְּרוֹת־: אִגְּרֹתֵיהֶם

Edom (np) אדם (100) **אֱדוֹם**

And I put my vengeance on Edom. | וְנָתַתִּי אֶת נִקְמָתִי בֶּאֱדוֹם
Ezekiel 25:14 | יְחֶזְקֵאל כה, יד

Edom will come to there. | 𐤉𐤁𐤀 𐤀𐤃𐤌 𐤔𐤌𐤄
Arad 24:20

lord, master (nm) · אדן (334?) **אָדוֹן**

I love my master, my wife, and my sons. | אָהַבְתִּי אֶת אֲדֹנִי אֶת אִשְׁתִּי וְאֶת בָּנָי
Exodus 21:5 | שְׁמוֹת כא, ה

אֲדוֹנִים\אֲדֹנִים
אֲדוֹן־: אֲדֹנִי, אֲדֹנֵנוּ
אֲדֹנֵי־: אֲדֹנַי, אֲדֹנֶיךָ, אֲדֹנַיִךְ, אֲדֹנָיו\אֲדֹנָו, אֲדֹנֶיהָ, אֲדֹנֵינוּ, אֲדֹנֵיכֶם, אֲדוֹנֵיהֶם\אֲדֹנֵיהֶם

My lord said, "You do not know how to read a document." | 𐤀𐤌𐤓 𐤀𐤃𐤍𐤉 𐤋𐤀 𐤉𐤃𐤏𐤕𐤄 𐤒𐤓𐤀 𐤎𐤐𐤓
Lachish 3:8–9

. . . lord of lords, mighty and wonderful, and there is none like him. | אדֹני האדונים גבור ונפלא ואין כמהו
4Q381 f76_77:14

then (adv)	---	(57)	אֱדַ֫יִן\אֱדַיִן

Then the king went to his palace. — אֱדַיִן אֲזַל מַלְכָּא לְהֵיכְלֵהּ
Daniel 6:18 — דָּנִיֵּאל ו, יט

Then the king of Sodom approached and said to Abram. — באדין קרב מלכא די סודם ואמר לאברם
1Q20 22:18

magnificent, noble (adj)	אדר	(28)	אַדִּיר

How majestic is your name in all the earth! — מָה אַדִּיר שִׁמְךָ בְּכָל הָאָרֶץ
Psalm 8:9 — תְּהִלִּים ח, י

אַדִּיר | אַדֶּ֫רֶת | אַדִּירִים (אַדִּירֵי־) | ---
אַדִּירוֹ, אַדִּירֶיךָ, אַדִּירָיו, אַדִּירֵיהֶם

man, Adam (nm)	אדם	(558)	אָדָם

This is the book of the generations of man. — זֶה סֵפֶר תּוֹלְדֹת אָדָם
Genesis 5:1 — בְּרֵאשִׁית ה, א

אָדָם־: ---
---

land, ground (nf)	אדם	(225)	אֲדָמָה

And Cain was a worker of the land. — וְקַיִן הָיָה עֹבֵד אֲדָמָה
Genesis 4:2 — בְּרֵאשִׁית ד, ב

אֲדָמוֹת
אַדְמַת־: אַדְמָתִי, אַדְמָתְךָ, אַדְמָתוֹ, אַדְמָתָהּ, אַדְמָתֵנוּ, אַדְמַתְכֶם, אַדְמָתָם

Edomite (gent)	אדם	(11)	[אֲדוֹמִי]\אֲדֹמִי

Do not despise an Edomite for he is your brother. — לֹא תְתַעֵב אֲדֹמִי כִּי אָחִיךָ הוּא
Deuteronomy 23:7 — דְּבָרִים כג, ח

אֲדֹמִי | --- | אֲדוֹמִים\אֲדֹמִיִּים | אֲדֹמִית

base, pedestal, footing (nm)	אדן	(57)	אֶדֶן

And forty bases of silver he made. — וְאַרְבָּעִים אַדְנֵי כֶסֶף עָשָׂה
Exodus 36:24 — שְׁמוֹת לו, כד

אֲדָנִים

אַדְנֵי־: אֲדָנָיו, אֲדָנֶיהָ, אַדְנֵיהֶם

Lord (np) אדן (425?) **אֲדֹנָי\אֲדוֹנָי**

For the Lord will not reject forever. — כִּי לֹא יִזְנַח לְעוֹלָם אֲדֹנָי
Lamentations 3:31 — אֵיכָה ג, לא

Adonijah (np) אדן\יהוה (26) **אֲדֹנִיָּה\אֲדֹנִיָּהוּ**

And Adonijah was afraid before Solomon. — וַאֲדֹנִיָּהוּ יָרֵא מִפְּנֵי שְׁלֹמֹה
1 Kings 1:50 — מְלָכִים א א, נ

stately robe, cloak, coat (nf) אדר (11) **אַדֶּרֶת**

And he [Elisha] picked up Elijah's cloak. — וַיָּרֶם אֶת אַדֶּרֶת אֵלִיָּהוּ
2 Kings 2:13 — מְלָכִים ב ב, יג

אַדֶּרֶת־: אַדַּרְתּוֹ, אַדַּרְתָּם
---

he loved (v, *qal*) אהב (191?) **אָהַב**

I loved my master. — אָהַבְתִּי אֶת אֲדֹנִי
Exodus 21:5 — שְׁמוֹת כא, ה

אֱהֹב\אַהֲבָה: אָהֳבָם
אָהַבְתִּי\אָהֲבְתִּי, אָהַבְתָּ, אָהַבְתְּ, אָהַב\אָהֵב, אָהֲבָה, אֲהַבְתֶּם, אָהֲבוּ, אֲהַבְתִּיךָ, אֲהַבְתָּנִי,
אֲהַבְתָּנוּ, אֲהֵבְךָ, אֲהֵבוֹ, אֲהֵבָהּ, אֲהֵבָתֶךְ, אֲהֵבַתְהוּ, אֲהֵבוּךָ, אֲהֵבוּם
אֹהַב\אֵהָב, תֶּאֱהַב\תֶּאֱהָב, יֶאֱהַב\יֶאֱהָב, תֶּאֱהַב, תֵּאֵהֲבוּ\תְּאַהֲבוּ\תֶּאֱהָבוּן | אֹהֲבֵהוּ, אֹהֲבֵם, יֶאֱהָבֵנִי,
יֶאֱהָבֶךָ, יֶאֱהָבוּ, יֶאֱהָבֵהוּ, יֶאֱהָבֶהָ
אֹהֵב\אוֹהֵב, אֹהֶבֶת, אֹהֲבִים (אֹהֲבֵי־) | אֹהֲבִי, אֹהַבְךָ, אֹהֲבוֹ, אֹהַבְתִּי, אֹהֲבַי, אֹהֲבֶיךָ, אֹהֲבָיִךְ, אֹהֲבָיו,
אֹהֲבֶיהָ | אָהוּב, אֲהוּבָה (אֲהֻבַת־)
אֱהַב, אֶהֱבוּ\אֶהֱבוּ | אֶהֱבֶהָ

I saw many from Israel who loved your name. — ראיתי רבים מישראל אשר אהבו את שמך
4Q385 f2:2

friend, lover [only ptc] (v, *piel*) אהב (16) **[אִהֵב]**

All of your lovers forgot you. — כָּל מְאַהֲבַיִךְ שְׁכֵחוּךְ
Jeremiah 30:14 — יִרְמְיָהוּ ל, יד

--- | מְאַהֲבַי\מְאַהֲבַי, מְאַהֲבַיִךְ\מְאַהֲבָיִךְ, מְאַהֲבֶיהָ
---

love (nf) אהב (40) **אַהֲבָה**

For love is as strong as death. — כִּי עַזָּה כַמָּוֶת אַהֲבָה
Song of Songs 8:6 — שִׁיר הַשִּׁירִים ח, ו

אַהֲבַת־: אַהֲבָתִי, אַהֲבָתְךָ, אַהֲבָתוֹ, אַהֲבָתָהּ, אַהֲבַתְכֶם

You will be an ornament of brilliance in your love for your God.
11Q22 f1:2

תהיה עדי צפה באהבתך לאלהיך

Woe!, Alas!, Oh! (interj) אהה (15) אֲהָהּ

Woe . . . for near is the Day of the LORD!
Joel 1:15

אֲהָהּ . . . כִּי קָרוֹב יוֹם יְהוָה
יוֹאֵל א, טו

tent (nm) אהל (345) אֹהֶל

And they came to another tent.
2 Kings 7:8

וַיָּבֹאוּ אֶל אֹהֶל אַחֵר
מְלָכִים ב ז, ח

אֹהָלִים
אֹהֶל־: אָהֳלִי, אָהֳלֶךָ, אָהֳלֵךְ, אָהֳלוֹ\אָהֳלֹה
אָהֳלֵי־: אֹהָלַי, אֹהָלֶיךָ, אֹהָלָיו, אָהֳלֵיכֶם, אָהֳלֵיהֶם

And the people returned each man to his tent, and Moses stood.
4Q158 f7_8:5

וישובו העם איש לאהליו ויעמוד מושה

Aaron (np) --- (347) אַהֲרֹן

This is the offering of Aaron.
Leviticus 6:20

זֶה קָרְבַּן אַהֲרֹן
וַיִּקְרָא ו, יג

Only the sons of Aaron will rule in judgment and wealth.
Community Rule (1QS) 9:7

רק בני אהרון ימשלו במשפט ובהון

or (conj) --- (319?) אוֹ

Will he be wise or foolish?
Ecclesiastes 2:19

הֶחָכָם יִהְיֶה אוֹ סָכָל
קֹהֶלֶת ב, יט

You will listen to the word of that prophet or to that dream dreamer.
11Q19 54:11

תשמע אל דבר הנביא ההוא או לחולם החלום
ההואה

spirit being, conjurer, medium (nm) אוב (16) אוֹב

Do not turn to mediums!
Leviticus 19:31

אַל תִּפְנוּ אֶל הָאֹבֹת
וַיִּקְרָא יט, לא

אֹבֹת\אֹבוֹת

According to the judgment of the medium and the fortune teller he will be judged.	---	כְּמִשְׁפַּט הָאוֹב וְהַיִּדְעוֹנִי יִשָּׁפֵט
Damascus Document (CD) 12:3		

---

matter, concern (nf)	--- (11)	[אוֹדָה]
And they told him about the matter of the well.		וַיַּגִּדוּ לוֹ עַל אֹדוֹת הַבְּאֵר
Genesis 26:32		בְּרֵאשִׁית כו, לב

אוֹדֹת\אֹדוֹת־: אֹדוֹתַי, אֹדוֹתֶיךָ

he desired (v, *piel*)	אוה (11)	אִוָּה
A wicked person has desired evil.		נֶפֶשׁ רָשָׁע אִוְּתָה רָע
Proverbs 21:10		מִשְׁלֵי כא, י

אִוִּיתִי, אִוָּה, אִוְּתָה
תְּאַוֶּה

Woe! (interj)	--- (24)	אוֹי
Woe to us! Who will save us?		אוֹי לָנוּ מִי יַצִּילֵנוּ
1 Samuel 4:8		שְׁמוּאֵל א ד, ח

enemy (nm)	איב (281?)	אוֹיֵב\אֹיֵב
And he was not an enemy to him.		וְהוּא לֹא אוֹיֵב לוֹ
Numbers 35:23		בְּמִדְבַּר לה, כג

אֹיְבִים
---: אֹיְבִי, אֹיִבְךָ, אֹיִבֶךְ, אֹיְבוֹ, אוֹיְבֵנוּ
אֹיְבֵי־: אֹיְבֵי, אֹיְבֶיךָ

foolish, fool (adj and nm)	אול (26)	אֱוִיל
Wisdom and instruction fools despise.		חָכְמָה וּמוּסָר אֱוִילִים בָּזוּ
Proverbs 1:7		מִשְׁלֵי א, ז

אֱוִילִים\אֱוִלִים

---

perhaps, maybe (adv)	--- (45)	אוּלַי
Perhaps he is asleep and will awake.		אוּלַי יָשֵׁן הוּא וְיִקָץ
1 Kings 18:27		מְלָכִים א יח, כז

but, however, conversely (adv) --- (19) אוּלָם\אֻלָם

However, I will seek God. — אוּלָם אֲנִי אֶדְרֹשׁ אֶל אֵל
Job 5:8 — אִיּוֹב ה, ח

porch (nm) [see אֵילָם] --- (34) אוּלָם\אֻלָם

Also, they closed the doors of the porch. — גַּם סָגְרוּ דַּלְתוֹת הָאוּלָם
2 Chronicles 29:7 — דִּבְרֵי הַיָּמִים ב כט, ז

אוּלָם־\אֻלָם־:---
אֻלַמֵּי־:---

folly, foolishness (nf) אול (25) אִוֶּלֶת

Folly is a joy to the one who lacks heart. — אִוֶּלֶת שִׂמְחָה לַחֲסַר לֵב
Proverbs 15:21 — מִשְׁלֵי טו, כא

אִוֶּלֶת־: אִוַּלְתִּי, אִוַּלְתּוֹ
---

trouble, catastrophe, idolatry, wickedness (nm) און (77?) אָוֶן

These are the people that think/plot wickedness. — אֵלֶּה הָאֲנָשִׁים הַחֹשְׁבִים אָוֶן
Ezekiel 11:2 — יְחֶזְקֵאל יא, ב

---: אוֹנֶךָ, אוֹנוֹ, אוֹנָם
---

power, wealth, strength (nm) און (13?) אוֹן

I found strength for myself. — מָצָאתִי אוֹן לִי
Hosea 12:8 — הוֹשֵׁעַ יב, ט

אוֹנִים
---: אוֹנִי, אוֹנוֹ, אוֹנָם

Ophir (np) אפר (13) אוֹפִיר\אוֹפִר\אֹפִיר\אוֹפִרָה

And they came to Ophir and took gold from there. — וַיָּבֹאוּ אוֹפִירָה וַיִּקְחוּ מִשָּׁם זָהָב
1 Kings 9:28 — מְלָכִים א ט, כח

wheel (nm) --- (35) אוֹפַן

And he went and stood beside the wheel. — וַיָּבֹא וַיַּעֲמֹד אֵצֶל הָאוֹפָן
Ezekiel 10:6 — יְחֶזְקֵאל י, ו

אוֹפַנִּים

אוֹפַן:---
אוֹפַנֵּי־: אוֹפַנֵּיהֶם

treasure, supply, treasury (nm) | אצר | (79) | אוֹצָר

Treasures of wickedness will not profit. — לֹא יוֹעִילוּ אוֹצְרוֹת רֶשַׁע
Proverbs 10:2 — מִשְׁלֵי י, ב

אוֹצָרוֹת
אוֹצַר־: אוֹצָרוֹ
אוֹצְרוֹת־: אוֹצְרוֹתַי, אוֹצְרוֹתֶיךָ, אוֹצְרוֹתַיִךְ, אוֹצְרוֹתָיו, אוֹצְרוֹתֶיהָ, אוֹצְרוֹתָם, אֹצְרוֹתֵיהֶם

And he will open to you his good treasure which is in heaven. — ויפתח לכם את אוצרו הטוב אשר בשמים
11Q14 f1ii:7–8

light (nm) | אור | (122) | אוֹר

And God called the light Day. — וַיִּקְרָא אֱלֹהִים לָאוֹר יוֹם
Genesis 1:5 — בְּרֵאשִׁית א, ה

אוֹרִים
אוֹר־: אוֹרִי, אוֹרְךָ, אוֹרֵךְ, אוֹרוֹ, אוֹרֵהוּ, אוֹרָם

And the God of Israel and his angel of truth helped all the sons of light. — ואל ישראל ומלאך אמתו עזר לכול בני אור
Community Rule (1QS) 3:24–25

Uriah (np) | אור\יהוה | (39) | אוּרִיָּה\אוּרִיָּהוּ

And Uriah left from the king's house. — וַיֵּצֵא אוּרִיָּה מִבֵּית הַמֶּלֶךְ
2 Samuel 11:8 — שְׁמוּאֵל ב יא, ח

Blessed is Uriah to the LORD. — 𐤁𐤓𐤊 𐤀𐤓𐤉𐤄𐤅 𐤋𐤉𐤄𐤅𐤄
Khirbet el-Qom 3:2

sign (nm?) | אות | (79) | אוֹת

What is a sign that the LORD will heal me? — מָה אוֹת כִּי יִרְפָּא יְהוָה לִי
2 Kings 20:8 — מְלָכִים ב כ, ח

אוֹתוֹת\אֹתֹת\אוֹתֹת\אֹתוֹת
אוֹת־: ---
אֹתוֹת־: אֹתֹתַי, אוֹתֹתֶיךָ, אֹתוֹתָיו, אוֹתֹתֵינוּ, אוֹתֹתָם

then (adv) | --- | (141) | אָז

Then you will call and the LORD will answer. — אָז תִּקְרָא וַיהוָה יַעֲנֶה
Isaiah 58:9 — יְשַׁעְיָהוּ נח, ט

hyssop (nm) אזב (10) **אֵזוֹב\אֵזֹב**

And he took hyssop and dipped in water. — וְלָקַח אֵזוֹב וְטָבַל בַּמַּיִם
Numbers 19:18 — בְּמִדְבָּר יט, יח

---

undergarment, loincloth (nm) אזר (14) **אֵזוֹר**

Take the undergarment which you bought. — קַח אֶת הָאֵזוֹר אֲשֶׁר קָנִיתָ
Jeremiah 13:4 — יִרְמְיָהוּ יג, ד

---

he went (v, *peal*) אזל (7) **אֲזַל**

Then Daniel went to his house. — אֱדַיִן דָּנִיֵּאל לְבַיְתֵהּ אֲזַל
Daniel 2:17 — דָּנִיֵּאל ב, יז

אֲזַל, אֲזַלְנָא, אֲזַלוּ

אֵזֶל

Did not all these go away by your sword? — הלא כול אלין אזלו בחרבכה
4Q531 f7:5

ear (nf) אזן (187) **אֹזֶן**

An ear hears and an eye sees. — אֹזֶן שֹׁמַעַת וְעַיִן רֹאָה
Proverbs 20:12 — מִשְׁלֵי כ, יב

אָזְנַיִם
אֹזֶן: אָזְנִי, אָזְנְךָ, אָזְנֵךְ, אָזְנוֹ, אָזְנְכֶם, אָזְנָם
אָזְנֵי־: אָזְנַי, אָזְנֶיךָ, אָזְנַיִךְ, אָזְנָיו, אָזְנֵינוּ, אָזְנֵיכֶם, אָזְנֵיהֶם

native, citizen (nm) זרח (17) **אֶזְרָח**

Every citizen will do as such. — כָּל הָאֶזְרָח יַעֲשֶׂה כָּכָה
Numbers 15:13 — בְּמִדְבָּר טו, יג

אֶזְרַח־: ---
---

brother (nm) --- (629) **אָח**

Behold how good and how pleasing when brothers dwell also together.
Psalm 133:1

הִנֵּה מַה טּוֹב וּמַה נָּעִים שֶׁבֶת אַחִים גַּם יָחַד
תְּהִילִים קלג, א

אַחִים
אֲחֵי־: אַחַי, אַחֶיךָ, אַחַיִךְ, אֶחָיו, אַחֶיהָ, אַחֵינוּ, אֲחֵיכֶם, אֲחֵיהֶם
אֲחֵי־: אַחַי, אַחֶיךָ, אַחַיִךְ, אֶחָיו, אַחֶיהָ, אַחֵינוּ, אֲחֵיכֶם, אֲחֵיהֶם

Ahab (np)	אח\אב	(93)	אַחְאָב

And Ahab went up to eat and drink.
1 Kings 18:42

וַיַּעֲלֶה אַחְאָב לֶאֱכֹל וְלִשְׁתּוֹת
מְלָכִים א יח, מב

one (adj, m)	---	(699)	אֶחָד

And there was evening and morning, day one.
Genesis 1:5

וַיְהִי עֶרֶב וַיְהִי בֹקֶר יוֹם אֶחָד
בְּרֵאשִׁית א, ה

אֲחָדִים
אַחַד־: ---
---

back, rear, behind (nm, adv)	אחר	(41)	אָחוֹר

They will go and stumble back and be broken.
Isaiah 28:13

יֵלְכוּ וְכָשְׁלוּ אָחוֹר וְנִשְׁבָּרוּ
יְשַׁעְיָהוּ כח, יג

אֲחֹרֵי־ : אֲחֹרָי, אֲחֹרֵיהֶם

sister (nf)	אח	(114)	אָחוֹת

And they sent away Rebekah, their sister.
Genesis 24:59

וַיְשַׁלְּחוּ אֶת רִבְקָה אֲחֹתָם
בְּרֵאשִׁית כד, נט

אֲחוֹת־: אֲחוֹתִי\ אֲחֹתִי, אֲחוֹתְךָ, אֲחוֹתֵךְ, אֲחֹתוֹ, אֲחוֹתָהּ\אֲחֹתָהּ, אֲחוֹתֵנוּ\אֲחֹתֵנוּ, אֲחוֹתָם\אֲחֹתָם
------: אַחְיוֹתַי, אַחְיוֹתֵךְ\אֲחוֹתַיִךְ, אַחְיוֹתָיו, אֲחוֹתֵיכֶם, אַחְיֹתֵיהֶם

he seized, grasped, held (v, *qal*)	אחז	(59)	אָחַז

And behold he seized the horns of the altar.
1 Kings 1:51

וְהִנֵּה אָחַז בְּקַרְנוֹת הַמִּזְבֵּחַ
מְלָכִים א א, נא

אֲחֹז\אֱחֹז
אָחַזְתָּ, אָחַז, אָחֲזָה, אָחֲזוּ | אֲחַזְתִּיו
אֹחֵז, תֶּאֱחֹז, יֹאחֵז, יֶאֱחֹז, תֹּאחֵז, יֹאחֵזוּ
אֹחֵז, אֹחֶזֶת | --- | אָחֻז\אָחוּז, אֲחוּזִים (אֲחֻזֵי־), אֲחֻזוֹת
אֱחֹז, אֶחֱזִי, אֶחֱזוּ

Ahaz (np) | אחז | (41) | **אָחָז**

And Ahaz took the silver and the gold. — וַיִּקַּח אָחָז אֶת הַכֶּסֶף וְאֶת הַזָּהָב
2 Kings 16:8 — מְלָכִים ב טז, ח

Servant of Ahaz — 𐤏𐤁𐤃 𐤀𐤇𐤆
Seal 5:1–2

possession, property (nf) | אחז | (66) | **אֲחֻזָּה**

And to the property of his fathers he will return. — וְאֶל אֲחֻזַּת אֲבֹתָיו יָשׁוּב
Leviticus 25:41 — וַיִּקְרָא כה, מא

אֲחֻזַּת־: אֲחֻזָּתְךָ, אֲחֻזָּתוֹ, אֲחֻזַּתְכֶם, אֲחֻזָּתָם

Ahaziah (np) | אחז\יהוה | (37) | **אֲחַזְיָה\אֲחַזְיָהוּ**

And Ahaziah, his son, ruled after him. — וַיִּמְלֹךְ אֲחַזְיָהוּ בְנוֹ תַּחְתָּיו
1 Kings 22:40 — מְלָכִים א כב, מ

Ahijah (np) | אח\יהוה | (24) | **אֲחִיָּה\אֲחִיָּהוּ**

Behold, the prophet Ahijah is there! — הִנֵּה שָׁם אֲחִיָּה הַנָּבִיא
1 Kings 14:2 — מְלָכִים א יד, ב

Ahitub (np) | אח\טוב | (15) | **אֲחִיטוּב\אֲחִטוּב**

Please listen, son of Ahitub! — שְׁמַע נָא בֶּן אֲחִיטוּב
1 Samuel 22:12 — שְׁמוּאֵל א כב, יב

Ahimelech (np) | אח\מלך | (17) | **אֲחִימֶלֶךְ**

And one son escaped to Ahimelech. — וַיִּמָּלֵט בֵּן אֶחָד לַאֲחִימֶלֶךְ
1 Samuel 22:20 — שְׁמוּאֵל א כב, כ

Ahimaaz (np) | אח\מעץ | (15) | **אֲחִימַעַץ**

And Ahimaaz ran by way of the valley. — וַיָּרָץ אֲחִימַעַץ דֶּרֶךְ הַכִּכָּר
2 Samuel 18:23 — שְׁמוּאֵל ב יח, כג

Ahikam (np) | אח\קום | (20) | **אֲחִיקָם**

And they smote Gedaliah son of Ahikam. — וַיַּכּוּ אֶת גְּדַלְיָהוּ בֶן אֲחִיקָם
Jeremiah 41:2 — יִרְמְיָהוּ מא, ב

Ahithophel (np) | אח\תפל? | (20) | **אֲחִיתֹפֶל**

And Ahithophel (was) a counselor for the king. — וַאֲחִיתֹפֶל יוֹעֵץ לַמֶּלֶךְ
1 Chronicles 27:33 — דִּבְרֵי הַיָּמִים א כז, לג

behind, after, back (adv, prep, conj) | אחר | (715?) | **אַחַר**

After whom are you pursuing? — אַחֲרֵי מִי אַתָּה רֹדֵף
1 Samuel 24:14 — שְׁמוּאֵל א כד, טו

אַחֲרַי	אַחֲרֵינוּ
אַחֲרֶיךָ	אַחֲרֵיכֶם
אַחֲרַיִךְ	
אַחֲרָיו	אַחֲרֵיהֶם
אַחֲרֶיהָ	אַחֲרֵיהֶן

he delayed (v, *piel*) — אחר — (51) — אֵחַר

And my salvation will not delay. — וּתְשׁוּעָתִי לֹא תְאַחֵר
Isaiah 46:13 — יְשַׁעְיָהוּ מו, יג

אֵחַר, אֵחֲרוּ
תְּאַחֵר, יְאַחֵר, תְּאַחֵר, תְּאַחֲרוּ
מְאַחֲרִים
---

other, another (adj) — אחר — (166) — אַחֵר

Do not go to glean in another field. — אַל תֵּלְכִי לִלְקֹט בְּשָׂדֶה אַחֵר
Ruth 2:8 — רוּת ב, ח

אַחֵר | אַחֶרֶת | אֲחֵרִים | אֲחֵרוֹת

last, behind, west (adj) — אחר — (15) — אַחֲרוֹן

I am the first, and I am the last. — אֲנִי רִאשׁוֹן וַאֲנִי אַחֲרוֹן
Isaiah 44:6 — יְשַׁעְיָהוּ מד, ו

אַחֲרוֹן | אַחֲרוֹנָה\אַחֲרֹנָה | אַחֲר(וֹ)נִים\אַחֲרֹנִים | ---

last, end, future (nf) — אחר — (61) — אַחֲרִית

In the end of days, you will understand it. — בְּאַחֲרִית הַיָּמִים תִּתְבּוֹנְנוּ בָהּ
Jeremiah 30:24 — יִרְמְיָהוּ ל, כד

אַחֲרִית־: אַחֲרִיתִי, אַחֲרִיתְךָ, אַחֲרִיתֵךְ, אַחֲרִיתוֹ, אַחֲרִיתָהּ, אַחֲרִיתֵנוּ, אַחֲרִיתְכֶן, אַחֲרִיתָם, אַחֲרִיתָן
---

another (adj) — אחר — (11) — אָחֳרָן

And after you another kingdom will arise. — וּבָתְרָךְ תְּקוּם מַלְכוּ אָחֳרִי
Daniel 2:39 — דָּנִיֵּאל ב, לט

אָחֳרָן | אָחֳרִי | --- | ---

satrap, provincial governor (nm)	---	(9)	[אֲחַשְׁדַּרְפַּן]\אֲחַשְׁדַּרְפְּנַיָּא

And he set satraps over the kingdom. — וַהֲקִים עַל מַלְכוּתָא לַאֲחַשְׁדַּרְפְּנַיָּא

Daniel 6:1 — דָּנִיֵּאל ו, ב

Ahasuerus (np)	---	(31)	אֲחַשְׁוֵרוֹשׁ

And he wrote in the name of King Ahasuerus. — וַיִּכְתֹּב בְּשֵׁם הַמֶּלֶךְ אֲחַשְׁוֵרֹשׁ

Esther 8:10 — אֶסְתֵּר ח, י

one (adj, f)	---	(271)	אַחַת

One law will be to the citizen and the immigrant. — תּוֹרָה אַחַת יִהְיֶה לָאֶזְרָח וְלַגֵּר

Exodus 12:49 — שְׁמוֹת יב, מט

אַחַת־: ---

where (adv interrog)	אי	(31?)	אֵי

Where should we ascend? — אֵי זֶה הַדֶּרֶךְ נַעֲלֶה

2 Kings 3:8 — מְלָכִים ב ג, ח

island, coastland (nm)	---	(36)	אִי

Listen, coastlands, to me! — שִׁמְעוּ אִיִּים אֵלַי

Isaiah 49:1 — יְשַׁעְיָהוּ מט, א

אִיִּים
אִי־: ---
אִיֵּי־:---

disaster (nm)	איד	(24)	אֵיד

The disaster of Esau I will bring on him. — אֵיד עֵשָׂו הֵבֵאתִי עָלָיו

Jeremiah 49:8 — יִרְמְיָהוּ מט, ח

אֵיד־: אֵידִי, אֵידְךָ, אֵידוֹ, אֵידְכֶם, אֵידָם
---

where (interrog)	אי	(53?)	אַיֵּה

Your fathers, where are they? — אֲבוֹתֵיכֶם אַיֵּה הֵם

Zechariah 1:5 — זְכַרְיָה א, ה

אַיֶּכָּה, אַיּוֹ, אַיָּם

Job (np)	איב	(58)	אִיּוֹב

In all of this, Job did not sin. — בְּכָל זֹאת לֹא חָטָא אִיּוֹב

Job 1:22 — אִיּוֹב א, כב

Jezebel (np)	אי\זבל	(22)	אִיזֶבֶל

And the dogs will eat Jezebel. *2 Kings 9:10*	וְאֶת אִיזֶבֶל יֹאכְלוּ הַכְּלָבִים מְלָכִים ב ט, י

how (adv; interrog/exclam)	---	(61)	אֵיךְ

How will the ark of the LORD come to me? *2 Samuel 6:9*	אֵיךְ יָבוֹא אֵלַי אֲרוֹן יְהוָה שְׁמוּאֵל ב ו, ט

how, where (adv; interrog/exclam)	---	(17)	אֵיכָה

How will one pursue a thousand? *Deuteronomy 32:30*	אֵיכָה יִרְדֹּף אֶחָד אֶלֶף דְּבָרִים לב, ל

ram, leader (nm)	אול\איל?	(160)	אַיִל\אֱיִל

Will the LORD be pleased with thousands of rams? *Micah 6:7*	הֲיִרְצֶה יְהוָה בְּאַלְפֵי אֵילִים מִיכָה ו, ז
	אֵילִים\אֵילִם\אֵלִים אֵיל־: --- אֵילֵי־\אֵלֵי: ---
And after, they will sacrifice the ram. *11Q19 18:9*	ואחר יעלו את האיל

pillar, pilaster, jamb (nm)	איל?	(22)	אַיִל

And he bought me to the temple and measured the pillars. *Ezekiel 41:1*	וַיְבִיאֵנִי אֶל הַהֵיכָל וַיָּמָד אֶת הָאֵילִים יְחֶזְקֵאל מא, א
	אֵילִים\אֵילִם אֵיל־\אֵל־: --- ---: אֵילָו\אֵלָו\אֵלוֹ, אֵלֵיהֶמָה

deer, stag (nm)	אול\איל?	(11)	אַיָּל

Like stags they did not find pasture. *Lamentations 1:6*	כְּאַיָּלִים לֹא מָצְאוּ מִרְעֶה אֵיכָה א, ו
	אַיָּלִים --- ---

deer, doe (nf)	אול\איל?	(11)	אַיָּלָה\אַיֶּלֶת

And he put my feet like (the feet of) the deer. *Habakkuk 3:19*	וַיָּשֶׂם רַגְלַי כָּאַיָּלוֹת חֲבַקּוּק ג, יט
	אַיָּלוֹת אַיֶּלֶת־:--- אַיְלוֹת־:---

Aijalon (np) — אול — (10) — **אַיָּלוֹן**

And he was buried in Aijalon in Zebulun's land. — וַיִּקָּבֵר בְּאַיָּלוֹן בְּאֶרֶץ זְבוּלֻן
Judges 12:12 — שׁוֹפְטִים יב, יב

porch (nm) see [אוּלָם] — --- — (15) — **[אֵלָם]**

And windows were to it and its porch all around. — וְחַלּוֹנִים לוֹ וּלְאֵילַמָּו סָבִיב סָבִיב
Ezekiel 40:25 — יְחֶזְקֵאל מ, כה

אֵלַמּוֹת

---: אֵילַמָּו

tree (nm) — אול — (6) — **[אִילָן]\אִילָנָא**

And behold, a tree was in the center of the earth. — וַאֲלוּ אִילָן בְּגוֹא אַרְעָא
Daniel 4:10 — דָּנִיֵּאל ד, ז

And the tree arose and they were far from it. — וקאם אילנא ורחקו מנה
4Q552 f1ii:2

fear, terror (nf) — אים — (17) — **אֵימָה**

And terrors of death fell on me. — וְאֵימוֹת מָוֶת נָפְלוּ עָלָי
Psalm 55:4 — תהלים נה, ה

אֵימִים\ אֵמִים
אֵימַת־: אֵימָתִי, אֵמָתְךָ, אֵמָתוֹ, אֵימַתְכֶם
---: אֵמֶיךָ

there is not, nothing (negative part) — --- — (789?) — **אַיִן\אֵין**

I am the LORD and there is no more; besides me there are no gods. — אֲנִי יְהוָה וְאֵין עוֹד זוּלָתִי אֵין אֱלֹהִים
Isaiah 45:5 — יְשַׁעְיָהוּ מה, ה

אֵינֶנִּי, אֵינְךָ, אֵינֵךְ, אֵינֶנּוּ, אֵינֶנָּה, אֵינֶנּוּ, אֵינְכֶם, אֵינָם, אֵינֵמוֹ

There is not [he]re silver and gold. — 𐤀𐤉𐤍 [𐤐]𐤄 𐤊𐤎𐤐 𐤅𐤆𐤄𐤁
Silwan 2:1

My mother does not believe that she will see [me] again. — אמי איננה מאמנת אשר תראנ[י] עוֹד
4Q200 f4:4

where (adv) — אן\אי — (16) — **[אַיִן]**

From where will I seek comforters for you? — מֵאַיִן אֲבַקֵּשׁ מְנַחֲמִים לָךְ
Nahum 3:7 — נַחוּם ג, ז

ephah; dry measurement (nf)	---	(40)	אֵיפָה

And a homer of seed will make an ephah. — וְזֶרַע חֹמֶר יַעֲשֶׂה אֵיפָה
Isaiah 5:10 — יְשַׁעְיָהוּ ה, י

אֵיפַת־: ---
---

where (interrog adv)	אי\פה	(10)	אֵיפֹה

Where did you glean today? — אֵיפֹה לִקַּטְתְּ הַיּוֹם
Ruth 2:19 — רוּת ב, יט

man, human, husband (nm)	איש\אנש	(2179?)	אִישׁ

Happy is the man who has not walked in the counsel of wicked ones. — אַשְׁרֵי הָאִישׁ אֲשֶׁר לֹא הָלַךְ בַּעֲצַת רְשָׁעִים
Psalm 1:1 — תְּהִלִּים א, א

אֲנָשִׁים\אִישִׁים
אִישׁ־: אִישִׁי, אִישֵׁךְ, אִישׁוֹ, אִישָׁהּ
אַנְשֵׁי־: אֲנָשַׁי, אֲנָשֶׁיךָ, אֲנָשָׁיו\אֲנָשָׁו, אֲנָשֶׁיהָ, אֲנָשֵׁינוּ, אַנְשֵׁיהֶם, אַנְשֵׁיהֶן

... the voice of a man ca[ll]ing to his friend. — 𐤒𐤋 𐤀𐤔 𐤒𐤓[𐤀]𐤀 𐤀𐤋 𐤓𐤏𐤅
Siloam 1:2–3

And they did not help him against the man of the lie. — ולוא עזרוהו על איש הכזב
Habakkuk Pesher (1QpHab) 5:11

Ishbosheth (np)	איש\בשת	(11)	אִישׁ־בֹּשֶׁת

He took Ishbosheth, the son of Saul! — לָקַח אֶת אִישׁ בֹּשֶׁת בֶּן שָׁאוּל
2 Samuel 2:8 — שְׁמוּאֵל ב ב, ח

there is (existential part)	---	(17)	אִיתַי

But there is a God in heaven. — בְּרַם אִיתַי אֱלָהּ בִּשְׁמַיָּא
Daniel 2:28 — דָּנִיֵּאל ב, כח

אִיתָיךְ, אִיתוֹהִי, אִיתַנָא, אִיתֵיכוֹן

And count all that is yours. — ומני כול די איתי לך
1Q20 22:29

Ithamar (np)	אי\תמר	(21)	אִיתָמָר

And Eleazar and Ithamar became priests. — וַיְכַהֲנוּ אֶלְעָזָר וְאִיתָמָר
1 Chronicles 24:2 — דִּבְרֵי הַיָּמִים א כד, ב

constant, perennial (adj)	יתן	(14)	אֵיתָן\אֵתָן

... and righteousness like a constant stream. — וּצְדָקָה כְּנַחַל אֵיתָן
Amos 5:24 — עָמוֹס ה, כד

--- | --- | אֵיתָנִים\ אֵתָנִים | ---
אֵיתָנוֹ

surely, truly, only, however (adv)	---	(161)	אַךְ

Only the tribe of Levi you shall not appoint. — אַךְ אֶת מַטֵּה לֵוִי לֹא תִפְקֹד
Numbers 1:49 — בְּמִדְבַּר א, מט

he ate (v, *qal*)	אכל	(738?)	אָכַל

From every tree of the garden you will surely eat. — מִכֹּל עֵץ הַגָּן אָכֹל תֹּאכֵל
Genesis 2:16 — בְּרֵאשִׁית ב, טז

אֱכוֹל
אָכַלְתִּי, אָכַלְתָּ, אָכַלְתְּ, אָכַל, אָכְלָה, אָכַלְנוּ, אֲכַלְתֶּם, אָכְלוּ
אֹכַל, תֹּאכַל, תֹּאכְלִי, יֹאכַל, תֹּאכַל, נֹאכַל, תֹּאכְלוּ, יֹאכְלוּ, תֹּאכַלְנָה
אֹכֵל, אֹכֶלֶת, אֹכְלִים

he ate (v, *peal*)	אכל	(7)	[אֲכַל]

And thus they said to it, "Arise, eat much flesh!" — וְכֵן אָמְרִין לַהּ קוּמִי אֲכֻלִי בְּשַׂר שַׂגִּיא
Daniel 7:5 — דָּנִיֵּאל ז, ה

אֲכַלוּ
יֵאכֻל, תֵּאכֻל
אָכְלָה
אָכֻלִי

And they ate bread with him in his house. — ואכלו עמה לחם בביתה
11Q10 38:5–6

food (nm)	אכל	(44)	אֹכֶל

Before our eyes has food not been cut off? — הֲלוֹא נֶגֶד עֵינֵינוּ אֹכֶל נִכְרָת
Joel 1:16 — יוֹאֵל א, טז

אֹכֶל־: אָכְלְךָ, אָכְלוֹ, אָכְלְכֶם, אָכְלָם
---

food (nf)	אכל	(18)	אָכְלָה

To the fire you will be for food. — לָאֵשׁ תִּהְיֶה לְאָכְלָה
Ezekiel 21:32 — יְחֶזְקֵאל כא, לז

---

surely, indeed (adv)	--- (71)	אָכֵן

Surely, a spirit is in man. — אָכֵן רוּחַ הִיא בֶאֱנוֹשׁ
Job 32:8 — אִיּוֹב לב, ח

no, not (negative adv part?)	אל (725?)	אַל

Peace to you. Do not fear, you will not die. — שָׁלוֹם לְךָ אַל תִּירָא לֹא תָּמוּת
Judges 6:23 — שׁוֹפְטִים ו, כג

Do not listen to any word which he will say. — אל תשמע לכ[ל] דבר אשר ידבר
Murabba'at 1:2

A man shall not speak during the words of his friend [i.e., while his friend is speaking]. — אל ידבר איש בתוך דברי רעהו
Community Rule (1QS) 6:10

God, god (nm)	אל (236)	אֵל

A remnant will return, the remnant of Jacob, to the mighty God. — שְׁאָר יָשׁוּב שְׁאָר יַעֲקֹב אֶל אֵל גִּבּוֹר
Isaiah 10:21 — יְשַׁעְיָהוּ י, כא

אֵלִים
אֵל־: אֵלִי

All that he will ask from the gracious God and the LORD will give to him. — כל אשר ישאל מאל חנן ונתן לה יהוה
Kuntillet Ajrud 20:2

to, toward (prep)	אל (5464?)	אֶל

Face to face [lit, mouth to mouth] I will speak with him. — פֶּה אֶל פֶּה אֲדַבֶּר בּוֹ
Numbers 12:8 — בְּמִדְבַּר יב, ח

אֵלַי\אֵלָי	אֵלֵינוּ
אֵלֶיךָ	אֲלֵיכֶם\אֲלֵכֶם
אֵלַיִךְ\אֵלָיִךְ	---
אֵלָיו\אֵלָו	אֲלֵיהֶם\ אֲלֵהֶם\אֵלֵימוֹ
אֵלֶיהָ	אֲלֵיהֶן

curse, oath (nf)	אלה (35)	אָלָה

Please, let there be an oath between us. — תְּהִי נָא אָלָה בֵּינוֹתֵינוּ
Genesis 26:28 — בְּרֵאשִׁית כו, כח

אָלוֹת
---: אָלָתִי, אָלָתוֹ
אָלוֹת־:---

אֵלָה	(17)	איל	large tree, oak (nf)

וַיִּטְמֹן אֹתָם יַעֲקֹב תַּחַת הָאֵלָה
בְּרֵאשִׁית לה, ד

And Jacob hid them under the oak.
Genesis 35:4

אֵלִים\אֵילִים

---: אֲלֵיהֶם

אֵלָה	(13)	אל	Elah (np)

מָלַךְ הוֹשֵׁעַ בֶּן אֵלָה בְּשֹׁמְרוֹן
מְלָכִים ב יז, א

Hoshea, son of Elah, ruled in Samaria.
2 Kings 17:1

אֵ֫לֶּה	(745)	---	these (dem pron)

אֵלֶּה הַדְּבָרִים אֲשֶׁר דִּבֶּר מֹשֶׁה
דְּבָרִים א, א

These are the words which Moses spoke.
Deuteronomy 1:1

אֱלָהּ\אֱלָהָא\◌ֵאלָהָא	(95)	אלה	God, god (nm)

אֲנָה יִדְעֵת דִּי רוּחַ אֱלָהִין קַדִּישִׁין בָּךְ
דָּנִיֵּאל ד, ו

I have known that the spirit of the holy gods is in you.
Daniel 4:9

אֱלָהִין | אֱלָהַיָּא(def)
אֱלָהּ־: אֱלָהִי, אֱלָהָךְ, אֱלָהֵהּ\(◌ֵ)אלָהֵהּ, אֱלָהָנָא, אֱלָהֲכֹם, אֱלָהֲכוֹן, אֱלָהֲהֹם, אֱלָהֲהוֹן\(◌ֵ)אלָהֲהוֹן
(◌ֵ)אלָהֵי־: (◌ֵ)אלָהַי, אֱלָהָיךְ\(◌ֵ)אלָהָיךְ

הא אלהא רב הוא

Behold, God, he is great!
11Q10 28:3

אֱלֹהִים	(2602)	אל\אלה	God (nm pl)

אֶת יְהוָה אֱלֹהֶיךָ תִּירָא וְאֹתוֹ תַעֲבֹד
דְּבָרִים ו, יג

You will fear the LORD your God and serve him.
Deuteronomy 6:13

אֱלֹהִים

אֱלֹהֵי־\(◌ֵ)אלֹהֵי־\אֱלוֹהֵי־: אֱלֹהַי\אֱלֹהָי\אֱלוֹהַי\אֱלוֹהָי, אֱלֹהֶיךָ\(◌ֵ)אלֹהֶיךָ, אֱלֹהַיִךְ\(◌ֵ)אלֹהַיִךְ, אֱלֹהָיו\(◌ֵ)אלֹהָיו, אֱלֹהֶיהָ\(◌ֵ)אלֹהֶיהָ, אֱלֹהֵינוּ\(◌ֵ)אלֹהֵינוּ, אֱלֹהֵיכֶם\(◌ֵ)אלֹהֵיכֶם, אֱלֹהֵיהֶם\(◌ֵ)אלֹהֵיהֶם\אֱלֹהֵימוֹ, אֱלֹהֵיהֶן\(◌ֵ)אלֹהֵיהֶן

יהוה אלהי כל הארץ

The LORD is the God of all the earth.
Beit Lei 5:1

Your God is going with you to fight for you. — אלוהיכם הולך עמכם להלחם לכם
War Scroll (1QM) 10:4

behold (interj) ארו (5) **אֱלוּ**

And behold, eyes like eyes of a man were in this horn. — וַאֲלוּ עַיְנִין כְּעַיְנֵי אֲנָשָׁא בְּקַרְנָא דָא
Daniel 7:8 — דָּנִיֵּאל ז, ח

God, god (nm) אל (58) **אֱלוֹהַּ**

I will say to God, "Do not condemn me." — אֹמַר אֶל אֱלוֹהַּ אַל תַּרְשִׁיעֵנִי
Job 10:2 — אִיּוֹב י, ב

אֱלוֹהַּ: ()אלֹהוֹ
---

terebinth, large tree (nf) אול (10) **אֵלוֹן**

And the Lord appeared to him at the oaks of Mamre. — וַיֵּרָא אֵלָיו יְהוָה בְּאֵלֹנֵי מַמְרֵא
Genesis 18:1 — בְּרֵאשִׁית יח, א

אֵלוֹן־: ---
אֵלוֹנֵי־\אֵלֹנֵי־: ---

friend, chief, domesticated animal (nm) אלף (69) **אַלּוּף**

Do not trust in a friend. — אַל תַּבְטְחוּ בְּאַלּוּף
Micah 7:5 — מִיכָה ז, ה

אַלֻּפִים
אַלּוּף־: אַלּוּפִי
אַלּוּפֵי־\אַלֻּפֵי־: אַלּוּפֵינוּ, אַלּוּפֵיהֶם

Eliab (np) אל\אב (21) **אֱלִיאָב**

And Eliab was angry at David. — וַיִּחַר אַף אֱלִיאָב בְּדָוִד
1 Samuel 17:28 — שְׁמוּאֵל א יז, כח

Eliel (np) אל\אל (10) **אֱלִיאֵל**

To the sons of Hebron, Eliel was the chief. — לִבְנֵי חֶבְרוֹן אֱלִיאֵל הַשָּׂר
1 Chronicles 15:9 — דִּבְרֵי הַיָּמִים א טו, ט

Elijah (np) אל\יהוה (71) **אֵלִיָּה\אֵלִיָּהוּ**

And Jezebel sent a messenger to Elijah. — וַתִּשְׁלַח אִיזֶבֶל מַלְאָךְ אֶל אֵלִיָּהוּ
1 Kings 19:2 — מְלָכִים א יט, ב

Elihu (np) אל\הוא (11) **אֱלִיהוּ\אֱלִיהוּא**

And Elihu waited with Job. וֶאֱלִיהוּ חִכָּה אֶת אִיּוֹב
Job 32:4 אִיּוֹב לב, ד

idol, worthlessness (nm) --- (20) **אֱלִיל**

You shall not make for yourselves idols. לֹא תַעֲשׂוּ לָכֶם אֱלִילִים
Leviticus 26:1 וַיִּקְרָא כו, א

אֱלִילִים\אלילם

אֱלִילֵי־: אֱלִילֶיהָ

these (dem pron) אלן (5) **אִלֵּין**

And it will put an end to all these kingdoms. וְתָסֵיף כָּל אִלֵּין מַלְכְוָתָא
Daniel 2:44 דָּנִיֵּאל ב, מד

All of these mountains were far from them. כל טוריא אלן רחיק מנהון
4Q206 f1xxvi:19

Eliezer (np) אל\עזר (14) **אֱלִיעֶזֶר**

Moses's sons were Gershom and Eliezer. בְּנֵי מֹשֶׁה גֵּרְשֹׁם וֶאֱלִיעֶזֶר
1 Chronicles 23:15 דִּבְרֵי הַיָּמִים א כג, טו

Eliphaz אל\פז (15) **אֱלִיפַז**

And Adah bore to Esau Eliphaz. וַתֵּלֶד עָדָה לְעֵשָׂו אֶת אֱלִיפָז
Genesis 36:4 בְּרֵאשִׁית לו, ד

Eliakim (np) אל\קום (12) **אֶלְיָקִים**

And the king of Egypt anointed Eliakim king. וַיַּמְלֵךְ מֶלֶךְ מִצְרַיִם אֶת אֶלְיָקִים
2 Chronicles 36:4 דִּבְרֵי הַיָּמִים ב לו, ד

Eliashib (np) אל\שוב (17) **אֶלְיָשִׁיב**

And Eliashib, the high priest, arose. וַיָּקָם אֶלְיָשִׁיב הַכֹּהֵן הַגָּדוֹל
Nehemiah 3:1 נְחֶמְיָה ג, א

Elishama (np) אל\שמע (17) **אֱלִישָׁמָע**

And he took it from the chamber of Elishama. וַיִּקָּחֶהָ מִלִּשְׁכַּת אֱלִישָׁמָע
Jeremiah 36:21 יִרְמְיָהוּ לו, כא

Elisha (np) אל\ישע (58) **אֱלִישָׁע**

What did Elisha say to you? מָה אָמַר לְךָ אֱלִישָׁע
2 Kings 8:14 מְלָכִים ב ח, יד

those (dem pron)	אלך	(14)	אִלֵּךְ

Then those men they brought before the king. | בֵּאדַיִן גֻּבְרַיָּא אִלֵּךְ הֵיתָיוּ קֳדָם מַלְכָּא
Daniel 3:13 | דָּנִיֵּאל ג, יג

widow (nf)	אלם	(55)	אַלְמָנָה

Orphan and widow were oppressed in you. | יָתוֹם וְאַלְמָנָה הוֹנוּ בָךְ
Ezekiel 22:7 | יְחֶזְקֵאל כב, ז

אַלְמָנוֹת

---: אַלְמְנוֹתֶךְ, אַלְמְנוֹתָיו

Eleazar (np)	אל\עזר	(72)	אֶלְעָזָר

And Eleazar, son of Aaron, died. | וְאֶלְעָזָר בֶּן אַהֲרֹן מֵת
Joshua 24:33 | יְהוֹשֻׁעַ כד, לג

thousand (adj)	אלף	(498?)	אֶלֶף\אָלֶף

For better is one day in your courts than a thousand (elsewhere). | כִּי טוֹב יוֹם בַּחֲצֵרֶיךָ מֵאָלֶף
Psalm 84:10 | תְּהִלִּים פד, יא

אַלְפֵי־ | --- | אֲלָפִים, אַלְפַּיִם | ---
אֲלָפָיו

And the water went from the spring to the pool in twel[ve hu]ndred cubits. | 𐤅𐤉𐤋𐤊𐤅 𐤄𐤌𐤉𐤌 𐤌𐤍 𐤄𐤌𐤅𐤑𐤀 𐤀𐤋 𐤄𐤁𐤓𐤊𐤄 𐤁𐤌𐤀𐤕𐤉]𐤌
𐤅[𐤀𐤋𐤐 𐤀𐤌𐤄
Siloam 1:4–5

There will be between all their camps to the place of the hand [i.e., latrine] about two thousand cubits. | יהיה בין כול מחניהמה למקום היד כאלפים באמה
War Scroll (1QM) 7:6–7

clan, tribe (nm)	אלף	(11?)	אֶלֶף

And they spoke with the heads of the clans of Israel. | וַיְדַבְּרוּ אֶת רָאשֵׁי אַלְפֵי יִשְׂרָאֵל
Joshua 22:21 | יְהוֹשֻׁעַ כב, כא

---: אַלְפִי
אַלְפֵי־: אַלְפֵיכֶם

Elkanah (np)	אל\קנה	(20)	אֶלְקָנָה

And Eli blessed Elkanah and his wife. | וּבֵרַךְ עֵלִי אֶת אֶלְקָנָה וְאֶת אִשְׁתּוֹ
1 Samuel 2:20 | שְׁמוּאֵל א ב, כ

אֵם | (220) אמם? | mother (nf)

וְאַל תִּטֹּשׁ תּוֹרַת אִמֶּךָ
מִשְׁלֵי ו, כ

And do not forsake the law of your mother.
Proverbs 6:20

אֵם־: אִמִּי, אִמְּךָ\אִמֵּךְ, אִמֵּךְ, אִמּוֹ, אִמָּהּ, אִמְּכֶם, אִמְּכֶן, אִמָּם
---: אִמֹּתֵינוּ, אִמֹּתָם

ותפשו בו אביהו ואמו והוציאוהו אל זקני עירו

And his father and his mother shall seize him and bring him to the elders of his city.
11Q19 64:3–4

אִם | (1071?) אם | if, whether . . .or . . . (conj)

וְדִבַּרְתָּ אֶת דְּבָרַי אֲלֵיהֶם אִם יִשְׁמְעוּ וְאִם יֶחְדָּלוּ
יְחֶזְקֵאל ב, ז

And you will speak my words to them whether they listen or they refuse.
Ezekiel 2:7

לוא יטהרו כי אם שבו מרעתם

They will not be purified except if they repent from their evil.
Community Rule (1QS) 5:13–14

אָמָה | (56) אמה | maidservant, female slave (nf)

אוּלַי יַעֲשֶׂה הַמֶּלֶךְ אֶת דְּבַר אֲמָתוֹ
שְׁמוּאֵל ב יד, טו

Perhaps the king will do the word of his maidservant.
2 Samuel 14:15

אֲמָהוֹת\אֲמָהֹת
---: אֲמָתְךָ\אֲמָתֶךָ, אֲמָתוֹ, אֲמָתָהּ
אַמְהוֹת־: אַמְהֹתַי, אַמְהֹתָיו, אַמְהֹתֶיהָ, אַמְהֹתֵיכֶם, אַמְהֹתֵיהֶם

𐤀𐤉𐤍 [𐤐]𐤄 𐤊𐤎𐤐 𐤅𐤆𐤄𐤁 [𐤊𐤉] 𐤀𐤌 [𐤏𐤑𐤌𐤕𐤅]
𐤅𐤏𐤑𐤌[𐤕] 𐤀𐤌𐤕𐤄 𐤀[𐤕]𐤄

There is not [he]re silver and gold [ex]cept [his bones] and his maidservant's bon[es] with [hi]m.
Silwan 2:1–2

ואת עבדו ואת אמתו אל ימכור

And his servant and his maidservant he may not sell.
Damascus Document (CD) 12:10

אַמָּה | (249) אמה | cubit (nf)

קוֹמַת הַכְּרוּב הָאֶחָד עֶשֶׂר בָּאַמָּה
מלכים א ו, כו

The height of the one cherub was ten cubits.
1 Kings 6:26

אַמּוֹת\אַמֹּת\אֵמוֹת | אַמָּתַיִם
אַמַּת־: ---
אַמּוֹת־: ---

[And] one thousand cubits and one [hu]ndred cubits was the height of the rock.
Siloam 1:5–6

[𐤅]𐤀𐤋𐤐 𐤀𐤌𐤄 𐤅𐤌[𐤀]𐤕 𐤀𐤌𐤄 𐤄𐤉𐤄 𐤂𐤁𐤄 𐤄𐤑𐤓

And the shields of the towers will be three cubits long.
War Scroll (1QM) 9:12

ומגני המגדלות יהיו ארוכים שלוש אמות

nation (nf)	אמה	(8)	אֻמָּה

The king wrote to all the peoples, nations, and languages.
Daniel 6:25

מַלְכָּא כְּתַב לְכָל עַמְמַיָּא אֻמַיָּא וְלִשָּׁנַיָּא
דָּנִיֵּאל ו, כו

(def) אֻמַּיָּא\אֻמַיָּא

Amon (np)	אמן	(17)	אָמוֹן

And Amon, his son, reigned in his place.
2 Chronicles 33:20

וַיִּמְלֹךְ אָמוֹן בְּנוֹ תַּחְתָּיו
דִּבְרֵי הַיָּמִים ב לג, כ

faithfulness, steadiness, reliability (nf)	אמן	(49)	אֱמוּנָה

And a righteous one in his faithfulness will live.
Habakkuk 2:4

וְצַדִּיק בֶּאֱמוּנָתוֹ יִחְיֶה
חֲבַקּוּק ב, ד

אֱמוּנוֹת
אֱמוּנַת־: אֱמוּנָתִי, אֱמוּנָתְךָ, אֱמוּנָתוֹ, אֱמוּנָתָם

Amoz (np)	אמץ	(13)	אָמוֹץ

Isaiah, son of Amoz, the prophet wrote.
2 Chronicles 26:22

כָּתַב יְשַׁעְיָהוּ בֶן אָמוֹץ הַנָּבִיא
דִּבְרֵי הַיָּמִים ב כו, כב

he dried up, grew weak, failed (v, *pulal*)	אמל	(15)	אֻמְלַל

The grapevine withers and the fig dries up.
Joel 1:12

הַגֶּפֶן הוֹבִישָׁה וְהַתְּאֵנָה אֻמְלָלָה
יוֹאֵל א, יב

אֻמְלַל, אֻמְלְלָה, אֻמְלְלוּ

---

surely, truly, amen (adv, interj)	אמן	(30)	אָמֵן

Blessed be the LORD forever. Amen and Amen!
Psalm 89:52

בָּרוּךְ יְהוָה לְעוֹלָם אָמֵן וְאָמֵן
תְּהִילִּים פט, נג

Amnon (np)	אמן	(28)	אַמְנוֹן

And Absalom did not speak with Amnon.
2 Samuel 13:22

וְלֹא דִבֶּר אַבְשָׁלוֹם עִם אַמְנוֹן
שְׁמוּאֵל ב יג, כב

אָמְנָם\אָמְנָם	(14)	אמן	surely, indeed, truly (adv)

אָמְנָם יָדַעְתִּי כִּי כֵן — Truly, I knew that it was so.
אִיּוֹב ט, ב — *Job 9:2*

[אָמַץ]	(16)	אמץ	he was strong (v, *qal*)

חִזְקוּ וְאִמְצוּ אַל תִּירְאוּ — Be courageous and strong. Do not fear!
דְּבָרִים לא, ו — *Deuteronomy 31:6*

אָמְצוּ
יֶאֱמַץ, יֶאֶמְצוּ

אֱמַץ, אִמְצוּ

אִמֵּץ	(19)	אמץ	he strengthened, secured, hardened (v, *piel*)

לֹא תְאַמֵּץ אֶת לְבָבְךָ — Do not harden your heart!
דְּבָרִים טו, ז — *Deuteronomy 15:7*

--- | אִמְּצוֹ
אִמַּצְתָּ, אִמֵּץ | אִמַּצְתִּיךָ
תְּאַמֵּץ, יְאַמֵּץ\יְאַמֶּץ, תְּאַמֵּץ, יְאַמְּצוּ | אֲאַמִּצְכֶם, תְּאַמְּצֶנּוּ
מְאַמֶּץ
אַמֵּץ, אַמְּצוּ | אַמְּצֵהוּ

אֲמַצְיָה\אֲמַצְיָהוּ	(40)	אמץ\יהוה	Amaziah (np)

אָז שָׁלַח אֲמַצְיָה מַלְאָכִים — Then Amaziah sent messengers.
מְלָכִים ב יד, ח — *2 Kings 14:8*

אָמַר	(5283)	אמר	he said (v, *qal*)

וַיֹּאמֶר אֵלַי אֱמֹר כֹּה אָמַר יְהוָה כֵּן אֲמַרְתֶּם בֵּית יִשְׂרָאֵל — And he said to me, "Say, Thus said the LORD, Thus, you said, O house of Israel."
יְחֶזְקֵאל יא, ה — *Ezekiel 11:5*

◌ֱאמֹר\◌ֱאמוֹר\אֱמֹר\אֱמֹר\אֲמָר (אָמֹר\אָמוֹר) | אָמְרִי, אֲמָרְךָ, אָמְרֵךְ, אֲמָרְכֶם\אֱמָרְכֶם, אָמְרָם
אָמַרְתִּי\אָמָרְתִּי, אָמַרְתָּ\אָמָרְתָּ, אָמַרְתְּ, אָמַר\אָמָר, אָמְרָה, אָמַרְנוּ, אֲמַרְתֶּם, אָמְרוּ\אָמֶר
אֹמַר\אוֹמַר\אֹמְרָה\אוֹמְרָה, תֹּאמַר\תֹּאמֵר\תֹּאמֶר, תֹּאמְרִי, יֹאמַר\יֹאמֶר, תֹּאמַר\תֹּאמֵר\תֹּאמֶר\תֹּאמַר
,נֹאמַר\נֹאמֶר, תֹּאמְרוּ\תֹּאמֵרוּ\תֹּמְרוּ\תֹּאמְרוּן\תֹּאמְרֻן, יֹאמְרוּ\יֹאמֵרוּ\יֹאמֶר, תֹּאמַרְנָה\תֹּאמַרְןָ | יֹמְרוּךָ
אֹמֵר\אוֹמֵר, אֹמֶרֶת\אֹמְרָה, אֹמְרִים, אֹמְרוֹת\אֹמְרֹת | אָמוּר
אֱמֹר\אֱמָר, אִמְרִי, אִמְרוּ

𐤄𐤈𐤄 [𐤏]𐤁𐤃𐤊 [𐤋]𐤁𐤄 𐤀𐤋 𐤀𐤔𐤓 𐤀𐤌[𐤓𐤕] — Your [se]rvant inclined his [he]art to what you [said].
Arad 40:4–5

וענו ואמרו ברוך אל ישראל — And answer and say, "Blessed is the God of Israel."
War Scroll (1QM) 13:2

he said, commanded (v, *peal*) | אמר | (71) | **אֲמַר**

This is the dream, and its interpretation we will say before the king.
Daniel 2:36

דְּנָה חֶלְמָא וּפִשְׁרֵהּ נֵאמַר קֳדָם מַלְכָּא
דָּנִיֵּאל ב, לו

מֵאמַר\מֵמַר
אַמְרֵת, אֲמַר, אֲמַ֫רֶת, אֲמַ֫רְנָא, אֲמַ֫רוּ
יֵאמַר, נֵאמַר, תֵּאמְרוּן
אָמַר, אָמְרִין\אָ֫מְרִין
אֱמַר, אֱמַ֫רוּ

And he said to me, "To your seed I will give all the land."
1Q20 21:12

ואמר לי לזרעך אנתן כול ארעא

word, speech (nm) | אמר | (48) | **[אֵ֫מֶר]**

And the earth will hear the words of my mouth.
Deuteronomy 32:1

וְתִשְׁמַע הָאָרֶץ אִמְרֵי פִי
דְּבָרִים לב, א

אֲמָרִים
---: אִמְרֵי
אִמְרֵי־: אֲמָרַי\אֲמָרָי, אֲמָרָיו, אֲמָרֶיהָ, אִמְרֵיכֶם

How far from the wicked ones is her [i.e., Wisdom's] word.
11Q5 18:13

כמה רחקה מרשעים אמרה

word, saying (nf) | אמר | (37) | **אִמְרָה**

Stretch your ear to me; hear my word.
Psalm 17:6

הַט אָזְנְךָ לִי שְׁמַע אִמְרָתִי
תְּהִלִּים יז, ו

אֲמָרוֹת
אִמְרַת־: אִמְרָתִי, אִמְרָתְךָ\אִמְרָתֶ֫ךָ, אִמְרָתֵךְ, אִמְרָתוֹ\אֶמְרָתוֹ
אִמְרוֹת־: ---

He guarded your word and your covenant he kept.
4Q175 1:17

שמר אמרתכה ובריתך ינצר

Amorite (gent) | --- | (87) | **אֱמֹרִי**

Do not fear the gods of the Amorite.
Judges 6:10

לֹא תִירְאוּ אֶת אֱלֹהֵי הָאֱמֹרִי
שׁוֹפְטִים ו, י

Amariah (np) | אמר\יהוה | (16) | **אֲמַרְיָה\אֲמַרְיָהוּ**

And behold, Amariah the head priest is over you.
2 Chronicles 19:11

וְהִנֵּה אֲמַרְיָהוּ כֹּהֵן הָרֹאשׁ עֲלֵיכֶם
דִּבְרֵי הַיָּמִים ב יט, יא

אֱמֶת (127) אמן truth, faithfulness, reliability (nf)

וּדְבַר יְהוָה בְּפִיךָ אֱמֶת — And the LORD's word in your mouth is truth.
מְלָכִים א יז, כד — *1 Kings 17:24*

אֱמֶת־: אֲמִתְּךָ, אֲמִתּוֹ

אַמְתַּחַת (15) מתח sack (nf)

וַיִּמָּצֵא הַגָּבִיעַ בְּאַמְתַּחַת בִּנְיָמִן — And the bowl was found in Benjamin's sack.
בְּרֵאשִׁית מד, יב — *Genesis 44:12*

אַמְתַּחַת־ :אַמְתַּחְתִּי, אַמְתַּחְתּוֹ
אַמְתְּחוֹת־: אַמְתְּחֹתֵינוּ, אַמְתְּחֹתֵיכֶם

אָן\אָנָה (42) אין where (interrog pron)

אָנָה אֵלֵךְ מֵרוּחֶךָ — Where will I go from your spirit?
תְּהִלִּים קלט, ז — *Psalm 139:7*

אָנָּא\אָנָּה (13) אה\נא please (interjection)

אָנָּא יְהוָה הוֹשִׁיעָה נָּא — Please, LORD, please save!
תְּהִלִּים קיח, כה — *Psalm 118:25*

אֲנָה (16) אנה I (pron)

הָא אֲנָה חָזֵה גֻּבְרִין אַרְבְּעָה — Behold, I see four men!
דָּנִיֵּאל ג, כה — *Daniel 3:25*

𐤀𐤍𐤄 𐤁𐤍𐤉𐤕 𐤁𐤉𐤕𐤀 — I built the house.
KAI 216 1:20

ואנה נפׄלת על אנפי — I fell on my face.
4Q531 f14:3

אֱנוֹשׁ (42) אנש human being, man, mortal (nm)

וְתִקְוַת אֱנוֹשׁ הֶאֱבַדְתָּ — And hope of a mortal you destroy.
אִיּוֹב יד, יט — *Job 14:19*

אֱנוֹשׁ־:---

אֲנָחָה (11) אנח sighing, groaning (nf)

וְאַנְחָתִי מִמְּךָ לֹא נִסְתָּרָה — And my groaning from you is not hidden.
תְּהִלִּים לח, י — *Psalm 38:9*

---: אֲנָחָתִי, אַנְחָתָה
---: אַנְחֹתַי

There is no grief and groaning, and iniquity [will not be found again].
Thanksgiving Hymn (1QHa) 19:29
ואין יגון ואנחה ועולה לא [תמצא עוד]

we (pron)	אנח?	(126)	אֲנַחְנוּ\נַחְנוּ\אֲנוּ

And we do not know what we should do.
2 Chronicles 20:12
וַאֲנַחְנוּ לֹא נֵדַע מַה נַּעֲשֶׂה
דִּבְרֵי הַיָּמִים ב כ, יב

I (pron)	אני	(874)	אֲנִי\אָנִי

I am He, I am first, also I am last.
Isaiah 48:12
אֲנִי הוּא אֲנִי רִאשׁוֹן אַף אֲנִי אַחֲרוֹן
יְשַׁעְיָהוּ מח, יב

I ruled in al[l the land of Israel
Arad 88:1
𐤀𐤍𐤉 𐤌𐤋𐤊𐤕𐤉 𐤁[𐤊]𐤋 𐤀𐤓𐤑 𐤉𐤔𐤓𐤀𐤋

And I knew that your mouth is truth and in your hand is righteous.
Thanksgiving Hymn (1QHa) 19:10
ואני ידעתי כי אמת פיכה ובידכה צדקה

ship (nf)	אני	(31)	אֳנִיָּה

My servants shall go with your servants in boats.
1 Kings 22:49
יֵלְכוּ עֲבָדַי עִם עֲבָדֶיךָ בָּאֳנִיּוֹת
מְלָכִים א כב, נ

אֳנִיּוֹת

אֳנִיּוֹת־: אֳנִיּוֹתֵיהֶם

I (pron)	אנך?	(359)	אָנֹכִי\אָנֹ֫כִי

I am not a prophet and I am not a son of a prophet.
Amos 7:14
לֹא נָבִיא אָנֹכִי וְלֹא בֶן נָבִיא אָנֹכִי
עָמוֹס ז, יד

And do all which I am speaking to you.
11Q19 31:9
ועשה ככול אשר אנוכי מדבר אליכה

man, humanity (nm)	אנש	(25)	אֱנָשׁ\אֱנָשָׁא

You know that the Most High is ruler in the kingdom of humanity.
Daniel 4:32
תִנְדַּע דִּי שַׁלִּיט עִלָּיָא בְּמַלְכוּת אֲנָשָׁא
דָּנִיֵּאל ד, כט

אֲנָשִׁים

And I ate and drank there, I and all the men of my house. — ואכלת ואשתית תמן אנה וכול אנש ביתי
1Q20 21:20–21

you (ms) — אנת — (15) — **אַנְתְּה\אַנְתְּ**

You, O King, are king of kings. — אַנְתְּה מַלְכָּא מֶלֶךְ מַלְכַיָּא
Daniel 2:37 — דניאל ב, לז

Blessed are you, God Most High! — בריך אנתה אל עליון
1Q20 20:12

Asa (np) — --- — (58) — **אָסָא**

And Asa did what was right in the LORD's eyes. — וַיַּעַשׂ אָסָא הַיָּשָׁר בְּעֵינֵי יְהוָה
1 Kings 15:11 — מְלָכִים א טו, יא

prisoner (nm) — אסר — (18) — **אָסִיר\אַסִּיר**

I set free your prisoners from a waterless cistern. — שִׁלַּחְתִּי אֲסִירַיִךְ מִבּוֹר אֵין מַיִם בּוֹ
Zechariah 9:11 — זְכַרְיָה ט, יא

אֲסִירִים

אֲסִירֵי־: אֲסִירַיִךְ, אֲסִירָיו

he gathered, collected, removed, destroyed (v, *qal*) — אסף — (105) — **אָסַף**

Go and gather the elders of Israel. — לֵךְ וְאָסַפְתָּ אֶת זִקְנֵי יִשְׂרָאֵל
Exodus 3:16 — שְׁמוֹת ג, טז

אֱסֹף (אָסֹף) | אָסְפְּךָ, אָסְפְּכֶם
אָסַפְתִּי, אָסַפְתָּ\אָסַפְתָּה, אָסַף, אָסְפוּ | אֲסַפְתּוֹ אֶאֱסֹף\אֹסְפָה, תֶּאֱסֹף\תֹּסֵף, תַּאַסְפִי, יֶאֱסֹף\יֹסֵף,
נֶאֱסֹף, יַאַסְפוּ | אֹסִפְךָ, יַאַסְפֵנִי, יַאַסְפֶךָ, יַאַסְפֵהוּ,
יַאַסְפֵנִי, יַאַסְפָהּ, יַאַסְפֵם
אֱסֹף | אֹסִפְךָ, אֹסְפָם | --- (אֲסָפֵי־)
אֱסֹף\אֶסְפָה, אִסְפִי, אִסְפוּ

Asaph (np) — אסף — (46) — **אָסָף**

And Asaph sounds the cymbals. — וְאָסָף בַּמְצִלְתַּיִם מַשְׁמִיעַ
1 Chronicles 16:5 — דִּבְרֵי הַיָּמִים א טז, ה

diligently, exactly (adv) — --- — (7) — **אָסְפַּרְנָא**

And that work is diligently being done. — וַעֲבִידְתָּא דָךְ אָסְפַּרְנָא מִתְעַבְדָא
Ezra 5:8 — עֶזְרָא ה, ח

he tied, bound, imprisoned (v, *qal*) — אסר — (63) — **[אָסַר]**

We came down to bind you to give you into the hand of the Philistines. — לֶאֱסָרְךָ יָרַדְנוּ לְתִתְּךָ בְּיַד פְּלִשְׁתִּים
Judges 15:12 — שׁוֹפְטִים טו, יב

אֱסוֹר\אְסֹר (אָסוֹר\אָסֹר) | אֱסָרְךָ, אָסְרָם
אָסְרָה, אֲסַרְתֶּם | אֲסָרָם, אֲסַרְנוּהוּ, אֲסָרוּךָ
יֶאְסֹר\יֶאֱסֹר | יַאַסְרֵהוּ, תַּאַסְרֵהוּ, נֶאֱסָרְךָ, יַאַסְרוּנִי\יַאַסְרֻנִי, יַאַסְרוּהוּ\יַאַסְרֻהוּ, יַאַסְרוּם
--- (אִסְרִי) | אָסוּר, אֲסוּרִים\(הָ)אֲסוּרִים, אֲסֻרוֹת
אֱסֹר, אִסְרוּ

All which she bound on her life will arise on her. — כול אשר אסרה על נפשה יקומו עליה
11Q19 54:4–5

prohibition, interdiction (nm) אסר (7) **אֱסָר\אֱסָרָא**

O king, did you not sign a prohibition? — מַלְכָּא הֲלָא אֱסָר רְשַׁמְתָּ
Daniel 6:12 — דָּנִיֵּאל ו, יג

Esther (np) --- (55) **אֶסְתֵּר**

And Esther was taken to the house of the king. — וַתִּלָּקַח אֶסְתֵּר אֶל בֵּית הַמֶּלֶךְ
Esther 2:8 — אֶסְתֵּר ב, ח

wood, timber (nm) אע (5) **אָע\אָעָא (def)**

And they praised the gods of gold, silver, bronze, iron, wood, and stone. — וְשַׁבַּחוּ לֵאלָהֵי דַּהֲבָא וְכַסְפָּא נְחָשָׁא פַרְזְלָא אָעָא וְאַבְנָא
Daniel 5:4 — דָּנִיֵּאל ה, ד

-
-
-

nose, nostril, face, anger (nm) אנף (277) **אַף**

Who knows the power of your anger? — מִי יוֹדֵעַ עֹז אַפֶּךָ
Psalm 90:11 — תְּהִלִּים צ, יא

חָרָה אַף: be angry [lit, nose becomes hot]

And God was angry with their congregation. — ויחר אף אל בעדתם
Damascus Document (CD) 3:8–9

also, even אף (133) **אַף**

I will also put in the desert a road. — אַף אָשִׂים בַּמִּדְבָּר דֶּרֶךְ
Isaiah 43:19 — יְשַׁעְיָהוּ מג, יט

he baked [ptc, baker] (v, *qal*) | **אפה** | **(22)** | **אָפָה**

And he baked unleavened bread and they ate.
Genesis 19:3

וּמַצּוֹת אָפָה וַיֹּאכֵלוּ
בְּרֵאשִׁית יט, ג

אָפִיתִי, אָפִיתָ, אָפָה, אָפוּ
תֹּאפוּ, יֹאפוּ | תֹּפֵהוּ
אֹפֶה, אֹפִים
אֵפוּ

then (part) | **---** | **(15)** | **אֵפוֹא\אֵפוֹ**

And for you then what will I do, my son?
Genesis 27:37

וּלְכָה אֵפוֹא מָה אֶעֱשֶׂה בְּנִי
בְּרֵאשִׁית כז, לז

ephod, ritual garment/object, tunic (nm) | **אפד** | **(49)** | **אֵפוֹד\אֵפֹד**

And he made the robe of the ephod, a work of the weaver.
Exodus 39:22

וַיַּעַשׂ אֶת מְעִיל הָאֵפֹד מַעֲשֵׂה אֹרֵג
שְׁמוֹת לט, כב

אֵפוֹד־: ---
---

stream-bed, channel, furrow (nm) | **אפק** | **(18)** | **[אָפִיק]**

The channels of water dried up, and fire ate the pastures of the wilderness.
Joel 1:20

יָבְשׁוּ אֲפִיקֵי מָיִם וְאֵשׁ אָכְלָה נְאוֹת הַמִּדְבָּר
יוֹאֵל א, כ

אֲפִיקִים\אֲפִקִים
אֲפִיק־: ---
אֲפִיקֵי־\אֲפִקֵי־: אֲפִיקֶיךָ, אֲפִיקָיו

darkness, gloom (nf) | **אפל** | **(10)** | **אֲפֵלָה**

A path of wicked ones is like darkness.
Proverbs 4:19

דֶּרֶךְ רְשָׁעִים כָּאֲפֵלָה
מִשְׁלֵי ד, יט

אֲפֵלוֹת
---: אֲפֵלָתְךָ

And the light of my face was darkened to gloom.
Thanksgiving Hymn (1QHa) 13:34

ויחשך מאור פני לאפלה

end, limit, nothingness (nm) | **אפס** | **(43)** | **אֶפֶס\אָפֶס**

Turn to me and be saved, all the ends of the earth. — פְּנוּ אֵלַי וְהִוָּשְׁעוּ כָּל אַפְסֵי אָרֶץ

Isaiah 45:22 — יְשַׁעְיָהוּ מה, כב

---: אַפְסֵי
אַפְסֵי־: ---

It is, and it will be, and there is no end. — הווה והיאה תהיה ואין אפס

Thanksgiving Hymn (1QHa) 20:12–13

ashes, dust (nm)	אפר	(22)	אֵפֶר

They will be dust under the soles of your feet. — יִהְיוּ אֵפֶר תַּחַת כַּפּוֹת רַגְלֵיכֶם

Malachi 4:3 — מַלְאָכִי ג, כא

אֵפֶר־: ---

And I am dust and ashes. — ואני עפר ואפר

Thanksgiving Hymn (1QHa) 18:7

Ephraim (np)	פרה	(180)	אֶפְרַיִם

What will I do to you, Ephraim? — מָה אֶעֱשֶׂה לְּךָ אֶפְרַיִם

Hosea 6:4 — הוֹשֵׁעַ ו, ד

finger, toe (nf)	צבע	(31)	אֶצְבַּע

And he dipped his finger in the blood and put on the horns of the altar. — וַיִּטְבֹּל אֶצְבָּעוֹ בַּדָּם וַיִּתֵּן עַל קַרְנוֹת הַמִּזְבֵּחַ

Leviticus 9:9 — וַיִּקְרָא ט, ט

אֶצְבָּעוֹת
אֶצְבַּע־: אֶצְבָּעֲךָ, אֶצְבָּעוֹ
אֶצְבְּעוֹת־\אֶצְבְּעֹת־: אֶצְבְּעוֹתַי\אֶצְבְּעֹתַי, אֶצְבְּעֹתֶיךָ, אֶצְבְּעֹתָיו, אֶצְבְּעוֹתֵיכֶם

And] the fingers of his hand are thin and lo[n]g. — ו]אצבעות ידיו דקות וא֯ר֯ו[כ]ות

4Q186 f2i:4–5

with, beside, next to (prep)	אצל	(61)	אֵצֶל

And I looked and behold four wheels were beside the cherubim. — וָאֶרְאֶה וְהִנֵּה אַרְבָּעָה אוֹפַנִּים אֵצֶל הַכְּרוּבִים

Ezekiel 10:9 — יְחֶזְקֵאל י, ט

אֶצְלִי, אֶצְלוֹ, אֶצְלָהּ, אֶצְלָם

And a house of stairs you will make next to the walls of the gates. — ובית מעלות תעשה אצל קירות השערים
11Q19 42:7

he lay in wait, ambushed (v, *qal*) ארב (20) **אָרַב**

In the wilderness they ambushed us. — בַּמִּדְבָּר אָרְבוּ לָנוּ
Lamentations 4:19 — אֵיכָה ד, יט

אֱרָב
אָרַבְתִּי, אָרַב, אֲרַבְתֶּם, אָרְבוּ
תֶּאֱרֹב, יֶאֱרֹב, תֶּאֱרֹב, נֶאֶרְבָה, יֶאֶרְבוּ
אֹרֵב, אֹרְבִים
אֱרֹב

ambush (nm) ארב (18) **אֹרֵב\אוֹרֵב**

And the ambush arose quickly from its place. — וְהָאוֹרֵב קָם מְהֵרָה מִמְּקוֹמוֹ
Joshua 8:19 — יְהוֹשֻׁעַ ח, יט

אֹרְבִים

---

locust (nm) רבה (24) **אַרְבֶּה**

Not one locust remained in all the border of Egypt. — לֹא נִשְׁאַר אַרְבֶּה אֶחָד בְּכֹל גְּבוּל מִצְרָיִם
Exodus 10:19 — שְׁמוֹת י, יט

---

four (adj, fs) רבע (149) **אַרְבַּע**

These are the four winds of heaven going forth. — אֵלֶּה אַרְבַּע רֻחוֹת הַשָּׁמַיִם יוֹצְאוֹת
Zechariah 6:5 — זְכַרְיָה ו, ה

אַרְבַּע־:---

[In the] four hundred and eightieth year of Noah's life, the end came. — [ב]שְׁנת ארבע מאות ושמונים לחיי נוח בא קצם
4Q252 1:1

four (adj, ms/fs) רבע (5) **אַרְבַּע\אַרְבְּעָה**

Behold, I am seeing four men. — הָא אֲנָה חָזֵה גֻּבְרִין אַרְבְּעָה
Daniel 3:25 — דָּנִיֵּאל ג, כה

four (adj, ms) רבע (169) **אַרְבָּעָה\אַרְבָּע**

And the LORD showed me four blacksmiths. | וַיַּרְאֵנִי יְהוָה אַרְבָּעָה חָרָשִׁים
Zechariah 1:20 | זְכַרְיָה ב, ג

אַרְבַּעַת־: אַרְבַּעְתָּם, אַרְבַּעְתָּן

. . . wine for four days. | 𐤉𐤉𐤍 𐤋 𐤀𐤓𐤁𐤏𐤕 𐤄𐤉𐤌𐤌
Arad 2:2–3

forty (adj, pl) | **רבע** (135) | **אַרְבָּעִים**

And forty years you sustained them in the wilderness. | וְאַרְבָּעִים שָׁנָה כִּלְכַּלְתָּם בַּמִּדְבָּר
Nehemiah 9:21 | נְחֶמְיָה ט, כא

And the rain was on the earth forty days and forty nights. | ויהי הגשם על הארץ ארבעים יום וארבעים לילה
4Q252 1:5–6

he wove [ptc, weaver] (v, *qal*) | **ארג** (13) | **[אָרַג]**

The women are weaving there. | הַנָּשִׁים אֹרְגוֹת שָׁם
2 Kings 23:7 | מְלָכִים ב כג, ז

תַּאַרְגִי, יֶאֱרֹגוּ
אֹרֵג, אֹרְגִים, אֹרְגוֹת
---

purple (nm) | --- (38) | **אַרְגָּמָן**

Linen and purple is her clothing. | שֵׁשׁ וְאַרְגָּמָן לְבוּשָׁהּ
Proverbs 31:22 | מִשְׁלֵי לא, כב

---

behold (interj) | **ארו** (5) | **אֲרוּ**

And behold with the clouds of heaven was one like a son of man. | וַאֲרוּ עִם עֲנָנֵי שְׁמַיָּא כְּבַר אֱנָשׁ
Daniel 7:13 | דָּנִיֵּאל ז, יג

Behold, God is greater than man. | ארו רב אלהא מן אנשא
11Q10 22:6

ark, chest, coffin (nm/nf) | **ארן** (202) | **אֲרוֹן\אָרוֹן\אָרֹן**

There is nothing in the ark except the two tablets of stones. — אֵין בָּאָרוֹן רַק שְׁנֵי לֻחוֹת הָאֲבָנִים
1 Kings 8:9 — מלכים א ח, ט

אֲרוֹן־\אֲרֹן־: ---

And David did not read in the book of the Law, which was sealed, which was in the ark. — ודויד לא קרא בספר התורה החתום אשר היה בארון
Damascus Document (CD) 5:2–3

cedar (nm) — ארז (73) — אֶ֫רֶז\אָ֫רֶז

The voice of the LORD breaks cedars. — קוֹל יְהוָה שֹׁבֵר אֲרָזִים
Psalm 29:5 — תְּהִלִּים כט, ה

אֲרָזִים

אַרְזֵי־: אֲרָזֶיךָ, אֲרָזָיו

way, path, course (nm, nf) — ארח (59) — אֹ֫רַח

In a path of wicked ones do not come. — בְּאֹרַח רְשָׁעִים אַל תָּבֹא
Proverbs 4:14 — מִשְׁלֵי ד, יד

אֳרָחוֹת
אֹרַח־: אָרְחִי, אָרְחֶ֫ךָ, אָרְחוֹ
אָרְחוֹת־: אָרְחֹתָי, אֹרְחוֹתֶיךָ\אֹרְחֹתֶיךָ, אֹרְחֹתָיו\אֹרְחֹתָיו, אֹרְחוֹתָם\אָרְחֹתֵיהֶם

lion (nm) — ארה (35) — אֲרִי\אֲרִיה

Also the lion, also the bear, your servant killed. — גַּם אֶת הָאֲרִי גַּם הַדּוֹב הִכָּה עַבְדֶּךָ
1 Samuel 17:36 — שְׁמוּאֵל א יז, לו

אֲרָיוֹת\אֲרָיִים

And you delivered a poor soul in a lair of lions. — ותצל נפש עני במעון אריות
Thanksgiving Hymn (1QHa) 13:15

lion (nm) — ארה (45) — אַרְיֵה

They will walk after the LORD like a lion will roar. — אַחֲרֵי יְהוָה יֵלְכוּ כְּאַרְיֵה יִשְׁאָג
Hosea 11:10 — הוֹשֵׁעַ יא, י

---

lion (nm) | ארה | (10) | **אַרְיֵה\אַרְיָוָתָא (def)**

My God sent his angel and shut the mouth of the lions. — אֱלָהִי שְׁלַח מַלְאֲכֵהּ וּסֲגַר פֻּם אַרְיָוָתָא
Daniel 6:22 — דָּנִיֵּאל ו, כג

---

long (adj) | --- | (5) | **אַרְיוֹךְ**

The Arioch made the word known to Daniel. — אֱדַיִן מִלְּתָא הוֹדַע אַרְיוֹךְ לְדָנִיֵּאל
Daniel 2:15 — דָּנִיֵּאל ב, טו

long (adj) | ארך | (18) | **[אָרֹךְ\אָרֵךְ]**

Better is a patient (person) than a mighty. — טוֹב אֶרֶךְ אַפַּיִם מִגִּבּוֹר
Proverbs 16:32 — מִשְׁלֵי טז, לב

--- (אֶרֶךְ־) | אֲרֻכָּה | --- | ---

And patient in your judgments, you are righteous in all your deeds. — וארוך אפים במשפטיך צדקתה בכל מעשיכה
Thanksgiving Hymn (1QHa) 9:8

length (nm) | ארך | (95) | **אֹרֶךְ**

Arise, walk about in the land to its length and its width. — קוּם הִתְהַלֵּךְ בָּאָרֶץ לְאָרְכָּהּ וּלְרָחְבָּהּ
Genesis 13:17 — בְּרֵאשִׁית יג, יז

אֹרֶךְ־: אָרְכּוֹ, אָרְכָּהּ, אָרְכָּם, אָרְכָּן

The length of the shield is two and a half cubits, and its width is a cubit and a half. — אורך המגן אמתים וחצי ורוחבו אמה וחצי
War Scroll (1QM) 5:6

Aram (np) | רום? | (149?) | **אֲרָם\אֲרַם**

And the sons of Israel struck down Aram. — וַיַּכּוּ בְנֵי יִשְׂרָאֵל אֶת אֲרָם
1 Kings 20:29 — מְלָכִים א כ, כט

palace, citadel (nm) | ארם? | (32) | **אַרְמוֹן**

And all its palaces they burned with fire. — וְכָל אַרְמְנוֹתֶיהָ שָׂרְפוּ בָאֵשׁ
2 Chronicles 36:19 — דִּבְרֵי הַיָּמִים ב לו, יט

אַרְמְנוֹת
אַרְמוֹן־:---

אַרְמְנוֹת־: אַרְמְנוֹתָיִךְ, אַרְמְנֹתָיו, אַרְמְנוֹתֶיהָ\אַרְמְנֹתֶיהָ, אַרְמְנוֹתֵינוּ, אַרְמְנוֹתֵיהֶם

Aramaean (gent)	רום?	(12)	אֲרַמִּי

And Jacob deceived [lit., stole the heart of] Laban the Aramaean. — וַיִּגְנֹב יַעֲקֹב אֶת לֵב לָבָן הָאֲרַמִּי

Genesis 31:20 — בְּרֵאשִׁית לא, כ

Arnon (np)	רנן	(25)	אַרְנוֹן\אַרְנֹן

Arise, travel, and cross the Arnon river bed. — קוּמוּ סְּעוּ וְעִבְרוּ אֶת נַחַל אַרְנֹן

Deuteronomy 2:24 — דְּבָרִים ב, כד

Ornan (np)	---	(12)	אָרְנָן\אֲרַוְנָה

And the angel of the Lord stood in the threshing floor of Ornan, the Jebusite. — וּמַלְאַךְ יְהוָה עֹמֵד עִם גֹּרֶן אָרְנָן הַיְבוּסִי

1 Chronicles 21:15 — דִּבְרֵי הַיָּמִים א כא, טו

earth (nf)	ארע	(21)	(def) אַרְעָא\אֲרַעָא\[אֲרַע]

Four kings will arise from the earth. — אַרְבְּעָה מַלְכִין יְקוּמוּן מִן אַרְעָא

Daniel 7:17 — דָּנִיֵּאל ז, יז

---

ground, earth, land, country (nf/nm)	ארץ	(2504)	אֶרֶץ\אָרֶץ\אַרְצָה\אָרְצָה

Sing to the Lord a new song, his praise from the end of the earth. — שִׁירוּ לַיהוָה שִׁיר חָדָשׁ תְּהִלָּתוֹ מִקְצֵה הָאָרֶץ

Isaiah 42:10 — יְשַׁעְיָהוּ מב, י

אֲרָצוֹת\אֲרָצֹת

אֶרֶץ־: אַרְצִי, אַרְצְךָ\אַרְצֶךָ, אַרְצֵךְ, אַרְצוֹ, אַרְצָהּ, אַרְצֵינוּ, אַרְצְכֶם, אַרְצָם

אַרְצוֹת־\אַרְצֹת־: אַרְצֹתָם

The Lord is the God of all the earth.

Beit Lei 5:1

Fill your land with glory and your inheritance with blessing. — מלא ארצכה כבוד ונחלתכה ברכה

War Scroll (1QM) 12:12

he cursed (v, *qal*)	ארר	(54)	[אָרַר]

The ones who curse you will be cursed, and the ones who bless you will be blessed. — אֹרְרֶיךָ אָרוּר וּמְבָרֲכֶיךָ בָּרוּךְ

Genesis 27:29 — בְּרֵאשִׁית כז, כט

--- (אָרוֹר)
אָרוֹתִי | אָרוֹתִיהָ
אָאֹר, תָּאֹר
--- (אֹרְרֵי־) | אֹרְרֶיךָ | אָרוּר, אֲרוּרָה, אֲרוּרִים
אָרָה, אֹרוּ\אוֹרוּ

𐤀𐤓𐤅𐤓 𐤄𐤀𐤃𐤌 𐤀𐤔𐤓 𐤉𐤐𐤕𐤇 𐤀𐤕 𐤆𐤀𐤕
Cursed is the man who opens this.
Silwan 2:2–3

ארור אתה בכול מעשי רשע
Cursed are you in all of the deeds of wickedness.
Community Rule (1QS) 2:5

Artaxerxes (np) | --- | (6) | אַרְתַּחְשַׁשְׂתְּא\אַרְתַּחְשַׁסְתְּא

אֲנָה אַרְתַּחְשַׁסְתְּא מַלְכָּא שִׂים טְעֵם
עזרא ז, כא
I, King Artaxerxes, made a decree.
Ezra 7:21

fire (nm/nf) | אנש? | (378) | אֵשׁ

וַיֹּאמֶר הִנֵּה הָאֵשׁ וְהָעֵצִים וְאַיֵּה הַשֶּׂה
בְּרֵאשִׁית כב, ז
And he said, "Here is the fire and the wood, but where is the lamb?"
Genesis 22:7

אֵשׁ־: אִשּׁוֹ, אֶשְׁכֶם, אִשָּׁם

אתה בקרבנו בעמוד אש וענן
You are in our midst in a column of fire and cloud.
4Q504 f6:10

Ashdod (np) | שדד | (17) | אַשְׁדּוֹד

הַשְׁמִיעוּ עַל אַרְמְנוֹת בְּאַשְׁדּוֹד
עָמוֹס ג, ט
Announce it over the palaces in Ashdod.
Amos 3:9

offering by fire, burnt offering (nm) | --- | (65) | אִשֶּׁה

וְהֵם הֵבִיאוּ אֶת קָרְבָּנָם אִשֶּׁה
בְּמִדְבַּר טו, כה
And they brought their offering, a fire offering.
Numbers 15:25

אִשֵּׁה־:---
אִשֵּׁי: אִשַּׁי

woman, wife, female (nf) | אנש | (781) | אִשָּׁה

וַיָּבֹא נֹחַ וּבָנָיו וְאִשְׁתּוֹ וּנְשֵׁי בָנָיו אִתּוֹ אֶל הַתֵּבָה
בְּרֵאשִׁית ז, ז
And Noah, his sons, his wife, and his sons' wives came with him to the ark.
Genesis 7:7

נָשִׁים
אֵשֶׁת־: אִשְׁתִּי, אִשְׁתְּךָ\אִשְׁתֶּ֫ךָ\אֶשְׁתְּךָ, אִשְׁתּוֹ
נְשֵׁי\אִשֹּׁת: נָשַׁי, נָשֶׁיךָ, נָשָׁיו, נָשֵׁינוּ, נְשֵׁיכֶם, נְשֵׁיהֶם

אל ישכב איש עם אשה בעיר המקדש — A man may not lie with a woman in the city of the sanctuary.
Damascus Document (CD) 12:1

אַשּׁוּר (151) ישר — **Assyria (np)**

אַשּׁוּר לֹא יוֹשִׁיעֵנוּ — Assyria will not save us.
הוֹשֵׁעַ יד, ד — *Hosea 14:3*

אָשַׁם (33) אשם — **he was guilty, did wrong, was punished (v, *qal*)**

וְלֹא יֶאְשְׁמוּ כָּל הַחֹסִים בּוֹ — All who seek refuge in him will not be guilty.
תְּהִלִּים לד, כג — *Psalm 34:22*

--- (אָשׁוֹם\אָשֹׁם)
אָשֵׁמְתָּ, אָשַׁמְתְּ, אָשַׁם\אָשֵׁם, אָשְׁמָה, אָשֵׁמוּ
יֶאְשַׁם, תֶּאְשַׁם, נֶאְשַׁם, תֶּאְשָׁמוּ, יֶאְשְׁמוּ\יֶאְשָׁמוּ

ועמי יאשמו יחד עמהם — And my people will be guilty together with them.
4Q381 f79:3

אָשָׁם (46) אשם — **guilt offering (nm)**

מָה הָאָשָׁם אֲשֶׁר נָשִׁיב לוֹ — What guilt offering should we return to him?
שְׁמוּאֵל א ו, ד — *1 Samuel 6:4*

---: אֲשָׁמוֹ, אֲשָׁמָם
---: אֲשָׁמָיו

אַשְׁמָה (19) אשם — **guilt, shame (nf)**

וְאַשְׁמוֹתַי מִמְּךָ לֹא נִכְחָדוּ — And my guilty deeds from you were not hidden.
תְּהִלִּים סט, ו — *Psalm 69:5*

אֲשָׁמוֹת
אַשְׁמַת־: אַשְׁמָתוֹ, אַשְׁמָתֵנוּ, אַשְׁמָתָם
---: אַשְׁמוֹתַי

אָשַׁף\אָשְׁפַיָּא (def) (6) אשף — **conjurer, enchanter (nm)**

וּכְעַן הֻעַלּוּ קֳדָמַי חַכִּימַיָּא אָשְׁפַיָּא — And now the wise men, the conjurers, have been brought before me.
דָּנִיֵּאל ה, טו — *Daniel 5:15*

אָשְׁפִּין

Ashkelon (np) שקל (12) **אַשְׁקְלוֹן**

Ashkelon will see and will be afraid. — תֵּרֶא אַשְׁקְלוֹן וְתִירָא
Zechariah 9:5 — זְכַרְיָה ט, ה

he walked, led, corrected, called blessed/happy (v, *piel*) אשר (12) **[אִשֵּׁר]**

And do not walk in the way of wicked ones. — וְאַל תְּאַשֵּׁר בְּדֶרֶךְ רָעִים
Proverbs 4:14 — מִשְׁלֵי ד, יד

אִשְּׁרוּ | אִשְּׁרוּנִי
תְּאַשֵּׁר | תְּאַשְּׁרֵנִי, יְאַשְּׁרֻהוּ, יְאַשְּׁרוּהָ
מְאַשְּׁרִים (מְאַשְּׁרֵי־) | מְאַשְּׁרֶיךָ
אַשֵּׁר, אַשְּׁרוּ

Asher (np) אשר (43) **אָשֵׁר**

Blessed from (other) sons let Asher be. — בָּרוּךְ מִבָּנִים אָשֵׁר יְהִי
Deuteronomy 33:24 — דְּבָרִים לג, כד

that, which, who (rel pron) אשר (5502?) **אֲשֶׁר**

Blessed is the man who puts the LORD as his confidence. — אַשְׁרֵי הַגֶּבֶר אֲשֶׁר שָׂם יְהוָה מִבְטַחוֹ
Psalm 40:4 — תְּהִלִּים מ, ה

בַּאֲשֶׁר	in which/whom
כַּאֲשֶׁר	as, like
לַאֲשֶׁר	to which/whom
מֵאֲשֶׁר	from which/whom

According to all which my lord sent, thus your servant did. — 𐤊𐤊𐤋 𐤀𐤔𐤓 𐤔𐤋𐤇 𐤀𐤃𐤍𐤉 𐤊𐤍 𐤏𐤔𐤄 𐤏𐤁𐤃𐤊
Lachish 4:2–3

Asherah (np), cultic pole (nf) --- (40) **אֲשֵׁרָה**

And Ahab made the cultic pole. — וַיַּעַשׂ אַחְאָב אֶת הָאֲשֵׁרָה
1 Kings 16:33 — מְלָכִים א טז, לג

אֲשֵׁרִים, אֲשֵׁרוֹת

---: אֲשֵׁרֶיךָ, אֲשֵׁרָיו, אֲשֵׁרֵיהֶם

happy, blessed (interj?) אשר (44) **אַשְׁרֵי**

Happy is the man who found wisdom.
Proverbs 3:13

אַשְׁרֵי אָדָם מָצָא חָכְמָה
מִשְׁלֵי ג, יג

אַשְׁרֶיךָ, אַשְׁרֵיךְ, אַשְׁרָיו, אַשְׁרֵיכֶם

you (pron fs) — אנת? (57) — אַתְּ\אָתְּ\אַתִּ\אַתְּי\אַת

Please say you are my sister so that it will go well for me.
Genesis 12:13

אִמְרִי נָא אֲחֹתִי אָתְּ לְמַעַן יִיטַב לִי
בְּרֵאשִׁית יב, יג

untranslated (dir obj) — את (10,969?) — אֵת\אֶת

Every word which I am commanding you, it you will guard to do.
Deuteronomy 12:32

אֵת כָּל הַדָּבָר אֲשֶׁר אָנֹכִי מְצַוֶּה אֶתְכֶם
אֹתוֹ תִשְׁמְרוּ לַעֲשׂוֹת
דְּבָרִים יג, א

אֹתִי\אוֹתִי	אֹתָנוּ\אוֹתָנוּ
אֹתְךָ\אוֹתְךָ\אֹתָךְ\אוֹתָךְ\אֹתְכָה\אֹתָכָה	אֶתְכֶם\אוֹתְכֶם
אֹתָךְ\אוֹתָךְ	---
אֹתוֹ\אוֹתוֹ	אֹתָם\אוֹתָם\אֶתְהֶם\אוֹתְהֶם
אֹתָהּ\אוֹתָהּ	אֹתָן\אֹתָנָה\אֶתְהֶן\אוֹתְהֶן

I bless you to the LORD of Samaria and to his Asherah.
Kuntillet Ajrud 18:1

𐤁𐤓𐤊𐤕 𐤀𐤕𐤊𐤌 𐤋𐤉𐤄𐤅𐤄 𐤔𐤌𐤓𐤍 𐤅𐤋𐤀𐤔𐤓𐤕𐤄

And they did not guard the commandments of their maker.
Damascus Document (CD) 2:21

ולא שמרו את מצות עשיהם

with (prep) — את (897) — אֵת\אֶת־

And I, I am establishing my covenant with you.
Genesis 9:9

וַאֲנִי הִנְנִי מֵקִים אֶת בְּרִיתִי אִתְּכֶם
בְּרֵאשִׁית ט, ט

אִתִּי\אוֹתִי	אִתָּנוּ\אִתָּנוּ\אוֹתָנוּ
אִתְּךָ\אִתָּךְ\אוֹתְךָ\אִתְּךָ\אוֹתָךְ\אִתָּךְ	אִתְּכֶם
אִתָּךְ\אִתֵּךְ\אִתָּךְ\אוֹתָךְ	---
אִתּוֹ\אִתּוֹ\אוֹתוֹ	אִתָּם\אִתָּם\אוֹתָם
אִתָּהּ	---

And all my brothers will answer for me, the ones who harvest with me.
Metsad ha-Shavyahu 1:10

𐤅𐤊𐤋 𐤀𐤇𐤉 𐤉𐤏𐤍𐤅 𐤋𐤉 𐤄𐤒𐤑𐤓𐤌 𐤀𐤕𐤉

All of these will not go with them to war.
War Scroll (1QM) 7:5

כול אלה לוא ילכו אתם למלחמה

he came (v, *qal*) אתה (19) אָתָה

From the north, gold will come. — מִצָּפוֹן זָהָב יֶאֱתֶה
Job 37:22 — אִיּוֹב לז, כב

אָתָה, אָתָנוּ
יֶאֱתֶה, תֵּאתֶה, יֶאֱתָיוּ
אֹתִיּוֹת
אֵתָיוּ

he came (v, *peal*) אתה (7) אֲתָה

With the clouds of heaven, one like the son of a man was coming. — עִם עֲנָנֵי שְׁמַיָּא כְּבַר אֱנָשׁ אָתֵה הֲוָה
Daniel 7:13 — דָּנִיֵּאל ז, יג

מֵתֵא
אֲתָה\אֲתָא, אֲתוֹ

אָתֵה
אֱתוֹ

And he came to Salem, it is Jerusalem. — ואתה לשלם היא ירושלם
1Q20 22:13

you (2ms, pron) אנת? (749) אַתָּה\אַתְּ\אַתָּ

You will sow, but you will not reap. — אַתָּה תִזְרַע וְלֹא תִקְצוֹר
Micah 6:15 — מִיכָה ו, טו

female donkey (nf) אתן (34) אָתוֹן

And the LORD opened the mouth of the donkey. — וַיִּפְתַּח יְהוָה אֶת פִּי הָאָתוֹן
Numbers 22:28 — בְּמִדְבַּר כב, כח

אֲתוֹנוֹת\אֲתֹנוֹת
---: אֲתֹנְךָ, אֲתֹנוֹ
---

furnace (nm) --- (10) אַתּוּן\אַתּוּנָא (def)

They fell into the midst of the furnace of fire. — נְפַלוּ לְגוֹא אַתּוּן נוּרָא
Daniel 3:23 — דָּנִיֵּאל ג, כג

---

you (2mp, pronoun) אנת? (283) אַתֶּם

Blessed are you to the LORD. — בְּרוּכִים אַתֶּם לַיהוָה
Psalm 115:15 — תְּהִילִים קטו, טו

payment, wage (nm)	נתן	(11)	**אֶתְנַן\אֶתְנָ֫ן**

And a payment was not given to you. — וְאֶתְנַן לֹא נִתַּן לָךְ
Ezekiel 16:34 — יְחֶזְקֵאל טז, לד

אֶתְנַן: אֶתְנַנָּה\אֶתְנַנָּה
---: אֶתְנַנֶּיהָ

place, site (nm)	אתר	(8)	**אֲתַר**

And the house of God will be built on its site. — וּבֵית אֱלָהָא יִתְבְּנֵא עַל אַתְרֵהּ
Ezra 5:15 — עֶזְרָא ה, טו

---: אַתְרֵהּ
---

place, site (nm)	אתר	(8)	**אֲתַר**

And the house of God will be built on its site. — וּבֵית אֱלָהָא יִתְבְּנֵא עַל אַתְרֵהּ
Ezra 5:15 — עֶזְרָא ה, יה

---: אַתְרֵהּ

ב / 𐤁

in, at, by, with, among, when [with inf] (prep)	ב	(15,568)	בְּ

And the prince with them when they come will come, and when they leave will leave.
Ezekiel 46:10

וְהַנָּשִׂיא בְּתוֹכָם בְּבוֹאָם יָבוֹא וּבְצֵאתָם יֵצֵאוּ

יְחֶזְקֵאל מו, י

בִּי	בָּנוּ
בְּךָ	בָּכֶם
בָּךְ	[בָּכֶן]
בּוֹ	בָּהֶם\בָּם\בָּהֵמָּה
בָּהּ	בָּהֵן\בָּהֶן\בָּהֵנָּה

Behold, I sent to warn you today.
Arad 24:18–19

𐤄𐤍𐤄 𐤔𐤋𐤇𐤕𐤉 𐤋𐤄𐤏𐤃 𐤁𐤊𐤌 𐤄𐤉𐤌

And in his anger with him he spoke against him with a word of death.
Damascus Document (CD) 9:6

ובחרון אפו בו דבר בו בדבר מות

in, through, by means of, with (prep)	ב •	(226)	בְּ

The spirit of the holy gods is in him.
Daniel 5:11

רוּחַ אֱלָהִין קַדִּישִׁין בֵּהּ
דָּנִיֵּאל ה, יא

בִּי	---
בָּךְ	---
--	---
בֵּהּ	בְּהוֹן
בַּהּ	---

You went on the road.
TAD A3 3:2

אזלת בארחא

And I was walking on paths* of truth.
1Q20 6:2

והוית מהלך בשבילי* אמת

he came (v, *qal*)	בוא	(1992?)	בָּא

Will we really come (I, your mother, and your brothers) to bow to you?
Genesis 37:10

הֲבוֹא נָבוֹא אֲנִי וְאִמְּךָ וְאַחֶיךָ לְהִשְׁתַּחֲוֺת לְךָ

בְּרֵאשִׁית לז, י

בא\בוא (בא\בוא) | באי\בואי, באך\בואך\באכה\באך\בואך, באו\בואו, באה\בואה, באנו, באכם, באם\בואם, באן\בואן\באנה\בואנה

בָּאתִי, בָּאתָ\בָּאתָה, בָּאת, בָּא, בָּאָה\בָּאה, בָּאנוּ\בָּנוּ, בָּאתֶם, בָּאוּ | בָּאתְנוּ
אָבוֹא\אָבֹא\אָבֹאָה\אָבוֹאָה, תָּבוֹא\תָּבֹא, תבואִי\תבֹאִי\תָּבוֹא\תָּבֹאת, יָבוֹא\יָבֹא\יָבוֹ\תָּבוֹא\תָּבֹא\
תָּבוֹאָה\תָּבוֹאתָה, נָבוֹא\נָבֹא\נָבוֹאָה\נָבֹאָה, תָּבֹאוּ, יָבֹאוּ\יָבוֹאוּ\יְבֹאוּן, תָּבֹאנָה\תְּבוֹאנָה\תָּבֹאן\
תְּבוֹאֶינָה\תְּבֹאֶינָה\תָּבוֹאינָה | יְבוֹאֵנוּ\יְבוֹאֶנּוּ\יְבֹאֶנּוּ, תְּבוֹאֵנִי, תְּבוֹאָתְךָ, תְּבוֹאֶךָּ, תְּבוֹאֶנּוּ\תְּבֹאֶנּוּ\
תְּבוֹאֵהוּ, יְבֹאוּנִי\יְבֹאֻנִי
בָּא, בָּאָה, בָּאִים (בָּאֵי־), בָּאוֹת\בָּאֹת | בָּאֶיהָ
בֹּא\בּוֹא\בֹּאָה, בֹּאִי\בּוֹאִי, בֹּאוּ

[𐤅]𐤏𐤕 𐤁𐤀 𐤁𐤉𐤕𐤄

[And] now come to the house.
Arad 17:1–2

תבוא אל הארץ אשר אנוכי נותן לכה

You will come to the land which I am giving to you.
11Q19 60:16

בְּאֵר	(37)	---	well (nf)

וַיִּפְקַח אֱלֹהִים אֶת עֵינֶיהָ וַתֵּרֶא בְּאֵר מָיִם
בְּרֵאשִׁית כא, יט

And God opened her eyes and she saw a well of water.
Genesis 21:19

בְּאֵרוֹת
בְּאֵר־: בְּאֵרְךָ
בְּאֵרוֹת־\בְּאֱרוֹת: ---

בְּאֵר־שֶׁבַע	(37?)	באר\שבע	Beer-sheba (np)

שֵׁם הָעִיר בְּאֵר שֶׁבַע עַד הַיּוֹם הַזֶּה
בְּרֵאשִׁית כו, לג

The name of the city is Beer-sheba until today.
Genesis 26:33

בָּבֶל	(262?)	בבל	Babel, Babylon (np)

לֹא יָבֹא מֶלֶךְ בָּבֶל עֲלֵיכֶם
יִרְמְיָהוּ לז, יט

The King of Babel will not come against you.
Jeremiah 37:19

בָּבֶל	(25)	בבל	Babylon (np)

וְאָמַר לְחַכִּימֵי בָבֶל
דָּנִיֵּאל ה, ז

And he said to the wise men of Babylon.
Daniel 5:7

[בָּגַד]	(49)	בגד	he deceived, acted treacherously

בָּגְדָה יְהוּדָה וְתוֹעֵבָה נֶעֶשְׂתָה בְיִשְׂרָאֵל
מַלְאָכִי ב, יא

Judah acted treacherously and an abomination was done in Israel.
Malachi 2:11

בְּגַד (בָּגוֹד)
בָּגַדְתִּי, בָּגַדְתָּה, בָּגְדָה, בְּגַדְתֶּם, בָּגְדוּ
תִּבְגֹּד, יִבְגֹּד, נִבְגַּד, תִּבְגְּדוּ, יִבְגְּדוּ
בּוֹגֵד, בּוֹגֵדָה, בּוֹגְדִים

---

garment, clothing (nm, nf)	---	(215)	בֶּ֫גֶד

And the king arose and tore his clothes and lay on the ground.
2 Samuel 13:31

וַיָּקָם הַמֶּלֶךְ וַיִּקְרַע אֶת בְּגָדָיו וַיִּשְׁכַּב אָרְצָה
שְׁמוּאֵל א יג, לא

בְּגָדִים
בֶּגֶד־: בִּגְדִי, בִּגְדוֹ
בִּגְדֵי־\בִּגְדוֹת־: בְּגָדַי, בְּגָדֶיךָ\בִּגְדוֹתֶיךָ, בְּגָדַיִךְ, בְּגָדָיו, בְּגָדֶיהָ, בְּגָדֵינוּ, בִּגְדֵיכֶם, בִּגְדֵיהֶם

because of (prep?)	ב\גלל	(10)	בִּגְלַל

And the LORD blessed the Egyptian's house because of Joseph.
Genesis 39:5

וַיְבָרֶךְ יְהוָה אֶת בֵּית הַמִּצְרִי בִּגְלַל יוֹסֵף
בְּרֵאשִׁית לט, ה

בִּגְלָלֵךְ, בִּגְלָלֵךְ, בִּגְלַלְכֶם

alone, only, by oneself (nm, used as prep or adv)	בדד	(158)	בַּד

Not on the bread alone will the person live.
Deuteronomy 8:3

לֹא עַל הַלֶּחֶם לְבַדּוֹ יִחְיֶה הָאָדָם
דְּבָרִים ח, ג

לְבַדִּי, לְבַדְּךָ\לְבַדֶּךָ, לְבַדּוֹ, לְבַדָּהּ, לְבַדְּכֶם, לְבַדָּם, לְבַדְּהֶן, לְבַדָּנָה
מִלְּבַד | מִלְּבַדּוֹ: besides, apart from

For you are the living God, you alone, and there is none besides you.
4Q504 f1_2Rv:8–9

כיא אתה אל חי לבדכה ואין זולתכה

pole, limb (nm)	בדד	(40)	[בַּד]

And he put the poles on the ark.
Exodus 40:20

וַיָּשֶׂם אֶת הַבַּדִּים עַל הָאָרֹן
שְׁמוֹת מ, כ

בַּדִּים

בַּדֵּי־: בַּדָּיו

linen (nm)	---	(23)	בַּד

And he will wear the garments of linen, the garments of holiness.
Leviticus 16:32

וְלָבַשׁ אֶת בִּגְדֵי הַבָּד בִּגְדֵי הַקֹּדֶשׁ
וַיִּקְרָא טז, לב

בַּדִּים

---

isolation (nm), separate, alone (adv) | בדד | (11) | **בָּדָד**

The LORD alone guided him, and a foreign god was not with him.
Deuteronomy 32:12

יְהוָה בָּדָד יַנְחֶנּוּ וְאֵין עִמּוֹ אֵל נֵכָר
דְּבָרִים לב, יב

Separate to all the unclean he will sit.
4Q274 f1i:1

בדד לכול הטמאים ישב

damage, breach (nm) | בדק | (10) | **[בֶּ֫דֶק]**

The priests did not strengthen/repair the damage of the house.
2 Kings 12:6

לֹא חִזְּקוּ הַכֹּהֲנִים אֶת בֶּדֶק הַבָּיִת
מְלָכִים ב יב, ז

בֶּדֶק־: בִּדְקֵךְ
---

he terrified, hurried (v, *piel*) | בהל | (10) | **[בִּהֵל]**

And reports from east and north terrified him.
Daniel 11:44

וּשְׁמֻעוֹת יְבַהֲלֻהוּ מִמִּזְרָח וּמִצָּפוֹן
דָּנִיֵּאל יא, מד

--- | בִּהֲלַנִי, בַּהֲלַם

תְּבַהֵל, יְבַהֵל | תְּבַהֲלֵם, (ִ)יבַהֶלְךָ, יְבַהֲלֵמוֹ, יְבַהֲלֻהוּ
מְבַלַהִים [מְבַהֲלִים]
---

he frightened (v, *pael*) | בהל | (7) | **[בַּהֵל]**

The visions of my head frightened me.
Daniel 7:15

וְחֶזְוֵי רֵאשִׁי יְבַהֲלֻנַּנִי
דָּנִיֵּאל ז, טו

--- | יְבַהֲלָךְ, יְבַהֲלֻנַּנִי, יְבַהֲלוּךְ, יְבַהֲלֻנֵּהּ

---

animal, beast (nf) | בהם | (190) | **בְּהֵמָה**

And I will give your flesh to the birds of the sky and to the beasts of the field.
1 Samuel 17:44

וְאֶתְּנָה אֶת בְּשָׂרְךָ לְעוֹף הַשָּׁמַיִם וּלְבֶהֱמַת הַשָּׂדֶה
שְׁמוּאֵל א יז, מד

בְּהֵמוֹת

בֶּהֱמַת־: בְּהֶמְתְּךָ, בְּהֶמְתּוֹ, בְּהֶמְתָּהּ, בְּהֶמְתֵּנוּ, בְּהֶמְתְּכֶם, בְּהֶמְתָּם
בַּהֲמוֹת־:---

thumb (nf?) | בהן | (16) | בֹּהֶן

And Moses put from the blood . . . on their right-hand thumb.
Leviticus 8:24

וַיִּתֵּן מֹשֶׁה מִן הַדָּם . . . עַל בֹּהֶן יָדָם הַיְמָנִית
וַיִּקְרָא ח, כד

בֹּהֶן־:---
בְּהֹנוֹת־:---

contempt, loathing (nm) | בוז | (11) | בּוּז

When wickedness comes, contempt comes also.
Proverbs 18:3

בְּבוֹא רָשָׁע בָּא גַם בּוּז
מִשְׁלֵי יח, ג

בּוּז־: ---
---

well, cistern, pit (nm) | בור | (70) | בּוֹר\בֹּר\בֹּאר\בֵּור, בֹּרָה

And Reuben returned to the pit and behold Joseph was not in the pit.
Genesis 37:29

וַיָּשָׁב רְאוּבֵן אֶל הַבּוֹר וְהִנֵּה אֵין יוֹסֵף בַּבּוֹר
בְּרֵאשִׁית לז, כט

בֹּרוֹת\בֹּרֹת\בֹּארוֹת\בֹּארֹת
בּוֹר־: בּוֹרְךָ, בּוֹרוֹ\בֹּרוֹ

[It is] in the pit of salt that is under the stairs.
3Q15 2:1

בבור המלח שתחת המעלות

he was ashamed, was put to shame (v, *qal*) | בוש | (94) | בּוֹשׁ\בֹּשׁ

Also from Egypt you will be put to shame as you were put to shame from Assyria.
Jeremiah 2:36

גַּם מִמִּצְרַיִם תֵּבוֹשִׁי כַּאֲשֶׁר בֹּשְׁתְּ מֵאַשּׁוּר
יִרְמְיָהוּ ב, לו

בּוֹשׁ\בֹּשׁ (בּוֹשׁ)
בֹּשְׁתִּי, בֹּשְׁתְּ, בּוֹשׁ\בֹּשׁ, בּוֹשָׁה, בֹּשְׁנוּ, בּוֹשׁוּ\בֹּשׁוּ
אֵבוֹשׁ\אֵבוֹשָׁה\אֵבֹשָׁה, תֵּבוֹשִׁי\תֵּבֹשִׁי, יֵבוֹשׁ, תֵּבוֹשׁ, תֵּבֹשׁוּ, יֵבוֹשׁוּ\יֵבֹשׁוּ
בּוֹשִׁים
בּוֹשִׁי

he despised (v, *qal*) | בוז | (14) | בַּז

בָּז לְרֵעֵהוּ חֲסַר לֵב וְאִישׁ תְּבוּנוֹת יַחֲרִישׁ	Whoever despises his friend lacks heart, but a man of understandings will be silent.
מִשְׁלֵי יא, יב	*Proverbs 11:12*

--- (בּוז)
בַּז, בָּזָה, בָּזוּ
בָּז
תָּבוּז, יָבוּז, תָּבֶז, יָבוּזוּ\יָבֻזוּ

בזו לדברי פיכה	Despise the words of your mouth!
	4Q481e f1:1

בַּז\בָּז (25) בזז plunder, spoil (nm)

וְהוֹשַׁעְתִּי לְצֹאנִי וְלֹא תִהְיֶינָה עוֹד לָבַז	And I will save my flock and they will not be again for plunder.
יְחֶזְקֵאל לד, כב	*Ezekiel 34:22*

---: בִּזָּה

לא ימוש מקרב עדתם חרב גוים שבי ובז	It will not be removed from the midst of their congregation: a sword of nations, captivity, and plunder.
	4Q169 f3_4ii:5

בָּזָה (32) בזה he despised (v, *qal*)

קָדָשַׁי בָּזִית וְאֶת שַׁבְּתֹתַי חִלָּלְתְּ	My holy things you despised and my Sabbaths you profaned.
יְחֶזְקֵאל כב, ח	*Ezekiel 22:8*

בְּזֹה
בָּזִיתָ, בָּזִית, בָּזָה, בָּזִינוּ | בְּזִתָנִי
תִּבְזֶה, יִבֶז, תִּבֶז, יִבְזוּ | יִבְזֵהוּ, יִבְזֻהוּ
בּוֹזֶה, בּוֹזִים (בּוֹזֵה־, בּוֹזֵי־) | בּוֹזֵהוּ, בֹּזַי | בָּזוּי, בְּזוּיָה (בְּזוּי־)

ענו לא בזא ולא שכח צרת דלים	He did not despise the humble and did not forget the poor.
	4Q434 f1i:2

בִּזָּה (10) בזז plunder, spoil (nf)

וּבַבִּזָּה לֹא שָׁלְחוּ אֶת יָדָם	And on the spoil they did not lay their hand.
אֶסְתֵּר ט, טז	*Esther 9:16*

---

he plundered, took spoils (v, *qal*)	בזז	(39)	בָּזַז

The men of the army plundered, each for himself. אַנְשֵׁי הַצָּבָא בָּזְזוּ אִישׁ לוֹ
Numbers 31:53 בְּמִדְבַּר לא, נג

בֹּז\בּוֹז
בָּזַז, בָּזַזְנוּ\בַּזּוֹנוּ, בָּזְזוּ\בָּזָזוּ | בְּזָזוּם
תָּבֹז, נָבֹזָּה, תָּבֹזּוּ, יָבֹזּוּ | יְבָזּוּם
בֹּזְזִים | בֹּזְזַיִךְ, בֹּזְזֵינוּ, בֹּזְזֵיהֶם | בָּזוּז
בֹּזוּ

They will go to strike and plunder the cities of the land. ילכו לכות ולבוז את ערי הארץ
Habakkuk Pesher (1QpHab) 3:1

young man (nm)	בחר	(44)	בָּחוּר

And I will raise from your sons for prophets and from your young men for Nazirites. וָאָקִים מִבְּנֵיכֶם לִנְבִיאִים וּמִבַּחוּרֵיכֶם לִנְזִרִים
Amos 2:11 עָמוֹס ב, יא

בַּחוּרִים\בַּחֻרִים

בַּחוּרֵי־: בַּחוּרַי\בַּחוּרָי, בַּחוּרָיו, בַּחוּרֶיהָ\בַּחֻרֶיהָ, בַּחוּרֵיכֶם, בַּחוּרֵיהֶם

chosen (nm)	בחר	(13)	[בָּחִיר]

I cut a covenant for my chosen one; I swore to David, my servant. כָּרַתִּי בְרִית לִבְחִירִי נִשְׁבַּעְתִּי לְדָוִד עַבְדִּי
Psalm 89:3 תְּהִלִּים פט, ד

בְּחִיר־: בְּחִירִי, בְּחִירוֹ
---: בְּחִירַי\בְּחִירָי, בְּחִירֶיךָ, בְּחִירָיו

And chosen ones of a holy people you put for yourself. ובחירי עם קודש שמתה לכה
War Scroll (1QM) 12:1–2

he tested (v, *qal*)	בחן	(25)	[בָּחַן]

And I will test them like one tests the gold. וּבְחַנְתִּים כִּבְחֹן אֶת הַזָּהָב
Zechariah 13:9 זְכַרְיָה יג, ט

בְּחֹן
בָּחַנְתָּ, בָּחֲנוּ | בְּחַנְתִּים, בְּחַנְתָּנוּ, בְּחָנֵנִי, בְּחָנוּנִי
יִבְחָן, תִּבְחָן, יִבְחֲנוּ | אֶבְחָנְךָ, תִּבְחָנֶנּוּ
בֹּחֵן

בְּחָנֵנִי, בְּחָנוּנִי

ותשימני . . . לבחון [אנשי] אמת

And you put me . . . to test [men] of truth.
Thanksgiving Hymn (1QHa) 10:15–16

בָּחַר (165) **בחר** he chose (v, *qal*)

וְאַתָּה יִשְׂרָאֵל עַבְדִּי יַעֲקֹב אֲשֶׁר בְּחַרְתִּיךָ

יְשַׁעְיָהוּ מא, ח

And you, Israel, are my servant, Jacob, you whom I chose.
Isaiah 41:8

בָּחוֹר\בָּחֹר | בְּחֻרִי
בָּחַרְתִּי\בָּחָֽרְתִּי, בָּחַרְתָּ\בָּחָֽרְתָּ, בָּחַר\בָּחָר, בְּחַרְתֶּם, בָּחֲרוּ\בָּחָֽרוּ | בְּחַרְתִּיךָ
אֶבְחַר\אֶבְחֲרָה, תִּבְחַר, יִבְחַר\יִבְחָר, תִּבְחַר, נִבְחֲרָה, יִבְחֲרוּ | אֶבְחָרֵהוּ, יִבְחָרֶךָ
בֹּחֵר | בָּחוּר (בְּחוּרֵי־)
בְּחַר, בַּחֲרוּ

כיא בם בחר אל לברית עולמים

For God chose them for an eternal covenant.
Community Rule (1QS) 4:22

בָּטַח (115) **בטח** he trusted, was confident (v, *qal*)

אֱלֹהַי בְּךָ בָטַחְתִּי אַל אֵבוֹשָׁה

תְּהִלִּים כה, ב

My God, in you I trusted; may I not be put to shame.
Psalm 25:2

בְּטֹחַ (בָּטוֹחַ) | בִּטְחֵךְ
בָּטַחְתִּי\בָּטָֽחְתִּי, בָּטַחְתָּ\בָּטָֽחְתָּ, בָּטַח\בָּטָח, בָּטְחָה, בָּטָֽחְנוּ, בָּטְחוּ
אֶבְטַח\אֶבְטָח, תִּבְטַח, תִּבְטְחִי, יִבְטַח\יִבְטָח, תִּבְטְחוּ\תִּבְטָחוּ, יִבְטְחוּ
בֹּטֵחַ\בּוֹטֵחַ, בֹּטְחָה, בֹּטְחִים, בֹּטְחוֹת | בָּטֻחַ\בָּטוּחַ
בְּטַח, בִּטְחוּ

בטח בשמכה הגדול ולוא בחרב וחנית

He trusted in your great name, and not in sword and spear.
War Scroll (1QM) 11:2

בֶּטַח (42) **בטח** security, safety (nm); securely (adv)

וְהֵנִיחַ לָכֶם מִכָּל אֹיְבֵיכֶם מִסָּבִיב וִישַׁבְתֶּם בֶּטַח

דְּבָרִים יב, י

And he will bring rest to you from all your enemies around and you will dwell securely.
Deuteronomy 12:10

[א]נ֯וכי נותן לכמה לנחלה וישבתם עליה לבטח

I am giving to you for an inheritance and you will dwell on it securely.
4Q365 f23:5

stomach, belly, womb (nf)	בטן	(72)	בֶּ֫טֶן\בָּ֫טֶן

Behold, an inheritance of the LORD are sons; a reward is the fruit of the womb. — הִנֵּה נַחֲלַת יְהוָה בָּנִים שָׂכָר פְּרִי הַבָּטֶן

Psalm 127:3 — תְּהִלִּים קכז, ג

בֶּטֶן־: בִּטְנִי, בִּטְנְךָ\בִּטְנֶ֫ךָ, בִּטְנֵךְ, בִּטְנוֹ, בִּטְנָהּ, בִּטְנֵנוּ, בִּטְנָם

And on the fruit of a womb they will have no mercy. — ועל פרי בטן לוא ירחמו

Habakkuk Pesher (1QpHab) 6:11

between (prep)	בין	(407?)	[בַּ֫יִן]\בֵּין\בֵּינוֹת

This is my covenant which you will keep, between me and between you, and between your seed after you. — זֹאת בְּרִיתִי אֲשֶׁר תִּשְׁמְרוּ בֵּינִי וּבֵינֵיכֶם וּבֵין זַרְעֲךָ אַחֲרֶיךָ

Genesis 17:10 — בְּרֵאשִׁית יז, י

בֵּינִי	בֵּינֵינוּ\בֵּינֵנוּ\בֵּינוֹתֵינוּ\בֵּינֹתֵינוּ
בֵּינְךָ\בֵּינֶ֫ךָ\בֵּינֶ֫יךָ	בֵּינֵיכֶם\בֵּינֵכֶם
בֵּינֵךְ	---
בֵּינוֹ\בֵּינָו	בֵּינֵיהֶם\בֵּינֹתָם
---	---

And when the priests go out to between the (battle) lines, they will go out with them. — ובצאת הכוהנים אל בין המערכות יצאו עמהמה

War Scroll (1QM) 7:13–14

understanding, insight (nf)	בין	(38)	בִּינָה

And to your understanding do not lean. — וְאֶל בִּינָתְךָ אַל תִּשָּׁעֵן

Proverbs 3:5 — מִשְׁלֵי ג, ה

בִּינוֹת
בִּינַת־: בִּינָתִי, בִּינָתְךָ, בִּינַתְכֶם

You opened my heart to your understanding. — פתחתה לבבי לבינתכה

Thanksgiving Hymn (1QHa) 22:31

citadel, fortress (nf)	---	(18)	בִּירָה

And I was in Susa, the citadel. — וַאֲנִי הָיִיתִי בְּשׁוּשַׁן הַבִּירָה

Nehemiah 1:1 — נְחֶמְיָה א, א

בִּירָנִיּוֹת

---

house, temple, dynasty (nm)	בית	(1706?)	בַּיִת\בָּיִת\בַּ֫יְתָה\ בָּיְתָה\בֵּ֫יתָה

For my house (temple) will be called a house of prayer for all the peoples.
Isaiah 56:7

כִּי בֵיתִי בֵּית תְּפִלָּה יִקָּרֵא לְכָל הָעַמִּים
יְשַׁעְיָהוּ נו, ז

בָּתִּים
בֵּית־: בֵּיתִי, בֵּיתְךָ\בֵּיתֶ֫ךָ, בֵּיתֵךְ, בֵּיתוֹ, בֵּיתָהּ, בֵּיתְכֶם, בֵּיתָם
בָּתֵּי־: בָּתֶּיךָ, בָּתַּיִךְ, בָּתָּיו, בָּתֵּינוּ, בָּתֵּיכֶם, בָּתֵּיהֶם\בָּתֵּימוֹ, בָּתֵּיהֶן

And now when I left from your house, I sent the [si]lver.
Arad 16:3–5

[illegible]

And he built for them a faithful house in Israel.
Damascus Document (CD) 3:19

ויבן להם בית נאמן בישראל

house (nm)	בית	(44)	[בַּ֫יִת]\בַּיְתָא\בַּיְתָה

Cyrus, the king, made a decree to build the house of God.
Ezra 5:17

כּוֹרֶשׁ מַלְכָּא שָׂם טְעֵם לְמִבְנֵא בֵּית אֱלָהָא
עֶזְרָא ה, יז

בֵּית־: בֵּיתִי, בַּיְתֵהּ
---: בָּתֵּיכוֹן

I built this house.
KAI 216 1:20

[illegible]

Bethel (np)	בית\אל	(72)	בֵּית אֵל

The sons of the prophets in Bethel went out.
2 Kings 2:3

וַיֵּצְאוּ בְנֵי הַנְּבִיאִים אֲשֶׁר בֵּית אֵל
מְלָכִים ב ב, ג

Beth-horon	בית\חרן	(14)	בֵּית חוֹרוֹן\בֵּית חֹרֹן\ בֵּית חוֹרֹן\בֵּית חֹרוֹן

And he built upper Beth-horon.
2 Chronicles 8:5

וַיִּבֶן אֶת בֵּית חוֹרוֹן הָעֶלְיוֹן
דִּבְרֵי הַיָּמִים ב ח, ה

Bethlehem (np)	בית\לחם	(41)	בֵּית לֶ֫חֶם

I am a Levite from Bethlehem of Judah.
Judges 17:9

לֵוִי אָנֹכִי מִבֵּית לֶחֶם יְהוּדָה
שׁוֹפְטִים יז, ט

Beth-shemesh (np)	בית\שמש	(21)	בֵּית שֶׁ֫מֶשׁ

And the men of Beth-shemesh offered offerings.
1 Samuel 6:15

וְאַנְשֵׁי בֵית שֶׁמֶשׁ הֶעֱלוּ עֹלוֹת
שְׁמוּאֵל א ו, טו

he wept, cried (v, *qal*)	בכה	(112)	בָּכָה

And all his servants cried a very great cry. — וְכָל עֲבָדָיו בָּכוּ בְּכִי גָּדוֹל מְאֹד
2 Samuel 13:36 — שְׁמוּאֵל ב יג, לו

בְּכוֹת (בָּכֹה\בָכוֹ) | בְּכֹתָהּ
בָּכִיתִי, בָּכָה, בָּכְתָה, בָּכִינוּ, בְּכִיתֶם, בָּכוּ
אֶבְכֶּה, תִּבְכֶּה\תֵּבְךְּ, תִּבְכִּי, יֵבְךְּ, תִּבְכֶּה\תֵּבְךְּ, תִּבְכּוּ, יִבְכּוּ\יִבְכָּיוּן, תִּבְכֶּינָה
בֹּכֶה\בּוֹכֶה, בּוֹכִיָּה, בֹּכִים\בּוֹכִים
בְּכוּ, בְּכֶינָה

firstborn (nm)	בכר	(122)	בְּכוֹר\בְּכֹר

And he struck every firstborn in their land, the first to all their strength. — וַיַּךְ כָּל בְּכוֹר בְּאַרְצָם רֵאשִׁית לְכָל אוֹנָם
Psalm 105:36 — תְּהִלִּים קה, לו

בְּכוֹר־\בְּכֹר־: בְּכֹרִי\בְּכוֹרִי, בְּכֹרְךָ\בְּכֹרֶךָ, בְּכֹרוֹ\בְּכוֹרוֹ
בְּכוֹרֵי־\בְּכֹרוֹת־\בְּכֹרֹת־: בְּכוֹרֵיהֶם

The blessing of Jacob, “Reuben you are my firstborn.” — ברכות יעקוב ראובן בכורי אתה
4Q252 4:3

firstfruits (nm)	בכר	(17)	בִּכּוּרִים\בִּכֻּרִים

And he brought to the man of God bread of firstfruits. — וַיָּבֵא לְאִישׁ הָאֱלֹהִים לֶחֶם בִּכּוּרִים
2 Kings 4:42 — מְלָכִים ב ד, מב

בִּכּוּרִים

בִּכּוּרֵי־: בִּכּוּרֶיךָ

And a feast of firstfruits is for a memorial fore[ver]. — וחג בכורים לזכרון לעול[ם]
11Q19 19:9

weeping, crying (nm)	בכה	(30?)	בְּכִי\בֶּכִי

The LORD heard the sound of my crying. — שָׁמַע יְהוָה קוֹל בִּכְיִי
Psalm 6:8 — תְּהִלִּים ו, ט

בְּכִי־: בִּכְיִי
---

birthright, right of firstborn (nf)	בכר	(10)	בְּכֹרָה

And he sold his birthright to Jacob. — וַיִּמְכֹּר אֶת בְּכֹרָתוֹ לְיַעֲקֹב
Genesis 25:33 — בְּרֵאשִׁית כה, לג

---: בְּכָרְתִי, בְּכָרְתְךָ, בְּכָרְתוֹ
---

no, not (part, adv)	בלה	(68)	בַּל

Because the king is trusting in the LORD and in the steadfast love of the Most High he will not be moved.
Psalm 21:7

כִּי הַמֶּלֶךְ בֹּטֵחַ בַּיהוָה וּבְחֶסֶד עֶלְיוֹן בַּל יִמּוֹט
תְּהִילִּים כא, ח

A troop with its weapons of war will not enter.
Thanksging Hymn (1QHa) 14:31

בל יבוא גדוד בכלי מלחמתו

he wore out (v, *qal*)	בלה	(11)	בָּלָה

Your garment did not wear out on you.
Deuteronomy 8:4

שִׂמְלָתְךָ לֹא בָלְתָה מֵעָלֶיךָ
דְּבָרִים ח, ד

--- | בָּלִתִי
בָּלְתָה, בָּלוּ
יִבְלֶה, תִּבְלֶה, יִבְלוּ

---

terror (nf)	בלה	(10)	בַּלָּהָה

Terrors I will give you and you will be no more.
Ezekiel 26:21

בַּלָּהוֹת אֶתְּנֵךְ וְאֵינֵךְ
יְחֶזְקֵאל כו, כא

בַּלָּהוֹת

בַּלְהוֹת־: ---

Bilhah (np)	---	(10)	בִּלְהָה

And Laban gave Bilhah to his daughter Rachel.
Genesis 29:29

וַיִּתֵּן לָבָן לְרָחֵל בִּתּוֹ אֶת בִּלְהָה
בְּרֵאשִׁית כט, כט

He corrected him who lay with Bilhah his concubine.
4Q252 4:5–6

הוכיחו אשר שכב עם בלהה פילגשו

Belteshazzar [i.e., Daniel] (np)	---	(10)	בֵּלְטְשַׁאצַּר

And he set on Daniel (the name) Belteshazzar.
Daniel 1:7

וַיָּשֶׂם לְדָנִיֵּאל בֵּלְטְשַׁאצַּר
דָּנִיֵּאל א, ז

without (adv)	בלה	(59)	בְּלִי

Who is this hiding counsel without knowledge?
Job 42:3

מִי זֶה מַעְלִים עֵצָה בְּלִי דָעַת
אִיּוֹב מב, ג

worthlessness, ruin, good-for-nothing (nm) בלי\יעל (27) בְּלִיַּעַל

And the sons of Eli were good-for-nothing sons.
1 Samuel 2:12

וּבְנֵי עֵלִי בְּנֵי בְלִיָּעַל
שְׁמוּאֵל א ב, יב

---

he mixed, confused (v, *qal*) בלל (42) בָּלַל

There the LORD confused the language of all the earth.
Genesis 11:9

שָׁם בָּלַל יְהוָה שְׂפַת כָּל הָאָרֶץ
בְּרֵאשִׁית יא, ט

בַּלֹּתִי, בָּלַל
יָבוֹל, נָבְלָה
--- | בָּלוּל, בְּלוּלָה, בְּלוּלֹת

Flour of its offering is mixed with [o]i[l].
4Q220 f1:4

סולת מנחתו בלולה בׁ[ש]מׄ[ן]

he swallowed (v, *qal*) בלע (20) בָּלַע

And the earth open its mouth and swallowed them.
Numbers 26:10

וַתִּפְתַּח הָאָרֶץ אֶת פִּיהָ וַתִּבְלַע אֹתָם
בְּמִדְבַּר כו, י

בְּלֹעַ | בִּלְעִי
בָּלַע, בָּלָעָה | בְּלָעַנִי, בְּלָעוּנוּ
יִבְלַע\יִבְלָע, תִּבְלַע, תִּבְלַעְנָה\תִּבְלַעְןָ | יִבְלָעֶנָּה, תִּבְלָעֵנִי, תִּבְלָעֵנוּ, תִּבְלָעֵם\תִּבְלָעֵמוֹ, נִבְלָעֵם, יִבְלָעוּהוּ

---

he swallowed up, destroyed (v, *piel*) בלע (23) בִּלַּע

The Lord was like an enemy; he destroyed Israel; he destroyed all its palaces.
Lamentations 2:5

הָיָה אֲדֹנָי כְּאוֹיֵב בִּלַּע יִשְׂרָאֵל בִּלַּע כָּל אַרְמְנוֹתֶיהָ
אֵיכָה ב, ה

בַּלַּע\בַּלֵּעַ | בַּלְּעוֹ
בִּלַּע, בִּלָּעְנוּ, בִּלְּעוּ | בִּלָּעֲנוּהוּ
אֲבַלַּע\אֲבַלֵּעַ, תְּבַלַּע, יְבַלַּע | תְּבַלְּעֵנִי, יְבַלְּעֶנּוּ, יְבַלְּעֵם, תְּבַלְּעֶנּוּ
--- | מְבַלְּעָיִךְ
בַּלַּע

M]y God in your anger, you destroy them.
4Q381 f17:3

א]להי באפך תבלעם

Bela (np)	בלע	(12)	בֶּלַע

And Bela, son of Beor, reigned in Edom. — וַיִּמְלֹךְ בֶּאֱדוֹם בֶּלַע בֶּן בְּעוֹר
Genesis 36:32 — בְּרֵאשִׁית לו, לב

except, besides, without (prep)	בל\עד?	(17)	בִּלְעֲדֵי

For who is God except the LORD? — כִּי מִי אֱלוֹהַּ מִבַּלְעֲדֵי יְהוָה
Psalm 18:31 — תְּהִלִּים יח, לב

בִּלְעֲדֵי\בִּלְעָדַי, בִּלְעָדֶיךָ
מִבַּלְעֲדֵי: מִבַּלְעָדַי

There is no God except him and there is no rock like him. — אין אלוה מִבִּלעדיו ואין צור כמוהו
4Q377 f2ii:8

Balaam (np)	בעל\עם?	(60)	בִּלְעָם

And Balaam arose in the morning and saddled his donkey. — וַיָּקָם בִּלְעָם בַּבֹּקֶר וַיַּחֲבֹשׁ אֶת אֲתֹנוֹ
Numbers 22:21 — בְּמִדְבַּר כב, כא

Balak (np)	בלק?	(43)	בָּלָק

My people remember now what Balak advised. — עַמִּי זְכָר נָא מַה יָּעַץ בָּלָק
Micah 6:5 — מִיכָה ו, ה

Belshazzar (np)	---	(8)	בֵּלְשַׁאצַּר

And you are his son, Belshazzar. — וְאַנְתְּה בְּרֵהּ בֵּלְשַׁאצַּר
Daniel 5:22 — דָּנִיֵּאל ה, כב

Note: includes Hebrew and Aramaic occurrences in Daniel

not, except, without (part, adv, conj)	בלה	(112)	בִּלְתִּי

And he swore that I would not cross the Jordan. — וַיִּשָּׁבַע לְבִלְתִּי עָבְרִי אֶת הַיַּרְדֵּן
Deuteronomy 4:21 — דְּבָרִים ד, כא

בִּלְתִּי, בִּלְתֶּךָ

And any who was brought into the covenant will not come to the sanctuary. — וכל אשר הובאו בברית לבלתי בוא אל המקדש
Damascus Document (CD) 6:11–12

high place, back, top (nf)	במה	(103)	בָּמָה

And they built the high places of Baal to burn their children. — וּבָנוּ אֶת בָּמוֹת הַבַּעַל לִשְׂרֹף אֶת בְּנֵיהֶם
Jeremiah 19:5 — יִרְמְיָהוּ יט, ה

בָּמוֹת
---:
בָּמוֹת־\בָּמוֹתֵי־\בָּמֳתֵי־\בָּמֳתֵי: בָּמוֹתַי\בָּמֹתַי, בָּמוֹתֶיךָ\בָּמֹתֶיךָ, בָּמֹתָיו, בָּמוֹתֵיכֶם\בָּמֹתֵיכֶם, בָּמוֹתָם\
בָּמוֹתֵימוֹ

And on the high places of your [en]emies you will walk. *4Q525 f14ii:11*	ועל במותׄ[י א]וׄיביכה תדרוך

he understood (v, *qal*)	בין (62)	[בָּן]
Then you will understand the fear of the LORD and find the knowledge of God. *Proverbs 2:5*		אָז תָּבִין יִרְאַת יְהוָה וְדַעַת אֱלֹהִים תִּמְצָא מִשְׁלֵי ב, ה

--- (בִּין)
בִּינֹתִי, בִּין, בַּנְתָּה
אָבִין\אָבִינָה, תָּבִין, יָבִין\יָבֶן, תָּבֶן, תָּבִינוּ, יָבִינוּ
בָּנִים
בִּין\בִּינָה, בִּינוּ

And many will understand on their iniquity and hate them. *4Q169 f3_4iii:4*	ורבים יבינו בעוונם ושנאום

son, child (nm)	בן (4891?)	בֵּן
I am commanding you: you, your son, and your son's son. *Deuteronomy 6:2*		אָנֹכִי מְצַוֶּךָ אַתָּה וּבִנְךָ וּבֶן בִּנְךָ דְּבָרִים ו, ב

בָּנִים
בֶּן\בְּנִי־\בְּנוֹ־\בִּן־: בְּנִי\בְּנוֹ, בִּנְךָ\בִּנֶךָ, בְּנֵךְ, בְּנוֹ, בְּנָהּ, בְּנֵנוּ, בְּנֵי־: בָּנַי\בָּנָי, בָּנֶיךָ, בָּנַיִךְ\בָּנָיִךְ, בָּנָיו\בָּנָו,
בָּנֶיהָ, בָּנֵינוּ, בְּנֵיכֶם, בְּנֵיהֶם, בְּנֵיהֶן

My husband died without sons. *Moussaieff 2:2–3*	𐤌𐤕 𐤀𐤉𐤔𐤉 𐤋𐤀 𐤁𐤍𐤌
And he will have compassion on them like a father for his sons. *Damascus Document (CD) 13:9*	וירחם עליהם כאב לבניו

he built (v, *qal*)	בנה (341)	בָּנָה
And he will build the temple of the LORD. *Zechariah 6:13*		וְהוּא יִבְנֶה אֶת הֵיכַל יְהוָה זְכַרְיָה ו, יג

בְּנוֹת\בְּנֹת (בָּנָה) | בְּנוֹתַיִךְ, בְּנוֹתְכֶם\בְּנֹתְכֶם
בָּנִיתִי\בָּנִתִי\בָּנִיתִ, בָּנִיתָ, בָּנִית, בָּנָה, בָּנְתָה, בָּנִינוּ, בְּנִיתֶם, בָּנוּ | בְּנִיתִיהָ, בָּנוּהוּ

אֶבְנֶה, תִּבְנֶה, תִּבְנִי, יִבְנֶה\יִבֶן, תִּבֶן, נִבְנֶה, תִּבְנוּ, יִבְנוּ | אֶבְנֵךְ, אֶבְנֶנָּה, יִבְנֶנּוּ\יִבְנֵהוּ, יִבְנֵם
בּוֹנֶה\בֹּנֶה (בּוֹנֵה־), בּוֹנִים\בֹּנִים (בֹּנֵי־) | בֹּנַיִךְ, בּוֹנָיו | בָּנוּי, בְּנוּיָה, בְּנוּיִם
בְּנֵה, בְּנוּ

And he forgave their iniquity and built for them a house. *Damascus Document (CD) 3:18–19*	וישא לפשעם ויבן להם בית

בְּנָה	(15)	בנה	he built (v, *peal*)

Who put for you a decree to build this house? *Ezra 5:3*	מַן שָׂם לְכֹם טְעֵם בַּיְתָא דְנָה לִבְּנֵא עֶזְרָא ה, ג

מִבְנֵא\מִבְנְיָה\בְּנֵא
בְּנוֹ | בְּנַיְתֵהּ, בְּנָהִי
יִבְנוֹן
בָּנַיִן | --- | בְּנֵה

And I built its gates and I built its towers. *KAI 181 1:22*	𐤅𐤀𐤍𐤊 𐤁𐤍𐤕𐤉 𐤔𐤏𐤓𐤉𐤄 𐤅𐤀𐤍𐤊 𐤁𐤍𐤕𐤉 𐤌𐤂𐤃𐤋𐤕𐤄
And they had not built the tombs of their fathers. *4Q544 f1:3*	ולה בנו קבריא די אֿבהתהון

בֶּן הֲדַד	(25)	בן\הדד	Ben-hadad (np)

And Ben-hadad, his son, ruled after him. *2 Kings 13:24*	וַיִּמְלֹךְ בֶּן הֲדַד בְּנוֹ תַּחְתָּיו מְלָכִים ב יג, כד

בָּנִי	(14)	בן\יהוה?	Bani (np)

And the leader of the Levites in Jerusalem was Uzzi, son of Bani. *Nehemiah 11:22*	וּפְקִיד הַלְוִיִּם בִּירוּשָׁלַ͏ִם עֻזִּי בֶן בָּנִי נְחֶמְיָה יא, כב

בְּנָיָה\בְּנָיָהוּ	(42)	בן\יהוה?	Benaiah (np)

And Benaiah came to the tent of the LORD. *1 Kings 2:30*	וַיָּבֹא בְנָיָהוּ אֶל אֹהֶל יְהוָה מְלָכִים א ב, ל

בִּנְיָמִין	(4891?)	בן\ימן	Benjamin (np)

And Joseph saw Benjamin with them. *Genesis 43:16*	וַיַּרְא יוֹסֵף אִתָּם אֶת בִּנְיָמִין בְּרֵאשִׁית מג, טז

בְּעָא\[בְּעָה]	(11)	בעא\בעה	he asked, requested, sought (v, *peal*)

And Daniel requested from the king. *Daniel 2:49*	וְדָנִיֵּאל בְּעָא מִן מַלְכָּא דָּנִיֵּאל ב, מט

מִבְעֵא
בְּעֵא, בְּעֵינָא, בְּעוֹ
אֶבְעֵא, יִבְעֵא
בָּעֵא\בָּעֵה, בָּעַיִן

And from another place you will not seek. ומן אתר אחרן לא תבעון
TAD A6 10:9

And he sought to kill* me. ובעא למקטלני*
1Q20 20:9

because/on account of, in order that (prep, conj) ב\עבר (49) בַּעֲבוּר

Cursed is the ground because of you. אֲרוּרָה הָאֲדָמָה בַּעֲבוּרֶךָ
Genesis 3:17 בְּרֵאשִׁית ג, יז

בַּעֲבוּרִי, בַּעֲבוּרֶךָ, בַּעֲבוּרֵךְ, בַּעֲבוּרָהּ, בַּעֲבוּרָם

You saved us many times because of your mercy. הושעתנו פעמים רבות בעבור רחמיכה
War Scroll (1QM) 11:3–4

for, on behalf of, for the sake of, behind (prep) בעד (105) בְּעַד

Pray for our sake to the LORD our God! הִתְפַּלֵּל בַּעֲדֵנוּ אֶל יְהוָה אֱלֹהֵינוּ
Jeremiah 42:20 יִרְמְיָהוּ מב, כ

בַּעֲדִי	בַּעֲדֵנוּ\בַּעֲדֵינוּ
בַּעַדְךָ\בַּעֲדֶךָ	בַּעַדְכֶם
בַּעֲדֵךְ	---
בַּעֲדוֹ	בַּעֲדָם
בַּעֲדָהּ	---

And in the abundance of his goodness he atoned for all my inquities. וברוב טובו יכפר בעד כול עוונותי
Community Rule (1QS) 11:14

Beor (np) בער (10) בְּעוֹר

And he sent messengers to Balaam, son of Beor. וַיִּשְׁלַח מַלְאָכִים אֶל בִּלְעָם בֶּן בְּעוֹר
Numbers 22:5 בְּמִדְבָּר כב, ה

Boaz (np) בעז? (22) בֹּעַז

And behold, Boaz came from Bethlehem. וְהִנֵּה בֹעַז בָּא מִבֵּית לֶחֶם
Ruth 2:4 רוּת ב, ד

he married, ruled over (v, *qal*) בעל (14) בָּעַל

And he married a daughter of a foreign god. — וּבָעַל בַּת אֵל נֵכָר
Malachi 2:11 — מַלְאָכִי ב, יא

בָּעַלְתִּי, בָּעַל, בָּעֲלוּ | בְּעַלְתָּהּ, בְּעָלָהּ, בְּעָלוּנוּ
יִבְעַל
--- | בֹּעֲלַיִךְ | בְּעוּלָה (בְּעֻלַת־)

A man will take a wife and marry her. — יקח איש אשה ובעלה
11Q19 65:7

owner, master, husband (nm)	בעל	(84)	בַּ֫עַל\בָּ֫עַל

Her husband is known in the gates. — נוֹדָע בַּשְּׁעָרִים בַּעְלָהּ
Proverbs 31:23 — מִשְׁלֵי לא, כג

בַּעַל־: בַּעְלִי, בַּעְלָהּ
בַּעֲלֵי־: בְּעָלָיו\בְּעָלוֹ, בְּעָלֶיהָ, בַּעְלֵיהֶן

And (if) there are no owners for it, it will be for priests. — ואין לה בעלים והיתה לכהנים
Damascus Document (CD) 9:14–15

Baal (np)	בעל	(76)	בַּ֫עַל

And you will tear down your father's Baal altar. — וְהָרַסְתָּ אֶת מִזְבַּח הַבַּעַל אֲשֶׁר לְאָבִיךָ
Judges 6:25 — שׁוֹפְטִים ו, כה

he/it burned (v, *qal*)	בער	(38)	[בָּעַר]

And the fire of the LORD burned against them. — וַתִּבְעַר בָּם אֵשׁ יְהוָה
Numbers 11:1 — בְּמִדְבָּר יא, א

בָּעֲרָה, בָּעֲרוּ
יִבְעַר\יִבְעָר, תִּבְעַר
בֹּעֵר, בֹּעֵרָה\בֹּעֲרָה\בֹּעֶרֶת, בֹּעֲרוֹת

The anger of God and zeal for his commandments will burn against him. — אף אל וקנאת משפטיו יבערו בו
Community Rule (1QS) 2:15

he burned up, consumed, removed (v, *piel*)	בער	(40)	בִּעֵר

And you will remove the innocent blood from your midst. — וְאַתָּה תְּבַעֵר הַדָּם הַנָּקִי מִקִּרְבֶּךָ
Deuteronomy 21:9 — דְּבָרִים כא, ט

בָּעַר\בִּעֵר | בַּעֲרָם
בִּעַרְתִּי, בִּעַרְתָּ, בִּעֵר, בִּעַרְתֶּם, בִּעֲרוּ | בִּעַרְתִּיהָ
תְּבַעֵר, יְבַעֵר, נְבַעֲרָה, תְּבַעֲרוּ, יְבַעֲרוּ
מְבַעֲרִים

בַּעְשָׁא — (28) — --- — Baasha

וּמִלְחָמָה הָיְתָה בֵּין אָסָא וּבֵין בַּעְשָׁא — And war was between Asa and Baasha.
מְלָכִים א טו, לב — *1 Kings 15:32*

[בִּעֵת] — (13) — בעת — he tormented, terrified (v, *piel*)

וּבִעֲתַתּוּ רוּחַ רָעָה מֵאֵת יְהוָה — And an evil spirit from the LORD tormented him.
שְׁמוּאֵל א טז, יד — *1 Samuel 16:14*

| בִּעֲתָתְנִי, בִּעֲתַתּוּ, בִּעֲתֻהוּ
תְּבַעֵת | תְּבַעֲתַנִּי, תְּבַעֲתַנִּי, תְּבַעֲתֶךָ, יְבַעֲתֻנִי, יְבַעֲתֻהוּ
--- | מְבַעִתֶּךָ

[בָּצוּר] — (26) — בצר — inaccessible, fortified (adj)

וַיִּלְכְּדוּ עָרִים בְּצֻרוֹת — And they captured fortified cities.
נְחֶמְיָה ט, כה — *Nehemiah 9:25*

בָּצוּר | בְּצוּרָה | --- | בְּצֻרוֹת\בְּצוּרוֹת\בְּצוּרֹת\בְּצֻרֹת

בָּצַע — (10) — בצע — he cut off, profited, gained unjustly (v, *qal*)

הוֹי בֹּצֵעַ בֶּצַע רָע לְבֵיתוֹ — Woe to one profiting from evil plunder for his house.
חֲבַקּוּק ב, ט — *Habakkuk 2:9*

בְּצֹעַ

יִבְצָע, יִבְצָעוּ
בּוֹצֵעַ\בֹּצֵעַ
--- | בֹּצְעָם

בֶּצַע\בָּצַע — (23) — בצע — plunder, profit, unjust gain (nm)

שֹׂנֵאי בֶצַע יַאֲרִיךְ יָמִים — Haters of plunder lengthen days.
מִשְׁלֵי כח, טז — *Proverbs 28:16*

בֶּצַע־: בִּצְעֶךָ, בִּצְעֵךְ, בִּצְעוֹ, בִּצְעָם

Your servant will despise wealth and unjust gain. — עבדכה תעבה הׄוׄן ובצע
Thanksgiving Hymn (1QHa) 18:31

he broke open, split (v, *qal*) | בקע | (16) | **בָּקַע**

And the sea you split before them. — וְהַיָּם בָּקַעְתָּ לִפְנֵיהֶם
Nehemiah 9:11 — נְחֶמְיָה ט, יא

--- | בִּקְעָם
בָּקַעְתָּ, בָּקַע, בָּקְעָה
יִבְקַע, יִבְקְעוּ | יִבְקָעוּהָ
בּוֹקֵעַ\בֹּקֵעַ
--- | בְּקָעֵהוּ

he split, tore up, cut to pieces (v, *piel*) | בקע | (12) | **[בִּקַּע]**

And he split up wood of an offering. — וַיְבַקַּע עֲצֵי עֹלָה
Genesis 22:3 — בְּרֵאשִׁית כב, ג

בִּקַּעְתִּי, בִּקֵּעַ, בִּקֵּעוּ
תְּבַקַּע\תְּבַקֵּעַ, יְבַקַּע, תְּבַקֵּעַ, יְבַקְּעוּ, תְּבַקַּעְנָה | תְּבַקְּעֵם

---

valley, plain (nf) | בקע | (19) | **בִּקְעָה**

And I arose and went out to the valley. — וָאָקוּם וָאֵצֵא אֶל הַבִּקְעָה
Ezekiel 3:23 — יְחֶזְקֵאל ג, כג

בְּקָעוֹת\בְּקָעֹת
בִּקְעַת־: ---

And they struck all the valley of Mizpah. — ו]יכו את כול בקעת מצפא
4Q522 f9i+10:4

cattle, oxen (nm) | בקר | (183) | **בָּקָר**

With their sheep and cattle they will go to seek the Lord. — בְּצֹאנָם וּבִבְקָרָם יֵלְכוּ לְבַקֵּשׁ אֶת יְהוָה
Hosea 5:6 — הוֹשֵׁעַ ה, ו

בְּקָרִים
בְּקַר־: בְּקָרְךָ\בְּקָרֶךָ, בְּקָרוֹ, בְּקָרֵנוּ, בְּקַרְכֶם, בְּקָרָם
---: בְּקָרֵינוּ

And a tithe of the cattle and the sheep are for the priests. — ומעשר הבקר צון לכוהׄנים הוא
4Q396 f1_2iii:3–4

morning (nm)	בקר	(214)	בֹּ֫קֶר

Every morning he will give his judgment. — בַּבֹּקֶר בַּבֹּקֶר מִשְׁפָּטוֹ יִתֵּן
Zephaniah 3:5 — צְפַנְיָה ג, ה

בְּקָרִים

And in the morning they will come unto the place of the battle line. — ובבוקר יבואו עד מקום המערכה
War Scroll (1QM) 19:9

he sought, found, required, requested (v, *piel*)	בקש	(222)	בִּקֵּשׁ

And he sought to kill Moses. — וַיְבַקֵּשׁ לַהֲרֹג אֶת מֹשֶׁה
Exodus 2:15 — שְׁמוֹת ב, טו

בִּקֵּשׁ | בִּקְשֵׁנִי, בִּקֶּשְׁךָ, בִּקְשׁוֹ
בִּקַּשְׁתִּי, בִּקֵּשׁ\בִּקֶּשׁ, בִּקְשָׁה, בִּקַּשְׁתֶּם, בִּקְשׁוּ | בִּקַּשְׁתִּיו\בִּקַּשְׁתִּיהוּ, בִּקַּשְׁתֶּם, בִּקְשֻׁנִי, בִּקְשֻׁהוּ
אֲבַקֵּשׁ\אֲבַקֶּשׁ\אֲבַקְשָׁה, תְּבַקֵּשׁ\תְּבַקֶּשׁ, תְּבַקְשִׁי, יְבַקֵּשׁ\יְבַקֶּשׁ, תְּבַקֶּשׁ, נְבַקֵּשׁ\נְבַקְשָׁה, תְּבַקְשׁוּ\
תְּבַקְשׁוּן, יְבַקְשׁוּ\יְבַקֵּשׁוּ | אֲבַקְשֶׁנּוּ\אֲבַקְשֵׁהוּ, תְּבַקְשֶׁנּוּ, תְּבַקְשֶׁנָּה, תְּבַקְשֵׁם, יְבַקְשֵׁהוּ, נְבַקְשֶׁנּוּ,
בַּקְשֵׁהוּ
מְבַקֵּשׁ\מְבַקֶּשׁ, מְבַקְשִׁים (מְבַקְשֵׁי־) | מְבַקְשֶׁיךָ, מְבַקְשָׁיו, מְבַקְשֶׁיהָ
בַּקֵּשׁ, בַּקְשׁוּ\בַּקְּשׁוּ | בַּקְשׁוּנִי

They will seek him and not find him. — יבקשוהו ולא ימצאהו
4Q185 f1_2i:12

grain (nm)	ברר	(14)	בַּר\בָּר

And Joseph commanded and they filled their vessels (with) grain. — וַיְצַו יוֹסֵף וַיְמַלְאוּ אֶת כְּלֵיהֶם בָּר
Genesis 42:25 — בְּרֵאשִׁית מב, כה

---

son (nm)	בר?	(19)	[בַּר]

And (they are) praying for the life of the king and his sons. — וּמְצַלַּיִן לְחַיֵּי מַלְכָּא וּבְנוֹהִי
Ezra 6:10 — עֶזְרָא ו, י

בַּר־: בְּרֵהּ
בְּנֵי־: בְּנוֹהִי, בְּנֵיהוֹן

And he sent me, me and my son. — ואפקני אנה וברי
TAD A2 6:4

And he said] to him, "Call my son to me!" — ואמר] לה קרי לי̊ ב̊רי
4Q545 f1ai:9

field (nm)	ברר?	(8)	[בַּר]\בָּרָא

And with the beast of the field is his lot*. — וְעִם חֵיוַת בָּרָא חֲלָקֵהּ*
Daniel 4:23 — דָּנִיֵּאל ד, כ

A beast of the field came. — חיות ברא אתה
4Q531 f22:8

he created (v, *qal*)	ברא	(38)	בָּרָא

Has not one God created us? — הֲלוֹא אֵל אֶחָד בְּרָאָנוּ
Malachi 2:10 — מַלְאָכִי ב, י

בְּרֹא
בָּרָאתִי, בָּרָאתָ, בָּרָא | בְּרָאתִיו, בְּרָאתָם, בְּרָאָהּ, בְּרָאָנוּ, בְּרָאָם
יִבְרָא
בּוֹרֵא\בֹּרֵא | בֹּרַאֲךָ, בּוֹרְאֶיךָ
בְּרָא

And he created spirits of light and darkness. — והואה ברא רוחות אור וחושך
Community Rule (1QS) 3:25

hail (nm)	ברד	(29)	בָּרָד

And the hail struck in all the land of Egypt. — וַיַּךְ הַבָּרָד בְּכָל אֶרֶץ מִצְרַיִם
Exodus 9:25 — שְׁמוֹת ט, כה

Baruch (np)	ברך	(26)	בָּרוּךְ

And Baruch wrote from the mouth of Jeremiah. — וַיִּכְתֹּב בָּרוּךְ מִפִּי יִרְמְיָהוּ
Jeremiah 36:4 — יִרְמְיָהוּ לו, ד

cypress, fir, juniper, pine? (nm)	ברש	(20)	בְּרוֹשׁ

And two doors are trees of cypresses. — וּשְׁתֵּי דַלְתוֹת עֲצֵי בְרוֹשִׁים
1 Kings 6:34 — מְלָכִים א ו, לד

בְּרוֹשִׁים

---: בְּרוֹשָׁיו\בְּרֹשָׁיו

Cedars and cypresses he will bring [from] Lebanon. ארזים וברושים יבי֯א [מ]ל֯בנון
4Q522 f9ii:6

iron (nm)	ברזל	(76)	בַּרְזֶל

Your horn I will put as iron. קַרְנֵךְ אָשִׂים בַּרְזֶל
Micah 4:13 מִיכָה ד, יג

And he put your horn as iron. ו]ישם קרניכה ברזל
Community Rule (1QSb) 5:26

Barzillai (np)	ברז	(12)	בַּרְזִלַּי

And the king kissed Barzillai and blessed him. וַיִּשַּׁק הַמֶּלֶךְ לְבַרְזִלַּי וַיְבָרְכֵהוּ
2 Samuel 19:39 שְׁמוּאֵל ב יט, מ

he fled, went through (v, *qal*)	ברח	(59)	בָּרַח

And David rose up and fled on that day. וַיָּקָם דָּוִד וַיִּבְרַח בַּיּוֹם הַהוּא
1 Samuel 21:10 שְׁמוּאֵל א כא, יא

בְּרֹחַ (בָּרוֹחַ) | בָּרַחְתִּי, בָּרַחְתָּ, בָּרְחוּ
בָּרַח, בָּרְחוּ\בָּרָֽחוּ
אֶבְרָח, יִבְרַח\יִבְרָֽח, תִּבְרַח, נִבְרָחָה, יִבְרְחוּ
בֹּרֵחַ, בֹּרַחַת
בְּרַח, בִּרְחִי

And he will flee to the midst of the nations. ויברח אל תוך הגואים
11Q19 64:9–10

fat (adj)	ברא	(14)	בָּרִיא

And behold, from the Nile seven fat cows were ascending. וְהִנֵּה מִן הַיְאֹר עֹלֹת שֶׁבַע פָּרוֹת בְּרִיאוֹת
Genesis 41:18 בְּרֵאשִׁית מא, יח

בָּרִיא | בְּרִיאָה\בְּרָאָה\בִּרְיָה | בְּרִאִים (בְּרִיאֵי־) | בְּרִיאוֹת\בְּרִיאֹת (בְּרִיאוֹת־\בְּרִיאֹת־)

bar (nm)	ברח	(40)	בְּרִיחַ

And he made bars of acacia wood. וַיַּעַשׂ בְּרִיחֵי עֲצֵי שִׁטִּים
Exodus 36:31 שְׁמוֹת לו, לא

בְּרִיחִם\בְּרִיחִים
בְּרִיחַ־: ---
בְּרִיחֵי־: בְּרִיחֶיךָ, בְּרִיחָו\בְּרִיחָיו, בְּרִיחֶיהָ

Beriah (np)	ברע	(11)	בְּרִיעָה

And he called his name Beriah. — וַיִּקְרָא אֶת שְׁמוֹ בְּרִיעָה
1 Chronicles 7:23 — דִּבְרֵי הַיָּמִים א ז, כג

covenant (nf)	ברה	(284)	בְּרִית

And I am establishing my covenant with you. — וַאֲנִי הִנְנִי מֵקִים אֶת בְּרִיתִי אִתְּכֶם
Genesis 9:9 — בְּרֵאשִׁית ט, ט

בְּרִית־ ׃בְּרִיתִי\בְּרִתִי, בְּרִיתְךָ\בְּרִיתֶךָ, בְּרִיתֵךְ, בְּרִיתוֹ, בְּרִיתְכֶם

They came into a new covenant in the land of Damascus. — באו בברית החדשה בארץ דמשק
Damascus Document (CD) 8:21

he was blessed [only pass ptc] (v, *qal*)	ברך	(71)	[בָּרַךְ]

Blessed be the LORD who rescued you. — בָּרוּךְ יְהוָה אֲשֶׁר הִצִּיל אֶתְכֶם
Exodus 18:10 — שְׁמוֹת יח, י

--- | --- | בָּרוּךְ (בְּרוּךְ־), בְּרוּכָה, בְּרוּכִים\בְּרֻכִים (בְּרוּכֵי־)

Blessed are you, O God of knowledge. — ברוך אתה אל הדעות
Thanksgiving Hymn (1QHa) 22:34

he blessed, praised, greeted (v, *piel*)	ברך	(233)	בֵּרַךְ

The LORD bless you and keep you. — יְבָרֶכְךָ יְהוָה וְיִשְׁמְרֶךָ
Numbers 6:24 — בְּמִדְבַּר ו, כד

בֵּרֵךְ (בָּרוֹךְ) | בָּרְכוּ\בָּרֵכוּ
בֵּרַכְתִּי, בֵּרַכְתָּ, בֵּרַךְ\בֵּרֵךְ, בֵּרַכְנוּ, בֵּרַכְתֶּם, בֵּרְכוּ | בֵּרַכְתִּיךָ, בֵּרַכְתִּיהָ, בֵּרַכְתָּנִי, בֵּרְכַנִי, בֵּרַכְךָ\בֵּרֲכֶךָ,
בֵּרְכוֹ\בֵּרֲכוֹ, בֵּרַכְנוּכֶם, בֵּרְכוּנִי
אֲבָרֵךְ\אֲבָרְכָה, תְּבָרֵךְ, יְבָרֵךְ\יְבָרֶךְ\יְבָרֶךְ, נְבָרֵךְ, תְּבָרְכוּ, יְבָרְכוּ\יְבָרֲכוּ\יְבָרֵכוּ | אֲבָרֶכְךָ\אֲבָרְכֶךָ\
אֲבָרְכֶךָ\אֲבָרְכְכָה, אֲבָרְכֵהוּ\אֲבָרֲכֵהוּ, אֲבָרֲכֶם, תְּבָרְכֵנִי, תְּבָרְכֶנּוּ\תְּבָרֲכֶנּוּ, יְבָרְכֵנִי, יְבָרֶכְךָ\יְבָרְכֶךָ\
יְבָרֲכֶךָ, יְבָרְכֵהוּ\יְבָרֲכֵהוּ\יְבָרֲכֶנְהוּ, יְבָרְכֵנוּ, יְבָרְכֵם\יְבָרֲכֵם, תְּבָרֲכֵנִי, תְּבָרֶכְךָ, יְבָרְכוּכָה
מְבָרֵךְ | מְבָרֲכֶיךָ
בָּרֵךְ, בָּרְכִי, בָּרְכוּ | בָּרְכֵנִי

May the LORD bless you in peace. — יברכך יהוה בשלם
Moussaieff 2:1

And they blessed there the God of Israel. — וברכו שם את אל ישראל
War Scroll (1QM) 18:6

he was blessed (v, *pual*) — ברך (13) — [בֹּרַךְ]

His land is blessed of the LORD. — מְבֹרֶכֶת יְהוָה אַרְצוֹ
Deuteronomy 33:13 — דְּבָרִים לג, יג

יְבֹרַךְ\יְבֹרָךְ, תְּבֹרַךְ\תְּבֹרָךְ
מְבֹרָךְ, --- (מְבֹרֶכֶת־) | מְבֹרָכָיו

For those blessed [by him will in]herit earth. — כיא מבורכ[ו יר]שו ארץ
4Q171 f1+3_4iii:9

knee (nf) — ברך (25) — בֶּרֶךְ

The people bent on their knees to drink water. — הָעָם כָּרְעוּ עַל בִּרְכֵיהֶם לִשְׁתּוֹת מָיִם
Judges 7:6 — שׁוֹפְטִים ז, ו

בִּרְכַּיִם\בִּרְכָּיִם

בִּרְכֵּי־: בִּרְכַּי, בִּרְכָּיו\בִּרְכָו, בִּרְכֶּיהָ, בִּרְכֵיהֶם

And my knees went like water. — וילכו כמים ברכי
Thanksgiving Hymn (1QHa) 16:35

blessing (nf) — ברך (69) — בְּרָכָה\בְּרָכָה

And on them a blessing of goodness will come. — וַעֲלֵיהֶם תָּבוֹא בִרְכַּת טוֹב
Proverbs 24:25 — מִשְׁלֵי כד, כה

בְּרָכוֹת
בִּרְכַּת־: בִּרְכָתִי, בִּרְכָתְךָ\בִּרְכָתֶךָ, בִּרְכָתוֹ
בִּרְכֹת־: ---

I will remember you for a blessing, O Zion. — אזכורך לברכה ציון
11Q5 22:1

pool (nf) — ברך (17) — בְּרֵכָה

I made for myself pools of water. — עָשִׂיתִי לִי בְּרֵכוֹת מָיִם
Ecclesiastes 2:6 — קֹהֶלֶת ב, ו

בְּרֵכוֹת
בְּרֵכַת־: ---
בְּרֵכוֹת־: ---

And the water went from the spring to the pool. — וילכו המים מן המוצא אל הברכה
Siloam 1:4–5

Berechiah (np) ברך\יהוה (11) **בֶּרֶכְיָה\בֶּרֶכְיָהוּ**

The LORD's word was to Zechariah, son of Berechiah. — הָיָה דְבַר יְהוָה אֶל זְכַרְיָה בֶּן בֶּרֶכְיָה
Zechariah 1:1 — זְכַרְיָה א, א

nevertheless, however (conj) ברם (5) **בְּרַם**

Nevertheless, I will read the writing to the king. — בְּרַם כְּתָבָא אֶקְרֵא לְמַלְכָּא
Daniel 5:17 — דָּנִיֵּאל ה, יז

However, any blood you will not eat. — ברם כול דם לא תאכלון
1Q20 11:17

lightning (nm) ברק (21) **בָּרָק**

His lightnings enlighten the world. — הֵאִירוּ בְרָקָיו תֵּבֵל
Psalm 97:4 — תְּהִלִּים צז, ד

בְּרָקִים
בְּרַק־: ---
---: בְּרָקָיו

On] high [he made w]inds and lightning. — ב]מרום [עשה ר]וחות וברקים
4Q392 f1:9

Barak (np) ברק (13) **בָּרָק**

And Barak pursued the chariot. — וּבָרָק רָדַף אַחֲרֵי הָרֶכֶב
Judges 4:16 — שׁוֹפְטִים ד,טז

he boiled, cooked (v, *piel*) בשל (21) **[בִּשֵּׁל]**

And we cooked my son and ate him. — וַנְּבַשֵּׁל אֶת בְּנִי וַנֹּאכְלֵהוּ
2 Kings 6:29 — מְלָכִים ב ו, כט

בִּשֵּׁל
בִּשַּׁלְתָּ, בִּשְּׁלוּ | בִּשְּׁלָם
תְּבַשֵּׁל, נְבַשֵּׁל, תְּבַשְּׁלוּ, יְבַשְּׁלוּ
מְבַשְּׁלִים
בַּשֵּׁל, בַּשְּׁלוּ\בַּשֵּׁלוּ

They will be boiling there their sacrifices. — יהיו מבשלים שמה את זבחיהמה
11Q19 37:14

spice, perfume (nm) בשם (30) **בֹּשֶׂם\בֶּשֶׂם**

And you take for yourself spices.
Exodus 30:23

וְאַתָּה קַח לְךָ בְּשָׂמִים
שְׁמוֹת ל, כג

בְּשָׂמִים
---: בְּשָׂמַי
---: בְּשָׂמָיו

Bashan (np) — בשן — (59?) — **בָּשָׁן**

Hear this word, cows of Bashan.
Amos 4:1

שִׁמְעוּ הַדָּבָר הַזֶּה פָּרוֹת הַבָּשָׁן
עָמוֹס ד, א

he brought [good] news, heralded, told (v, *piel*) — בשר — (23) — **בִּשֵּׂר**

On the mountains are feet of one bringing good news.
Nahum 2:1

עַל הֶהָרִים רַגְלֵי מְבַשֵּׂר
נַחוּם ב, א

בִּשֵּׂר
בִּשַּׂרְתִּי, בִּשַּׂרְתָּ, בִּשֵּׂר
אֲבַשְּׂרָה, תְּבַשֵּׂר, תְּבַשְּׂרוּ, יְבַשֵּׂרוּ
מְבַשֵּׂר, מְבַשֶּׂרֶת, מְבַשְּׂרוֹת
בַּשְּׂרוּ

And the herald [is the] anointed of the spi[rit].
11Q13 2:18

והמבשר הו[אה] מׄשיח הרו[ח]

flesh, meat, body (nm) — בשר — (270) — **בָּשָׂר**

And all flesh will bless his holy name forever and ever.
Psalm 145:21

וִיבָרֵךְ כָּל בָּשָׂר שֵׁם קָדְשׁוֹ לְעוֹלָם וָעֶד
תְּהִלִּים קמה, כא

בְּשָׂרִים
בְּשַׂר־: בְּשָׂרִי, בְּשָׂרְךָ\בְּשָׂרֶךָ, בְּשָׂרוֹ, בְּשָׂרָהּ, בְּשָׂרֵנוּ, בְּשַׂרְכֶם, בְּשָׂרָם

And your sword will eat flesh of guilty ones.
War Scroll (1QM) 12:11–12

וחרבכה תואכל בשר אשמה

shame, disgrace (nf) — בוש — (30) — **בֹּשֶׁת**

And he returned in disgrace [lit., with shame of face] to his land.
2 Chronicles 32:21

וַיָּשָׁב בְּבֹשֶׁת פָּנִים לְאַרְצוֹ
דִּבְרֵי הַיָּמִים ב לב, כא

בֹּשֶׁת־: בָּשְׁתִּי, בָּשְׁתְּךָ, בָּשְׁתֵּנוּ, בָּשְׁתְּכֶם, בָּשְׁתָּם

You advised shame for your house.
Habakkuk Pesher (1QpHab) 9:13–14

יְעַצְתָּה בֹּשֶׁת לְבֵיתְכָה

daughter (nf)	בת?	(585)	בַּת

And they took their daughters to themselves
for wives.
Judges 3:6

וַיִּקְחוּ אֶת בְּנוֹתֵיהֶם לָהֶם לְנָשִׁים

שׁוֹפְטִים ג, ו

בָּנוֹת
בַּת־: בִּתִּי, בִּתְּךָ\בִּתֶּךָ, בִּתּוֹ, בִּתָּהּ, בִּתֵּנוּ, בִּתְּכֶם
בָּנוֹת־: בְּנֹתַי\בְּנוֹתַי\בְּנֹתָי, בְּנוֹתֶיךָ\בְּנֹתֶיךָ\בְּנוֹתֶיךָ, בְּנֹתַיִךְ\בְּנוֹתַיִךְ, בְּנֹתָיו\בְּנוֹתָיו, בְּנוֹתֶיהָ\בְּנֹתֶיהָ,
בְּנוֹתֵינוּ\בְּנֹתֵינוּ\בנותנו, בְּנֹתֵיכֶם\בְּנוֹתֵיכֶם, בְּנֹתֵיהֶם\בְּנוֹתֵיהֶם\בְּנֹתָם

To Abigail, daughter of Elhanan.
Seals 32:1–2

לאביגל בת אלחנן

A man will not take his sister, daughter of his
father or daughter of his mother.
11Q19 66:14

לוֹא יקח איש את אחותו בת אביהו או בת אמו

bath [liquid measure = about 40 liters] (nm)	בת\בתת?	(13)	בַּת\בָּת

Two thousand baths it would contain.
1 Kings 7:26

אַלְפַּיִם בַּת יָכִיל

מְלָכִים א ז, כו

בַּתִּים
בַּת־: ---

And wine: 1 bath give to them.
Arad 4:2–3

ויין בת (א) 1 תן להם

Bathsheba (np)	בת\שבע	(11)	בַּת־שֶׁבַע

And Bathsheba bowed (her) face to the
ground.
1 Kings 1:31

וַתִּקֹּד בַּת שֶׁבַע אַפַּיִם אֶרֶץ

מְלָכִים א א, לא

virgin, maiden (nf)	בתל	(50)	בְּתוּלָה

They sought for the king young women, virgins,
good looking.
Esther 2:2

יְבַקְשׁוּ לַמֶּלֶךְ נְעָרוֹת בְּתוּלוֹת טוֹבוֹת מַרְאֶה

אֶסְתֵּר ב, ב

בְּתוּלוֹת\בְּתוּלֹת\בְּתֻלוֹת\בְּתֻלֹת
בְּתוּלַת־: ---
בְּתוּלַת־: בְּתוּלָתַי, בְּתוּלָתָיו, בְּתוּלֹתֶיהָ

הוציא שם רע על בתולת ישראל

He brought a bad name on a virgin of Israel.
11Q19 65:15

בְּתוּלִים (10) בתל virginity, evidence of virginity (nm, pl only)

וְהוּא אִשָּׁה בִבְתוּלֶיהָ יִקָּח
וַיִּקְרָא כא, יג

And he will take a wife in her virginity.
Leviticus 21:13

בְּתוּלִים

בְּתוּלֵי־: בְּתוּלַי, בְּתוּלֶיהָ, בְּתוּלֵיהֶן

לוא מצאתי לבתכה בתולים

I did not find for your daughter evidence of virginity.
11Q19 65:12

ג / ר

pride, arrogance, majesty (nf) | **גאה** | (19) | **גַּאֲוָה**

Give strength to God, his majesty is over Israel.
Psalm 68:34

תְּנוּ עֹז לֵאלֹהִים עַל יִשְׂרָאֵל גַּאֲוָתוֹ

תְּהִילִּים סח, לה

גַּאֲוַת־: גַּאֲוָתִי, גַּאֲוָתְךָ, גַּאֲוָתֵךְ, גַּאֲוָתוֹ
---

height, majesty, pride (nm) | **גאה** | (49) | **גָּאוֹן**

I will destroy the pride of Judah and the great pride of Jerusalem.
Jeremiah 13:9

אַשְׁחִית אֶת גְּאוֹן יְהוּדָה וְאֶת גְּאוֹן יְרוּשָׁלַםִ הָרָב

יִרְמְיָהוּ יג, ט

גְּאוֹן־: גְּאוֹנְךָ\גְּאוֹנֶךָ, גְּאוֹנוֹ, גְּאוֹנָם
---: גְּאוֹנָיִךְ

he redeemed (redeemer [ptc]) (v, *qal*) | **גאל** | (95) | **גָּאַל**

And I knew my redeemer lives.
Job 19:25

וַאֲנִי יָדַעְתִּי גֹּאֲלִי חָי
אִיּוֹב יט, כה

גְּאוֹל\גְּאֹל\גְּאָל (גְּאֹל) | גְּאָלֵךְ
גָּאַלְתִּי, גָּאַלְתָּ\גָּאָלְתָּ, גָּאַל | גְּאַלְתִּיךָ, גְּאַלְתִּיךְ, גְּאָלוֹ, גְּאָלָם
אֶגְאָל, תִּגְאַל, יִגְאַל\יִגְאָל | אֶגְאָלֵם, יִגְאָלֶךָ, יִגְאָלֵנוּ, יִגְאָלֶנָּה, יִגְאָלֵם, יִגְאָלֵהוּ
גֹּאֵל\גּוֹאֵל (גֹּאֵל־) | גֹּאֲלִי, גֹּאַלְךְ\גֹּאֲלֵךְ, גֹּאֲלֵךְ, גֹּאֲלוֹ, גֹּאֲלֵנוּ, גֹּאַלְכֶם, גֹּאֲלָם | גְּאוּלִים (גְּאוּלֵי־)
גְּאַל\גְּאָל | גְּאָלֵנִי, גְּאָלָהּ

Bless the] Lord, the redeemer of poor ones.
11Q5 18:15

ברכו את]𐤉𐤄𐤅𐤄 גואל עני

redemption, deliverance (nf) | **גאל** | (14) | **גְּאֻלָּה**

And in all the land of your possession, you will give redemption for the land.
Leviticus 25:24

וּבְכֹל אֶרֶץ אֲחֻזַּתְכֶם גְּאֻלָּה תִּתְּנוּ לָאָרֶץ

וַיִּקְרָא כה, כד

גְּאֻלַּת־: גְּאֻלָּתִי, גְּאֻלָּתְךָ, גְּאֻלָּתוֹ
---

back, mound, arched thing (nm/nf) | **גבב** | (12?) | **גַּב**

On my back, plowers plowed. — עַל גַּבִּי חָרְשׁוּ חֹרְשִׁים
Psalm 129:3 — תְּהִלִּים קכט, ג

גַּב־: גַּבִּי, גַּבֵּךְ
גַּבֵּי: גַּבֵּיכֶם, גַּבֵּיהֶם, גַּבֵּיהֶן, גַּבֹּתָם

den (nm)	גב (10)	[גב]\גֹּבָא

He will be thrown to the den of lions. — יִתְרְמֵא לְגֹב אַרְיָוָתָא
Daniel 6:7 — דָּנִיֵּאל ו, ח

גֹּב־\גוֹב־: ---
---

he was high, exalted, haughty (v, *qal*)	גבה (24)	גָּבַהּ

My heart was not haughty. — לֹא גָבַהּ לִבִּי
Psalm 131:1 — תְּהִלִּים קלא, א

גְּבֹהַּ, גָּבְהָה
גָּבַהְתָּ, גָּבַהּ, גָּבְהָא, גָּבְהוּ
יִגְבַּהּ, תִּגְבַּהּ, תִּגְבָּהוּ, יִגְבְּהוּ\יִגְבָּהוּ, תִּגְבְּהֶינָה

And it will be high unto the sky. — ויגבה עד לשמים
4Q302 f2ii:3

high, exalted (adj)	גבה (41)	גָּבֹהַּ

Every lofty thing he will see. — אֵת כָּל גָּבֹהַּ יִרְאֶה
Job 41:34 — אִיּוֹב מא, כו

גָּבֹהַּ (גְּבֹהַּ־\גְּבַהּ) | גְּבֹהָה | גְּבֹהִים | גְּבֹהוֹת\גְּבֹהֹת

height, haughtiness (nm)	גבה (17)	גֹּבַהּ

Like the height of cedars is its height. — כְּגֹבַהּ אֲרָזִים גָּבְהוֹ
Amos 2:9 — עָמוֹס ב, ט

גֹּבַהּ־: גָּבְהוֹ, גָּבְהָם
גָּבְהֵי־: ---

border, boundary, mountain (nm)	גבל (241)	גְּבוּל\גְּבֻל

And he brought them to the mountain of his holiness. — וַיְבִיאֵם אֶל גְּבוּל קָדְשׁוֹ
Psalm 78:54 — תְּהִלִּים עח, נד

גְּבוּל־\גְּבֻל־: גְּבוּלִי, גְּבוּלְךָ\גְּבֻלְךָ\גְּבוּלֶ֫ךָ\גְּבֻלֶ֫ךָ, גְּבוּלֵךְ, גְּבוּלוֹ\גְּבֻלוֹ, גְּבוּלָהּ\גְּבֻלָהּ, גְּבוּלֵנוּ, גְּבוּלְכֶם\גְּבֻלְכֶם, גְּבוּלָם, גְּבוּלָן
---: גְּבוּלֶיךָ, גְּבוּלַ֫יִךְ, גְּבוּלֶיהָ

You set my steps in the border of wickedness. | ותעמד פעמי בגבול רשעה
Thanksgiving Hymn (1QHa) 10:10

[גְּבוּלָה] (10) גבל border, territory (nf)

This will be to you the land, to its boundaries all around. | זֹאת תִּהְיֶה לָכֶם הָאָרֶץ לִגְבֻלֹתֶיהָ סָבִיב
Numbers 34:12 | בְּמִדְבַּר לד, יב

גְּבֻלוֹת
---: גְּבֻלָתוֹ
גְּבוּלוֹת־\גְּבוּלֹת־\גְּבֻלֹת־: גְּבוּלֹתֶיהָ\גְּבֻלֹתֶיהָ

גִּבּוֹר\גִּבֹּר (159) גבר mighty one, warrior, strong (adj, m only)

A mighty one in the land will his descendant be. | גִּבּוֹר בָּאָרֶץ יִהְיֶה זַרְעוֹ
Psalm 112:2 | תְּהִלִּים קיב, ב

גִּבּוֹר\גִּבֹּר (גִּבּוֹר־\גִּבֹּר־: גִּבּוֹרָם)
גִּבּוֹרִים\גִּבֹּרִים (גִּבּוֹרֵי־\גִּבֹּרֵי־: גִּבּוֹרַי, גִּבּוֹרֶיךָ, גִּבּוֹרָיו\גִּבֹּרָיו\גִּבֹּרֵיהוּ, גִּבּוֹרֶיהָ, גִּבּוֹרֵיהֶם)

And I said, "Mighty ones camped against me." | ואני אמרתי חנו עלי גבורים
Thanksgiving Hymn (1QHa) 10:27

גְּבוּרָה (61) גבר strength, might, power (nf)

He will not delight in the power of the horse. | לֹא בִגְבוּרַת הַסּוּס יֶחְפָּץ
Psalm 147:10 | תְּהִלִּים קמז, י

גְּבוּרוֹת\גְּבֻרוֹת\גְּבוּרֹת
גְּבוּרַת־: גְּבוּרָתִי\גְּבֻרָתִי, גְּבוּרָתְךָ\גְּבוּרָתֶ֫ךָ, גְּבוּרָתֵךְ, גְּבוּרָתוֹ\גְּבֻרָתוֹ, גְּבוּרַתְכֶם
---: גְּבוּרֹתֶיךָ\גְּבוּרֹתֶ֫ךָ, גְּבוּרֹתָיו\גְּבוּרֹתָו

And with poor ones is the hand of your strength. | ועם אביונים יד גבורתכה
War Scroll (1QM) 13:13–14

גָּבִ֫יעַ (14) גבע cup, bowl (nm)

And my cup, the silver cup you will put in the mouth of the youngest one's sack. | וְאֶת גְּבִיעִי גְּבִיעַ הַכֶּסֶף תָּשִׂים בְּפִי אַמְתַּחַת הַקָּטֹן
Genesis 44:2 | בְּרֵאשִׁית מד, ב

גְּבִעִים
גְּבִיעַ־: גְּבִיעִי

---: גְּבִיעֶיהָ

גְּבִירָה	(15)	גבר	mistress, queen, queen mother (nf)

וַיֹּאמֶר לָהּ מַלְאַךְ יְהוָה שׁוּבִי אֶל גְּבִרְתֵּךְ — And the angel of the LORD said to her, "Return to your mistress."
בְּרֵאשִׁית טז, ט — *Genesis 16:9*

גְּבֶרֶת־\גְּבָרֶת־: גְּבִרְתִּי, גְּבִרְתֵּךְ, גְּבִרְתָּהּ

גֶּבַע	(19)	גבע	Geba (np)

וַיַּךְ אֶת פְּלִשְׁתִּים מִגֶּבַע — And he struck the Philistines from Geba.
שְׁמוּאֵל ב ה, כה — *2 Samuel 5:25*

גִּבְעָה	(71)	גבע	hill (nm)

וַיְזַבֵּחַ וַיְקַטֵּר בַּבָּמוֹת וְעַל הַגְּבָעוֹת — And he sacrificed and made offerings on the high places and on the hills.
מְלָכִים ב טז, ד — *2 Kings 16:4*

גְּבָעוֹת
גִּבְעַת־: גִּבְעָתִי, גִּבְעָתָהּ
גִּבְעוֹת־\גִּבְעֹת־: גִּבְעוֹתֶיךָ

ההרים לוא יעידו לו והגבעות לוא יגידו — The mountains will not testify to him, and the hills will not tell.
11Q5 28:5–6

גִּבְעָה\גִּבְעָתָה	(43)	גבע	Gibeah (np)

וְגַם שָׁאוּל הָלַךְ לְבֵיתוֹ גִּבְעָתָה — And also Saul went to his house, to Gibeah.
שְׁמוּאֵל א י, כו — *1 Samuel 10:26*

תקעֿו שופר בגבעה — Blow a horn in Gibeah!
4Q177f1_4:13

גִּבְעוֹן	(37)	גבע	Gibeon (np)

בְּגִבְעוֹן נִרְאָה יְהוָה אֶל שְׁלֹמֹה — At Gibeon the LORD appeared to Solomon.
מְלָכִים א ג, ה — *1 Kings 3:5*

גָּבַר	(17)	גבר	he was strong, mighty, prevailed (v, *qal*)

לֹא בְכֹחַ יִגְבַּר אִישׁ — Not in strength will a man prevail.
שְׁמוּאֵל א ב, ט — *1 Samuel 2:9*

גָּבַר, גָּבְרוּ\גָּבֵרוּ

יִגְבַּר, יִגְבְּרוּ

And the water prevailed on the earth. *4Q252 1:7*	ויגברו המים על הארץ

male, man (nm)	גבר	(66)	גֶּבֶר

Cursed is the man who will put trust in (another) person. *Jeremiah 17:5*	אָרוּר הַגֶּבֶר אֲשֶׁר יִבְטַח בָּאָדָם יִרְמְיָהוּ יז, ה

גְּבָרִים
גְּבַר־: ---
---

man (nm)	גבר	(21)	גְּבַר

There is a man in your kingdom. *Daniel 5:11*	אִיתַי גְּבַר בְּמַלְכוּתָךְ דָּנִיֵּאל ה, יא

גֻּבְרִין\גֻּבְרַיָּא

The king asked the men. *TAD C1 1:77*	מלכא שאל לגבריא
He will give her to another man. *4Q197 f4ii:5–6*	ינתננה לגבר [אחרן]

roof, top (nm)	---	(30)	גָּג

And they made for themselves booths, each man on his roof. *Nehemiah 8:16*	וַיַּעֲשׂוּ לָהֶם סֻכּוֹת אִישׁ עַל גַּגּוֹ נְחֶמְיָה ח, טז

גַּגּוֹת
גַּג־: גַּגֶּךָ, גַּגּוֹ
גַּגּוֹת־: גַּגֹּתֶיהָ, גַּגּוֹתֵיהֶם\גַּגֹּתֵיהֶם

Gad [person and tribe] (np)	גדד	(76)	גָּד

And she called his name Gad. *Genesis 30:11*	וַתִּקְרָא אֶת שְׁמוֹ גָּד בְּרֵאשִׁית ל, יא
He will make the offering of Gad alone. *11Q19 24:16*	יעשה עולה גד לבד

troop, raiding party (nm)	גדד	(33)	גְּדוּד

And the LORD sent against him Chaldean raiding parties. — וַיְשַׁלַּח יְהוָה בּוֹ אֶת גְּדוּדֵי כַשְׂדִּים
2 Kings 24:2 — מְלָכִים ב כד, ב

גְּדוּדִים
גְּדוּד־: ---
גְּדוּדֵי־: גְּדוּדָיו

great (adj)	גדל	(525)	גָּדוֹל\גָּדֹל

You have done great things. O God, who is like you? — עָשִׂיתָ גְדֹלוֹת אֱלֹהִים מִי כָמוֹךָ
Psalm 71: 19 — תְּהִלִּים עא, יט

גָּדוֹל\גָּדֹל (גְּדוֹל־\גְּדָל־\גְּדָול־) | גְּדוֹלָה\גְּדֹלָה | גְּדֹלִים\גְּדוֹלִים (גְּדֹלֵי־) | גְּדֹלוֹת\גְּדוֹלֹת\גְּדֹלֹת
גְּדֹלָיו, גְּדוֹלֶיהָ

He will go out in great wrath to war with the kings of the north. — יצא בחמה גדולה להלחם במלכי הצפון
War Scroll (1QM) 1:4

goat or sheep kid (nm)	גדי?	(16)	גְּדִי

You will not boil a kid in the milk of its mother. — לֹא תְבַשֵּׁל גְּדִי בַּחֲלֵב אִמּוֹ
Exodus 23:19 — שְׁמוֹת כג, יט

גְּדָיִים
גְּדִי־: ---
גְּדָיֵי־: ---

Gadite (gent)	גדד?	(16)	גָּדִי

Then Joshua called for the Reubenite(s) and for the Gadite(s). — אָז יִקְרָא יְהוֹשֻׁעַ לָרְאוּבֵנִי וְלַגָּדִי
Joshua 22:1 — יְהוֹשֻׁעַ כב, א

he grew, was great, was magnified (v, *qal*)	גדל	(58)	גָּדַל

And your name will be great forever. — וְיִגְדַּל שִׁמְךָ עַד עוֹלָם
1 Chronicles 17:24 — דִּבְרֵי הַיָּמִים א יז, כד

גָּדֹל (גָּדוֹל)
גָּדַלְתִּי, גָּדַלְתָּ, גָּדַל, גָּדְלָה, גָּדְלוּ | גְּדֵלַנִי
אֶגְדַּל, תִּגְדְּלִי, יִגְדַּל\יִגְדָּל, תִּגְדַּל, יִגְדְּלוּ\יִגְדָּלוּ
גְּדַל
---

he raised, grew, made great, praised (v, *piel*)	גדל	(25)	גִּדֵּל

Praise the LORD with me! — גַּדְּלוּ לַיהוָה אִתִּי
Psalm 34:3 — תְּהִלִּים לד, ד

גַּדֵּל | גַּדֶּלְךָ, גַּדְּלָם
גִּדַּלְתִּי, גִּדַּל\גִּדֵּל, גִּדְּלָה | גִּדַּלְתּוֹ, גִּדְּלוֹ, גִּדְּלוּהוּ
אֲגַדְּלָה, יְגַדֵּל, יְגַדְּלוּ | אֲגַדְּלֶנּוּ, תְּגַדְּלֶנּוּ, יְגַדְּלֵהוּ
מְגַדְּלִים
גַּדְּלוּ

greatness, arrogance (nm)	גדל	(13)	גֹּ֫דֶל

For the name of the LORD I will proclaim; give greatness to our GOD!
Deuteronomy 32:3

כִּי שֵׁם יְהוָה אֶקְרָא הָבוּ גֹדֶל לֵאלֹהֵינוּ
דְּבָרִים לב, ג

גֹּדֶל־: גָּדְלְךָ\גָּדְלֶ֫ךָ, גָּדְלוֹ\גֹּדְלוֹ
---

greatness (nf)	גדל	(12)	גְּדֻלָּה\גדוּלָּה

To you, LORD, is the greatness, the power, the glory, the victory, and the majesty.
1 Chronicles 29:11

לְךָ יְהוָה הַגְּדֻלָּה וְהַגְּבוּרָה וְהַתִּפְאֶרֶת וְהַנֵּצַח וְהַהוֹד
דִּבְרֵי הַיָּמִים א כט, יא

גְּדֻלּוֹת
גְּדֻלַּת־: גְּדֻלָּתִי, גְּדוּלָּתְךָ, גְּדֻלָּתוֹ\גְדוּלָּתוֹ

Gedaliah (np)	גדל\יהוה	(32)	גְּדַלְיָה\גְּדַלְיָהוּ

The king of Babylon appointed Gedaliah.
2 Kings 25:23

הִפְקִיד מֶלֶךְ בָּבֶל אֶת גְּדַלְיָהוּ
מְלָכִים ב כה, כג

he built, repaired, blocked up (v, *qal*)	גדר	(10)	גָּדַר

And I sought from them a man, a wall builder.
Ezekiel 22:30

וָאֲבַקֵּשׁ מֵהֶם אִישׁ גֹּדֵר גָּדֵר
יְחֶזְקֵאל כב, ל

גָּדַרְתִּי, גָּדַר
תִּגְדְּרוּ
גֹּדֵר, גֹּדְרִים
---

wall (nm)	גדר	(14)	גָּדֵר

You did not go up into the breaches or build a wall for the house of Israel.
Ezekiel 13:5

לֹא עֲלִיתֶם בַּפְּרָצוֹת וַתִּגְדְּרוּ גָדֵר עַל בֵּית יִשְׂרָאֵל
יְחֶזְקֵאל יג, ה

גֶּדֶר־: גְּדֵרוֹ, גְּדֵרָהּ
---: גְּדֵרָיִךְ, גְּדֵרֶיהָ

midst (nm)	גוה	(13)	[גַּו]

And they were thrown* to the midst of the furnace of fire. — וּרְמִיו* לְגוֹא אַתּוּן נוּרָא
Daniel 3:21 — דָּנִיֵּאל ג, כא

גּוֹ־\גוֹא־: גַּוֵּהּ, גַּוַּהּ

And he brought me to the midst of the city. — ואעלני לגוא קריתא
4Q554 f1ii:11

Gog (np)	---	(12?)	גּוֹג

And you, son of man, prophesy against Gog. — וְאַתָּה בֶן אָדָם הִנָּבֵא עַל גּוֹג
Ezekiel 39:1 — יְחֶזְקֵאל לט, א

nation, people (nm)	גוה	(556*)	גּוֹי

I am taking the sons of Israel from among the nations. — אֲנִי לֹקֵחַ אֶת בְּנֵי יִשְׂרָאֵל מִבֵּין הַגּוֹיִם
Ezekiel 37:21 — יְחֶזְקֵאל לז, כא

גּוֹיִם\גֹּיִים
גּוֹי־: גּוֹי, גּוֹיֶךָ, גּוֹיֵךְ
גּוֹיֵי\גּוֹיֵ: גּוֹיַיִךְ, גּוֹיֵהֶם

And all the nations will gather to him. — ויאספו אלו כול הגוים
Habakkuk Pesher (1QpHab) 8:5

body, corpse, carcass (nf)	גוה?	(13)	גְּוִיָּה

And the took the corpse of Saul and the corpses of his sons. — וַיִּקְחוּ אֶת גְּוִיַּת שָׁאוּל וְאֵת גְּוִיֹּת בָּנָיו
1 Samuel 31:12 — שְׁמוּאֵל א לא, יב

גְּוִיּוֹת
גְּוִיַּת־: גְּוִיָּתוֹ, גְּוִיָּתֵנוּ, גְּוִיָּתָם
גְּוִיֹּת־: גְּוִיֹּתֵנוּ, גְּוִיֹּתֵיהֶם, גְּוִיֹּתֵיהֶנָה

exile, exiles, deportation, deportees (nf)	גלה	(42)	גּוֹלָה\גֹּלָה

And I told the exiles all the words of the Lord which he showed me. — וָאֲדַבֵּר אֶל הַגּוֹלָה אֵת כָּל דִּבְרֵי יְהוָה אֲשֶׁר הֶרְאָנִי
Ezekiel 11:25 — יְחֶזְקֵאל יא, כה

---

he perished, died (v, *qal*) גוע (24) **גָּוַע**

All flesh will die together. — יִגְוַע כָּל בָּשָׂר יַחַד
Job 34:15 — אִיּוֹב לד, טו

גְּוֹעַ\גְוַע
גָּוַע, גָּוַעְנוּ, גָּוָעוּ
אֶגְוַע\אֶגְוָע, יִגְוַע\יִגְוָע, יִגְוְעוּ\יִגְוָעוּ\יִגְוָעוּן
גֹּוֵעַ
---

lot, destiny (nm) גרל (78) **גּוֹרָל**

And I will cast a lot for you here before the LORD our God. — וְיָרִיתִי לָכֶם גּוֹרָל פֹּה לִפְנֵי יְהוָה אֱלֹהֵינוּ
Joshua 18:6 — יְהוֹשֻׁעַ יח, ו

גּוֹרָלוֹת
גּוֹרַל־\גֹּרַל־: גֹּרָלִי, גּוֹרָלְךָ\גּוֹרָלֶךָ\גֹּרָלְךָ, גּוֹרָלֵךְ, גּוֹרָלוֹ, גּוֹרָלָם
---

he sheared, shaved (v, *qal*) גזז (14) **גָּזַז**

I heard that you have shearers. — שָׁמַעְתִּי כִּי גֹזְזִים לָךְ
1 Samuel 25:7 — שְׁמוּאֵל א כה, ז

גְּזֹז\גֹּז

תָּגֹז, יָגֶז
גֹּזֵז, גֹּזְזִים (גֹּזְזֵי־) | גְּזֻזָי, גְּזֻזֶיהָ
גָּזִי\גֹּזִי

And do not shear the firstborn of your flock. — ולוא תגוז בכור צואנכה
11Q19 52:8–9

cut stone (nf) גזה (11) **גָּזִית**

Houses of cut stone you built, but you will not dwell in them. — בָּתֵּי גָזִית בְּנִיתֶם וְלֹא תֵשְׁבוּ בָם
Amos 5:11 — עָמוֹס ה, יא

---

he stole, robbed (v, *qal*) גזל (29) **גָּזַל**

Do not rob poor one(s). — אַל תִּגְזָל דָּל
Proverbs 22:22 — מִשְׁלֵי כב, כב

גָּזַל
גָּזַלְתִּי, גָּזַל\גָּזָל, גָּזְלוּ\גָּזָ֫לוּ
תִּגְזֹל\תִּגְזָל, יִגְזֹל, יִגְזְלוּ
גּוֹזֵל, ---(גְּזֻלֵי־) | גְּזֹלוּ | גָּזוּל

He stole wealth of poor ones. — גזל הון אביונים
Habakkuk Pesher (1QpHab) 12:10

Gezer (np)	גזר	(15)	גֶּ֫זֶר

And he captured Gezer and burned it. — וַיִּלְכֹּד אֶת גֶּזֶר וַיִּשְׂרְפָהּ
1 Kings 9:16 — מְלָכִים א ט, טז

coal (nf)	גחל	(18)	גַּחֶ֫לֶת

And the likeness of the animals, their appearance, was like burning coals of fire. — וּדְמוּת הַחַיּוֹת מַרְאֵיהֶם כְּגַחֲלֵי אֵשׁ בֹּעֲרוֹת
Ezekiel 1:13 — יְחֶזְקֵאל א, יג

גֶּחָלִים
---: גַּחַלְתִּי
גַּחֲלֵי־: גֶּחָלָיו, גֶּחָלֶיהָ

valley (nm, nf, and np)	גיא	(60)	גַּיְא\גַּי\גָּיְא\גַּיא\גָּיא\גֵּיא

And I went out by the gate of the valley at night. — וָאֵצְאָה בְשַׁעַר הַגַּיא לַיְלָה
Nehemiah 2:13 — נְחֶמְיָה ב, יג

גֵּאָיוֹת
גֵּיא־\גֵּי־: ---
---: גֵּיאוֹתֶיךָ

Every valley will be lifted. — כול גיא ינשא
4Q176 f1_2i:7

Gehazi (np)	גחז?	(12)	גֵּיחֲזִי

And Gehazi chased after Naaman. — וַיִּרְדֹּף גֵּיחֲזִי אַחֲרֵי נַעֲמָן
2 Kings 5:21 — מְלָכִים ב ה, כא

he rejoiced, was glad (v, *qal*)	גיל	(45)	[גָּל]

Let the heavens rejoice and the earth be glad! — יִשְׂמְחוּ הַשָּׁמַיִם וְתָגֵל הָאָרֶץ
1 Chronicles 16:31 — דִּבְרֵי הַיָּמִים א טז, לא

--- (גול)
גַּלְתִּי
אָגִילָה, תָּגִיל, יָגִיל\יָגוּל\יָגֵל\יָגֶל, תָּגִיל\תָּגֵל, נָגִילָה, יָגִילוּ\יְגִילוּן, תְּגֵלְנָה

גִּילִי, גִּילוּ

And all the sons of his truth will rejoice.
War Scroll (1QM) 17:8

וכול בני אמתו יגילו

wave, heap (nm) גלל (34) **גַּל\גָּל**

This heap is a witness between you and me.
Genesis 31:48

הַגַּל הַזֶּה עֵד בֵּינִי וּבֵינְךָ
בְּרֵאשִׁית לא, מח

גַּלִּים
גַּל־: ---
גַּלֵּי־: גַּלֶּיךָ, גַּלָּיו, גַּלֵּיהֶם

Their waves and all their breakers* are over me.
Thanksgiving Hymn (1QHa) 14:26

גליהם וכול משבריהם* עלי

wheel, tumbleweed/whirlwind? (nm) גלל (12) **גַּלְגַּל**

From the sound of a horse, wheel, and chariot your walls shake.
Ezekiel 26:10

מִקּוֹל פָּרָשׁ וְגַלְגַּל וָרֶכֶב תִּרְעַשְׁנָה חוֹמוֹתַיִךְ
יְחֶזְקֵאל כו, י

גִּלְגַּל־: ---
---: גַּלְגִּלָּיו

Gilgal (np) גלל (40) **גִּלְגָּל**

And the sons of Israel camped in Gilgal and made the Passover.
Joshua 5:10

וַיַּחֲנוּ בְנֵי יִשְׂרָאֵל בַּגִּלְגָּל וַיַּעֲשׂוּ אֶת הַפֶּסַח
יְהוֹשֻׁעַ ה, י

head, skull, individual in a census (nf) גלל (12) **גֻּלְגֹּלֶת**

And they did not find her except the skull, legs, and palms of the hands.
2 Kings 9:35

וְלֹא מָצְאוּ בָהּ כִּי אִם הַגֻּלְגֹּלֶת וְהָרַגְלַיִם וְכַפּוֹת הַיָּדָיִם
מְלָכִים ב ט, לה

---: גֻּלְגָּלְתּוֹ
---: גֻּלְגְּלֹתָם

he uncovered, went into exile, departed (v, *qal*) גלה (50) **גָּלָה**

And Israel will surely go into exile from its land.
Amos 7:17

וְיִשְׂרָאֵל גָּלֹה יִגְלֶה מֵעַל אַדְמָתוֹ
עָמוֹס ז, יז

גְּלוֹת (גָּלֹה)
גָּלִיתִי, גָּלִיתָ\גָּלִיתָה, גָּלָה, גָּלְתָה, גָּלוּ
אֶגְלֶה, יִגְלֶה\יִגֶל, יִגְלוּ
גּוֹלֶה\גֹּלֶה, גֹּלָה, גֹּלִים |---|גָּלוּי
גְּלֵה

I will uncover your eyes to see.
Damascus Document (CD) 2:14

ואגלה עיניכם לראות

he revealed, was revealed (v, *peal*)	גלה\גלא	(5)	[גְּלָה\גְּלָא]

There is a God in the heavens, a revealer of mysteries*.
Daniel 2:28

אִיתַי אֱלָהּ בִּשְׁמַיָּא גָּלֵא רָזִין*
דָּנִיֵּאל ב, כח

מִגְלֵא

גָּלֵה\גָּלֵא
---

he uncovered, disclosed, made known (v, *piel*)	גלה	(56)	גִּלָּה

To the eyes of the nations he revealed his justice.
Psalm 98:2

לְעֵינֵי הַגּוֹיִם גִּלָּה צִדְקָתוֹ
תְּהִילִים צח, ב

גַּלּוֹת
גִּלִּיתִי\גִּלֵּיתִי, גִּלִּית, גִּלָּה, גִּלְּתָה, גִּלּוּ
אֲגַלֶּה, תְּגַלֶּה\תְּגַלֵּה\תְּגָל, יְגַלֶּה\יְגַל, תְּגַל, יְגַלּוּ
מְגַלֶּה
גַּל, גַּלִּי

The prophets made known by his Holy Spirit.
Community Rule (1QS) 8:16

גלו הנביאים ברוח קודשו

idols (nm, pl)	גלל	(48)	גִּלּוּלִים\גִּלֻּלִים

And he served the idols which his father made.
2 Kings 21:21

וַיַּעֲבֹד אֶת הַגִּלֻּלִים אֲשֶׁר עָבַד אָבִיו
מְלָכִים ב כא, כא

גִּלּוּלִים\גִּלֻּלִים

גִּלּוּלֵי: גִּלּוּלַיִךְ, גִּלּוּלָיו, גִּלּוּלֶיהָ, גִּלּוּלֵיכֶם, גִּלּוּלֵיכֶן, גִּלּוּלֵיהֶם\גִּלֻּלֵיהֶם, גִּלּוּלֵיהֶן

They put idols over their heart. | שמו גלולים על לבם
Damascus Document (CD) 20:9

exile, exiles (nf) | גלה | (15) | **גָּלוּת**

He will build my city and send my exiles free. | הוּא יִבְנֶה עִירִי וְגָלוּתִי יְשַׁלֵּחַ
Isaiah 45:13 | יְשַׁעְיָהוּ מה, יג

גָּלוּת־\גָּלֻת: גָּלוּתִי, גָּלוּתֵנוּ
---

he shaved (v, *piel*) | גלח | (18) | **גִּלַּח**

And their head they will not shave. | וְרֹאשָׁם לֹא יְגַלֵּחוּ
Ezekiel 44:20 | יְחֶזְקֵאל מד, כ

--- | גִּלְּחוּ
גַּלַּח, גַּלְּחָה | גַּלְּחוּ
יְגַלַּח\יְגַלֵּחַ, תְּגַלַּח, יְגַלֵּחוּ | יְגַלְּחֶנּוּ, יְגַלְּחֵם

And you shaved her head. | וגלחתה את ראושה
11Q19 63:12

he rolled, rolled away (v, *qal*) | גלל | (11) | **[גָּלַל]**

Roll large stones to the mouth of the cave! | גֹּלּוּ אֲבָנִים גְּדֹלוֹת אֶל פִּי הַמְּעָרָה
Joshua 10:18 | יְהוֹשֻׁעַ י, יח

גַּלּוֹתִי
יָגֵל
גֹּלֵל
גֹּל\גּוֹל\גַּל, גֹּלּוּ

Gilead (np, person) | --- | (14?) | **גִּלְעָד**

And the wife of Gilead bore him sons. | וַתֵּלֶד אֵשֶׁת גִּלְעָד לוֹ בָּנִים
Judges 11:2 | שׁוֹפְטִים יא, ב

Gilead (np, place) | --- | (84?) | **גִּלְעָד**

And Jephthah gather all the men of Gilead. | וַיִּקְבֹּץ יִפְתָּח אֶת כָּל אַנְשֵׁי גִלְעָד
Judges 12:4 | שׁוֹפְטִים יב, ד

Gileadite (gent) | --- | (11) | **גִּלְעָדִי**

And Jephthah the Gileadite was a strong warrior. | וְיִפְתָּח הַגִּלְעָדִי הָיָה גִּבּוֹר חַיִל
Judges 11:1 | שׁוֹפְטִים יא, א

also, even, indeed (conj)	גמם	(772?)	גַּם

Rule over us: you, also your son, also your son's son. — מְשָׁל בָּנוּ גַּם אַתָּה גַּם בִּנְךָ גַּם בֶּן בְּנֶךָ
Judges 8:22 — שׁוֹפְטִים ח, כב

And also every letter which came to me . . . — 𐤅𐤂𐤌 𐤊𐤋 𐤎𐤐𐤓 𐤀𐤔𐤓 𐤁𐤀 𐤀𐤋𐤉
Lachish 3:10–11

And also by the hand of our kings you saved us. — וגם ביד מלכינו הושעתנו
War Scroll (1QM) 11:3

recompense, dealing, benefit (nm)	גמל	(19)	גְּמוּל

Bless the LORD my soul, and do not forget all of his benefits! — בָּרְכִי נַפְשִׁי אֶת יְהוָה וְאַל תִּשְׁכְּחִי כָּל גְּמוּלָיו
Psalm 103:2 — תְּהִלִּים קג, ב

גְּמוּל־\גְּמֻל־: גְּמֻלְךָ, גְּמוּלֵךְ, גְּמֻלוֹ, גְּמֻלְכֶם, גְּמוּלָם
---: גְּמוּלָיו

he did, weaned, rewarded, paid, ripened (v, *qal*)	גמל	(34)	גָּמַל

The LORD rewarded me according to my righteousness. — יִגְמְלֵנִי יְהוָה כְּצִדְקִי
Psalm 18:20 — תְּהִלִּים יח, כא

--- | גְּמָלֵךְ, גְּמָלָהּ
גָּמַלְתִּי, גָּמַלְתְּ, גָּמַל, גָּמַלְנוּ, גָּמְלוּ | גְּמַלְתִּיךָ, גְּמַלְתַּנִי, גְּמָלְךָ, גְּמָלָנוּ, גְּמָלָם, גְּמָלַתְהוּ, גְּמָלַתּוּ, גְּמָלוּךָ
תִּגְמֹל, יִגְמֹל, תִּגְמֹל, תִּגְמְלוּ | יִגְמְלֵנִי, תִּגְמְלֵהוּ
גְּמֹל, גִּמְלִים | --- |· גְּמוּל\גָּמֻל, --- (גְּמוּלֵי־)
גֹּמֵל

They did evil to their own soul. — גמלו לנפשם רעה
1Q37 f1:2

camel (nm)	גמל	(54)	גָּמָל

And Jacob arose and put his sons and wives on the camels. — וַיָּקָם יַעֲקֹב וַיִּשָּׂא אֶת בָּנָיו וְאֶת נָשָׁיו עַל הַגְּמַלִּים
Genesis 31:17 — בְּרֵאשִׁית לא, יז

גְּמַלִּים

גְּמַלֵּי־: גְּמַלֶּיךָ, גְּמַלָּיו, גְּמַלֵּיהֶם

garden (nm, nf)	גנן	(41)	גַּן\גָּן

וַיִּשְׁמְעוּ אֶת קוֹל יְהוָה אֱלֹהִים מִתְהַלֵּךְ בַּגָּן — And they heard the voice of the LORD God who was walking around in the garden.
בְּרֵאשִׁית ג, ח — *Genesis 3:8*

גַּנִּים
גַּן־: גַּנִּי, גַּנּוֹ

[גָּנַב] (31) גנב — he stole (v, *qal*)

לֹא תִּגְנֹב — You shall not steal.
שְׁמוֹת כ, טו — *Exodus 20:15*

--- (גְּנֹב)
גָּנַבְתִּי, גָּנַבְתָּ, גָּנְבוּ | גְּנָבַתּוּ, גְּנַבְתֶּם
תִּגְנֹב, יִגְנֹב\יִגְנוֹב, תִּגְנֹב, נִגְנֹב, תִּגְנֹבוּ, יִגְנְבוּ
גְּנֹב | --- | גָּנוּב, --- (גְּנֻבְתִי), גנובים

ולא נודע מי גנבו — And it is not known who stole it.
Damascus Document (CD) 9:11

גַּנָּב (17) גנב — thief (nm)

חוֹלֵק עִם גַּנָּב שׂוֹנֵא נַפְשׁוֹ — A partner with a thief hates his own life.
מִשְׁלֵי כט, כד — *Proverbs 29:24*

גַּנָּבִים

גַּנָּה (16) גנן — garden (nf)

בְּנוּ בָתִּים וְשֵׁבוּ וְנִטְעוּ גַנּוֹת וְאִכְלוּ אֶת פִּרְיָן — Build houses and settle; plant gardens and eat their fruit.
יִרְמְיָהוּ כט, ה — *Jeremiah 29:5*

גַּנּוֹת
גַּנַּת־: גַּנָּתוֹ
---: גַּנּוֹתֵיכֶם

גָּעַר (14) גער — he rebuked (v, *qal*)

וַיִּגְעַר בּוֹ אָבִיו — And his father rebuked him.
בְּרֵאשִׁית לז, י — *Genesis 37:10*

מִגְעָר
גָּעַרְתִּי, גָּעַרְתָּ, גָּעַר
יִגְעַר, תִּגְעֲרוּ

גֹּעֵר\גּוֹעֵר
גְּעַר

ולא גערתה חיי	And you did not rebuke my life. *Thanksgiving Hymn (1QHa) 17:11*

גְּעָרָה (15) גער — rebuke, threat (nf)

טוֹב לִשְׁמֹעַ גַּעֲרַת חָכָם מֵאִישׁ שֹׁמֵעַ שִׁיר כְּסִילִים קֹהֶלֶת ז, ה	Better to listen to the rebuke of a wise one than a man hearing a song of fools. *Ecclesiastes 7:5*

גַּעֲרַת־: גַּעֲרָתִי, גַּעֲרָתְךָ, גַּעֲרָתוֹ

גֶּפֶן (55) גפן — vine (nf, nm [1x])

וְיָשְׁבוּ אִישׁ תַּחַת גַּפְנוֹ וְתַחַת תְּאֵנָתוֹ מִיכָה ד, ד	And they will sit, each man under his vine and under his fig tree. *Micah 4:4*

גְּפָנִים
גֶּפֶן־: גַּפְנִי, גַּפְנְךָ, גַּפְנוֹ, גַּפְנָהּ, גַּפְנָם

גָּר (80) גור — he lived, dwelt (v, *qal*)

יְהוָה מִי יָגוּר בְּאָהֳלֶךָ תְּהִלִּים טו, א	Lord, who may dwell in your tent? *Psalm 15:1*

גּוּר
גַּרְתִּי, גַּרְתָּה, גָּר, גָּרוּ
אָגוּרָה, תָּגוּרִי, יָגוּר\יָגָר, תָּגָר, יָגוּרוּ | יְגֻרְךָ
גָּר, --- (גָּרַת־), גָּרִים (גָּרֵי־)
גּוּר, גּוּרִי

ויגורו בארץ דמשק	And they dwelt in the land of Damascus. *Damascus Document (CD) 6:5*

[גָּר] (10) גור — he feared, dreaded (v, *qal*)

וְגוּרוּ מִמֶּנּוּ כָּל זֶרַע יִשְׂרָאֵל תְּהִלִּים כב, כד	And fear him every descendant of Israel! *Psalm 22:23*

אָגוּר, תָּגוּר, יָגֻר, תָּגוּרוּ, יָגוּרוּ
גּוּרוּ

And you shall not fear him.
11Q19 51:17

ולוא תגורו ממנו

גֵּר (92) גור sojourner, resident alien, stranger (nm)

And the sojourner who dwells in your midst shall not eat blood.
Leviticus 17:12

וְהַגֵּר הַגָּר בְּתוֹכְכֶם לֹא יֹאכַל דָּם
וַיִּקְרָא יז, יב

גֵּרִים\גֵּירִים
---: גֵּרְךָ, גֵּרוֹ

And people with strangers will join.
4Q169 f3_4ii:9

ועם עם גר נלוה

גֹּרֶן (32) גרן threshing floor (nm)

Give to me the place of the threshing floor so that I may build on it an altar for the LORD.
1 Chronicles 21:22

תְּנָה לִּי מְקוֹם הַגֹּרֶן וְאֶבְנֶה בּוֹ מִזְבֵּחַ לַיהוָה
דִּבְרֵי הַיָּמִים א כא, כב

גֳּרָנוֹת
גֹּרֶן־: גָּרְנִי, גָּרְנְךָ
גָּרְנוֹת־: ---

גָּרַע (12) גרע he reduced, subtracted, took away (v, *qal*)

He will not take his eyes away from a righteous one.
Job 36:7

לֹא יִגְרַע מִצַּדִּיק עֵינָיו
אִיּוֹב לו, ז

גְּרוֹעַ

אֶגְרַע, תִּגְרַע, יִגְרַע\יִגְרָע, תִּגְרְעוּ

You shall not add on them nor subtract from them.
11Q19 54:6–7

לוא תוסיף עליהמה ולוא תגרע מהמה

גְּרָר (10) גרר? Gerar (np)

And Abimelech, king of Gerar, sent and took Sarah.
Genesis 20:2

וַיִּשְׁלַח אֲבִימֶלֶךְ מֶלֶךְ גְּרָר וַיִּקַּח אֶת שָׂרָה
בְּרֵאשִׁית כ, ב

[גֵּרַשׁ] (35) גרש he drove away (v, *piel*)

And with a strong hand he will drive them away from his land.
Exodus 6:1

וּבְיָד חֲזָקָה יְגָרְשֵׁם מֵאַרְצוֹ
שְׁמוֹת ו, א

גָּרֵשׁ | גָּרְשֵׁנוּ
גֵּרַשְׁתִּי, גֵּרַשְׁתָּ, גֵּרְשָׁה | גֵּרַשְׁתִּיו, גֵּרַשְׁתִּיהוּ, גֵּרַשְׁתְּמוֹ, גֵּרְשׁוּנִי
אֲגָרֵשׁ, תְּגָרֵשׁ, יְגָרֵשׁ\יְגָרֶשׁ, תְּגָרֵשׁ, תְּגָרְשׁוּן, יְגָרְשׁוּ | אֲגָרֲשֶׁנּוּ, אֲגָרְשֵׁם, יְגָרְשֵׁהוּ, תְּגָרְשׁוּנִי, יְגָרְשׁוּהָ, יְגָרְשׁוּם

גָּרֵשׁ

Gershom (np)	גרש	(14)	גֵּרְשׁוֹם\גֵּרְשֹׁם

And Moses's sons were Gershom and Eliezer. — בְּנֵי מֹשֶׁה גֵּרְשֹׁם וֶאֱלִיעֶזֶר
1 Chronicles 23:15 — דִּבְרֵי הַיָּמִים א כג, טו

Gershon (np)	גרש	(17)	גֵּרְשׁוֹן

And he gave four oxen to the sons of Gershon. — וְאֵת אַרְבַּעַת הַבָּקָר נָתַן לִבְנֵי גֵרְשׁוֹן
Numbers 7:7 — בְּמִדְבַּר ז, ז

Gershonite (gent)	גרש	(13)	גֵּרְשֻׁנִּי

Gershonite families would camp behind the tabernacle on the west. — מִשְׁפְּחֹת הַגֵּרְשֻׁנִּי אַחֲרֵי הַמִּשְׁכָּן יַחֲנוּ יָמָּה
Numbers 3:23 — בְּמִדְבַּר ג, כג

rain, shower (nm)	גשם	(35)	גֶּשֶׁם

And I will send down rain in its time, showers of blessings they will be. — וְהוֹרַדְתִּי הַגֶּשֶׁם בְּעִתּוֹ גִּשְׁמֵי בְרָכָה יִהְיוּ
Ezekiel 34:26 — יְחֶזְקֵאל לד, כו

גְּשָׁמִים
גֶּשֶׁם־: ---
גִּשְׁמֵי־: גִּשְׁמֵיכֶם, גִּשְׁמֵיהֶם

body (nm)	גשם	(5)	[גְּשֵׁם]

The beast was killed* and its body destroyed*. — קְטִילַת* חֵיוְתָא וְהוּבַד* גִּשְׁמַהּ
Daniel 7:11 — דָּנִיֵּאל ז, יא

---: גִּשְׁמֵהּ, גִּשְׁמַהּ, גֶּשְׁמְהוֹן
---: גֶּשְׁמְיהוֹן

Goshen (np)	---	(15)	גֹּשֶׁן

And Israel settled in the land of Egypt, in the land of Goshen. — וַיֵּשֶׁב יִשְׂרָאֵל בְּאֶרֶץ מִצְרַיִם בְּאֶרֶץ גֹּשֶׁן
Genesis 47:27 — בְּרֵאשִׁית מז, כז

Gath (np)	גנת?	(33)	גַּת

And he fought with the Philistines and breached the wall of Gath. — וַיִּלָּחֶם בַּפְּלִשְׁתִּים וַיִּפְרֹץ אֶת חוֹמַת גַּת
2 Chronicles 26:6 — דִּבְרֵי הַיָּמִים ב כו, ו

גִּתִּי (10) גנת? Gittite (gent)

וַיֵּשֶׁב אֲרוֹן יְהוָה בֵּית עֹבֵד אֱדֹם הַגִּתִּי

שְׁמוּאֵל ב ו, יא

And the ark of the LORD sat (in) the house of Obed-edom, the Gittite.

2 Samuel 6:11

ד / ב

this (dem pron)	דא	(6)	דָּא

Is this not Babylon? — הֲלָא דָא הִיא בָּבֶל
Daniel 4:30 — דָּנִיֵּאל ד, כז

He returned me to this land in peace. — אתיבני לארעא דא בשלם
1Q20 21:3–4

bear (nm)	דבב	(12)	דֹּב\דּוֹב

All of us growl like bears, and like doves we surely moan. — נֶהֱמֶה כַדֻּבִּים כֻּלָּנוּ וְכַיּוֹנִים הָגֹה נֶהְגֶּה
Isaiah 59:11 — יְשַׁעְיָהוּ נט, יא

דֻּבִּים

Deborah (np)	דבר	(10)	דְּבוֹרָה\דְּבֹרָה

And Deborah arose and went with Barak to Kedesh. — וַתָּקָם דְּבוֹרָה וַתֵּלֶךְ עִם בָּרָק קֶדְשָׁה
Judges 4:9 — שׁוֹפְטִים ד, ט

inner sanctuary, most holy place (nm)	דבר	(16)	דְּבִיר

And he made two cherubim in the inner sanctuary. — וַיַּעַשׂ בַּדְּבִיר שְׁנֵי כְרוּבִים
1 Kings 6:23 — מְלָכִים א ו, כג

דְּבִיר־: ---

And chariots of his sanctuary praised together. — והללו יחד מרכבות דבירו
4Q403 f1ii:15

Debir (np)	דבר	(13)	דְּבִיר\דְּבִר

And Joshua and all Israel with him returned to Debir. — וַיָּשָׁב יְהוֹשֻׁעַ וְכָל יִשְׂרָאֵל עִמּוֹ דְּבִרָה
Joshua 10:38 — יְהוֹשֻׁעַ י, לח

he clung to, stuck to, kept close (v, *qal*)	דבק	(39)	דָּבַק

On the LORD, your God, you will cling. — בַּיהוָה אֱלֹהֵיכֶם תִּדְבָּקוּ
Joshua 23:8 — יְהוֹשֻׁעַ כג, ח

דָּבְקָה
דָּבַקְתִּי, דָּבַק\דָּבֵק, דָּבְקָה\דָּבֵקָה, דְּבַקְתֶּם, דָּבְקוּ\דָּבֵקוּ
תִּדְבַּק, תִּדְבָּקִין, יִדְבַּק, תִּדְבַּק\תִּדְבָּק, תִּדְבָּקוּ\תִּדְבָּקוּן, יִדְבְּקוּ | תִּדְבָּקֵנִי

And on his covenant their soul clung. — וּבבריתו תדבק נפשם
4Q392 f1:3

he spoke (v, *qal*)	דבר	(41)	[דָּבַר]

I am speaking to you. — אָנֹכִי דֹּבֵר אֵלֶיךָ
Daniel 10:11 — דָּנִיֵּאל י, יא

--- | דָּבְרֶךָ

דֹּבֵר, דֹּבְרִים (דֹּבְרֵי־), דֹּבְרוֹת\דֹּבֶרֶת | --- | דָּבוּר
---

he spoke (v, *piel*)	דבר	(1087)	דִּבֶּר\דִּבֵּר

Speak, O Lᴏʀᴅ, for your servant is listening. — דַּבֵּר יְהוָה כִּי שֹׁמֵעַ עַבְדֶּךָ
1 Samuel 3:9 — שְׁמוּאֵל א ג, ט

דִּבֵּר\דִּבֶּר (דִּבֵּר\דִּבֶּר) | דִּבְּרִי, דִּבֶּרְךָ, דִּבְּרוֹ, דִּבְּרָהּ, דִּבֶּרְכֶם, דִּבְּרָם
דִּבַּרְתִּי, דִּבַּרְתָּ, דִּבַּרְתְּ, דִּבֵּר\דִּבֶּר, דִּבְּרָה, דִּבַּרְנוּ, דִּבַּרְתֶּם, דִּבְּרוּ\דִּבֵּרוּ | דִּבְּרוֹ
אֲדַבֵּר\אֲדַבֶּר\אֲדַבְּרָה\אֲדַבֵּרָה, תְּדַבֵּר, תְּדַבֵּרִי, יְדַבֵּר\יְדַבֶּר, תְּדַבֵּר\תְּדַבֶּר, נְדַבֵּר, תְּדַבְּרוּ\תְּדַבְּרוּן\
תְּדַבֵּרוּן, תְּדַבֵּרְנָה, יְדַבְּרוּ\יְדַבֵּרוּ\יְדַבֵּרוּן, תְּדַבֵּרְנָה | יְדַבְּרֵם
מְדַבֵּר, מְדַבֶּרֶת, מְדַבְּרִים, מְדַבְּרוֹת
דַּבֵּר\דַּבֶּר, דַּבְּרִי\דַּבֵּרִי, דַּבְּרוּ\דַּבֵּרוּ

Do not listen to ev[ery] word which he will speak to you. — אל תשמע לכ[ל] דבר אשר ידבר אליך
Murabba'at 1:2

A man shall not speak during the words of his friend [i.e., while his friend is speaking]. — אל ידבר איש בתוך דברי רעהו
Community Rule (1QS) 6:10

word, thing, matter (nm)	דבר	(1442?)	דָּבָר

These are the words which Moses spoke. — אֵלֶּה הַדְּבָרִים אֲשֶׁר דִּבֶּר מֹשֶׁה
Deuteronomy 1:1 — דְּבָרִים א, א

דְּבָרִים
דְּבַר־: דְּבָרִי, דְּבָרְךָ\דְּבָרֶךָ, דְּבָרֵךְ, דְּבָרוֹ\דְּבָרִיו, דְּבָרֵנוּ
דִּבְרֵי־: דְּבָרַי\דְּבָרָי, דְּבָרֶיךָ, דְּבָרַיִךְ, דְּבָרָיו\דְּבָרָו, דְּבָרֶיהָ, דִּבְרֵיכֶם, דִּבְרֵיהֶם

Let my lord, the official, hear the word of his servant. — ישמע אדני השר את דבר עבדה
Metsad ha-Shavyahu 1:1–2

And on the Sabbath day, a man shall not speak a foolish word.
Damascus Document (CD) 10:17

וביום השבת אל ידבר איש דבר נבל

pestilence, plague (nm)	דבר	(49)	דֶּ֫בֶר\דָּ֫בֶר

With sword, famine, and plague they will fall.
Ezekiel 6:11

בַּחֶרֶב בָּרָעָב וּבַדֶּבֶר יִפֹּלוּ
יְחֶזְקֵאל ו, יא

---: דְּבָרֶיךָ

They will perish with sword, famine, and plague.
4Q171 f1_2ii:1

יובדו בחרב וברעב ובדבר

honey (nm)	דבש	(54)	דְּבַשׁ

What is sweeter than honey, and what is stronger than a lion?
Judges 14:18

מַה מָּתוֹק מִדְּבַשׁ וּמֶה עַז מֵאֲרִי

שׁוֹפְטִים יד, יח

---: דִּבְשִׁי
---

fish (nm)	---	(19)	דָּג\דָּאג

And the Lord appointed a big fish to swallow Jonah.
Jonah 1:17

וַיְמַן יְהוָה דָּג גָּדוֹל לִבְלֹעַ אֶת יוֹנָה

יוֹנָה ב, א

דָּגִים

דְּגֵי־: ---

fish (nf)	---	(15)	דָּגָה

We remembered the fish which we would eat in Egypt freely.
Numbers 11:5

זָכַרְנוּ אֶת הַדָּגָה אֲשֶׁר נֹאכַל בְּמִצְרַיִם חִנָּם

בְּמִדְבַּר יא, ה

דְּגַת־: דְּגָתָם

Dagon (np)	דגן?	(13)	דָּגוֹן

And behold, Dagon fell before it [i.e., the ark] to the ground.
1 Samuel 5:4

וְהִנֵּה דָגוֹן נֹפֵל לְפָנָיו אַרְצָה

שְׁמוּאֵל א ה, ד

banner, flag (nm) דגל (14) **דֶּגֶל**

The flag of the tribe of the sons of Judah set out in the lead.
Numbers 10:14

וַיִּסַּע דֶּגֶל מַחֲנֵה בְנֵי יְהוּדָה בָּרִאשֹׁנָה
בְּמִדְבַּר י, יד

דֶּגֶל־: דִּגְלוֹ
---: דִּגְלֵיהֶם

corn, grain (nm) דגן (40) **דָּגָן**

You will not be able to eat in your gates the tithe of your grain.
Deuteronomy 12:17

לֹא תוּכַל לֶאֱכֹל בִּשְׁעָרֶיךָ מַעְשַׂר דְּגָנְךָ
דְּבָרִים יב, יז

דְּגַן־: דְּגָנִי, דְּגָנְךָ, דְּגָנֵךְ, דְּגָנָם

Dedan (np) דדן (11) **דְּדָן**

And to Dedan they will fall on the sword.
Ezekiel 25:13

וּדְדָנֶה בַּחֶרֶב יִפֹּלוּ
יְחֶזְקֵאל כה, יג

gold (nm) דהב (23) **דְּהַב\דַּהֲבָא\דַהֲבָה**

The king made a statue of gold.
Daniel 3:1

מַלְכָּא עֲבַד צְלֵם דִּי דְהַב
דָּנִיֵּאל ג, א

I was seeing the gold ones.
1Q20 13:9

חזה הוית לדהביא

uncle, loved one, beloved (nm) דוד (61) **דּוֹד**

I am my beloved's and my beloved is mine; the shepherd among the lilies.
Song of Songs 6:3

אֲנִי לְדוֹדִי וְדוֹדִי לִי הָרֹעֶה בַּשּׁוֹשַׁנִּים
שִׁיר הַשִּׁירִים ו, ג

דוֹדִים
דוֹד־: דוֹדִי, דוֹדְךָ, דוֹדֵךְ, דוֹדוֹ, דוֹדָהּ
---: דוֹדַי, דוֹדֶיךָ, דוֹדַיִךְ, דוֹדֵיהֶן

David (np) דוד (1075?) **דָּוִד\דָּוִיד**

And David took the harp and played with his hand.
1 Samuel 16:23

וְלָקַח דָּוִד אֶת הַכִּנּוֹר וְנִגֵּן בְּיָדוֹ
שְׁמוּאֵל א טז, כג

generation (nm)	דור	(166)	דּוֹר\דֹּר

Remember his covenant fo the word he commanded for a thousarerations.
1 Chronicles 16:15

זִכְרוּ לְעוֹלָם בְּרִיתוֹ דָּבָר צִוָּה לְאֶלֶף דּוֹר
דִּבְרֵי הַיָּמִים א טז, טו

דּוֹרִים\דֹּרוֹת
דּוֹר־: ---
דּוֹרֹת־\דּוֹרוֹת־\דֹּרֹת־: דֹּרֹתָיו

he feared (v, *peal*)	דחל	(5)	[דְּחֵל]

And they are fearing befoe God of Daniel.
Daniel 6:26

וְדָחֲלִין מִן קֳדָם אֱלָהֵהּ דִּי דָנִיֵּאל
דָּנִיֵּאל ו, כז

דָּחֲלִין | --- | דְּחִיל, דְּחִילָה

Do not fear them.
TAD C1 1:54

אל תדחל לם

And now, do not fear, I avith you.
1Q20 22:30

וכען אל תדחל אנה עמך

enough, sufficiency m)	די	(39)	דַּי\דָּי

Will they not steal wha enough for them?
Obadiah 5

הֲלוֹא יִגְנְבוּ דַּיָּם
עֹבַדְיָה ה

דֵּי־: דַּיֶּךָ, דַּיָּם
---

which, that, of (rel pon, conj, genitive marker)	די	(346)	דִּי

The tree which you sawwhich is great . . .
Daniel 4:20

אִילָנָא דִּי חֲזַיְתָ דִּי רְבָה
דָּנִיֵּאל ד, יז

And he asked from me tlat I would come.
1Q20 20:21

ובעא מני די אתה

Dibon (np)	---	(11)	דִּיבוֹן\דִּיבֹן

And the sons of Gad built Dibon.
Numbers 32:34

וַיִּבְנוּ בְנֵי גָד אֶת דִּיבֹן
בְּמִדְבַּר לב, לד

judgment, ruling, justice (nm)	דין	(19)	דִּין

From heaven you declared a judgment; earth feared and was quiet.
Psalm 76:8

מִשָּׁמַיִם הִשְׁמַעְתָּ דִּין אֶרֶץ יָרְאָה וְשָׁקָטָה
תְּהִילִּים עו, ט

דִּין־: דִּינִי, דִּינֵךְ
---

judgment, justice, court (nm)	דין	(5)	דִּין

The court sat and books were opened.
Daniel 7:10

דִּינָא יְתִב וְסִפְרִין פְּתִיחוּ
דָּנִיֵּאל ז, י

---

that (dem pron m)	דך	(6)	דֵּךְ

That house of God they will build.
Ezra 6:7

בֵּית אֱלָהָא דֵךְ יִבְנוֹן
עֶזְרָא ו, ז

that (dem pron f)	דך	(7)	דָּךְ

That city will be rebuilt.
Ezra 4:13

קִרְיְתָא דָךְ תִּתְבְּנֵא
עֶזְרָא ד, יג

he crushed (v, *piel*)	דכא	(11)	דִּכָּא

And do not crush poor in the gate.
Proverbs 22:22

וְאַל תְּדַכֵּא עָנִי בַשָּׁעַר
מִשְׁלֵי כב, כב

דַּכֵּא | דַּכְּאוֹ
דִּכֵּאתָ, דִּכָּא
תְּדַכֵּא, יְדַכֵּא, תְּדַכְּאוּ, כְּאוּ | יְדַכְּאֵנִי, תְּדַכְּאוּנַנִי, יְדַכְּאוּם

And all the day they will crush my soul.
Thanksgiving Hymn (1QHa) 13:19

וכול היום ידכאו נפשי

poor, low, weak (adj)	דלל	(48)	דַּל\דָּל

He is raising poor from the dust.
1 Samuel 2:8

מֵקִים מֵעָפָר דָּל
שְׁמוּאֵל א ב, ח

דַּל\דָּל | --- | דַּלִּים | דַּלּוֹת

And (to) poor he will not show mercy, and he will bring to Babylon.
4Q386 f1iii:1

ודל לא יחן ויביא אל בבל

door, gate (nf)	דלה	(87)	דֶּ֫לֶת\דָּ֫לֶת

And he opened the doors of the house of the LORD.
1 Samuel 3:15

וַיִּפְתַּח אֶת דַּלְתוֹת בֵּית יְהוָה
שְׁמוּאֵל א ג, טו

דְּלָתוֹת\דְּלָתַיִם\דְּלָתָ֫יִם
---: דַּלְתּוֹ
דַּלְתוֹת־\דַּלְתֵי־: דַּלְתוֹתַי\דְּלָתַי, דְּלָתֶיךָ\דְּלָתֶיךָ, דַּלְתוֹתָיו\דַּלְתֹתָיו, דְּלָתֶיהָ, דַּלְתוֹתֵיהֶם

I wrote upon the door.
Lachish 4:3

כתבתי על הדלת

Who among you will close my door?
Damascus Document (CD) 6:13

מי בכם יסגור דלתי

blood (nm)	דם	(360)	דָּם

And innocent blood do not pour out in this place.
Jeremiah 22:3

וְדָם נָקִי אַל תִּשְׁפְּכוּ בַּמָּקוֹם הַזֶּה
יִרְמְיָהוּ כב, ג

דָּמִים
דַּם־: דָּמִי, דָּמְךָ\דָּמְיךָ, דָּמֵךְ, דָּמוֹ, דָּמָהּ, דִּמְכֶם, דָּמָם
דְּמֵי־: דָּמַיִךְ, דָּמָיו, דָּמֶיהָ, דְּמֵיהֶם

And the deeds of David were raised [i.e., excellent], except* the blood of Uriah.
Damascus Document (CD) 5:5

ויעלו מעשי דויד מלבד* דם אוריה

he was like, resembled (v, *qal*)	דמה	(13)	דָּמָה

My beloved is like a gazelle.
Song of Songs 2:9

דּוֹמֶה דוֹדִי לִצְבִי
שִׁיר הַשִּׁירִים ב, ט

דָּמִיתִי, דָּמִיתָ, דָּמָה, דָּמְתָה, דָּמִינוּ, דָּמוּ
יִדְמֶה, נִדְמֶה
דּוֹמֶה
דְּמֵה

And who in my glory is like to me?
4Q491 f11i:15

ומיא בכבודי ידמה ליא

he compared, likened, intended (v, *piel*)	דמה	(14)	דִּמָּה

As I intended to do to them, I will do to you.
Numbers 33:56

כַּאֲשֶׁר דִּמִּיתִי לַעֲשׂוֹת לָהֶם אֶעֱשֶׂה לָכֶם
בְּמִדְבַּר לג, נו

דִּמִּיתִי, דִּמִּיתָ, דִּמָּה, דִּמִּינוּ, דִּמּוּ | דִּמִּיתִיךָ
אֲדַמֶּה, תְּדַמִּי, יְדַמֶּה, תְּדַמְּיוּן | תְּדַמְּיוּנִי

---

likeness, form (nf)	דמה	(25)	דְּמוּת

In the likeness of God, he made him.
Genesis 5:1

בִּדְמוּת אֱלֹהִים עָשָׂה אֹתוֹ
בְּרֵאשִׁית ה, א

דְּמוּת־: דְּמוּתוֹ, דְּמוּתֵנוּ
---

he was silent, quiet, still (v, *qal*)	דמם	(23)	[דָּמַם]

And the sun was still and the moon stood.
Joshua 10:13

וַיִּדֹּם הַשֶּׁמֶשׁ וְיָרֵחַ עָמָד
יְהוֹשֻׁעַ י, יג

דָּ֫מּוּ
אֶדֹּם, תִּדְּמִי, יִדֹּם, תִּדֹּם, נִדְּמָה, יִדְּמוּ

דֹּם\דּוֹם, דֹּמִּי\דּוֹמִּי, דֹּמּוּ

tears (nf, coll)	דמע	(23)	דִּמְעָה

My tears were bread for me day and night.
Psalm 42:3

הָיְתָה לִּי דִמְעָתִי לֶחֶם יוֹמָם וָלָיְלָה
תְּהִלִּים מב, ד

דְּמָעוֹת
דִּמְעַת־: דִּמְעָתִי, דִּמְעָתֶךָ, דִּמְעָתָהּ

Damascus (np)	---	(44)	דַּמֶּ֫שֶׂק\דַּרְמֶשֶׂק

Your nose is like the tower of Lebanon watching the face of Damascus.
Song of Songs 7:4

אַפֵּךְ כְּמִגְדַּל הַלְּבָנוֹן צוֹפֶה פְּנֵי דַמָּשֶׂק
שִׁיר הַשִּׁירִים ז, ה

he judged (v, *qal*)	דין	(22)	דָּן

Dan will judge his people as one of the tribes of Israel.
Genesis 49:16

דָּן יָדִין עַמּוֹ כְּאַחַד שִׁבְטֵי יִשְׂרָאֵל
בְּרֵאשִׁית מט, טז

דִּין
דָּן, דָּנוּ | דָּנַנִּי
תָּדִין, יָדִין | תְּדִינֵנִי
דָּן

דִּין, דִּינוּ

God will judge nations. — אל ידין עמים
11Q13 2:11

Dan (np, person)	דין	(52)	דָּן

And the Amorites pushed the sons of Dan toward the hill. — וַיִּלְחֲצוּ הָאֱמֹרִי אֶת בְּנֵי דָן הָהָרָה
Judges 1:34 — שׁוֹפְטִים א, לד

Dan (np, place)	דין	(18)	דָּן

Count Israel from Beer-sheba to Dan. — סִפְרוּ אֶת יִשְׂרָאֵל מִבְּאֵר שֶׁבַע וְעַד דָּן
1 Chronicles 21:2 — דִּבְרֵי הַיָּמִים א כא, ב

this (dem pron)	דנה\זנה	(58)	דְּנָה

I will request from him about all of this. — אֶבְעֵא מִנֵּהּ עַל כָּל דְּנָה
Daniel 7:16 — דָּנִיֵּאל ז, טז

Daniel (np)	דין\אל	(29)	דָּנִיֵּאל\דָּנִאֵל

And Daniel understood every vision and dreams. — וְדָנִיֵּאל הֵבִין בְּכָל חָזוֹן וַחֲלֹמוֹת
Daniel 1:17 — דָּנִיֵּאל א, יז

Daniel (np)	דין\אל	(52)	דָּנִיֵּאל

You are Daniel. — אַנְתְּה הוּא דָנִיֵּאל
Daniel 5:13 — דָּנִיֵּאל ה, יג

knowledge, skill, wisdom (nf)	ידע	(88)	דַּעַת

Then you will understand the fear of the LORD and find the knowledge of God. — אָז תָּבִין יִרְאַת יְהוָה וְדַעַת אֱלֹהִים תִּמְצָא
Proverbs 2:5 — מִשְׁלֵי ב, ה

דַּעַת־: דַּעְתִּי, דַּעְתֵּךְ, דַּעְתּוֹ, דַּעְתְּכֶם, דַּעְתָּם
---

thin, fine, small (adj)	דקק	(14)	דַּק

And the thin ears (of corn) swallowed the seven healthy and full ears. — וַתִּבְלַעְנָה הַשִּׁבֳּלִים הַדַּקּוֹת אֵת שֶׁבַע הַשִּׁבֳּלִים הַבְּרִיאוֹת וְהַמְּלֵאוֹת
Genesis 41:7 — בְּרֵאשִׁית מא, ז

דַּק | --- | דַּקָּה | דַּקּוֹת

he lived, dwelt (v, *peal*)	דור	(7)	[דָּר]

And in its branches* the birds* of the sky will dwell. — וּבְעַנְפוֹהִי* יְדֻרוּן צִפְּרֵי* שְׁמַיָּא
Daniel 4:21 — דָּנִיֵּאל ד, יח

תְּדוּר, יְדָרוֹן
דָּאֲרִין\דָּאֲרִין (דָּאֲרֵי־)
---

south (nm) דרר\דור (17) **דָּרוֹם**

וַיְבִיאֵנִי אֶל חָצֵר הַפְּנִימִי בְּשַׁעַר הַדָּרוֹם
And he brought me to the inner court at the south gate.
יְחֶזְקֵאל מ, כח
Ezekiel 40:28

Darius (np) --- (10) **דָּרְיָוֶשׁ**

וַיְהִי בִּשְׁנַת אַרְבַּע לְדָרְיָוֶשׁ הַמֶּלֶךְ
And it happened in King Darius's fourth year.
זְכַרְיָה ז, א
Zechariah 7:1

Darius (np) --- (15) **דָּרְיָוֶשׁ**

אֲנָה דָרְיָוֶשׁ שָׂמֶת טְעֵם
I, Darius, made a decree.
עֶזְרָא ו, יב
Ezra 6:12

he trod, bent (v, *qal*) דרך (49) **דָּרַךְ**

דָּרַכְתָּ בַיָּם סוּסֶיךָ
You trod on the sea with your horses.
חֲבַקּוּק ג, טו
Habakkuk 3:15

דָּרַכְתִּי, דָּרַכְתָּ, דָּרַךְ, דָּרְכָה, דָּרְכוּ
תִּדְרֹךְ, תִּדְרְכִי, יִדְרֹךְ, תִּדְרֹךְ, תִּדְרְכוּ, יִדְרְכוּ\יִדְרְכוּן | אֶדְרְכֵם
דֹּרֵךְ\דּוֹרֵךְ, דֹּרְכִים (דֹּרְכֵי־) | --- | דְּרוּכָה, דְּרֻכוֹת

דרכה רגלי במישור
My foot walked in uprightness.
11QS 21:13

road, way, journey, course (nm and nf) דרך (706) **דֶּרֶךְ\דָּרֶךְ**

יוֹדֵעַ יְהוָה דֶּרֶךְ צַדִּיקִים וְדֶרֶךְ רְשָׁעִים תֹּאבֵד
The LORD knows the way of righteous ones, but the way of wicked ones will perish.
תְּהִלִּים א, ו
Psalm 1:6

דְּרָכִים, דְּרָכָיִם
דֶּרֶךְ־: דַּרְכִּי\דַּרְכּוֹ, דַּרְכְּךָ\דַּרְכֶּךָ, דַּרְכֵּךְ, דַּרְכּוֹ\דַּרְכֵּיו, דַּרְכָּהּ, דַּרְכֵּינוּ, דַּרְכְּכֶם, דַּרְכָּם
דַּרְכֵי־: דְּרָכַי\דְּרָכָי, דְּרָכֶיךָ\דְּרָכֶךָ, דְּרָכַיִךְ\דְּרָכָיִךְ, דְּרָכָיו\דְּרָכָו, דְּרָכֶיהָ, דְּרָכֵינוּ, דַּרְכֵיכֶם, דַּרְכֵיהֶם, דַּרְכֵיהֶן

And he went to his way when he blessed him there. — וילך לדרכו בברכו אותו שם
4Q158 f1_2:10

he sought, inquired, studied, required (v, *qal*) דרש (155) דָּרַשׁ

With my whole heart I sought you. — בְּכָל לִבִּי דְרַשְׁתִּיךָ
Psalm 119:10 — תְּהִלִּים קיט, י

דְּרֹשׁ\דְּרוֹשׁ\דָּרֹשׁ\דַּרְיוֹשׁ (דְּרֹשׁ) | דִּרְשׁוֹ, דָּרְשֵׁנִי
דָּרַשְׁתִּי\דָּרָשְׁתִּי, דָּרַשְׁתָּ, דָּרַשׁ\דָּרָשׁ, דָּרְשָׁה, דָּרַשְׁנוּ, דָּרְשׁוּ\דָּרָשׁוּ | דְּרַשְׁתִּיךָ, דְּרַשְׁנֻהוּ, דְּרָשׁוּנִי,
דְּרָשׁוּהוּ\דְּרַשֻׁהוּ, דְּרָשׁוּם
אֶדְרֹשׁ\אֶדְרוֹשׁ\אֶדְרְשָׁה, תִּדְרֹשׁ\תִּדְרוֹשׁ, יִדְרֹשׁ\יִדְרוֹשׁ, נִדְרוֹשׁ\נִדְרְשָׁה, תִּדְרְשָׁה, תִּדְרְשׁוּ, יִדְרְשׁוּ\יִדְרֹשׁוּ\יִדְרְשׁוּן
| אֶדְרְשֶׁנּוּ, תִּדְרְשֶׁנּוּ, יִדְרְשֶׁנּוּ\יִדְרְשֵׁהוּ, תִּדְרְשֵׁהוּ, תִּדְרְשֵׁנִי, תִּדְרְשֵׁהוּ, יִדְרְשֵׁהוּ
דֹּרֵשׁ\דּוֹרֵשׁ, --- (דֹּרְשֵׁי־) | דֹּרְשֶׁךָ, דֹּרְשָׁיו\דֹּרְשָׁו | דְּרוּשָׁה, דְּרוּשִׁים
דְּרָשׁ, דִּרְשׁוּ | דִּרְשׁוּנִי

With a whole heart they sought him. — בלב שלם דרשוהו
Damascus Document (CD) 1:10

he trampled, threshed (v, *qal*) דוש (13) דָּשׁ

In anger you will trample nations. — בְּאַף תָּדוּשׁ גּוֹיִם
Habakkuk 3:12 — חֲבַקּוּק ג, יב

דֻּשׁ\דּוּשׁ (אָדוּשׁ) | דִּישׁוֹ, דּוּשָׁם
דַּשְׁתִּי, דָּשׁ
תָּדוּשׁ | יְדוּשֶׁנּוּ, תְּדוּשֶׁהָ
דָּשָׁה
דּוּשִׁי

They will trample the earth with their horses. — ידושו את הארץ בסוס[יהם
Habakkuk Pesher (1QpHab) 3:10

grass (nm) דשא (14) דֶּשֶׁא

And you will see and your heart rejoice and your bones will sprout like grass. — וּרְאִיתֶם וְשָׂשׂ לִבְּכֶם וְעַצְמוֹתֵיכֶם כַּדֶּשֶׁא תִפְרַחְנָה
Isaiah 66:14 — יְשַׁעְיָהוּ סו, יד

---

fatness, ashes mixed with fat (nm) דשן (15) דֶּשֶׁן

Like (eating) rich and fatty (food) my soul is satisfied. — כְּמוֹ חֵלֶב וָדֶשֶׁן תִּשְׂבַּע נַפְשִׁי
Psalm 63:5 — תְּהִילִים סג, ו

---: דִּשְׁנִי
---

law, decree (nf)	---	(21)	דָּת

And let it be written in the laws of Persia and the Medes, and it will not be repealed.
Esther 1:19

וְיִכָּתֵב בְּדָתֵי פָרַס וּמָדַי וְלֹא יַעֲבוֹר
אֶסְתֵּר א, יט

---: דָּתוֹ
דָּתֵי: דָּתֵיהֶם

law, decree (nf)	---	(14)	דָּת\דָּתָא

And the decree went out and the wise men were being killed*.
Daniel 2:13

וְדָתָא נֶפְקַת וְחַכִּימַיָּא מִתְקַטְּלִין*
דָּנִיֵּאל ב, יג

---: דָּתְכוֹן
דָּתֵי־: ---

Dathan (np)	---	(10)	דָּתָן

Earth opened and swallowed Dathan.
Psalm 106:17

תִּפְתַּח אֶרֶץ וַתִּבְלַע דָּתָן
תְּהִילִּים קו, יז

ה / 𐤄

the (def art) --- (23,886?) הַ־\הַ◌־\הָ־\הֶ־

And also all that generation was gathered to its fathers. — וְגַם כָּל הַדּוֹר הַהוּא נֶאֶסְפוּ אֶל אֲבוֹתָיו

Judges 2:10 — שׁוֹפְטִים ב, י

interrog part --- (753*) הֲ־\הַ\הֶ

Will you not know? Will you not hear? Hasn't it been told to you from the beginning? — הֲלוֹא תֵדְעוּ הֲלוֹא תִשְׁמָעוּ הֲלוֹא הֻגַּד מֵרֹאשׁ לָכֶם

Isaiah 40:21 — יְשַׁעְיָהוּ מ, כא

interrog part --- (6) הֲ־

Were there not three men? — הֲלָא גֻבְרִין תְּלָתָא

Daniel 3:24 — דָּנִיֵּאל ג, כד

Have not all of these left? — הלא כול אלין אזלו

4Q531 f7:5

he destroyed, removed (v, *hiph*) אבד (26) הֶאֱבִיד

And I will cut off your horses from your midst, and I will destroy your chariots. — וְהִכְרַתִּי סוּסֶיךָ מִקִּרְבֶּךָ וְהַאֲבַדְתִּי מַרְכְּבֹתֶיךָ

Micah 5:10 — מִיכָה ה, ט

הַאֲבִיד | הַאֲבִידוֹ, הַאֲבִידֵנוּ

הַאֲבַדְתִּי, הַאֲבַדְתָּ\הֶאֱבֶדְתָּ, הֶאֱבִיד | הַאֲבַדְתִּיךָ, הַאֲבַדְתִּיךָ, הַאֲבַדְתָּם

אֹבִידָה

מַאֲבִיד

he heard (v, *hiph*) אזן (41) הֶאֱזִין

They have ears, but they will not hear. — אָזְנַיִם לָהֶם וְלֹא יַאֲזִינוּ

Psalm 135:17 — תְּהִילִים קלה, יז

הַאֲזַנְתָּ, הֶאֱזִין\הַאֲזִין, הֶאֱזִינוּ

אָזִין, יַאֲזִין, יַאֲזִינוּ

מֵזִין

הַאֲזִינָה, הַאֲזִינִי, הַאֲזִינוּ, הַאֲזֵנָּה

Aha! (interj) --- (12) הֶאָח

And he will say, "Aha, I am warm, I see fire!" — וְיֹאמַר הֶאָח חַמּוֹתִי רָאִיתִי אוּר

Isaiah 44:16 — יְשַׁעְיָהוּ מד, טז

הֵאִיר (34) אור — he gave light, shined, ignited (v, *hiph*)

יָאֵר יְהוָה פָּנָיו אֵלֶיךָ וִיחֻנֶּךָּ
בְּמִדְבָּר ו, כה

May the LORD shine his face to you and be gracious to you.
Numbers 6:25

הָאִיר
הֵאִיר, הֵאִירָה, הֵאִירוּ
תָּאִיר, יָאִיר\יָאֵר\יָּאֶר, תָּאִיר, תָּאִירוּ,יָאִירוּ
מֵאִיר (מְאִירַת־), מְאִירוֹת
הָאֵר, הָאִירָה

ויאר לבכה בשכל חיים ויחונכה בדעת עולמים

And may he ignite your heart with wisdom of life, and be gracious to you with knowledge of eternity.
Community Rule (1QS) 2:3

[הֶאֱכִיל] (20) אכל — he fed (v, *hiph*)

וָאֶפְתַּח אֶת פִּי וַיַּאֲכִלֵנִי אֵת הַמְּגִלָּה הַזֹּאת
יְחֶזְקֵאל ג, ב

And I opened my mouth, and he fed me this scroll.
Ezekiel 3:2

הֶאֱכַלְתִּי | הַאֲכַלְתִּיךָ, הֶאֱכַלְתִּיךְ, הַאֲכַלְתִּים, הֶאֱכַלְתָּם
תַּאֲכִל | יַאֲכִילֵנִי, יַאֲכִילְךָ, יַאֲכִילֵהוּ, יַאֲכִלֵנוּ, יַאֲכִילוּם
מַאֲכִיל | מַאֲכִילְךָ, מַאֲכִילָם
---| הַאֲכִילֵהוּ, הַאֲכִלֻהוּ

אין להאכילם מהקו[ד]שים עד בוא השמש ביום השמיני

There is nobody to feed them from the holy food until the sunset on the eighth day.
4Q396 f1_2iii:11–f1_2iv:1

הֶאֱמִין (51) אמן — he believed, trusted (v, *hiph*)

שִׁמְעוּנִי יְהוּדָה וְיֹשְׁבֵי יְרוּשָׁלַם הַאֲמִינוּ בַּיהוָה אֱלֹהֵיכֶם
דִּבְרֵי הַיָּמִים ב כ, כ

Listen to me Judah and residents of Jerusalem, believe in the LORD your God.
2 Chronicles 20:20

הֶאֱמַנְתִּי\הֶאֱמָנְתִּי, הֶאֱמִין, הֶאֱמַנְתֶּם, הֶאֱמִינוּ
אַאֲמִין, תַּאֲמִין, תַּאֲמֵן\תַּאֲמֶן, יַאֲמִין, יַאֲמֵן, תַּאֲמִינוּ, יַאֲמִינוּ
מַאֲמִין, מַאֲמִינִם
הַאֲמִינוּ

כ[י]א [לו]א האמינו בברית אל

Because they did not believe in the covenant of God.
Habakkuk Pesher (1QpHab) 2:3–4

he lengthened, extended (v, *hiph*) ארך (31) הֶאֱרִיךְ

Your days will be lengthened on the land which the LORD your God is giving to you.
Deuteronomy 25:15

יַאֲרִיכוּ יָמֶיךָ עַל הָאֲדָמָה אֲשֶׁר יְהוָה אֱלֹהֶיךָ נֹתֵן לָךְ
דְּבָרִים כה, טו

הַאֲרִיךְ
הַאֲרַכְתִּי, הַאֲרַכְתָּ, הֶאֱרִיךְ, הַאֲרַכְתֶּם, הֶאֱרִיכוּ
אַאֲרִיךְ, תַּאֲרִיךְ, יַאֲרִיךְ, תַּאֲרִיכוּ\תַּאֲרִיכֻן, יַאֲרִיכוּ\יַאֲרִכוּן\יַאֲרִיכֻן\יַאֲרִכֻן
מַאֲרִיךְ
הַאֲרִיכִי

And he will lengthen many days over his kingdom, he and his sons after him.
11Q19 59:21

ויארך ימים רבים על מלכותו הוא ובניו אחריו

he divided, separated, set apart (v, *hiph*) בדל (32) הִבְדִּיל

And God separated between the light and between the darkness.
Genesis 1:4

וַיַּבְדֵּל אֱלֹהִים בֵּין הָאוֹר וּבֵין הַחֹשֶׁךְ
בְּרֵאשִׁית א, ד

הַבְדִּיל (הַבְדֵּל)
הִבְדַּלְתִּי, הִבְדַּלְתָּ, הִבְדִּיל, הִבְדִּילָה, הִבְדַּלְתֶּם, הִבְדִּילוּ | הִבְדַּלְתָּם, הִבְדִּילוֹ
אַבְדִּל\אַבְדִּילָה, תַּבְדִּיל, יַבְדִּיל\יַבְדֵּל, יַבְדִּילוּ | יַבְדִּילֵנִי, יַבְדִּילֵם
מַבְדִּיל, מַבְדִּלִים

He separates light from darkness; dawn he prepares in the knowledge of his heart.
11Q5 26:11

מבדיל אור מאפלה שחר הכין בדעת לבו

he brought, brought in (v, *hiph*) בוא (547) הֵבִיא

The LORD, your God, will bring you to the land.
Deuteronomy 7:1

יְבִיאֲךָ יְהוָה אֱלֹהֶיךָ אֶל הָאָרֶץ
דְּבָרִים ז, א

הָבִיא\(לָ)בִיא (הָבֵא) | הֲבִיאִי, הֲבִיאֲךָ\הֶבִיאֲךָ, הֲבִיאֲכֶם, הֲבִיאָם
הֵבֵאתִי\הֵבֵיאתִי\הֵבֵאיתִי, הֵבֵאתָ\הֵבֵיאתָ, הֵבִיא, הֵבִיאָה, הֲבֵאתֶם\הֲבִיאוֹתֶם, הֵבִיאוּ | הֲבֵאוֹתִיךָ,
הֲבִיאֹתִיו\הֲבֵאתִיו\הֲבִיאֹתִיו\הֲבִיאוֹתִיהוּ, הֲבֵיאֹתִיהָ\הֲבֵאתִיהָ, הֲבִיאוֹתִים\הֲבִאֹתִים\הֲבֵאתִים\
הֲבוּאֹתִים, הֱבִיאַנִי, הֱבִיאֲךָ, הֱבִיאוֹ, הֱבִיאָהּ, הֵבִיאֹנֶם, הֱבִאוּךָ, הֱבִיאֻהוּ, הֱבִיאוּם\הֱבִיאֻם
אָבִיא\אָבִא\אָבִי, תָּבִיא, יָבִיא\יָבִא\יָבֵא\יָבֵיא, תָּבִיא\תָּבֵא, נָבִיא\נָבִא, תָּבִיאוּ, יָבִיאוּ\יָבִאוּ\יְבִיאוּן
תְּבִיאֶינָה | אֲבִיאֲךָ, אֲבִיאֶנּוּ, אֲבִיאֶנָּה, אֲבִיאֵם\אֲבִאֵם, תְּבִיאֵנִי, תְּבִאֵהוּ\תְּבִיאֶנּוּ, תְּבִיאֶנָּה, יְבִיאֵנִי\
יְבִאֵנִי, יְבִיאֲךָ\יְבִאֲךָ, יְבִיאֵהוּ\יְבִאֵהוּ\יְבִיאֵנּוּ, יְבִיאֶהָ\יְבִאֶהָ\יְבִיאֶנָּה, יְבִאֵנוּ, יְבִיאֵם\יְבִאֵם, תְּבִאֵנִי,
תְּבִיאֵהוּ\תְּבִאֵהוּ,נְבִיאֵם, יְבִיאוּנִי, יְבִיאֻהוּ\יְבִאֻהוּ, יְבִיאוּם\יְבִאוּם
מֵבִיא\מֵבִי\מֵבוֹא, מְבִיאִים\מְבִאִים (מְבִאֵי־) | מְבִיאֲךָ, מְבִיאֶיהָ
הָבֵיא\הָבֵא\הָבִיא\הָבִיאָה, הָבִיאִי\הָבִאִי, הָבִיאוּ, הָבִיאוּ

They will bring all their knowledge. — יביאו כול דעתם
Community Rule (1QS) 1:11

he looked, regarded, beheld (v, *hiph*) נבט (68) הִבִּיט

Look from heaven and see! — הַבֵּט מִשָּׁמַיִם וּרְאֵה
Isaiah 63:15 — יְשַׁעְיָהוּ סג, טו

הִבִּיט | הִבִּיטִי, הִבִּיטָם
הִבַּטְתָּ, הִבִּיט, הִבַּטְתֶּם, הִבִּיטוּ
אַבִּיט\אַבִּיטָה, תַּבִּיט\תַּבֵּט, יַבִּיט\יַבֵּט, תַּבֵּט, יַבִּיטוּ
מַבִּיט
הַבֵּט\הַבֵּיט\הַבִּיטָה\הַבִּיטָ, הַבִּיטוּ

And on his wonders my eye looked. — ובנפלאותיו הביטה עיני
Community Rule (1QS) 11:3

he understood, considered, taught (v, *hiph*) בין (62) הֵבִין

Teach me according to your word! — כִּדְבָרְךָ הֲבִינֵנִי
Psalm 119:169 — תְּהִלִּים קיט, קסט

הָבִין | הֲבִינְךָ
הֵבִין, הֵבִינוּ הֲבִינוֹתֶם
יָבִין\יָבֶן, יָבִינוּ | יְבִינֵהוּ, תְּבִינֵם
מֵבִין, מְבִינִים (מְבִינֵי־)
הָבֵן, הָבִינוּ | הֲבִינֵנִי

And God considered to their deeds. — ויבן אל אל מעשיהם
Damascus Document (CD) 1:10

he poured out, uttered (v, *hiph*) נבע (10) [הִבִּיעַ]

May my lips pour out praise, because you will teach me your statutes. — תַּבַּעְנָה שְׂפָתַי תְּהִלָּה כִּי תְלַמְּדֵנִי חֻקֶּיךָ
Psalm 119:171 — תְּהִלִּים קיט, קעא

אַבִּיעָה, יַבִּיעַ, יַבִּיעוּ\יַבִּיעוּן, תַּבַּעְנָה

Light shines and joy pours out. — הופיע אור ושמחה תַּבִּ֯י֯עַ
4Q431 f2:3

he was ashamed, put to shame, ruined (v, *hiph*) בוש (29) [הֵבִישׁ]\הֹבִישׁ

I clung on your decrees, O LORD, do not let me be put to shame. — דָּבַקְתִּי בְעֵדְוֹתֶיךָ יְהוָה אַל תְּבִישֵׁנִי
Psalm 119:31 — תְּהִילִּים קיט, לא

הֱבִישׁוֹתָ\הֱבִשֹׁתָה\הֹבַשְׁתְּ, הֹבִישׁ, הֹבִישָׁה, הֹבִישׁוּ\הֹבִשׁוּ
תָּבִישׁוּ | תְּבִישֵׁנִי
מֵבִישׁ, מְבִישָׁה
הֹבִישׁוּ

breath, vanity, idol (nm) — הבל (73) — הֶבֶל\הָבֶל

And I said in my heart that also this is vanity. — וְדִבַּרְתִּי בְלִבִּי שֶׁגַּם זֶה הָבֶל
Ecclesiastes 2:15 — קֹהֶלֶת ב, טו

הֲבָלִים
הֲבֵל־: הֶבְלִי, הֶבְלֶךָ, הֶבְלוֹ
הַבְלֵי־: הַבְלֵיהֶם

He is a man of chaos and a master of vanity. — הוא איש תהו ובעל הבל
Thanksgiving Hymn (1QHa) 15:35

he made high, exalted, soared (v, *hiph*) — גבה (10) — [הִגְבִּיהַּ]

For you make your nest high like a vulture; from there I will bring you down. — כִּי תַגְבִּיהַּ כַּנֶּשֶׁר קִנֶּךָ מִשָּׁם אוֹרִידְךָ
Jeremiah 49:16 — יִרְמְיָהוּ מט, טז

הִגְבַּהַּ
הִגְבַּהְתִּי
תַּגְבִּיהַּ, יַגְבִּיהַּ | יַגְבִּיהֶהָ, יַגְבִּיהוּ
מַגְבִּיהַּ\מַגְבִּיהִי

[To the height of eternity and up to c]louds he elevates. — [לרום עולם ועד ש]חקים יגביה
4Q431 f2:8

he/it was told (v, *hoph*) — נגד (35) — הֻגַּד

And behold, not even half was told to me. — וְהִנֵּה לֹא הֻגַּד לִי הַחֵצִי
1 Kings 10:7 — מְלָכִים א י, ז

--- (הֻגַּד)
הֻגַּד
יֻגַּד

---

he made/did great, magnified, lifted, (v, *hiph*)	גדל	(33)	הִגְדִּיל

And you magnified yourself over me with your mouth. — וַתַּגְדִּילוּ עָלַי בְּפִיכֶם
Ezekiel 35:13 — יְחֶזְקֵאל לה, יג

הַגְדִּיל
הִגְדַּלְתִּי, הִגְדַּלְתָּ, הִגְדִּיל\הִגְדִּל, הִגְדִּילוּ
אַגְדִּיל, תַּגְדִּל, יַגְדִּיל, תַּגְדִּילוּ, יַגְדִּילוּ\יַגְדִּלוּ
מַגְדִּל, מַגְדִּילִים

On me they lifted a heel. — עלי הגדילו עקב
Thanksgiving Hymn (1QHa) 13:25

he moaned, meditated, uttered, growled (v, *qal*)	הגה	(24)	[הָגָה]

A mouth of a righteous one will utter wisdom. — פִּי צַדִּיק יֶהְגֶּה חָכְמָה
Psalm 37:30 — תְּהִלִּים לז, ל

--- (הָגֹה\הֹגוֹ)
הָגִיתִי, הָגִיתָ
אֶהְגֶּה, יֶהְגֶּה, תֶּהְגֶּה, נֶהְגֶּה, תֶּהְגּוּ, יֶהְגּוּ

On it he will meditate always. — בה יהגה תמיד
4Q525 f2ii+3:6

he told, declared, informed (v, *hiph*)	נגד	(335?)	הִגִּיד

Who will tell to the man what will be after him? — מִי יַגִּיד לָאָדָם מַה יִּהְיֶה אַחֲרָיו
Ecclesiastes 6:12 — קֹהֶלֶת ו, יב

הַגִּיד\(לְ)גִּיד (הַגֵּד\הַגִּיד)
הִגַּדְתִּי, הִגַּדְתָּ\הִגַּדְתָּה, הִגִּיד, הִגִּידָה, הִגַּדְתֶּם, הִגִּידוּ | הִגִּידָהּ
אַגִּיד\אַגֵּד\אַגִּידָה, תַּגִּיד\תַּגֵּד, תַּגִּידִי, יַגִּיד\יַגִּד\ יַגֵּד\יַגֶּד, תַּגִּיד\תַּגֵּד\תַּגֶּד, נַגִּיד\נַגִּידָה\נַגֶּד, תַּגִּידוּ,
יַגִּידוּ\יַגִּדוּ | אַגִּידֶנּוּ, יַגֶּדְךָ, יַגִּדָה\יַגִּידֶהָ, נַגִּידֶנּוּ
מַגִּיד, מַגֶּדֶת, --- (מַגִּידֵי־)
הַגֵּד\הַגֶּד\הַגִּידָה, הַגִּידִי, הַגִּידוּ

And to your servant he told. — ולעבדכ הגד
Lachish 3:13

Who will tell and who will speak and who will recount the deeds of the Lord? — מי יגיד ומי ידבר ומי יספר את מעשי אדון
11Q5 28:7

he touched, reached, threw, came (v, *hiph*)	נגע	(38)	הִגִּיעַ

וְחַיַּי לִשְׁאוֹל הִגִּיעוּ — And my life came to Sheol.
תְּהִילִּים פח, ד — *Psalm 88:3*

הַגִּיעַ | הַגִּיעֵנוּ
הִגַּעַתְּ, הִגִּיעַ, הִגַּעְתֶּם, הִגִּיעוּ | הִגַּעְתִּיהוּ
יַגִּיעַ\יַגַּע, תַּגִּיעַ\תַּגַּע, יַגִּיעוּ | יַגִּיעֶנָּה
מַגִּיעַ, מַגַּעַת, --- (מַגִּיעֵי־)

הגיעו לשחת חי֯[י — My] life came to the pit.
Thanksgiving Hymn (1QHa) 16:30

[הִגִּישׁ]	(37)	נגש	he approached, brought near, presented (v, *hiph*)

וַיַּגֵּשׁ אֵת פַּר הַחַטָּאת — And he brought the bull of the sin offering.
וַיִּקְרָא ח, יד — *Leviticus 8:14*

הִגַּשְׁתֶּם, הִגִּישׁוּ | הִגִּישׁוֹ, הִגִּישָׁהּ
יַגֵּשׁ\יַגִּשׁ\יַגֶּשׁ, תַּגִּישׁ\תַּגֵּשׁ, תַּגִּישׁוּ\תַּגְשׁוּן, יַגִּישׁוּ\יַגִּשׁוּ
מַגִּישׁ, מַגִּישִׁים\מַגְּשִׁים (מַגִּישֵׁי־)

הם יגישו לי חלב ודם — They will bring to me milk and blood.
Damascus Document (CD) 4:2

הֶגְלָה\הִגְלָה	(38)	גלה	he carried into exile, carried away (v, *hiph*)

וְהִגְלָה אֶת כָּל יְרוּשָׁלַם — And he carried all Jerusalem into exile.
מְלָכִים ב כד, יד — *2 Kings 24:14*

הַגְלוֹת | הַגְלוֹתִי, הַגְלוֹתֵךְ, (בַּ)גְלוֹתוֹ, הַגְלוֹתָם
הִגְלֵיתִי\הִגְלֵתִי, הִגְלִיתָ, הֶגְלָה\הִגְלָה, הִגְלִיתֶם, הִגְלוּ | הֶגְלָם\הִגְלָם
יֶגֶל | יַגְלֶהָ, יַגְלֵם, יַגְלוּם

הָגָר	(12)	---	Hagar (np)

וַיִּקְרָא מַלְאַךְ אֱלֹהִים אֶל הָגָר מִן הַשָּׁמַיִם — And the angel of God called to Hagar from the sky.
בְּרֵאשִׁית כא, יז — *Genesis 21:17*

[הִדְבִּיק]	(12)	דבק	he caused to cling, pursued, overtook (v, *hiph*)

וּלְשׁוֹנְךָ אַדְבִּיק אֶל חִכֶּךָ — I will cause your tongue to cling to your palate.
יְחֶזְקֵאל ג, כו — *Ezekiel 3:26*

הִדְבַּקְתִּי | הִדְבִּיקָתְהוּ, הִדְבִּקָהוּ
אַדְבִּיק, יַדְבֵּק, יַדְבִּיקוּ\יַדְבְּקוּ

In order to cause to cling on them the curses of his covenant.
Damascus Document (CD) 1:17

למען הדבק בהם את אלות בריתו

Hadad (np)	הדד	(12)	הֲדַד

And Hadad found much favor in Pharaoh's eyes.
1 Kings 11:19

וַיִּמְצָא הֲדַד חֵן בְּעֵינֵי פַרְעֹה מְאֹד
מְלָכִים א יא, יט

Hadadezer (np)	הדד\עזר	(21)	הֲדַדְעֶזֶר

David smote the entire army of Hadadezer.
1 Chronicles 18:9

הִכָּה דָוִיד אֶת כָּל חֵיל הֲדַדְעֶזֶר
דִּבְרֵי הַיָּמִים א יח, ט

he drove away, brought, led astray (v, *hiph*)	נדח	(26)	הִדִּיחַ

Did you not drive away the priests of the LORD?
2 Chronicles 13:9

הֲלֹא הִדַּחְתֶּם אֶת כֹּהֲנֵי יְהוָה
דִּבְרֵי הַיָּמִים ב יג, ט

הַדִּיחַ | הַדִּיחִי, הַדִּיחֲךָ
הִדַּחְתִּי, הִדִּיחַ, הִדַּחְתֶּם הִדִּיחוּ | הִדַּחְתִּיךָ, הִדַּחְתִּיו, הִדַּחְתִּים, הִדַּחְתָּם, הִדִּיחֲךָ, הִדִּיחָם
יַדַּח, יַדִּיחוּ | אַדִּיחֵם, תַּדִּיחֶנּוּ, תַּדִּחוּם

--- | הַדִּיחֵמוֹ

They will lead astray all the dwellers of their city.
11Q19 55:3–4

וידיחו את כוֹל [י]וֹשׁבֵי עירמה

he pushed, thrust out, drove away (v, *qal*)	הדף	(11)	הָדַף

And the LORD your God, he will drive them out from before you.
Joshua 23:5

וַיהוָה אֱלֹהֵיכֶם הוּא יֶהְדֳּפֵם מִפְּנֵיכֶם
יְהוֹשֻׁעַ כג, ה

הֲדֹף | הָדְפָה
--- | הֲדַפְתִּיךָ, הֲדָפוֹ
יֶהְדֹּף, תֶּהְדֹּפוּ | יֶהְדֳּפֶנּוּ, יֶהְדֳּפֵם, יֶהְדְּפֻהוּ

And do not drive out a broken spirit from before you.
4Q393 f1ii_2:7

וא̊[ל רו]ח̊ נשברה מלפניך תה̊ד̊ף̊

he crushed (v, *haphel*)	דקק	(9)	הַדֵּק

And they crushed all their bones*.
Daniel 6:24

וְכָל גַּרְמֵיהוֹן* הַדִּקוּ
דָּנִיֵּאל ו, כה

הַדֵּקְת\הַדֶּקֶת, הַדִּקוּ
תַּדִּק | תַּדֶּקְנָּה
מְהַדֵּק, מַדֻּקָּה\מֻדֶּקָּה
---

majesty, splendor, glory, ornament (nm) | הדר | (31) | **הָדָר**

You will put on glory and majesty. — הוֹד וְהָדָר תִּלְבָּשׁ
Job 40:10 — אִיּוֹב מ, י

הֲדַר־: הֲדָרִי, הֲדָרְךָ\הֲדָרֵךְ, הֲדָרֵךְ, הֲדָרָהּ
הַדְרֵי־: ---

Before him majesty will walk, and after him a multitude of many waters. — לפניו הדר ילך ואחריו המון מים רבים
11QS 26:9–10

he tread down, caused to walk, led (v, *hiph*) | דרך | (13) | **הִדְרִיךְ**

And he led them in a straight path. — וַיַּדְרִיכֵם בְּדֶרֶךְ יְשָׁרָה
Psalm 107:7 — תְּהִלִּים קז, ז

הִדְרִיךְ | הִדְרַכְתִּיךָ, הִדְרִיכָהּ, הִדְרִיכוּהוּ\הִדְרִיכֻהוּ
יַדְרֵךְ, יַדְרִכוּ | אַדְרִיכֵם, יַדְרִכֵנִי, יַדְרִיכֶם
--- | מַדְרִיכְךָ
הַדְרִיכֵנִי

And he raised up for them a teacher of righteousness to lead them in the way of his heart. — ויקם להם מורה צדק להדריכם בדרך לבו
Damascus Document (CD) 1:11

he, it (pron, ms) | הוא | (1392?) | **הוא\היא**

Did he not say to me, "She is my sister"? — הֲלֹא הוּא אָמַר לִי אֲחֹתִי הִוא
Genesis 20:5 — בְּרֵאשִׁית כ, ה

Blessed is he to the Lord. — ברך הא ליהוה
Kuntillet Ajrud 9:1

And he created spirits of light and darkness. — והואה ברא רוחות אור וחושך
Community Rule (1QS) 3:25

he, it (pron) | הוא | (15) | **הוּא**

You are he, O king! — אַנְתָּה הוּא מַלְכָּא
Daniel 4:22 — דָּנִיֵּאל ד, יט

הו עשרה באבני מלכא

It is ten in the stones of the king [i.e., royal weight].
TAD B2 3:14

אחי הוא

He is my brother.
1Q20 19:20

הוֹאִיל (19) **יאל** he was willing, pleased to do, determined (v, *hiph*)

הוֹאִיל יְהוָה לַעֲשׂוֹת אֶתְכֶם לוֹ לְעָם

The LORD was pleased to make you a people for himself.

שְׁמוּאֵל א יב, כב

1 Samuel 12:22

הוֹאַלְתִּי, הוֹאַלְתָּ, הוֹאִיל, הוֹאַלְנוּ
יוֹאֶל\יֹאֶל\יֹאֵל

הוֹאֵל\הוֹאֶל, הוֹאִילוּ

הנה הואלתה לעשׂוׂתׂ בׂיׂ רׂ[וב] חסד

Behold, you were pleased to show great lovingkindness on me.
Thanksgiving Hymn (1QHa) 8:26

הוּבָא (24) **בוא** he/it is brought, put into (v, *hoph*)

בָּבֶלָה יוּבָאוּ וְשָׁמָּה יִהְיוּ

To Babylon they will be brought and to there they will be.

יִרְמְיָהוּ כז, כב

Jeremiah 27:22

הֻבָאתָה, הוּבָא, הֻבָאת, הוּבְאוּ
יוּבָא, יוּבָ֫אוּ
מוּבָא, מוּבָאִים, מוּבָאוֹת

לא הובא אל גן עדן

He was not brought to the garden of Eden.
4Q265 f7:12

[הוֹבֵד] (5) **אבד** he destroyed (v, *haphel*)

לָא יְהֹבְדוּן דָּנִיֵּאל וְחַבְרוֹהִי
דָּנִיֵּאל ב, יח

They will not destroy Daniel and his friends.
Daniel 2:18

הוֹבָדָה\הוֹבָדָא

תְּהוֹבֵד, יְהֹבְדוּן

הוֹבִישׁ (16) **יבשׁ** he dried up, it withered (v, *hiph*)

You dried up constant streams. — אַתָּה הוֹבַשְׁתָּ נַהֲרוֹת אֵיתָן
Psalm 74:15 — תְּהִלִּים עד, טו

הוֹבַשְׁתִּי, הוֹבַשְׁתָּ, הוֹבִישׁ\הֹבִישׁ, הוֹבִישָׁה, הֹבִישׁוּ
אוֹבִישׁ

[הוּבַל] (11) **יבל** he was brought, carried (v, *hoph*)

For in joy you will go out, and in peace you will be carried. — כִּי בְשִׂמְחָה תֵצֵאוּ וּבְשָׁלוֹם תּוּבָלוּן
Isaiah 55:12 — יְשַׁעְיָהוּ נה, יב

אוּבָל, יוּבַל\יוּבָל, תּוּבַל, תּוּבָלוּן, יוּבָלוּ, תּוּבַלְנָה

הוֹד (24) **הוד** majesty, splendor (nm)

You wore glory and majesty. — הוֹד וְהָדָר לָבָשְׁתָּ
Psalm 104:1 — תְּהִלִּים קד, א

הוֹד־: הוֹדִי, הוֹדְךָ\הוֹדֶךָ, הוֹדוֹ\הֹדֹה

And men will speak of the glory of his kingdom. — ואנשים יספרו הוד מלכותו
4Q400 f2:3

[הוֹדָה] (100) **ידה** he praised, gave thanks, confessed (v, *hiph*)

It is good to give thanks to the LORD. — טוֹב לְהֹדוֹת לַיהוָה
Psalm 92:1 — תְּהִלִּים צב, ב

הוֹדוֹת\הוֹדֹת\הֹדוֹת
הוֹדִינוּ, הוֹדוּ
אוֹדֶה, נוֹדֶה, יוֹדוּ | אוֹדְךָ\אוֹדֶךָּ, אוֹדֶנּוּ\אֲהוֹדֶנּוּ, יוֹדְךָ\יוֹדֶךָּ, תּוֹדֶךָ, יוֹדוּךָ\יוֹדֻךָ\יְהוֹדוּךָ
מוֹדֶה, מוֹדִים
הוֹדוּ

And we will praise your name forever. — ואנו נודה לשמך לעולם
1Q34bis f3i:6

הוֹדִיעַ (71) **ידע** he made known, declared, informed (v, *hiph*)

Make your ways, O LORD, known to me! — דְּרָכֶיךָ יְהוָה הוֹדִיעֵנִי
Psalm 25:4 — תְּהִלִּים כה, ד

הוֹדִיעַ\הֹדִיעַ | הוֹדִיעֵנִי, הוֹדִיעֲךָ, הוֹדִיעָם
הוֹדַעְתִּי, הוֹדַעְתָּ\הוֹדַ֫עְתָּ, הוֹדִיעַ, הוֹדַעְתֶּם, הוֹדִיעוּ | הוֹדַעְתִּיךָ, הוֹדַעְתַּנִי, הוֹדַעְתָּהּ, הוֹדַעְתָּם, הוֹדִיעַנִי
אוֹדִיעַ\אוֹדִיעָה, תּוֹדִיעַ, יוֹדִיעַ\יֹדַע, נוֹדִיעָה, יוֹדִיעוּ | אוֹדִיעֲךָ, אוֹדִיעֵם, תּוֹדִיעֵנִי, יוֹדִיעֶנּוּ, יוֹדִיעֵם
מוֹדִיעִים | מוֹדִיעֲךָ
הוֹדַע, הוֹדִיעוּ | הוֹדִיעֵנִי\הוֹדִעֵנִי, הוֹדִיעֵם, הוֹדִעֵנִי

You made known to them the secret of your truth.	הודעתם בסוד אמתכה
Thanksgiving Hymn (1QHa) 19:12	

he made known, announced (v, *haphel*)	ידע	(25)	הוֹדַע

You made known to us the word of the king.	מִלַּת מַלְכָּא הוֹדַעְתֶּנָא
Daniel 2:23	דָּנִיֵּאל ב, כג

הוֹדָעָה | הוֹדְעוּתַנִי\הוֹדְעְתַנִי, הוֹדְעוּתָךְ
הוֹדַע, הוֹדַעְנָא | הוֹדַעְתַּנִי, הוֹדַעְתֶּנָא, הוֹדְעָךְ
יְהוֹדַע, תְּהוֹדְעוּן, יְהוֹדְעוּן | אֲהוֹדְעִנֵּהּ, יְהוֹדְעִנַּנִי, תְּהוֹדְעוּנַּנִי\תְּהוֹדְעֻנַּנִי, יְהוֹדְעֻנַּנִי
מְהוֹדְעִין

And he made known to you his great name.	ויודענכון שמה רבא
4Q542 f1i:1	

he was (v, *peal*)	הוה\הוא	(71)	הֲוָה\הֲוָא

He will not be doing the law of your God.	לָא לֶהֱוֵא עָבֵד דָּתָא דִּי אֱלָהָךְ
Ezra 7:26	עֶזְרָא ז, כו

הֲוֵית, הֲוַיְתָ, הֲוָה\הֲוָא, הֲוַת\הֲוָת, הֲווֹ
לֶהֱוֵא, תֶּהֱוֵה\תֶּהֱוֵא, לֶהֱוֺן, לֶהֶוְיָן

הֱווֹ\הֱוֹו

And justice will be to you.	וצדקה יהוה לך
TAD A4 7:27	
And I was going to the south.	והוית אזל לדרומא
1Q20 19:9	

desire, destruction, ruin (nf)	הוה	(16)	הַוָּה

Ruin for his father is a foolish son.	הַוֹּת לְאָבִיו בֵּן כְּסִיל
Proverbs 19:13	מִשְׁלֵי יט, יג

הַוּוֹת\הַוֹּת
הַוַּת־: הַוָּתִי\הַיָּתִי, הַוָּתוֹ
---

he waited, hoped (v, *hiph*) יחל (14) [הוֹחִיל]

Let me wait for the God of my salvation; my God will hear me.
Micah 7:7

אוֹחִילָה לֵאלֹהֵי יִשְׁעִי יִשְׁמָעֵנִי אֱלֹהָי
מִיכָה ז, ז

הוֹחַלְתִּי\הוֹחָלְתִּי
אוֹחִיל\אוֹחִילָה\אֹחִילָה, תּוֹחֵל, יוֹחֵל

הוֹחִילִי\הוֹחִלִי

(For) your lovingkindness I will wait.
Thanksgiving Hymn (1QHa) 15:21

חסדכה אוחיל

woe (interj) --- (51) הוֹי

Woe to those who are wise in their own eyes.
Isaiah 5:21

הוֹי חֲכָמִים בְּעֵינֵיהֶם
יְשַׁעְיָהוּ ה, כא

Woe to those who build a city with blood.
Habakkuk Pesher (1QpHab) 10:5–6

הוי בונה עיר בדמים

he reproved, rebuked, decided (v, *hiph*) יכח (54) הוֹכִיחַ

The one whom the LORD loves he will rebuke.
Proverbs 3:12

אֶת אֲשֶׁר יֶאֱהַב יְהוָה יוֹכִיחַ
מִשְׁלֵי ג, יב

הוֹכִיחַ\הוֹכֵחַ (הוֹכֵחַ)
הֹכַחְתָּ, הוֹכִיחַ\הוֹכַחַ\הֹכִיחַ | הֹכַחְתִּיו
אוֹכִיחַ, תּוֹכִיחַ\תּוֹכַח, יוֹכִיחַ\יוֹכַח, תּוֹכִיחוּ, יוֹכִיחוּ | אוֹכִיחֲךָ\אוֹכִיחֶךָ, תּוֹכִיחֵנִי, יוֹכִיחֵנִי, יֹכִיחֶךָ, יוֹכִחֵנוּ, תּוֹכִחֶךָ
מוֹכִיחַ, מוֹכִיחִים
הוֹכַח

You shall surely reprove your friend.
Damascus Document (CD) 9:7

הוכח תוכיח את רעיך

he begat, fathered, caused to be born (v, *hiph*) ילד (176?) הוֹלִיד

Abraham begat Isaac.
Genesis 25:19

אַבְרָהָם הוֹלִיד אֶת יִצְחָק
בְּרֵאשִׁית כה, יט

--- (הוֹלֵיד) | הוֹלִידוֹ
הוֹלַדְתָּ, הוֹלִיד\הוֹלִד , הוֹלִידוּ\הוֹלִדוּ | הוֹלִידָהּ
אוֹלִיד, תּוֹלִיד, יוֹלִיד\יוֹלֶד
מוֹלִיד, מוֹלְדִים
הוֹלִידוּ

ולקחו נשים והולידו בנים
And they took women and begat sons.
Damascus Document (CD) 7:6–7

הוֹלִיךְ (45) **הלך** he made walk, led, brought (v, *hiph*)

וָאוֹלֵךְ אֶתְכֶם אַרְבָּעִים שָׁנָה בַּמִּדְבָּר
דְּבָרִים כט, ד
And I led you forty years in the wilderness.
Deuteronomy 29:5

--- | הֹלִיכוּ
הוֹלַכְתִּי, הוֹלִיךְ | הֹלַכְתִּיהָ, הוֹלִיכֵךְ, הוֹלִיכוֹ, הוֹלִיכָם
אוֹלִיךְ\אוֹלֵךְ\אוֹלִיכָה, יוֹלִיךְ\יוֹלִךְ\יוֹלֵךְ\יוֹלִךְ\יוֹלֵךְ\יֹלֶךְ\יוֹלֶךְ\יֹלֵךְ\יֹלִךְ, יֹלִכוּ | אוֹלִיכֵם, יוֹלִכֵנִי, יוֹלִיכֵם, יוֹלִיכֵהוּ
מוֹלִיךְ, מוֹלִכוֹת | מוֹלִיכֵךְ, מוֹלִכֵךְ, מוֹלִיכָם
הוֹלֵךְ, הֵילִיכִי, הֹלִכוּ

הוּמַת (69) **מות** he is executed, killed (v, *hoph*)

וּמַכֵּה אָבִיו וְאִמּוֹ מוֹת יוּמָת
שְׁמוֹת כא, טו
And one who strikes his father or mother will surely be executed.
Exodus 21:15

הוּמָּת, הֻמְתוּ
יוּמַת\יוּמָּת\יֻמָת, תּוּמַת, יוּמְתוּ\יוּמָּתוּ
מוּמָת, מוּמָתִים\מֻמָתתים

לוא יומת כיא צׄדיק הואה
He will not be executed because he is righteous.
4Q375 f1i:6

הוֹן (26) **הון** wealth, property, sufficient means/enough (nm)

הוֹן יֹסִיף רֵעִים רַבִּים
מִשְׁלֵי יט, ד
Wealth will add many friends.
Proverbs 19:4

הוֹן־: הוֹנֶךָ, הוֹנֵךְ, הוֹנוֹ
---: הוֹנַיִךְ

רק בני אהרון ימשלו במשפט ובהון
Only the sons of Aaron will rule on judgment and wealth.
Community Rule (1QS) 9:7

הוֹנָה (14) **ינה** he oppressed (v, *hiph*)

וְגֵר יָתוֹם וְאַלְמָנָה אַל תֹּנוּ
יִרְמְיָהוּ כב, ג
And a stranger, orphan, and widow do not oppress.
Jeremiah 22:3

--- | הוֹנִתֶם
הוֹנָה, הוֹנוּ

תּוֹנֶה, יוֹנֶה, תּוֹנוּ\תֹּנוּ, יוֹנוּ | תּוֹנֻנוּ
--- | מוֹנַיִךְ

הונו את עם קודשו
They oppressed his holy people.
4Q171 f1+3_4iii:7–8

הוֹסִיף (174?) יסף he added, increased, continued (v, *hiph*)

יִרְאַת יְהוָה תּוֹסִיף יָמִים
מִשְׁלֵי י, כז
The fear of the LORD will increase days.
Proverbs 10:27

הוֹסִיף\הֹסִיף
הוֹסַפְתִּי\הֹסַפְתִּי, הוֹסַפְתָּ, הֹסִיף
אוֹסִיף\אֹסִיף\אוֹסִף\אֹסִף\אוֹסֵף\אֹסֵף\אֹסְפָה, תּוֹסִיף\תֹּסִיף\תּוֹסִף\תֹּסֵף\תּוֹסֶף\תֹּסֶף\תּוֹסַף\תּוֹסְךָ,
תּוֹסִיפִי\תּוֹסְפִי, יוֹסִיף\יֹסִיף\יוֹסִף\יוֹסֵף\יֹסֵף\יוֹסֶף\יֹסֶף\יֹּאסֶף, תּוֹסִיף\תֹּסִיף\תּוֹסִף\תֹּסִף\תֹּסֵף\תּוֹסֶף\
תֹּסֶף, תּוֹסִיפוּ\תֹּסִפוּ\תֹּסִפוּן\תֹּאסִפוּן, יוֹסִיפוּ\יוֹסִפוּ\יֹסִיפוּ\יֹסִפוּ\יוֹסִפוּן
מוֹסִיפִים

לוא תוסיף לשוב בדרך הזואת
You shall not return again on this way.
11Q19 56:17–18

הוֹעִיל (23) יעל he profited, benefited (v, *hiph*)

לֹא יוֹעִילוּ אוֹצְרוֹת רֶשַׁע
מִשְׁלֵי י, ב
Treasures of wickedness will not profit.
Proverbs 10:2

הוֹעִיל (הוֹעֵיל)

אוֹעִיל, יוֹעִיל, נוֹעִיל, יוֹעִילוּ\יוֹעִלוּ\יֹעִילוּ | יוֹעִילוּךְ
מוֹעִיל

מה הועיל פסל
What did an idol benefit?
Habakkuk Pesher (1QpHab) 12:10

הוֹצִיא (277) יצא he brought out, led out, produced (v, *hiph*)

הוֹצִיאוּ אֶת בְּנֵי יִשְׂרָאֵל מֵאֶרֶץ מִצְרַיִם
שְׁמוֹת ו, כו
Bring the sons of Israel from the land of Egypt.
Exodus 6:26

הוֹצִיא | הוֹצִיאִי\הוֹצִאִי\הוֹצִיאִ, הוֹצִיאֲךָ, הוֹצִיאוֹ\הוֹצִאֵהוּ, הוֹצִיאָנוּ, הוֹצִיאָם
הוֹצֵאתִי\הֹצֵאתִי, הוֹצֵאתָ\הֹצֵאתָ, הוֹצֵאת, הוֹצִיא\הוֹצִא, הוֹצֵאתֶם | הוֹצֵאתִיךָ, הוֹצֵאתִיהָ, הוֹצִיאוּ,
הוֹצֵאתִים, הוֹצֵאתַנִי\הֹצֵאתָנִי, הוֹצֵאתוֹ, הוֹצֵאתָנוּ, הוֹצִיאַנִי, הוֹצִיאֵךְ\הוֹצִאֵךְ, הוֹצִיאָנוּ, הוֹצִיאָם
אוֹצִיא\אוֹצִא\אוֹצִיאָה, תּוֹצִיא\תֹּצִיא\תֹּצֵא, יוֹצִיא\יוֹצִא\יֹצִא\יוֹצֵא\יֹצֵא, תּוֹצִיא\תּוֹצֵא, נוֹצִיא, תּוֹצִיאוּ,
יוֹצִיאוּ\יוֹצִאוּ\יֹצִיאוּ\יֹצִאוּ | אוֹצִיאֵם, תּוֹצִיאֵנִי, תּוֹצִיאֵנוּ, יוֹצִיאֵנִי\יוֹצִאֵנִי, יוֹצִאֲךָ\יֹצִאֲךָ, יוֹצִאֵנוּ\יֹצִיאֵנוּ\
יֹצִאֵנוּ, יוֹצִיאֵם, יוֹצִיאֵהוּ\יֹצִיאֵהוּ\יֹצִאֵהוּ, יוֹצִיאוּם

מוֹצִיא\מוֹצִא\מוֹצֵא, מוֹצִאת, מוֹצִיאִים (מוֹצְאֵי־) | מוֹצִיאִי, מוֹצִיאֲךָ, מוֹצִיאוֹ, מוֹצִיאָם
הוֹצֵא\הוֹצִיא\הוֹצִיאָה, הוֹצִיאִי, הוֹצִיאוּ | הוֹצִיאֵנִי, הוֹצִיאָהּ, הוֹצִיאֵם, הוֹצִיאֻהוּ, הוֹצִיאוּהָ

יוציאו ממנו את המת — They will remove from us the dead one.
11Q19 49:11

[הוֹרָה] (15) ירה	he threw, shot (v, *hiph*)

מְצָא נָא אֶת הַחִצִּים אֲשֶׁר אָנֹכִי מוֹרֶה — Please find the arrows which I am shooting.
שְׁמוּאֵל א כ, לו — *1 Samuel 20:36*

--- | הֹרָנִי
אוֹרֶה, יוֹרֶה\יוֹר, יֹרוּ\יֹארוּ | יֹרֵם, יֹרֵהוּ
מוֹרֶה, מוֹרִים\מוֹרְאִים

ועל נכבדיה יורו גורל — And on honored ones they will throw lots.
4Q169 f3_4iv:2

הוֹרָה (50) ירה	he taught, directed (v, *hiph*)

וַיְהִי מוֹרֶה אֹתָם אֵיךְ יִירְאוּ אֶת יְהוָה — And he was teaching them how they would fear the LORD.
מְלָכִים ב יז, כח — *2 Kings 17:28*

הוֹרֹת | הוֹרֹתָם
הוֹרֵיתִי | הוֹרֵיתִיךָ\הֹרֵיתִיךָ, הוֹרֵתָנִי, הוֹרָהוּ
אוֹרֶה, יוֹרֶה, יוֹרוּ | אוֹרְךָ, תּוֹרֵם, יֹרֵנִי, יוֹרֵהוּ, יוֹרֵנוּ, יוֹרֵם, תּוֹרְךָ\תֹּרֶךָ, יוֹרוּךָ
מוֹרֶה\מֹרֶה | מוֹרַי, מוֹרֶיךָ
--- | הוֹרֵנִי\הֹרֵנִי, הוֹרוּנִי

אתה הוריתה כול דעה — You taught all knowledge.
Community Rule (1QS) 11:17–18

[הוֹרִיד]\הוֹרִד (67) ירד	he brought down, lowered (v, *hiph*)

מִי יוֹרִדֵנִי אָרֶץ — Who will lower me to earth?
עֹבַדְיָה ג — *Obadiah 3*

הוֹרִיד | הוֹרִידִי
הוֹרַדְתִּי, הוֹרַדְתָּ, הוֹרִד, הוֹרַדְנוּ, הוֹרַדְתֶּם, הוֹרִידוּ\הוֹרִדוּ | הוֹרַדְתִּיךָ, הוֹרַדְתִּים, הוֹרַדְתֵּנוּ,
הוֹרִדֻהוּ
אוֹרִיד, תּוֹרֵד, יוֹרֶד\יֹרֶד, תֹּרֶד\תּוֹרֶד, יוֹרִידוּ\יוֹרִדוּ\יֹרִידוּ\יֹרִדוּ | אוֹרִידְךָ\אוֹרִדְךָ, אוֹרִידֵם, תּוֹרִדֵנִי,
תּוֹרִדֵם, יוֹרִידֵנִי, יֹרִדֵהוּ, יוֹרִדֵם, תּוֹרִדֵם, יוֹרִדוּךָ, יֹרִדֻהוּ, יֹרִידוּם
מוֹרִיד\מֹרִיד
הוֹרֵד, הוֹרִידִי, הוֹרִידוּ | הוֹרִדֵהוּ, הוֹרִידֵמוֹ, הוֹרִדֻהוּ

He is lowering unto the lowest Sheol. | מוריד עד שאולה תחתיה
4Q200 f6:6

he dispossessed, drove out, bequeathed (v, *hiph*) ירשׁ (66) הוֹרִישׁ

And the LORD drove out from before you great nations. | וַיּוֹרֶשׁ יְהוָה מִפְּנֵיכֶם גּוֹיִם גְּדֹלִים
Joshua 23:9 | יהוֹשֻׁעַ כג, ט

הוֹרִישׁ (הוֹרֵשׁ) | הוֹרִישׁוּ\הוֹרִישָׁם
הוֹרַשְׁתָּ, הוֹרִישׁ, הוֹרַשְׁתֶּם, הוֹרִישׁוּ | הוֹרַשְׁתִּים, הוֹרַשְׁתָּנוּ, הוֹרַשְׁתָּם, הוֹרִישׁוֹ
אוֹרִישׁ, תּוֹרִישׁ, יוֹרִישׁ\יוֹרֶשׁ\יֹרֶשׁ, תּוֹרִישׁוּ | אוֹרְשֶׁנּוּ, אוֹרִישֵׁם, תּוֹרִישֵׁנִי, יוֹרִשְׁךָ, יֹרְשֶׁנּוּ, יוֹרְשֶׁנָּה,
יֹרְשֵׁם, תּוֹרִישֵׁמוֹ
מוֹרִישׁ | מוֹרִישָׁם

I am driving them out from before you. | אנוכי מורישם מלפניכה
11Q19 60:20

he caused to dwell, settled, married (v, *hiph*) ישׁב (38) [הוֹשִׁיב]\הֹשִׁיב

And he settled the sons of Israel there. | וַיּוֹשֶׁב שָׁם אֶת בְּנֵי יִשְׂרָאֵל
2 Chronicles 8:2 | דִּבְרֵי הַיָּמִים ב ח, ב

הוֹשִׁיב\הֹשִׁיב | הוֹשִׁיבִי
הוֹשַׁבְתִּי, הֹשִׁיב, הֹשִׁיבוּ | הוֹשַׁבְתִּיךָ, הוֹשַׁבְתִּים\הֹשַׁבְתִּים\הוֹשְׁבוֹתִים, הוֹשִׁיבַנִי
תּוֹשֵׁב, יוֹשֵׁב\יוֹשֶׁב\יֹשֶׁב, נֹשֶׁב, תֹּשִׁיבוּ, יוֹשִׁיבוּ, יֹשִׁיבֵם\יֹשְׁבוּם | אוֹשִׁיבְךָ, תּוֹשִׁיבֵנִי, יוֹשִׁיבֵנִי, יֹשִׁיבֵם
מוֹשִׁיב (מוֹשִׁיבִי)
הוֹשֵׁב, הוֹשִׁיבוּ\הֹשִׁיבוּ

In b]ooths I caused your fathers to dwell. | בס]וכות הושבתי את אבותיכם
4Q365 f23:2

he saved, rescued, delivered (v, *hiph*) ישׁע (157) הוֹשִׁיעַ

And now, O LORD our God, save us! | וְעַתָּה יְהוָה אֱלֹהֵינוּ הוֹשִׁיעֵנוּ
2 Kings 19:19 | מְלָכִים ב יט, יט

הוֹשִׁיעַ (הוֹשֵׁעַ\הֹשֵׁעַ) | הוֹשִׁיעֵנִי, הוֹשִׁיעֲךָ\הוֹשִׁיעֶךָ, הוֹשִׁיעָהּ
הוֹשַׁעְתִּי, הוֹשַׁעְתָּ, הוֹשִׁיעַ\הוֹשִׁעַ, הוֹשִׁיעָה, הוֹשַׁעְתֶּם | הוֹשַׁעְתִּיךָ, הוֹשַׁעְתִּים, הוֹשַׁעְתָּנוּ, הוֹשִׁיעוֹ, הוֹשִׁיעָם
אוֹשִׁיעַ\אוֹשִׁיעָה, תּוֹשִׁיעַ, יוֹשִׁיעַ\יוֹשִׁעַ\יְהוֹשִׁיעַ\יוֹשַׁע\יֹשַׁע, תּוֹשִׁעַ\תֹּשַׁע, תּוֹשִׁיעוּן, יוֹשִׁיעוּ | אוֹשִׁיעֵךְ,
אוֹשִׁיעֵם, תֹּשִׁעֵנִי, תּוֹשִׁיעֵנוּ, יוֹשִׁיעֵנִי, יוֹשִׁיעֵךְ, יוֹשִׁעֵךָ, יוֹשִׁיעֶנּוּ\יוֹשִׁיעֵנוּ\יֹשִׁעֵנוּ, יֹשַׁעֲכֶם, יוֹשִׁיעֵם,
יוֹשִׁעָן, תּוֹשִׁיעֵנִי, יוֹשִׁיעוּךָ, יוֹשִׁיעוּם
מוֹשִׁיעַ | מוֹשִׁיעֵךְ
הוֹשַׁע\הוֹשִׁיעָה\הוֹשִׁעָה | הוֹשִׁיעֵנִי\הוֹשִׁעֵנִי, הוֹשִׁיעֵנוּ

Save, O [L]ORD! | הושע [י]הוה
Beit Lei 7:1

And also by the hand of our kings you saved us. — וגם ביד מלכינו הושעתנו
War Scroll (1QM) 11:3

Hosea (np) ישע (16) **הוֹשֵׁעַ**

And the king of Assyria discovered Hosea's conspiracy. — וַיִּמְצָא מֶלֶךְ אַשּׁוּר בְּהוֹשֵׁעַ קֶשֶׁר
2 Kings 17:4 — מְלָכִים ב יז, ד

he left over, prospered, was enough (v, *hiph*) יתר (24) **הוֹתִיר**

The Lord of hosts left for us a survivor. — יְהוָה צְבָאוֹת הוֹתִיר לָנוּ שָׂרִיד
Isaiah 1:9 — יְשַׁעְיָהוּ א, ט

הוֹתִיר (הוֹתֵר)
הוֹתַרְתִּי, הוֹתִיר, הוֹתִרָה | הוֹתִירךָ\הוֹתִרְךָ
אוֹתִיר, תּוֹתַר, יוֹתִיר\יוֹתֵר, תֹּתַר, תּוֹתִירוּ, יוֹתִירוּ\יוֹתִרוּ

הוֹתֵר

he sprinkled (v, *hiph*) נזה (20) **הִזָּה**

And he sprinkled from the blood seven times. — וְהִזָּה מִן הַדָּם שֶׁבַע פְּעָמִים
Leviticus 4:6 — וַיִּקְרָא ד, ו

הִזֵּיתָ, הִזָּה
יַזֶּה\יַז
--- (מַזֵּה־)
הַזֵּה

And he sprinkled on him a spirit of truth. — ויז עליו רוח אמת
Community Rule (1QS) 4:21

he taught, warned (v, *hiph*) זהר (14) **הִזְהִיר**

And you did not speak to warn the wicked one from his way. — וְלֹא דִבַּרְתָּ לְהַזְהִיר רָשָׁע מִדַּרְכּוֹ
Ezekiel 33:8 — יְחֶזְקֵאל לג, ח

הַזְהִיר
הִזְהַרְתָּ\הִזְהַרְתָּה, הִזְהִיר, הִזְהַרְתֶּם | הִזְהַרְתּוֹ, הִזְהִירֹה
יַזְהִירוּ

And you warned the sons of Israel. — והזהרתמה את בני ישראל
11Q19 51:5–6

he reminded, mentioned, recorded (v, *hiph*) זכר (41) **הִזְכִּיר**

And the name of other gods do not mention. — וְשֵׁם אֱלֹהִים אֲחֵרִים לֹא תַזְכִּירוּ
Exodus 23:13 — שְׁמוֹת כג, יג

הַזְכִּיר | הַזְכִּירוֹ, הַזְכַּרְכֶם
הִזְכִּיר | הִזְכַּרְתַּנִי
אַזְכִּיר\אֶזְכִּיר\אַזְכִּירָה, יַזְכִּיר, נַזְכִּיר\נזכירה, תַּזְכִּירוּ, יַזְכִּירוּ
מַזְכִּיר, מַזְכֶּרֶת, מַזְכִּירִים
הַזְכִּירוּ | הַזְכִּירֵנִי

Many times I mentioned you for a blessing. — פעמים רבות אזכירך לברכה
11Q5 22:12

הֶחֱזִיק (118) חזק he held, seized, kept, strengthened (v, *hiph*)

And David seized his clothes and tore them. — וַיַּחֲזֵק דָּוִד בִּבְגָדָו וַיִּקְרָעֵם
2 Samuel 1:11 — שְׁמוּאֵל ב א, יא

הַחֲזִיק | הֶחֱזִיקִי
הֶחֱזַקְתִּי\הַחֲזַקְתִּי, הֶחֱזַקְתָּ, הֶחֱזִיק, הֶחֱזִיקָה | הֶחֱזַקְתִּיךָ, הֶחֱזִיקֵךְ, הֶחֱזַקְתַּנִי, הֶחֱזַקְתְּהוּ, הֶחֱזַקְתְּנוּ
אַחֲזִק, יַחֲזִיק\יַחֲזֵק\יַּחֲזֶק\יֶחֱזַק, תַּחֲזֵק\תַּחֲזֶק, יַחֲזִיקוּ\יַחֲזִקוּ
מַחֲזִיק, מַחֲזֶקֶת, מַחֲזִיקִים (מַחֲזִיקֵי־) | מַחֲזִקָהּ
הַחֲזֵק, הַחֲזִיקִי, הַחֲזִיקוּ

And with your hand you held my right (hand). — ובידכה החזקתה בימיני
4Q436 f1a+bi:9

הֶחֱטִיא (32) חטא he caused to sin, brought guilt, missed (v, *hiph*)

He caused Judah to sin, to do evil. — הֶחֱטִיא אֶת יְהוּדָה לַעֲשׂוֹת הָרַע
2 Kings 21:16 — מְלָכִים ב כא, טז

הַחֲטִיא\הַחֲטִי\חַטִיא
הֶחֱטִיא\הֶחֱטִי, הֶחֱטִיאוּ | הֶחֱטִיאָם
תַּחֲטִיא\תַּחֲטִא, יַחֲטִא, יַחֲטִיאוּ
--- (מַחֲטִיאֵי־)

הֶחֱיָה (23) חיה he kept alive, revived, restored (v, *hiph*)

And now, behold, the LORD kept me alive. — וְעַתָּה הִנֵּה הֶחֱיָה יְהוָה אוֹתִי
Joshua 14:10 — יְהוֹשֻׁעַ יד, י

הַחֲיוֹת\הַחֲיֹת (הַחֲיֵה) | הַחֲיֹתוֹ
הֶחֱיֵיתִי, הֶחֱיָה, הַחֲיִתֶם | הֶחֱיִתָנוּ

הַחֲיוּ | הַחֲיֵנִי

he began, made profane (v, *hiph*) חלל (56) הֵחֵל

And the seven years of famine began. — וַתְּחִלֶּינָה שֶׁבַע שְׁנֵי הָרָעָב

Genesis 41:54 — בְּרֵאשִׁית מא, נד

הָחֵל (הָחֵל) | הַחִלָּם
הַחִלֹּתִי, הַחִלּוֹתָ, הֵחֵל, הֵחֵלָּה, הֵחֵלּוּ
אָחֵל\אַחֵל, תָּחֵל, יָחֵל\יַחֵל\יָחֶל, תָּחֶל, תָּחֵלּוּ, יָחֵלּוּ, תְּחִלֶּינָה
מֵחֵל
הָחֵל

A man shall not profane the Sabbath. — אל יחל איש את השבת

Damascus Document (CD) 11:15

he changed, renewed, refreshed (v, *hiph*) חלף (10) הֶחֱלִיף

And purify yourselves and change your garments. — וְהִטַּהֲרוּ וְהַחֲלִיפוּ שִׂמְלֹתֵיכֶם

Genesis 35:2 — בְּרֵאשִׁית לה, ב

הֶחֱלִיף
תַּחֲלֵף, יַחֲלִיף, תַּחֲלִיף, נַחֲלִיף, יַחֲלִיפוּ | תַּחֲלִיפֵם, יַחֲלִיפֶנּוּ

הַחֲלִיפוּ

he dried up, laid waste (v, *hiph*) חרב (13) הֶחֱרִיב

I will lay waste mountains and hills, and all their grass I will dry up. — אַחֲרִיב הָרִים וּגְבָעוֹת וְכָל עֶשְׂבָּם אוֹבִישׁ

Isaiah 42:15 — יְשַׁעְיָהוּ מב, טו

הַחֲרַבְתִּי\הֶחֱרַבְתִּי, הֶחֱרִיב, הֶחֱרִיבוּ
אַחֲרִיב\אַחְרִב
מַחֲרִיב, מַחֲרֶבֶת | מַחֲרִבַיִךְ

With your rod, you will lay the earth waste. — בשבٜטכה תחריב ארץ

Community Rule (1QSb) 5:24

he caused fear, terrified (v, *hiph*) חרד (16) הֶחֱרִיד

I will give peace in the land, you will lie down, and nobody will cause fear. — וְנָתַתִּי שָׁלוֹם בָּאָרֶץ וּשְׁכַבְתֶּם וְאֵין מַחֲרִיד

Leviticus 26:6 — וַיִּקְרָא כו, ו

הַחֲרִיד
הַחֲרַדְתִּי, הֶחֱרִיד

מַחֲרִיד

הֶחֱרִים	(48)	חרם	he destroyed, exterminated, devoted to the ban (v, *hiph*)

לֹא יָכְלוּ בְּנֵי יִשְׂרָאֵל לְהַחֲרִימָם
מְלָכִים א ט, כא

The sons of Israel had not been able to destroy them.
1 Kings 9:21

הַחֲרֵם\הַחֲרִים | הַחֲרִימָם
הַחֲרַמְתִּי\הֶחֱרַמְתִּי, הַחֲרַמְתָּה, הֶחֱרִים\הֶחֱרִם, הֶחֱרַמְנוּ, הַחֲרַמְתֶּם\הֶחֱרַמְתֶּם, הֶחֱרִימוּ | הַחֲרַמְתִּים, הֶחֱרִימָם
תַּחֲרִים, יַחֲרִם\יַחֲרֵם, נַחֲרֵם, תַּחֲרִימוּ, תַּחֲרִימוּ, יַחֲרִימוּ | תַּחֲרִימֵם, יַחֲרִימָהּ, יַחֲרִימֵם

הַחֲרֵם, הַחֲרִימוּ | הַחֲרִימוּהָ

החרם תחרים את החתי ואת האמורי והכנעני

You will surely exterminate the Hittite, the Amorite, and the Canaanite.
11Q19 62:14

הֶחֱרִישׁ	(39)	חרש	he kept silent, was deaf (v, *hiph*)

הוֹרוּנִי וַאֲנִי אַחֲרִישׁ
אִיּוֹב ו, כד

Teach me, and I will be silent.
Job 6:24

--- (הַחֲרֵשׁ)
הֶחֱרַשְׁתִּי, הֶחֱרִישׁ\הֶחֱרִשׁ, הֶחֱרִישׁוּ
אַחֲרִישׁ\אַחֲרִשׁ, תַּחֲרִישׁ\תַּחֲרֵשׁ, תַּחֲרִישִׁי, יַחֲרִישׁ, תַּחֲרִישׁוּן\תַּחֲרִשׁוּן, יַחֲרִישׁוּ\יַחֲרִשׁוּ
מַחֲרִישׁ, מַחֲרִשִׁים
הַחֲרֵשׁ, הַחֲרִישִׁי, הַחֲרִישׁוּ

ותחריש בבלע רשע צדיק ממנו

And you kept silent when a wicked one swallowed one more righteous than he.
Habakkuk Pesher (1QpHab) 5:8

הִטָּה	(75)	נטה	he stretched out, turned aside, extended (v, *hiph*)

וְהַטּוּ אֶת לְבַבְכֶם אֶל יְהוָה אֱלֹהֵי יִשְׂרָאֵל
יְהוֹשֻׁעַ כד, כג

And extend your heart to the Lord, the God of Israel.
Joshua 24:23

הַטּוֹת\הַטֹּת\הַטֹּתָהּ
הִטִּיתִי, הִטָּה, הִטִּיתֶם, הִטּוּ | הִטָּהוּ, הִטָּתוּ
אַטֶּה\אַט\אָט, תַּטֶּה\תַּט, יַטֶּה\יַט, יַטּוּ | יַטֶּךָּ, יַטֵּהוּ\יַטֶּנּוּ, תַּטֵּהוּ
מַטֶּה, מַטִּים (מַטֵּי־)
הַט\הַטֵּה, הַטִּי, הַטּוּ

Your [se]rvant stretched out his [he]art.
Arad 40:4

𐤄𐤈𐤄 [𐤏]𐤁𐤃𐤊 [𐤋]𐤁𐤄

Stretch out your ear, and give to me my request.
11Q5 24:4

הט אוזנכה ותן לי את שאלתי

he purified himself (v, *hitp*) — טהר (20) — הִטַּהֵר

And the priests and Levites purified themselves and they purified the people.
Nehemiah 12:30

וַיִּטַּהֲרוּ הַכֹּהֲנִים וְהַלְוִיִּם וַיְטַהֲרוּ אֶת הָעָם
נְחֶמְיָה יב, ל

הִטַּהַרְנוּ, הִטַּהֲרוּ\הִטֶּהָרוּ
יִטַּהֲרוּ
מִטַּהֵר, מִטַּהֲרִים
הִטַּהֲרוּ

For they will not purify themselves unless they turn from their evil.
Community Rule (1QS) 5:13–14

כיא לוא יטהרו כי אם שבו מרעתם

he defiled himself (v, *hitp*) — טמא (15) — [הִטַּמָּא]

And they will not defile themselves again with their idols.
Ezekiel 37:23

וְלֹא יִטַּמְּאוּ עוֹד בְּגִלּוּלֵיהֶם
יְחֶזְקֵאל לז, כג

יִטַּמָּא, תִּטַּמְּאוּ\תִּטַּמָּאוּ, יִטַּמְּאוּ\יִטַּמָּאוּ

And they will not defile themselves which I am telling to you on this mountain.
11Q19 51:6–7

ולוא יטמאו בהמה אשר אני מגיד לכה בהר הזה

she, it (pron) — הוא (485) — הִיא\הִוא

And the gold of that land is good.
Genesis 2:12

וּזֲהַב הָאָרֶץ הַהִוא טוֹב
בְּרֵאשִׁית ב, יב

The truth of God is a rock.
Community Rule (1QS) 11:4–5

אמת אל היאה סלע

she (pron) — הוא (7) — הִיא

The wisdom and the power which are to him
Daniel 2:20

חָכְמְתָא וּגְבוּרְתָא דִּי לֵהּ הִיא
דָּנִיֵּאל ב, כ

She is my wife, and I am her husband. | הי אנתתי ואנה בעלה
TAD B2 6:4

And you said to me that "She is my sister*," but she is your wife*! | ותאמר לי די אחתי* היא והיא הואת אנתתך*
1Q20 20:27

he/it was, it happened, there was (v, *qal*) היה (3540?) הָיָה

And God said to Moses, "I will be who I will be." | וַיֹּאמֶר אֱלֹהִים אֶל מֹשֶׁה אֶהְיֶה אֲשֶׁר אֶהְיֶה
Exodus 3:14 | שְׁמוֹת ג, יד

הֱיוֹת\הְיוֹת\הֱיֹת\הֱיֵה (הָיֹה\הָיוֹ) | הֱיוֹתִי, הֱיוֹתְךָ\הֱיוֹתְךָ\הֱיֹתְךָ, הֱיוֹתֵךְ\הֱיוֹתֵךְ, הֱיוֹתוֹ\הֱיוֹתוֹ\הֱיֹתוֹ,
הֱיוֹתָהּ, הֱיוֹתֵנוּ\הֱיוֹתֵנוּ, הֱיוֹתְכֶם\הֱיוֹתְכֶם, הֱיוֹתָם\הֱיוֹתָם
הָיִיתִי, הָיִיתָ\הָיִיתָה\הָיִתָה, הָיִית, הָיָה, הָיְתָה\הָיָתָה, הָיִינוּ, הֱיִיתֶם\הֱיִתֶם\הֱיִיתֶם\הֱיִתֶם, הָיוּ\הָיֵה
אֶהְיֶה\אֱהִי, תִּהְיֶה\תְּהִי, תִּהְיִי\תְּהִי, יִהְיֶה\יְהִי\יְהִי\יֶהִי\(וַ)יְהִי, תִּהְיֶה\תְּהִי\תֶּהִי, נִהְיֶה\נְהִי, תִּהְיוּ\תִּהְיוּן,
יִהְיוּ\יִהְיֶה, תִּהְיֶינָה\תִּהְיֶנָה\תִּהְיֶין
הוֹיָה
הֱיֵה\הְיֵה, הֲיִי, הֱיוּ\הְיוּ

And [one] hundred cubits was the height of the rock. | 𐤅𐤌[𐤀]𐤕 𐤀𐤌𐤄 𐤄𐤉𐤄 𐤂𐤁𐤄 𐤄𐤑𐤓
Siloam 1:5–6

It is the time which was written about it. | היא העת אשר היה כתוב עליה
Damascus Document (CD) 1:13

he did well, did good to, it went well (v, *hiph*) יטב\טוב (74) הֵיטִיב\הֵיטֵב

I will surely do well with you. | הֵיטֵב אֵיטִיב עִמָּךְ
Genesis 32:13 | בְּרֵאשִׁית לב, יג

הֵיטִיב\הֵטִיב (הֵיטֵיה\הֵיטֵב) | הֵיטִיבִי, הֵיטִבְךָ, הֵיטִיבוֹ
הֵיטַבְתִּי, הֵיטַבְתָּ, הֵיטַבְתְּ, הֵיטִיב\הֵיטִב, הֵטַבְנוּ, הֵטִיבוּ
אֵיטִיב\אֵיטִיבָה, תֵּיטִיב, תֵּיטִבִי, יֵיטִיב\יֵיטִב\יֵיטֵב\יֵיטִיב\יֵיטֶב, תֵּיטֶב, תֵּיטִיבוּ, יֵיטִיבוּ | יְטִיבְךָ
מֵיטִיב\מֵטִיב\מֵטִב, מֵיטִיבִים (מֵיטִבֵי־\מֵיטְבֵי־)
הֵיטִיבָה, הֵיטִיבִי, הֵיטִיבוּ

I]f you do well, he will do well to you. | א]ם תטיב יטיב לכה
4Q525 f10:6

temple, palace, sanctuary (nm) --- (80) הֵיכָל

And he heard my voice from his temple. | וַיִּשְׁמַע מֵהֵיכָלוֹ קוֹלִי
2 Samuel 22:7 | שְׁמוּאֵל ב כב, ז

הֵיכָלוֹת
הֵיכַל־: הֵיכָלֶךָ, הֵיכָלוֹ
הֵיכְלֵי־: הֵיכְלֵיכֶם

יהיו באים בו לעלית ההיכל
They will be coming in it to the roof chamber of the sanctuary.
11Q19 31:7

[הֵיכַל]\הֵיכְלָא (13) --- temple, palace (nm)

הַנְפֵּק מִן הֵיכְלָא דִּי בִירוּשְׁלֶם
עֶזְרָא ה, יד
He took from the temple which is in Jerusalem.
Ezra 5:14

הֵיכַל־: הֵיכְלִי, הֵיכְלֵהּ

והקימת בבב* היכלא
And I stood in the gate* of the temple.
TAD C1 1:23

ק]דיש הוא היכלא
Holy is the temple.
11Q18 f19:3

הֵילִיל (30) ילל he wailed, howled (v, *hiph*)

הֵילִילוּ כִּי קָרוֹב יוֹם יְהוָה
יְשַׁעְיָהוּ יג, ו
Wail! For the day of the LORD is near.
Isaiah 13:6

הֵילֵל, הֵילִילוּ
אֲיֵלִיל\אֵילִילָה, יְיֵלִיל, תְּיֵלִילוּ, יְיֵלִילוּ\יְהֵילִילוּ

הֵילֵל, הֵילִילִי, הֵילִילוּ\הֵילְלוּ

הֵימָן (17) אמן Heman (np)

וַיַּעֲמִידוּ הַלְוִיִּם אֵת הֵימָן בֶּן יוֹאֵל
דִּבְרֵי הַיָּמִים א טו, יז
And the Levites appointed Heman, son of Joel.
1 Chronicles 15:17

הִין (22) --- hin [liquid measure] (nm)

וְיַיִן תַּקְרִיב לַנֶּסֶךְ חֲצִי הַהִין
בְּמִדְבַּר טו, י
And wine you will bring for the drink offering: a half hin.
Numbers 15:10

ו]יין לנסך רביעית ההין
And] wine is for the drink offering: one-fourth hin.
11Q19 18:6

[הֵינִיק] (15) ינק he nursed (v, *hiph*)

וָאָקֻם בַּבֹּקֶר לְהֵינִיק אֶת בְּנִי וְהִנֵּה מֵת
מְלָכִים א ג, כא
And I arose in the morning to nurse my son, but oh, he had died!
1 Kings 3:21

הֵינִיק
הֵינִיקָה, הֵינִיקוּ
תֵּינִק, תֵּינֶק | יֵנִקֵהוּ, תְּנִיקֵהוּ
מֵינֶקֶת, מֵינִיקוֹת | מֵינִקְתּוֹ\מֵנִקְתּוֹ, מֵינִקְתֵּךְ
הֵינִקֵהוּ

דבורה אשר הניקה את רב֯[קה] — Deborah who nursed Rebe[kah]
4Q215 f1_3:1

he brought (*haphel*)	אתה	(7)	הַיְתִי

בֵּאדַיִן הַיְתִיו מָאנֵי דַהֲבָא — Then they brought the vessels of gold.
דָּנִיֵּאל ה, ג — *Daniel 5:3*

הַיְתָיָה
הַיְתִי, הַיְתִיו

וכענת היתיו לי — And now they brought to me.
TAD D7 48:4

היתי אלהא עלוהי — God brought on him.
11Q10 38:7

he made heavy, unresponsive, honored (v, *hiph*)	כבד	(17)	הִכְבִּיד

וַיַּכְבֵּד פַּרְעֹה אֶת לִבּוֹ גַּם בַּפַּעַם הַזֹּאת — And Pharoah hardened his heart also at this time.
שְׁמוֹת ח, כח — *Exodus 8:28*

הַכְבִּיד (הַכְבֵּד)
הִכְבַּדְתִּי, הִכְבַּדְתְּ, הִכְבִּיד, הִכְבִּידוּ | הִכְבַּדְתִּים
אַכְבִּיד, יַכְבֵּד
מַכְבִּיד
---

he struck, hit, smote, killed (v, *hiph*)	נכה	(479)	הִכָּה

וַיַּךְ אֹתָם מֶלֶךְ בָּבֶל וַיְמִיתֵם — And the king of Babylon struck them and killed them.
מְלָכִים ב כה, כא — *2 Kings 25:21*

הַכּוֹת (הַכֵּה) | הַכֹּתִי\הַכּוֹתִי, הַכֹּתְךָ\הַכּוֹתְךָ, הַכֹּתוֹ\הַכּוֹתוֹ, הַכֹּתָהּ, הַכֹּתָם\הַכּוֹתָם
הִכֵּיתִי, הִכִּיתָ\הִכִּיתָה, הִכָּה, הִכִּיתֶם, הִכּוּ | הִכִּתִיךָ, הִכִּיתִיךָ, הִכִּתִיו\הִכִּיתִיו, הִכִּיתָנִי,הִכִּיתוֹ, הִכִּיתָנוּ,
הִכִּיתָם, הִכַּנִי\הִכָּנִי, הִכְּךָ, הִכָּהוּ, הִכָּם, הִכּוּנִי, הִכֻּהוּ, הִכּוּם
אַכֶּה\אַךְ, תַּכֶּה, יַכֶּה\יַךְ, תַּךְ, נַכֶּה\נַךְ, יַכּוּ | אַכְּכָה, אַכֵּהוּ\אַכֶּנּוּ, תַּכֶּנּוּ, יַכְּכָה\יַכֶּכָּה, יַכֵּהוּ\יַכֶּנּוּ\יַכּוֹ,
יַכֶּהָ, יַכֵּם, נַכֵּהוּ\נַכֶּנּוּ, נַכֵּם, יַכּוּךָ, יַכֻּהוּ, יַכּוּהָ, יַכּוּם\יַכֵּם

מַכֶּה\מַכֵּה, מַכִּים | מַכְּךָ, מַכֵּהוּ
הַךְ\הַכֵּה, הַכּוּ | הַכֵּינִי, הַכֵּהוּ, הַכּוּם

The diggers struck each man to meet his friend. — 𐤄𐤊𐤅 𐤄𐤇𐤑𐤁𐤌 𐤀𐤔 𐤋𐤒𐤓𐤕 𐤓𐤏𐤅
Siloam 1:4

He shall not raise his hand to strike it. — אל ירם את ידו להכותה
Damascus Document (CD) 11:6

הֻכָּה\הוּכָּה (16) נכה — he was struck, beaten, killed (v, *hoph*)

Their young men are being killed by sword in the war. — בַּחוּרֵיהֶם מֻכֵּי חֶרֶב בַּמִּלְחָמָה
Jeremiah 18:21 — יִרְמְיָהוּ יח, כא

הֻכֵּיתִי, הֻכָּה\הוּכָּה, הֻכְּתָה, הֻכּוּ
תֻּכּוּ, יֻכּוּ
מֻכֶּה (מֻכֵּה־), מֻכָּה, מֻכִּים (מֻכֵּי־)

[הֵכִיל] (11) כול — he contained, endured (v, *hiph*)

For the day of the LORD is great and very awful, and who can endure it? — כִּי גָדוֹל יוֹם יְהוָה וְנוֹרָא מְאֹד וּמִי יְכִילֶנּוּ
Joel 2:11 — יוֹאֵל ב, יא

הָכִיל

יָכִיל, יָכְלוּ | יְכִילֶנּוּ

And who is able to contain your glory? — ומי יכול להכיל את כבודכה
Community Rule (1QS) 11:20

הֵכִין (29) כון — he prepared, established (v, *hiph*)

And the LORD will prepare his step. — וַיהוָה יָכִין צַעֲדוֹ
Proverbs 16:9 — מִשְׁלֵי טז, ט

הֵכִין (הֵכֶן) | הֱכִינוֹ, הֱכִינָהּ
הֲכִינוֹתִי\הֲכִינֹתִי, הֲכִינוֹתָ\הֲכִינֹתָה, הֵכִין, הֱכִינוֹנוּ\הֵכַנּוּ, הֵכִינוּ | הֱכִינַנִי, הֱכִינוֹ, הֱכִינָהּ
אָכִין\אָכִינָה, תָּכִין\תָּכֵן, יָכִין\יָכֵן, תָּכִין, יָכִינוּ | תְּכִינֶהָ
מֵכִין
הָכֵן, הָכִינוּ\הָכוֹנוּ

How is dust able to prepare its step? — עפר איך יוכל להכין צעדו
Thanksgiving Hymn (1QHa) 7:34

הִכִּיר (38) נכר he recognized, regarded, acknowledge (v, *hiph*)

וַיַּכֵּר יוֹסֵף אֶת אֶחָיו וְהֵם לֹא הִכִּרֻהוּ

And Joseph recognized his brothers, but they did not recognize him.

בְּרֵאשִׁית מב, ח

Genesis 42:8

הַכֵּר | הַכִּירֵנִי
הִכִּיר, הִכִּירוּ | הִכִּירוֹ, הִכִּירֻהוּ\הִכִּרֻהוּ
אַכִּיר\אַכִּירָה, תַּכִּיר, יַכִּיר\יַכֵּר, תַּכִּירוּ | יַכִּרֵהוּ, יַכִּירֶנּוּ, יַכִּירָהּ, יַכִּירֶנּוּ, יַכִּרֵם, יַכִּירוּם
מַכִּיר, מַכִּירִים | מַכִּירֵךְ
הַכֵּר

ואת אחיו לוא הכיר ואת בנו לוא ידע

He did not recognize his brothers and did not know his son.

4Q175 1:16–17

הִכְלִים (10) כלם he humiliated, caused shame (v, *hiph*)

גַּם בֵּין הָעֳמָרִים תְּלַקֵּט וְלֹא תַכְלִימוּהָ

Also between the sheaves she will glean, and you will not humiliate her.

רוּת ב, טו

Ruth 2:15

הַכְלִים
---| הִכְלִמוּ, הֶכְלַמְנוּם
מַכְלִים\מַכְלִם
יַכְלִים | תַּכְלִימֵנוּ, תַּכְלִימוּנִי, תַּכְלִימוּהָ

הִכְנִיעַ (11) כנע he humbled, subdued (v, *hiph*)

וַיַּךְ דָּוִיד אֶת פְּלִשְׁתִּים וַיַּכְנִיעֵם

And David struck the Philistines and subdued them.

דִּבְרֵי הַיָּמִים א יח, א

1 Chronicles 18:1

הִכְנִיעַ, הִכְנַעְתִּי
אַכְנִיעַ, תַּכְנִיעַ\תַּכְנַע, יַכְנַע | יַכְנִיעֵם

ואת פלשתים הכנ[י]עْ פעמים רבות בשם קודשכה

And he subdued the Philistines many times with your holy name.

War Scroll (1QM) 11:2–3

הִכְעִיס (46) כעס he provoked to anger, made angry (v, *hiph*)

מַדּוּעַ הִכְעִסוּנִי בִּפְסִלֵיהֶם

Why do they provoke me to anger with their idols?

יִרְמְיָהוּ ח, יט

Jeremiah 8:19

הַכְעִיס | הַכְעִיסֵנִי\הַכְעִסֵנִי, הַכְעִיסוֹ
הִכְעַסְתִּי, הִכְעַסְתָּ, הִכְעִיס, הִכְעִיסוּ | הִכְעִיסוֹ, הִכְעִסוּנִי
יַכְעֵס, תַּכְעִיסוּ, יַכְעִיסוּ\יַכְעִסוּ | אַכְעִיסֵם, תַּכְעִסֶנָּה, יַכְעִיסוּהוּ
מַכְעִיסִים\מַכְעִסִים
---

he cut off, destroyed, exterminated (v, *hiph*)	כרת	(78)	הִכְרִית

There fire will consume you; a sword will cut you off. — שָׁם תֹּאכְלֵךְ אֵשׁ תַּכְרִיתֵךְ חֶרֶב
Nahum 3:15 — נַחוּם ג, טו

הַכְרִית\הַכְרֵת | הַכְרִיתֶךְ, הַכְרִיתוֹ
הִכְרַתִּי, הִכְרִית, הִכְרִיתָה, הִכְרִיתוּ | הִכְרַתִּיךָ, הִכְרַתִּיו
אַכְרִית\אַכְרִתָה, תַּכְרִית, יַכְרִית\יַכְרֵת, נַכְרִית, תַּכְרִיתוּ | תַּכְרִיתֵךְ, נַכְרִיתֶנָּה

Forever, I will cut off his offspring. — לעולם אכרית זרעו
11Q19 59:15

out there, beyond, further, onwards (adv)	הלא	(16)	הָלְאָה

I am the LORD their God from that day and onwards. — אֲנִי יְהוָה אֱלֹהֵיהֶם מִן הַיּוֹם הַהוּא וְהָלְאָה
Ezekiel 39:22 — יְחֶזְקֵאל לט, כב

he dressed, clothed (v, *hiph*)	לבש	(32)	הִלְבִּישׁ

And I will clothe her priests with salvation. — וְכֹהֲנֶיהָ אַלְבִּישׁ יֶשַׁע
Psalm 132:16 — תְּהִילִּים קלב, טז

הַלְבִּישׁ (הַלְבֵּשׁ)
הִלְבַּשְׁתָּ, הִלְבִּישָׁה, הִלְבִּישׁוּ | הִלְבַּשְׁתִּיו, הִלְבַּשְׁתֶּם, הִלְבִּישַׁנִי
אַלְבִּישׁ, תַּלְבִּישׁ, יַלְבֵּשׁ, תַּלְבִּישׁ\תַּלְבֵּשׁ | אַלְבִּישֵׁךְ, תַּלְבִּישֵׁנִי, יַלְבִּשֵׁם, יַלְבִּשֵׁהוּ, יַלְבִּשׁוּם
--- | מַלְבִּשְׁכֶם

And you clothed me with a spirit of salvation. — ורוח ישועות הלבשתני
4Q438 f4ii:5

he went, walked, came (v, *qal*)	הלך	(1411?)	הָלַךְ

To where you will go, I will go. — אֶל אֲשֶׁר תֵּלְכִי אֵלֵךְ
Ruth 1:16 — רוּת א, טז

לֶכֶת\לָכֶת\הֲלֹךְ\הָלֹךְ (הָלוֹךְ\הָלֹךְ) | לֶכְתִּי, לֶכְתְּךָ, לֶכְתֵּךְ, לֶכְתּוֹ, לֶכְתָּם, לֶכְתָּן
הָלַכְתִּי\הָלָכְתִּי, הָלַכְתָּ\הָלָכְתָּ, הָלַכְתְּ\הָלָכְתְּ, הָלַךְ\הָלָךְ, הָלְכָה\הָלָכָה, הָלַכְנוּ\הָלָכְנוּ, הֲלַכְתֶּם, הָלְכוּ\
הָלָכוּ\הָלְכוּא

אֵלֵךְ\אֵלֶךְ\אֵלַךְ\אֶהֱלֹךְ\אֵלְכָה\אֵלֵכָה\אֵילְכָה, תֵּלֵךְ\תֵּלֶךְ, תֵּלְכִי\תֵּלֵכִי, יֵלֵךְ\יֵלֶךְ\יֵלַךְ\יַהֲלֹךְ, תֵּלֵךְ\תֵּלֶךְ\
תִּהֲלַךְ, נֵלֵךְ\נֵלֶךְ\נֵלְכָה\נֵלֵכָה, תֵּלְכוּ\תֵּלֵכוּ\תֵּלְכוּן\תֵּלֵכוּן\תֵּלַכְנָה, יֵלְכוּ\יֵלֵכוּ\יֵלֵכוּן\יַהֲלֹכוּ, תֵּלַכְנָה
הֹלֵךְ\הוֹלֵךְ, הֹלֶכֶת\הוֹלֶכֶת\הֹלֶכֶתִי\הֹלְכָה, הֹלְכִים\הוֹלְכִים (הֹלְכֵי־), הֹלְכוֹת\הוֹלְכוֹת\הֹלְכֹת
לֵךְ\לֶךְ\לְךָ\לְכָה\לֵכָה, לְכִי\לֵכִי\לְכָה, לְכוּ\לֵכוּ\הִלְכוּ, לֵכְנָה\לֵכְן

And he went to his way when he blessed him. וילך לדרכו בברכו אותו

4Q158 f1_2:10

he walked about, trod, went away (v, *piel*) **הלך** (25) **[הִלֵּךְ]**

Israel will walk about in my ways. יִשְׂרָאֵל בִּדְרָכַי יְהַלֵּכוּ

Psalm 81:13 תְּהִלִּים פא, יד

הִלַּכְתִּי, הִלְּכוּ
אֲהַלֵּךְ, יְהַלֵּךְ, נְהַלֵּךְ, יְהַלֵּכוּ\יְהַלֵּכוּן
מְהַלֵּךְ, מְהַלְּכִים
הַלֵּךְ

He will walk about before his friend naked. יהלך לפני רעהו ערום

Community Rule (1QS) 7:12

he praised, boasted (v, *piel*) **הלל** (113) **הִלֵּל**

Let heaven and earth praise him. יְהַלְלוּהוּ שָׁמַיִם וָאָרֶץ

Psalm 69:34 תְּהִלִּים סט, לה

הִלֵּל
הִלֵּל, הִלַּלְנוּ, הִלַּלְתֶּם, הִלְלוּ | הִלַּלְתִּיךָ הִלְלוּךָ
אֲהַלֵּל|אֲהַלְלָה, יְהַלֵּל, תְּהַלֵּל, יְהַלְלוּ\יְהַלֵּלוּ| אֲהַלְלֶךָּ אֲהַלְלֶנּוּ, יְהַלֶלְךָ\יְהַלְלֶךָּ, יְהַלְלָה, תְּהַלְלֶךָּ, יְהַלְלוּךָ,
יְהַלְלוּהוּ, יְהַלְלוּהָ
מְהַלְלִים
הַלְלִי, הַלְלוּ | הַלְלוּהוּ, הַלְלוּ(יָהּ)

And I will praise your name in the midst of those who fear you. ואהללה שמכה בתוך יראיכה

Thanksgiving Hymn (1QHa) 20:6

he was praised/praiseworthy (v, *pual*) **הלל** (10) **[הֻלַּל]**

Great is the LORD and very praiseworthy. גָּדוֹל יְהוָה וּמְהֻלָּל מְאֹד

Psalm 48:1 תְּהִלִּים מח, ב

הֻלָּלָה, הוּלָּלוּ
יְהֻלַּל
מְהֻלָּל

בפי כולם יהולל שמכה לעולמי עד

In the mouth of all, your name will be praised forever.
Thanksgiving Hymn (1QHa) 19:27–28

הֲלֹם (12) הלם **here, to here (adv)**

הֲבָא עוֹד הֲלֹם אִישׁ
שְׁמוּאֵל א י, כב

Has a man come here again?
1 Samuel 10:22

הֵם\הֵ֫מָּה (560?) הוא **they (pron, mp)**

הֵם מְדַבְּרִים וַאֲנִי אֶשְׁמָע
יְשַׁעְיָהוּ סה, כד

They are speaking, and I will listen.
Isaiah 65:24

והמה לוא יצילום ביום המשפט

And they will not save them on the day of judgment.
Habakkuk Pesher (1QpHab) 12:14

[הָמָה] (34) המה **he roared, was tumultuous, howled (v, *qal*)**

וְהָמוּ גַלֵּיהֶם כְּמַיִם רַבִּים
יִרְמְיָהוּ נא, נה

Their waves roar like many waters.
Jeremiah 51:55

הֲמוֹת
הָמוּ
אֶהֱמֶה\אֶהֱמָ֫יָה, תֶּהֱמִי, יֶהֱמֶה, נֶהֱמֶה, יֶהֱמוּ
הֹמֶה, הוֹמָה\הוֹמִיָּה\הֹמִיָּה, הֹמוֹת\הֹמִיּוֹת

ויהם עלי לבי

My heart was tumultuous in me.
Thanksgiving Hymn (1QHa) 13:33

הִמּוֹ\הִמּוֹן (12) המה **they, them (pron)**

אֲנַחְנָא הִמּוֹ עַבְדוֹהִי
עֶזְרָא ה, יא

We are his servants.
Ezra 5:11

המו שליטין בה

They are ruling on it.
TAD B3 5:17

הָמוֹן (82) המה **crowd, multitude, noise, roar, tumult (nm and nf)**

וְקוֹל דְּבָרָיו כְּקוֹל הָמוֹן
דָּנִיֵּאל י, ו

And the sound of his words is like the sound of a roar.
Daniel 10:6

הֲמוֹנִים
הֲמוֹן־: הֲמוֹנֶ֫ךָ, הֲמוֹנוֹ\הֲמוֹנֹה, הֲמוֹנָהּ\הֲמֹנָהּ, הֲמוֹנָם
---: הֲמוֹנֶיהָ

נשענתֹּי בחסדיכה וֹבֹהמון רחמיכה

I leaned on your lovingkindness and the multitude of your mercies.
Thanksgiving Hymn (1QHa) 12:37–38

הִמְטִיר	(16)	מטר	he sent rain, caused it to rain down (v, *hiph*)

הִנְנִי מַמְטִיר לָכֶם לֶחֶם מִן הַשָּׁמָיִם
שְׁמוֹת טז, ד

I am causing it to rain down bread for you from the skies.
Exodus 16:4

הַמְטִיר
הִמְטִיר, הִמְטַרְתִּי
אַמְטִיר, יַמְטֵר, תַּמְטִיר
מַמְטִיר

[ו]עצר את השמים [ממ]עֹלֹה להמטר עֹ[לי]כם מטר

And he stopped the skies above from raining rain on you.
1Q22 f1ii:10

הֵמִיר	(14)	מור	he changed, substituted (v, *hiph*)

עַל כֵּן לֹא נִירָא בְּהָמִיר אָרֶץ
תְּהִילִּים מו, ג

Therefore, we will not fear when earth changes.
Psalm 46:2

הָמִיר (הָמֵר)
הֵמִיר\הֵימִיר
אָמִיר, יָמִיר\יָמֵר\יָמֵר, יָמִירוּ | יְמִירֶנּוּ

[ו]לֹ[א] אמיר בהון אמתך

And I will not substitute with wealth your truth.
Thanksgiving Hymn (1QHa) 6:31

הֵמִית	(138)	מות	he killed, murdered, executed (v, *hiph*)

אֲנִי אָמִית וַאֲחַיֶּה
דְּבָרִים לב, לט

I will kill and I will revive.
Deuteronomy 32:39

הָמִית (הָמֵת) | הֲמִיתֵנִי, הֲמִיתֶךָ, הֲמִיתוֹ\הֲמִתוֹ, הֲמִיתֵנוּ, הֲמִיתָם\הֲמִתָם
הֵמַתִּי, הֵמַתָּה, הֵמִית, הֲמִתֶּם, הֵמִתֶּן, הֵמִיתוּ | הֲמִתִּיו, הֲמִתִּיהָ, הֱמִתָנִי, הֱמִיתְךָ, הֱמִיתָם, הֱמִיתָתְהוּ, הֱמִתֻהוּ
אָמִית, תָּמִית, יָמִית\יָמֵת, תָּמִית, יָמִיתוּ | אֲמִיתְךָ\אֲמִיתֶךָ, אֲמִיתֵךְ, תְּמִיתֵנִי, תְּמִתֵנוּ, יְמִיתֵהוּ\יְמִתֵהוּ, יְמִתֶנּוּ, יְמִיתֵם\יְמִתֵם, תְּמִיתֶנּוּ, נְמִיתֶךָ, נְמִתֵהוּ, נְמִיתֵם, תְּמִיתֻהוּ, תְּמִיתוּהָ, יְמִיתֻנוּ, יְמִיתֻהוּ\יְמִתֻהוּ, יְמִיתוּהָ
מֵמִית, מְמִתִים\מְמִיתִים
הָמִיתוּ | הֲמִיתֵנִי

וברוח שפתיכה תמית רשע

And with the breath of your lips you killed the wicked.
Community Rule (1QSb) 5:24

he made king, crowned (v, *hiph*) | מלך (49) | **הִמְלִיךְ**

אַתָּה הִמְלַכְתַּנִי עַל עַם רַב כַּעֲפַר הָאָרֶץ

You made me king over a people great like the dust of the earth.

דִּבְרֵי הַיָּמִים ב א, ט

2 Chronicles 1:9

הַמְלִיךְ | הַמְלִיכוֹ
הִמְלַכְתִּי, הִמְלַכְתָּ, הִמְלִיךְ, הִמְלִיכוּ | הִמְלַכְתִּיךָ, הִמְלַכְתַּנִי
אַמְלִיךְ, יַמְלֵךְ, נַמְלִיךְ\נַמְלִךְ, תַּמְלִיכוּ, יַמְלִיכוּ\יַמְלִכוּ | יַמְלִכֵהוּ, יַמְלִיכֶהָ
מַמְלִיךְ

ימליכו אוֹ[תו ראוש] בני ישראל

They crowned hi[m as head] of the sons of Israel.

11Q19 57:2

he crushed, confused, routed (v, *qal*) | המם (13) | **הָמַם**

וַיָּהָם אֵת מַחֲנֵה מִצְרָיִם

And he confused the camp of Egypt.

שְׁמוֹת יד, כד

Exodus 14:24

--- | הֲמֹם
הַמֹּתִי, הָמַם | הֲמָמַנוּ, הֲמָמָם
יָהָם\יָהֹמם | תְּהֻמֵּם, יְהֻמֵּם

Haman (np) | --- (54) | **הָמָן**

וַיְבַקֵּשׁ הָמָן לְהַשְׁמִיד אֶת כָּל הַיְּהוּדִים

And Haman sought to destroy all the Jews.

אֶסְתֵּר ג, ו

Esther 3:6

he took little, reduced (v, *hiph*) | מעט (13) | **[הִמְעִיט]**

לָרַב תַּרְבֶּה נַחֲלָתוֹ וְלַמְעַט תַּמְעִיט נַחֲלָתוֹ

For the large (tribe) you will increase its inheritance, and for the little you will reduce its inheritance.

בְּמִדְבַּר כו, נד

Numbers 26:54

הִמְעִיטָה | הִמְעַטְתִּים
תַּמְעִיט, תַּמְעִיטִי, יַמְעִיט, תַּמְעִיטוּ | תַּמְעִטֵנִי
מַמְעִיט
---

he rebelled, acted disobediently (v, *hiph*) | מרה (23) | **[הִמְרָה]**

וַיַּמְרוּ בִי וְלֹא אָבוּ לִשְׁמֹעַ אֵלַי

And they rebelled against me and did not desire to listen to me.

יְחֶזְקֵאל כ, ח

Ezekiel 20:8

מְרוֹת | הַמְּרוֹתָם

הִמְרוּ
תַּמֵּר, יַמְרֶה, תֻּמֶר, תַּמְרוּ, יַמְרוּ | יַמְרוּהוּ
מַמְרִים

All who rebel from turning from their iniquity will be cut off. — כול הממרים לשוב מעונם יכרתו
4Q171 f1_2ii:3–4

behold, look, now (interj)	הן	(100?)	הֵז\הֶן

Look, the sons of Israel did not listen to me. — הֵן בְּנֵי יִשְׂרָאֵל לֹא שָׁמְעוּ אֵלַי
Exodus 6:12 — שְׁמוֹת ו, יב

And look, you knew! — 𐤅𐤄𐤍 𐤉𐤃𐤏𐤕𐤄
Arad 40:9

if, whether (conj)	הן	(16)	הֵן

If it is good for the king. — הֵן עַל מַלְכָּא טָב
Ezra 5:17 — עֶזְרָא ה, יז

Whether I am alive or I am dead. — הן חי אנה והן מת אנה
TAD A2 5:9

Tell me if you know wisdom. — החויני הן ידעת חכמה
11Q10 30:2

here, to here, until now (adv)	הן	(47?)	הֵנָּה

You did not send me here. — לֹא אַתֶּם שְׁלַחְתֶּם אֹתִי הֵנָּה
Genesis 45:8 — בְּרֵאשִׁית מה, ח

Until now, spirits of truth and iniquity struggled in a man's heart. — עד הנה יריבו רוחי אמת ועול בלבב גבר
Community Rule (1QS) 4:23

they (pron, f pl)	הוא	(48)	הֵנָּה

And they came into the midst of the house. — וְהֵנָּה בָּאוּ עַד תּוֹךְ הַבַּיִת
2 Samuel 4:6 — שְׁמוּאֵל ב ד, ו

They are the spirits of truth. — הנה רוחות האמת
Community Rule (1QS) 3:18

behold, here (interj)	הן	(1059?)	הִנֵּה\הִנֶּה

And the LORD called to Samuel, and he said, "Here I am!" — וַיִּקְרָא יְהוָה אֶל שְׁמוּאֵל וַיֹּאמֶר הִנֵּנִי
1 Samuel 3:4 — שְׁמוּאֵל ב ג, ד

הִנְנִי\הִנֵּנִי\הִנֶּנִּי, הִנְּךָ\הִנֶּךָּ\הִנְכָה, הִנָּךְ, הִנּוֹ, הִנְנוּ\הִנֶּנּוּ\הִנֵּנוּ, הִנְּכֶם, הִנָּם

הנה שלחתי להעיד בכם

Behold, I sent to warn you.
Arad 24:18–19

ויקרא] אברהם אברהם ויאמר הנני

And he called,] "Abraham, Abraham?" And he said, "Here I am!"
4Q225 f2ii:8

[הִנְחָה] (28) נחה — he led, guided (v, *hiph*)

יַנְחֵנִי בְמַעְגְּלֵי צֶדֶק לְמַעַן שְׁמוֹ
תְּהִלִּים כג, ג

He will lead me in paths of righteousness for the sake of his name.
Psalm 23:3

---| הַנְחֹתָם, (לַ)נְחֹתָם
---| הִנְחִיתָם, הִנְחַנִי
תַּנְחֶה | אַנְחֵהוּ, אַנְחֶנָּה, תַּנְחֵנִי, תַּנְחֵם, יַנְחֵנִי, יַנְחֵנוּ, יַנְחֵם, תַּנְחֵנִי, תַּנְחֵם, יַנְחוּנִי

[הִנְחִיל] (17) נחל — he gave as an inheritance, a possession (v, *hiph*)

חֲזַק וֶאֱמָץ כִּי אַתָּה תַּנְחִיל אֶת הָעָם הַזֶּה אֶת הָאָרֶץ
יְהוֹשֻׁעַ א, ו

Be strong and be courageous because you will give this people the land as an inheritance.
Joshua 1:6

הַנְחִיל\הַנְחֵל
הִנְחַלְתִּי, הִנְחַלְתֶּם
תַּנְחִיל, יַנְחִיל\יַנְחִל | תַּנְחִילֶנָּה, יַנְחִילְךָ, יַנְחִלֶנָּה, יַנְחִלֵם
מַנְחִיל

ולא הבין זרע האד[ם] בכל אשר הנחלתו

And the seed of the man did not understand about all which you gave him as an inheritance.
1Q34bis f3ii:3

הֵנִיחַ\הִנִּיחַ (104) נוח — he gave rest, remained, left, placed (v, *hiph*)

וְעַתָּה הֵנִיחַ יְהוָה אֱלֹהַי לִי
מְלָכִים א ה, יח

And now the LORD, my God, gave me rest.
1 Kings 5:4

הָנִיחַ | הֲנִיחִי, הַנִּיחוּ, הַנִּיחָם
הִנַּחְתִּי\הֲנִחֹתִי\הֲנִיחֹתִי\הֲנִיחוֹתִי, הִנַּחְתָּ, הִנִּיחַ\הִנַּח\הֵנִיחַ, הִנַּחְתֶּם, הִנִּיחוּ\הֵנִיחוּ | הִנַּחְתִּיו, הִנַּחְתּוֹ, הִנַּחְתָּם, הִנִּיחוֹ, הִנִּיחוּךָ, הִנִּיחָם
תַּנַּח, יַנִּיחַ\יַנַּח\יָנִיחַ\יָנַח, תַּנַּח, יַנִּיחוּ | אַנִּיחֶנּוּ, תַּנִּיחֵנִי, תַּנְחֵנוּ, יְנִיחֵנִי, יְנִיחֶךָ, יַנְחֵהוּ\יַנִּיחֵהוּ, יַנִּיחֵם, תְּנִיחֶנּוּ, יַנִּיחֻהוּ\יַנַּחֻהוּ, יַנִּיחוּם\יַנְּחוּם

מַנִּיחַ\מֵנִיחַ
הַנַּח\הַנִּיחָה, הַנִּיחוּ\הַנְּחוּ\הַנִיחוּ

הניחו בעריהמה
They remained in their cities.
11Q19 58:15

[הֵנִיעַ] (14) נוע — he shook, caused to wander, tossed (v, *hiph*)

וַיִּחַר אַף יְהוָה בְּיִשְׂרָאֵל וַיְנִעֵם בַּמִּדְבָּר
בְּמִדְבַּר לב, יג
And the LORD's anger burned against Israel and he caused them to wander in the desert.
Numbers 32:13

הַנְעוֹתִי, הֲנִיעָה
אָנִיעָה, יַנִּיעַ\יָנַע, יָנִיעוּ\יָנְעוּ\יְנִיעוּן\יְנוּעוּן | אֲנוּעֲךָ, יְנִעֵם, תְּנִיעֵנִי

---| הֲנִיעֵמוֹ

הֵנִיף (33) נוף — he waved [around], wielded, shook (v, *hiph*)

וַיָּנֶף אַהֲרֹן אֹתָם תְּנוּפָה לִפְנֵי יְהוָה
בְּמִדְבַּר ח, כא
And Aaron waved them as a wave offering before the LORD.
Numbers 8:21

הָנִיף | הֲנִיפְכֶם
הֲנִיפוֹתִי, הֵנַפְתָּ, הֵנִיף
תָּנִיף, יָנֶף | יְנִיפֵהוּ, יְנִיפֶנּוּ
מֵנִיף | מְנִיפוֹ
הָנִיפוּ

ויניפו אותמה תנופה
And they will them as a wave offering.
11Q19 20:16

הַנְעֵל (5) עלל — he brought in (v, *haphel*)

הַעֲלְנִי קֳדָם מַלְכָּא
דָּנִיֵּאל ב, כד
Bring me in before the king!
Daniel 2:24

הֶעָלָה\הַנְעָלָה
הַנְעֵל

--- | הַעֲלְנִי

הנעלת בביתה
She brought into her house.
TAD B3 8:22

הַנְפֵּק (5) נפק — he took out, removed (v, *haphel*)

Cyrus, the king, took them out from the temple.
Ezra 5:14

הַנְפֵּק הִמּוֹ כּוֹרֶשׁ מַלְכָּא מִן הֵיכְלָא
עֶזְרָא ה, יד

הַנְפֵּק, הַנְפִּקוּ

That* book I removed.
TAD B2 3:26

ספרא זך* הנפקתי

he turned, led around, surrounded (v, *hiph*) סבב (33) הֵסֵב

And the king turned his face around and blessed all the assembly of Israel.
2 Chronicles 6:3

וַיַּסֵּב הַמֶּלֶךְ אֶת פָּנָיו וַיְבָרֶךְ אֵת כָּל קְהַל יִשְׂרָאֵל
דִּבְרֵי הַיָּמִים ב ו, ג

הָסֵב
הֲסִבֹּתִי, הֲסִבֹּתָ, הֵסֵב, הֵסַבּוּ
יָסֵב, נָסֵב\נָסֵבָּה, יַסֵּבּוּ | יְסִבֵּנִי
מֵסֵב | מְסִבֵּי
הָסֵב, הָסֵבִּי

he delivered, handed over, confined (v, *hiph*) סגר (30) הִסְגִּיר

You will not hand over a servant to his masters.
Deuteronomy 23:15

לֹא תַסְגִּיר עֶבֶד אֶל אֲדֹנָיו
דְּבָרִים כג, טז

הַסְגִּיר | הַסְגִּירוֹ, הַסְגִּירָם
הִסְגַּרְתִּי, הִסְגִּיר | הִסְגַּרְתַּנִי, הִסְגִּירוֹ, הִסְגִּירָם
תַּסְגִּיר\תַּסְגֵּר, יַסְגִּיר\יַסְגֵּר, יַסְגִּירוּ\יַסְגִּרוּ | תַּסְגִּרֵנִי, יַסְגִּירֵנִי\יַסְגִּרֵנִי, יַסְגִּרֵנוּ, יַסְגִּרֵנִי

And Goliath the Gittite . . . you delivered into the hand of David.
War Scroll (1QM) 11:1–2

ואת גולית הגתי . . . הסגרתָה ביד דויד

he poured out, offered (v, *hiph*) נסך (14) [הִסִּיךְ]

And he offered on it a drink offering and poured on it oil.
Genesis 35:14

וַיַּסֵּךְ עָלֶיהָ נֶסֶךְ וַיִּצֹק עָלֶיהָ שָׁמֶן
בְּרֵאשִׁית לה, יד

הַסֵּךְ (הַסֵּיךְ\הַסֵּךְ)
הִסִּכוּ
אַסִּיךְ, יַסֵּךְ, יַסִּיכוּ

הַסֵּךְ

he removed, took away, turned (v, *hiph*)	סור	(133)	הֵסִיר

And Pharoah removed his ring from his hand. — וַיָּסַר פַּרְעֹה אֶת טַבַּעְתּוֹ מֵעַל יָדוֹ
Genesis 41:42 — בְּרֵאשִׁית מא, מב

הָסִיר\הָסֵר (הָסֵר) | הֲסִירְךָ, הֲסִירָהּ, הֲסִירְכֶם
הֲסִרֹתִי\הֲסִירוֹתִי, הֲסִירֹתָ, הֵסִיר, הֵסִירָה, הֵסִירוּ | הֱסִירָהּ
אָסִיר\אָסִירָה, תָּסִיר, יָסִיר\יָסֵר\יָסַר, תָּסֵר\תָּסַר, יָסִירוּ\יָסִרוּ | יְסִרֵהוּ\יְסִירֵהוּ, יְסִרֶהָ, יְסִירֶנָּה, יְסִרֵם
מֵסִיר
הָסֵר, הָסִירִי, הָסִירוּ\הָסִרוּ

And they did not turn his heart from me. — ולוא יסירו לבבו מאחרי
11Q19 56:18–19

he misled, allured, incited (v, *hiph*)	סות	(18)	[הֵסִית]

And Satan stood against Israel and incited David. — וַיַּעֲמֹד שָׂטָן עַל יִשְׂרָאֵל וַיָּסֶת אֶת דָּוִיד
1 Chronicles 21:1 — דִּבְרֵי הַיָּמִים א כא, א

הֵסַתָּה | הֱסִיתְךָ\הֱסִיתְךָ, הֱסִיתוּךָ
יַסִּית\יָסֶת | תְּסִיתֵנִי, יְסִיתְךָ, יְסִיתֵהוּ, יְסִיתֵם, תְּסִיתֵהוּ
מַסִּית
---

he hid, concealed (v, *hiph*)	סתר	(45)	הִסְתִּיר

And do not hide your face from your servant. — וְאַל תַּסְתֵּר פָּנֶיךָ מֵעַבְדֶּךָ
Psalm 69:17 — תְּהִלִּים סט, יח

הַסְתֵּר\(לַ)סְתִר (הַסְתֵּר)
הִסְתַּרְתִּי, הִסְתַּרְתָּ, הִסְתִּיר, הִסְתִּירוּ | הִסְתִּירָנִי
אַסְתִּיר\אַסְתִּר\אַסְתִּירָה, תַּסְתִּיר\תַּסְתֵּר, יַסְתִּיר\יַסְתֵּר, יַסְתִּרוּ | תַּסְתִּירֵנִי, תַּסְתִּירֵם, יַסְתִּרֵנִי, יַסְתִּרֵם,
תַּסְתִּירֵהוּ
מַסְתִּיר\מַסְתֵּר
הַסְתֵּר

And he hid his face from the land. — ויסתר את פניו מן הארץ
Damascus Document (CD) 2:8

he caused to pass, took away, presented (v, *hiph*)	עבר	(80)	הֶעֱבִיר

Take my eyes away from seeing vanity. — הַעֲבֵר עֵינַי מֵרְאוֹת שָׁוְא
Psalm 119:37 — תְּהִלִּים קיט, לז

הַעֲבִיר\(לַ)עֲבִיר (הַעֲבִיר) | הַעֲבִרוֹ, הַעֲבִרֵנוּ
הֶעֱבַרְתִּי\הֶעֱבַרְתִּי, הַעֲבַרְתָּ\הֶעֱבַרְתָּ, הֶעֱבִיר, הַעֲבַרְתֶּם, הֶעֱבִירוּ | הֶעֱבִירַנִי
אַעֲבִיר, תַּעֲבִיר, יַעֲבוֹר\יַעֲבֵר\יַעֲבֶר, תַּעֲבִירוּ, יַעֲבִירוּ\יַעֲבִרוּ\(וֶ)יעֱברוּ | תַּעֲבִרֵנוּ, יַעֲבִרֵנִי, יַעֲבִרֵהוּ,
יַעֲבִירֵם\יַעֲבִרֵם, יַעֲבִירוּנִי, יַעֲבִירֶהוּ, יַעֲבִרוּם

מַעֲבִיר, מַעֲבִרִים
הַעֲבֵר\הַעֲבֶר | הַעֲבִירוּנִי

He causes his son and daughter to pass in the fire. — מעביר בנו ובתו באש
11Q19 60:17–18

הֵעִיד — he testified, caused to testify, warned (v, *hiph*) עוד (39)

You warned us. — אַתָּה הַעֵדֹתָה בָּנוּ
Exodus 19:23 — שְׁמוֹת יט, כג

--- (הָעֵד)
הַעִידֹתִי\הַעִדֹתִי, הַעִידֹתָ\הַעֵדֹתָה, הֵעִיד\הֵעִד, הֵעִידוּ
אָעִיד\אָעִד\אָעֵד\אָעִידָה, תָּעִיד\תָּעֵד, יָעַד, יָעִידוּ | אֲעִידֵךְ, תְּעִידֵנִי, יְעִדֵהוּ\(וְ)יעִדֻהוּ
מֵעִיד
הָעֵד, הָעִידוּ

Behold, I sent to warn you today. — 𐤄𐤍𐤄 𐤔𐤋𐤇𐤕𐤉 𐤋𐤄𐤏𐤉𐤃 𐤁𐤊𐤌 𐤄𐤉𐤌
Arad 24:18–19

And he testified against all of them. — ויעד על כולם
4Q227 f2:3

הֵעִיר — he roused, stirred up, woke up (v, *hiph*) עור (33)

And he will not rouse all his anger. — וְלֹא יָעִיר כָּל חֲמָתוֹ
Psalm 78:38 — תְּהִלִּים עח, לח

(בְּ)עִיר
הַעִירוֹתִי, הֵעִיר | הַעִירֹתִהוּ
אָעִירָה, יָעִיר\יָעַר\יָעֵר, תְּעִירוּ | יְעִירֵנִי
מֵעִיר | מְעִירָם
הָעִירָה, הָעִירוּ

I will rouse wrath on them. — אעיר עָ[ל]יהם חמ[ה]
4Q386 f1ii:8

הֶעֱלָה — he brought up, offered, lifted, exalted (v, *hiph*) עלה (258?)

Why did you bring us up from Egypt to die? — לָמָה הֶעֱלִיתֻנוּ מִמִּצְרַיִם לָמוּת
Numbers 21:5 — בְּמִדְבַּר כא, ה

הַעֲלוֹת\הַעֲלֹת (הַעֲלֵה) | הַעֲלוֹתִי\הַעֲלֹתִי, הַעֲלֹתְךָ, הַעֲלֹתוֹ, הַעֲלוֹתָם
הֶעֱלֵיתִי\הַעֲלֵיתִי\הַעֲלֵתִי, הֶעֱלִיתָ\הֶעֱלֵיתָ\הַעֲלִיתָ\הַעֲלֵיתָ, הֶעֱלִית, הֶעֱלָה, הַעַלְתָה, הַעֲלִיתֶם\הַעֲלִתֶם הֶעֱלוּ
| הַעֲלִיתִיךָ\הֶעֱלִתִיךָ, הַעֲלִיתִיהוּ, הַעֲלִיתִים, הֶעֱלִיתָנוּ, הֶעֶלְךָ, הֶעֱלָנוּ, הֶעֱלָתַם, הֶעֱלִיתֻנוּ, הֶעֱלוּךָ
אַעֲלֶה\אַעַל, תַּעֲלֶה\תַּעַל, יַעֲלֶה\יַעַל\יָעַל, תַּעַל, תַּעֲלוּ, יַעֲלוּ\יַעַל | אַעַלְךָ, תַּעֲלֵנִי, תַּעֲלֶנָּה, תַּעֲלֵנוּ,
יַעֲלֵנִי, יַעֲלֵהוּ\יַעֲלֶהָ, יַעֲלֵם\יַעֲלֵם, תַּעֲלֵהוּ, יַעֲלוּהוּ\יַעֲלֻהוּ
מַעֲלֶה (מַעֲלֵה־), מַעֲלָה (מַעֲלַת־), מַעֲלִים (מַעֲלֵי־) | מַעַלְךָ, מַעֲלֵם

הַ֫עַל, הַעֲלִי, הַעֲלוּ | הַעֲלֵהוּ

𐤅𐤉𐤏𐤋𐤄𐤅 𐤄𐤏𐤓𐤄

He brought him up to the city.
Lachish 4:6–7

אנוכי עמכה המעלכה מארץ מצרים

I am with you, the one who is bringing you up from the land of Egypt.
11Q19 61:14

הֶעְלִים (10) **עלם** he concealed, hid, shut (v, *hiph*)

וַיהוָה הֶעְלִים מִמֶּנִּי וְלֹא הִגִּיד לִי
מְלָכִים ב ד, כז

And the LORD hid from me and did not tell me.
2 Kings 4:27

--- (הַעְלֵם)
הֶעְלִים, הֶעְלִימוּ
אַעְלִים, תַּעְלִים\תַּעְלֵם, יַעְלִימוּ
מַעְלִים

הֶעֱמִיד (85) **עמד** he caused to stand, appointed, stationed (v, *hiph*)

וַיַּעֲמֵד שֹׁפְטִים בָּאָרֶץ
דִּבְרֵי הַיָּמִים ב יט, ה

And he appointed judges in the land.
2 Chronicles 19:5

הַעֲמִיד (הַעֲמֵיד)
הֶעֱמַדְתִּי, הַעֲמַדְתָּ\הֶעֱמַדְתָּ\הֶעֱמַדְתָּה, הֶעֱמִיד, הֶעֱמַדְנוּ | הֶעֱמַדְתִּיךָ, הַעֲמַדְתִּיהוּ, הֶעֱמִידוֹ, הֶעֱמִדָהּ
אַעֲמִיד\אַעֲמִידָה, יַעֲמִיד\יַעֲמֵד\יַעֲמֶד\יַעֲמִידוּ, נַעֲמִיד, יַעֲמִידוּ | אַעֲמִדֵם, יַעֲמִידֵנִי, יַעֲמִדֵהוּ, יַעֲמִידֶהָ,
יַעֲמִידֵם, תַּעֲמִדֵנִי
מַעֲמִיד
הַעֲמֵד | הַעֲמִידֶהָ

וברוחו העמידם למשל

And in his spirit he appointed them to rule.
4Q381 f1:7

[הֶעֱשִׁיר] (14) **עשר** he made rich, got rich, enriched

הָאִישׁ אֲשֶׁר יַכֶּנּוּ יַעְשְׁרֶנּוּ הַמֶּלֶךְ
שְׁמוּאֵל א יז, כה

The man who will kill him, the king will make him rich.
1 Samuel 17:25

הַעֲשִׁיר
הֶעֱשַׁרְתִּי, הֶעֱשַׁרְתְּ
אַעְשִׁר, יַעֲשִׁיר\יַעֲשֵׁר, תַּעֲשִׁיר, יַעֲשִׁירוּ | תַּעְשְׁרֶנָּה, יַעְשְׁרֶנּוּ
מַעֲשִׁיר

[הֵפִיחַ] (12) **פוח** he blew, inflamed, uttered (v, *hiph*)

And one who utters lies will not escape. — וְיָפִיחַ כְּזָבִים לֹא יִמָּלֵט
Proverbs 19:5 — מִשְׁלֵי יט, ה

אָפִיחַ, יָפִיחַ\יָפִחַ\יָפֵחַ, יָפִיחוּ

הָפִיחִי

הִפִּיל	(61)	נפל	he caused to fall, cast, overthrew (v, *hiph*)

And every good tree you will cause to fall. — וְכָל עֵץ טוֹב תַּפִּילוּ
2 Kings 3:19 — מְלָכִים ב ג, יט

הַפִּיל\(לְ)נְפֹּל | הַפִּילְכֶם
הִפַּלְתִּי, הִפִּיל\הִפִּל, הִפִּילָה, הִפַּלְנוּ, הִפִּילוּ | הִפַּלְתִּיו, הִפַּלְתִּים, הִפַּלְתָּם, הִפִּילוֹ, הִפִּילֻהוּ
אַפִּיל, תַּפִּיל\תַּפֵּל, יַפִּיל\יַפֵּל, תַּפִּיל\תַּפֵּל, נַפִּילָה, תַּפִּילוּ\תַּפִּלוּ, יַפִּילוּ\יַפִּלוּ\יַפִּילוּן | יַפִּילֵם\יַפִּלֵם
מַפִּיל, מַפִּילִים
הַפִּילוּ | הַפִּלֶהָ

He cast your lot and your glory was very great. — הפיל גורלכה וכבודכה הרבה מואדה
4Q418 f81+81a:5

הֵפִיץ	(36)	פוץ	he scattered, dispensed, drove out (v, *hiph*)

The LORD scattered them over the face of all the earth. — הֱפִיצָם יְהוָה עַל פְּנֵי כָּל הָאָרֶץ
Genesis 11:9 — בְּרֵאשִׁית יא, ט

הָפִיץ | הֲפִיצִי, הֲפִיצֵנִי
הֲפִיצוֹתִי\הֲפִצוֹתִי\הֲפִצֹתִי, הֵפִיץ, הֲפִיצוֹתֶם\הֲפִצֹתֶם | הֲפִצוֹתִיךָ, הֲפִיצוֹתִים, הֱפִיצְךָ, הֱפִיצֻהוּ, הֱפִיצָם
אָפִיץ, יָפִיץ\יָפֵץ\יָפֶץ, תָּפִיץ | אֲפִיצֵם, תְּפִיצֵם, יְפִיצֵם
מֵפִיץ, מְפִצִים
הָפֵץ

And on the trumpets of their journeys they will write, "The might of God to scatter an enemy . . ." — ועל חצוצרות מסעיהם יכתובו גבורות אל להפיץ אויב
War Scroll (1QM) 3:5

הֵפִיר	(46)	פרר	he broke, destroyed, annulled, frustrated (v, *hiph*)

I will not break my covenant with you forever. — לֹא אָפֵר בְּרִיתִי אִתְּכֶם לְעוֹלָם
Judges 2:1 — שׁוֹפְטִים ב, א

הָפֵר\הָפֵיר (הָפֵר) | הַפְרְכֶם
הֵפַרְתָּה, הֵפֵר\הֵפַר\הֵפִיר, הֵפֵרוּ | הֵפֵרָם
אָפֵר\אָפִיר, תָּפֵר, יָפֵר\יָפֶר, תָּפֵר, תָּפֵרוּ, יָפֵרוּ | יְפֵרֻנוּ
מֵפֵר
הָפֵר\הָפֵרָה

They will be breaking all my statutes. — יהיו מפרים את כול חקותי
4Q390 f2i:4–5

he turned, overturned, changed (v, *qal*) הפך (55) הָפַךְ

He turned sea to dry ground. — הָפַךְ יָם לְיַבָּשָׁה
Psalm 66:6 — תְּהִלִּים סו, ו

הֲפֹךְ (הָפוֹךְ) | הָפְכִי, הָפְכָה
הָפַכְתִּי, הָפַכְתָּ, הָפַךְ, הָפְכָה, הֲפַכְתֶּם, הָפְכוּ | הֲפָכָם
אֶהְפֹּךְ, יַהֲפֹךְ\יַהֲפָךְ, תַּהֲפֹךְ, יַהַפְכוּ | יַהַפְכֵהוּ
הֹפֵךְ (הֹפְכִי־), הֹפְכִים | --- | הֲפוּכָה
הֲפֹךְ

And on their re[m]nant I will turn. — ועל ש[א]רם אהפך
4Q386 f1ii:6

he did wondrously, something special (v, *hiph*) פלא (12) הִפְלִיא

Blessed is the LORD for his steadfast love did wondrously for me. — בָּרוּךְ יְהוָה כִּי הִפְלִיא חַסְדּוֹ לִי
Psalm 31:21 — תְּהִלִּים לא, כב

הַפְלִיא (הַפְלֵא)
הִפְלִיא\הִפְלָא
יַפְלִא
מַפְלִא
הַפְלֵה

I thank you, my God, for you have done wondrously with dust. — אוֹדכה אלי כי הפלתה עִםْ עפר
Thanksgiving Hymn (1QHa) 19:6

he appointed, handed over (v, *hiph*) פקד (29) הִפְקִיד

And he appointed him over his house, and all there was to him he put in his hand. — וַיַּפְקִדֵהוּ עַל בֵּיתוֹ וְכָל יֶשׁ לוֹ נָתַן בְּיָדוֹ
Genesis 39:4 — בְּרֵאשִׁית לט, ד

הִפְקַדְתִּי, הִפְקִיד, הִפְקִדוּ | הִפְקַדְתִּיךָ, הִפְקַדְתּוֹ
אַפְקִיד, יַפְקִיד\יַפְקֵד, יַפְקִדוּ | יַפְקִדֵהוּ, יַפְקִידֵם

הַפְקֵד, הַפְקִידוּ

it split [i.e., a hoof] (v, *hiph*) פרס (12) [הִפְרִיס]

One who does not split a hoof is unclean to you. — וּפַרְסָה אֵינֶנּוּ מַפְרִיס טָמֵא הוּא לָכֶם
Leviticus 11:4 — וַיִּקְרָא יא, ד

הִפְרִיסָה, הִפְרִיסוּ
יַפְרִיס
מַפְרִיס, מַפְרֶסֶת (מַפְרִיסֵ־\מַפְרִסֵי־)

הִפְשִׁיט (15) **פשט** he stripped, removed, skinned (v, *hiph*)

וַיִּכְרְתוּ אֶת רֹאשׁוֹ וַיַּפְשִׁיטוּ אֶת כֵּלָיו

שְׁמוּאֵל א לא, ט

And they cut off his head and removed his armor.
1 Samuel 31:9

הַפְשִׁיט
הִפְשִׁיט, הִפְשִׁיטוּ | הִפְשִׁיטוּךָ
תַּפְשִׁיט, יַפְשֵׁט, תַּפְשִׁטוּן, יַפְשִׁיטוּ\יַפְשִׁטוּ | אַפְשִׁיטֶנָּה, יַפְשִׁיטֵהוּ
מַפְשִׁיטִים
הַפְשֵׁט

[הִצְדִּיק] (12) **צדק** he justified, saved, made righteous (v, *hiph*)

שִׁפְטוּ דַל וְיָתוֹם עָנִי וָרָשׁ הַצְדִּיקוּ

תְּהִילִּים פב, ג

Judge a weak one and orphan; poor and destitute save.
Psalm 82:3

הַצְדִּיק
הִצְדִּיקוּ | הִצְדַּקְתִּיו
אַצְדִּיק, יַצְדִּיק
מַצְדִּיק (מַצְדִּיקֵי־) | מַצְדִּיקִי
הַצְדִּיקוּ

ויצדיקו צדיק וירשיעו רשע

They justified the righteous and they condemned the wicked.
Damascus Document (CD) 4:7

הִצִּיב (21) **נצב** he set up, set apart, established (v, *hiph*)

אַתָּה הִצַּבְתָּ כָּל גְּבוּלוֹת אָרֶץ
תְּהִילִּים עד, יז

You established all the borders of earth.
Psalm 74:17

הַצִּיב
הִצַּבְתָּ, הִצִּיב, הִצִּיבוּ
יַצִּיב\יַצֵּב\יַצֶּב, יַצִּבוּ | תַּצִּיבֵנִי, יַצִּיבֵנִי
מַצִּיב
הַצִּיבִי

אל אהב דעת חכמה ותושיה הציב לפניו

God, who loves knowledge, set up wisdom and prudence before himself.
Damascus Document (CD) 2:3

הִצִּיג (15) **יצג** he set, placed, established (v, *hiph*)

וַיָּבִאוּ אֶת אֲרוֹן יְהוָה וַיַּצִּגוּ אֹתוֹ בִּמְקוֹמוֹ
שְׁמוּאֵל ב ו, יז

And they brought the ark of the LORD and put it in its place.
2 Samuel 6:17

הַצֵּג
--- | הִצַּגְתִּיו, הִצַּגְתִּיהָ, הִצִּיגָנוּ
אַצִּיגָה, תַּצִּיג, יַצֵּג, יַצִּיגוּ\יַצִּגוּ | יַצִּגֵם
מַצִּיג
הַצִּיגוּ

הִצִּיל (191) **נצל** he saved, rescued, delivered, took away (v, *hiph*)

וּצְדָקָה תַּצִּיל מִמָּוֶת
מִשְׁלֵי י, ב

And righteousness will deliver from death.
Proverbs 10:2

הַצִּיל (הַצֵּל) | הַצִּילֵנִי, הַצִּילְךָ\הַצִּילֶךָ\הַצָּלֶךָ, הַצִּילוֹ, הַצִּילָם
הִצַּלְתִּי, הִצַּלְתָּ, הִצִּיל, הִצַּלְנוּ, הִצַּלְתֶּם, הִצִּילוּ | הִצַּלְתִּיךָ, הִצַּלְתִּים, הִצַּלַנִי\הִצִּילָנִי, הִצִּילוֹ, הִצִּילָנוּ, הִצִּילָם
אַצִּיל\אַצִּל, תַּצִּיל\תַּצֵּל, יַצִּיל\יַצֵּל, תַּצִּיל, יַצִּילוּ | אַצִּילְךָ, תַּצִּילֵנִי, תַּצִּילֵם, יַצִּילֵנִי\יַצִּלֵנִי, יַצִּילְךָ\יַצִּילֶךָּ,
יַצִּילֵהוּ\יַצִּלֵהוּ\יַצִּילֶנּוּ, יַצִּילֶהָ\יַצִּילֶנָּה, יַצִּילֵנוּ, יַצִּילֵם\יַצִּלֵם, תַּצִּילֶנּוּ, תַּצִּילֵם, יַצִּלֵךְ, יַצִּילוּהָ
מַצִּיל
הַצֵּל\הַצִּילָה, הַצִּילוּ | הַצִּילֵנִי, הַצִּילֵנוּ

והמה לוא יצילום ביום המשפט

And they will not save them on the day of judgment.
Habakkuk Pesher (1QpHab) 12:14

[הֵצִיק] (11) **צוק** he oppressed, nagged, distressed (v, *hiph*)

יָצִיק לְךָ אֹיִבְךָ בְּכָל שְׁעָרֶיךָ
דְּבָרִים כח, נה

Your enemy will oppress you in all your gates.
Deuteronomy 28:55

הֲצִיקוֹתִי, הֵצִיקָה | הֱצִיקַתְנִי, הֱצִיקַתְהוּ
יָצִיק, יָצִיקוּ
מֵצִיק, מְצִיקִים

הִצִּית (18) **יצת** he set on fire, burned (v, *hiph*)

וַיַּצִּיתוּ אֶת הָעִיר בָּאֵשׁ
יְהוֹשֻׁעַ ח, יט

And they burned the city with fire.
Joshua 8:19

הִצַּתִּי, הִצִּית, הִצִּיתוּ
יַצֵּת, תַּצִּיתוּ, יַצִּיתוּ\יַצִּתוּ | אֲצִיתֶנָּה
מַצִּית
--- | הוּצַתִּיהָ

הִצְלִיחַ (40) **צלח** he was successful, made successful (v, *hiph*)

אֱלֹהֵי הַשָּׁמַיִם הוּא יַצְלִיחַ לָנוּ
The God of heaven, he will make us successful.
נְחֶמְיָה ב, כ
Nehemiah 2:20

הִצְלַחְתָּ, הִצְלִיחַ, הִצְלִיחָה | הִצְלִיחוּ
תַּצְלִיחַ, תַּצְלִיחִי, יַצְלִיחַ\יַצְלַח, תַּצְלִיחַ, תַּצְלִיחוּ, יַצְלִיחוּ
מַצְלִיחַ
הַצְלַח\הַצְלִיחָה, הַצְלִיחוּ

לא יצליחו לשבת בארץ
They will not be successful to settle in the land.
Damascus Document (CD) 13:21

[הִצְמִיחַ] (14) **צמח** he caused growth, sprouting, success (v, *hiph*)

וּבָעֵת הַהִיא אַצְמִיחַ לְדָוִד צֶמַח צְדָקָה
And at that time I will cause for David to grow a branch of righteousness.
יִרְמְיָהוּ לג, טו
Jeremiah 33:15

הַצְמִיחַ
--- | הִצְמִיחָהּ
אַצְמִיחַ, יַצְמִיחַ\יַצְמַח, תַּצְמִיחַ\תַּצְמִחַ
מַצְמִיחַ

ויצמח מישראל ומאהרן שורש
And he caused a root to grow from Israel and from Aaron.
Damascus Document (CD) 1:17

[הִצְמִית] (10) **צמת** he annihilated, destroyed (v, *hiph*)

וַיָּשֶׁב עֲלֵיהֶם אֶת אוֹנָם וּבְרָעָתָם יַצְמִיתֵם
And he returned on them their iniquity, and he will destroy them in their evil.
תְּהִילִּים צד, כג
Psalm 94:23

---| הִצְמַתָּה
אַצְמִית, תַּצְמִית | אַצְמִיתֵם, יַצְמִיתֵם
--- | מַצְמִיתַי
---| הַצְמִיתֵם

[הֵצֵר] (12) **צרר** he oppressed, besieged, labored (v, *hiph*)

וַתִּתְּנֵם בְּיַד צָרֵיהֶם וַיָּצֵרוּ לָהֶם
And you gave them into the hand of their adversaries and they oppressed them.
נְחֶמְיָה ט, כז
Nehemiah 9:27

הָצֵר

הֵצַרֹתִי, הֵצַר
יָצַר, יָצֵרוּ
מְצֵרָה
---

he set apart, declared holy, consecrated (v, *hiph*) קדשׁ (45) הִקְדִּישׁ

And before you left the womb I set you apart. — וּבְטֶרֶם תֵּצֵא מֵרֶחֶם הִקְדַּשְׁתִּיךָ
Jeremiah 1:5 — יִרְמְיָהוּ א, ה

הַקְדִּישׁ (הַקְדֵּשׁ) | הַקְדִּישֵׁנִי, הַקְדִּישׁוּ
הִקְדַּשְׁתִּי, הִקְדִּישׁ, הִקְדַּשְׁנוּ, הִקְדִּישׁוּ | הִקְדַּשְׁתִּיךָ
תַּקְדִּישׁ, יַקְדִּישׁ\יַקְדִּשׁ, תַּקְדִּישׁוּ, יַקְדִּישׁוּ\יַקְדִּשׁוּ
מַקְדִּישׁ, מַקְדִּשִׁים
--- | הַקְדִּשֵׁם

From the womb you set them apart. — ומרחם הקדשתם
Thanksgiving Hymn (1QHa) 7:30

he assembled, summoned (v, *hiph*) קהל (20) [הִקְהִיל]

And David assembled all of Israel to Jerusalem. — וַיַּקְהֵל דָּוִיד אֶת כָּל יִשְׂרָאֵל אֶל יְרוּשָׁלָםִ
1 Chronicles 15:3 — דִּבְרֵי הַיָּמִים א טו, ג

הַקְהִיל
הִקְהַלְתָּ, הִקְהִילוּ
יַקְהִיל\יַקְהֵיל\יַקְהֵל, יַקְהִלוּ

הַקְהֵל\הַקְהֵל, הַקְהִילוּ

They will assemble all those who come from children to women. — יקהילו את כול הבאים מטף עד נשים
Community Rule (1QSa) 1:4

he offered incense, burned (v, *hiph*) קטר (70) הִקְטִיר

And he ascended on the altar to offer incense. — וַיַּעַל עַל הַמִּזְבֵּחַ לְהַקְטִיר
1 Kings 12:33 — מְלָכִים א יב, לג

הַקְטִיר (הַקְטֵיר)
הִקְטַרְתָּ, הִקְטִיר, הִקְטִירוּ | הִקְטִירוֹ, הִקְטִירָם
תַּקְטִיר, יַקְטִיר\יַקְטֵר, תַּקְטִיר, תַּקְטִירוּ, יַקְטִירוּ, יַקְטִירוּן\יַקְטְרוּן | יַקְטִירֶנָּה
מַקְטִיר, מַקְטְרִים\מַקְטִירִים, מַקְטִירוֹת
הַקְטֵר

You will burn over the fire which is on the altar. — תקטיר על האש אשר על המזבח
4Q220 f1:6

he raised, set up, established, stationed (v, *hiph*) קום (146) הֵקִים

And I am establishing my covenant with you. וַאֲנִי הִנְנִי מֵקִים אֶת בְּרִיתִי אִתְּכֶם
Genesis 9:9 בְּרֵאשִׁית ט, ט

הָקִים (הָקֵם\הָקֵים) | הֲקִימוֹ
הֲקִמֹתִי\הֲקִימֹתִי\הֲקִימוֹתִי, הֲקֵמֹתָ, הֵקִים, הֲקֵמֹנוּ, הֵקִימוּ | הֲקֵמֹתוֹ
אָקִים, תָּקִים\תָּקֵם, יָקִים\יָקֵם\יָקֶם, תָּקִימוּ, יָקִימוּ\יְקִימוּן, תְּקִימֶנָה | יְקִימֵנִי, יְקִימְךָ, יְקִימֶנּוּ, יְקִימֶנָּה\
יְקִימֶהָ, יְקִימֵנוּ
מֵקִים | מְקִימִי, מְקִימָהּ
הָקֵם, הָקִימוּ | הֲקִימֵנִי

And he raised up for them a righteous teacher*. ויקם להם מורה* צדק
Damascus Document (CD) 1:11

he established, set up, appointed (v, *h/aphel*) קום (19) הֲקֵים\ הֲקִים

The God of heaven will establish a kingdom. יְקִים אֱלָהּ שְׁמַיָּא מַלְכוּ
Daniel 2:44 דָּנִיֵּאל ב, מד

--- | הֲקָמוּתֵהּ
הֲקִימֶת, הֲקִימְתָּ, הֲקֵים\הֲקִים, הֲקִימוּ | הֲקִימֵהּ\אֲקִימֵהּ
תְּקִים, יְהָקֵים\יְקִים
מְהָקֵים

God established me in righteousness. הקימני אל בצדיק
TAD C1 1:109

And you will establish a name for your father. ותקים לאבוכה שם
4Q541 f24ii:5

he encircled, surrounded, rounded off (v, *hiph*) נקף (16) הִקִּיף

They surrounded me like water all the day; they encircled me together. סַבּוּנִי כַמַּיִם כָּל הַיּוֹם הִקִּיפוּ עָלַי יָחַד
Psalm 88:17 תְּהִלִּים פח, יח

--- (הַקֵּיף\הַקֵּף)
הִקִּיף, הִקִּיפָה, הִקַּפְתֶּם, הִקִּיפוּ | הִקִּיפוּנִי
יַקִּף, תַּקִּפוּ, יַקִּיפוּ\יַקִּפוּ
מַקִּיפִים\מַקִּפִים
הַקִּיפוּהָ

And with a great people they will surround them to capture them. ובעם רב יקיפום לתפושם
Habakkuk Pesher (1QpHab) 4:7

he woke up, aroused (v, *hiph*)	קיץ	(22)	הֵקִיץ

I lay down and slept; I woke up for the LORD will support me. — אֲנִי שָׁכַבְתִּי וָאִישָׁנָה הֱקִיצוֹתִי כִּי יְהוָה יִסְמְכֵנִי
Psalm 3:5 — תְּהִלִּים ג, ו

הָקִיץ
הֱקִיצֹתִי\הֱקִיצוֹתִי, הֲקִיצוֹתָ, הֵקִיץ
אָקִיץ, יָקִיצוּ
מֵקִיץ
הָקִיצָה, הָקִיצוּ

he lightened, treated with contempt (v, *hiph*)	קלל	(13)	הֵקַל

Your father made our yoke heavy, but you should lighten from on us. — אָבִיךָ הִכְבִּיד אֶת עֻלֵּנוּ וְאַתָּה הָקֵל מֵעָלֵינוּ
2 Chronicles 10:10 — דִּבְרֵי הַיָּמִים ב י, י

הָקֵל
הֵקַל, הֵקַלּוּ | הֱקִלֹּתַנִי
יָקֵל

הָקֵל

he offered, brought [near], approached (v, *hiph*)	קרב	(177)	הִקְרִיב\הִקְרִב

And from the flock you will offer your offering. — וּמִן הַצֹּאן תַּקְרִיבוּ אֶת קָרְבַּנְכֶם
Leviticus 1:2 — וַיִּקְרָא א, ב

הַקְרִיב (הַקְרֵב) | הַקְרִיבוֹ, הַקְרִיבְכֶם, הַקְרִיבָם\הַקְרִבָם
הִקְרַבְתָּ, הִקְרִיב\הִקְרִב, הִקְרִיבָה, הִקְרַבְתֶּם, הִקְרִיבוּ | הִקְרַבְתִּיו, הִקְרַבְתָּם, הִקְרִיבוֹ, הִקְרִיבָהּ, הִקְרִיבֻם
תַּקְרִיב\תַּקְרִב, תַּקְרִיבִי, יַקְרִיב\יַקְרִב\יַקְרֵב, תַּקְרִיב, נַקְרֵב, תַּקְרִיבוּ\תַּקְרִבוּ, יַקְרִיבוּ\יַקְרִבוּ | יַקְרִיבֵנּוּ
מַקְרִיב, מַקְרִיבִם (מַקְרִיבֵי־)
הַקְרֵב | הַקְרִיבֵהוּ

They will bring the wood. — יקריבו את העצים
4Q365 f23:9

he made difficult, severe, hardened (v, *hiph*)	קשה	(21)	הִקְשָׁה

And I will harden the heart of Pharoah. — וַאֲנִי אַקְשֶׁה אֶת לֵב פַּרְעֹה
Exodus 7:3 — שְׁמוֹת ז, ג

--- | הַקְשֹׁתָהּ
הִקְשִׁיתָ, הִקְשָׁה, הִקְשׁוּ
אַקְשֶׁה, יֶקֶשׁ, תַּקְשׁוּ, יַקְשׁוּ
מַקְשֶׁה
---

he listened, gave attention (v, *hiph*)	קשב	(45)	הִקְשִׁיב

My son, to my wisdom give attention! — בְּנִי לְחָכְמָתִי הַקְשִׁיבָה
Proverbs 5:1 — מִשְׁלֵי ה, א

הַקְשִׁיב
הִקְשַׁבְתִּי, הִקְשַׁבְתָּ, הִקְשִׁיב, הִקְשִׁיבוּ
יַקְשִׁב\יַקְשֵׁב, תַּקְשִׁיב, נַקְשִׁיב\נַקְשִׁיבָה
מַקְשִׁיב, מַקְשִׁיבִים
הַקְשֵׁב\הַקְשִׁיבָה, הַקְשִׁיבִי, הַקְשִׁיבוּ

Baruch, inform them, give attention! — 𐤁𐤓𐤊 𐤄𐤅𐤃𐤏𐤌 𐤄𐤒𐤔𐤁𐤅
Samaria 111:2

O Lord, I called to you. Listen to me! — 𐤉𐤄𐤅𐤄 קראתי אליכה הקשיבה אלי
11Q5 24:3

mountain (nm)	הר\הרר	(547)	הַר\הָר\הֶ֫רָה\הָהָ֫רָה

Who will ascend on the mountain of the Lord? — מִי יַעֲלֶה בְהַר יְהוָה
Psalm 24:3 — תְּהִילִּים כד, ג

הָרִים
הַר־: הֲרָרִי\הַרְרִי, הַרְכֶם, הֲרָרָם
הָרֵי־\הַרְרֵי־\הֲרָרֵי־: הָרַי\הָרָ֑י, הָרָיו, הֲרָרֶיהָ

The mountains of Judah are to the God of Jerusalem. — 𐤄𐤓𐤉 𐤉𐤄𐤅𐤃𐤄 𐤋𐤀𐤋𐤄𐤉 𐤉𐤓𐤔𐤋𐤌
Beith Lei 5:1–2

And on the earth he stood on the mountain. — ועל הא֯רץ עמד על ההר
4Q377 f2ii:8

Mount Hor (np)	הר\הרר	(12)	הֹר הָהָר

Aaron, your brother, died on Mount Hor and was gathered to his people. — מֵת אַהֲרֹן אָחִיךָ בְּהֹר הָהָר וַיֵּאָסֶף אֶל עַמָּיו
Deuteronomy 32:50 — דְּבָרִים לב, נ

he caused to see, showed (v, *hiph*)	ראה	(62)	הֶרְאָה

Show us, O Lord, your lovingkindness. — הַרְאֵנוּ יְהוָה חַסְדֶּךָ
Psalm 85:7 — תְּהִילִּים פה, ח

הַרְאוֹת | הַרְאֹתְךָ\הַרְאוֹתְכָה, (לַ)רְאֹתְכֶם, הַרְאֹתוֹ, הַרְאוֹתָם
הִרְאֵיתִי, הִרְאִיתָ\ הֶרְאָה | הֶרְאִיתִיךָ, הִרְאִיתִים\הִרְאִיתִם, הִרְאִיתַנִי\הִרְאִיתַנִי, הִרְאַנִי\הֶרְאַנִי, הֶרְאָנוּ, הֶרְאֲךָ, הֶרְאָם
יַרְאֶה\יַרְא | אַרְאֶךָּ, אַרְאֵהוּ, אַרְאֶנּוּ, תַּרְאֵנִי, יַרְאֵנִי, יַרְאֵהוּ, יַרְאֵנוּ, יַרְאֵם, יַרְאוּם
מַרְאֶה
--- | הַרְאֵנִי, הַרְאֵנוּ, הַרְאִינִי

May the Lord show my lord.	𐤉𐤓𐤀 𐤉𐤄𐤅𐤄 𐤀𐤕 𐤀𐤃𐤍𐤉
Lachish 6:1–2	

He showed us in the burning fire.	הראנו באש בעורה
4Q377 f2ii:7	

many, much (adv) **רבה** (51) **הַרְבֵּה**

You sowed much and brought in little.	זְרַעְתֶּם הַרְבֵּה וְהָבֵא מְעָט
Haggai 1:6	חַגַּי א, ו

he made great, increased, multiplied (v, *hiph*) **רבה** (111) **הִרְבָּה**

I will multiply the offspring of David, my servant.	אַרְבֶּה אֶת זֶרַע דָּוִד עַבְדִּי
Jeremiah 33:22	יִרְמְיָהוּ לג, כב

הַרְבּוֹת\הַרְבֹּת (הַרְבָּה)
הִרְבֵּיתִי, הִרְבִּיתָ, הִרְבֵּית\הִרְבֵּיתִי, הִרְבָּה, הִרְבְּתָה, הִרְבִּינוּ, הִרְבֵּיתֶם, הִרְבּוּ | הִרְבִּיתִךָ, הִרְבִּתִים, הִרְבְּךָ\הִרְבֶּךָ
אַרְבֶּה\אֶרֶב, תַּרְבֶּה\תֶּרֶב, תַּרְבִּי, יַרְבֶּה\יֶרֶב, תַּרְבֶּה, תַּרְבּוּ | אַרְבֵּהוּ, יַרְבֶּךָ, תַּרְבֵּנִי
מַרְבֶּה\מַרְבֵּה, מַרְבָּה, מַרְבִּים
הַרְבֵּה\הֶרֶב, הַרְבִּי, הַרְבּוּ

And he will not increase for himself wives.	ולוא ירבה לו נשים
11Q19 56:18	

he killed, slew (v, *qal*) **הרג** (162) **הָרַג**

And they slew her with a sword.	וְאוֹתָהּ בַּחֶרֶב הָרָגוּ
Ezekiel 23:10	יְחֶזְקֵאל כג, י

הֲרֹג\הָרוֹג (הֲרֹג\הָרוֹג) | הָרְגֵנִי, הֲרָגְךָ\הָרְגֶךָ, הַרְגוֹ, הָרְגֵנוּ
הָרַגְתִּי, הָרַגְתָּ\הָרָגְתָּ, הָרַג\הָרָג, הֲרַגְתֶּם, הָרְגוּ\הָרָגוּ | הֲרַגְתִּיךָ, הֲרַגְתִּיךְ, הֲרַגְתִּים, הֲרַגְתָּנִי, הֲרָגָנִי,
הֲרָגוֹ, הֲרָגָם, הֲרָגָתְהוּ, הֲרָגָתַם, הֲרַגְנֻהוּ, הֲרַגְנוּם, הֲרָגוּנִי\הֲרָגֻנִי, הֲרָגוּם
אֶהֱרֹג\אֶהֱרוֹג\אַהַרְגָה, תַּהֲרֹג, יַהֲרֹג\יַהֲרָג, נַהֲרֹג, תַּהַרְגוּ\תַּהֲרֹגוּ, יַהַרְגוּ\יַהֲרֹגוּ\יַהַרְגֻן | אֶהֶרְגֵהוּ,
תַּהַרְגֵנּוּ, תַּהַרְגֵם, יַהַרְגֵנִי, יַהַרְגֵהוּ, יַהַרְגֵם, תַּהַרְגֵהוּ, תַּהַרְגֵם, נַהַרְגֵהוּ, יַהַרְגֻנִי, יַהַרְגֻהוּ, יַהַרְגוּם
הֹרֵג\הוֹרֵג, הֹרְגִים | הֹרְגֶךָ | הֲרוּגִים\הֲרֻגִים (הֲרֻגֵי־) | הרגיו, הֲרֻגֶיהָ\הֲרוּגֶיהָ
הֲרֹג, הִרְגוּ\הֲרֹגוּ | הָרְגֵנִי

And they killed the wa[rriors of Moab].	ויהרוגו את ג[בורי מואב]
4Q223_224 f2iv:23	

he/she was pregnant, conceived (v, *qal*) **הרה** (41) **הָרָה**

And she conceived again and gave birth to a daughter.	וַתַּהַר עוֹד וַתֵּלֶד בַּת
Hosea 1:6	הוֹשֵׁעַ א, ו

(הָרֹה\הָרוֹ) ---

הָרִיתִי, הָרִית, הָרָה, הָרָתָה, הָרִינוּ
תַּהַר, תַּהֲרוּ, תַּהֲרֶין

ותהר ותלד
And she conceived and gave birth.
4Q215 f1_3:4

הָרָה (16) הרה **pregnant (adj, f only)**

וַתַּגֵּד לְדָוִד וַתֹּאמֶר הָרָה אָנֹכִי
And she told to David and said, "I am pregnant."
שְׁמוּאֵל ב יא, ה
2 Samuel 11:5

--- | הרה (הֲרַת־) | --- | --- (הָרוֹת־)
הָרוֹתֶיהָ, הָרֹתֵיהֶם

הִרְחִיב (21) רחב **he enlarged, expanded, widened (v, *hiph*)**

יַרְחִיב יְהוָה אֱלֹהֶיךָ אֶת גְּבוּלְךָ
The Lord will enlarge your border.
דְּבָרִים יב, כ
Deuteronomy 12:20

הַרְחִיב
הִרְחַבְתִּי, הִרְחַבְתָּ, הִרְחַבְתְּ, הִרְחִיב\הִרְחִב, הִרְחִיבָה, הִרְחִיבוּ
תַּרְחִיב, יַרְחִיב, תַּרְחִיבוּ, יַרְחִיבוּ
מַרְחִיב
הרחב, הַרְחִיבִי\הַרְחִבִי

לכן הרחיבה שאול נפשה
Therefore, Sheol enlarged her soul [i.e., appetite].
4Q162 2:5

הִרְחִיק (24) רחק **he removed, kept distance, withdrew (v, *hiph*)**

כִּרְחֹק מִזְרָח מִמַּעֲרָב הִרְחִיק מִמֶּנּוּ אֶת פְּשָׁעֵינוּ
As far as east is from west you removed from us our transgressions.
תְּהִלִּים קג, יב
Psalm 103:12

הַרְחִיק (הַרְחֵק) | הַרְחִיקָם
הִרְחַקְתָּ, הִרְחִיק, הִרְחִיקוּ | הִרְחַקְתִּים
אַרְחִיק, תַּרְחִיק, תַּרְחִיקוּ | יַרְחִיקֻנָּה

הַרְחֵק\הַרְחֵק | הַרְחִיקֵהוּ

חטאת נעורי הרחק ממני
The sins of my youth remove from me.
11Q5 24:11

[הֵרִיחַ] (11) רוח\ריח **he smelled (v, *hiph*)**

אָזְנַיִם לָהֶם וְלֹא יִשְׁמָעוּ אַף לָהֶם וְלֹא יְרִיחוּן
They have ears but will not hear; they have noses but will not smell.
תְּהִלִּים קטו, ו
Psalm 115:6

הָרִיחַ | הֲרִיחוֹ

אָרִיחַ, יָרִיחַ\יָרַח\יָרַח, יְרִיחוּן\יְרִיחֻן

ולו אריח בריח ניחוחכם	I will not smell the scent of your soothing (incense). *4Q266 f11:4*

הֵרִים (88) **רום** he exalted, lifted up, offered (v, *hiph*)

תָּרִימוּ תְרוּמָה לַיהוָה בְּמִדְבַּר טו, יט	You will offer an offering to the LORD. *Numbers 15:19*

הָרִים | הֲרִימִי, הֲרִימְכֶם
הֲרִימוֹתִי\הֲרִמֹתִי\הֲרִמֹתִי, הֲרִימוֹתָ\הֲרֵמֹתָ\הֲרִימוֹתָה, הֵרִים, הֲרֵמֹתֶם, הֵרִימוּ | הֲרִימֹתִיךָ\הֲרִמֹתִיךָ
אָרִים, תָּרִים\תָּרֶם, יָרִים\יָרֵם\יָרֶם, תָּרִימוּ, יָרִימוּ | יְרִימֶיהָ
מֵרִים, --- (מְרִימֵי־) | מְרִימָיו
הָרֵם\הָרֶם\הָרִימָה, הָרִימִי, הָרִימוּ

וירם מעפר אביון	And he raised up from the dust a poor one. *4Q431 f2:7*

[הֵרִיעַ] (40) **רוע** he shouted, cheered, blew a trumpet (v, *hiph*)

וְכָל הָעָם הֵרִיעוּ תְרוּעָה גְדוֹלָה עֶזְרָא ג, יא	And all the people shouted a great shout. *Ezra 3:11*

הָרִיעַ
הֲרֵעֹתֶם\הֲרֵיעֹתֶם, הֵרִיעוּ\הֵרֵעוּ
תָּרִיעִי, יָרִיעַ\יָרַע, נָרִיעַ\נָרִיעָה, תָּרִיעוּ, יָרִיעוּ\יָרֵעוּ
מְרִיעִים
הָרִיעִי, הָרִיעוּ

והכוהנים יריעו בשש חצוצרות	And the priests blew on six trumpets. *War Scroll (1QM) 8:8*

[הֵרִיק] (17) **ריק** he emptied, poured, left empty, drew (v, *hiph*)

אִם יִמָּלְאוּ הֶעָבִים גֶּשֶׁם עַל הָאָרֶץ יָרִיקוּ קֹהֶלֶת יא, ג	If the clouds will be full, they will pour rain on the land. *Ecclesiastes 11:3*

הָרִיק
הֲרִיקֹתִי, הֵרִיקוּ
אָרִיק, יָרִיק\יָרֶק, יָרִיקוּ | אֲרִיקֵם
מְרִיקִים
הָרֵק

Therefore, he will draw his sword always. — על כן יריק חרבו תמיד
Habakkuk Pesher (1QpHab) 6:8

he caused to mount/ride, plowed (v, *hiph*) רכב (20) הִרְכִּיב

And he caused him to ride in the street of the city. — וַיַּרְכִּיבֵהוּ בִּרְחוֹב הָעִיר
Esther 6:11 — אֶסְתֵּר ו, יא

הִרְכַּבְתָּ, הִרְכַּבְתֶּם | הִרְכַּבְתִּיךָ, הִרְכִּיבֻהוּ
אַרְכִּיב, יַרְכֵּב, יַרְכִּיבוּ\יַרְכִּבוּ | תַּרְכִּיבֵנִי, ירכיבהו, יַרְכִּיבֵהוּ\יַרְכִּבֵהוּ, יַרְכִּבֵם, יַרְכִּיבֻהוּ\יַרְכִּבֻהוּ

הַרְכֵּב

And he mounted him on the second chariot. — וירכיבהו עֿל המֿרֿכֿבֿה הֿ[שנית
4Q223_224 f2v:29

he threw down, destroyed, overthrew (v, *qal*) הרס (30) הָרַס

And your altars they threw down and your prophets they killed. — אֶת מִזְבְּחֹתֶיךָ הָרָסוּ וְאֶת נְבִיאֶיךָ הָרְגוּ
1 Kings 19:10 — מְלָכִים א יט, י

הָרוֹס\הֲרֹס
הָרַסְתִּי, הָרַסְתָּ, הָרַס\הָרָס, הָרְסוּ\הָרָסוּ
אֶהֱרֹס, תַּהֲרֹס, יַהֲרוֹס, יֶהֶרְסוּ\יַהֲרֹסוּ | יֶהֶרְסְךָ, יֶהֶרְסֶהָ, יֶהֶרְסֶנָּה, יֶהֶרְסֵם, תֶּהֶרְסֶנּוּ
הֲרֹס | --- | הָרוּס
הֹרֵס | הָרְסָהּ

And they destroyed them in the iniquity of the dwellers in them. — והרסום בעוון היושבים בהם
Habakkuk Pesher (1QpHab) 4:8

he did evil, hurt (v, *hiph*) רעע (68) הֵרַע

Why have you done evil to me? — לָמָה הֲרֵעֹתֶם לִי
Genesis 43:6 — בְּרֵאשִׁית מג, ו

הָרַע\הָרֵעַ (הָרֵעַ)
הֲרֵעֹתִי\הֲרֵעוֹתִי, הֲרֵעֹתָ\הֲרֵעוֹתָ\הֲרֵעֹתָה, הֵרַע, הֲרֵעֹתֶם, הֵרֵעוּ
אָרֵעַ, תָּרַע, יָרַע\יָרֵעַ, נָרַע, תָּרֵעוּ, יָרֵעוּ
מֵרַע, מְרֵעִים

Their every thought is to do evil. — כול מחשבתם להרע
Habakkuk Pesher (1QpHab) 3:5

he abandoned, let go, failed, refrained (v, *hiph*) רפה (21) [הִרְפָּה]

The works of your hand do not abandon. — מַעֲשֵׂי יָדֶיךָ אַל תֶּרֶף
Psalm 138:8 — תְּהִלִּים קלח, ח

תֶּרֶף | אַרְפְּךָ, אַרְפֶּנּוּ, אַרְפֶּהָ, תַּרְפֵּנִי, יַרְפְּךָ

הַרְפֵּה\הֶרֶף, הַרְפּוּ

And he will not abandon you and not leave you. — ולוא] ירפכה ולוֹאْ יעזבْ[כה
4Q378 f3ii+4:10–11

he condemned, made guilty (v, *hiph*)	רשע	(25)	הִרְשִׁיעַ

Who will condemn me? — מִי הוּא יַרְשִׁיעֵנִי
Isaiah 50:9 — יְשַׁעְיָהוּ נ, ט

הִרְשִׁיעַ
הִרְשִׁיעַ, הִרְשַׁעְנוּ\הִרְשָׁעְנוּ, הִרְשִׁיעוּ
תַּרְשִׁיעַ, תַּרְשִׁיעִי, יַרְשִׁיעַ\יַרְשִׁעַ, יַרְשִׁיעוּ\יַרְשִׁיעֻן | תַּרְשִׁיעֵנִי, יַרְשִׁיעֵנִי, יַרְשִׁיעֶךָ, יַרְשִׁיעֻנּוּ
מַרְשִׁיעַ, --- (מַרְשִׁיעֵי־)

And they justified an evil one, and they condemned a righteous one. — ויצדיקו רשע וירשיעו צדיק
Damascus Document (CD) 1:19

he left (behind), remained (v, *hiph*)	שאר	(38)	הִשְׁאִיר

And he did not leave a man from them. — וְלֹא הִשְׁאִיר אִישׁ מֵהֶם
2 Kings 10:14 — מְלָכִים ב י, יד

הִשְׁאִיר
הִשְׁאַרְתִּי, הִשְׁאִיר, הִשְׁאַרְנוּ, הִשְׁאִירוּ
אַשְׁאִיר, יַשְׁאִיר, תַּשְׁאִיר, נַשְׁאֵר, יַשְׁאִירוּ\יַשְׁאִרוּ

He left a remnant for Israel. — השאיר שארית לישראל
Damascus Document (CD) 1:4

he satisfied (v, *hiph*)	שבע	(16)	הִשְׂבִּיעַ

You satisfied many peoples. — הִשְׂבַּעַתְּ עַמִּים רַבִּים
Ezekiel 27:33 — יְחֶזְקֵאל כז, לג

הִשְׂבִּיעַ
הִשְׂבַּעְתִּי, הִשְׂבַּעַת, הִשְׂבִּיעַ | הִשְׂבִּיעַנִי
אַשְׂבִּיעַ\אַשְׂבִּעַ, תַּשְׂבִּיעַ | אֲשְׂבִּיעֶךָ, אַשְׂבִּיעֵהוּ, יַשְׂבִּיעֵנִי, יַשְׂבִּיעֶךָ, יַשְׂבִּיעֵם
מַשְׂבִּיעַ

He satisfied Israel with abundance*. | א]ת ישראל בשבעים* השביע
4Q181 f2:3

הִשְׁבִּיעַ (31) **שבע** he caused one to swear, take an oath (v, *hiph*)

And I will cause you to swear by the LORD the God of heaven. | וְאַשְׁבִּיעֲךָ בַּיהוָה אֱלֹהֵי הַשָּׁמַיִם
Genesis 24:3 | בְּרֵאשִׁית כד, ג

הַשְׁבִּיעַ (הַשְׁבֵּעַ)
הִשְׁבַּעְתִּי, הִשְׁבִּיעַ | הִשְׁבַּעְתִּיךָ, הִשְׁבַּעְתָּנוּ, הִשְׁבִּיעַנִי, הִשְׁבִּיעֶךָּ, הִשְׁבִּיעוֹ
יַשְׁבֵּעַ, תַּשְׁבִּיעוּ | אַשְׁבִּיעֲךָ, אַשְׁבִּיעֵם, יַשְׁבִּעֵנִי
--- | מַשְׁבִּיעֶךָּ

He caused one to swear before the field. | ישביע על פני השדה
Damascus Document (CD) 9:9

הִשְׁבִּית (40) **שבת** he ended, ceased, destroyed, removed (v, *hiph*)

And he ceased his work. | וַיַּשְׁבֵּת אֶת מְלַאכְתּוֹ
2 Chronicles 16:5 | דִּבְרֵי הַיָּמִים ב טז, ה

הַשְׁבִּית\(לַ)שְׁבִּית
הִשְׁבַּתִּי, הִשְׁבַּתָּ, הִשְׁבִּית, הִשְׁבַּתְנוּ, הִשְׁבַּתֶּם, הִשְׁבִּיתוּ | הִשְׁבַּתִּיךָ, הִשְׁבַּתִּים
אַשְׁבִּיתָה, תַּשְׁבִּית, יַשְׁבִּית\יַשְׁבֵּת, תַּשְׁבִּיתוּ
מַשְׁבִּית
הַשְׁבִּיתוּ

And they will not cease the work. | ולוא ישביתו את העבודה
4Q271 f5i:16

[הֻשְׁזַר] (21) **שזר** he/it was twisted (v, *hoph*)

All the courtyard curtains around were twisted linen. | כָּל קַלְעֵי הֶחָצֵר סָבִיב שֵׁשׁ מָשְׁזָר
Exodus 38:16 | שְׁמוֹת לח, טז

מָשְׁזָר

הִשְׁחִית (93?) **שחת** he ruined, corrupted, destroyed (v, *hiph*)

And you corrupted more than them in all your ways. | וַתַּשְׁחִתִי מֵהֵן בְּכָל דְּרָכָיִךְ
Ezekiel 16:47 | יְחֶזְקֵאל טז, מז

הַשְׁחִית (הַשְׁחֵת) | הִשְׁחִיתֶ֫ךָ, הִשְׁחִתוֹ, הִשְׁחִיתָהּ, הִשְׁחִיתָם
הִשְׁחַתִּי, הִשְׁחִית, הִשְׁחַתֶּם, הִשְׁחִיתוּ
אַשְׁחִית, תַּשְׁחִית\תַּשְׁחֵת, תַּשְׁחִתִי, יַשְׁחִית\יַשְׁחִת\יַשְׁחֵת, תַּשְׁחֵת, נַשְׁחִיתָה, תַּשְׁחִתוּן, יַשְׁחִיתוּ\יַשְׁחִתוּ
| אַשְׁחִיתֵךְ, אַשְׁחִיתֵם, תַּשְׁחִיתֵהוּ, יַשְׁחִיתֶ֫ךָ, תַּשְׁחִיתֵם
מַשְׁחִית, מַשְׁחִיתִים\מַשְׁחִתִם\מַשְׁחִתִים | מַשְׁחִיתָם
--- | הַשְׁחִיתָהּ

Th[ere] is not one who destroys in their borders. — א[ין] משחית בגבוליהם
4Q511 f1:6

he deceived (v, *hiph*)	נשא	(14)	הִשִּׁיא

All the men of your covenant [i.e., allies] deceived you. — כֹּל אַנְשֵׁי בְרִיתֶךָ הִשִּׁיאוּךָ
Obadiah 7 — עֹבַדְיָה ז

הַשֵּׁא
הִשֵּׁאתָ, הִשִּׁיא | הִשִּׁיאַנִי, הִשִּׁאֶךָ, הִשִּׁיאוּךָ
יַשִּׁיא\יַשִּׁא, תַּשִּׁאוּ, יַשִּׁיאוּ | יַשִּׁאֶךָ

---

he returned, turned, answered, restored (v, *hiph*)	שוב	(357)	הֵשִׁיב

O Lord, God of hosts restore us! — יְהוָה אֱלֹהִים צְבָאוֹת הֲשִׁיבֵנוּ
Psalm 80:19 — תְּהִלִּים פ, כ

הָשִׁיב\הָשֵׁב (הָשֵׁב) | הֲשִׁיבֵנִי, הֲשִׁיבוֹ, הֲשִׁיבָהּ\הֲשִׁיבָהּ, הֲשִׁיבָם
הֲשִׁבֹתִי\הֲשִׁיבוֹתִי, הֲשִׁיבוֹתָ\הֲשֵׁבֹתָ, הֵשִׁיב, הֵשִׁיב, הֲשִׁיבֹנוּ, הֲשֵׁבֹתֶם\הֲשֵׁיבֹתֶם, הֵשִׁיבוּ\הֵשִׁבוּ | הֲשִׁבֹתִיךָ\
הֲשִׁיבֹתִיךָ, הֲשִׁבֹתִים\הֲשִׁיבֹתִים\הֲשִׁבוֹתִים, הֲשִׁבֹתוֹ, הֲשֵׁיבוֹתָם\הֲשֵׁבֹתָם, הֱשִׁיבַנִי\הֱשִׁבַנִי, הֱשִׁיבְךָ\
הֱשִׁיבְךָ, הֱשִׁיבוֹ, הֱשִׁיבוּם\הֱשִׁבוּם
אָשִׁיב\אָשׁוּב\אָשֵׁב\אָשִׁיבָה, תָּשִׁיב\תָּשֵׁב\תָּשֵׁב, תָּשֵׁב, תָּשִׁבִי, יָשִׁיב\יָשׁוּב\יָשֵׁב\יָשֵׁב, תָּשִׁיב, נָשִׁיב\נָשֵׁב, תָּשִׁיבוּ\
תָּשִׁבוּ, יָשִׁיבוּ\יָשִׁבוּ, תְּשִׁבְנָה | אֲשִׁיבְךָ\אֲשִׁיבֶךָּ, אֲשִׁיבֶנּוּ, אֲשִׁיבֶנָּה, תְּשִׁיבֵנִי, תְּשִׁיבֶנּוּ, תְּשִׁיבֵנוּ, תְּשִׁיבֵם,
יְשִׁיבֵנִי\יְשִׁבֵנִי, יְשִׁיבֶנּוּ\יְשִׁיבֵהוּ, יְשִׁיבֵהוּ, יְשִׁיבֶהָ\יְשִׁבֶהָ\יְשִׁיבֶנָּה, יְשִׁיבֵם, יְשִׁיבוּנִי, יְשִׁיבֻהוּ\יְשִׁבֻהוּ, (וְ)ישבום
מֵשִׁיב, --- (מְשִׁיבַת־), מְשִׁיבִים (מְשִׁיבֵי־)
הָשֵׁב\הָשֵׁיב\הָשַׁב\הָשִׁיבָה, הָשִׁיבוּ | הֲשִׁיבֵנִי\הֲשִׁבֵנִי, הֲשִׁיבֵהוּ, הֲשִׁיבֵנוּ, הֲשִׁבֻהוּ

Your servant returned the letters to my lord. — השב עבדך הספרם אל אדני
Lachish 5:6–7

Who among you will return a word? — מי בכם ישיב דבר
4Q381 f76_77:10

he overtook, afforded, prospered (v, *hiph*)	נשג	(50)	הִשִּׂיג

I will pursue; I will overtake; I will divide booty. — אֶרְדֹּף אַשִּׂיג אֲחַלֵּק שָׁלָל
Exodus 15:9 — שְׁמוֹת טו, ט

--- (הַשֵּׂג)
הִשִּׂיג, הִשִּׂיגָה, הִשִּׂיגוּ | הִשַּׂגְתֶּם, הִשִּׂיגוֹ, הִשִּׂגָנוּ, הִשִּׂיגוּנִי, הִשִּׂיגוּךָ\הִשִּׂיגֶךָ, הִשִּׂיגוּהָ
אַשִּׂיג, תַּשִּׂיג, יַשִּׂיג\יַשֵּׂג, תַּשִּׂיג, יַשִּׂיגוּ\יַשִּׂגוּ\יַשִּׂיגוּן | אַשִּׂגֶנּוּ, אַשִּׂיגֵם, יַשִּׂיגֵם\
יַשִּׂגֵם, תַּשִּׂיגֵהוּ, תַּשִּׂיגֶנּוּ, תַּשִּׂיגֵם, תַּשִּׂיגוּם
מַשִּׂיג, מַשֶּׂגֶת | מַשִּׂיגֵהוּ

And if he will prosper (in) instruction, he will bring him into the covenant. *Community Rule (1QS) 6:14*	ואם ישיג מוסר יביאהו בברית

he found (v, *haphel*)	שכח	(9)	[הַשְׁכַּח]

I found a man from the sons of the exile. *Daniel 2:25*	הַשְׁכַּחַת גְּבַר מִן בְּנֵי גָלוּתָא דָּנִיֵּאל ב, כה

הַשְׁכָּחָה
הַשְׁכַּחַת, הַשְׁכַּחְנָה, הַשְׁכַּחוּ
תְּהַשְׁכַּח, נְהַשְׁכַּח

And I did not find silver. *TAD B2 7:5*	ולא השכחת כסף

he understood, taught, prospered (v, *hiph*)	שכל	(59)	הִשְׂכִּיל

A wise heart will teach its mouth. *Proverbs 16:23*	לֵב חָכָם יַשְׂכִּיל פִּיהוּ מִשְׁלֵי טז, כג

הַשְׂכִּיל (הַשְׂכֵּל\הַשְׂכֵּיל) | הַשְׂכִּילְךָ, הַשְׂכִּילָם
הִשְׂכַּלְתִּי, הִשְׂכִּיל, הִשְׂכִּילוּ
אַשְׂכִּילָה, תַּשְׂכִּיל\תַּשְׂכֵּל, יַשְׂכֵּל, יַשְׂכִּיל, תַּשְׂכִּילוּ, יַשְׂכִּילוּ | אַשְׂכִּילְךָ
מַשְׂכִּיל, מַשְׂכֶּלֶת, מַשְׂכִּילִים\מַשְׂכִּלִים (מַשְׂכִּילֵי־)
הַשְׂכִּילוּ

You taught me in your truth. *Thanksgiving Hymn (1QHa) 15:29*	השכלתני באמתכה

he rose early, went early, persisted (v, *hiph*)	שכם	(65)	הִשְׁכִּים

And they rose early in the morning and worshiped before the LORD. *1 Samuel 1:19*	וַיַּשְׁכִּמוּ בַבֹּקֶר וַיִּשְׁתַּחֲווּ לִפְנֵי יְהוָה שְׁמוּאֵל ב א, יט

--- (הַשְׁכֵּם\הַשְׁכֵּים\אַשְׁכֵּים)
הִשְׁכִּים, הִשְׁכַּמְתֶּם, הִשְׁכִּימוּ
תַּשְׁכִּים, יַשְׁכֵּם, נַשְׁכִּימָה, יַשְׁכִּימוּ\יַשְׁכִּמוּ
מַשְׁכִּים, --- (מַשְׁכִּימֵי־)

הַשְׁכֵּם

השכם בבוקר והתיצבתה לפני פרעֹ[וה]

Rise early in the morning and stand before Phara[oh]!
4Q365 f2:6

הִשְׁלִיךְ (112) שלך he threw, threw away, cast down (v, *hiph*)

וַיִּקָּחֻהוּ וַיַּשְׁלִכוּ אֹתוֹ הַבֹּרָה
בְּרֵאשִׁית לז, כד

And they took him and threw him to the pit.
Genesis 37:24

הִשְׁלִיךְ (הַשְׁלֵךְ) | הִשְׁלִיכוּ\הִשְׁלְכוּ
הִשְׁלַכְתִּי, הִשְׁלַכְתָּ, הִשְׁלִיךְ, הִשְׁלִיכָה, הִשְׁלִיכוּ | הִשְׁלַכְתִּיךְ, הִשְׁלַכְתּוֹ, הִשְׁלִיכָם, הִשְׁלַכְתֶּנָה
אַשְׁלִיךְ\אַשְׁלִךְ\אַשְׁלִיכָה, תַּשְׁלִיךְ\תַּשְׁלֵךְ, תַּשְׁלִיכִי, יַשְׁלִיךְ\יַשְׁלִךְ\יַשְׁלֵךְ, תַּשְׁלֵךְ, נַשְׁלִיכָה, תַּשְׁלִכוּן
יַשְׁלִיכוּ\יַשְׁלִכוּ | אַשְׁלִכֵהוּ, אַשְׁלִכֵם, תַּשְׁלִיכֵנִי, יַשְׁלִכֵהוּ\יַשְׁלִיכֵהוּ, יַשְׁלִכֵם, תַּשְׁלִיכֵהוּ, נַשְׁלִכֵהוּ,
תַּשְׁלִיכֻהוּ, יַשְׁלִיכוּם\יַשְׁלִכֻם
מַשְׁלִיךְ, --- (מַשְׁלִיכֵי־)
הַשְׁלֵךְ, הַשְׁלִיכִי, הַשְׁלִיכוּ | הַשְׁלִיכֵהוּ\הַשְׁלִכֵהוּ

מצוותיו השליכו אחרי גום

My commandments they threw behind their back.
4Q166 2:4

[הִשְׁלִים] (13) שלם he made peace, completed, performed (v, *hiph*)

וַיַּשְׁלֵם יְהוֹשָׁפָט עִם מֶלֶךְ יִשְׂרָאֵל
מְלָכִים א כב, מה

And Jehoshaphat made peace with the king of Israel.
1 Kings 22:45

הִשְׁלִימָה, הִשְׁלִימוּ
יַשְׁלִים\יַשְׁלִם\יַשְׁלֵם, תַּשְׁלִים, יַשְׁלִימוּ\יַשְׁלִמוּ | תַּשְׁלִימֵנִי

לוא תשלים עמכה ועשתה עמכה מלחמה

It will not make peace with you and will make war with you.
11Q19 62:8

הָשְׁלַךְ (13) שלך he was thrown, cast out, overthrown (v, *hoph*)

וְאַתָּה הָשְׁלַכְתָּ מִקִּבְרְךָ
יְשַׁעְיָהוּ יד, יט

And you were cast out from your grave.
Isaiah 14:19

הָשְׁלַכְתִּי, הָשְׁלַכְתָּ, הֻשְׁלַךְ, הֻשְׁלָכָה, הֻשְׁלְכוּ
מֻשְׁלָךְ, מֻשְׁלֶכֶת
תֻּשְׁלְכִי, יֻשְׁלָכוּ

הִשְׁמִיד (69) שמד he destroyed (v, *hiph*)

I will pursue my enemies and destroy them. — אֶרְדְּפָה אֹיְבַי וָאַשְׁמִידֵם
2 Samuel 22:38 — שְׁמוּאֵל ב כב, לח

הַשְׁמִיד\(לְ)שְׁמִד (הַשְׁמִיד\הַשְׁמֵד) | הִשְׁמִדְךָ, הַשְׁמִידוֹ\הִשְׁמִידוֹ, הַשְׁמִידֵנוּ, הַשְׁמִידָם\הִשְׁמִדָם
הִשְׁמַדְתִּי, הִשְׁמִיד, הִשְׁמִיד, הִשְׁמִידוּ | הִשְׁמַדְתִּיו, הִשְׁמִידְךָ, הִשְׁמִידוֹ\הִשְׁמִדוֹ, הִשְׁמִידוּם\הִשְׁמִדֵם
אַשְׁמִיד, תַּשְׁמִיד, יַשְׁמִיד\יַשְׁמֵד, נַשְׁמִידָה, תַּשְׁמִידוּ, יַשְׁמִידוּ | אַשְׁמִידְךָ, אַשְׁמִידֵם, תַּשְׁמִידֵם, יַשְׁמִידֵם, יַשְׁמִידוּם

הַשְׁמֵד

And he destroyed them from the land. — וישמד אתם מארץ̊
4Q372 f1:6

[הִשְׁמִים\הֵשַׁם] (16) שמם he devastated, desolated, was horrified (v, *hiph*)

And I sat there seven days horrified in their midst. — וָאֵשֵׁב שָׁם שִׁבְעַת יָמִים מַשְׁמִים בְּתוֹכָם
Ezekiel 3:15 — יְחֶזְקֵאל ג, טו

הַשְׁמֵם
הֲשִׁמּוֹתִי\הֲשִׁמֹּתִי, הֲשִׁמּוֹתָ, הֵשַׁמּוּ
יַשִּׁים, נַשִּׁים | אֲשִׁמֵּם, יַשִּׁמֵּם
מַשְׁמִים

They devastated the sanctuary of Israel with their sins. — השמו . . . את מקד̊[ש י]שראל בחטאתמה
4Q174 f1_2i:5–6

הִשְׁמִיעַ (63) שמע he caused to hear, announced, told (v, *hiph*)

Announce, give praise, and say: "Save, O LORD, your people!" — הַשְׁמִיעוּ הַלְלוּ וְאִמְרוּ הוֹשַׁע יְהוָה אֶת עַמְּךָ
Jeremiah 31:7 — יִרְמְיָהוּ לא, ז

הַשְׁמִיעַ\(לְ)שְׁמִעַ
הִשְׁמַעְתִּי, הִשְׁמַעְתָּ, הִשְׁמִיעַ, הִשְׁמִיעוּ | הִשְׁמַעְתִּיךָ, הִשְׁמִיעֲךָ, הִשְׁמִיעָנוּ
אַשְׁמִיעַ, יַשְׁמִעַ, תַּשְׁמִיעוּ, יַשְׁמִיעוּ\יַשְׁמִעוּ | אַשְׁמִיעֲךָ, אֲשְׁמִיעֵם\אֲשְׁמִעֵם, תַּשְׁמִיעֵנִי, יַשְׁמִעֵנִי, יַשְׁמִיעֻנִי
מַשְׁמִיעַ, מַשְׁמִיעִים\מַשְׁמִעִים
הַשְׁמִיעוּ | הַשְׁמִיעֵנִי, הַשְׁמִעֵנִי, הַשְׁמִיעוּהָ, הַשְׁמִיעֻנוּ

The will announce together in a voice of joy. — ישמיעו יחד בקול רנה
Thanksgiving Hymn (1QHa) 19:28–29

[הַשְׁנֵא]\[הַשְׁנֵה] (6) שנא\שנה he changed (v, *haphel*)

And he is changing the times and the seasons. — וְהוּא מְהַשְׁנֵא עִדָּנַיָּא וְזִמְנַיָּא
Daniel 2:21 — דָּנִיֵּאל ב, כא

הַשְׁנֵיָה

יְהַשְׁנֵא
מְהַשְׁנֵא

הִשְׁפִּיל (19) שפל he overthrew, brought low, humiliated (v, *hiph*)

גַּאֲוַת אָדָם תַּשְׁפִּילֶנּוּ — Pride of a man will humiliate him.
מִשְׁלֵי כט, כג — *Proverbs 29:23*

הַשְׁפִּיל | הַשְׁפִּילְךָ
הִשְׁפַּלְתִּי, הִשְׁפִּיל, הִשְׁפִּילוּ
אַשְׁפִּיל, תַּשְׁפִּיל, תַּשְׁפִּילִי, יַשְׁפִּיל | יַשְׁפִּילָהּ, יַשְׁפִּילֶנָּה, תַּשְׁפִּילֶנּוּ
מַשְׁפִּיל, מַשְׁפִּילִי
הַשְׁפִּילוּ | הַשְׁפִּילֵהוּ

היום מועדו להכניע ולהשפ֯יל שר ממשלת רשעה — Today is his appointed time to humble and to humiliate a prince of an evil realm.
War Scroll (1QM) 17:5

הִשְׁקָה (60) שקה he watered, caused to drink, gave drink (v, *hiph*)

הַשְׁקִינִי נָא מְעַט מַיִם — Please give me a drink of a little water.
שׁוֹפְטִים ד, יט — *Judges 4:19*

הַשְׁקוֹת | הַשְׁקֹתוֹ
הִשְׁקֵיתִי, הִשְׁקִיתָ\הִשְׁקִיתָה, הִשְׁקָה, הִשְׁקָתָה, הִשְׁקִינוּ, הִשְׁקוּ | הִשְׁקִיתִים, הִשְׁקִיתָנוּ, הִשְׁקָהּ
אַשְׁקֶה, תַּשְׁקֶה, יַשְׁקֶה\יַשְׁק, תַּשְׁק, נַשְׁקֶה, תַּשְׁקוּ, יַשְׁקוּ, תַּשְׁקֶיןָ | אַשְׁקְךָ, אַשְׁקֶנָּה, תַּשְׁקֵם, תַּשְׁקֵמוֹ,
יַשְׁקֵנִי, תַּשְׁקֵהוּ, נַשְׁקֶנּוּ, יַשְׁקוּנִי, יַשְׁקוּהוּ, יַשְׁקוּם
מַשְׁקֶה (מַשְׁקֵה־)
הַשְׁקוּ | הַשְׁקֵהוּ, הַשְׁקִינִי

הוי משקה רעיהו — Woe to the one who causes his friend to drink.
Habakkuk Pesher (1QpHab) 11:2

[הִשְׁקִיט] (10) שקט he kept peace/quiet, calmed

וְאֶרֶךְ אַפַּיִם יַשְׁקִיט רִיב — And slowness of anger calms a dispute.
מִשְׁלֵי טו, יח — *Proverbs 15:18*

הַשְׁקִיט\הַשְׁקִט\הַשְׁקֵט (הַשְׁקֵט)

יַשְׁקִיט\יַשְׁקִט

הַשְׁקֵט

הִשְׁקִיף (12) שקף he looked down, looked out (v, *hiph*)

God looked down from heaven on sons of man.
Psalm 53:2

אֱלֹהִים מִשָּׁמַיִם הִשְׁקִיף עַל בְּנֵי אָדָם
תְּהִלִּים נג, ג

הִשְׁקִיף

יַשְׁקִיף\יַשְׁקֵף, תַּשְׁקֵף, יַשְׁקִיפוּ\יַשְׁקִפוּ

הַשְׁקִיפָה

he bowed down, worshiped (v, *hishtaphel*) **חוה\שחה** (170) **הִשְׁתַּחֲוָה**

All the earth will bow to you.
Psalm 66:4

כָּל הָאָרֶץ יִשְׁתַּחֲווּ לְךָ
תְּהִלִּים סו, ד

הִשְׁתַּחֲוֹת | הִשְׁתַּחֲוָיָתִי
הִשְׁתַּחֲוֵיתִי, הִשְׁתַּחֲוִיתָ, הִשְׁתַּחֲוָה, הִשְׁתַּחֲוִיתֶם, הִשְׁתַּחֲווּ
אֶשְׁתַּחֲוֶה, תִּשְׁתַּחֲוֶה, יִשְׁתַּחֲוֶה\יִשְׁתַּחוּ\יִשְׁתָּחוּ, תִּשְׁתַּחוּ\תִּשְׁתָּחוּ, נִשְׁתַּחֲוֶה, תִּשְׁתַּחֲוֶה, תִּשְׁתַּחֲווּ, יִשְׁתַּחֲווּ\יִשְׁתַּחֲוֻ,
תִּשְׁתַּחֲוֶין
מִשְׁתַּחֲוֶה, מִשְׁתַּחֲוִים\מִשְׁתַּחֲוִיתֶם
הִשְׁתַּחֲוִי, הִשְׁתַּחֲווּ

And every man will bow to him.
4Q215a f1ii:8

וכול אנש ישתחוו לוֹ

it was found (v, *hithpeel*) **שכח** (9) **הִשְׁתְּכַח**

And any harm* was not found in him.
Daniel 6:23

וְכָל חֲבָל* לָא הִשְׁתְּכַח בֵּהּ
דָּנִיֵּאל ו, כד

הִשְׁתְּכַחַתְּ, הִשְׁתְּכַח, הִשְׁתְּכַחַת

---

he mourned, observed mourning rites (v, *hitp*) **אבל** (19) **הִתְאַבֵּל**

And he mourned over his son many days.
Genesis 37:34

וַיִּתְאַבֵּל עַל בְּנוֹ יָמִים רַבִּים
בְּרֵאשִׁית לז, לד

הִתְאַבֵּל
אֶתְאַבְּלָה, יִתְאַבֵּל\יִתְאַבָּל, תִּתְאַבְּלוּ, יִתְאַבְּלוּ\יִתְאַבָּלוּ
מִתְאַבֵּל, מִתְאַבֶּלֶת, מִתְאַבְּלִים
הִתְאַבְּלִי

How they hoped for your salvation and your perfect ones mourned over you.
11Q5 22:8

כמה קוו לישועתך ויתאבלו עליך תמיד

he craved, desired, wished for (v, *hitp*) | אוה | (15) | הִתְאַוָּה

Woe to ones who wish for the day of the LORD. Why do you have this (wish)?
Amos 5:18

הוֹי הַמִּתְאַוִּים אֶת יוֹם יְהוָה לָמָּה זֶּה לָכֶם
עָמוֹס ה, יח

הִתְאַוֵּיתִי, הִתְאַוָּה, הִתְאַוּוּ
תִּתְאַוֶּה\תִּתְאָו, יִתְאַוֶּה\יִתְאָו, יִתְאַוּוּ
מִתְאַוָּה, מִתְאַוִּים

You poor, do not desire except for your inheritance.
4Q416 f2iii:8

אביון אתה אל תתאו זֿוֿלֿתֿ נחלתכה

he understood, comprehended (v, *hithpolel*) | בין | (22) | [הִתְבּוֹנֵן]\הִתְבּוֹנָן

Israel did not know; my people did not understand.
Isaiah 1:3

יִשְׂרָאֵל לֹא יָדַע עַמִּי לֹא הִתְבּוֹנָן
יְשַׁעְיָהוּ א, ג

הִתְבּוֹנַנְתָּ\הִתְבֹּנַנְתָּ, הִתְבּוֹנָן, הִתְבּוֹנָנוּ
אֶתְבּוֹנֵן\אֶתְבּוֹנָן, תִּתְבֹּנֵן, יִתְבּוֹנָן, תִּתְבּוֹנְנוּ\תִּתְבֹּנָנוּ, יִתְבּוֹנְנוּ\יִתְבּוֹנָנוּ

הִתְבּוֹנֵן, הִתְבּוֹנְנוּ

And all will not understand [your wis]dom.
Thanksgiving Hymn (1QHa) 18:4

ולא יתבונן כול בחוכֿ[מתכה]

it was built (v, *hithpeel*) | בנה | (7) | [הִתְבְּנֵה]\[הִתְבְּנֵא]

And that city will not be built.
Ezra 4:21

וְקִרְיְתָא דָךְ לָא תִתְבְּנֵא
עֶזְרָא ד, כא

יִתְבְּנֵא, תִּתְבְּנֵא
מִתְבְּנֵא

And a great temple of the [ki]ng[do]m will be built.
4Q212 f1iv:18

ויתבנא היכל [מ]לֿ[כ]ות רבא

he challenged, engaged [in war] (v, *hitp*) | גרה | (11) | [הִתְגָּרָה]

You should not engage them because I will not give to you from their land.
Deuteronomy 2:5

אַל תִּתְגָּרוּ בָם כִּי לֹא אֶתֵּן לָכֶם מֵאַרְצָם
דְּבָרִים ב, ה

הִתְגָּרִית
תִּתְגָּרֶה\תִּתְגָּר, יִתְגָּרֶה\יִתְגָּרֶו, תִּתְגָּרוּ, יִתְגָּרוּ

הִתְגָּר

הִתְהַלֵּךְ (64) הלך he walked about, wandered, patrolled (v, *hitp*)

יְהוָה אֱלֹהֶיךָ מִתְהַלֵּךְ בְּקֶרֶב מַחֲנֶךָ
The LORD, your God, is walking about in the midst of your camp.
דְּבָרִים כג, טו
Deuteronomy 23:14

הִתְהַלֵּךְ | הִתְהַלֶּכְךָ
הִתְהַלַּכְתִּי\הִתְהַלָּכְתִּי, הִתְהַלָּכְתָּ, הִתְהַלֵּךְ, הִתְהַלַּכְנוּ, הִתְהַלְּכוּ
אֶתְהַלֵּךְ\אֶתְהַלְּכָה, יִתְהַלֵּךְ\יִתְהַלֵּךְ\יִתְהַלָּךְ, יִתְהַלְּכוּ\יִתְהַלָּכוּ,יִתְהַלָּכוּן, תִּתְהַלַּכְנָה
מִתְהַלֵּךְ, מִתְהַלֶּכֶת, מִתְהַלְּכִים
הִתְהַלֵּךְ, הִתְהַלְּכוּ

ובדרכי חושך יתהלכו
And in paths of darkness they will wander.
Community Rule (1QS) 3:21

[הִתְהַלֵּל] (23) הלל he boasted, was praised (v, *hitp*)

בַּיהוָה יִצְדְּקוּ וְיִתְהַלְלוּ כָּל זֶרַע יִשְׂרָאֵל
In the LORD, all the seed of Israel (offspring) will be justified and boast.
יְשַׁעְיָהוּ מה, כה
Isaiah 45:25

הִתְהַלֵּל

תִּתְהַלֵּל\תִּתְהַלָּל, תִּתְהַלְלִי, יִתְהַלֵּל\יִתְהַלָּל, תִּתְהַלֵּל\תִּתְהַלָּל, יִתְהַלְלוּ\יִתְהַלָּלוּ
מִתְהַלֵּל, מִתְהַלְלִים
הִתְהַלְלוּ

ונתהלל בגברתך כי אין חקר
And we will boast in your strength because it is unsearchable.
4Q381 f33ab+35:3

הִתְוַדָּה (11) ידה he confessed, gave thanks (v, *hitp*)

וַיַּעַמְדוּ וַיִּתְוַדּוּ עַל חַטֹּאתֵיהֶם
And they stood and confessed concerning their sins.
נְחֶמְיָה ט, ב
Nehemiah 9:2

--- | הִתְוַדֹּתוֹ
הִתְוַדָּה, הִתְוַדּוּ
אֶתְוַדֶּה, יִתְוַדּוּ
מִתְוַדֶּה, מִתְוַדִּים

And they will listen to the voice of the teacher and confess before God.
Damascus Document (CD) 20:28

וישמעו לקול מורה ויתודו לפני אל

he hid himself (v, *hitp*) **חבא** (10) **[הִתְחַבֵּא]**

And the man and his wife hid themselves from before the LORD God.
Genesis 3:8

וַיִּתְחַבֵּא הָאָדָם וְאִשְׁתּוֹ מִפְּנֵי יְהוָה אֱלֹהִים

בְּרֵאשִׁית ג, ח

הִתְחַבְּאוּ
יִתְחַבֵּא, יִתְחַבְּאוּ\יִתְחַבָּאוּ
מִתְחַבֵּא, מִתְחַבְּאִים
---

he strengthened himself, took courage (v, *hitp*) **חזק** (27) **[הִתְחַזֵּק]**

And Solomon, son of David, strengthened himself over his kingdom.
2 Chronicles 1:1

וַיִּתְחַזֵּק שְׁלֹמֹה בֶן דָּוִיד עַל מַלְכוּתוֹ

דִּבְרֵי הַיָּמִים ב א, א

הִתְחַזֵּק
הִתְחַזַּקְתִּי, הִתְחַזַּק, הִתְחַזַּקְתֶּם
יִתְחַזֵּק\יִתְחַזֵּק, נִתְחַזֵּק\נִתְחַזְּקָה, יִתְחַזָּקוּ
מִתְחַזֵּק, מִתְחַזְּקִים
הִתְחַזֵּק, הִתְחַזְּקוּ

How will I strengthen myself unless you cause me to stand?
Thanksgiving Hymn (1QHa) 18:8

מה אתחזק בלא העמדתני

he sought favor, compassion (v, *hitp*) **חנן** (17) **הִתְחַנֵּן**

And she fell before his feet, wept, and sought his favor.
Esther 8:3

וַתִּפֹּל לִפְנֵי רַגְלָיו וַתֵּבְךְּ וַתִּתְחַנֶּן לוֹ

אֶסְתֵּר ח, ג

הִתְחַנֵּן | הִתְחַנְּנוּ
הִתְחַנַּנְתִּי, הִתְחַנַּנְתָּה, הִתְחַנַּנּוּ
אֶתְחַנֵּן\אֶתְחַנַּן\אֶתְחַנָּן, תִּתְחַנָּן, יִתְחַנֵּן\יִתְחַנֶּן, תִּתְחַנֵּן

And seek favor at all time [lit., from end to end].
Thanksgiving Hymn (1QHa) 20:7

והתחנן תמיד מקץ לקץ

he intermarried, was a son-in-law (v, *hitp*) **חתן** (11) **[הִתְחַתֵּן]**

וְלֹא תִתְחַתֵּן בָּם בִּתְּךָ לֹא תִתֵּן לִבְנוֹ

And do not intermarry with them; do not give your daughter to his son.
Deuteronomy 7:3

דְּבָרִים ז, ג

הִתְחַתֵּן
הִתְחַתַּנְתֶּם
תִּתְחַתֵּן, יִתְחַתֵּן

הִתְחַתֵּן, הִתְחַתְּנוּ

he answered, returned (v, *h/aphel*)	תוב	(5)	הֲתִיב

בֵּאדַיִן דָּנִיֵּאל הֲתִיב
דָּנִיֵּאל ב, יד

Then Daniel answered.
Daniel 2:14

--- | הֲתָבוּתָךְ
הֲתִיב | הֲתִיבוּנָא
יְתִיבוּן\יְהֲתִיבוּן

ולא תהתיבנה לביתי

And you did not return it to my house.
TAD D23 1:15

חדה מללת ולא אתיב

One thing I said and I will not answer.
11Q10 37:5

it was given (v, *hithpeel*)	יהב	(7)	[הִתְיְהֵב]

וּלְבַב חֵיוָה יִתְיְהִב לֵהּ
דָּנִיֵּאל ד, יג

And a heart of an animal will be given to him.
Daniel 4:16

יִתְיְהִב, תִּתְיְהִב, יִתְיַהֲבוּן
מִתְיְהֵב\מִתְיַהֲבָא, מִתְיַהֲבִין
---

he was registered, listed in genealogy (v, *hitp*)	יחש	(20)	הִתְיַחֵשׂ

כֻּלָּם הִתְיַחְשׂוּ בִּימֵי יוֹתָם מֶלֶךְ יְהוּדָה

All of them were registered in the days of Jotham, king of Judah.
1 Chronicles 5:17

דִּבְרֵי הַיָּמִים א ה, יז

הִתְיַחֵשׂ | הִתְיַחֲשָׂם
הִתְיַחֲשׂוּ

מִתְיַחֲשִׂים
---

he stood, presented/stationed himself (v, *hitp*) יצב (48) [הִתְיַצֵּב]

And the LORD descended in a cloud and stood with him there.
Exodus 34:5

וַיֵּרֶד יְהוָה בֶּעָנָן וַיִּתְיַצֵּב עִמּוֹ שָׁם
שְׁמוֹת לד, ה

הִתְיַצֵּב
הִתְיַצְּבוּ
אֶתְיַצְּבָה, תִּתְיַצֵּב, יִתְיַצֵּב\יִתְיַצַּב\יִתְיַצָּב, תֵּתַצַּב, יִתְיַצְּבוּ

הִתְיַצֵּב\ הִתְיַצָּבָה, הִתְיַצְּבוּ\הִתְיַצְּבוּ

These will station themselves at the burnt offerings.
War Scroll (1QM) 2:5

אלה יתיצבו על העולות

he prophesied, raved (v, *hitp*) נבא (28) [הִתְנַבֵּא]

And also a man was prophesying in the name of the LORD.
Jeremiah 26:20

וְגַם אִישׁ הָיָה מִתְנַבֵּא בְּשֵׁם יְהוָה
יִרְמְיָהוּ כו, כ

הִתְנַבּוֹת
הִנַּבֵּאתִי, הִתְנַבִּיתָ, הִנַּבְּאוּ
יִתְנַבֵּא, יִתְנַבְּאוּ
מִתְנַבֵּא, מִתְנַבְּאִים, מִתְנַבְּאוֹת
---

he volunteered, contributed freely (v, *hitp*) נדב (14) [הִתְנַדֵּב]

And the people blessed all the men who volunteered to live in Jerusalem.
Nehemiah 11:2

וַיְבָרֲכוּ הָעָם לְכֹל הָאֲנָשִׁים הַמִּתְנַדְּבִים לָשֶׁבֶת בִּירוּשָׁלִָם
נְחֶמְיָה יא, ב

הִתְנַדֵּב\הִתְנַדֵּב | הִתְנַדְּבָם
הִתְנַדַּבְתִּי, הִתְנַדְּבוּ
יִתְנַדְּבוּ
מִתְנַדֵּב, מִתְנַדְּבִים

He will enter in the covenant of God before the eyes of all those who volunteer.
Community Rule (1QS) 5:8

יבוא בברית אל לעיני כול המתנדבים

he exalted himself, raised (v, *hitp*) נשא (10) הִתְנַשֵּׂא

And why do you exalt yourselves over the assembly of the LORD?
Numbers 16:3

וּמַדּוּעַ תִּתְנַשְּׂאוּ עַל קְהַל יְהוָה
בְּמִדְבַּר טז, ג

הִתְנַשֵּׂא

יִתְנַשֵּׂא\יִנַּשֵּׂא, תִּתְנַשֵּׂא\תִּנַּשֵּׂא, תִּתְנַשְּׂאוּ, יִנַּשְּׂאוּ
מִתְנַשֵּׂא
---

it was done (v, *hithpeel*)	עבד	(9)	[הִתְעֲבֵד]

And that work diligently is being done. — וַעֲבִידְתָּא דָךְ אָסְפַּרְנָא מִתְעַבְדָא
Ezra 5:8 — עֶזְרָא ה, ח

יִתְעֲבֵד\יִתְעֲבֵד, תִּתְעַבְדוּן
מִתְעֲבֵד\מִתְעַבְדָא (מִתְעֲבֵד־)
---

he prayed, interceded (v, *hitp*)	פלל	(80)	הִתְפַּלֵּל

Your servant is praying before you. — עַבְדְּךָ מִתְפַּלֵּל לְפָנֶיךָ
2 Chronicles 6:19 — דִּבְרֵי הַיָּמִים ב ו, יט

הִתְפַּלֵּל | הִתְפַּלְלוּ
הִתְפַּלַּלְתִּי\הִתְפַּלָּלְתִּי, הִתְפַּלַּלְתָּ, הִתְפַּלֵּל, הִתְפַּלַּלְתֶּם, הִתְפַּלְלוּ
אֶתְפַּלֵּל\אֶתְפַּלָּל\אֶתְפַּלְלָה, תִּתְפַּלֵּל, יִתְפַּלֵּל\יִתְפַּלָּל ,נִתְפַּלֵּל, יִתְפַּלְלוּ\יִתְפַּלָּלוּ
מִתְפַּלֵּל מִתְפַּלְלִים
הִתְפַּלֵּל, הִתְפַּלְלוּ

And I prayed before the LORD forty days. — ואתפלל לפני יהוה ארבעים [יום
4Q364 f26bii+e:2

he consecrated himself, set apart (v, *hitp*)	קדש	(24)	[הִתְקַדֵּשׁ]

And consecrate yourselves and be holy, for I am the LORD your God. — וְהִתְקַדִּשְׁתֶּם וִהְיִיתֶם קְדֹשִׁים כִּי אֲנִי יְהוָה אֱלֹהֵיכֶם
Leviticus 20:7 — וַיִּקְרָא כ, ז

הִתְקַדֵּשׁ\הִתְקַדֶּשׁ
הִתְקַדִּשְׁתִּי, הִתְקַדִּשְׁתֶּם, הִתְקַדְּשׁוּ\הִתְקַדָּשׁוּ
יִתְקַדְּשׁוּ\יִתְקַדָּשׁוּ
מִתְקַדֶּשֶׁת, מִתְקַדְּשִׁים
הִתְקַדְּשׁוּ\הִתְקַדָּשׁוּ

And he will not consecrate himself with seas and rivers. — ולוא יתקדש בימים ונהרות
Community Rule (1QS) 3:4–5

he was thrown, cast (v, *hithpeel*)	רמא\רמה	(5)	[הִתְרְמֵא]\[הִתְרְמֵה]

175 [הִתְרְמֵא]\[הִתְרְמֵה]

יִתְרְמֵא לְגוֹא אַתּוּן נוּרָא

He will be thrown to the midst of the furnace of fire.

דָּנִיֵּאל ג, יא

Daniel 3:11

יִתְרְמֵא, תִּתְרְמוֹן

---

٦ / 𐤅

and, but, also, even, then, or, etc. (conj)	---	(50,990?)	וְ

But Noah found favor in the LORD's eyes. — וְנֹחַ מָצָא חֵן בְּעֵינֵי יְהוָה

Genesis 6:8 — בְּרֵאשִׁית ו, ח

and, but, also, even, then, or, etc. (conj)	---	(730)	וְ

The gods who did not make the heaven and earth will perish. — אֱלָהַיָּא דִּי שְׁמַיָּא וְאַרְקָא לָא עֲבַדוּ יֵאבַדוּ

Jeremiah 10:11 — יִרְמְיָהוּ י, יא

hook (nm)	---	(13)	[וָו]

He made hooks for the pillars. — עָשָׂה וָוִים לָעַמּוּדִים

Exodus 38:28 — שְׁמוֹת לח, כח

וָוִים

וָוֵי־: וָוֵיהֶם

Vashti (np)	---	(10)	וַשְׁתִּי

But the queen, Vashti, refused to come. — וַתְּמָאֵן הַמַּלְכָּה וַשְׁתִּי לָבוֹא

Esther 1:12 — אֶסְתֵּר א, יב

ז / ב

this (dem/rel pron f) --- (603?) זֹאת

Cursed is the man who does not listen to the words of this covenant.
Jeremiah 11:3

אָרוּר הָאִישׁ אֲשֶׁר לֹא יִשְׁמַע אֶת דִּבְרֵי הַבְּרִית הַזֹּאת
יִרְמְיָהוּ יא, ג

it flowed, discharged (v, *qal*) זוב (42) [זָב]

He struck a rock and water flowed.
Psalm 78:20

הִכָּה צוּר וַיָּזוּבוּ מַיִם
תְּהִלִּים עח, כ

תָּזוּב, יָזוּב, יָזוּבוּ\יָזֻבוּ
זָב, זָבָה (זָבַת־)

(It is) a land flowing of milk and honey.
3Q378 f11:6

ארץ זבת חלב ודבשׁ

Zebulun (np, person and tribe) זבל (45) [זְבוּלוּן]\זְבֻלוּן\זְבוּלֻן

And to Zebulun he said, "Rejoice Zebulun when you depart."
Deuteronomy 33:18

וְלִזְבוּלֻן אָמַר שְׂמַח זְבוּלֻן בְּצֵאתֶךָ
דְּבָרִים לג, יח

he slaughtered, sacrificed (v, *qal*) זבח (112) זָבַח

And they sacrificed their sons and daughters.
Psalm 106:37

וַיִּזְבְּחוּ אֶת בְּנֵיהֶם וְאֶת בְּנוֹתֵיהֶם
תְּהִלִּים קו, לז

זְבֹחַ\זְבֹּחַ\זָבוֹחַ | זָבְחוּ
זָבַחְתִּי, זָבַחְתָּ, זָבַח, זָבַחְנוּ, זְבַחְתֶּם, זָבְחוּ
אֶזְבַּח\אֶזְבְּחָה, תִּזְבַּח, יִזְבַּח, נִזְבַּח\נִזְבְּחָה, תִּזְבְּחוּ\תִּזְבָּחוּ, יִזְבְּחוּ\יִזְבָּחוּ | תִּזְבָּחֶנּוּ, תִּזְבָּחִים, יִזְבָּחֵהוּ,
תִּזְבָּחֻהוּ, תִּזְבָּחֻהוּ
זֹבֵחַ\זוֹבֵחַ, זֹבְחִים (זֹבְחֵי)
זְבַח, זִבְחוּ

In my sanctuary you will sacrifice it.
11Q19 47:16

במקדשי תזבחוהו

he sacrificed (v, *piel*) זבח (22) זִבַּח

The people are sacrificing and making offerings on the high places.
2 Kings 15:4

הָעָם מְזַבְּחִים וּמְקַטְּרִים בַּבָּמוֹת
מְלָכִים ב טו, ד

זָבַח
זָבַח, זָבְחוּ\זָבֵ֫חוּ
אֶזְבַּח, יִזְבַּח, יִזְבְּ֫חוּ
מְזַבֵּחַ, מְזַבְּחִים, מְזַבְּחוֹת

He will sacrifice to his net*. — יזבח לחרמו*
Habakkuk Pesher (1QpHab) 6:2

sacrifice (nm) — זבח (162) — זֶ֫בַח

And Jacob sacrificed a sacrifice on the hill. — וַיִּזְבַּח יַעֲקֹב זֶבַח בָּהָר
Genesis 31:54 — בְּרֵאשִׁית לא, נד

זְבָחִים
זֶבַח־: זִבְחִי, זִבְחוֹ ,זִבְחֲכֶם
זִבְחֵי־: זְבָחֶיךָ, זְבָחֵינוּ, זִבְחֵיכֶם, זִבְחֵיהֶם\זְבָחֵימוֹ\זִבְחוֹתָם

And the sacrifice of peace you will not eat. — וזבח שלמים לוא תואכל
11Q19 63:15

Zebah (np) — זבח (12) — זֶ֫בַח

And I am pursuing after Zebah and Zalmunna, kings of Midian. — וְאָנֹכִי רֹדֵף אַחֲרֵי זֶבַח וְצַלְמֻנָּע מַלְכֵי מִדְיָן
Judges 8:5 — שׁוֹפְטִים ח, ה

arrogant, proud (adj) — זיד (13) — זֵד

God, arrogant ones rose against me, and a congregation of ruthless ones sought my life. — אֱלֹהִים זֵדִים קָמוּ עָלַי וַעֲדַת עָרִיצִים בִּקְשׁוּ נַפְשִׁי
Psalm 86:14 — תְּהִלִּים פו, יד

זֵד | --- | זֵדִים | ---

pride (nm) — זיד (11) — זָדוֹן

When pride comes then disgrace will come. — בָּא זָדוֹן וַיָּבֹא קָלוֹן
Proverbs 11:2 — מִשְׁלֵי יא, ב

זְדוֹן־: זְדֹנְךָ
---

this (dem/rel pron m) — --- (1177) — זֶה

This is the day the LORD made; let us rejoice and be glad in it/him. — זֶה הַיּוֹם עָשָׂה יְהוָה נָגִילָה וְנִשְׂמְחָה בוֹ
Psalm 118:24 — תְּהִלִּים קיח, כד

And this is the sign for them. — וזה להם האות
4Q387 f2iii:5

this (dem pron f) --- (11) זה

Also this I saw as wisdom under the sun. — גַּם זֹה רָאִיתִי חָכְמָה תַּחַת הַשָּׁמֶשׁ
Ecclesiastes 9:13 — קֹהֶלֶת ט, יג

gold (nm) זהב (389?) זָהָב

Better to me is the law of your mouth than thousands of pieces of gold and silver. — טוֹב לִי תוֹרַת פִּיךָ מֵאַלְפֵי זָהָב וָכָסֶף
Psalm 119:72 — תְּהִילִּים קיט, עב

זְהַב־: זְהָבִי, זְהָבְךָ, זְהָבוֹ, זְהָבָם
---

this, which (dem/rel pron com) --- (15) זוּ

Cause me to know a path which I should walk because to you I lifted my soul. — הוֹדִיעֵנִי דֶּרֶךְ זוּ אֵלֵךְ כִּי אֵלֶיךָ נָשָׂאתִי נַפְשִׁי
Psalm 143:8 — תְּהִילִּים קמג, ח

discharge (nm) זוב (13) זוֹב

And if she is clean from her discharge, and she counted for herself seven days, then after she will be clean. — וְאִם טָהֲרָה מִזּוֹבָהּ וְסָפְרָה לָּהּ שִׁבְעַת יָמִים וְאַחַר תִּטְהָר
Leviticus 15:28 — וַיִּקְרָא טו, כח

---: זוֹבוֹ, זוֹבָהּ\זֹבָהּ
---

except, only (preposition) זול (16) [זוּלָה]

There is none like you and there is no God except you. — אֵין כָּמוֹךָ וְאֵין אֱלֹהִים זוּלָתֶךָ
2 Samuel 7:22 — שְׁמוּאֵל ב ז, כב

זוּלַת־\זוּלָתִי־: זוּלָתִי, זוּלָתְךָ\זוּלָתֶךָ, זוּלָתָהּ

prostitute (nf) זנה (34) זוֹנָה\זֹנָה

And they went and entered a house of a woman, a prostitute. — וַיֵּלְכוּ וַיָּבֹאוּ בֵּית אִשָּׁה זוֹנָה
Joshua 2:1 — יְהוֹשֻׁעַ ב, א

זוֹנוֹת\זֹנוֹת

---

splendor, countenance (nm) זיו (6) **[זִיו]**

And his countenance is changing on him. וְזִיוֹהִי שָׁנַיִן עֲלוֹהִי
Daniel 5:9 דָּנִיֵּאל ה, ט

---: זְוַי זִיוֵהּ
---: זִיוַי, זִיוָיךְ,זִיוֹהִי

olive, olive tree (nm) זית (38) **זַיִת\זָיִת**

Olive trees you will have in all your borders. זֵיתִים יִהְיוּ לְךָ בְּכָל גְּבוּלֶךָ
Deuteronomy 28:40 דְּבָרִים כח, מ

זֵיתִים
זֵית־: זֵיתְךָ\זֵיתֶךָ
---: זֵיתֵיכֶם, זֵיתֵיהֶם

And a plucked* leaf of olive was in its mouth. ועלי זית טרף* בפיה
4Q252 1:16

pure (adj) זכך (11) **זַךְ\זָךְ**

And they will take for you pure olive oil. וְיִקְחוּ אֵלֶיךָ שֶׁמֶן זַיִת זָךְ
Exodus 27:20 שְׁמוֹת כז, כ

זַךְ\זָךְ | זַכָּה | --- | ---

Zaccur (np) זכר (10) **זַכּוּר**

The third (lot): Zaccur, his sons, and his brothers, twelve. הַשְּׁלִשִׁי זַכּוּר בָּנָיו וְאֶחָיו שְׁנֵים עָשָׂר
1 Chronicles 25:10 דִּבְרֵי הַיָּמִים א כה, י

he remembered (v, *qal*) זכר (172) **זָכַר**

Remember the law of Moses, my servant. זִכְרוּ תּוֹרַת מֹשֶׁה עַבְדִּי
Malachi 4:4 מַלְאָכִי ג, כב

זְכֹר (זָכוֹר\זָכֹר) | זָכְרֵנוּ
זָכַרְתִּי\זָכָרְתִּי, זָכַרְתָּ, זָכַרְתְּ\זָכָרְתְּ\זָכַרְתִּי, זָכַר\זָכָר, זָכְרָה, זָכַרְנוּ, זְכַרְתֶּם, זָכְרוּ\זָכָרוּ | זְכַרְתִּיךָ,
זְכַרְתַּנִי, זְכַרְתָּם, זְכָרָנוּ
אֶזְכֹּר\אֶזְכָּר\אֶזְכְּרָה\אֶזְכִּיר, תִּזְכֹּר\תִּזְכּוֹר\תִּזְכָּר, תִּזְכְּרִי, יִזְכֹּר\יִזְכּוֹר\יִזְכָּר, תִּזְכְּרוּ, תִּזְכּוֹר, יִזְכְּרוּ |
אֶזְכָּרְךָ, אֶזְכְּרֵכִי, אֶזְכְּרֶנּוּ, תִּזְכְּרֶנּוּ, תִּזְכְּרֵנִי, תִּזְכְּרֵנִי, יִזְכְּרֶהָ, יִזְכְּרוּנִי, יִזְכְּרוּךָ
--- (זִכְרֵי־) | --- | זָכוּר
זְכֹר\זְכוֹר\זָכְרָה, זִכְרוּ\זְכֹרוּ | זָכְרֵנִי

My lord remembered his [ser]vant. זכר אדני את ע[ב]דה
Lachish 2:4–5

I remembered you my Lord. — אותך אדוני זכרתי
4Q437 f2i:14

male (nm)	זכר	(82)	זָכָר

Male and female he created them, and he blessed them. — זָכָר וּנְקֵבָה בְּרָאָם וַיְבָרֶךְ אֹתָם
Genesis 5:2 — בְּרֵאשִׁית ה, ב

זְכָרִים

---

memory, remembrance, memorial (nm)	זכר	(23)	זֵכֶר

O LORD, your name is eternal; O LORD, your remembrance to every generation. — יְהוָה שִׁמְךָ לְעוֹלָם יְהוָה זִכְרְךָ לְדֹר וָדֹר
Psalm 135:13 — תְּהִלִּים קלה, יג

זֵכֶר־: זִכְרִי, זִכְרְךָ\זִכְרֶךָ, זִכְרוֹ,זִכְרָם
---

remembrance, memorial (nm)	זכר	(24)	זִכָּרוֹן\זִכָּרֹן

And the LORD said to Moses, "Write this as a remembrance in the book and put in Joshua's ears. — וַיֹּאמֶר יְהוָה אֶל מֹשֶׁה כְּתֹב זֹאת זִכָּרוֹן בַּסֵּפֶר וְשִׂים בְּאָזְנֵי יְהוֹשֻׁעַ
Exodus 17:14 — שְׁמוֹת יז, יד

זִכְרֹנֹת
---: זִכְרוֹנֵךְ
---: זִכְרֹנֵיכֶם

Zichri (np)	זכר	(12)	זִכְרִי

And Joel, son of Zichri, was their overseer. — וְיוֹאֵל בֶּן זִכְרִי פָּקִיד עֲלֵיהֶם
Nehemiah 11:9 — נְחֶמְיָה יא, ט

Zechariah (np)	זכר\יהוה	(41)	זְכַרְיָה\זְכַרְיָהוּ

Zechariah son of Jeroboam ruled over Israel in Samaria. — מָלַךְ זְכַרְיָהוּ בֶן יָרָבְעָם עַל יִשְׂרָאֵל בְּשֹׁמְרוֹן
2 Kings 15:8 — מְלָכִים ב טו, ח

evil plan, depravity, wickedness (nf)	זמם	(29)	זִמָּה

The pursuers of wickedness approached; from your law they were distant. — קָרְבוּ רֹדְפֵי זִמָּה מִתּוֹרָתְךָ רָחָקוּ
Psalm 119:150 — תְּהִלִּים קיט, קנ

זִמּוֹת
זִמַּת־: זִמָּתֵךְ, זִמַּתְכֶנָה

---: זַמֹּתִי

he devised, considered, plotted evil (v, *qal*)	זמם	(13)	זָמַם

She considered a field and bought it. — זָמְמָה שָׂדֶה וַתִּקָּחֵהוּ
Proverbs 31:16 — מִשְׁלֵי לא, טז

זָמַמְתִּי\זַמֹּתִי, זַמּוֹתָ, זָמַם\זָמָם, זָמְמָה, זָמָ֫מוּ
יָזְמוּ
זֹמֵם

They will devise to destroy the doers of the Law. — יזומו לכלות את עושי התורה
4Q171 f1_2ii:14

time (nm)	זמן	(11)	זְמַן\זִמְנָא

Time will be given to him. — זְמָן יִנְתֶּן לֵהּ
Daniel 2:16 — דָּנִיֵּאל ב, טז

זִמְנִין\זִמְנַיָּא

---

he sang praise, sang (v, *piel*)	זמר	(45)	זִמֵּר

I will sing to the Lord, the God of Israel. — אֲזַמֵּר לַיהוָה אֱלֹהֵי יִשְׂרָאֵל
Judges 5:3 — שׁוֹפְטִים ה, ג

זַמֵּר\זַמְּרָה

אֲזַמֵּר\אֲזַמְּרָה\אֲזַמֵּ֫רָה, נְזַמְּרָה, יְזַמְּרוּ | אֲזַמֶּרְךָּ\אֲזַמְּרֶ֫ךָּ, יְזַמֶּרְךָ

זַמְּרוּ\זַמֵּ֫רוּ

Sing praise to the God of might! — זמרו לאלוהי עז
4Q403 f1i:39

Zimri (np)	זמר\יהוה	(14)	זִמְרִי

And Zimri destroyed the entire house of Baasha. — וַיַּשְׁמֵד זִמְרִי אֵת כָּל בֵּית בַּעְשָׁא
1 Kings 16:12 — מְלָכִים א טז, יב

tail (ms)	זנב	(11)	זָנָב

And the Lord said to Moses, "Send your hand and seize by its tail." — וַיֹּאמֶר יְהוָה אֶל מֹשֶׁה שְׁלַח יָדְךָ וֶאֱחֹז בִּזְנָבוֹ
Exodus 4:4 — שְׁמוֹת ד, ד

זְנָבוֹת
---: זְנָבוֹ
זַנְבוֹת־: ---

זָנָה	(50)	זנה	he was unfaithful, was a prostitute (v, *qal*)

זָנוּ אַחֲרֵי אֱלֹהִים אֲחֵרִים וַיִּשְׁתַּחֲווּ לָהֶם
שׁוֹפְטִים ב, יז

They were unfaithful after other gods, and they bowed to them.
Judges 2:17

זְנוֹת\זְנֹת (זָנֹה) | זְנוֹתֵךְ
זָנִיתָ, זָנִית, זָנָה, זָנְתָה, זָנוּ
תִּזְנִי, תִּזְנֶה\תִּזְנִי\תִּזֶן, יִזְנוּ\יִזְנֶה, תִּזְנֶינָה | תִּזְנִים
זוֹנֶה\זֹנֶה, זֹנִים, זֹנוֹת

לוא זנו אחר עיניהם

They were not unfaithful after their eyes.
Habakkuk Pesher (1QpHab) 5:7

זְנוּנִים	(12)	זנה	sexual immorality, prostitution (nm, pl)

רוּחַ זְנוּנִים בְּקִרְבָּם וְאֶת יְהוָה לֹא יָדָעוּ
הוֹשֵׁעַ ה, ד

A spirit of prostitution is among them, and the LORD they do not know.
Hosea 5:4

זְנוּנִים

זְנוּנֵי־: זְנוּנַיִךְ, זְנוּנֶיהָ

זָנַח	(16)	זנח	he rejected (v, *qal*)

לֹא זְנַחְתִּים
זְכַרְיָה י, ו

I did not reject them.
Zechariah 10:6

זָנַחְתָּ, זָנַח | זְנַחְתִּים, זְנַחְתָּנִי, זְנַחְתָּנוּ
תִּזְנַח, יִזְנַח, תִּזְנַח

זָעַם	(11)	זעם	he cursed, was angry, was indignant (v, *qal*)

וְאֵל זֹעֵם בְּכָל יוֹם
תְּהִילִּים ז, יב

And God is angry every day.
Psalm 7:11

זָעַמְתָּה, זָעַם
אֶזְעֹם | יִזְעָמוּהוּ
זֹעֵם | --- | זְעוּם, זְעוּמָה
זָעֳמָה

And cursed are all the sons of Beli[al.] | וזעומים כול בני בלי[על]
4Q286 f7ii:5

indignation, curse (nm) זעם (22) **זַעַם**

Before your indignation who will stand and who will arise in his burning anger? | לִפְנֵי זַעְמוֹ מִי יַעֲמוֹד וּמִי יָקוּם בַּחֲרוֹן אַפּוֹ
Nahum 1:6 | נַחוּם א, ו

זַעַם־: זַעְמִי, זַעַמְךָ, זַעְמֵךְ, זַעְמוֹ
---

he cried out, called for help, summoned (v, *qal*) זעק (60) **זָעַק**

Then they will cry out to the LORD, but he will not answer them. | אָז יִזְעֲקוּ אֶל יְהוָה וְלֹא יַעֲנֶה אוֹתָם
Micah 3:4 | מִיכָה ג, ד

זְעֹק | זַעֲקֵךְ, זַעֲקֵךְ
זָעַקְתִּי, זָעָקָה, זְעַקְתֶּם, זָעֲקוּ
אֶזְעַק, תִּזְעַק, יִזְעַק\יִזְעָק, תִּזְעַק\תִּזְעָק, נִזְעַק, יִזְעֲקוּ\יִזְעָקוּ | יִזְעָקוּךְ

זְעַק, זַעֲקִי, זַעֲקוּ\זְעָקוּ

To whom shall I cry and he will give to me? | למי אזעקה ויתן לי
11Q5 24:14

cry for help, outcry (nf) זעק (18) **זְעָקָה**

Let a cry be heard from their houses. | תִּשְׁמַע זְעָקָה מִבָּתֵּיהֶם
Jeremiah 18:22 | יִרְמְיָהוּ יח, כב

זַעֲקַת־: זַעֲקָתִי, זַעֲקָתָם
---

he was old (v, *qal*) זקן (25) **זָקֵן**

I am old and did not know the day of my death. | זָקַנְתִּי לֹא יָדַעְתִּי יוֹם מוֹתִי
Genesis 27:2 | בְּרֵאשִׁית כז, ב

זָקַנְתִּי, זָקַנְתָּ\זָקַנְתָּה, זָקֵן, זָקְנָה
יִזְקַן
זָקֵן

And also I became old and had not [seen a righteous one]. — וגם זקנתי ולוא [ראיתי צדיק]
4Q171 f1+3_4iii:17

old (adj) זקן (178) **זָקֵן**

And Job died old and full of days. — וַיָּמָת אִיּוֹב זָקֵן וּשְׂבַע יָמִים
Job 42:17 — אִיּוֹב מב, יז

זָקֵן (זְקַן־) |--- | זְקֵנִים (זִקְנֵי־) | זְקֵנוֹת
זְקֵנַי, זְקֵנֶיךָ, זְקֵנָיו, זְקֵנֶיהָ, זְקֵינֵינוּ, זְקֵנֵינוּ, זִקְנֵיכֶם

And take with you from the elders of the congregation. — וקח אתכה מזקני העדה
4Q365 f7i:4

beard (nm and nf) זקן (19) **זָקָן**

And I seized its beard, struck it, and killed it. — וְהֶחֱזַקְתִּי בִּזְקָנוֹ וְהִכִּתִיו וַהֲמִיתִּיו
1 Samuel 17:35 — שְׁמוּאֵל א יז, לה

זְקַן: זְקָנִי, זְקָנֶךָ, זְקָנוֹ, זְקַנְכֶם, זְקָנָם
---

strange, foreign, unacceptable (adj) זור (70) **זָר**

You shall not offer on it an unacceptable incense. — לֹא תַעֲלוּ עָלָיו קְטֹרֶת זָרָה
Exodus 30:9 — שְׁמוֹת ל, ט

זָר | זָרָה | זרים | זָרוֹת
זָרַיִךְ

Do not give to foreign ones our inheritance. — אל תתן לזרים נחלתנו
4Q501 f1:1

molding (nm) זור (10) **זֵר**

And two rings of gold you will make for it under its molding. — וּשְׁתֵּי טַבְּעֹת זָהָב תַּעֲשֶׂה לּוֹ מִתַּחַת לְזֵרוֹ
Exodus 30:4 — שְׁמוֹת ל, ד

זֵר־: זֵרוֹ

Zerubbabel (np) זרע\בבל (21) **זְרֻבָּבֶל**

The hands of Zerubbabel established this house. — יְדֵי זְרֻבָּבֶל יִסְּדוּ הַבַּיִת הַזֶּה
Zechariah 4:9 — זְכַרְיָה ד, ט

זְרוֹעַ\זְרֹעַ (91) זרע arm, forearm, strength (nm and nf)

You redeemed your people with strength.
Psalm 77:15
גָּאַלְתָּ בִּזְרוֹעַ עַמֶּךָ
תְּהִלִּים עז, טז

זְרֹעִים
זְרוֹעַ־\זְרֹעַ־: זְרוֹעִי\זְרֹעִי, זְרוֹעֲךָ\זְרֹעֲךָ\זְרוֹעֶךָ, זְרֹעוֹ\זְרוֹעוֹ, זְרֹעָם\זְרוֹעָם
זְרֹעֵי־\זְרֹעוֹת־\זְרוֹעוֹת־\זְרֹעֹת־: זְרֹעַי\זְרוֹעֹתָי\זְרֹעֹתָי, זְרֹעָיו\זְרֹעֹתָיו\זְרוֹתָיו\זְרוֹעוֹתָיו

And my arm was broken.
Thanksgiving Hymn (1QHa) 16:34
ותשבור זרועי

זָרַח\זָרָח (18) זרח he arose, appeared (v, *qal*)

And the glory of the LORD arose over you.
Isaiah 60:1
וּכְבוֹד יְהוָה עָלַיִךְ זָרָח
יְשַׁעְיָהוּ ס, א

זְרֹחַ
זָרַח\זָרָח, זָרְחָה
יִזְרַח\יִזְרָח, תִּזְרַח
זוֹרֵחַ

The sun rose on him.
4Q158 f10_12:5
זרחה השמש עליו

זֶרַח (21) זרח Zerah (np)

And Tamar his daughter-in-law bore him Perez and Zerah.
1 Chronicles 2:4
וְתָמָר כַּלָּתוֹ יָלְדָה לּוֹ אֶת פֶּרֶץ וְאֶת זָרַח
דִּבְרֵי הַיָּמִים א ב, ד

זָרַע (46) זרע he sowed, scattered seed (v, *qal*)

And a house you will not build, and seed you will not sow.
Jeremiah 35:7
וּבַיִת לֹא תִבְנוּ וְזֶרַע לֹא תִזְרָעוּ
יִרְמְיָהוּ לה, ז

זְרֹעַ
זָרַעְתִּי, זָרַע, זְרַעְתֶּם, זָרְעוּ | זְרַעְתִּיהָ
אֶזְרְעָה, תִּזְרַע\תִּזְרָע, יִזְרַע\יִזְרָע, נִזְרָע, תִּזְרְעוּ\תִּזְרָעוּ, יִזְרְעוּ\יִזְרָעוּ | אֶזְרָעֵם, יִזְרָעֶהָ
זֹרֵעַ\זוֹרֵעַ, זֹרְעִים (זֹרְעֵי־) | --- | זָרֻעַ, זְרוּעָה
זְרַע, זִרְעוּ

זֶרַע\זָרַע (229) זרע seed, offspring, descendant (nm)

To me you did not give a descendant.
Genesis 15:3
לִי לֹא נָתַתָּה זָרַע
בְּרֵאשִׁית טו, ג

זֶרַע־\זְרַע־: זַרְעִי, זַרְעֲךָ\זַרְעֶךָ, זַרְעֵךְ, זַרְעוֹ, זַרְעָהּ, זַרְעֲכֶם, זַרְעָם
---: זַרְעֵיכֶם

ויבחר בזרע אהרון

And he chose the offspring of Aaron.
4Q419 f1:5

זָרַק (33) **זרק** he tossed, sprinkled (v, *qal*)

וַחֲצִי הַדָּם זָרַק עַל הַמִּזְבֵּחַ
שְׁמוֹת כד, ו

And half of the blood he sprinkled on the altar.
Exodus 24:6

זְרֹק
זָרַקְתִּי, זָרַקְתָּ, זָרַק, זָרְקָה, זָרְקוּ | זְרָקוֹ
תִּזְרֹק, יִזְרֹק, יִזְרְקוּ | יִזְרְקֵהוּ
זֹרֵק, זֹרְקִים
זְרֹק

ואת כול] דמו יזרוק

And all] its blood he will sprinkle.
11Q19 16:16–17

ח / ⊟

he bound, took in pledge, seized (v, *qal*) חבל (14) [חָבַל]\חָבָ֫ל

They will take a widow's ox in pledge. יַחְבְּלוּ שׁוֹר אַלְמָנָה
Job 24:3 אִיּוֹב כד, ג

--- (חָבֹל)
חָבָ֫ל
תַּחְבֹּל\תַּחֲבֹל, יַחֲבֹל, יַחְבְּלוּ\יַחְבֹּלוּ
חֹבֵל |---| חֲבֻלִים
--- | חַבְלֵהוּ

cord, snare, measured length/area (nm) חבל (47) חֶ֫בֶל

And they pulled Jeremiah with ropes and raised him from the well. וַיִּמְשְׁכוּ אֶת יִרְמְיָהוּ בַּחֲבָלִים וַיַּעֲלוּ אֹתוֹ מִן הַבּוֹר
Jeremiah 38:13 יִרְמְיָהוּ לח, יג

חֲבָלִים
חֶבֶל־: חַבְלוֹ
חַבְלֵי־\חֶבְלֵי: חֲבָלֶיךָ, חֲבָלָיו

he hugged, embraced (v, *piel*) חבק (10) [חִבֵּק]

And Esau ran to meet him and he hugged him. וַיָּרָץ עֵשָׂו לִקְרָאתוֹ וַיְחַבְּקֵהוּ
Genesis 33:4 בְּרֵאשִׁית לג, ד

חַבֵּק
חִבְּקוּ
תְּחַבֵּק, יְחַבֵּק\יְחַ֫בֶּק | תְּחַבְּקֶנָּה, יְחַבְּקֵהוּ, תְּחַבְּקֵנִי

Heber (np) חבר (11) חֶ֫בֶר

And Heber the Kenite had separated from Cain [i.e., the Kenites]. וְחֶבֶר הַקֵּינִי נִפְרָד מִקַּיִן
Judges 4:11 שׁוֹפְטִים ד, יא

friend (nm) חבר (12) חָבֵר

I am a friend to all who have feared you and to those who guard your statutes. חָבֵר אָנִי לְכָל אֲשֶׁר יְרֵאוּךָ וּלְשֹׁמְרֵי פִּקּוּדֶיךָ
Psalm 119:63 תְּהִלִּים קיט, סג

חֲבֵרִים
---: חֲבֵרוֹ
חַבְרֵי־: חֲבֵרֶיךָ, חֲבֵרָיו\חֲבֵרוּ

Hebron (np) חבר (63) **חֶבְרוֹן**

And Joshua blessed him and gave Hebron to Caleb.
Joshua 14:13

וַיְבָרְכֵהוּ יְהוֹשֻׁעַ וַיִּתֵּן אֶת חֶבְרוֹן לְכָלֵב
יְהוֹשֻׁעַ יד, יג

he bound up, wound, twisted (v, *qal*) חבש (29) **[חָבַשׁ]**

He sent me to bind up the brokenhearted.
Isaiah 61:1

שְׁלָחַנִי לַחֲבֹשׁ לְנִשְׁבְּרֵי לֵב
יְשַׁעְיָהוּ סא, א

חֲבֹשׁ | חָבְשָׁה
חָבַשְׁתָּ, חֲבַשְׁתֶּם
אֶחֱבֹשׁ\אֶחְבְּשָׁה, יַחֲבֹשׁ\יַחֲבוֹשׁ\יַחֲבָשׁ, תַּחֲבֹשׁ, יַחְבְּשׁוּ\יַחֲבשׁוּ | אֶחְבְּשֵׁךְ, יַחְבְּשֵׁנוּ
חֹבֵשׁ | --- | חָבוּשׁ, חֲבֻשִׁים\חֲבוּשִׁים
חֲבֹשׁ\חֲבוֹשׁ, חִבְשׁוּ

feast, festival, procession (nm) חגג (62) **חַג\חָג**

And they made the festival of unleavened bread for seven days with joy.
Ezra 6:22

וַיַּעֲשׂוּ חַג מַצּוֹת שִׁבְעָה יָמִים בְּשִׂמְחָה
עֶזְרָא ו, כב

חַגִּים
חַג־: חַגִּי, חַגֶּךָ, חַגָּהּ, חַגֵּנוּ
חגי־: חַגַּיִךְ, חַגֵּיכֶם

he celebrated a festival, staggered (v, *qal*) חגג (16) **[חָגַג]**

Seven days you will celebrate a festival for the LORD your God.
Deuteronomy 16:15

שִׁבְעַת יָמִים תָּחֹג לַיהוָה אֱלֹהֶיךָ
דְּבָרִים טז, טו

חֹג
חַגֹּתֶם
תָּחֹג, תָּחֹגּוּ, יָחֹגּוּ\יָחוֹגּוּ | תחגהו
חוֹגֵג, חוֹגְגִים
חַגִּי

Celebrate your pilgrimage festivals and fulfill your vows.
4Q88 10:9

חג חגיך נד̊[ר]יך שלם

he girded, strapped on, bound, put on (v, *qal*) חגר (43) **[חָגַר]**

Tear your clothes and put on sackcloth.
2 Samuel 3:31

קִרְעוּ בִגְדֵיכֶם וְחִגְרוּ שַׂקִּים
שְׁמוּאֵל ב ג, לא

חֲגֹר

חָגַרְתָּ, חָגְרָה, חָגְרוּ
תַּחְגֹּר, יַחְגֹּר, תַּחְגְּרוּ, יַחְגְּרוּ, תַּחְגֹּרְנָה | יַחְגְּרֶהָ
חֹגֵר | --- | חָגוּר, --- (חֲגֻרַת־), חֲגֻרִים\חֲגוּרִים
חֲגֹר\חֲגוֹר, חִגְרִי, חִגְרוּ, חֲגֹרְנָה\חֲגוֹרָה

one (adj)	אחד	(14)	חַד

And behold, one great statue (was there).
Daniel 2:31

וַאֲלוּ צְלֵם חַד שַׂגִּיא
דָּנִיֵּאל ב, לא

חַד | חֲדָה | --- | ---

And one from the sons of my house will inherit* from me.
1Q20 22:33

וחד מן בני ביתי ירתנני*

he ceased, came to an end, refrained (v, *qal*)	חדל	(58)	חָדַל

And they ceased to build the city.
Genesis 11:8

וַיַּחְדְּלוּ לִבְנֹת הָעִיר
בְּרֵאשִׁית יא, ח

חָדֹל
חָדַלְתִּי, חָדַלְתָּ, חָדַל, חָדַלְנוּ, חָדְלוּ\חָדֵלּוּ
אֶחְדָּל\אֶחְדְּלָה, תֶּחְדַּל, יֶחְדַּל, יֶחְדָּל\יֶחְדָּל\יַחֲדָל, תֶּחְדַּל\תֶּחְדָּל, נֶחְדָּל, יַחְדְּלוּ\יֶחְדָּלוּ\יֶחְדָּלוּן

חֲדַל\חֲדָל, חִדְלוּ\חֲדָלוּ

You will refrain and not vow.
11Q19 53:12

תחדל ולוא תדור

room, chamber, enclosed place (nm)	חדר	(38)	חֶ֫דֶר

The ways of Sheol is her house, descending to the chambers of death.
Proverbs 7:27

דַּרְכֵי שְׁאוֹל בֵּיתָהּ יֹרְדוֹת אֶל חַדְרֵי מָוֶת
מִשְׁלֵי ז, כז

חֲדָרִים
חֶדֶר־\חֲדַר־: חֶדְרוֹ
חַדְרֵי־: חֲדָרֶיךָ, חֲדָרָיו

new (adj)	חדש	(53)	חָדָשׁ

Sing to the Lord a new song; his praise from the end of the earth.
Isaiah 42:10

שִׁירוּ לַיהוָה שִׁיר חָדָשׁ תְּהִלָּתוֹ מִקְצֵה הָאָרֶץ
יְשַׁעְיָהוּ מב, י

חָדָשׁ | חֲדָשָׁה | חֲדָשִׁים | חֲדָשׁוֹת

New Moon, month (nm)	חדש	(283)	חֹ֫דֶשׁ

In the first (month), on the fourteenth day of the month, the Passover will be to you.
Ezekiel 45:21

בָּרִאשׁוֹן בְּאַרְבָּעָה עָשָׂר יוֹם לַחֹדֶשׁ יִהְיֶה לָכֶם הַפָּסַח
יְחֶזְקֵאל מה, כא

חֳדָשִׁים
חֹדֶשׁ־: חָדְשׁוֹ, חָדְשָׁהּ
חָדְשֵׁי־: חֳדָשָׁיו, חָדְשֵׁיכֶם

thorn (nm) | חוח? (10) | חוֹחַ

Instead of wheat, thorns will come out.
Job 31:40

תַּחַת חִטָּה יֵצֵא חוֹחַ
אִיּוֹב לא, מ

חוֹחִים

Hivite (gent) | חוה (25) | חִוִּי

And they came to the fortress of Tyre and to all the Hivite and Canaanite cities.
2 Samuel 24:7

וַיָּבֹאוּ מִבְצַר צֹר וְכָל עָרֵי הַחִוִּי וְהַכְּנַעֲנִי
שְׁמוּאֵל ב כד, ז

חִוִּי | --- | --- | ---

sand (nm) | חול (23) | חוֹל

And the number of the sons of Israel will be like the sand of the sea.
Hosea 2:1

וְהָיָה מִסְפַּר בְּנֵי יִשְׂרָאֵל כְּחוֹל הַיָּם
הוֹשֵׁעַ ב, א

חוֹל־: ---
---

wall (nf) | חמה (133) | חוֹמָה\חֹמָה

And let us build the wall of Jerusalem.
Nehemiah 2:17

וְנִבְנֶה אֶת חוֹמַת יְרוּשָׁלַםִ
נְחֶמְיָה ב, יז

חוֹמוֹת\חֹמוֹת, חֹמֹתַיִם\חֹמֹתָיִם
חוֹמַת־: חוֹמָתָהּ
חוֹמוֹת־\חֹמוֹת־\חוֹמֹת־: חוֹמֹתַי, חוֹמֹתֶיךָ\חֹמֹתֶיךָ, חוֹמוֹתַיִךְ\חוֹמֹתַיִךְ\חוֹמוֹתַיִךְ\חֹמֹתַיִךְ\חֹמוֹתָיִךְ, חוֹמֹתֶיהָ\חוֹמוֹתֶיהָ

And they set up for it a wall and towers.
4Q379 f22ii:12

ויציבו לה חומה ומגדלחים

outside (nm) | חוץ (164) | חוּץ\חוּצָה\חֻצָה

He burned with fire outside the camp.
Leviticus 9:11

שָׂרַף בָּאֵשׁ מִחוּץ לַמַּחֲנֶה
וַיִּקְרָא ט, יא

חוּצוֹת\חֻצוֹת
חוּץ־: ---
חֻצוֹת־\חוּצוֹת־\חוּצֹת־: חוּצוֹתַיִךְ, חוּצֹתָיו, חוּצוֹתֶיהָ\חוּצֹתֶיהָ, חוּצוֹתֵינוּ

He will not walk about outside of his city. — אל יתהלך חוץ לעירו
Damascus Document (CD) 10:21

Hur (np)	---	(15)	חוּר

And Moses, Aaron, and Hur ascended to the top of the hill. — וּמֹשֶׁה אַהֲרֹן וְחוּר עָלוּ רֹאשׁ הַגִּבְעָה
Exodus 17:10 — שְׁמוֹת יז, י

Hiram/Huram (np)	חרם?	(35)	חוּרָם\חִירָם\חִירוֹם\חִירָם

And Huram said, "Blessed be the LORD, the God of Israel." — וַיֹּאמֶר חוּרָם בָּרוּךְ יְהוָה אֱלֹהֵי יִשְׂרָאֵל
2 Chronicles 2:11 — דִּבְרֵי הַיָּמִים ב ב, יא

Hushai (np)	חשב\יהוה?	(14)	חוּשַׁי

And Hushai said to Absalom, "May the king live!" — וַיֹּאמֶר חוּשַׁי אֶל אַבְשָׁלֹם יְחִי הַמֶּלֶךְ
2 Samuel 16:16 — שְׁמוּאֵל ב טז, טז

seal (nm)	חתם	(14)	חוֹתָם\חֹתָם

Place me like a seal on your heart. — שִׂימֵנִי כַחוֹתָם עַל לִבֶּךָ
Song of Songs 8:6 — שִׁיר הַשִּׁירִים ח, ו

---: חֹתָמְךָ, חֹתָמוֹ

Seal it with your seal. — [Paleo-Hebrew inscription]
Arad 17:6–7

Hazael (np)	חזה\אל	(23)	חֲזָאֵל

And Hazael set his face to go up against Jerusalem. — וַיָּשֶׂם חֲזָאֵל פָּנָיו לַעֲלוֹת עַל יְרוּשָׁלָםִ
2 Kings 12:17 — מְלָכִים ב יב, יח

he saw (v, *qal*)	חזה	(55)	חָזָה

Your eyes will see uprightness. — עֵינֶיךָ תֶּחֱזֶינָה מֵישָׁרִים
Psalm 17:2 — תְּהִלִּים יז, ב

חֲזוֹת
חָזִיתִי, חָזִיתָ, חָזִית, חָזָה, חֲזִיתֶם, חָזוּ | חֲזִיתִיךָ
אֶחֱזֶה\אָחַז, תֶּחֱזֶה, יֶחֱזֶה, תַּחַז, נֶחֱזֶה, תֶּחֱזוּ, יֶחֱזוּ\יֶחֱזָיוּן, תֶּחֱזֶינָה

חָזֶה, חֹזִים
חֲזֵה, חֲזוּ

A vision* of the Almighty he will see. — מחזה שדי יחזה
4Q175 1:10

חֲזָה (31) חזה — he saw, perceived (v, *peal*)

This is the dream I saw. — דְּנָה חֶלְמָא חֲזֵית אֲנָה
Daniel 4:18 — דָּנִיֵּאל ד, טו

מֶחֱזֵא
חֲזֵית, חֲזַיְתָה\חֲזַיְתָ, חֲזָה, חֲזֵיתוּן

חָזֵה, חָזַיִן | --- | חֲזֵה

I saw the servant. — חזית עבדא
TAD B8 3:4

I saw the spirit of a dead man. — חזית רוח אנש מת*
4Q206 f1xxii:3

חֹזֶה (16) חזה — seer (nm)

Seer, go, flee yourself to the land of Judah. — חֹזֶה לֵךְ בְּרַח לְךָ אֶל אֶרֶץ יְהוּדָה
Amos 7:12 — עָמוֹס ז, יב

חֹזִים
חֹזֵה־\חוֹזֶה: ---

חָזֶה (13) חזה — breast (nm)

And Moses took the breast. — וַיִּקַּח מֹשֶׁה אֶת הֶחָזֶה
Leviticus 8:29 — וַיִּקְרָא ח, כט

חָזוֹת
חֲזֵה־: ---

[חֱזוּ]\חֶזְוָא (12) חזה — vision (nm)

I was seeing in my vision. — חָזֵה הֲוֵית בְּחֶזְוִי
Daniel 7:2 — דָּנִיֵּאל ז, ב

---: חֶזְוִי, חֶזְוֵהּ

חֶזְוֵי־: ---

I saw in the vision of my head. *4Q547 f1_2iii:9–10*	חֲזִית בחזות [ראשי

vision (nm)	**חזה**	**(35)**	**חָזוֹן**

The vision of their heart they will speak, not from the mouth of the LORD. *Jeremiah 23:16*	חֲזוֹן לִבָּם יְדַבֵּרוּ לֹא מִפִּי יְהוָה יִרְמְיָהוּ כג, טז

חֲזוֹן־: ---

Take the vision spoken over you! *11Q5 22:13–14*	קחי חזון דובר עליך

he was strong, had courage, hardened (v, *qal*)	**חזק**	**(84)**	**חָזַק**

Do not fear; may your hands be strong. *Zechariah 8:13*	אַל תִּירָאוּ תֶּחֱזַקְנָה יְדֵיכֶם זְכַרְיָה ח, יג

חָזְקָה | חָזְקָה
חָזַקְתָּ, חָזַק\חָזָק, חָזְקָה, חֲזָקָה, חֲזַקְתֶּם, חָזְקוּ | חֲזַקְתַּנִי, חֲזָקוֹ
יֶחֱזַק\יֶחֱזָק, תֶּחֱזַק, נֶחֱזַק, תֶּחֶזְקוּ, יֶחֶזְקוּ, תֶּחֱזַקְנָה
חֲזֵק
חֲזַק\חֲזָק, חִזְקוּ

The war will be strong against him. *11Q19 58:10*	תחזק המלחמה עליו

he strengthened, hardened, sustained (v, *piel*)	**חזק**	**(64)**	**חִזֵּק**

And the LORD hardened Pharaoh's heart. *Exodus 9:12*	וַיְחַזֵּק יְהוָה אֶת לֵב פַּרְעֹה שְׁמוֹת ט, יב

חִזֵּק
חִזַּקְתִּי, חִזַּק, חִזַּקְתֶּם, חִזְּקוּ | חִזַּקְתָּנִי
אֲחַזֵּק, תְּחַזֵּק, יְחַזֵּק, יְחַזְּקוּ | אֲחַזְּקֶנּוּ, יְחַזְּקֵנִי, יְחַזְּקֵהוּ, יְחַזְּקֵם, יְחַזְּקוּם
מְחַזֵּק, מְחַזְּקִים
חַזֵּק, חַזְּקִי\חַזְּקִי, חַזְּקוּ | חַזְּקֵנִי, חַזְּקֵהוּ

And you strengthened me before the wars of wickedness. *Thanksgiving Hymn (1QHa) 15:10*	ותחזקני לפני מלחמות רשעה

strong, hard, heavy (adj)	**חזק**	**(57)**	**חָזָק**

And the hand of the LORD is heavy on me. — וְיַד יְהוָה עָלַי חָזָקָה
Ezekiel 3:14 — יְחֶזְקֵאל ג, יד

חָזָק | חֲזָקָה\חֲזָקָה | חֲזָקִים (חִזְקֵי־) | ---

The fing[er of your hand] is bigger and stronger than everything. — אצב[ע ידך] גדולה וחזקה מכל
4Q372 f1:18

Hezekiah (np) | חזק\יהוה | (87) | חִזְקִיָּה\חִזְקִיָּהוּ

And Hezekiah turned his face to the wall and prayed. — וַיַּסֵּב חִזְקִיָּהוּ פָּנָיו אֶל הַקִּיר וַיִּתְפַּלֵּל
Isaiah 38:2 — יְשַׁעְיָהוּ לח, ב

he sinned, missed, did wrong (v, *qal*) | חטא | (182) | חָטָא

You sinned against the LORD and did not listen to his voice. — חֲטָאתֶם לַיהוָה וְלֹא שְׁמַעְתֶּם בְּקוֹלוֹ
Jeremiah 40:3 — יִרְמְיָהוּ מ, ג

חֲטֹא\חֲטוֹא\חֲטוֹ\חֶטְאָה | חֲטֹאתוֹ
חָטָאתִי, חָטָאתָ, חָטָאת, חָטָא, חָטְאָה\חָטָאָה, חָטָאנוּ, חֲטָאתֶם, חָטְאוּ\חָטָאוּ
אֶחֱטָא, תֶּחֱטָא, יֶחֱטָא, תֶּחֱטָא, נֶחֱטָא, תֶּחֶטְאוּ\תֶּחֱטָאוּ, יֶחֶטְאוּ
חוֹטֵא\חֹטֵא\חוֹטֶא\חֹטֶא, חֹטֵאת, חֹטְאִים | חֹטְאֵי

And they confessed before God, "We have sinned." — ויתודו לפני אל חטאנו
Damascus Document (CD) 20:28

he offered a sin offering, purified (v, *piel*) | חטא | (15) | חִטֵּא

The priest, who offers it [i.e., sin offering], will eat it. — הַכֹּהֵן הַמְחַטֵּא אֹתָהּ יֹאכְלֶנָּה
Leviticus 6:26 — וַיִּקְרָא ו, יט

חַטֵּא
חִטֵּאתָ, חִטֵּא, חִטְּאוּ | חִטְּאוֹ
יְחַטֵּא, יְחַטְּאוּ | אֲחַטֶּנָּה, תְּחַטְּאֵנִי, יְחַטְּאֵהוּ
מְחַטֵּא
---

sinner, sinful (nm and adj) | חטא | (19) | [חַטָּא]

And in the path of sinners he did not stand, and in the seat of scoffers he did not sit. — וּבְדֶרֶךְ חַטָּאִים לֹא עָמָד וּבְמוֹשַׁב לֵצִים לֹא יָשָׁב
Psalm 1:1 — תְּהִלִּים א, א

--- | חַטָּאָה | חַטָּאִים | ---

sin, guilt (nm) | חטא (33) | **חֵטְא**

Not as our sins (deserve) did he do for us, and not as our iniquity did he repay us.
Psalm 103:10

לֹא כַחֲטָאֵינוּ עָשָׂה לָנוּ וְלֹא כַעֲוֹנֹתֵינוּ גָּמַל עָלֵינוּ
תְּהִלִּים קג, י

חֲטָאִים
חֵטְא־: חֶטְאוֹ, חֶטְאָם
חֲטָאֵי־: חֲטָאַי\חֲטָאָי, חֲטָאָיו, חֲטָאֵינוּ, חֲטָאֵיכֶם

sin, sin offering (nf) | חטא (293) | **חַטָּאת\חַטָּת**

My sin I made known to you, and my iniquity I did not cover.
Psalm 32:5

חַטָּאתִי אוֹדִיעֲךָ וַעֲוֹנִי לֹא כִסִּיתִי
תְּהִלִּים לב, ה

חַטָּאוֹת
חַטַּאת־: חַטָּאתִי, חַטָּאתְךָ, חַטָּאתוֹ, חַטָּאתֵנוּ, חַטַּאתְכֶם, חַטָּאתָם
חַטֹּאות\חַטֹּאת: חַטֹּאתָי, חַטֹּאותֶיךָ\חַטֹּאתֶיךָ\חַטֹּאתֶךָ, חַטֹּאתַיִךְ\חַטֹּאתָיִךְ, חַטֹּאתָיו\
חַטֹּאתָו, חַטֹּאתֶיהָ, חַטֹּאותֵינוּ, חַטֹּאתֵיכֶם\חַטֹּאותֵיכֶם, חַטֹּאתָם\חַטֹּאתֵיהֶם

wheat (nf) | חנט (30) | **חִטָּה**

They sowed wheat and reaped thorns; they made themselves sick; they did not profit.
Jeremiah 12:13

זָרְעוּ חִטִּים וְקֹצִים קָצָרוּ נֶחְלוּ לֹא יוֹעִלוּ
יִרְמְיָהוּ יב, יג

חִטִּים\חִטִּין

חִטֵּי־: ---

living, alive (adj) | חיה (238?) | **חַי**

A living one, a living one, he will give you thanks.
Isaiah 38:19

חַי חַי הוּא יוֹדֶךָ
יְשַׁעְיָהוּ לח, יט

חַי\חָי (חֵי־) | חַיָּה | חַיִּים | חַיּוֹת\חָיוֹת

And from with you is the way of every living thing.
Thanksgiving Hymn (1QHa) 7:35

ומאתך דרך כול חי

living (adj) | חיה (7) | **חַי**

He is the living God.
Daniel 6:26

הוּא אֱלָהָא חַיָּא
דָּנִיֵּאל ו, כז

חַי\חַיָּא | חַיִּין\חַיַּיָּא (חַיֵּי־) | --- | ---

Every living thing is great.
4Q534 f1i:9

כול חייא שגיא

riddle (nf)	חוד (17)	חִידָה

If you had not plowed with my heifer, you would not have found my riddle.
Judges 14:18

לוּלֵא חֲרַשְׁתֶּם בְּעֶגְלָתִי לֹא מְצָאתֶם חִידָתִי
שׁוֹפְטִים יד, יח

חִידוֹת\חִידֹת
---: חִידָתִי, חִידָתְךָ
---: חִידֹתָם

And what is the riddle to you?
4Q301 f2b:1

ומה החידה לכמה

he lived, revived, recovered (v, *qal*)	חיה (205)	חָיָה

The man will not live on bread alone.
Deuteronomy 8:3

לֹא עַל הַלֶּחֶם לְבַדּוֹ יִחְיֶה הָאָדָם
דְּבָרִים ח, ג

חְיוֹת (חָיֹה\חָיוֹ) | חֲיוֹתָם
חָיִיתָ\חָיִתָה, חָיָה\חַי\חָ֫יִ\חֵי, חָיְתָה\חָ֫יָה, חְיִיתֶם, חָיוּ
אֶחְיֶה, תִּחְיֶה, תִּחְיִי, יִחְיֶה\יְחִי\יֶ֫חִי, תִּחְיֶה\תְּחִי, נִחְיֶה, תִּחְיוּ\תִּחְיוּן, יִחְיוּ, תִּחְיֶינָה

חְיֵה,חֲיִי, חְיוּ

Justice, justice you will pursue so that you will live.
11Q19 51:15

צדק צדק תרדוף למען תחיה

he lived (v, *peal*)	חיה (5)	[חֲיָה]

O king, live forever!
Daniel 2:4

מַלְכָּא לְעָלְמִין חֱיִי
דָּנִיֵּאל ב, ד

חֱיִי

And he will pray* over him and he will live.
1Q20 20:23

ויצלה* עלוהו ויחה

he preserved, revived, let live (v, *piel*)	חיה (56)	חִיָּה

For the sake of your name, O LORD, revive me.
Psalm 143:11

לְמַעַן שִׁמְךָ יְהוָה תְּחַיֵּנִי
תְּהִלִּים קמג, יא

חַיּוֹת | חַיֹּתוֹ ,חַיֹּתֵנוּ, חַיּוֹתָם
חִיָּה, חִיִּיתֶם, חִיּוּ | חִיִּיתַנִי\חִיִּיתָ֫נִי, חִיָּ֫תְנִי
אֲחַיֶּה, תְּחַיֶּה, יְחַיֶּה, תְּחַיֶּה, נְחַיֶּה, תְּחַיּוּן, יְחַיּוּ, תְּחַיֶּינָה\תְּחַיֶּין | תְּחַיֵּנִי\תְּחַיֵּינוּ, יְחַיֵּהוּ, יְחַיֶּהָ, יְחַיֵּנוּ,
תְּחַיֵּנִי, יְחַיֵּנוּ

מְחַיֶּה
--- | חַיֵּנִי, חַיֵּיהוּ

[יקי]ם המחיה את מתי עמו

The one who revives will [raise] up the dead of his people.
4Q521 f7+5ii:6

חַיָּה	(96)	חיה	living thing, animal, beast (nf)

וַיַּעַשׂ אֱלֹהִים אֶת חַיַּת הָאָרֶץ
בְּרֵאשִׁית א, כה

And God made the beasts of the earth.
Genesis 1:25

חַיּוֹת
חַיַּת־\חַיְתוֹ־: חַיָּתוֹ, חַיָּתָם

וחיה רעה שבתה מן [הארץ

And a bad beast ceased from the [land
11Q14 f1ii:13

חַיָּה	(12)	חיה	life (nf)

חַיַּת עֲנִיֶּיךָ אַל תִּשְׁכַּח
תְּהִלִּים עד, יט

The life of your poor do not forget.
Psalm 74:19

חַיַּת־: חַיָּתִי, חַיָּתוֹ\חַיָּתִי, חַיָּתָם

חֵיוָה\חֵיוָא\חֵיוְתָא	(20)	חיה	animal, beast (nf)

תְּדוּר חֵיוַת בָּרָא
דָּנִיֵּאל ד, יח

The beast of the field will dwell.
Daniel 4:21

חֵיוָן\חֵיוָתָא
חֵיוַת־: ---

חַיִּים\חַיִּין	(148?)	חיה	life (nm, pl only)

תּוֹדִיעֵנִי אֹרַח חַיִּים
תְּהִלִּים טז, יא

You make known to me a path of life.
Psalm 16:11

חַיִּים\חַיִּין

חַיֵּי־: חַיַּי\חַיָּי, חַיֶּיךָ\חַיַּיִךְ, חַיָּיִכִי, חַיָּיו\חַיָּו, חַיֶּיהָ, חַיֵּינוּ, חַיֵּיכֶם, חַיֵּיהֶם

אברך שמך בחיי

I will bless your name with my life.
4Q437 f2i:4

strength, wealth, army (nm)	חיל (244?)	חַיִל\חָיִל

And the LORD gave his voice before his army. — וַיהוָה נָתַן קוֹלוֹ לִפְנֵי חֵילוֹ
Joel 2:11 — יוֹאֵל ב, יא

חֲיָלִים
חֵיל־: חֵילִי, חֵילְךָ\חֵילֶ֫ךָ, חֵילֵךְ, חֵילוֹ, חֵילָהּ, חֵילָם
---: חֵילֵהֶם

Be strong, courageous, and be sons of strength. — חזקו ואמצו והיו לבני חיל
War Scroll (1QM) 15:7

strength, army (nm)	חיל (7)	חַיִל\חָיִל

The king called in strength [i.e., loudly]. — קָרֵא מַלְכָּא בְּחַיִל
Daniel 5:7 — דָּנִיֵּאל ה, ז

חיל־: חֲיְלֵהּ

We are from the army. — אנחנה מן חילא
TAD A4 5:20

And in strength he will go out. — ובחיל ינפק
11Q10 33:3

outer, external (adj)	חוץ (25)	חִיצוֹן

And he brought me to the outer courtyard. — וַיְבִיאֵנִי אֶל הֶחָצֵר הַחִיצוֹנָה
Ezekiel 40:17 — יְחֶזְקֵאל מ, יז

חִיצוֹן | חִיצוֹנָה\חִיצֹנָה\חִצוֹנָה | --- | ---

And they ate them on this day in the outer courtyard. — ואכלום ביום הזה בחצר החיצונה
11Q19 22:13

lap, bosom (nm)	חיק (38)	חֵיק\חֵק

And in his bosom it will lie. — וּבְחֵיקוֹ תִשְׁכָּב
2 Samuel 12:3 — שְׁמוּאֵל ב יב, ג

חֵיק־: חֵיקִי\חֵקִי, חֵיקֶ֫ךָ\חוּקְךָ, חֵיקוֹ, חֵיקָהּ, חֵיקָם
---

palate, mouth, roof of mouth (nm)	חנך (18)	חֵךְ

May my tongue stick to the roof of my mouth. — תִּדְבַּק לְשׁוֹנִי לְחִכִּי
Psalm 137:6 — תְּהִלִּים קלז, ו

‏---: חִכִּי, חִכְּךָ\חִכֶּךָ, חִכֵּךְ, חִכּוֹ, חִכָּה

My tongue stuck to the roof of my mouth. *4Q429 f3:4*	לְשׁוֹנִי לְחִכִּי דבקה

he waited (v, *piel*)	חכה	(13)	חָכָה

Our soul waited for the LORD. *Psalm 33:20*	נַפְשֵׁנוּ חִכְּתָה לַיהוָה תְּהִילִים לג, כ

‏חִכֵּי

‏חִכִּיתִי, חִכָּה, חִכְּתָה, חִכִּינוּ, חִכּוּ
‏תְּחַכֶּה, יְחַכֶּה
‏מְחַכֶּה (מְחַכֶּה⁻), מְחַכִּים
‏חַכֵּה, חַכּוּ

The Lord will wait to show you mercy. *4Q163 f23ii:8*	יחכה אֲדוני לחנֹ[נכ]מֹה

wise man (nm)	חכם	(14)	[חַכִּים]

He is giving wisdom to the wise men. *Daniel 2:21*	יָהֵב חָכְמְתָא לְחַכִּימִין דָּנִיֵּאל ב, כא

‏חַכִּימִין\חַכִּימַיָּא

‏---

‏חַכִּימֵי⁻: ---

[These] are the words of Ahikar*, his name: scribe, wise man. *TAD C1 1:1*	[אלה] מלי אחיקר* שמה ספר חכים

And he sent, calling to all the wise men of Egypt. *1Q20 20:19*	ושלח קרא לכול חֲכֹימֹ[י] מצרין

he was wise (v, *qal*)	חכם	(19)	חָכַם

Hear instruction and be wise. *Proverbs 8:33*	שִׁמְעוּ מוּסָר וַחֲכָמוּ מִשְׁלֵי ח, לג

‏חָכַמְתִּי, חָכַמְתָּ, חָכַם, חָכְמָה, חָכְמוּ
‏אֶחְכְּמָה, תֶּחְכַּם, יֶחְכַּם\יֶחְכָּם, יֶחְכָּמוּ

‏חֲכַם\חֲכָם, חֲכָמוּ

wise (adj) | חכם (138) | חָכָם

Do not be wise in your own eyes. — אַל תְּהִי חָכָם בְּעֵינֶיךָ
Proverbs 3:7 — מִשְׁלֵי ג, ז

חָכָם (חֲכַם־) | חֲכָמָה (חַכְמַת־) | חֲכָמִים (חַכְמֵי־) | חֲכָמוֹת (חַכְמוֹת־)
חֲכָמֶיךָ, חֲכָמַיִךְ, חֲכָמָיו, חֲכָמֶיהָ

And he caused to arise from Aaron understanding ones and from Israel wise ones. — ויקם מאהרן נבונים ומישראל חכמים
Damascus Document (CD) 6:2–3

wisdom (nf) | חכם (153) | חָכְמָה

A man who loves wisdom makes his father glad. — אִישׁ אֹהֵב חָכְמָה יְשַׂמַּח אָבִיו
Proverbs 29:3 — מִשְׁלֵי כט, ג

חָכְמוֹת
חָכְמַת־: חָכְמָתִי, חָכְמָתְךָ\חָכְמָתֶךָ, חָכְמָתֵךְ, חָכְמָתוֹ, חָכְמָתָהּ, חָכְמַתְכֶם, חָכְמָתָם

And wisdom I will teach you. — וחוכמה אלמדכמה
4Q413 f1_2:1

wisdom (nf) | חכם (8) | חָכְמָה\חָכְמְתָא

And wisdom, like wisdom of gods, was found in him. — וְחָכְמָה כְּחָכְמַת אֱלָהִין הִשְׁתְּכַחַת בֵּהּ
Daniel 5:11 — דָּנִיֵּאל ה, יא

חָכְמַת־: ---

I gave to you in wisdom. — יהבת לך בחכמה
TAD C1 1:105

And we gave to you wisdom. — ונתן לך חכמה
4Q543 f2a_b:2

he twisted, writhed, labored, was in pain (v, *qal*) | חיל\חול (29) | [חָל]

I was not in labor and did not give birth. — לֹא חַלְתִּי וְלֹא יָלַדְתִּי
Isaiah 23:4 — יְשַׁעְיָהוּ כג, ד

--- (חוּל)
חַלְתִּי, חָלָה, חַלְנוּ, חָלוּ

אחוֹלָה, תְּחִילִין, יָחִיל\יָחֵל, תָּחִיל\תָּחִיל\תָּחֵל\תָּחֹל, תָּחִילוּ, יָחִילוּ\יְחִילוּן

חִילוּ\חוּלִי

ויחל עוד שבעת ימים
And he labored seven more days.
4Q252 1:15

חָלָב	(44)	חלב	milk (nm)

וְהֵמָּה יִשְׁתּוּ חֲלָבֵךְ
And they will drink your milk.
יְחֶזְקֵאל כה, ד
Ezekiel 25:4

חֲלֵב־: חֲלָבִי, חֲלָבֵךְ

ארץ זבת חלב ודבשׁ
(It is a) land flowing of milk and honey . . .
4Q378 f11:6

חֵלֶב	(92)	חלב	fat, choice part (nm)

וְאֵת חֵלֶב הַחַטָּאת יַקְטִיר
And the fat of the sin offering he will burn.
וַיִּקְרָא טז, כה
Leviticus 16:25

חֲלָבִים
חֵלֶב־: חֶלְבּוֹ, חֶלְבָּהּ, חֶלְבָּם\חֶלְבָּמוֹ, חֶלְבְּהֶן
חֶלְבֵי־: חֶלְבֵהֶן

ואת חלבו יקטירו
And its fat they will burn.
11Q19 52:21

חָלָה	(37)	חלה	he was sick, weak (v, *qal*)

וְאֶת הַחוֹלָה אֲחַזֵּק
And the sick one I will strengthen.
יְחֶזְקֵאל לד, טז
Ezekiel 34:16

--- | חֲלֹתוֹ, חֲלוֹתָם
חָלִיתִי, חָלִית, חָלָה, חָלוּ
יָחַל
חֹלֶה\חוֹלֶה, חוֹלָה (חוֹלַת־)

חִלָּה	(17)	חלה	he sought favor, entreated, afflicted (v, *piel*)

וְעַתָּה חַלּוּ נָא פְנֵי אֵל
And now entreat the face of God.
מַלְאָכִי א, ט
Malachi 1:9

חַלּוֹת
חִלִּיתִי, חִלָּה, חִלִּינוּ, חִלּוּ

יָחַל, יָחֵלּוּ

חַל, חַלּוּ

ואחלה פניך ברוח אשר נתתה בי
And I will entreat your face with the spirit which you put in me.
Thanksgiving Hymn (1QHa) 8:29

חַלָּה (14) חלל cake, bread (nf)

לָקַח חַלַּת מַצָּה אַחַת
וַיִּקְרָא ח, כו
He took one cake of unleavened bread.
Leviticus 8:26

חַלּוֹת\חַלֹּת
חַלַּת־: ---
חַלּוֹת־\חַלֹּת: ---

חֲלוֹם\חֲלֹם (65) חלם dream (nm)

וַיַּחֲלֹם יוֹסֵף חֲלוֹם וַיַּגֵּד לְאֶחָיו
בְּרֵאשִׁית לז, ה
And Joseph dreamed a dream and told to his brothers.
Genesis 37:5

חֲלֹמוֹת
חֲלוֹם־\חֲלֹם־: חֲלוֹמִי\חֲלֹמִי, חֲלֹמוֹ
חֲלֹמוֹת־: חֲלֹמוֹתָיו\חֲלֹמֹתָיו, חֲלֹמֹתֵינוּ, חֲלֹמֹתֵיכֶם, חֲלוֹמֹתָם

ויגיד לפניו את ה]חלומות
And he told before him the dreams.
4Q223_224 f2v:22

חַלּוֹן (31) חלל window (nm and nf)

וַיִּשָּׂא פָנָיו אֶל הַחַלּוֹן
מְלָכִים ב ט, לב
And he raised his face to the window.
2 Kings 9:32

חַלּוֹנִים\חַלּוֹנוֹת\חַלֹּנוֹת
חַלּוֹן־: ---
חַלּוֹנֵי־: חַלּוֹנָי, חַלּוֹנָו, חַלּוֹנֵינוּ

ויפ]תח נוח את חלון התבה
And Noah opened the window of the ark.
4Q252 1:13

חָלוּץ (17) חלץ armed, prepared for war (*qal* pass; adj m only)

וְהֶחָלוּץ יַעֲבֹר לִפְנֵי אֲרוֹן יְהוָה
יְהוֹשֻׁעַ ו, ז
And the armed one will pass before the ark of the LORD.
Joshua 6:7

חָלוּץ (חֲלוּץ־)

חֲלוּצִים (חֲלוּצֵי־\חֲלֻצֵי־)

sickness, suffering, disease (nm) חלה (24) חֳלִי\חֹ֫לִי

Surely, our sufferings he has carried. — אָכֵן חֳלָיֵנוּ הוּא נָשָׂא
Isaiah 53:4 — יְשַׁעְיָהוּ נג, ד

חֳלָיִם\חֳלָיִים
---: חֳלָיוֹ
---: חֳלָיֵנוּ

And the Lord removed] from you every sickness. — והסיר יהוה] מ̊מ̊כ̊ה כול חלי
4Q177 f1_4:2

far be it!; surely not! (exclam) חלל (21) חָלִילָה\חָלִ֫לָה

Far be it to me to sin against the Lord! — חָלִילָה לִּי מֵחֲטֹא לַיהוָה
1 Samuel 12:23 — שְׁמוּאֵל א יב, כג

he defiled, polluted, violated, used (v, *piel*) חלל (66) חִלֵּל

I will not violate my covenant. — לֹא אֲחַלֵּל בְּרִיתִי
Psalm 89:34 — תְּהִילִּים פט, לה

חִלֵּל | חִלְּלוּ, חַלְּלָם
חִלַּלְתִּי, חִלַּלְתָּ, חִלָּלְתְּ, חִלֵּל, חִלְּלוּ\חִלֵּ֫לוּ, חִלַּלְתֶּם | חִלְּלוֹ, חִלְּלֻהוּ\חִלְּלוּהֻ, חִלְּלוּהָ
אֲחַלֵּל, תְּחַלֵּל, יְחַלֵּל, תְּחַלְּלוּ, תְּחַלֶּלְנָה, יְחַלְּלוּ\יְחַלֵּ֫לוּ | אֲחַלֶּלְךָ, תְּחַלְּלֶנוּ, תְּחַלְּלֶהָ, יְחַלְּלֶנּוּ, יְחַלְּלֻהוּ
מְחַלֵּל, מְחַלֶּלֶת, מְחַלְּלִים | מְחַלְלֶיהָ

He will err by defiling the Sabbath. — יתעה לחלל את השבת
Damascus Document (CD) 12:3–4

slain, defiled, pierced (adj) חלל (94) חָלָל

Among ones slain by the sword they will fall. — בְּתוֹךְ חַלְלֵי חֶרֶב יִפֹּלוּ
Ezekiel 32:20 — יְחֶזְקֵאל לב, כ

חָלָל (חֲלַל־) | חֲלָלָה | חֲלָלִים (חַלְלֵי־) | ---
חֲלָלֶיךָ, חֲלָלַיִךְ, חֲלָלָיו, חֲלָלֶיהָ, חֲלָלֵנוּ, חַלְלֵיכֶם, חַלְלֵיהֶם

And the priests will go out from between the slain ones. — והכוהנים יצאו מבין החללים
4Q493 f1:4

he dreamed (v, *qal*) חלם (26) חָלַם

And the king said to them, "A dream I dreamed." — וַיֹּאמֶר לָהֶם הַמֶּלֶךְ חֲלוֹם חָלָמְתִּי
Daniel 2:3 — דָּנִיֵּאל ב, ג

חָלַמְתִּי\חָלָ֫מְתִּי, חָלָ֫מְתָּ, חָלַם, חָלַמְנוּ\חָלָ֫מְנוּ
יַחֲלֹם, נַחֲלְמָה, יַחַלְמוּ\יַחֲלֹמוּן
חֹלֵם (חֹלֵם־\חוֹלֵם־), חֹלְמִים

And that prophet or the dreamer of dreams will be put to death. *11Q19 54:15*	והנביא ההוא או חולם החלום יומת

dream (nm)	חלם	(22)	חֵ֫לֶם\חֶלְמָא
Tell the dream to your servants! *Daniel 2:4*			אֱמַר חֶלְמָא לְעַבְדָיךְ דָּנִיֵּאל ב, ד

חֶלְמִין
---: חֶלְמִי, חֶלְמָךְ

And I saw in my dream. *1Q20 19:14*	וחזית בחלמי

he passed, went on, violated (v, *qal*)	חלף	(14)	חָלַף
They transgressed laws; they violated a statute. *Isaiah 24:5*			עָבְרוּ תוֹרֹת חָלְפוּ חֹק יְשַׁעְיָהוּ כד, ה

חֲלוֹף
חָלַפְתָּ, חָלַף\חָלָף, חָלְפוּ
יַחֲלֹף, יַחֲלֹפוּ

Then a wind passed. *Habakkuk Pesher (1QpHab) 4:9*	אז חלף רוח

he delivered, took out, rescued (v, *piel*)	חלץ	(14)	חִלֵּץ
You rescued my soul from death. *Psalm 116:8*			חִלַּצְתָּ נַפְשִׁי מִמָּוֶת תְּהִלִּים קטז, ח

חִלַּצְתָּ, חִלֵּץ, חִלְּצוּ
אֲחַלְּצָה, יְחַלֵּץ | אֲחַלֶּצְךָ\אֲחַלֶּצְךָ, אֲחַלְּצֵהוּ, יְחַלְּצֵנִי, יְחַלְּצֵם

חַלְּצָה | חַלְּצֵנִי

And he delivered you from every evil. *4Q525 f14ii:12*	וחלצכה מכול רע

loins (nf, only dual) | חלץ | (10) | [חֲלָצַיִם]\חֲלָצָיִם

Gird* now your loins like a man! — אֱזָר־ נָא כְגֶבֶר חֲלָצֶיךָ
Job 38:3 — אִיּוֹב לח, ג

חֲלָצָיִם

---: חֲלָצֶיךָ, חֲלָצָיו\חֲלָצָו

And trut]h is the belt of your loins. — ואמונ]הׄ אזור חלציכהׄ
Community Rule (1QSb) 5:26

he divided, distributed, shared (v, *qal*) | חלק | (17) | חָלַק

And among brothers he will share an inheritance. — וּבְתוֹךְ אַחִים יַחֲלֹק נַחֲלָה
Proverbs 17:2 — מִשְׁלֵי יז, ב

חֲלֹק
חָלַק, חָלְקוּ
יַחֲלֹק, תַּחְלְקוּ, יַחְלְקוּ\יַחֲלֹקוּ | תַּחְלְקֵם, יַחְלְקוּם
חוֹלֵק
חִלְקוּ

he divided, scattered (v, *piel*) | חלק | (28) | [חִלֵּק]

And my land they divided. — וְאֶת אַרְצִי חִלֵּקוּ
Joel 4:2 — יוֹאֵל ד, ב

חַלֵּק | חַלְּקָם
חִלַּקְתֶּם, חִלֵּקוּ | חִלְּקָם, חִלְּקַתָּה, חִלַּקְתֶּם
אֲחַלֵּק\אֲחַלֶּק\אֲחַלְּקָה, יְחַלֵּק\יְחַלֶּק, תְּחַלֵּק, יְחַלְּקוּ | אֲחַלְּקֵם, יְחַלְּקֵם

חַלֵּק

smooth, slippery (adj) | חלק | (12) | חָלָק

They will speak with lips of smoothness, with two hearts. — שְׂפַת חֲלָקוֹת בְּלֵב וָלֵב יְדַבֵּרוּ
Psalm 12:2 — תְּהִלִּים יב, ג

חָלָק | --- | --- (חַלְקֵי־) | חֲלָקוֹת\חַלַּקוֹת

He sought to come to Jerusalem in the counsel of the seekers of smooth things [i.e., flatterers] — בקש לבוא ירושלים בעצת דורשי החלקות
4Q169 f3_4i:2

portion, share, lot (nm) | חלק | (66) | חֵלֶק

My portion is in the land of the living. — חֶלְקִי בְּאֶרֶץ הַחַיִּים
Psalm 142:5 — תְּהִלִּים קמב, ו

חֲלָקִים
חֵלֶק־: חֶלְקִי, חֶלְקְךָ\חֶלְקֶךָ, חֶלְקֵךְ, חֶלְקוֹ, חֶלְקָם
---: חֶלְקֵיהֶם

אין להם חלק בבית התורה
They do not have a portion in the house of the law.
Damascus Document (CD) 20:10

חֶלְקָה (23) חלק — portion of ground, plot, field (nf)

וַתְּהִי חֶלְקַת הַשָּׂדֶה מְלֵאָה שְׂעוֹרִים
And there was a portion of the field full of barley.
דִּבְרֵי הַיָּמִים א יא, יג
1 Chronicles 11:13

חֶלְקַת־: חֶלְקָתִי, חֶלְקָתָם

חִלְקִיָּה\חִלְקִיָּהוּ (34) חלק\יהוה — Hilkiah (np)

סֵפֶר נָתַן לִי חִלְקִיָּה הַכֹּהֵן
Hilkiah the priest gave me a book.
מְלָכִים ב כב, י
2 Kings 22:10

חָם (16) --- — Ham (np)

וַיַּרְא חָם אֲבִי כְנַעַן אֵת עֶרְוַת אָבִיו
And Ham, the father of Canaan, saw his father's nakedness.
בְּרֵאשִׁית ט, כב
Genesis 9:22

חַם (19) חמם — he was warm, grew warm, was hot (v, *qal*)

חַם לִבִּי בְּקִרְבִּי
My heart was hot within me.
תְּהִילִּים לט, ד
Psalm 39:3

חֹם\חְמָם | חַמּוֹ, חַמָּם
חַמּוֹתִי, חַם
יֵחַם\יִחַם\יָחֹם\יֵחָם\יָחָם, תֵּחַם, יֵחַמּוּ

חֶמְאָה\חֵמָה (10) חמא — butter, curds (nf)

חֶמְאָה וּדְבַשׁ יֹאכֵל
Curds and honey he will eat.
יְשַׁעְיָהוּ ז, טו
Isaiah 7:15

חֶמְאַת־: ---

חָמַד (25) חמד — he desired, coveted, loved (v, *qal*)

וְלֹא יַחְמֹד אִישׁ אֶת אַרְצְךָ
And a person will not covet your land.
שְׁמוֹת לד, כד
Exodus 34:24

חָמַד, חֲמַדְתֶּם, חָמְדוּ
תַּחְמֹד, יַחְמֹד | אֶחְמְדֵם, נֶחְמְדֵהוּ
--- | --- | חֲמוּדוֹת\חֲמוּדֹת\חֲמֻדוֹת\חֲמֻדֹת (חֲמֻדוֹת־)| חֲמוּדוֹ, חֲמוּדֵיהֶם

His chosen is in a land beloved of all the lands. בחירו בארץ חמדות כל הארצות
4Q374 f2ii:5

delight, something precious (nf)	חמד	(16)	חֶמְדָּה

And I will give to you a land of delight. וְאֶתֶּן לָךְ אֶרֶץ חֶמְדָּה
Jeremiah 3:19 יִרְמְיָהוּ ג, יט

חֶמְדַּת־: חֶמְדָּתִי, חֶמְדָּתֵךְ, חֶמְדָּתָם

And their land is a delight. וֹ[א]רצם חמדה
4Q434 f2:8

heat, wrath, anger, poison (nf)	יחם	(125)	חֵמָה\חֵמָא

Poison of serpents is their wine. חֲמַת תַּנִּינִם יֵינָם
Deuteronomy 32:33 דְּבָרִים לב, לג

חֵמוֹת, חֵמֹת
חֲמַת־: חֲמָתִי, חֲמָתְךָ\חֲמָתֶךָ, חֲמָתוֹ, חֲמָתָם

You poured against us your wrath. שפכתה אלינו את חמתכה
4Q504 f1_2Riii:10

donkey, male ass (nm)	חמר	(96)	חֲמוֹר\חֲמֹר

A man will give to his friend a donkey. יִתֵּן אִישׁ אֶל רֵעֵהוּ חֲמוֹר
Exodus 22:9 שְׁמוֹת כב, ט

חֲמוֹרִים\חֲמֹרִים
חֲמוֹר־\חֲמֹר־: חֲמֹרְךָ\חֲמֹרֶךָ, חֲמֹרוֹ
---: חֲמוֹרֵינוּ\חֲמֹרֵינוּ, חֲמוֹרֵיכֶם, חֲמוֹרֵיהֶם\חֲמֹרֵיהֶם

Hamor (np)	חמר	(13)	חֲמוֹר

And Hamor and Shechem, his son, came to the gate of their city. וַיָּבֹא חֲמוֹר וּשְׁכֶם בְּנוֹ אֶל שַׁעַר עִירָם
Genesis 34:20 בְּרֵאשִׁית לד, כ

mother-in-law (nf)	חמה	(11)	[חָמוֹת]

וַתֵּשֶׁב אֶת חֲמוֹתָהּ
And she lived with her mother-in-law.
רות ב, כג
Ruth 2:23

---: חֲמוֹתֵךְ, חֲמוֹתָהּ\חֲמֹתָהּ

חֲמִישִׁי (45) חמש fifth (adj)

וּבַשָּׁנָה הַחֲמִישִׁת תֹּאכְלוּ אֶת פִּרְיוֹ
And in the fifth year you will eat its fruit.
וַיִּקְרָא יט, כה
Leviticus 19:25

חֲמִישִׁי | חֲמִישִׁית | --- | ---

עמו חמישית אנשי המלחמה
With him are a fifth of the men of the war.
11Q19 58:6

חָמַל (41) חמל he showed pity, had compassion (v, *qal*)

מִי יַחְמֹל עָלַיִךְ יְרוּשָׁלַםִ
Who will have pity on you, Jerusalem?
יִרְמְיָהוּ טו, ה
Jeremiah 15:5

חֶמְלָה
חָמַלְתִּי, חָמָלְתָּ, חָמַל\חָמָל, חֲמַלְתֶּם
אֶחְמוֹל\אֶחְמֹל, תַּחְמֹל, יַחְמוֹל\יַחְמֹל, תַּחְמֹל, תַּחְמְלוּ\תַּחְמֹלוּ, יַחְמֹלוּ

עיני 𐤉𐤄𐤅𐤄 על טובים תחמל
The eyes of the LORD will have compassion on good ones.
11Q5 18:14

חָמָס (60) חמס violence, wrong (nm)

לֹא יִשָּׁמַע עוֹד חָמָס בְּאַרְצֵךְ
Violence will not be heard again in your land.
יְשַׁעְיָהוּ ס, יח
Isaiah 60:18

חֲמָסִים
חֲמַס־: חֲמָסִי, חֲמָסוֹ

ויצילכה מכול חמס
And he delivered you from all wrong.
4Q158 f1_2:8

חָמֵץ (11) חמץ leaven (nm)

לֹא תִשְׁחַט עַל חָמֵץ דַּם זִבְחִי
You shall not sacrifice the blood of my sacrifice on leaven.
שְׁמוֹת לד, כה
Exodus 34:25

You will not eat leaven. — לוא תאכל חמץ
11Q19 20:12

homer, heap [dry measure=394 liters] (nm)	חמר	(13)	חֹמֶר

He gathered 10 homers. — אָסַף עֲשָׂרָה חֳמָרִים
Numbers 11:32 — בְּמִדְבַּר יא, לב

חֳמָרִים\חֳמָרִם
חֹמֶר־: ---

You will give 1 h(omer). — תתן ח'
Arad 18:6

cement, mortar, clay (nm)	חמר	(17)	חֹמֶר

Will the clay say to its potter, "What are you making?" — הֲיֹאמַר חֹמֶר לְיֹצְרוֹ מַה תַּעֲשֶׂה
Isaiah 45:9 — יְשַׁעְיָהוּ מה, ט

חֹמֶר־: ---
---

wine (nm)	חמר	(6)	חֲמַר\חַמְרָא

He said in the taste of the wine [i.e., being drunk]. — אֲמַר בִּטְעֵם חַמְרָא
Daniel 5:2 — דָּנִיֵּאל ה, ב

He sent unto you the wine. — שלח עליך חמרא
TAD A6 15:5

He made for me wine. — עבד לי חמר
1Q20 12:13

five (adj, fs)	חמש	(166?)	חָמֵשׁ

And fifty-five years he reigned in Jerusalem. — וַחֲמִשִּׁים וְחָמֵשׁ שָׁנָה מָלַךְ בִּירוּשָׁלָם
2 Chronicles 33:1 — דִּבְרֵי הַיָּמִים ב לג, א

חֲמֵשׁ־: ---

And five years Abram dwelt in Haran. — וחמש שנים ישב אברם בחרן
4Q252 2:9

חֲמִשָּׁה (178) חמש five (adj, ms)

And he took about five thousand men. — וַיִּקַּח כַּחֲמֵשֶׁת אֲלָפִים אִישׁ
Joshua 8:12 — יְהוֹשֻׁעַ ח, יב

חֲמֵשֶׁת־:---

On the fifteenth in it (month) is the Festival of [Weeks]. — בֿחמשה עשרֿ בו חג [השבועים]
4Q324d f2:3

חֲמִשִּׁים (163) חמש fifty (adj, m and f pl)

Perhaps there are fifty righteous ones in the midst of the city? — אוּלַי יֵשׁ חֲמִשִּׁים צַדִּיקִם בְּתוֹךְ הָעִיר
Genesis 18:24 — בְּרֵאשִׁית יח, כד

---: חֲמִשֶּׁיךָ, חֲמִשָּׁיו, חֲמִשֵּׁיהֶם

חֲמָת (24) חמם Hamath (np)

He [i.e., Jeroboam] returned Damascus and Hamath to Judah. — הֵשִׁיב אֶת דַּמֶּשֶׂק וְאֶת חֲמַת לִיהוּדָה
2 Kings 14:28 — מְלָכִים ב יד, כח

חֵן (69) חנן grace, favor, charm (nm)

I may find favor in his eyes. — אֶמְצָא חֵן בְּעֵינָיו
Ruth 2:2 — רוּת ב, ב

---: חִנּוֹ

And they fo]und favor in yo[ur eyes. — וימצ]אֿוֿ חֿן בעֿ[יניכה
4Q506 f125+127:3

חָנָה (143) חנה he camped, laid siege (v, *qal*)

And we camped there three days. — וַנַּחֲנֶה שָׁם יָמִים שְׁלֹשָׁה
Ezra 8:15 — עֶזְרָא ח, טו

חֲנוֹת\חֲנֹת | חֲנֹתֵנוּ, חֲנֹתְכֶם
חָנִיתִי, חָנָה, חָנוּ
יִחַן, תַּחֲנֶה, נַחֲנֶה, תַּחֲנוּ, יַחֲנוּ\יַחֲנוּן
חֹנֶה, חֹנָה, חֹנִים\חוֹנִים\חוֹנִם | חֹנֵךְ
חֲנֵה, חֲנוּ

Mighty ones camped against me. | חנו עלי גבורים
Thanksgiving Hymn (1QHa) 10:27

Hannah (np) | חנן | (13) | חַנָּה

And Hannah arose after she ate. | וַתָּקָם חַנָּה אַחֲרֵי אָכְלָה
1 Samuel 1:9 | שְׁמוּאֵל א א, ט

Enoch (np) | חנך | (16) | חֲנוֹךְ

And Enoch walked with God and was no more. | וַיִּתְהַלֵּךְ חֲנוֹךְ אֶת הָאֱלֹהִים וְאֵינֶנּוּ
Genesis 5:24 | בְּרֵאשִׁית ה, כד

gracious, merciful [only used for God] (adj) | חנן | (13) | חַנּוּן

Gracious and merciful are you. | חַנּוּן וְרַחוּם אָתָּה
Nehemiah 9:31 | נְחֶמְיָה ט, לא

חַנּוּן | --- | --- | ---

Acquit gracious LORD—acquit LORD, LORD! | 𐤍𐤒𐤄 𐤉𐤄𐤅𐤄 𐤇𐤍𐤍 𐤍𐤒𐤄 𐤉𐤄 𐤉𐤄𐤅𐤄
Beit Lei 6:1

Hanun (np) | חנן | (11) | חָנוּן

And Hanun took David's servants and shaved them. | וַיִּקַּח חָנוּן אֶת עַבְדֵי דָוִיד וַיְגַלְּחֵם
1 Chronicles 19:4 | דִּבְרֵי הַיָּמִים א יט, ד

spear (nf) | --- | (47) | חֲנִית

And he stole the spear from the hand of the Egyptian. | וַיִּגְזֹל אֶת הַחֲנִית מִיַּד הַמִּצְרִי
1 Chronicles 11:23 | דִּבְרֵי הַיָּמִים א יא, כג

חֲנִיתִים
חֲנִית־: חֲנִיתֶךָ, חֲנִיתוֹ
---: חֲנִיתוֹתֵיהֶם\חֲנִיתֹתֵיהֶם

The first banner [i.e., unit] seized a spear and a shield. | הדגל הראישון מחזיק חנית ומגן
War Scroll (1QM) 6:4–5

freely, without purpose, for nothing (adv) | חנן | (32) | חִנָּם

Is it for nothing that Job fears God? | הַחִנָּם יָרֵא אִיּוֹב אֱלֹהִים
Job 1:9 | אִיּוֹב א, ט

And do not light my altar for nothing. | ולא תאירו מזבחי חנם
Damascus Document (CD) 6:13–14

he was gracious, showed favor (v, *qal*) | חנן | (54) | חָנַן

Be gracious to me! Be gracious to me! You are my friends.
Job 19:21

חָנֻּנִי חָנֻּנִי אַתֶּם רֵעָי
אִיּוֹב יט, כא

--- (חָנוֹן) | חֶנְנָהּ, חֲנַנְכֶם
חַנֹּתִי, חָנַן | חַנֵּנִי, חָנָנוּ
אָחֹן, תָּחֹן, יֶחֱנַן\יָחֹן\יָחֹן | תְּחָנֵּם, יָחְנְךָ\(וּ)יחֻנֶּךָ, יְחָנֵּנוּ\יְחָנֵּנוּ
חוֹנֵן\חֹנֵן
--- | חָנֵּנִי\חָנְנֵנִי, חָנֵּנוּ, חָנֵּנִי, חָנּוּנוּ

And I am your servant; you have shown me favor.
Thanksgiving Hymn (1QHa) 6:36

ואני עבדך חנותני

Hanan (np) | חנן | (12?) | חָנָן

And I brought them (to) the house of the LORD, to the chamber of Hanan's sons.
Jeremiah 35:4

וָאָבִא אֹתָם בֵּית יְהוָה אֶל לִשְׁכַּת בְּנֵי חָנָן
יִרְמְיָהוּ לה, ד

Hanani (np) | חנן | (11) | חֲנָנִי

Hanani the seer came to Asa King of Judah.
2 Chronicles 16:7

בָּא חֲנָנִי הָרֹאֶה אֶל אָסָא מֶלֶךְ יְהוּדָה
דִּבְרֵי הַיָּמִים ב טז, ז

Hananiah (np) | חנן\יהוה | (28) | חֲנַנְיָה\חֲנַנְיָהוּ

Please listen, Hananiah, the LORD did not send you.
Jeremiah 28:15

שְׁמַע נָא חֲנַנְיָה לֹא שְׁלָחֲךָ יְהוָה
יִרְמְיָהוּ כח, טו

godless, profane (adj) | חנף | (13) | חָנֵף

And hope of godless ones will perish.
Job 8:13

וְתִקְוַת חָנֵף תֹּאבֵד
אִיּוֹב ח, יג

חָנֵף | --- | חֲנֵפִים (חַנְפֵי־) | ---

And in the time of harvest* he will be found godless.
4Q424 f1:12

ובעת קבץ* ימצא חנף

he took pity, spared, was troubled (v, *qal*) | חוס | (24) | [חָס]

And take pity on me according to the greatness of your steadfast love!
Nehemiah 13:22

וְחוּסָה עָלַי כְּרֹב חַסְדֶּךָ
נְחֶמְיָה יג, כב

חַסְתָּ, חָסָה

אָחוּס, יָחוּס\יָחֹס, תָּחוּס\תָּחוּס\תָּחֹס\תָּחָס

חוּסָה

לוא תחוס עינכה עליו — Your eye will not have pity on him.
11Q19 61:11–12

חֶסֶד\חָסֶד (245) חסד — lovingkindness, covenantal love, loyalty (nm)

רֹדֵף צְדָקָה וָחָסֶד יִמְצָא חַיִּים — One who pursues righteousness and lovingkindness will find life.
מִשְׁלֵי כא, כא — *Proverbs 21:21*

חֲסָדִים
חֶסֶד־: חַסְדִּי\חַסְדּוֹ, חַסְדְּךָ\חַסְדֶּךָ, חַסְדֵּךְ, חַסְדּוֹ, חַסְדְּכֶם, חַסְדָּם
חַסְדֵי־: חֲסָדַי, חֲסָדֶיךָ\חֲסָדֶךָ, חֲסָדָיו\חֲסָדָו

חסדי אל ישועתי לעד — The lovingkindness of God is my salvation forever.
Community Rule (1QS) 11:12

חָסָה (37) חסה — he took refuge (v, *qal*)

טוֹב לַחֲסוֹת בַּיהוָה מִבְּטֹחַ בָּאָדָם — Better to take refuge in the LORD than trusting in the man.
תְּהִלִּים קיח, ח — *Psalm 118:8*

חֲסוֹת\חְסוֹת
חָסִיתִי, חָסָה, חָסָיָה, חָסוּ\חָסָיוּ
אֶחֱסֶה\אֶחְסֶה, תֶּחְסֶה, יֶחֱסֶה, יֶחֱסוּ\יֶחֱסָיוּן
חֹסֶה\חוֹסֶה, חֹסִים\חוֹסִים (חוֹסֵי־\חֹסֵי־)
חֲסוּ

אני את שמכה אהבתי ובצלכה חסיתי — I loved your name and in your shadow took refuge.
11Q5 19:11

חָסִיד (32) חסד — righteous, pious, godly (adj, only m)

אֶהֱבוּ אֶת יְהוָה כָּל חֲסִידָיו — Love the LORD, all his righteous ones!
תְּהִלִּים לא, כד — *Psalm 31:24*

חָסִיד (---): חֲסִידְךָ\חֲסִידֶךָ\חֲסִידְךְ
חֲסִידִים (---): חֲסִידַי, חֲסִידֶיךָ, חֲסִידָיו\חֲסִידָו, חֲסִידֶיהָ

יכבד את חסידים על כסא מלכות עד — He will honor godly ones on a throne of an eternal kingdom.
4Q521 f2ii+4:7

חֲסַף\חַסְפָּא (9) חסף — clay (nm)

The iron is not mixing* with the clay. — פַּרְזְלָא לָא מִתְעָרַב* עִם חַסְפָּא
Daniel 2:43 — דָּנִיֵּאל ב, מג

חֲסַף־: ---
---

he decreased, lacked (v, *qal*) חסר (18) **חָסֵר**

In the desert they did not lack. — בַּמִּדְבָּר לֹא חָסֵרוּ
Nehemiah 9:21 — נְחֶמְיָה ט, כא

--- (חָסוֹר)
חָסַרְתָּ, חָסֵר, חָסַרְנוּ, חָסֵרוּ
אֶחְסָר, תֶּחְסַר, יֶחְסַר\יֶחְסָר, תֶּחְסָר, תֶּחְסָר, יַחְסְרוּ\יַחְסְרוּן

A storehouse will not lack. — לא יחסר אוצר
4Q417 f2i:19

wanting, needy, lacking (adj) חסר (17) **חָסֵר**

What are you lacking with me? — מָה אַתָּה חָסֵר עִמִּי
1 Kings 11:22 — מְלָכִים א יא, כב

חָסֵר (חֲסַר־) | --- | --- | --- | ---

he delighted in, took pleasure, desired (v, *qal*) חפץ (86) **חָפֵץ**

He will not delight in the strength of the horse. — לֹא בִגְבוּרַת הַסּוּס יֶחְפָּץ
Psalm 147:10 — תְּהִילִּים קמז, י

--- (חָפֹץ)
חָפַצְתִּי\חָפָצְתִּי, חָפַצְתָּ, חָפֵץ, חָפֵצָה, חָפָצְנוּ, חֲפַצְתֶּם
אֶחְפֹּץ\אֶחְפָּץ, תַּחְפֹּץ, יַחְפֹּץ\יֶחְפָּץ, תֶּחְפָּץ, תֶּחְפָּץ, יַחְפְּצוּ\יֶחְפָּצוּ\יֶחְפָּצוּן
חָפֵץ, חֲפֵצָה, חֲפֵצִים (חֲפֵצֵי־) | חֶפְצֵיהֶם

You will not delight in in[iquit]y. — לא תחפץ בע[ול]ה
1Q34bis f3ii:4

delight, pleasure, desire, need (nm) חפץ (38) **חֵפֶץ**

You will be a land of delight. — תִּהְיוּ אַתֶּם אֶרֶץ חֵפֶץ
Malachi 3:12 — מַלְאָכִי ג, יב

חֲפָצִים
חֵפֶץ־: חֶפְצִי, חֶפְצְךָ, חֶפְצוֹ, חֶפְצָהּ, חֶפְצָם
---: חֲפָצֶיךָ\חֲפָצֶךָ

He will seek your pleasure to all who seek him. — ידרוש חפציכה לכול מבקשיו
4Q418 f102a+b:4

he dug, searched (v, *qal*) | חפר | (22) | חָפַר

I dug this well. — חָפַרְתִּי אֶת הַבְּאֵר הַזֹּאת
Genesis 21:30 — בְּרֵאשִׁית כא, ל

חְפֹר
חָפַרְתִּי, חָפַרְתָּ\חָפַרְתָּה, חָפַר, חָפְרוּ\חָפָ֫רוּ | חֲפָרוּהָ
אֶחְפֹּר, יַחְפֹּר, יַחְפְּרוּ | יַחְפְּרֵהוּ, יַחְפְּרֻהוּ
חֹפֵר

The well is the Torah and its diggers are the repentant of Israel. — הבאר היא התורה וחופריה הם שבי ישראל
Damascus Document (CD) 6:4–5

he was ashamed (v, *qal*) | חפר | (13) | [חָפֵר]

And may the seekers of my life be put to shame. — וְיַחְפְּרוּ מְבַקְשֵׁי נַפְשִׁי
Psalm 70:3 — תְּהִלִּים ע, ג

חָפְרָה\חָפֵ֫רָה, חָפְרוּ
תַּחְפְּרוּ, יַחְפְּרוּ\יֶחְפָּ֫רוּ

---

free (adj) | חפש | (17) | חָפְשִׁי

I will not go out free. — לֹא אֵצֵא חָפְשִׁי
Exodus 21:5 — שְׁמוֹת כא, ה

חָפְשִׁי | --- | חָפְשִׁים | ---

arrow (nm) | חצץ | (52) | חֵץ

His arrow went out like lightning. — וְיָצָא כַבָּרָק חִצּוֹ
Zechariah 9:14 — זְכַרְיָה ט, יד

חִצִּים
חֵץ־: חִצִּי, חִצּוֹ, חִצָּם
חִצֵּי־: חִצַּי, חִצֶּיךָ\חֲצָצֶיךָ, חִצָּיו\חִצָּו

You will not fear from terror of night; from an arrow flying in the day. — לוא תירא מפחד לילה מחץ יעוף יומם
11Q11 6:6-7

he dug out, hewed (v, *qal*) | חצב | (21) | חָצַב

You dug out for yourself here a grave.
Isaiah 22:16

חָצַבְתָּ לְּךָ פֹּה קָבֶר
יְשַׁעְיָהוּ כב, טז

חָצוֹב\חְצֹב
חָצַבְתִּי, חָצַבְתָּ, חָצֵב, חָצְבָה
תַּחְצֹב, יַחְצֹב
חֹצֵב, חֹצְבִים (חֹצְבֵי־) | חֹצְבִי | חֲצוּבִים

The diggers struck each man to meet his friend.
Siloam 1:4

𐤄𐤊𐤅 𐤄𐤇𐤑𐤁𐤌 𐤀𐤔 𐤋𐤒𐤓𐤕 𐤓𐤏𐤅

חָצָה (11) חצה he divided, reached (v, *qal*)

And he took the people and divided them to three leaders.
Judges 9:43

וַיִּקַּח אֶת הָעָם וַיֶּחֱצֵם לִשְׁלֹשָׁה רָאשִׁים
שׁוֹפְטִים ט, מג

חָצִיתָ, חָצָה, חָצוּ
יֶחֱצֶה\יַחַץ, יֶחֱצוּ\יֶחֱצוּן | יֶחֱצֵם, יֶחֱצוּהוּ

And they divided in half the remainder.
11Q19 58:14

וחצו מחצית השאר

חָצוֹר (15) חצר Hazor (np)

And he burned Hazor with fire.
Joshua 11:11

וְאֶת חָצוֹר שָׂרַף בָּאֵשׁ
יְהוֹשֻׁעַ יא, יא

חֲצִי\חֵצִי (125?) חצה half, middle (nm)

And half of the blood he sprinkled on the altar.
Exodus 24:6

וַחֲצִי הַדָּם זָרַק עַל הַמִּזְבֵּחַ
שְׁמוֹת כד, ו

חֲצִי־: חֶצְיוֹ, חֶצְיָהּ, חֶצְיֵנוּ, חֶצְיָם

The length of the shield is two and a half cubits.
War Scroll (1QM) 5:6

אורך המגן אמתים וחצי

חָצִיר (22) חצר grass, leek, reed (nm)

Humanity like grass is his days.
Psalm 103:15

אֱנוֹשׁ כֶּחָצִיר יָמָיו
תְּהִילִּים קג, טו

חָצִיר־: ---

כח[צ]יר יצמח מארٰצו — Like grass he will sprout from his land.
4Q185 f1_2i:10

trumpet (nf) חצר (29) חֲצֹצְרָה

עֲשֵׂה לְךָ שְׁתֵּי חֲצוֹצְרֹת כֶּסֶף — Make for yourself two silver trumpets.
בְּמִדְבָּר י, ב — *Numbers 10:2*

חֲצֹצְרוֹת\חֲצֹצְרֹת

חֲצֹצְרוֹת־\חֲצוֹצְרֹת־: ---

ותקעו הכוהנים בחצוצרות — And the priests will blow on the trumpets.
War Scroll (1QM) 8:3

courtyard (nm and nf) חצר (190?) חָצֵר\חָצֵרָה

בֹּאוּ שְׁעָרָיו בְּתוֹדָה חֲצֵרֹתָיו בִּתְהִלָּה — Enter his gates with thanksgiving, his courtyards with praise.
תְּהִלִּים ק, ד — *Psalm 100:4*

חֲצֵרִים\חֲצֵרוֹת\חֲצֵרֹת
חֲצַר־: חֲצֵרוֹ
חַצְרֵי־\חַצְרוֹת־: חֲצֵרַי\חֲצֵרוֹתַי, חֲצֵרֶיךָ, חֲצֵרֹתָיו\חַצְרוֹתָיו, חֲצֵרֶיהָ, חַצְרֵיהֶם\חַצְרֹתֵיהֶם

ואל יבא בשער חצרו — And he shall not enter in the gate of its courtyard.
4Q421 f12:3

Hezron (np) חצר (16) חֶצְרוֹן

וְאֵלֶּה תּוֹלְדוֹת פָּרֶץ פֶּרֶץ הוֹלִיד אֶת חֶצְרוֹן — These are the generations of Perez; Perez fathered Hezron.
רוּת ד, יח — *Ruth 4:18*

statute, law, portion, appointed time (nm) חקק (129) חֹק

אֶת חֻקֶּיךָ אֶשְׁמֹר — Your laws I will keep.
תְּהִלִּים קיט, ח — *Psalm 119:8*

חֻקִּים
חֹק־\חָק־: חֻקִּי, חָקְךָ, חֻקֵּךְ, חֻקּוֹ, חָקְכֶם, חֻקָּם
חֻקֵּי־\חוּקֵּי־\חִקְקֵי־: חֻקַּי\חֻקָּי, חֻקֶּיךָ, חֻקָּיו\חֻקָּו

חוקיכה לוא שכחתי — Your statutes I did not forget.
4Q437 f2i:6

חֻקָּה (104) חקק statute, practice (nf)

כְּכָל חֻקַּת הַפֶּסַח יַעֲשׂוּ אֹתוֹ
According to every statute of the Passover they shall do it.
בְּמִדְבַּר ט, יב
Numbers 9:12

חֻקַּת־: ---
חֻקּוֹת־\חֻקֹּת־: חֻקֹּתַי\חֻקּוֹתַי\חֻקֹּתָי, חֻקֹּתֶיךָ, חֻקֹּתָיו, חֻקֹּתָם\חֻקֹּתֵיהֶם

יום יום דרשו את חקותי
Every day seek my statutes!
4Q385 f18ii:8

[חָקַר] (22) חקר he searched, examined (v, *qal*)

חָקְרֵנִי אֵל וְדַע לְבָבִי
God, search me and know my heart.
תְּהִלִּים קלט, כג
Psalm 139:23

חֲקֹר\חְקֹר\חְקוֹר | חָקְרָהּ
חָקַרְתָּ | חֲקַרְתַּנִי, חֲקָרוֹ, חֲקָרָהּ, חֲקַרְנוּהָ
אֶחְקֹר, יַחְקֹר\יֵחָקֵר, נַחְקֹרָה, תַּחְקְרוּן, יַחְקֹּרוּ | אֶחְקְרֵהוּ, יַחְקְרֻנּוּ
--- (חוֹקֵר־\חֹקֵר־)
חִקְרוּ | חָקְרֵנִי

חקרו לכם דרך לחיים
Search for yourself a way to life.
4Q185 f1_2ii:1

חֵקֶר (12) חקר searching, depth, bound (nm)

וְלֵב מְלָכִים אֵין חֵקֶר
And a heart of kings is unsearchable.
מִשְׁלֵי כה, ג
Proverbs 25:3

חֵקֶר־: ---
חִקְרֵי־: ---

ולטובו אין חקר֯
And to his goodness there is no bound.
4Q181 f2:6

[חֹר] (13) חרר noble one (nm, pl only)

וְאֵת כָּל חֹרֵי יְהוּדָה שָׁחַט מֶלֶךְ בָּבֶל
And the king of Babylon slaughtered all the nobles of Judah.
יִרְמְיָהוּ לט, ו
Jeremiah 39:6

חֹרִים\חוֹרִים

חֹרֵי־: חֹרֶיהָ

he was dried up, was ruined (v, *qal*) חרב (19) **[חָרֵב]**

And this city will be ruined. — וְהָעִיר הַזֹּאת תֶּחֱרַב

Jeremiah 26:9 — יִרְמְיָהוּ כו, ט

--- (חָרֹב)
חָרְבוּ
יֶחֱרַב\יֶחֱרָב, תֶּחֱרַב\תֶּחֱרָב, יֶחֶרְבוּ\יֶחֱרָבוּ, תֶּחֱרַבְנָה

חֲרֹב, חֲרָבִי, חִרְבוּ

dry, desolate, ruined (adj) חרב (10) **חָרֵב**

And this house is ruined. — וְהַבַּיִת הַזֶּה חָרֵב

Haggai 1:4 — חַגַּי א, ד

חָרֵב | חֲרֵבָה | --- | חֲרֵבוֹת

sword, knife (nf) חרב (412?) **חֶרֶב\חָרֶב**

And Saul took the sword and fell on it. — וַיִּקַּח שָׁאוּל אֶת הַחֶרֶב וַיִּפֹּל עָלֶיהָ

1 Samuel 31:4 — שְׁמוּאֵל א לא, ד

חֲרָבוֹת
חֶרֶב־: חַרְבִּי, חַרְבְּךָ\חַרְבֶּךָ, חַרְבּוֹ, חַרְבְּכֶם, חַרְבָּם
חַרְבוֹת־: חַרְבוֹתָיו, חַרְבוֹתָם\חַרְבֹתֵיהֶם

They will destroy many with the sword. — יאבדו רבים בחרב

Habakkuk Pesher (1QpHab) 6:10

drought, heat, waste (nm) חרב (16) **חֹרֶב**

And I called a drought on the land. — וָאֶקְרָא חֹרֶב עַל הָאָרֶץ

Haggai 1:11 — חַגַּי א, יא

Horeb (np) חרב (17) **חֹרֵב\חוֹרֵב\חֹרֵבָה**

The Lord our God spoke to us at Horeb. — יְהוָה אֱלֹהֵינוּ דִּבֶּר אֵלֵינוּ בְּחֹרֵב

Deuteronomy 1:6 — דְּבָרִים א, ו

wasteland, ruin, devastation (nf) חרב (42) **חָרְבָּה**

To a wasteland the land will be. — לְחָרְבָּה תִּהְיֶה הָאָרֶץ

Jeremiah 7:34 — יִרְמְיָהוּ ז, לד

חֳרָבוֹת

חָרְבוֹת־: חָרְבֹתַיִךְ חָרְבָיו, חָרְבֹתֶיהָ\חָרְבוֹתֶיהָ, חָרְבוֹתֵיהֶם

I saw, O LORD, and behold a wasteland. *4Q386 f1ii:2*	ראיתי יהוה והנה חרבה

he trembled, was terrified (v, *qal*)	חרד	(23)	[חָרַד]

And all the people who were in the camp trembled. *Exodus 19:16*	וַיֶּחֱרַד כָּל הָעָם אֲשֶׁר בַּמַּחֲנֶה שְׁמוֹת יט, טז

חָרַדְתְּ, חָרַד, חָרְדָה, חָרְדוּ
יֶחֱרַד, יֶחֶרְדוּ\יֶחֶרְדוּ\יֶחֱרָדוּ

חִרְדוּ

he was angry, was hot, burned (v, *qal*)	חרה	(82)	חָרָה

And David was very angry with the man. *2 Samuel 12:5*	וַיִּחַר אַף דָּוִד בָּאִישׁ מְאֹד שְׁמוּאֵל ב יב, ה

חֲרוֹת (חָרֹה)
חָרָה
יֶחֱרֶה\יִחַר

Therefore, the anger of the LORD burned on his people. *4Q162 2:8*	על כן חרה אף יהוה בעמו

anger, burning, wrath (nm)	חרה	(41)	חָרוֹן

And the burning of the anger of the LORD will turn from Israel. *Numbers 25:4*	וְיָשֹׁב חֲרוֹן אַף יְהוָה מִיִּשְׂרָאֵל בְּמִדְבָּר כה, ד

חֲרוֹן־: חֲרוֹנִי, חֲרֹנְךָ, חֲרוֹנוֹ
---: חֲרוֹנֶיךָ

I will turn from the heat of my anger and give to you compassion. *11Q19 55:11–12*	אשוב מחרון אפי ונתתי לכה רחמים

magician (nm)	---	(11)	[חַרְטֹם]

And he called all the magicians of Egypt. *Genesis 41:8*	וַיִּקְרָא אֶת כָּל חַרְטֻמֵּי מִצְרַיִם בְּרֵאשִׁית מא, ח

חַרְטֻמִּים\חַרְטֻמֵּם

חַרְטֻמֵּי־: ---

And the magicians said to Pharaoh. | ויואמרו החרטומים אל פרעוה
4Q365 f2:4

magician (nm)	---	(5)	חַרְטֹם

He did not ask to any magician. | לָא שְׁאֵל לְכָל חַרְטֹם
Daniel 2:10 | דָּנִיֵּאל ב, י

חַרְטֻמִּין\חַרְטֻמַּיָּא

Harim (np)	חרם	(11)	חָרִם

The sons of Harim were three hundred twenty. | בְּנֵי חָרִם שְׁלֹשׁ מֵאוֹת וְעֶשְׂרִים
Ezra 2:32 | עֶזְרָא ב, לב

devoted thing, banned item (nm)	חרם	(29)	חֵ֫רֶם

Every devoted thing is most holy to the LORD. | כָּל חֵרֶם קֹדֶשׁ קָדָשִׁים הוּא לַיהוָה
Leviticus 27:28 | וַיִּקְרָא כז, כח

---: חֶרְמִי

All that is in it is a consecrated thing. | כל שבה חרם
3Q15 9:16

Hermon (np)	חרם	(14)	חֶרְמוֹן\[הַר] חֶרְמוֹן

It is like the dew of Hermon that falls on the mountains of Zion. | כְּטַל חֶרְמוֹן שֶׁיֹּרֵד עַל הַרְרֵי צִיּוֹן
Psalm 133:3 | תְּהִלִּים קלג, ג

Haran (np)	---	(10)	חָרָן\חָרָנָה

And arise, flee yourself to Laban my brother to Haran. | וְקוּם בְּרַח לְךָ אֶל לָבָן אָחִי חָרָנָה
Genesis 27:43 | בְּרֵאשִׁית כז, מג

he reproached, taunted (v, *piel*)	חרף	(34)	חֵרֵף

All day long my enemies reproach me. | כָּל הַיּוֹם חֵרְפוּנִי אוֹיְבָי
Psalm 102:8 | תְּהִלִּים קב, ט

חָרֵף
חֵרַפְתִּי, חֵרַפְתָּ, חֵרֵף, חֵרַפְתֶּם, חֵרְפוּ | חֵרְפוּנִי

יְחָרֵף\יְחָרֶף | יְחָרְפֵנִי, יְחָרְפוּנִי
מְחָרֵף

𐤀𐤓𐤓 𐤄𐤇𐤓𐤐𐤊 — Cursed is the one who reproaches you.
Beit Lei 3:1–2

ויחרפו את בחירי אל — And they taunted God's chosen ones.
Habakkuk Pesher (1QpHab) 10:13

חֶרְפָּה (73) חרף — reproach, disgrace, shame (nf)

וַאֲנִי אָנָה אוֹלִיךְ אֶת חֶרְפָּתִי — And I, where will I take my shame?
שְׁמוּאֵל ב יג, יג — *2 Samuel 13:13*

חֲרָפוֹת
חֶרְפַּת־: חֶרְפָּתִי, חֶרְפָּתְךָ, חֶרְפָּתֵךְ, חֶרְפָּתוֹ, חֶרְפָּתֵנוּ, חֶרְפַּתְכֶם
חֶרְפוֹת: ---

הביטה וראה חרפה בני [עמכה — Look and see the shame of the sons of your people.
4Q501 f1:5

[חָרַשׁ] (24) חרש — he plowed, engraved, devised (v, *qal*)

אַל תַּחֲרֹשׁ עַל רֵעֲךָ רָעָה — Do not devise against your neighbor evil.
מִשְׁלֵי ג, כט — *Proverbs 3:29*

חָרַשׁ
חֲרַשְׁתֶּם, חָרְשׁוּ
תַּחֲרֹשׁ, יַחֲרֹשׁ\יַחֲרוֹשׁ
חֹרֵשׁ\חוֹרֵשׁ, חֹרְשִׁים (חֹרְשֵׁי־), חֹרְשׁוֹת | --- | חֲרוּשָׁה

ולוא תחרוש בשור ובחמור יחדיו — And you will not plow with an ox and donkey together.
11Q19 52:13

חָרָשׁ (36) חרש — engraver, craftsman, metalworker (nm)

וְחָרָשׁ לֹא יִמָּצֵא בְּכֹל אֶרֶץ יִשְׂרָאֵל — And a craftsman will not be found in all the land of Israel.
שְׁמוּאֵל א יג, יט — *1 Samuel 13:19*

חָרָשִׁים\חֲרָשִׁים
חָרַשׁ־: ---
חָרָשֵׁי־: ---

חרש עשה[ו ולוא אלוהים הוא] — A craftsman made [it, but it was not a god].
4Q167 f11_13:3

חֶ֫רֶשׂ\חָ֫רֶשׂ (17) **חרש** pottery, earthenware, vessel (nm)

וּנְתַתָּם בִּכְלִי חָרֶשׂ — And you put them in a vessel of pottery.
יִרְמְיָהוּ לב, יד — *Jeremiah 32:14*

חַרְשֵׂי־: חֲרָשֶׂיהָ

וכול כלי חרש ישברו — And every vessel of pottery will be broken.
11Q19 50:17–18

חָשׁ (14) **חוש** he hurried, hastened (v, *qal*)

חוּשָׁה לְעֶזְרָתִי אֲדֹנָי תְּשׁוּעָתִי — Hurry for my help, O Lord, my salvation.
תְּהִלִּים לח, כג — *Psalm 38:22*

--- | חוּשִׁי
חַשְׁתִּי, חָשׁ
תַּחַשׁ
--- | --- | חָשִׁים
חוּשָׁה\חִישָׁה

יעופו כנשר חש לאכול — They fly like a vulture hurrying to eat.
Habakkuk Pesher (1QpHab) 3:8

חָשַׁב (77) **חשב** he thought, designed, respected, planned (v, *qal*)

אֵלֶּה הָאֲנָשִׁים הַחֹשְׁבִים אָוֶן — These are the men who plan iniquity.
יְחֶזְקֵאל יא, ב — *Ezekiel 11:2*

חְשֹׁב
חָשַׁבְתִּי, חָשַׁבְתְּ\חָשַׁבְתָּה, חָשַׁב, חֲשַׁבְתֶּם, חָשְׁבוּ\חָשָׁבוּ | חֲשָׁבָהּ, חֲשַׁבְנֻהוּ
יַחְשֹׁב\יַחֲשָׁב, תַּחְשֹׁב, נַחְשְׁבָה, תַּחְשְׁבוּ\תַּחְשֹׁבוּ, יַחְשְׁבוּ\יַחְשֹׁבוּ\יַחֲשֹׁבוּן | תַּחְשְׁבֵנִי, יַחְשְׁבֵנִי, יַחְשְׁבֶהָ, תַּחְשְׁבֻנִי
חֹשֵׁב\חוֹשֵׁב, חֹשְׁבִים (חֹשְׁבֵי־)

ואיש עול אל תחשוב עזר — And an evil man do not think a help.
4Q417 f2i:7

חִשַּׁב (16) **חשב** he planned, devised, counted (v, *piel*)

לֵב אָדָם יְחַשֵּׁב דַּרְכּוֹ וַיהוָה יָכִין צַעֲדוֹ — A man's heart will plan his way, but the LORD establishes his steps.
מִשְׁלֵי טז, ט — *Proverbs 16:9*

חִשַּׁבְתִּי, חִשַּׁב, חִשְּׁבָה
אֲחַשְּׁבָה, יְחַשֵּׁב, תְּחַשְּׁבוּן, יְחַשְּׁבוּ | תְּחַשְּׁבֵהוּ

מְחַשֵּׁב

Heshbon (np)	---	(38)	חֶשְׁבּוֹן

I gave into your hand Sihon king of Heshbon the Amorite. — נָתַתִּי בְיָדְךָ אֶת סִיחֹן מֶלֶךְ חֶשְׁבּוֹן הָאֱמֹרִי

Deuteronomy 2:24 — דְּבָרִים ב, כד

Hashabiah (np)	חשב\יהוה	(15)	חֲשַׁבְיָה\חֲשַׁבְיָהוּ

Next to him, Hashabiah repaired (the wall). — עַל יָדוֹ הֶחֱזִיק חֲשַׁבְיָה

Nehemiah 3:17 — נְחֶמְיָה ג, יז

it was dark, grew dark, grow dim (v, *qal*)	חשך	(11)	חָשַׁךְ

On account of these our eyes grow dim. — עַל אֵלֶּה חָשְׁכוּ עֵינֵינוּ

Lamentations 5:17 — אֵיכָה ה, יז

חָשַׁךְ, חָשְׁכָה, חָשְׁכוּ
תֶּחְשַׁךְ, יֶחְשְׁכוּ, תֶּחְשַׁכְנָה

The light of my face grew dark. — ויחשך מאור פני

Thanksgiving Hymn (1QHa) 13:34

darkness (nm)	חשך	(80)	חֹשֶׁךְ

Is your wonder known in the darkness? — הֲיִוָּדַע בַּחֹשֶׁךְ פִּלְאֶךָ

Psalm 88:12 — תְּהִלִּים פח, יג

---: חָשְׁכִּי

And in ways of darkness they walk. — ובדרכי חושך יתהלכו

Community Rule (1QS) 3:21

he withheld, kept back, refrained (v, *qal*)	חשך	(26)	חָשַׂךְ

I will not withhold my mouth. — אֲנִי לֹא אֶחֱשָׂךְ פִּי

Job 7:11 — אִיּוֹב ז, יא

חָשַׂכְתִּי, חָשַׂכְתָּ, חָשַׂךְ, חָשְׂכוּ\חָשָׂכוּ
אֶחְשֹׂךְ\אֶחֱשָׂךְ, תַּחְשֹׂךְ\תַּחְשׂוֹךְ, תַּחְשְׂכִי, יַחְשֹׂךְ
חוֹשֵׂךְ
חֲשֹׂךְ

breastpiece (nm)	---	(25)	חֹשֶׁן

And he put on him the breastpiece. — וַיָּשֶׂם עָלָיו אֶת הַחֹשֶׁן
Leviticus 8:8 — וַיִּקְרָא ח, ח

חֹשֶׁן־: ---
---

he stripped off, bared, skimmed off (v, *qal*) חשף (11) חָשַׂף

The LORD bared his holy arm. — חָשַׂף יְהוָה אֶת זְרוֹעַ קָדְשׁוֹ
Isaiah 52:10 — יְשַׁעְיָהוּ נב, י

חָשׂוֹף (חָשׂוֹף)
חָשַׂפְתִּי, חָשַׂף | חֲשָׂפָה
יֶחֱשֹׂף
--- | --- | חֲשׂוּפָה, חֲשׂוּפֵי
חֶשְׂפִּי

he was afraid, dismayed, shattered (v, *qal*) חתת (17) חַת

They were dismayed; they did not answer again. — חַתּוּ לֹא עָנוּ עוֹד
Job 32:15 — אִיּוֹב לב, טו

חַת, חַתָּה\חָתָּה, חַתּוּ\חָתּוּ

חֹתּוּ

Heth (np) --- (14) חֵת

And Canaan bore Sidon, his firstborn, and Heth. — וּכְנַעַן יָלַד אֶת צִידוֹן בְּכֹרוֹ וְאֶת חֵת
1 Chronicles 1:13 — דִּבְרֵי הַיָּמִים א א, יג

Hittites (gent) --- (48) חִתִּי

Uriah the Hittite you struck with the sword. — אֵת אוּרִיָּה הַחִתִּי הִכִּיתָ בַחֶרֶב
2 Samuel 12:9 — שְׁמוּאֵל ב יב, ט

he sealed (v, *qal*) חתם (22) [חָתַם]

And I wrote in the book and sealed. — וָאֶכְתֹּב בַּסֵּפֶר וָאֶחְתֹּם
Jeremiah 32:10 — יִרְמְיָהוּ לב, י

חָתֹם (חָתוֹם)

אֶחְתֹּם, יַחְתֹּם\יַחְתּוֹם, תַּחְתֹּם
חוֹתֵם | --- | חָתוּם\חָתֻם, חֲתוּמִים\חֲתֻמִים
חֲתֹם\חֲתוֹם, חִתְמוּ

And seal it with your seal. *Arad 17:5–7*	𐤅𐤇𐤕𐤌𐤄 𐤀𐤕𐤄 𐤁𐤇𐤕𐤌𐤊
And David did not read in the sealed book of Torah. *Damascus Document (CD) 5:2*	ודויד לא קרא בספר התורה החתום

son-in-law, bridegroom (nm)	חתן	(20)	חָתָן

I will be a son-in-law to the king. *1 Samuel 18:18*	אֶהְיֶה חָתָן לַמֶּלֶךְ שְׁמוּאֵל א יח, יח

חֲתַן־: חֲתָנוֹ
---: חֲתָנָיו

father-in-law	חתן	(21)	[חֹתֵן]

And Moses went out to meet his father-in-law. *Exodus 18:7*	וַיֵּצֵא מֹשֶׁה לִקְרַאת חֹתְנוֹ שְׁמוֹת יח, ז

חֹתֵן־: חֹתֶנְךָ, חֹתְנוֹ

And Jethro, Moses's father-in-law, [saw] everything. *4Q365 f7ii:1–2*	ויראׄ] יתר חׄותן מושה את כול

ט / ⊗

he slaughtered (v, *qal*)	טבח	(11)	טָבַח

Your bull is slaughtered before your eyes and you will not eat from it.
Deuteronomy 28:31

שׁוֹרְךָ טָבוּחַ לְעֵינֶיךָ וְלֹא תֹאכַל מִמֶּנּוּ
דְּבָרִים כח, לא

טָבוֹחַ\טְבֹחַ
טָבַחְתִּי, טָבַחְתָּ, [טָבַח], טָבְחָה

---|טָבוּחַ
טְבֹחַ

slaughter, butchery (nm)	טבח	(12)	טֶבַח

And he will not open his mouth like a lamb to the slaughter is led.
Isaiah 53:7

וְלֹא יִפְתַּח פִּיו כַּשֶּׂה לַטֶּבַח יוּבָל
יְשַׁעְיָהוּ נג, ז

---: טִבְחָהּ
---

cook, guard (nm)	טבח	(32)	טַבָּח

And the captain of the guard appointed Joseph with them, and he served them.
Genesis 40:4

וַיִּפְקֹד שַׂר הַטַּבָּחִים אֶת יוֹסֵף אִתָּם וַיְשָׁרֶת אֹתָם
בְּרֵאשִׁית מ, ד

טַבָּחִים

---

he dipped, immersed (v, *qal*)	טבל	(15)	טָבַל

And they dipped the robe in the blood.
Genesis 37:31

וַיִּטְבְּלוּ אֶת הַכֻּתֹּנֶת בַּדָּם
בְּרֵאשִׁית לז, לא

טָבַלְתְּ, טָבַל, טְבַלְתֶּם
יִטְבֹּל, יִטְבְּלוּ | תִּטְבְּלֵנִי
טְבֹל

And the utensil which he carried he will dip.
4Q274 f2i:5

והכלי אשר ישאנה יטבול

ring (nf)	טבע (49)	טַבַּ֫עַת

And the king removed his ring from his hand and gave it to Haman.
Esther 3:10

וַיָּסַר הַמֶּלֶךְ אֶת טַבַּעְתּוֹ מֵעַל יָדוֹ וַיִּתְּנָהּ לְהָמָן
אֶסְתֵּר ג, י

טַבְּעוֹת\טַבְעֹת
טַבַּעַת־: טַבַּעְתּוֹ
טַבְּעוֹת־\טַבְעֹת־: טַבְּעֹתָיו\טַבְּעֹתָו, טַבְּעֹתֵיהֶם\טַבְּעֹתָם

clean, pure (adj)	טהר (95)	טָהוֹר\טָהֹר

Create for me a pure heart, O God and renew a right spirit within me.
Psalm 51:10

לֵב טָהוֹר בְּרָא לִי אֱלֹהִים וְרוּחַ נָכוֹן חַדֵּשׁ בְּקִרְבִּי
תְּהִלִּים נא, יב

טָהוֹר\טָהֹר | טְהוֹרָה\טְהֹרָה | טְהוֹרִים\טְהֹרִים | טְהֹרוֹת

he was clean [ceremonially] (v, *qal*)	טהר (34)	טָהֵר

And you were not clean from your uncleanness; you will not be clean again.
Ezekiel 24:13

וְלֹא טָהַרְתְּ מִטֻּמְאָתֵךְ לֹא תִטְהֲרִי עוֹד
יְחֶזְקֵאל כד, יג

טָהַרְתִּי\טָהָ֫רְתִּי, טָהַרְתְּ, טָהֵר, טָהֲרָה\טָהֵ֫רָה, טְהַרְתֶּם
אֶטְהָ֫ר, תִּטְהֲרִי, יִטְהַר\יִטְהָ֫ר, תִּטְהָר, תִּטְהָ֫רוּ

טְהָ֫ר

They will bathe and wash in water and shall be clean.
4Q514 f1i:19

ירחצו וכבסו במים וטהרו

he purified, cleaned (v, *piel*)	טהר (39)	טִהַר

And they purified the people and the gates.
Nehemiah 12:30

וַיְטַהֲרוּ אֶת הָעָם וְאֶת הַשְּׁעָרִים
נְחֶמְיָה יב, ל

טַהֵר | טַהֲרִי, טַהֲרוֹ, טַהֲרָהּ, טַהֲרָם
טִהַרְתִּי, טִהַרְתָּ, טִהַר, טִהַרְנוּ, טִהֲרוּ | טִהַרְתִּיךְ, טִהַרְתִּים, טִהֲרוֹ
אֲטַהֵר, יְטַהֵר, יְטַהֲרוּ | תְּטַהֲרֵם
מְטַהֵר
--- | טַהֲרֵנִי

Forgive, O Lord, my sin, and purify me from my iniquity.
11Q5 19:13–14

סלחה 𐤉𐤄𐤅𐤄 לחטאתי וטהרני מעווני

purification, ritual purity, cleansing (nf) טהר (13) **טָהֳרָה**

And after his cleansing they will count seven days for him.
Ezekiel 44:26

וְאַחֲרֵי טָהֳרָתוֹ שִׁבְעַת יָמִים יִסְפְּרוּ לוֹ
יְחֶזְקֵאל מד, כו

טָהֳרַת־: טָהֳרָתוֹ
---

it was good, delightful, pleasing (v, *qal*) טוב (18) **טוב**

When the heart of the king was good with wine he spoke.
Esther 1:10

כְּטוֹב לֵב הַמֶּלֶךְ בַּיָּיִן אָמַר
אֶסְתֵּר א, י

טוֹב (טוֹב)
טוֹב, טֹבוּ

טוֹב
---

good (nm) טוב (117) **טוֹב**

And you will be like God, knowers of good and evil.
Genesis 3:5

וִהְיִיתֶם כֵּאלֹהִים יֹדְעֵי טוֹב וָרָע
בְּרֵאשִׁית ג, ה

---: טוּבָם
---

good (adj) טוב (373) **טוֹב**

The two are better than one.
Ecclesiastes 4:9

טוֹבִים הַשְּׁנַיִם מִן הָאֶחָד
קֹהֶלֶת ד, ט

טוֹב | טוֹבָה\טֹבָה (טוֹבַת־\טֹבַת־) | טוֹבִים\טֹבִים (טוֹבֵי־) | טֹבוֹת\טֹבֹת\טוֹבוֹת

They walked in a way which is not good.
Thanksgiving Hymn (1QHa) 7:31

הלכו בדרך לא טוב

goodness, bounty, beauty, prosperity (nm) טוב (32) **טוּב**

If you will be willing and listen, you will eat the goodness of the land.
Isaiah 1:19

אִם תֹּאבוּ וּשְׁמַעְתֶּם טוּב הָאָרֶץ תֹּאכֵלוּ
יְשַׁעְיָהוּ א, יט

טוּב־: טוּבִי, טוּבְךָ, טוּבוֹ, טוּבָהּ, טוּבָם
---

goodness, prosperity, happiness (nf)	טוב	(67)	טוֹבָה\טֹבָה

Remember me, my God, for goodness—all which I did for this people.
Nehemiah 5:19

זָכְרָה לִּי אֱלֹהַי לְטוֹבָה כֹּל אֲשֶׁר עָשִׂיתִי עַל הָעָם הַזֶּה
נְחֶמְיָה ה, יט

טוֹבַת־: טוֹבָתִי, טוֹבָתְךָ\טוֹבָתֵךְ, טוֹבָתָם\טֹבָתָם
---: טוֹבֹתָיו

Tobiah (np)	טוב\יהוה	(18)	טוֹבִיָּה\טוֹבִיָּהוּ

Tobiah sent letters to frighten me.
Nehemiah 6:19

אִגְּרוֹת שָׁלַח טוֹבִיָּה לְיָרְאֵנִי
נְחֶמְיָה ו, יט

row, course (nm)	טור	(26)	טוּר

Two rows of pomegranates for each latticework.
2 Chronicles 4:13

שְׁנַיִם טוּרִים רִמּוֹנִים לַשְּׂבָכָה
דִּבְרֵי הַיָּמִים ב ד, יג

טוּרִים\טֻרִים

טוּרֵי־: ---

And they filled in it four rows of [stone].
4Q365 f12biii:9

וימלאו בו ארבעה טורי [אבן]

mud (nm)	---	(13)	טִיט

Rescue me from mud!
Psalm 69:15

הַצִּילֵנִי מִטִּיט
תְּהִלִּים סט, טו

טִיט־: ---

And you trample people like mud outside.
Community Rule (1QSb) 5:27

ותרמוס עמ]ים כטיט חוצות

dew (nm)	טלל	(31)	טַל

The dew will fall on the ground.
2 Samuel 17:12

יִפֹּל הַטַּל עַל הָאֲדָמָה
שְׁמוּאֵל ב יז, יב

טַל־: טַלֶּךָ, טַלָּם

And (they are) like clouds of dew to cover earth.
War Scroll (1QM) 12:9

וכעבי טל לכסות ארץ

dew (nm)	טלל	(5)	[טַל]

And with the dew of the sky he will be watered*. — וּבְטַל שְׁמַיָּא יִצְטַבַּע*
Daniel 4:15 — דָּנִיֵּאל ד, יב

טַל־: ---
---

he was unclean (v, *qal*)	טמא	(77)	טָמֵא

He will be unclean for seven days. — יִטְמָא שִׁבְעַת יָמִים
Numbers 19:16 — בְּמִדְבַּר יט, טז

טָמְאָה
טָמֵאת, טָמֵא, טָמְאָה, טָמְאוּ
יִטְמָא, תִּטְמָא, יִטְמְאוּ

And all who come to the house will be unclean. — וכול הבא אל הבית יטמא
11Q19 49:6

unclean (adj)	טמא	(88)	טָמֵא

And anything which the unclean person will touch will be unclean. — וְכֹל אֲשֶׁר יִגַּע בּוֹ הַטָּמֵא יִטְמָא
Numbers 19:22 — בְּמִדְבַּר יט, כב

טָמֵא (טְמֵא־) | טְמֵאָה (טְמֵאַת־) | טְמֵאִים | ---

Do not let Satan rule* on me or any unclean spirit. — אל תשלט* בי שטן ורוח טמאה
11Q5 19:15

he defiled, desecrated, declared unclean (v, *piel*)	טמא	(50)	טִמֵּא

And they defiled the house of the Lord. — וַיְטַמְּאוּ אֶת בֵּית יְהוָה
2 Chronicles 36:14 — דִּבְרֵי הַיָּמִים ב לו, יד

טַמֵּא | טַמְּאוֹ, טַמַּאֲכֶם, טַמְּאָם
טִמֵּאת, טִמֵּא, טִמֵּאתֶם, טִמְּאוּ | טִמְּאוֹ, טִמְּאוּהָ
אֲטַמֵּא, תְּטַמֵּא, יְטַמֵּא, תְּטַמְּאוּ, יְטַמְּאוּ | יְטַמְּאֵנּוּ\יְטַמְּאֵהוּ

טַמְּאוּ

And they shall not defile the city. — ולוא יטמאו את העיר
11Q19 45:13

uncleanness (nf)	טמא	(36)	טֻמְאָה

And the spirit of uncleanness I will remove from the land. *Zechariah 13:2*	וְאֶת רוּחַ הַטֻּמְאָה אַעֲבִיר מִן הָאָרֶץ זְכַרְיָה יג, ב

טֻמְאַת־: טֻמְאָתֵךְ, טֻמְאָתוֹ, טֻמְאָתָהּ, טֻמְאָתָם
טֻמְאֹת־: טֻמְאוֹתֵיכֶם, טֻמְאֹתָם

And they will not come in the impurity of their uncleanness to my sanctuary. *11Q19 45:10*	ולוא יבואו בנדת טמאתמה אל מקדשי

he hid, concealed (v, *qal*)	טמן	(28)	טָמַן

Take me out from this net they hid for me. *Psalm 31:5*	תּוֹצִיאֵנִי מֵרֶשֶׁת זוּ טָמְנוּ לִי תְּהִלִּים לא, ה

טָמוֹן | טָמְנוּ
טָמַ֫נְתִּי, טָמַן, טָמְנוּ\טָמָ֫נוּ | טְמַנְתִּיו, טְמַנְתֶּם
יִטְמֹן | אֶטְמְנֵהוּ, יִטְמְנֵהוּ, תִּטְמְנֵם
--- | --- | טָמוּן, טְמוּנָה, טְמוּנִים (טְמוּנֵי־)
--- | טָמְנֵהוּ, טָמְנֵם

And snares they hid for my life, they fell into them. *Thanksgiving Hymn (1QHa) 10:31*	ופחים טמנו לנפשי נפלו בם

he tasted, sensed (v, *qal*)	טעם	(11)	טָעַם

Taste and see that the LORD is good. *Psalm 34:9*	טַעֲמוּ וּרְאוּ כִּי טוֹב יְהוָה תְּהִלִּים לד, ט

--- (טָעֹם)
טָעַמְתִּי, טָעַם, טָעֲמָה
אֶטְעַם, יִטְעַם, יִטְעֲמוּ

טַעֲמוּ

taste, perception, judgment (nm)	טעם	(13)	טַ֫עַם

Goodness, judgment, and knowledge teach me! *Psalm 119:66*	טוּב טַעַם וָדַעַת לַמְּדֵנִי תְּהִלִּים קיט, סו

טַעַם־: טַעְמֵךְ, טַעְמוֹ
---

decree, command, judgment, taste (nm)	טעם	(30)	טְעֵם\טַעְמָא

You, O king, put forth a decree. | אַנְתְּה מַלְכָּא שַׂמְתָּ טְעֵם
Daniel 3:10 | דָּנִיֵּאל ג, י

טְעֵם־\טַעַם־: ---

I put forth for them a decree. | אנה אשים להם טעם
TAD A6 3:6

He will know what is in the decree of [God]. | ינדע מׄה בׄטׄעׄם [אלהא]
4Q212 f1v:15

little children (n, collective) טפף (42) **טַף**

Build for yourselves cities for your little ones. | בְּנוּ לָכֶם עָרִים לְטַפְּכֶם
Numbers 32:24 | בְּמִדְבַּר לב, כד

---: טַפֵּנוּ, טַפְּכֶם, טַפָּם
---

before (adv) טרם (56) **טֶרֶם\טְרוֹם**

One who returns a word before he will listen, foolishness and disgrace it is to him. | מֵשִׁיב דָּבָר בְּטֶרֶם יִשְׁמָע אִוֶּלֶת הִיא לוֹ וּכְלִמָּה
Proverbs 18:13 | מִשְׁלֵי יח, יג

---

he tore (v, *qal*) טרף (20) **טָרַף**

And let us return to the LORD because he tore and will heal us. | וְנָשׁוּבָה אֶל יְהוָה כִּי הוּא טָרָף וְיִרְפָּאֵנוּ
Hosea 6:1 | הוֹשֵׁעַ ו, א

טְרֹף\טְרָף (טָרֹף)
טָרַף\טָרָף
אֶטְרֹף, יִטְרֹף\יִטְרָף
טֹרֵף, --- (טֹרְפֵי־)

Like a lion he dwelt and tore arm, even scalp. | כלביא שכן וטרף זרוע אף קדקד
4Q174 f9_10:3

prey (nm) טרף (22) **טֶרֶף**

בָּרוּךְ יְהוָה שֶׁלֹּא נְתָנָנוּ טֶרֶף לְשִׁנֵּיהֶם

תְּהִילִּים קכד, ו

Blessed is the LORD who did not given us as prey to their teeth.
Psalm 124:6

---: טַרְפֵּךְ, טַרְפּוֹ

ז/י

Jair (np)	אור	(12)	יָאִיר

And Jair the Gileadite arose after him and judged Israel. — וַיָּקָם אַחֲרָיו יָאִיר הַגִּלְעָדִי וַיִּשְׁפֹּט אֶת יִשְׂרָאֵל

Judges 10:3 — שׁוֹפְטִים י, ג

river (nm), Nile (np)	יאר	(65)	יְאֹר\יְאוֹר\אֹר\יְאֹרָה

And he turned to blood their rivers. — וַיַּהֲפֹךְ לְדָם יְאֹרֵיהֶם

Psalm 78:44 — תְּהִילִּים עח, מד

יְאֹרִים
---: יְאֹרֵי
יְאֹרֵי־: יְאֹרֶיךָ, יְאוֹרָיו, יְאֹרֵיהֶם

The rivers are the gr[ea]t ones of Manasseh. — והיארים הם גד[ו]לי מנשה

4Q169 f3_4iii:9

Josiah (np)	אשה\יהוה	(53)	יֹאשִׁיָּה\יֹאשִׁיָּהוּ

And Josiah removed all the abominations. — וַיָּסַר יֹאשִׁיָּהוּ אֶת כָּל הַתּוֹעֵבוֹת

2 Chronicles 34:33 — דִּבְרֵי הַיָּמִים ב לד, לג

produce, crop (nm)	יבל	(13)	יְבוּל

Earth gave its produce; God, our God, will bless us. — אֶרֶץ נָתְנָה יְבוּלָהּ יְבָרְכֵנוּ אֱלֹהִים אֱלֹהֵינוּ

Psalm 67:7 — תְּהִילִּים סז, ז

יְבוּל־: יְבוּלָהּ\יְבֻלָהּ, יְבוּלָם

Jebusite (gent)	בוס?	(41)	יְבוּסִי

And the Jebusite(s) dwelt with the sons of Benjamin in Jerusalem. — וַיֵּשֶׁב הַיְבוּסִי אֶת בְּנֵי בִנְיָמִן בִּירוּשָׁלַם

Judges 1:21 — שׁוֹפְטִים א, כא

it dried up, was dry, withered (v, *qal*)	יבש	(42)	יָבֵשׁ

All the trees of the field dried up. — כָּל עֲצֵי הַשָּׂדֶה יָבֵשׁוּ

Joel 1:12 — יוֹאֵל א, יב

(בְּ)יבֹשׁ\יְבֹשֶׁת (יָבוֹשׁ\יָבֹשׁ)
יָבֵשׁ, יָבְשָׁה, יָבְשׁוּ\יָבֵשׁוּ
אִיבָשׁ, יִיבַשׁ\יִבַשׁ\יִיבָשׁ\יֵבוֹשׁ, תִּיבַשׁ\תִּיבָשׁ, יִבָשׁוּ

| Jabesh/Jabesh-gilead (np) | יבש (21) | יָבֵשׁ\יָבֵשׁ גִּלְעָד\יָבֵישׁ גִּלְעָד |

And David sent messengers to the men
of Jabesh-gilead.
2 Samuel 2:5

וַיִּשְׁלַח דָּוִד מַלְאָכִים אֶל אַנְשֵׁי יָבֵישׁ גִּלְעָד

שְׁמוּאֵל ב ב, ה

| dry land (nf) | יבש (14) | יַבָּשָׁה |

I fear the LORD, the God of heaven, who made
the sea and the dry land.
Jonah 1:9

וְאֶת יְהוָה אֱלֹהֵי הַשָּׁמַיִם אֲנִי יָרֵא אֲשֶׁר עָשָׂה
אֶת הַיָּם וְאֶת הַיַּבָּשָׁה

יוֹנָה א, ט

| grief, sorrow (nm) | יגה (14) | יָגוֹן |

For my life ends in grief and my years
in groaning.
Psalm 31:10

כִּי כָלוּ בְיָגוֹן חַיַּי וּשְׁנוֹתַי בַּאֲנָחָה

תְּהִלִּים לא, יא

---: יְגוֹנָם

There is no grief and groaning, and iniquity will
not [be found again].
Thanksgiving Hymn (1QHa) 19:29

ואין יגון ואנחה ועולה לא [תמצא עוד]

| labor, product of labor (nm) | יגע (16) | [יְגִיעַ] |

The fruit of your land and all your produce a
people you do not know will eat.
Deuteronomy 28:33

פְּרִי אַדְמָתְךָ וְכָל יְגִיעֲךָ יֹאכַל עַם אֲשֶׁר לֹא יָדָעְתָּ

דְּבָרִים כח, לג

יְגִיעַ־: יְגִיעֲךָ\יְגִיעֶךָ, יְגִיעֵךְ, יְגִיעוֹ, יְגִיעָהּ, יְגִיעֲכֶם, יְגִיעָם
---: יְגִיעַי

| he labored, toiled, grew weary (v, *qal*) | יגע (20) | יָגַע |

And I gave to you a land which you had not
labored in it.
Joshua 24:13

וָאֶתֵּן לָכֶם אֶרֶץ אֲשֶׁר לֹא יָגַעְתָּ בָּהּ

יְהוֹשֻׁעַ כד, יג

יָגַעְתִּי, יָגַעְתָּ, יָגַעַתְּ\יָגָעַתְּ, יָגְעָה, יָגַעְנוּ
אִיגָע, תִּיגַע, יִיגָע, יִיגְעוּ\יִיגָעוּ\יִגְעוּ\יִגָּעוּ

We toiled in the deeds of truth.	יגענו בפעלות אמת
4Q418 f69ii:13	

hand, side, power (nm and nf) — יד (1634?) — יָד

I will lift to heaven my hand.	אֶשָּׂא אֶל שָׁמַיִם יָדִי
Deuteronomy 32:40	דְּבָרִים לב, מ

יָדַיִם\יָדָיִם\יָדוֹת\יָדֹת
יַד־: יָדִי, יָדְךָ\יָדֶךָ\יָדְכָה, יָדֵךְ, יָדוֹ, יָדָהּ, יָדֵנוּ, יֶדְכֶם, יֶדְכֶן, יָדָם
יְדֵי־\יְדוֹ־\יְדוֹת־: יָדַי, יָדֶיךָ, יָדַיִךְ\יָדָיִךְ, יָדָיו\יָדָו\יָדֵהוּ\יְדֹתָיו, יָדֶיהָ\יְדֹתֶיהָ, יָדֵינוּ, יְדֵיכֶם\יְדְכֶם, יְדֵיהֶם\
   יְדוֹתָם, יְדֵיהֶן

And let your hand be with me.	ותהי ידך עמי
Moussaieff 2:3–4	

Moses and Aaron stood in the power of the prince of the lights.	עמד משה ואהרן ביד שר האורים
Damascus Document (CD) 5:17–18	

hand (nf) — יד (17) — [יָד]\יְדָא

And the birds of the sky he gave in your hand.	וְעוֹף שְׁמַיָּא יְהַב בִּידָךְ
Daniel 2:38	דָּנִיֵּאל ב, לח

(בִּ)ידַיִן
יַד־: יְדִי, יְדָךְ, יְדֵהּ, יְדְהֹם

He will give peoples in his hand.	עממין ינתן בידה
4Q246 f1ii:8	

Jeduthun (np) — ידה (17) — יְדוּתוּן

Asaph, Heman, and Jeduthun were the ones who were propesying with lyres.	אָסָף וְהֵימָן וִידוּתוּן הַנִּבְּאִים בְּכִנֹּרוֹת
1 Chronicles 25:1	דִּבְרֵי הַיָּמִים א כה, א

he knew, perceived, was wise, had sex (v, *qal*) — ידע (821?) — יָדַע

I did not know who did this thing.	לֹא יָדַעְתִּי מִי עָשָׂה אֶת הַדָּבָר הַזֶּה
Genesis 21:26	בְּרֵאשִׁית כא, כו

דַּעַת\דֵּעָה (יָדֹעַ\יָדוֹעַ) | דַּעְתִּי, דַּעְתּוֹ, דַּעְתָּהּ
יָדַעְתִּי\יָדָעְתִּי\יָדַעְתִּ, יָדַעְתָּ\יָדָעְתָּ\יָדַעְתָּה, יָדַעַתְּ\יָדָעַתְּ, יָדַע\יָדָע, יָדְעָה, יָדַעְנוּ, יְדַעְתֶּם, יְדַעְתֶּן, יָדְעוּ\

יָדְעוּ\יָדְעוּן | יְדַעְתִּיךָ, יְדַעְתִּיו, יְדַעְתִּיהָ, יְדַעְתִּים, יְדַעְתִּין, יְדַעְתָּנִי, יְדַעְתּוֹ, יְדַעְתָּם, יָדְעוֹ, יְדָעָהּ, יְדָעָנוּ, יְדַעֲנוּךָ, יְדַעֲנוּם, יְדָעוּנִי, יְדָעוּךָ, יְדָעֻהוּ, יְדָעוּם
אֵדַע\אֵדָע\אֵדְעָה\אֵדָעָה, תֵּדַע\תֵּדָע, יֵדַע\יֵדָע\יֵידָע, נֵדַע\נֵדָע\נֵדְעָה\נֵדָעָה, תֵּדְעוּ\תֵּדָעוּ\תֵּדְעוּן, יֵדְעוּ\ יֵדְעוּן | אֵדָעֵךְ, תֵּדָעֵהוּ, יֵדָעֵנוּ, יֵדָעֵם, נֵדָעֶנּוּ, נֵדָעֵם, תֵּדָעוּהָ
יֹדֵעַ\יוֹדֵעַ, יֹדַעַת, יֹדְעִים\יוֹדְעִים (יֹדְעֵי־\יוֹדְעֵי־\יֹדְעוּ־) | יוֹדְעוֹ, יֹדְעוֹ, יֹדְעֵנוּ, יֹדְעַי\יֹדְעָי, יֹדְעֶיךָ\יוֹדְעֶיךָ, יֹדְעָיו\ יֹדְעָו | (וְ)ידוּעַ, (וְ)ידוּעִים\(וְ)יְדֻעִים
דַּע\דָּע\דְּעָה, דְּעִי, דְּעוּ | דָּעֵהוּ

My lord said, "You did not know."
Lachish 3:8

ידעתה לא אדני אמר

And they knew that they were guilty men.
Damascus Document (CD) 1:8

וידעו כי אנשים אשימים הם

he knew (v, *peal*)	ידע	(22)	יְדַע

You will know that God the Most High is ruler.
Daniel 5:21

יְדַע דִּי שַׁלִּיט אֱלָהָא עִלָּיאָ
דָּנִיֵּאל ה, כא

יְדַעַת, יְדַעְתָּ, יְדַע
אִנְדַּע, תִּנְדַּע, יִנְדְּעוּן
יָדַע, יָדְעִין (יָדְעֵי־) | --- | יְדִיעַ
דַּע

Humanity did not know.
TAD C1 1:164

אנשא לא ידע

Everything I knew.
4Q212 f1iii:22

אנה כלא ידעת

Jedaiah (np)	ידע\יהוה	(11)	יְדַעְיָה

The priests were sons of Jedaiah for the house of Jeshua.
Ezra 2:36

הַכֹּהֲנִים בְּנֵי יְדַעְיָה לְבֵית יֵשׁוּעַ
עֶזְרָא ב, לו

fortune teller, soothsayer (nm)	ידע	(11)	יִדְּעֹנִי\יִדְּעוֹנִי

You will turn to the mediums and to the soothsayers.
Leviticus 20:6

תִּפְנֶה אֶל הָאֹבֹת וְאֶל הַיִּדְּעֹנִים
וַיִּקְרָא כ, ו

יִדְּעֹנִים

He will seek a medium and soothsayers.
4Q270 f2i:10

ידרוש באוב ובידעֹונם

Lord [shortened form]	יהוה (49)	יָהּ
And we will bless the Lord from now and forever. Hallelujah!		וַאֲנַחְנוּ נְבָרֵךְ יָהּ מֵעַתָּה וְעַד עוֹלָם הַלְלוּ יָהּ
Psalm 115:18		תְּהִלִּים קטו, יח
Hallelujah for David, son of Jesse.		הללויה לדויד בן ישי
11Q5 28:3		

he gave, came (v, *qal*)	יהב (33)	[יָהַב]
Come! Let us build for ourselves a city and a tower—its top in the sky."		הָבָה נִבְנֶה לָּנוּ עִיר וּמִגְדָּל וְרֹאשׁוֹ בַשָּׁמַיִם
Genesis 11:4		בְּרֵאשִׁית יא, ד

		הַב\הָבָה, הָבִי, הָבוּ
Give greatness to our God and glory to our king.		הבו גדול לאלנו וכבוד למלכנו
4Q427 f7i:15		

he gave (v, *peal*)	יהב (12)	יְהַב
He gave them into the hand of Nebuchadnezzar.		יְהַב הִמּוֹ בְּיַד נְבוּכַדְנֶצַּר
Ezra 5:12		עֶזְרָא ה, יב

		יְהַבְתְּ, יְהַב, (וִ)יהַבוּ

		יְהֵב, יְהֶבִין
		הַב
He did not give them to you.		לא יהב המו לך
TAD A3 8:10		
And the king gave to her [silver and go]ld.		ויהב לה מלכא [כסף וד]הב
1Q20 20:31		

Jehu (np)	יהוה\הוא (58)	יֵהוּא
And Jehu smote all who remained to Ahab's house.		וַיַּךְ יֵהוּא אֵת כָּל הַנִּשְׁאָרִים לְבֵית אַחְאָב
2 Kings 10:11		מְלָכִים ב י, יא

Jehoahaz (np)	יהוה\אחז (20)	יְהוֹאָחָז
And Jehoahaz slept with his fathers and they buried him.		וַיִּשְׁכַּב יְהוֹאָחָז עִם אֲבֹתָיו וַיִּקְבְּרֻהוּ
2 Kings 13:9		מְלָכִים ב יג, ט

Jehoash (np) | יהוה\אוש | (17) | **יְהוֹאָשׁ**

Jehoash was seven years old when he began to reign. — בֶּן שֶׁבַע שָׁנִים יְהוֹאָשׁ בְּמָלְכוֹ
2 Kings 12:1 — מְלָכִים ב יב, א

Judah (np) | יהד | (7) | **יְהוּד**

We went to the province of Judah, to the house of the great God. — אֲזַלְנָא לִיהוּד מְדִינְתָּא לְבֵית אֱלָהָא רַבָּא
Ezra 5:8 — עֶזְרָא ה, ח

Judah (np) | יהד | (820) | **יְהוּדָה**

And all Israel and Judah were loving David. — וְכָל יִשְׂרָאֵל וִיהוּדָה אֹהֵב אֶת דָּוִד
1 Samuel 18:16 — שְׁמוּאֵל א יח, טז

Rejoice, O Judah, (with) your joy. — שמחה יהודה שמחתכה
4Q88 10:7

Jew, Judean, Judean language (gent) | יהד? | (82) | **יְהוּדִי**

And Haman sought to destroy all the Jews. — וַיְבַקֵּשׁ הָמָן לְהַשְׁמִיד אֶת כָּל הַיְּהוּדִים
Esther 3:6 — אֶסְתֵּר ג, ו

Lord (np) | היה | (6828?) | **יְהוָה\יְהוִה**

Hear, Israel, the Lord our God, the Lord is one. — שְׁמַע יִשְׂרָאֵל יְהוָה אֱלֹהֵינוּ יְהוָה אֶחָד
Deuteronomy 6:4 — דְּבָרִים ו, ד

Jehoiada (np) | יהוה\ידע | (51) | **יְהוֹיָדָע**

And Jehoiada cut the covenant. — וַיִּכְרֹת יְהוֹיָדָע אֶת הַבְּרִית
2 Kings 11:17 — מְלָכִים ב יא, יז

Jehoiachin (np) | יהוה\כון | (11) | **יְהוֹיָכִין\יוֹיָכִין**

And he exiled Jehoiachin to Babylon. — וַיֶּגֶל אֶת יְהוֹיָכִין בָּבֶלָה
2 Kings 24:15 — מְלָכִים ב כד, טו

Jehoiakim (np) | יהוה\קום | (37) | **יְהוֹיָקִים**

And the silver and gold Jehoiakim gave to Pharaoh. — וְהַכֶּסֶף וְהַזָּהָב נָתַן יְהוֹיָקִים לְפַרְעֹה
2 Kings 23:35 — מְלָכִים ב כג, לה

Jonathan (np) | יהוה\נתן | (82) | **יְהוֹנָתָן**

And Saul was enraged at Jonathan. — וַיִּחַר אַף שָׁאוּל בִּיהוֹנָתָן
1 Samuel 20:30 — שְׁמוּאֵל א כ, ל

Jehoram (np) | יהוה\רום | (29) | **יְהוֹרָם**

The king of Judah descended to see Jehoram. — מֶלֶךְ יְהוּדָה יָרַד לִרְאוֹת אֶת יְהוֹרָם
2 Chronicles 22:6 — דִּבְרֵי הַיָּמִים ב כב, ו

Joshua (np) | יהוה\שׁוע?, יהוה\ישׁע? | (218) | **יְהוֹשֻׁעַ**

And Joshua tore his clothes and fell with his face to the ground. — וַיִּקְרַע יְהוֹשֻׁעַ שִׂמְלֹתָיו וַיִּפֹּל עַל פָּנָיו אַרְצָה

Joshua 7:6 — יְהוֹשֻׁעַ ז, ו

Jehoshaphat (np) | יהוה\שׁפט | (82) | **יְהוֹשָׁפָט**

And Jehoshaphat feared and set his face to seek the LORD. — וַיִּרָא וַיִּתֵּן יְהוֹשָׁפָט אֶת פָּנָיו לִדְרוֹשׁ לַיהוָה

2 Chronicles 20:3 — דִּבְרֵי הַיָּמִים ב כ, ג

it was given (v, *peil*) | יהב | (9) | **יְהִיב**

And to him was given dominion. — וְלֵהּ יְהִיב שָׁלְטָן

Daniel 7:14 — דָּנִיֵּאל ז, יד

יְהִיב\יְהַב, יְהִיבַת, (וְ)יְהִיבוּ

The bread was given to the priest. — לחמא יהיבת [ל]כֿ[הן]

2Q24 f4:15

Joab (np) | יהוה\אב | (146) | **יוֹאָב**

And Joab blew the trumpet and all the people stood (still). — וַיִּתְקַע יוֹאָב בַּשּׁוֹפָר וַיַּעַמְדוּ כָּל הָעָם

2 Samuel 2:28 — שְׁמוּאֵל ב ב, כח

Joah (np) | יהוה\אח | (11) | **יוֹאָח**

And Joah son of Asaph was the recorder [court historian?]. — וְיוֹאָח בֶּן אָסָף הַמַּזְכִּיר

Isaiah 36:22 — יְשַׁעְיָהוּ לו, כב

Joel (np) | יהוה\אל | (19) | **יוֹאֵל**

To the sons of Gershom, Joel was the chief and his brothers were one hundred and thirty. — לִבְנֵי גֵרְשׁוֹם יוֹאֵל הַשָּׂר וְאֶחָיו מֵאָה וּשְׁלֹשִׁים

1 Chronicles 15:7 — דִּבְרֵי הַיָּמִים א טו, ז

Joash (np) | יהוה\אושׁ | (47) | **יוֹאשׁ**

And Joash did what was right in the LORD's eyes. — וַיַּעַשׂ יוֹאָשׁ הַיָּשָׁר בְּעֵינֵי יְהוָה

2 Chronicles 24:2 — דִּבְרֵי הַיָּמִים ב כד, ב

year of remission, Jubilee, ram, trumpet (nm) | יבל | (27) | **יוֹבֵל\יֹבֵל**

In this year of Jubilee, you will return each man to his property. — בִּשְׁנַת הַיּוֹבֵל הַזֹּאת תָּשֻׁבוּ אִישׁ אֶל אֲחֻזָּתוֹ

Leviticus 25:13 — וַיִּקְרָא כה, יג

יוֹבְלִים\יֹבְלִים

ובידם שבעת שופרות היובל
And in their hand are seven rams' horn trumpets.
War Scroll (1QM) 7:14

Jozabad/Jehozabad (np) | יהוה\זבד | (15) | יוֹזָבָד\יְהוֹזָבָד

וּמִן הַלְוִיִּם יוֹזָבָד
And from the Levites is Jozabad.
עֶזְרָא י, כג
Ezra 10:23

Johanan/Jehohanan (np) | יהוה\חנן | (33) | יוֹחָנָן\יְהוֹחָנָן

וְיוֹחָנָן בֶּן קָרֵחַ אָמַר אֶל גְּדַלְיָהוּ בַסֵּתֶר
And Johanan son of Kareah said to Gedaliah in secret.
יִרְמְיָהוּ מ, טו
Jeremiah 40:15

day (nm) | יום | (2302?) | יוֹם

זֶה הַיּוֹם עָשָׂה יְהוָה
This is the day the Lord made.
תְּהִלִּים קיח, כד
Psalm 118:24

יָמִים\יָמִם\יָמִין\יוֹמִים\יֹמִים\יוֹמָיִם\יֹמָיִם
יוֹם־\יוֹמְךָ, יוֹמוֹ, יוֹמָם
יְמֵי־\יְמוֹת־: יָמַי\יָמָי, יָמֶיךָ, יָמַיִךְ, יָמָיו\יָמָו, יָמֶיהָ, יָמֵינוּ, יְמֵיכֶם, יְמֵיהֶם

כתב שם הים
Write the name of the day!
Arad 1:4

י]אׄהבו אותך כול הימים
Th]ey will love you all the days.
Thanksgiving Hymn (1QHa) 7:22

day (nm) | יום | (16) | יוֹם\יוֹמָא

לֶהֱוֵא בְּאַחֲרִית יוֹמַיָּא
It will be in the end of days.
דָּנִיֵּאל ב, כח
Daniel 2:28

יוֹמִין\יוֹמַיָּא\יוֹמַיָּה

יוֹמֵי־\יוֹמָת־: יוֹמֵיהוֹן

[י]שלחו לי טעמא יומא
[T]hey will send to me the order today.
TAD D7 48:8

ולא ימות ביומי רשעא
And he will not die in the days of the evil.
4Q534 f7:1

by day, during the day (adv) | יום | (51) | יוֹמָם

And the cloud of the LORD is over them by day. | וַעֲנַן יְהוָה עֲלֵיהֶם יוֹמָם
Numbers 10:34 | בְּמִדְבַּר י, לד

There will be there ten men studying in the Torah by day and night. | יהיו שם העשרה איש דורש בתורה יומם ולילה
Community Rule (1QS) 6:6

Javan [i.e., Greece] (np) --- (11) יָוָן

I will arouse your sons, O Zion, against your sons, O Javan [Greece]. | וְעוֹרַרְתִּי בָנַיִךְ צִיּוֹן עַל בָּנַיִךְ יָוָן
Zechariah 9:13 | זְכַרְיָה ט, יג

dove (nf) --- (33) יוֹנָה

You are beautiful; your eyes are doves. | הִנָּךְ יָפָה עֵינַיִךְ יוֹנִים
Song of Songs 1:15 | שִׁיר הַשִּׁירִים א, טו

יוֹנִים
יוֹנַת־: יוֹנָתִי
יוֹנֵי־: ---

And he sent the dove. | וישלח אֹת היונה
4Q252 1:14

Jonah (np) --- (19) יוֹנָה

And Jonah prayed to the LORD his God from the belly of the fish. | וַיִּתְפַּלֵּל יוֹנָה אֶל יְהוָה אֱלֹהָיו מִמְּעֵי הַדָּגָה
Jonah 2:2 | יוֹנָה ב, ב

nursing child, shoot (nm) ינק (12) יוֹנֵק\יֹנֵק

He grew like a nursing child before him. | וַיַּעַל כַּיּוֹנֵק לְפָנָיו
Isaiah 53:2 | יְשַׁעְיָהוּ נג, ב

יֹנְקִים

The caregiver* shall not lift the nursing child. | אל ישא האומן* את היונק
Damascus Document (CD) 11:11

Jonathan (np) יהוה\נתן (42) יוֹנָתָן

And the people did not know that Jonathan had gone. | וְהָעָם לֹא יָדַע כִּי הָלַךְ יוֹנָתָן
1 Samuel 14:3 | שְׁמוּאֵל א יד, ג

Joseph (np) יסף (213?) יוֹסֵף

וַיַּחֲלֹם יוֹסֵף חֲלוֹם וַיַּגֵּד לְאֶחָיו — And Joseph dreamed a dream and told to his brothers.
בְּרֵאשִׁית לז, ה — *Genesis 37:5*

יוֹצֵר\יֹצֵר (18) יצר potter, maker, caster (nm)

הֲכַיּוֹצֵר הַזֶּה לֹא אוּכַל לַעֲשׂוֹת לָכֶם — Like this potter am I not able to do to you?
יִרְמְיָהוּ יח, ו — *Jeremiah 18:6*

יוֹצְרִים
---: יֹצְרוֹ

יוֹרָם (20) יהוה\רום Joram (np)

מֶלֶךְ יְהוּדָה יָרַד לִרְאוֹת אֶת יוֹרָם — The king of Judah descended to see Joram.
מְלָכִים ב ח, כט — *2 Kings 8:29*

יוֹתָם (24) יהוה\תמם Jotham (np)

כֻּלָּם הִתְיַחְשׂוּ בִּימֵי יוֹתָם מֶלֶךְ יְהוּדָה — All of them were registered in the days of Jotham king of Judah.
דִּבְרֵי הַיָּמִים א ה, יז — *1 Chronicles 5:17*

יִזְרְעֶאל\יִזְרְעֶאלָה (34) זרע\אל Jezreel (np)

וַיְהִי גֶּשֶׁם גָּדוֹל וַיִּרְכַּב אַחְאָב וַיֵּלֶךְ יִזְרְעֶאלָה — And there was a great rain, Ahab rode off and went to Jezreel.
מְלָכִים א יח, מה — *1 Kings 18:45*

יִזְרְעֵאלִי (13) זרע\אל Jezreelite (gent)

אֲנִי אֶתֵּן לְךָ אֶת כֶּרֶם נָבוֹת הַיִּזְרְעֵאלִי — I will get for you the vineyard of Naboth the Jezreelite.
מְלָכִים א כא, ז — *1 Kings 21:7*

יַחַד\יָחַד (46) יחד together, all together, in harmony (adv)

תְּנוּ לִי אִישׁ וְנִלָּחֲמָה יָחַד — Give to me a man and let us fight together.
שְׁמוּאֵל א יז, י — *1 Samuel 17:10*

יהיו יושבים עמו יחד למשפט — They were sitting with him together for judgment.
11Q19 57:13

יַחְדָּו (95) יחד together, altogether, likewise (adv)

וַיֹּאכְלוּ שָׁם לֶחֶם יַחְדָּו — And they ate bread together there.
יִרְמְיָהוּ מא, א — *Jeremiah 41:1*

ולוא תחרוש בשור ובחמור יחדיו — And do not plow with an ox and donkey together.
11Q19 52:13

Hezekiah (np)	חזק\יהוה	(44)	יְחִזְקִיָּה\חִזְקִיָּהוּ

And the LORD listened to Hezekiah and he healed the people.
2 Chronicles 30:20

וַיִּשְׁמַע יְהוָה אֶל יְחִזְקִיָּהוּ וַיִּרְפָּא אֶת הָעָם
דִּבְרֵי הַיָּמִים ב ל, כ

Jehiel (np)	חיה\אל	(14)	יְחִיאֵל

They gave to the treasury of the LORD's house to the hand of Jehiel.
1 Chronicles 29:8

נָתְנוּ לְאוֹצַר בֵּית יְהוָה עַל יַד יְחִיאֵל
דִּבְרֵי הַיָּמִים א כט, ח

he waited, hoped (v, *piel*)	יחל	(25)	[יִחֵל]

Wait, O Israel, for the LORD from now and forever!
Psalm 131:3

יַחֵל יִשְׂרָאֵל אֶל יְהוָה מֵעַתָּה וְעַד עוֹלָם
תְּהִלִּים קלא, ג

יִחַלְתִּי, יִחַלְנוּ, יִחֲלוּ\יִחֵלּוּ | יִחַלְתָּנִי
אֲיַחֵל\אֲיַחֵלָה, יְיַחֵל, יְיַחֵלוּ\יְיַחֵלוּן
מְיַחֵל, מְיַחֲלִים
יַחֵל

I waited for your goodness and for your lovingkindness I hoped.
Thanksgiving Hymn (1QHa) 19:34

יחלתי לטובכה ולחסדיכה אקוה

it goes well with, is pleasing to (v, *qal*)	יטב	(43)	[יָטַב]

And Moses heard, and it was pleasing in his eyes.
Leviticus 10:20

וַיִּשְׁמַע מֹשֶׁה וַיִּיטַב בְּעֵינָיו
וַיִּקְרָא י, כ

יִיטַב\יִטַב, תִּיטַב, יִיטְבוּ

It will go well for them and their sons forever.
4Q175 1:4

יטב להם ולבניהם לעולם

wine (nm)	יין	(141)	יַיִן\יָיִן

And wine will make life happy.
Ecclesiastes 10:19

וְיַיִן יְשַׂמַּח חַיִּים
קֹהֶלֶת י, יט

יֵין־\יֵין: יֵינִי, יֵינֶךָ, יֵינֵךְ, יֵינוֹ, יֵינָהּ, יֵינָם

And now give from the wine.
Arad 3:1–2

ועת תן מן היין

Do not drink wine when there is no food. — אל תשת יין ואין אכל
4Q416 f2ii:19

he was able, prevailed (v, *qal*) — יכל (193) — יָכֹל\יָכוֹל

Many waters will not be able to extinguish the love. — מַיִם רַבִּים לֹא יוּכְלוּ לְכַבּוֹת אֶת הָאַהֲבָה
Song of Songs 8:7 — שִׁיר הַשִּׁירִים ח, ז

יְכֹלֶת (יָכֹל\יָכוֹל)
יָכֹלְתִּי, יָכָלְתָּ, יָכֹל\יָכוֹל, יָכְלָה, יָכְלוּ, יָכֹלוּ\יָכֹלוּ | יְכָלְתִּיו
אוּכַל\אוּכָל, תוּכַל\תוּכָל, תוּכְלִי, יוּכַל\יוּכָל\יֻכָל, תוּכַל, נוּכַל\נוּכְלָה, תוּכְלוּ, יוּכְלוּ\יְכְלוּ\יוּכָלוּ\יֻכָלוּ\יוּכְלוּן

And who among all your works will be able to speak? — ומי בכול מעשיכה יוכל לספר
Thanksgiving Hymn (1QHa) 19:27

he is able (v, *peal*) — יכל (12) — יְכִל

You will be able to interpret interpretations*. — תִּוּכֻל פִּשְׁרִין לְמִפְשַׁר*
Daniel 5:16 — דָּנִיֵּאל ה, טז

יְכִל, יְכֵלְתָּ
יוּכַל\יִכֻל, תִּוּכֻל
יָכִל, יָכְלָה, יָכְלִין

I knew that all things you will be able to do. — ידעת די כלא תכול למעבד
11Q10 37:3–4

he gave birth, bore, begat (v, *qal*) — ילד (238) — יָלַד

And she conceived again and bore a daughter. — וַתַּהַר עוֹד וַתֵּלֶד בַּת
Hosea 1:6 — הוֹשֵׁעַ א, ו

לֶדֶת\לַת (יָלֹד) | לִדְתִּי, לִדְתָּהּ, לִדְתָּנָה
יָלַדְתִּי\יָלָדְתִּי, יָלַדְתְּ\יָלָדְתְּ, יָלַד\יָלָד, יָלְדָה\יָלָדָה, יָלַדְנוּ, יָלְדוּ\יָלָדוּ |
יְלִדְתִּיךָ, יְלִדְתִּיהוּ, יְלִדְתִּנִי, יְלִדְתָּנִי, יְלָדְךָ\יְלָדֶךָ, יְלָדוֹ, יְלָדַתְנִי, יְלָדַתְךָ, יְלָדַתּוּ
אֵלֵד, תֵּלְדִי, יֵלֵד, תֵּלֵד\תֵּלֶד, תֵּלְדוּ, יֵלְדוּ\יֵלֵדוּ\יֵלֵדוּן, תֵּלַדְנָה\תֵּלַדְןָ
יֹלֵד\יוֹלֵד, יֹלֶדֶת\יוֹלֵדָה, יֹלְדוֹת | יֹלַדְתָּהּ, יֹלַדְתּוֹ, יוֹלַדְתֶּךָ, יֹלַדְיו, יֹלְדָהּ, יוֹלַדְתְּכֶם | יָלוֹד (יְלוֹד־), יְלוּדִים

Rachel did not give birth to sons. — רחל לוא ילדה בנים
4Q215 f1_3:9

he helped give birth [ptc midwife] (v, *piel*) — ילד (10) — [יִלֵּד]

וַיִּקְרָא מֶלֶךְ מִצְרַיִם לַמְיַלְּדֹת — And the king of Egypt called for the midwives.
שְׁמוֹת א, יח — *Exodus 1:18*

--- | יַלֶּדְכֶן

מְיַלֶּדֶת, מְיַלְּדֹת\מְיַלְּדוֹת

א]ל יילד איש בהמה בשבת — A man shall not help an animal give birth on the Sabbath.
4Q271 f5i:8

יֻלַּד (27) ילד — he was born (v, *pual*)

וּבָנוֹת יֻלְּדוּ לָהֶם — And daughters were born to them.
בְּרֵאשִׁית ו, א — *Genesis 6:1*

יֻלַּדְתִּי, יֻלַּד\יוּלַּד\יוּלָּד, יֻלְּדָה, יֻלַּדְתֶּם, יֻלְּדוּ\יֻלָּדוּ

יוּלָּד

יֶלֶד\יָלֶד (89) ילד — child (nm)

יֶלֶד יֻלַּד לָנוּ — A child was born to us.
יְשַׁעְיָהוּ ט, ה — *Isaiah 9:5*

יְלָדִים
יֶלֶד־: ---
יַלְדֵי־\יִלְדֵי־: יְלָדַי, יְלָדָיו\יְלָדָו, יְלָדֶיהָ, יַלְדֵיהֶם, יַלְדֵיהֶן

ובילדי צדק נחמתֿנֿיֿ — And with children of righteousness you comforted me.
4Q437 f2i:12

[יָלִיד] (13) ילד — born (adj)

הִמּוֹל יִמּוֹל יְלִיד בֵּיתְךָ — One born in your house will surely be circumcised.
בְּרֵאשִׁית יז, יג — *Genesis 17:13*

--- (יְלִיד־) | --- | --- (יְלִידֵי־\יְלִדֵי־) | ---

יָם\יָמָּה (396) ים — sea, west (nm)

פְּרוּ וּרְבוּ וּמִלְאוּ אֶת הַמַּיִם בַּיַּמִּים — Be fruitful and multiply and fill the waters in the seas.
בְּרֵאשִׁית א, כב — *Genesis 1:22*

יַמִּים
יָם־\יַם־: יַמָּה

ותעש אדם כדגי הים

And you made man like the fish of the sea.
Habakkuk Pesher (1QpHab) 5:12

יָמִין (139) ימן right hand, right side, south (nf)

אֲנִי יְהוָה אֱלֹהֶיךָ מַחֲזִיק יְמִינֶךָ
יְשַׁעְיָהוּ מא, יג

I, the LORD, your God, hold your right hand.
Isaiah 41:13

יְמִין־ :יְמִינִי, יְמִינְךָ\יְמִינֶךָ, יְמִינֵךְ, יְמִינוֹ, יְמִינָהּ, יְמִינָם

תסוב עליכה כוס ימין 𐤉𐤄𐤅𐤄

The cup of the right hand of the LORD will come around to you.
Habakkuk Pesher (1QpHab) 11:10

יְמִינִי (13) ימן Benjamite (adj)

וַיַּעֲבֹר בְּאֶרֶץ יְמִינִי וְלֹא מָצָאוּ
שְׁמוּאֵל א ט, ד

And he crossed in the Benjamite land, and they did not find (him).
1 Samuel 9:4

יְמִינִי | --- | --- | ---

יְמָנִי\יְמָינִי\יְמוּנִי (33) ימן right, southern (adj)

וְהִזָּה הַכֹּהֵן בְּאֶצְבָּעוֹ הַיְמָנִית
וַיִּקְרָא יד, כז

And the priest will sprinkle with his right finger.
Leviticus 14:27

יְמָנִי\יְמָינִי\יְמוּנִי | יְמָנִית | --- | ---

יָסַד (20) יסד he founded, established (v, *qal*)

יְהוָה בְּחָכְמָה יָסַד אָרֶץ
מִשְׁלֵי ג, יט

The LORD in wisdom founded earth.
Proverbs 3:19

יְסוֹד\יְסֹד | יָסְדִי, יָסְדוֹ
יָסַדְתָּ, יָסַד, יָסְדָה | יְסַדְתִּיךָ, יְסַדְתּוֹ, יְסַדְתָּם, יְסָדָהּ

יֹסֵד

יסד לו כוהני קורב קדושי קדושים

He established for himself the priests who draw near the holy of holies.
4Q400 f1i:19

he founded, established, ordained (v, *piel*)	יסד	(10)	יִסֵּד

And the builders founded the temple of the LORD.
Ezra 3:10

וְיִסְּדוּ הַבֹּנִים אֶת הֵיכַל יְהוָה
עֶזְרָא ג, י

יַסֵּד
יִסַּדְתָּ, יִסַּד, יִסְּדוּ | יִסְּדָהּ
יְיַסְּדֶנָּה

He established your peace forever.
Community Rule (1QSb) 3:21

יסד שלומכה לעולמי עד

foundation, base (nm)	יסד	(19)	יְסוֹד

And you shall pour all the blood to the base of the altar.
Exodus 29:12

וְאֶת כָּל הַדָּם תִּשְׁפֹּךְ אֶל יְסוֹד הַמִּזְבֵּחַ
שְׁמוֹת כט, יב

יְסוֹד־: יְסוֹדוֹ, יְסוֹדָם
---: יְסֹדֶיהָ\יְסוֹדֹתֶיהָ\יְסֹדֹתֶיהָ

And they sprinkled its blood on the foundation of the altar of burnt offering.
11Q19 52:21

וזרקו את דמו על יסוד מזבח העולה

he added, increased, did again (v, *qal*)	יסף	(35)	יָסַף

You added more than the report which I heard.
2 Chronicles 9:6

יָסַפְתָּ עַל הַשְּׁמוּעָה אֲשֶׁר שָׁמָעְתִּי
דִּבְרֵי הַיָּמִים ב ט, ו

סְפוֹת\סְפּוֹת
יָסַפְתִּי, יָסַפְתָּ, יָסַף\יָסָף, יָסְפָה, יָסַפְנוּ, יָסְפוּ\יָסָפוּ
יֹסֵף
יֹסְפִים
סְפוּ

he disciplined, taught, rebuked (v, *piel*)	יסר	(29)	יִסַּר

Discipline your sons because there is hope.
Proverbs 19:18

יַסֵּר בִּנְךָ כִּי יֵשׁ תִּקְוָה
מִשְׁלֵי יט, יח

יַסְּרָה (יַסֵּר) | יַסְּרֶךָּ
יִסַּרְתִּי, יִסַּרְתָּ, יִסַּר, יִסְּרוּ | יִסַּרְתִּיךָ, יִסַּרְתַּנִי, יִסְּרַנִּי, יִסְּרוֹ, יִסְּרַתּוּ, יִסְּרוּנִי
אֲיַסֵּר, יְיַסֵּר | תְּיַסְּרֵנִי, תְּיַסְּרֶנּוּ, תְּיַסְּרֶךָ
--- | מְיַסְּרֶךָּ
יַסֵּר | יַסְּרֵנִי

ותיסרנו כיסר איש את בْנו
And you disciplined us like a man disciplines his son.
4Q504 f1_2Riii:6–7

יַעְזֵר\יַעְזֵיר (13) עזר **Jazer (np)**

וַיִּשְׁלַח מֹשֶׁה לְרַגֵּל אֶת יַעְזֵר
בְּמִדְבַּר כא, לב
And Moses sent to spy/explore Jazer.
Numbers 21:32

יְעִיאֵל\יְעוּאֵל (14) --- **Jeiel/Jeuel (np)**

וּמִן בְּנֵי זֶרַח יְעוּאֵל וַאֲחֵיהֶם
דִּבְרֵי הַיָּמִים א ט, ו
And from the sons of Zerah were Jeuel and their brothers.
1 Chronicles 9:6

יַ֫עַן (100) ענה **because, because of, on account of (prep, conj)**

יַעַן עָבְרוּ בְרִיתִי וְעַל תּוֹרָתִי פָּשָׁעוּ
הוֹשֵׁעַ ח, א
Because my covenant they transgressed,
and against my law they rebelled.
Hosea 8:1

ואין משיע להם יען ביען חקתי מאסו
And there is no savior for them because my statutes they rejected.
4Q389 f8ii:3–4

יָעַץ (57) יעץ **he counseled, advised (v, *qal*)**

מַה יָּעַצְתָּ לְלֹא חָכְמָה
אִיּוֹב כו, ג
What have you counseled without wisdom?
Job 26:3

יָעַצְתִּי, יָעַצְתָּ, יָעַץ\יָעָ֫ץ, יָעֲצוּ | יְעָצָ֫נִי, יְעָצָהּ, יְעָצֻהוּ
אִיעֲצָה | אִיעָצְךָ, אִיעָצֵךְ
יוֹעֵץ\יֹעֵץ (יוֹעֵץ־), יוֹעֲצִים\יֹעֲצִים (יֹעֲצֵי־) | יוֹעֲצֵךְ, יוֹעַצְתּוֹ, יֹעֲצַיִךְ, יוֹעֲצָיו\יֹעֲצָיו | יְעוּצָה
עֻצוּ

יעצתה בשת לביתכה
You counseled shame for your house.
Habakkuk Pesher (1QpHab) 9:13–14

יַעֲקֹב (349) עקב **Jacob (np)**

וַיַּרְא עֵשָׂו כִּי בֵרַךְ יִצְחָק אֶת יַעֲקֹב
בְּרֵאשִׁית כח, ו
And Esau saw that Isaac blessed Jacob.
Genesis 28:6

יַ֫עַר\יָ֫עַר\יַעְרָה (55) יער **forest (nm)**

עַל כֵּן הִכָּם אַרְיֵה מִיַּעַר
יִרְמְיָהוּ ה, ו
Therefore, a lion from the forest struck them.
Jeremiah 5:6

יְעָרִים\יְעָרוֹת
יַעַר־ :יַעְרוֹ\יַעְרָהּ

And I put for them a forest and the ani[mals of the field] ate them.
4Q166 2:19

ושמתים ליער ואכלתם ח֯[ית השדה]

beautiful (adj) — יפה (42) — **יָפֶה**

He made everything beautiful in its time.
Ecclesiastes 3:11

אֶת הַכֹּל עָשָׂה יָפֶה בְעִתּוֹ
קֹהֶלֶת ג, יא

יָפֶה (יְפֵה־) | יָפָה (יְפַת־) | --- | יָפוֹת (יְפַת־\יְפוֹת־)
יָפָתִי

The beautiful ones with their hair the LORD God did not choose them.
11Q5 28:10

היפים בשערם לוא בחר יהוה אלוהים בם

beauty (nm) — יפה (19) — **[יֳפִי]\יֹפִי**

Every tree in the garden of God did not compare to it in its beauty.
Ezekiel 31:8

כָּל עֵץ בְּגַן אֱלֹהִים לֹא דָמָה אֵלָיו בְּיָפְיוֹ
יְחֶזְקֵאל לא, ח

יְפִי־: יָפְיֵךְ, יָפְיֵךְ, יָפְיוֹ, יָפְיָהּ

Japheth (np) — פתה? (11) — **יֶפֶת\יָפֶת**

And Noah fathered Shem, Ham, and Japheth.
Genesis 5:32

וַיּוֹלֶד נֹחַ אֶת שֵׁם אֶת חָם וְאֶת יָפֶת
בְּרֵאשִׁית ה, לב

Jephthah (np) — פתח (29) — **יִפְתָּח**

And Jephthah the Gileadite was a mighty warrior.
Judges 11:1

וְיִפְתָּח הַגִּלְעָדִי הָיָה גִּבּוֹר חַיִל
שׁוֹפְטִים יא, א

he went out, fled, departed (v, *qal*) — יצא (784?) — **יָצָא**

The LORD will guard your going out and your coming.
Psalm 121:8

יְהוָה יִשְׁמָר צֵאתְךָ וּבוֹאֶךָ
תְּהִילִּים קכא, ח

צֵאת (יְצֹא\יְצוֹא) | צֵאתִי, צֵאתְךָ\צֵאתֶךָ, צֵאתֵךְ, צֵאתוֹ, צֵאתֵנוּ, צֵאתְכֶם, צֵאתָם
יָצָאתִי\יָצָתִי, יָצָאתָ, יָצָאת, יָצָא, יָצְאָה\יָצָאָה, יָצָאנוּ, יְצָאתֶם, יָצְאוּ\יָצָאוּ | יְצָאֻנִי
אֵצֵא\אֵצְאָה, תֵּצֵא, תֵּצְאִי, יֵצֵא, תֵּצֵא, נֵצֵא, תֵּצְאוּ, תֵּצֵאוּ\תֵּצְאוּ\תֵּצֵאי, תֵּצֶאנָה, יֵצְאוּ\יֵצֵאוּ, תֵּצֶאנָה\תֵּצֶאןָ
יֹצֵא\יוֹצֵא, יֹצֵאת\יוֹצֵאת\יוֹצֵת\יֹצָא, יֹצְאִים\יוֹצְאִים (יֹצְאֵי־\יוֹצְאֵי־), יוֹצְאוֹת\יֹצְאוֹת\יֹצְאֹת
צֵא\צְאָה, צְאִי, צְאוּ\צֵאוּ\יֵצְאוּ, צְאֶינָה

When I went out from your house, I sent the silver.
Arad 16:3–4

כצאתי מביתך ושלחתי את הכסף

You went out to war against your enemies. — תצא למלחמה על אויביכה
11Q19 63:10

יִצְהָר (23) צהר — olive oil [esp. new, fresh] (nm)

You shall not eat in your gates the tithe of your grain, your wine, and your olive oil. — לֹא תוּכַל לֶאֱכֹל בִּשְׁעָרֶיךָ מַעְשַׂר דְּגָנְךָ וְתִירֹשְׁךָ וְיִצְהָרֶךָ
Deuteronomy 12:17 — דְּבָרִים יב, יז

---: יִצְהָרֶ֫ךָ

And after the fe]stival of new olive oil they will bring the wood. — ואחר מ]וֹעד היצהר יקריבו את העצים
4Q365 f23:9

יִצְחָק (108) צחק — Isaac (np)

And Abraham circumcised Isaac his son when he was eight days old. — וַיָּמָל אַבְרָהָם אֶת יִצְחָק בְּנוֹ בֶּן שְׁמֹנַת יָמִים
Genesis 21:4 — בְּרֵאשִׁית כא, ד

יַצִּיב (5) יצב — certain, true, reliable (adj)

The king answering and saying, "Certain is the matter." — עָנֵה מַלְכָּא וְאָמַר יַצִּיבָא מִלְּתָא
Daniel 6:12 — דָּנִיֵּאל ו, יג

יַצִּיב\יַצִּיבָא | יַצִּיבָא | --- | --- | ---

יָצַק (43) יצק — he cast, poured, dispensed (v, *qal*)

And he cast for it four rings of gold. — וַיִּצֹק לוֹ אַרְבַּע טַבְּעֹת זָהָב
Exodus 37:3 — שְׁמוֹת לז, ג

צֶקֶת
יָצַקְתָּ, יָצַקְתְּ, יָצַק | יָצָקָם
אֶצֹּק\אֶצָּק, יִצֹּק\יִצֶק, תִּצֹּק, יִצְקוּ
--- | --- | יָצוּק, יְצוּקִים\יְצֻקִים, יְצֻקוֹת
יְצֹק\צַק

You poured your holy spirit on us. — יצקתה את רוח קודשכה עלינו
4Q504 f1_2Rv:15

יָצַר (41) יצר — he formed, fashioned, created (v, *qal*)

And dry ground his hands formed. — וְיַבֶּשֶׁת יָדָיו יָצָרוּ
Psalm 95:5 — תְּהִלִּים צה, ה

יָצַרְתִּי, יָצַרְתָּ, יָצַר\יָצָר, יָצָרוּ | יְצַרְתִּיךָ, יְצַרְתִּיו, יְצַרְתִּיהָ, יְצַרְתָּם, יְצָרָהּ
יִיצֶר\יִצֶר | אֶצָּורְךָ, יִצְּרֵהוּ
יוֹצֵר\יֹצֵר, --- (יֹצְרֵי־) | יֹצְרִי, יֹצֶרְךָ, יוֹצְרוֹ\יֹצְרוֹ, יֹצְרָהּ, יֹצְרֵנוּ

You formed every spirit. — אתה יצרתה כול רוח

Thanksgiving Hymn (1QHa) 9:10–11

wine vat, wine press (nm)	יקב (16)	יֶקֶב\יְקֶב

The one who treads will not tread wine in the wine presses. — יַיִן בַּיְקָבִים לֹא יִדְרֹךְ הַדֹּרֵךְ

Isaiah 16:10 — יְשַׁעְיָהוּ טז, י

יְקָבִים
יֶקֶב־: יִקְבֶךָ
יִקְבֵי־: יְקָבֶיךָ

it burned (v, *peal*)	יקד (8)	[יְקֵד]

They fell to the midst of the furnace of burning fire. — נְפַלוּ לְגוֹא אַתּוּן נוּרָא יָקִדְתָּא

Daniel 3:23 — דָּנִיֵּאל ג, כג

יָקִדְתָּא
---

he awoke (v, *qal*)	יקץ (11)	[יָקַץ]

Perhaps he is asleep and will awake? — אוּלַי יָשֵׁן הוּא וְיִקָץ

1 Kings 18:27 — מְלָכִים א יח, כז

אִיקָץ, יִיקַץ\יִקַץ\יִיקֶץ\יִקֶץ, יִקְצוּ

And Noah awoke from his wine and knew what his youngest son did to him. — ויקץ נוח מיינו וידע את אשר עשה לו בנו הקטן

4Q252 2:5–6

precious, costly, glorious (adj)	יקר (35)	יָקָר

He made for himself treasuries for silver, gold, and precious stone. — וְאֹצָרוֹת עָשָׂה לוֹ לְכֶסֶף וּלְזָהָב וּלְאֶבֶן יְקָרָה

2 Chronicles 32:27 — דִּבְרֵי הַיָּמִים ב לב, כז

יָקָר (יְקַר־) | יְקָרָה (יִקְרַת־) | יְקָרִים | יְקָרוֹת\יְקָרֹת

(בְּ)יקְרוֹתֶיךָ

ויביאו מנחתם כסף וזהב ואבן יקרה

And they brought their offering: silver, gold, and precious stone.
4Q504 f1_2Riv:10

יְקָר (17) יקר **preciousness, honor (nm)**

וּכְלִי יְקָר שִׂפְתֵי דָעַת
מִשְׁלֵי כ, טו

And a vessel of honor are lips of knowledge.
Proverbs 20:15

יְקָר־: יְקָרוֹ, יְקָרָהּ

כול יקר לי בכבוד

Every precious thing to me is in glory.
4Q491 f11i:14

יְקָר\יְקָרָא\יְקָרָה (7) יקר **honor, glory (nm)**

וִיקָרָא יְהַב לָךְ
דָּנִיֵּאל ב, לז

And the glory he gave to you.
Daniel 2:37

יְקָר־: ---

יקר ור̊[בו] לשם א[להא]

Glory and great[ness] are to the name of G[od].
4Q242 f1_3:5

יָרֵא (268) ירא **he was afraid, feared, was awed, revered (v, *qal*)**

אַל תִּירָא מֵהֶם כִּי בְיָדְךָ נְתַתִּים
יְהוֹשֻׁעַ י, ח

Do not fear because I gave them into your hand.
Joshua 10:8

יִרְאָה\יְרֹא\(לֵ)רֹא | יִרְאָתוֹ, יִרְאָתָם
יָרֵאתִי, יָרֵאתָ, יָרֵא, יָרְאָה\יָרֵ֫אָה, יָרֵאנוּ, יְרֵאתֶם\יְרָאתֶם, יָרְאוּ | יְרֵאוּנִי, יְרֵאוּךָ, יְרֵאוּהוּ
אִירָא, תִּירָא, תִּירְאִי\תִּירָ֫אִי, יִירָא\יִרָא, תִּירָא, נִירָא, תִּירְאוּ\תִּירָ֫אוּ\תִּרָאוּן, יִירְאוּ\יִרְאוּ\יִירָ֫אוּ\יְרָ֫אוּ\
יִירָ֫אוּן, תִּירֶאןָ | אִירָאֶ֫נּוּ, יִירָאֵנִי, יְרָאֲךָ, תִּירָאֶם, יִירָאוּךָ\יְרָאוּךָ
יְרָא
יְרָא, יִרְאוּ

יָרֵא (63) ירא **afraid, fearful (adj)**

אַתֶּם יְרֵאִים מִפָּנָיו
יִרְמְיָהוּ מב, יא

You are afraid before him.
Jeremiah 42:11

יָרֵא (יְרֵא־) | --- (יִרְאַת־) | יְרֵאִים (יִרְאֵי־) | ---
יְרֵאֶיךָ, יְרֵאָיו

Blessed are all of you who fear the LORD. — אשריכם כול יראי יהוה
4Q528 f1:5

fear (nf) — ירא (44) — יִרְאָה

And my fear I will put in their heart. — וְאֶת יִרְאָתִי אֶתֵּן בִּלְבָבָם
Jeremiah 32:40 — יִרְמְיָהוּ לב, מ

יִרְאַת־: יִרְאָתִי, יִרְאָתְךָ\יִרְאָתֶךָ, יִרְאָתוֹ

May he give [to you . . .] . . . a spirit of knowledge and fear of God. — יתן [לכה . . .] . . . רוח דעת ויראת אל
Community Rule (1QSb) 5:25

Jerubbaal (np) — ריב\בעל (14) — יְרֻבַּעַל

And they did not act loyally with the house of Jerubbaal (Gideon). — וְלֹא עָשׂוּ חֶסֶד עִם בֵּית יְרֻבַּעַל גִּדְעוֹן
Judges 8:35 — שׁוֹפְטִים ח, לה

Jeroboam (np) — ריב\עם?, ירב\עם? (104) — יָרָבְעָם

By the sword Jeroboam will die and Israel will surely go into exile. — בַּחֶרֶב יָמוּת יָרָבְעָם וְיִשְׂרָאֵל גָּלֹה יִגְלֶה
Amos 7:11 — עָמוֹס ז, יא

he went down, descended (v, *qal*) — ירד (307) — יָרַד

Behold, fire went down from the heavens. — הִנֵּה יָרְדָה אֵשׁ מִן הַשָּׁמַיִם
2 Kings 1:14 — מְלָכִים ב א, יד

רֶדֶת\רְדָה (יָרֹד) | רִדְתִּי, רִדְתּוֹ, רִדְתָּהּ
יָרַדְתִּי, יָרַדְתָּ\יָרָדְתָּ, יָרַדְתִּי, יָרַד\יָרָד\יָרֵד\רַד, יָרְדָה\יָרָדָה, יָרַדְנוּ, יָרְדוּ
אֵרֵד\אֵרְדָה, תֵּרֵד, יֵרֵד\יֵרַד\יֵרֶד, תֵּרֵד\תֵּרֶד, נֵרֵד\נֵרֶד\נֵרְדָה, יֵרְדוּ, תֵּרַדְנָה
יֹרֵד\יוֹרֵד, יֹרֶדֶת\יֹרְדָה, יֹרְדִים\יוֹרְדִים (יוֹרְדֵי־\יֹרְדֵי־), יֹרְדוֹת\יוֹרְדוֹת
רֵד\רְדָה\רֵדָה, רְדִי, רְדוּ

The commander of the army went down. — 𐤉𐤓𐤃 𐤔𐤓 𐤄𐤑𐤁𐤀
Lachish 3:14

On the day of the war, he did not go down with them. — ביום המלחמה לוא ירד אתם
War Scroll (1QM) 7:6

Jordan (np) — ירד (182) — יַרְדֵּן

For I am dying in this land, I will not cross the Jordan. — כִּי אָנֹכִי מֵת בָּאָרֶץ הַזֹּאת אֵינֶנִּי עֹבֵר אֶת הַיַּרְדֵּן
Deuteronomy 4:22 — דְּבָרִים ד, כב

he threw, shot, set (v, *qal*)	ירה (15)	יָרָה

Who set its corner stone? — מִי יָרָה אֶבֶן פִּנָּתָהּ
Job 38:6 — אִיּוֹב לח, ו

רוֹא (יָרֹה)(לְ)רוֹת\(לְ)
יָרִיתִי, יָרָה
--- | נִירָם
יֹרֶה, יוֹרִים\יֹרִים
יָרֵה

Jerusalem (np)	ירה\שלם, ירש\שלם (643?)	יְרוּשָׁלַםִ

And it will be in that day that living waters will go out from Jerusalem. — וְהָיָה בַּיּוֹם הַהוּא יֵצְאוּ מַיִם חַיִּים מִירוּשָׁלַםִ
Zechariah 14:8 — זְכַרְיָה יד, ח

Jerusalem (np)	ירה\שלם, ירש\שלם (26)	יְרוּשְׁלֶם

And mighty kings were over Jerusalem. — וּמַלְכִין תַּקִּיפִין הֲווֹ עַל יְרוּשְׁלֶם
Ezra 4:20 — עֶזְרָא ד, כ

And he came to Shalem, it is Jerusalem. — ואתה לשלם* היא ירושלם
1Q20 22:13

moon (nm)	ירח (27)	יָרֵחַ

The sun will turn to darkness and the moon to blood. — הַשֶּׁמֶשׁ יֵהָפֵךְ לְחֹשֶׁךְ וְהַיָּרֵחַ לְדָם
Joel 2:31 — יוֹאֵל ג, ד

---: יְרֵחֵךְ

The LORD made the sun and the moon. — עשה יהוה את הש]מֶשׁ ואת הירח
4Q216 6:5

month (nm)	ירח (12)	יֶרַח

And she hid him three months. — וַתִּצְפְּנֵהוּ שְׁלֹשָׁה יְרָחִים
Exodus 2:2 — שְׁמוֹת ב, ב

יְרָחִים
יֶרַח־: ---
יַרְחֵי־: ---

Two months of gathering; two months of seeding. — 𐤉𐤓𐤇𐤅 𐤀𐤎𐤐 𐤉𐤓𐤇𐤅 𐤆𐤓𐤏
Gezer 1:1–2

On the first of months is for their assemblies. — ברשית ירחים למועדיהם
Community Rule (1QS) 10:5

Jericho (np) ירח?\ רוח? (57) **יְרֵחוֹ\יְרִיחוֹ**

And you crossed the Jordan and came to Jericho. — וַתַּעַבְרוּ אֶת הַיַּרְדֵּן וַתָּבֹאוּ אֶל יְרִיחוֹ
Joshua 24:11 — יְהוֹשֻׁעַ כד, יא

Jehoram (np) רחם (10) **יְרֹחָם**

And there was a man . . . and his name was Elkanah son of Jehoram. — וַיְהִי אִישׁ אֶחָד . . . וּשְׁמוֹ אֶלְקָנָה בֶּן יְרֹחָם
1 Samuel 1:1 — שְׁמוּאֵל א א, א

curtain (nf) ירע (54) **יְרִיעָה**

The length of one curtain is thirty cubits. — אֹרֶךְ הַיְרִיעָה הָאַחַת שְׁלֹשִׁים בָּאַמָּה
Exodus 26:8 — שְׁמוֹת כו, ח

יְרִיעֹת\יְרִיעוֹת

יְרִיעֹת־\יְרִיעוֹת־: יְרִיעֹתָי\יְרִיעוֹתָי, יְרִיעוֹתֵיהֶם

thigh, loin, side, base (nf) ירד (34) **יָרֵךְ**

Strap your sword on the thigh! — חֲגוֹר חַרְבְּךָ עַל יָרֵךְ
Psalm 45:3 — תְּהִלִּים מה, ד

יְרֵכַיִם
יֶרֶךְ־: יְרֵכִי, יְרֵכְךָ, יְרֵכוֹ, יְרֵכָהּ
---: יְרֵכַיִךְ

remote part, innermost part, rear, border (nf) ירד (28) **[יַרְכָה]**

And Jonah went down to the innermost part of the ship*. — וְיוֹנָה יָרַד אֶל יַרְכְּתֵי הַסְּפִינָה*
Jonah 1:5 — יוֹנָה א, ה

יַרְכָתַיִם\יַרְכָתַם\יַרְכָתָיִם
---: יַרְכָתוֹ
יַרְכְּתֵי־\יַרְכְּוֹתֵי־: ---

Jeremiah (np) רמה\יהוה (147) **יִרְמְיָה\יִרְמְיָהוּ**

And all the people gathered to Jeremiah in the Lord's house. — וַיִּקָּהֵל כָּל הָעָם אֶל יִרְמְיָהוּ בְּבֵית יְהוָה
Jeremiah 26:9 — יִרְמְיָהוּ כו, ט

he inherited, possessed, occupied (v, *qal*) ירש (160) **יָרַשׁ**

The LORD, your God, is giving to you an inheritance to possess it.
Deuteronomy 15:4

יְהוָה אֱלֹהֶיךָ נֹתֵן לְךָ נַחֲלָה לְרִשְׁתָּהּ
דְּבָרִים טו, ד

רֶשֶׁת\רָשֶׁת | רִשְׁתְּךָ, רִשְׁתּוֹ, רִשְׁתָּהּ, יָרְשֵׁנוּ
יָרַשְׁתָּ\יָרָשְׁתָּ, יָרַשׁ, יָרַשְׁנוּ, יְרִשְׁתֶּם, יָרְשׁוּ | יְרִשְׁתָּהּ, יְרִשְׁתָּם, יְרַשְׁנוּהָ, יְרֵשׁוּךָ, יְרֵשׁוּהָ
תִּירָשׁ, יִירַשׁ\יִרַשׁ\יִירָשׁ, תִּירַשׁ, נִירָשׁ\נִירְשָׁה, תִּירְשׁוּ\תִּירָשׁוּ\תִּירָשׁוּן, יִירְשׁוּ\יִרְשׁוּ\יִירָשׁוּ |
אִירָשֶׁנָּה, תִּירָשֶׁנּוּ,יִירָשְׁךָ\יִירָשֶׁךָ, יִירָשֵׁם, יִירָשׁוּהָ\יִרָשׁוּהָ
יוֹרֵשׁ\יֹרֵשׁ, יֹרֶשֶׁת, יוֹרְשִׁים\יֹרְשִׁים | יֹרְשָׁיו
רֵשׁ\רָשׁ\יְרָשָׁה, רְשׁוּ

I am giving to you, and you will possess and dwell in it.
11Q19 56:12–13

אנוכי נותן לכה וירשתה וישבתה בה

possession (nf)	ירש	(14)	יְרֻשָּׁה

A possession for Esau I gave Mount Seir.
Deuteronomy 2:5

יְרֻשָּׁה לְעֵשָׂו נָתַתִּי אֶת הַר שֵׂעִיר
דְּבָרִים ב, ה

יְרֻשַּׁת־: יְרֻשָּׁתְךָ, יְרֻשָּׁתוֹ, יְרֻשַּׁתְכֶם
---

there is, there are (existential part)	יש	(138)	יֵשׁ

And there is hope for your future . . . and sons will return to their borders.
Jeremiah 31:17

וְיֵשׁ תִּקְוָה לְאַחֲרִיתֵךְ . . . וְשָׁבוּ בָנִים לִגְבוּלָם
יִרְמְיָהוּ לא, יז

יֶשְׁךָ: יֶשְׁנוֹ: יֶשְׁכֶם:

he sat, dwelt (v, *qal*)	ישב	(1030)	יָשַׁב

And with evil ones I will not sit.
Psalm 26:5

וְעִם רְשָׁעִים לֹא אֵשֵׁב
תְּהִלִּים כו, ה

שֶׁבֶת\שָׁבֶת (יָשֹׁב) | שִׁבְתִּי, שִׁבְתְּךָ\שִׁבְתֶּךָ, שִׁבְתּוֹ, שִׁבְתָּהּ, שִׁבְתֵּנוּ, שִׁבְתְּכֶם, שִׁבְתָּם
יָשַׁבְתִּי, יָשַׁבְתָּ\יָשָׁבְתָּ\יָשַׁבְתָּה, יָשַׁבְתְּ, יָשַׁב\יָשָׁב, יָשְׁבָה, יָשַׁבְנוּ, יְשַׁבְתֶּם, יָשְׁבוּ\יָשָׁבוּ
אֵשֵׁב\אֵשְׁבָה\אֵשֵׁבָה, תֵּשֵׁב, תֵּשְׁבִי\תֵּשֵׁבִי, יֵשֵׁב\יֵשֶׁב, תֵּשֵׁב\תֵּשֶׁב, נֵשֵׁב\נֵשֶׁב, תֵּשְׁבוּ\תֵּשֵׁבוּ, יֵשְׁבוּ\
יֵשֵׁבוּ
יֹשֵׁב\יוֹשֵׁב (יֹשְׁבֵי־), יֹשֶׁבֶת\יוֹשֶׁבֶת\יוֹשָׁבֶת\יֹשֶׁבֶתִי\יוֹשֶׁבֶתִי\יֹשַׁבְתִּי\יֹשְׁבָה, יֹשְׁבִים\יוֹשְׁבִים (יֹשְׁבֵי־\
יוֹשְׁבֵי־\יֹשְׁבֵו־), יֹשְׁבוֹת\יֹשְׁבֹת (יֹשְׁבוֹת־) | יֹשְׁבָיו\יוֹשְׁבָיו, יֹשְׁבֶיהָ\יוֹשְׁבֶיהָ, יוֹשְׁבֵיהֶם\יֹשְׁבֵיהֶן
שֵׁב\שֶׁב\שְׁבָה, שְׁבִי, שְׁבוּ\שֵׁבוּ

You shall surely strike all the dwellers of the city.
11Q19 55:6

הכה תכה את כול יושבי העיר

Jeshua (np)	ישע (28)	יְשׁוּעַ

These are the leaders of the priests and their brothers in the days of Jeshua. — אֵלֶּה רָאשֵׁי הַכֹּהֲנִים וַאֲחֵיהֶם בִּימֵי יֵשׁוּעַ
Nehemiah 12:7 — נְחֶמְיָה יב, ז

salvation, victory, help (nf)	ישע (78)	יְשׁוּעָה\יְשׁוּעָתָה

From him is my salvation. — מִמֶּנּוּ יְשׁוּעָתִי
Psalm 62:1 — תְּהִלִּים סב, ב

יְשׁוּעוֹת\יְשׁוּעֹת
יְשׁוּעַת־: יְשׁוּעָתִי\יְשֻׁעָתִי, יְשׁוּעָתְךָ\יְשׁוּעָתֶךָ, יְשֻׁעָתֵךְ, יְשׁוּעָתוֹ\יְשֻׁעָתוֹ, יְשׁוּעָתָהּ, יְשׁוּעָתֵנוּ
יְשׁוּעוֹת־\יְשׁוּעֹת־\יְשֻׁעוֹת־: ---

They will write on their banners, "Salvations of God." — יכתובו על אותותם ישועות אל
War Scroll (1QM) 4:13

Jesse (np)	איש? (42)	יִשַׁי

And he sanctified Jesse and his sons and called them to the sacrifice. — וַיְקַדֵּשׁ אֶת יִשַׁי וְאֶת בָּנָיו וַיִּקְרָא לָהֶם לַזָּבַח
1 Samuel 16:5 — שְׁמוּאֵל א טז, ה

desert, wasteland (nm)	ישם (13)	יְשִׁימוֹן\יְשִׁמוֹן\יְשִׁימֹן\יְשִׁמֹן

I will put in the desert a way, in the wasteland rivers. — אָשִׂים בַּמִּדְבָּר דֶּרֶךְ בִּישִׁמוֹן נְהָרוֹת
Isaiah 43:19 — יְשַׁעְיָהוּ מג, יט

יְשִׁימוֹן־: ---

Ishmael (np)	שמע\אל (48)	יִשְׁמָעֵאל

And Abram called the name of his son whom Hagar bore Ishmael. — וַיִּקְרָא אַבְרָם שֶׁם בְּנוֹ אֲשֶׁר יָלְדָה הָגָר יִשְׁמָעֵאל
Genesis 16:15 — בְּרֵאשִׁית טז, טו

he was asleep, slept (v, *qal*)	ישן (24)	יָשֵׁן

And the one who guards Israel will not sleep. — וְלֹא יִישָׁן שׁוֹמֵר יִשְׂרָאֵל
Psalm 121:4 — תְּהִלִּים קכא, ד

ישׁוֹן(לִ)
יָשַׁנְתִּי, יָשְׁנוּ
אִישַׁן\אִישָׁן\אִישָׁנָה, תִּישַׁן, יִישַׁן\יִישָׁן, יִשְׁנוּ
יָשֵׁן, יְשֵׁנָה, יְשֵׁנִים (יְשֵׁנֵי־)

ישכוב ויישן במושב הרבים שלושים ימים

(If) he will lie down and sleep in the sitting of the many [i.e., assembly]: thirty days (punishment).
Community Rule (1QS) 7:10

יֶ֫שַׁע\יֵ֫שַׁע (36) ישע salvation, safety, welfare (nm)

הוֹשִׁיעֵנוּ אֱלֹהֵי יִשְׁעֵנוּ
דִּבְרֵי הַיָּמִים א טז, לה

Save us, O God of our salvation!
1 Chronicles 16:35

יֵשַׁע־: יִשְׁעִי, יִשְׁעֲךָ\יֶשְׁעֲךָ, יִשְׁעֵךְ, יִשְׁעוֹ, יִשְׁעֵנוּ

שמך ישעי סלעי

Your name is my salvation and my rock.
4Q381 f24a+b:7

יְשַׁעְיָה\יְשַׁעְיָהוּ (39) ישע\יהוה Isaiah (np)

וַיָּבֹא יְשַׁעְיָהוּ הַנָּבִיא אֶל הַמֶּלֶךְ חִזְקִיָּהוּ
מְלָכִים ב כ, יד

And Isaiah the prophet came to King Hezekiah.
2 Kings 20:14

יָשַׁר (13) ישר it was pleasing, right, straight (v, *qal*)

וַיִּישַׁר הַדָּבָר בְּעֵינֵי הַמֶּלֶךְ
דִּבְרֵי הַיָּמִים ב ל, ד

And the thing was right in the eyes of the king.
2 Chronicles 30:4

יָשַׁר, יָשְׁרָה, יָשְׁרוּ
יִישַׁר\יִשַׁר, תִּישַׁר, יִשַּׁרְנָה

יָשָׁר (119) ישר straight, right, just (adj)

וַיַּדְרִיכֵם בְּדֶרֶךְ יְשָׁרָה
תְּהִלִּים קז, ז

And he led them by a straight way.
Psalm 107:7

יָשָׁר (יְשַׁר־) | יְשָׁרָה | יְשָׁרִים (יִשְׁרֵי־) | יְשָׁרוֹת

ויעש הישר והטוב לפני

And he did the right and the good before me.
11Q19 59:16–17

יֹ֫שֶׁר (14) ישר uprightness, honesty (nm)

אוֹדְךָ בְּיֹשֶׁר לֵבָב
תְּהִלִּים קיט, ז

I will praise you in uprightness of heart.
Psalm 119:7

יֹשֶׁר־: יָשְׁרוֹ

וביושר לבבך אתה בא

And in the uprightness of your heart you are coming.
Damascus Document (CD) 19:27

יִשְׂרָאֵל (2506?) שרה\אל Israel (np)

יִשְׂרָאֵל יִהְיֶה שְׁמֶךָ וַיִּקְרָא אֶת שְׁמוֹ יִשְׂרָאֵל
בְּרֵאשִׁית לה, י

"Israel will be your name." And he named him Israel.
Genesis 35:10

יִשְׂרָאֵל (8) שרה\אל Israel (np)

אֱלָהּ יִשְׂרָאֵל עֲלֵיהוֹן
עֶזְרָא ה, א

The God of Israel is over them.
Ezra 5:1

יִשָּׂשכָר (43) יש\שכר?, איש\שכר? Issachar (np)

לְיִשָּׂשכָר יָצָא הַגּוֹרָל הָרְבִיעִי
יְהוֹשֻׁעַ יט, יז

For Issachar, the fourth lot came out.
Joshua 19:17

יָתֵד (24) יתד peg (nf)

וַתִּתְקַע אֶת הַיָּתֵד בְּרַקָּתוֹ*
שׁוֹפְטִים ד, כא

And she drove the peg into his temple*.
Judges 4:21

יְתֵדֹת
יְתַד־: ---
יִתְדֹת־: יְתֵדֹתַיִךְ, יְתֵדֹתָיו, יְתֵדֹתֶיהָ, יְתֵדֹתָם

יתד בכותל

A peg is in the wall.
Damascus Document (CD) 12:17

יָתוֹם (42) יתם orphan (nm)

עָזְבָה יְתֹמֶיךָ אֲנִי אֲחַיֶּה וְאַלְמְנֹתֶיךָ עָלַי תִּבְטָחוּ
יִרְמְיָהוּ מט, יא

Leave your orphans, I will give them life and let your widows trust in me.
Jeremiah 49:11

יְתוֹמִים\יְתֹמִים

---: יְתֹמֶיךָ, יְתוֹמָיו\יְתֹמָיו

יַתִּיר (8) יתר excellent, exceeding, surpassing (adj)

וְחָכְמָה יַתִּירָה הִשְׁתְּכַחַת בָּךְ
דָּנִיֵּאל ה, יד

And exceeding wisdom was found in you.
Daniel 5:14

יַתִּיר | יַתִּירָה\יַתִּירָא | --- | --- | ---

מראי* יהוי יתיר

May my lord* be surpassing.
TAD A5 3:2

remaining, rest, last, excess (nm) **יתר** (95) **יֶ֫תֶר**

And the rest of the people will not be cut off from the city.
Zechariah 14:2

וְיֶתֶר הָעָם לֹא יִכָּרֵת מִן הָעִיר
זְכַרְיָה יד, ב

יֶתֶר־: יִתְרוֹ, יִתְרָם
---

profit, gain, advantage (nm) **יתר** (10) **יִתְרוֹן**

What profit is it to a man in all his labor that he will labor under the sun?
Ecclesiastes 1:3

מַה יִּתְרוֹן לָאָדָם בְּכָל עֲמָלוֹ שֶׁיַּעֲמֹל תַּחַת הַשָּׁמֶשׁ
קֹהֶלֶת א, ג

יִתְרוֹן־: ---
---

appendage **יתר** (11) **יֹתֶ֫רֶת**

And he took all the fat which is on the innards and the appendage of the liver.
Leviticus 8:16

וַיִּקַּח אֶת כָּל הַחֵלֶב אֲשֶׁר עַל הַקֶּרֶב וְאֵת יֹתֶרֶת הַכָּבֵד
וַיִּקְרָא ח, טז

יֹתֶרֶת־:---

כ / ﬞ

like, as (prep)	---	(2893?)	כְּ

And they will be like God, knowers of good and evil. — וִהְיִיתֶם כֵּאלֹהִים יֹדְעֵי טוֹב וָרָע
Genesis 3:5 — בְּרֵאשִׁית ג, ה

כָּכֶם, כָּהֶם\כָּהֵם\כָּהֵמָּה, כָּהֵן\כָּהֵנָּה

And they will be as if they had not been. — ויהיו כלא היו
Damascus Document (CD) 2:20

as, like, about (prep)	---	(63)	כְּ

It will be strong like iron. — תֶּהֱוֵא תַקִּיפָה כְּפַרְזְלָא
Daniel 2:40 — דָּנִיֵּאל ב, מ

Your offspring is like the dust of the earth. — זרעך כעפר ארעא
1Q20 21:13

he was heavy, honored; it was hardened (v, *qal*)	כבד	(22)	כָּבַד

And the heart of Pharaoh was hardened, and he did not send the people. — וַיִּכְבַּד לֵב פַּרְעֹה וְלֹא שִׁלַּח אֶת הָעָם
Exodus 9:7 — שְׁמוֹת ט, ז

כָּבַד, כָּבְדָה\כָּבֵ֫דָה, כָּבְדוּ
תִּכְבְּדִי, יִכְבַּד\יִכְבָּ֫ד, תִּכְבַּד, נִכְבַּד, יִכְבְּדוּ

---

he honored, made heavy (v, *piel*)	כבד	(38)	[כִּבֵּד]

I said, "I will surely honor you." — אָמַרְתִּי כַּבֵּד אֲכַבֶּדְךָ
Numbers 24:11 — בְּמִדְבַּר כד, יא

--- (כִּבֵּד) | כִּבְּדֶ֫ךָ
כִּבְּדוּ | כִּבַּדְתָּ֫נִי, כִּבַּדְתּוֹ, כִּבַּדְנוּךָ, כִּבְּדוּנִי
אֲכַבֵּד\אֲכַבְּדָה, תְּכַבֵּד, יְכַבֵּד, תְּכַבְּדוּ, יְכַבְּדוּ | אֲכַבֶּדְךָ, אֲכַבְּדֵהוּ, תְּכַבְּדֵנִי, יְכַבְּדָנְנִי, תְּכַבְּדֵנִי, תְּכַבֵּדְךָ, יְכַבְּדוּךָ
מְכַבֵּד | מְכַבְּדוֹ, מְכַבְּדַי, מְכַבְּדֶיהָ
כַּבֵּד, כַּבְּדוּ | כַּבְּדֵנִי, כַּבְּדוּהוּ

They honored them, and like gods they feared from them. — ויכבדום וכאלים יפחדו מהם
4Q166 2:5

heavy, numerous, oppressive (adj) כבד (41) כָּבֵד

And the hands of Moses were heavy, and they took a stone and put under him.
Exodus 17:12

וִידֵי מֹשֶׁה כְּבֵדִים וַיִּקְחוּ אֶבֶן וַיָּשִׂימוּ תַחְתָּיו
שְׁמוֹת יז, יב

כָּבֵד | --- | כְּבֵדִים | ---

liver (nf) כבד (14) כָּבֵד

And the appendage from the liver from the sin offering he turned into smoke.
Leviticus 9:10

וְאֶת הַיֹּתֶרֶת מִן הַכָּבֵד מִן הַחַטָּאת הִקְטִיר
וַיִּקְרָא ט, י

---: כְּבֵדִי, כְּבֵדוֹ
---

it went out, was extinguished (v, *qal*) כבה (14) [כָּבָה]

I, the Lord, burned it; it will not go out.
Ezekiel 20:48

אֲנִי יְהוָה בִּעַרְתִּיהָ לֹא תִּכְבֶּה
יְחֶזְקֵאל כא, ד

כָּבוּ
יִכְבֶּה, תִּכְבֶּה

---

he quenched, extinguished (v, *piel*) כבה (10) [כִּבָּה]

And you will not extinguish the lamp of Israel.
2 Samuel 21:17

וְלֹא תְכַבֶּה אֶת נֵר יִשְׂרָאֵל
שְׁמוּאֵל ב כא, יז

כַּבּוֹת | כַּבּוֹתְךָ
כִּבּוּ
תְּכַבֶּה, יְכַבּוּ | יְכַבֶּנָּה
מְכַבֶּה
---

glory, honor, wealth (nm and nf) כבד (199) כָּבוֹד\כָּבֹד

And over all the earth is your glory.
Psalm 108:5

וְעַל כָּל הָאָרֶץ כְּבוֹדֶךָ
תְּהִלִּים קח, ו

כְּבוֹד-\כְּבֹד-: כְּבוֹדִי\כְּבֹדִי, כְּבוֹדֶךָ\כְּבֹדֶךָ, כְּבוֹדֵךְ, כְּבוֹדוֹ\כְּבֹדוֹ, כְּבוֹדָהּ, כְּבוֹדְכֶם,
כְּבוֹדָם\כְּבֹדָם

The earth will be full to know the glory of the Lord.
Habakkuk Pesher (1QpHab) 10:14

תמלא הארץ לדעת את כבוד 𐤉𐤄𐤅𐤄

great, mighty (adj) כבר (10) **כַּבִּיר**

Behold, God is mighty and will not despise, mighty, strength of heart.
Job 36:5

הֶן אֵל כַּבִּיר וְלֹא יִמְאָס כַּבִּיר כֹּחַ לֵב
אִיּוֹב לו, ה

כַּבִּיר | --- | כַּבִּירִים | ---

he wash, cleaned, cleansed (v, *piel*) כבס (44) **כִּבֵּס**

And the one who eats in the house will wash his clothes.
Leviticus 14:47

וְהָאֹכֵל בַּבַּיִת יְכַבֵּס אֶת בְּגָדָיו
וַיִּקְרָא יד, מז

כִּבֵּס\כִּבֶּס, כִּבְּסוּ
תְּכַבֵּס, תְּכַבְּסִי, יְכַבֵּס, יְכַבְּסוּ | תְּכַבְּסֵנִי
מְכַבְּסִים
כַּבְּסִי | כַּבְּסֵנִי

And in the morning they will wash their clothes.
War Scroll (1QM) 14:2

ובבוקר יכבסו בגדיהם

lamb, sheep (nm) כבש (107) **כֶּבֶשׂ**

Sheep are for your clothing.
Proverbs 27:26

כְּבָשִׂים לִלְבוּשֶׁךָ
מִשְׁלֵי כז, כו

כְּבָשִׂים

---: כִּבְשֵׂי

And one sheep you will do in the morning.
11Q19 13:11

את הכבש האחד תעשה בבוקר

jar, pitcher (nm and nf) --- (18) **כַּד**

And she went down to the spring and filled her jar.
Genesis 24:16

וַתֵּרֶד הָעַיְנָה וַתְּמַלֵּא כַדָּהּ
בְּרֵאשִׁית כד, טז

כַּדִּים
---: כַּדֵּךְ, כַּדָּהּ

כֹּה	(576?) כה	thus, so, now, here (adv)

וַיִּפֶן כֹּה וָכֹה וַיַּרְא כִּי אֵין אִישׁ — And he turned here and there and saw that there was nobody.
שְׁמוֹת ב, יב — *Exodus 2:12*

לכן כוה אמר אדוני — Therefore, thus says the Lord.
4Q163 f4_7ii:21

כִּהֵן	(23) כהן	he was priest, ministered (v, *piel*)

כִּהֵן בַּבַּיִת אֲשֶׁר בָּנָה שְׁלֹמֹה בִּירוּשָׁלָם — He was priest in the house which Solomon built in Jerusalem.
דִּבְרֵי הַיָּמִים א ה, לו — *1 Chronicles 5:36*

כִּהֵן | כִּהֲנוּ
כַּהֵן, כַּהֲנוּ
יְכַהֵן, יְכַהֲנוּ

וצדוק הכוהן] יכהן שם ראישׁוֹן — And Zadok the priest] will minister there first.
4Q522 f9ii:6–7

כֹּהֵן	(750?) כהן	priest (nm)

וְהוּא כֹהֵן לְאֵל עֶלְיוֹן — He is a priest for God most high.
בְּרֵאשִׁית יד, יח — *Genesis 14:18*

כֹּהֲנִים
כֹּהֵן־: ---
כֹּהֲנֵי־: כֹּהֲנַי, כֹּהֲנֶיךָ, כֹּהֲנָיו, כֹּהֲנֶיהָ, כֹּהֲנֵינוּ, כֹּהֲנֵיהֶם

יבוא לפני הכוהן הגדול — He will come before the high priest.
11Q19 58:18

[כָּהֵן]\כָּהֲנָא\כָּהֲנָה	(8) כהן	priest (nm)

לְעֶזְרָא כָהֲנָא סָפַר דָּתָא דִּי אֱלָהּ שְׁמַיָּא — To Ezra the priest, the scribe of the Law of the God of heaven . . .
עֶזְרָא ז, יב — *Ezra 7:12*

---\כָּהֲנַיָּא

---: כָּהֲנוֹהִי

אל מראי* ידניה* אוריה וכהניא זי* יהו אלהא — To my lords*: Yedoniah*, Uriah, and the priests of the LORD God.
TAD A4 3:1

And he was a priest for God Most High. — והוא הוא כהן לאל עליון
1Q20 22:15

priesthood (nf) — כהן — (14) — כְּהֻנָּה

And you and your sons with you will keep your priesthood. — וְאַתָּה וּבָנֶיךָ אִתְּךָ תִּשְׁמְרוּ אֶת כְּהֻנַּתְכֶם
Numbers 18:7 — בְּמִדְבַּר יח, ז

כְּהֻנּוֹת
כְּהֻנַּת־: כְּהֻנַּתְכֶם, כְּהֻנָּתָם

And they will not profane the oil of their priesthood. — ולוא יחללו שמן כהונתם
4Q493 f1:5

star (nm) — --- — (37) — כּוֹכָב

And I will increase your offspring like the stars of the sky. — וְהִרְבֵּיתִי אֶת זַרְעֲךָ כְּכוֹכְבֵי הַשָּׁמַיִם
Genesis 26:4 — בְּרֵאשִׁית כו, ד

כּוֹכָבִים
כּוֹכַב־: ---
כּוֹכְבֵי־\כֹּכְבֵי־: כֹּכְבֵיהֶם

And the star is the interpreter of Torah. — והכוכב הוא דורש התורה
4Q266 f3iii:19

he established, founded, set up (v, *polel*) — כון — (29) — כּוֹנֵן

And you established for yourself your people Israel. — וַתְּכוֹנֵן לְךָ אֶת עַמְּךָ יִשְׂרָאֵל
2 Samuel 7:24 — שְׁמוּאֵל ב ז, כד

כֹּנַנְתִּי, כּוֹנַנְתָּ\כּוֹנָנְתָה, כּוֹנֵן, כּוֹנְנוּ | כּוֹנַנְתָּהּ, כּוֹנְנָהּ
תְּכוֹנֵן, יְכוֹנֵן, יְכוֹנְנוּ | יְכֹנְנֶךָ, יְכֹנְנוּ, יְכוֹנְנֶהָ, יְכוֹנְנוּנִי

כּוֹנֵן\כּוֹנְנָה | כּוֹנְנֵהוּ

And he established a city in iniquity. — ויכונן קריה בעולה
Habakkuk Pesher (1QpHab) 10:6

cup (nf) — --- — (31) — כּוֹס\כִּיס

A cup of gold is Babylon in the LORD's hand. — כּוֹס זָהָב בָּבֶל בְּיַד יְהוָה
Jeremiah 51:7 — יִרְמְיָהוּ נא, ז

כֹּסוֹת
כּוֹס־: כּוֹסִי, כֹּסוֹ, כּוֹסָהּ, כּוֹסָם

And the cup of the anger of [Go]d will swallow him. — וכוס חמת [א]ל תבלענו
Habakkuk Pesher (1QpHab) 11:14–15

Cyrus (np) --- (15) כּוֹרֶשׁ

And King Cyrus brought out the implements of the LORD's house. — וְהַמֶּלֶךְ כּוֹרֶשׁ הוֹצִיא אֶת כְּלֵי בֵית יְהוָה
Ezra 1:7 — עֶזְרָא א, ז

Cyrus (np) --- (8) כּוֹרֶשׁ

Cyrus, the king, made a decree. — כּוֹרֶשׁ מַלְכָּא שָׂם טְעֵם
Ezra 5:13 — עֶזְרָא ה, יג

Cush, Ethiopia (np) --- (29) כּוּשׁ

And they will be dismayed and ashamed from Cush/Ethiopia. — וְחַתּוּ וָבֹשׁוּ מִכּוּשׁ
Isaiah 20:5 — יְשַׁעְיָהוּ כ, ה

Cushite/Ethiopian (gent) --- (25) כּוּשִׁי

And the Cushite bowed before Joab and ran. — וַיִּשְׁתַּחוּ כוּשִׁי לְיוֹאָב וַיָּרֹץ
2 Samuel 18:21 — שְׁמוּאֵל ב יח, כא

he lied (v, *piel*) כזב (12) כִּזֵּב

And with their tongue they will lie to him. — וּבִלְשׁוֹנָם יְכַזְּבוּ לוֹ
Psalm 78:36 — תְּהִלִּים עח, לו

--- | כַּזֶּבְכֶם
כִּזֵּב
אֲכַזֵּב, תְּכַזֵּב, תְּכַזְּבִי, יְכַזֵּב, יְכַזְּבוּ

Do not lie to him. — אל תכזב לו
4Q417 f2i:22–23

lie, falsehood (nm) כזב (31) כָּזָב

And they spoke against me lies. — וְהֵמָּה דִּבְּרוּ עָלַי כְּזָבִים
Hosea 7:13 — הוֹשֵׁעַ ז, יג

כְּזָבִים

---: כִּזְבֵיהֶם

And they did not help him against the man of the lie. — ולוא עזרוהו על איש הכזב
Habakkuk Pesher (1QpHab) 5:11

strength, power, property (nm) | **כוח\כחח** | **(125)** | **כֹּחַ\כּוֹחַ**

Glory of young men is their strength. — תִּפְאֶרֶת בַּחוּרִים כֹּחָם
Proverbs 20:29 — מִשְׁלֵי כ, כט

---: כֹּחִי\כֹּחוֹ, כֹּחֲךָ\כֹּחֶךָ\כֹּחֶכָה, כֹּחוֹ, כֹּחָהּ, כֹּחֲכֶם, כֹּחָם

Who is like you in strength, God of Israel? — מיא כמוכה בכוח אל ישראל
War Scroll (1QM) 13:13

he hid (v, *piel*) | **כחד** | **(15)** | **כִּחֵד**

What you did, do not hide from me. — מֶה עָשִׂיתָ אַל תְּכַחֵד מִמֶּנִּי
Joshua 7:19 — יְהוֹשֻׁעַ ז, יט

כִּחַדְתִּי, כִּחֵד, כִּחֲדוּ\כִּחֵדוּ
אֲכַחֵד, תְּכַחֵד, תְּכַחֲדִי, נְכַחֵד, תְּכַחֵדוּ

You will hide from me some[thing]. — תכחד ממני ד֯[בר]
4Q160 f1:6

he denied, deceived, cringed (v, *piel*) | **כחש** | **(19)** | **כִּחֵשׁ**

And Sarah denied, saying, "I did not laugh." — וַתְּכַחֵשׁ שָׂרָה לֵאמֹר לֹא צָחַקְתִּי
Genesis 18:15 — בְּרֵאשִׁית יח, טו

כַּחֵשׁ
כִּחַשְׁתִּי, כִּחֵשׁ\כִּחֶשׁ, כִּחֲשׁוּ
יְכַחֶשׁ, תְּכַחֵשׁ, תְּכַחֲשׁוּ\תְּכַחֲשׁוּן, יְכַחֲשׁוּ

I will cringe before you over my sin. — ואני אכחש לפניך על ח֯[ט]י֯
4Q381 f33ab+35:9

for, because, when, indeed (conj) | **כי** | **(4486?)** | **כִּי**

Give thanks to the God of heaven for his lovingkindness is forever. — הוֹדוּ לְאֵל הַשָּׁמָיִם כִּי לְעוֹלָם חַסְדּוֹ
Psalm 136:26 — תְּהִלִּים קלו, כו

Indeed, the LORD will restore us. — כי יהוה [י]שבנו
Ketef Hinnom 1:12

God called all of them princes for they sought him. — קרא אל את כולם שרים כי דרשוהו
Damascus Document (CD) 6:6

basin, pot, platform (nm)	---	(23)	כִּיּוֹר\כִּיֹּר

And he made the basin of bronze. — וַיַּעַשׂ אֵת הַכִּיּוֹר נְחֹשֶׁת
Exodus 38:8 — שְׁמוֹת לח, ח

כִּיּוֹרִים\כִּיֹּרוֹת\כִּיֹּרֹת
כִּיּוֹר־: ---
כִּיֹּרוֹת־: ---

And you will make a house for the basin. — ועשיתה בית לכיור
11Q19 31:10

thus, so (adv)	כה	(37)	כָּ֫כָה

Thus, the sons of Israel will eat their bread. — כָּכָה יֹאכְלוּ בְנֵי יִשְׂרָאֵל אֶת לַחְמָם
Ezekiel 4:13 — יְחֶזְקֵאל ד, יג

Thus they will eat it. — ככה יהיו אוכלים אותו
11Q19 43:5

talent/weight, plain, loaf [round items] (nf)	כרר?	(68)	כִּכָּר

And she gave to the king one hundred and twenty talents of gold. — וַתִּתֵּן לַמֶּלֶךְ מֵאָה וְעֶשְׂרִים כִּכַּר זָהָב
2 Chronicles 9:9 — דִּבְרֵי הַיָּמִים ב ט, ט

כִּכָּרִים\כִּכְּרַיִם\כִּכָּרַיִם
כִּכַּר־: ---
כִּכְּרֵי־\כִּכְּרוֹת־: ---

Across from the upper opening are nine hundred talents. — נגד הפתח העליון ככרין* תשע מאת
3Q15 1:8

all, whole, every (nm)	כלל	(5408?)	כֹּל\כּוֹל

All of us are sons of one man. — כֻּלָּנוּ בְּנֵי אִישׁ אֶחָד
Genesis 42:11 — בְּרֵאשִׁית מב, יא

כָּל־\כֹּל־: כֻּלָּךְ, כֻּלֵּךְ\כֻּלָּךְ, כֻּלּוֹ\כֻּלֹּה, כֻּלָּהּ\כֻּלָּא, כֻּלָּנוּ, כֻּלְּכֶם, כֻּלָּם\כּוּלָּם\כֻּלָּהֵם, כֻּלָּנָה\כֻּלָּהְנָה\כֻּלָּם

The LORD is God of all the earth. — 𐤉𐤄𐤅𐤄 𐤀𐤋𐤄𐤉 𐤊𐤋 𐤄𐤀𐤓𐤑
Beit Lei 5:1

The tribe is the leader of all the congregation. — השבט הוא נשיא כל העדה
Damascus Document (CD) 7:20

כֹּל\כֹּלָּא (104) כלל — all, whole (nm)

And it will eat all the earth. — וְתֵאכֻל כָּל אַרְעָא
Daniel 7:23 — דָּנִיֵּאל ז, כג

כָּל־: כָּלְּהוֹן\כָּלְּהֵין

Everything in the fire burned. — כלא באשה שרפו
TAD A4 7:12

And he ruled on all of them. — ושלט בכולהון
1Q20 11:16

כָּלָא (14) כלא — he restrained, withheld (v, *qal*)

Skies withheld dew and the earth withheld its produce. — כָּלְאוּ שָׁמַיִם מִטָּל וְהָאָרֶץ כָּלְאָה יְבוּלָהּ
Haggai 1:10 — חַגַּי א, י

כְּלוֹא
כָּלִאתִי, כָּלְאָה, כָּלְאוּ\כָּלוּ | כְּלִתְנִי, כְּלָאוֹ
אֶכְלָא, תִּכְלָא, תִּכְלָאִי, יִכְלֶה
--- | --- | כָּלוּא\כָּלֵא
--- | כְּלָאֵם

כֶּ֫לֶא (10) כלא — prison, imprisonment, restraint (nm)

You put me into the house of the prison. — נְתַתֶּם אוֹתִי אֶל בֵּית הַכֶּלֶא
Jeremiah 37:18 — יִרְמְיָהוּ לז, יח

כְּלָאִים
---: כִּלְאוֹ

כֶּ֫לֶב\כָּ֫לֶב (32) כלב — dog (nm)

Am I a head of a dog? — הֲרֹאשׁ כֶּלֶב אָנֹכִי
2 Samuel 3:8 — שְׁמוּאֵל ב ג, ח

כְּלָבִים

כַּלְבֵי־: כְּלָבֶיךָ

Who is your servant? A dog? *Lachish 5:3–4*	מי עבדך כלב
The dogs are eating [from the end of bones]. *4Q306 f1:5*	הכלבים אוכלים [מקצת עצמות]

Caleb (np)	כלב (34)	כָּלֵב

And they gave Hebron to Caleb as Moses had said. *Judges 1:20*	וַיִּתְּנוּ לְכָלֵב אֶת חֶבְרוֹן כַּאֲשֶׁר דִּבֶּר מֹשֶׁה שׁוֹפְטִים א, כ

he stopped, finished, perished, (v, *qal*)	כלה (64)	כָּלָה

And the ones who forsake the LORD will perish. *Isaiah 1:28*	וְעֹזְבֵי יְהוָה יִכְלוּ יְשַׁעְיָהוּ א, כח

כְּלוֹת | כְּלֹתוֹ, כְּלוֹתָם
כָּלִיתִי, כָּלָה, כָּלְתָה\כָּלָתָה, כָּלִינוּ, כְּלִיתֶם, כָּלוּ
יִכְלֶה\יִכֶל, תִּכְלֶה\תֵּכֶל, יִכְלוּ\יִכְלָיוּן, תִּכְלֶינָה\תִּכְלֶנָה

I finished my harvest. *Metsad ha-Shavyahu 1:8–9*	כלת את קצרי
He will not return his anger until he destroys them. *War Scroll (1QM) 3:9*	לוא ישיב אפו עד כלותם

he ended, completed, exterminated (v, *piel*)	כלה (140)	כִּלָּה

Isaac finished blessing Jacob. *Genesis 27:30*	כִּלָּה יִצְחָק לְבָרֵךְ אֶת יַעֲקֹב בְּרֵאשִׁית כז, ל

כַּלּוֹת\כַּלֵּא (כַּלֵּה) | כַּלּוֹתִי, כַּלּוֹתְךָ\כַּלֹּתְךָ, כַּלֹּתוֹ, כַּלּוֹתָם\כַּלֹּתָם
כִּלֵּיתִי\כִּלִּיתִי, כִּלִּיתָ, כִּלָּה, כִּלְּתָה, כִּלִּינוּ, כִּלִּיתֶם, כִּלּוּ | כִּלִּיתִיךָ, כִּלִּיתִים, כִּלִּיתָם, כִּלָּנוּ, כִּלָּם, כִּלַּתּוּ,
כִּלּוּנִי, כִּלּוּם
אֲכַלֶּה\אֲכַל, תְּכַלֶּה\תְּכַל, יְכַלֶּה\יְכַל, תְּכַל, יְכַלּוּ | אֲכֶלְךָ, אֲכַלֵּם, תְּכַלֶּנָּה, יְכַלֵּהוּ, יְכַלֻּהוּ
מְכַלֶּה, מְכַלּוֹת
כַּלֵּה, כַּלּוּ

His brother will finish to speak. *Community Rule (1QS) 6:10*	יכלה אחיהו לדבר

completely destroyed, destructively (adv)	כלה (22)	כָּלָה

I will not do with you destructively. *Jeremiah 5:18*	לֹא אֶעֱשֶׂה אִתְּכֶם כָּלָה יִרְמְיָהוּ ה, יח

ולא נתנם לכלה

And he will not give them to be completely destroyed.
Damascus Document (CD) 1:5

כַּלָּה	(34)	כלל	daughter-in-law, bride (nf)

וַתָּקָם הִיא וְכַלֹּתֶיהָ וַתָּשָׁב מִשְּׂדֵי מוֹאָב
רוּת א, ו

And she and her daughters-in-law arose and returned from the fields of Moab.
Ruth 1:6

---: כַּלָּתְךָ\כַּלָּתֶךָ, כַּלָּתֵךְ, כַּלָּתוֹ, כַּלָּתָהּ
---: כַּלֹּתֶיהָ, כַּלּוֹתֵיכֶם

ינחמם בירושל[ים כחתן] על כלה

He will comfort them in Jerusalem as a bridegroom over a bride.
4Q434 f2:6

כְּלִי\כֶּלִי	(325)	כלה	utensil, weapon, equipment, vessel (nm)

וְלוֹ הֵכִין כְּלֵי מָוֶת
תְּהִלִּים ז, יד

And he prepared for himself weapons of death.
Psalm 7:13

כֵּלִים
כְּלִי־: כֶּלְיְךָ
כְּלֵי־: כֵּלַי, כֵּלֶיךָ, כֵּלָיו, כֵּלֶיהָ, כֵּלֵינוּ, כְּלֵיכֶם, כְּלֵיהֶם

ויעשו את כול כלי המזבח

And they made all the utensils of the altar.
4Q365 f12a_bii:9

[כִּלְיָה]	(31)	כלה	kidneys, seat of emotion/thought, mind (nf)

קָרוֹב אַתָּה בְּפִיהֶם וְרָחוֹק מִכִּלְיוֹתֵיהֶם
יִרְמְיָהוּ יב, ב

Close you are in their mouth, but far from their thoughts.
Jeremiah 12:2

כְּלָיוֹת\כִּלְיֹת

כִּלְיוֹת־: כִּלְיוֹתַי\כִּלְיֹתַי\כִּלְיוֹתָי\כִּלְיֹתָי, כִּלְיוֹתֵיהֶם

וכליותי פתחתה ותחזק עלי

And my mind you opened and strengthened me.
4Q436 f1a+bi:6

כָּלִיל	(15)	כלל	whole, entire [esp. whole burnt offering] (adj)

וְהָאֱלִילִים כָּלִיל יַחֲלֹף
יְשַׁעְיָהוּ ב, יח

And the idols will entirely pass away.
Isaiah 2:18

כָּלִיל (כְּלִיל־) | --- (כְּלִילַת־) | --- | ---

And a whole offering is on your altar. — וכליל על מזבחכה
4Q174 f6_7:5

כִּלְכֵּל | כול | (24) | he provided, sustained, contained (v, *pilpel*)

And I provided them bread and water. — וָאֲכַלְכְּלֵם לֶחֶם וָמָיִם
1 Kings 18:13 — מְלָכִים א יח, יג

כִּלְכֵּל | כַּלְכֶּלְךָ\כַּלְכְּלֵךְ
כִּלְכַּלְתִּי, כִּלְכַּל, כִּלְכְּלוּ | כִּלְכַּלְתָּם, כִּלְכְּלָם
אֲכַלְכֵּל, יְכַלְכֵּל | אֲכַלְכְּלֵם, יְכַלְכֶּלְךָ, יְכַלְכְּלֵם, יְכַלְכְּלוּךָ, יְכַלְכְּלֶהוּ
מְכַלְכֵּל

You will sustain me. — אתה תכלכלני
Thanksgiving Hymn (1QHa) 17:34

כְּלִמָּה | כלם | (30) | shame, disgrace, insult (nf)

All the day, my shame is before me. — כָּל הַיּוֹם כְּלִמָּתִי נֶגְדִּי
Psalm 44:15 — תְּהִלִּים מד, טז

כְּלִמּוֹת
כְּלִמַּת־: כְּלִמָּתִי, כְּלִמָּתֵךְ, כְּלִמָּתֵנוּ, כְּלִמָּתָם

And there is not to Israel disgrace. — ואין לי]שראל כלמה
4Q282o f1:3

כַּמָּה\כַּמֶּה | כ\מה | (13) | how, how much/many (interrog pron)

How much is its width and its length? — כַּמָּה רָחְבָּהּ וְכַמָּה אָרְכָּהּ
Zechariah 2:2 — זְכַרְיָה ב, ו

כְּמוֹ | כ\מה | (141) | like, as (prep)

There is not a man like him in the land. — אֵין כָּמֹהוּ בָּאָרֶץ אִישׁ
Job 2:3 — אִיּוֹב ב, ג

כָּמוֹנִי\כָּמֹנִי	כָּמֹנוּ\כָּמוֹנוּ
כָּמוֹךָ\כָּמֹכָה	כְּמוֹכֶם
---	---
כָּמֹהִי	כְּמוֹהֶם
כָּמוֹהָ	---

Who is like you, God of Israel, in hea[ve]n and on earth? — מיא כמוכה אל ישראל בש[מי]ם ובארץ
War Scroll (1QM) 10:8

כֵּן | כן | (742) | thus, so, indeed (adv)

יְהִי כֵן יְהוָה עִמָּכֶם
שְׁמוֹת י, י

The LORD will indeed be with you.
Exodus 10:10

כן עשה עבדך

Thus your servant did.
Lachish 4:3

כן תעשה לערים הרחוקות ממכה

Thus you will do to the cities far from you.
11Q19 62:11–12

כֵּן (8) כן thus, so (adv)

וְכֵן אָמְרִין לֵהּ
דָּנִיֵּאל ו, ז

And thus they are saying to him.
Daniel 6:6

וכנותה כן אמרן

And his companions thus are saying.
TAD A4 7:4

ומן בתר כן נחתת

And from after thus I descended.
1Q20 12:8

כֵּן (22) כון honest, right, just (adj)

אֵדַע כִּי כֵנִים אַתֶּם
בְּרֵאשִׁית מב, לג

I will know that you are honest.
Genesis 42:33

כֵּן | --- | כֵּנִים | ---

כֵּן (11) כנן stand, base (nm)

וַיַּעַשׂ אֵת הַכִּיּוֹר נְחֹשֶׁת וְאֵת כַּנּוֹ נְחֹשֶׁת
שְׁמוֹת לח, ח

And he made the bronze basin and its bronze base.
Exodus 38:8

---: כַּנּוֹ

כִּנּוֹר (42) כנר lyre, harp (nm)

הוֹדוּ לַיהוָה בְּכִנּוֹר
תְּהִלִּים לג, ב

Give thanks to the LORD with a lyre!
Psalm 33:2

כִּנֹּרוֹת
---: כִּנֹּרִי
---: כִּנּוֹרֶיךָ, כִּנֹּרוֹתֵינוּ

אזמרה בכנור ישועות

I will sing with a lyre of salvation.
Thanksgiving Hymn (1QHa) 19:26

כְּנֵמָא (5) כן\מה thus, so (adv)

Thus we said to them. — כְּנֵמָא אֲמַרְנָא לְהֹם
Ezra 5:4 — עֶזְרָא ה, ד

Canaan (np, person)	כנע?	(13)	כְּנַעַן

Cursed is Canaan. He will be a servant of servants to his brothers. — אָרוּר כְּנָעַן עֶבֶד עֲבָדִים יִהְיֶה לְאֶחָיו
Genesis 9:25 — בְּרֵאשִׁית ט, כה

Canaan (np, place)	כנע?	(80)	כְּנַעַן

To you I will give the land of Canaan. — לְךָ אֶתֵּן אֶת אֶרֶץ כְּנָעַן
Psalm 105:11 — תְּהִלִּים קה, יא

Canaanite (gent)	כנע?	(73)	כְּנַעֲנִי

And the Canaanite(s) continued to dwell in this land. — וַיּוֹאֶל הַכְּנַעֲנִי לָשֶׁבֶת בָּאָרֶץ הַזֹּאת
Joshua 17:12 — יְהוֹשֻׁעַ יז, יב

wing, edge, skirt (nf)	כנף	(109)	כָּנָף

And David arose and cut off the edge of the cloak. — וַיָּקָם דָּוִד וַיִּכְרֹת אֶת כְּנַף הַמְּעִיל
1 Samuel 24:4 — שְׁמוּאֵל א כד, ה

כְּנָפַיִם
כְּנַף־: כְּנָפִי, כְּנָפֶךָ, כְּנָפוֹ
כַּנְפֵי־\כַּנְפוֹת־: כְּנָפֶיךָ, כְּנָפַיִךְ, כְּנָפָיו\כְּנָפוֹ, כְּנָפֶיהָ, כַּנְפֵיהֶם, כַּנְפֵיהֶן

And he will not uncover the skirt of his father. — ולוא יגלה כנף אביהו
11Q19 66:12

colleague, companion (nm)	---	(7)	[כְּנָת]

And their companions went quickly* to Jerusalem. — וּכְנָוָתְהוֹן אֲזַלוּ בִבְהִילוּ* לִירוּשְׁלֶם
Ezra 4:23 — עֶזְרָא ד, כג

---: כְּנָוָתֵהּ, כְּנָוָתְהוֹן

A man [does not see] what is in the heart of his companion. — [לא חזה] איש מה בלבב כנתה
TAD C1 1:99

throne, chair (nm)	---	(135)	כִּסֵּא\כִּסֵּה

The Lord established his throne in heaven. — יְהוָה בַּשָּׁמַיִם הֵכִין כִּסְאוֹ
Psalm 103:19 — תְּהִלִּים קג, יט

כִּסְאוֹת

כִּסֵּא־: כִּסְאִי, כִּסְאֲךָ\כִּסְאֶךָ, כִּסְאוֹ
---: כִּסְאוֹתָם

And he will sit on the throne of Israel before you. — וישב על כסא ישראל לפניך
4Q504 f1_2Riv:7

he covered, clothed, concealed (v, *piel*) — כסה (131) — כִּסָּה

O earth, do not cover my blood. — אֶרֶץ אַל תְּכַסִּי דָמִי
Job 16:18 — אִיּוֹב טז, יח

כַּסּוֹת\כַּסֹּת | כַּסֹּתוֹ
כִּסִּיתִי\כִּסִּתִי\כִּסֵּיתִי\כִּסֵּתִי, כִּסִּיתָ\כִּסִּתָ, כִּסָּה, כִּסְּתָה, כִּסִּינוּ, כִּסּוּ | כִּסִּיתִיךָ, כִּסִּיתוֹ, כִּסָּהוּ, כִּסָּמוֹ, כִּסַּתְנִי, כִּסּוּךְ
אֲכַסֶּה, תְּכַסֶּה\תְּכַס, תְּכַסִּי, יְכַסֶּה\יְכַס, תְּכַסֶּה\תְּכַס, יְכַסּוּ | אֲכַסֵּךְ, אֲכַסֶּנּוּ, תְּכַסִּים, יְכַסֶּךָּ, יְכַסֵּךְ, יְכַסֶּנּוּ\יְכַסֵּהוּ, יְכַסֶּנָּה, יְכַסּוּמוֹ, תְּכַסֵּנִי, תְּכַסְּךָ\תְּכַסֶּךָּ, תְּכַסֵּךְ, תְּכַסֵּהוּ, תְּכַסֶּהָ, תְּכַסֵּנוּ, יְכַסֻּהוּ, יְכַסְיֻמוֹ
מְכַסֶּה, מְכַסִּים, מְכַסּוֹת
--- | כַּסּוּנוּ

And the cloud would cover over him. — ויכס עליו הענן
4Q377 f2ii:10–11

fool (nm) — כסל (70) — כְּסִיל

In the ears of a fool do not speak. — בְּאָזְנֵי כְסִיל אַל תְּדַבֵּר
Proverbs 23:9 — מִשְׁלֵי כג, ט

כְּסִילִים
כְּסִיל־: ---
---

silver, money (nm) — כסף (403) — כֶּסֶף\כָּסֶף

Look, I gave a thousand silver (pieces) to your brother. — הִנֵּה נָתַתִּי אֶלֶף כֶּסֶף לְאָחִיךָ
Genesis 20:16 — בְּרֵאשִׁית כ, טז

כֶּסֶף־: כַּסְפִּי, כַּסְפְּךָ\כַּסְפֶּךָ, כַּסְפֵּךְ, כַּסְפּוֹ, כַּסְפֵּנוּ, כַּסְפְּכֶם, כַּסְפָּם
---: כַּסְפֵּיהֶם

There is no silver [he]re. — אין [פ]ה כסף
Silwan 2:1

And they will bring their offering: silver and gold. — ויביאו מנחתם כסף וזהב
4Q504 f1_2Riv:10

silver (nm) — כסף (13) — כְּסַף\כַּסְפָּא

Diligently you will buy with this silver. — אָסְפַּרְנָא תִקְנֵא בְּכַסְפָּא דְנָה
Ezra 7:17 — עֶזְרָא ז, יז

And if there is silver, give unto him! — והן איתי כסף הבי עלוהי
TAD A3 4:4

To me is the silver and the gold. — לי כספא ודהבא
4Q529 f1:15

now (adv)	כ\ענה	(13)	כְּעַן

And now you have made known to me what we asked from you. — וּכְעַן הוֹדַעְתַּנִי דִּי בְעֵינָא מִנָּךְ
Daniel 2:23 — דָּנִיֵּאל ב, כג

Now behold* a dream I saw. — כען הלו* חלם חזית
TAD D7 17:1

Until now, we are in the midst of our land. — עד כען אנחנא בגו ארעׄנׄאׄ
1Q20 19:12

anger, grief (nm)	כעס	(25)	כַּעַס\כָּעַס\כַּעַשׂ\כָּעַשׂ

In much wisdom is much grief. — בְּרֹב חָכְמָה רָב כָּעַס
Ecclesiastes 1:18 — קֹהֶלֶת א, יח

כְּעָסִים
כַּעַס־: כַּעְסִי\כַּעְשִׂי, כַּעַסְךָ\כַּעַשְׂךָ, כַּעְסוֹ

He pursued after the teacher of righteousness to swallow him in anger. — רדף אחר מורה הצדק לבלעו בכעס
Habakkuk Pesher (1QpHab) 11:5

hand, palm, sole, hollow (nf)	כף?	(193)	כַּף

And I gave the cup on the hand of Pharaoh. — וָאֶתֵּן אֶת הַכּוֹס עַל כַּף פַּרְעֹה
Genesis 40:11 — בְּרֵאשִׁית מ, יא

כַּפַּיִם\כַּפָּיִם\כַּפּוֹת\כַּפֹּת
כַּף־: כַּפִּי, כַּפְּךָ\כַּפֶּכָה, כַּפּוֹ, כַּפָּה
כַּפֵּי־\כַּפּוֹת־\כַּפֹּת־: כַּפַּי\כַּפָּי, כַּפֶּיךָ, כַּפַּיִךְ, כַּפָּיו\כַּפֹּתָיו, כַּפֶּיהָ, כַּפֵּינוּ, כַּפֵּיכֶם, כַּפֵּיהֶם\כַּפֵּימוֹ

And I shall give the life of his enemies into his hand. — ואתנה נפש איביו בכפו
4Q385a f1a_bii:6

young lion (nm) כפר (31) **כְּפִיר**

The young lions roar for the prey and to seek from God their food.
Psalm 104:21

הַכְּפִירִים שֹׁאֲגִים לַטָּרֶף וּלְבַקֵּשׁ מֵאֵל אָכְלָם
תְּהִלִּים קד, כא

כְּפִירִים\כְּפִרִים
כְּפִיר: ---
---: כְּפִירַיִךְ, כְּפִירֶיהָ

he atoned, forgave, covered, appeased (v, *piel*) כפר (92) **כִּפֶּר**

Perhaps I will atone on account of your sin.
Exodus 32:30

אוּלַי אֲכַפְּרָה בְּעַד חַטַּאתְכֶם
שְׁמוֹת לב, ל

כִּפֵּר | כִּפְּרִי, כִּפֶּרְךָ, כִּפְּרָהּ
כִּפֶּר, כִּפַּרְתֶּם | כִּפַּרְתָּהוּ
אֲכַפֵּר\אֲכַפְּרָה, תְּכַפֵּר, יְכַפֵּר\יְכַפֶּר, יְכַפְּרוּ | תְּכַפְּרֵם, יְכַפְּרֶנָּה

כַּפֵּר

And he will not forgive to atone your sins.
Community Rule (1QS) 2:8

ולוא יסלח לכפר עווניך

ransom, bribe (nm) כפר (13) **כֹּפֶר**

You will not take a ransom for the soul of a murderer.
Numbers 35:31

וְלֹא תִקְחוּ כֹפֶר לְנֶפֶשׁ רֹצֵחַ
בְּמִדְבַּר לה, לא

כֹּפֶר־: כָּפְרְךָ, כָּפְרוֹ
---

cover of the ark, mercy seat (nf) כפר (27) **כַּפֹּרֶת**

And he will take from the bull's blood and sprinkle with his finger on the front of the mercy seat.
Leviticus 16:14

וְלָקַח מִדַּם הַפָּר וְהִזָּה בְאֶצְבָּעוֹ עַל פְּנֵי הַכַּפֹּרֶת
וַיִּקְרָא טז, יד

כַּפֹּרֶת־: ---
---

bulb, knob, capital (nm) --- (18) **כַּפְתּוֹר\כַּפְתֹּר**

Strike the capital and the thresholds will shake.
Amos 9:1

הַךְ הַכַּפְתּוֹר וְיִרְעֲשׁוּ הַסִּפִּים
עָמוֹס ט, א

---: כַּפְתֹּרֶיהָ, כַּפְתֹּרֵיהֶם

male lamb, battering ram (nm) כרר (12) כַּר

I will bring them down like lambs to slaughter, like rams with goats.
Jeremiah 51:40

אוֹרִידֵם כְּכָרִים לִטְבוֹחַ כְּאֵילִים עִם עַתּוּדִים
יִרְמְיָהוּ נא, מ

כָּרִים

---

he dug (v, *qal*) כרה (13) כָּרָה

And the servants of Isaac dug a well there.
Genesis 26:25

וַיִּכְרוּ שָׁם עַבְדֵי יִצְחָק בְּאֵר
בְּרֵאשִׁית כו, כה

כָּרִיתִי, כָּרִיתָ, כָּרָה, כָּרוּ | כָּרוּהָ
יִכְרֶה, יִכְרוּ
כֹּרֶה

They are the ones who come to dig the well.
Damascus Document (CD) 6:8–9

הם הבאים לכרות את הבאר

cherub (nm) --- (91) כְּרוּב

And the cherubim were spreading wings over the place of the ark.
2 Chronicles 5:8

וַיִּהְיוּ הַכְּרוּבִים פֹּרְשִׂים כְּנָפַיִם עַל מְקוֹם הָאָרוֹן
דִּבְרֵי הַיָּמִים ב ה, ח

כְּרוּבִים\כְּרֻבִים

---

vineyard (nm) כרם (92) כֶּ֫רֶם

And who is the man who planted a vineyard?
Deuteronomy 20:6

וּמִי הָאִישׁ אֲשֶׁר נָטַע כֶּרֶם
דְּבָרִים כ, ו

כְּרָמִים
כֶּרֶם־: כַּרְמִי, כַּרְמְךָ\כַּרְמֶךָ, כַּרְמוֹ
כַּרְמֵי־: כְּרָמֶיהָ, כְּרָמֵינוּ, כַּרְמֵיכֶם, כַּרְמֵיהֶם

And the best* of his vineyard he [will pay].
4Q158 f10_12:7

ומיטב* כרמו י[שלם]

orchard, garden, fertile land (nm) כרם (14) כַּרְמֶל

וָאָבִיא אֶתְכֶם אֶל אֶרֶץ הַכַּרְמֶל
יִרְמְיָהוּ ב, ז
And I brought you to the land of the orchard.
Jeremiah 2:7

---: כַּרְמִלּוֹ

כַּרְמֶל (22) כרם Carmel (np)

וַיִּקְבֹּץ אֶת הַנְּבִיאִים אֶל הַר הַכַּרְמֶל
מְלָכִים א יח, כ
And he gathered the prophets to Mount Carmel.
1 Kings 18:20

כָּרַע (30) כרע he bowed down, kneeled, slumped over (v, *qal*)

תִּכְרַע כָּל בֶּרֶךְ
יְשַׁעְיָהוּ מה, כג
Every knee will bow down.
Isaiah 45:23

כְּרֹעַ
כָּרַע, כָּרְעוּ
אֶכְרְעָה, יִכְרַע, תִּכְרַע, נִכְרְעָה, תִּכְרָעוּ, יִכְרְעוּ\יִכְרְעוּן, תִּכְרַעְנָה
כֹּרֵעַ, כֹּרְעִים, כֹּרְעוֹת

כָּרַת (131) כרת he cut, cut off, cut down (v, *qal*)

בַּיּוֹם הַהוּא כָּרַת יְהוָה אֶת אַבְרָם בְּרִית
בְּרֵאשִׁית טו, יח
On that day, the LORD cut a covenant with Abram.
Genesis 15:18

כְּרֹת\כְּרוֹת\כְּרָת (כָּרוֹת\כָּרֹת) | כָּרְתִי
כָּרַתִּי, כָּרַתָּ, כָּרַת, כָּרַתְנוּ, כָּרְתוּ | כְּרָתוֹ
אֶכְרֹת\אֶכְרוֹת\אֶכְרָת\אֶכְרְתָה, תִּכְרֹת\תִּכְרָת, יִכְרֹת\יִכְרָת, תִּכְרֹת, נִכְרֹת\נִכְרָת\נִכְרְתָה, תִּכְרְתוּ\
תִּכְרֹתוּן, יִכְרְתוּ\יִכְרֹתוּ | נִכְרְתֶנּוּ, יִכְרְתֵהוּ
כֹּרֵת, כֹּרְתִים (כֹּרְתֵי־)
כְּרָת\כָּרְתָה, כִּרְתוּ

כרתי עמכה ברית ועםֹ [ישראל]
I cut with you a covenant and with [Israel].
4Q271 f4ii:3

כְּרֵתִי (10) --- Cherethite, Cretan (gent)

אֲנַחְנוּ פָּשַׁטְנוּ נֶגֶב הַכְּרֵתִי
שְׁמוּאֵל א ל, יד
We raided the Negeb of the Cherethites.
1 Samuel 30:14

כְּרֵתִים

כֶּשֶׂב (13) כבש? lamb (nm)

וְכֶשֶׂב וָעֵז לֹא תֹאכֵלוּ
וַיִּקְרָא ז, כג
And lamb and goat you shall not eat.
Leviticus 7:23

כְּשָׂבִים

Chaldean (np)	---	(8)	כַּשְׂדָּי\כַּשְׂדָּא\כַּסְדָּא

The Chaldeans answered before the king. — עֲנוֹ כַשְׂדָּיֵא קֳדָם מַלְכָּא
Daniel 2:10 — דָּנִיֵּאל ב, י

כַּשְׂדָּאִין\כַּשְׂדָּיֵא\כַּשְׂדָּיֵאא\כַשְׂדָּאֵ

Chaldeans (np)	---	(80)	כַּשְׂדִּים

And the city was given into the hand of the Chaldeans who fought against it. — וְהָעִיר נִתְּנָה בְּיַד הַכַּשְׂדִּים הַנִּלְחָמִים עָלֶיהָ
Jeremiah 32:24 — יִרְמְיָהוּ לב, כד

he stumbled, staggered (v, *qal*)	כשל	(28)	כָּשַׁל

Warrior with warrior stumbled together. — גִּבּוֹר בְּגִבּוֹר כָּשָׁלוּ יַחְדָּיו
Jeremiah 46:12 — יִרְמְיָהוּ מו, יב

--- (כָּשׁוֹל)
כָּשַׁלְתָּ, כָּשַׁל, כָּשְׁלָה, כָּשַׁלְנוּ, כָּשְׁלוּ\כָּשָׁלוּ

כּוֹשֵׁל, כֹּשְׁלוֹת

Do not touch lest you stumble. — אל תגע פן תכשל
4Q416 f2ii:16

he wrote (v, *qal*)	כתב	(204)	כָּתַב

Write for yourself all the words. — כְּתָב לְךָ אֵת כָּל הַדְּבָרִים
Jeremiah 30:2 — יִרְמְיָהוּ ל, ב

כְּתֹב\כְּתוֹב (כָּתוֹב) | כִּתְבוּ
כָּתַבְתִּי, כָּתַבְתָּ\כָּתָבְתָּ, כָּתַב, כָּתְבוּ | כְּתַבְתֶּם
אֶכְתֹּב\אֶכְתָּוב, תִּכְתֹּב, יִכְתֹּב\יִכְתָּב, תִּכְתֹּב, תִּכְתְּבוּ, יִכְתְּבוּ | אֶכְתֳּבֶנָּה, יִכְתְּבֵם, יִכְתְּבוּהָ
כֹּתֵב, כֹּתְבִים | --- | כָּתוּב, כְּתוּבָה, כְּתוּבִים\כְּתֻבִים, כְּתוּבוֹת
כְּתֹב\כְּתוֹב\כְּתָב\כְּתָוב, כִּתְבוּ | כָּתְבָהּ, כָּתְבֵם

IiiII (your servant) wrote on the door. — x𐤋𐤃𐤄 𐤋𐤏 𐤅𐤕𐤁𐤕𐤊 𐤊𐤃𐤁𐤏
Lachish 4:3

Moses and your servants, the prophets, wrote. — כתב מושה ועבדיכה הנביאים
4Q504 f1_2Riii:12–13

he wrote (v, *peal*)	כתב	(6)	כְּתַב

Then he wrote the dream.	בֵּאדַיִן חֶלְמָא כְתַב
Daniel 7:1	דָּנִיֵּאל ז, א

כְּתַב, כְּתַבוּ
נִכְתַּב
כָּתְבָה, כָּתְבָן

And I did not write to you this* letter.	ולא כתבת לך ספרא זנה*
TAD B2 4:14	

He will write these words of mine.	יכתוב מלי אלה
4Q536 f2ii:12	

writing, register (nm)	כתב (17)	כְּתָב

And in the register of the house of Israel they will not be written.	וּבִכְתָב בֵּית יִשְׂרָאֵל לֹא יִכָּתֵבוּ
Ezekiel 13:9	יְחֶזְקֵאל יג, ט

כְּתָב־: כְּתָבָהּ, כְּתָבָם

And in their register they will not be written.	ובכתבם לא יכתבו
Damascus Document (CD) 19:35	

writing, document, book (nm)	כתב (12)	כְּתָב\כְּתָבָא\כְּתָבָה

The writing I will read to the king.	כְּתָבָא אֶקְרֵא לְמַלְכָּא
Daniel 5:17	דָּנִיֵּאל ה, יז

Every word] is from the writing which I wrote.	כול מלה] מן כתבא די כתבת֯
4Q204 f1vi:18–19	

tunic, cloak (nf)	כתן? (29)	כֻּתֹּנֶת\כְּתֹנֶת

And he put on him the tunic.	וַיִּתֵּן עָלָיו אֶת הַכֻּתֹּנֶת
Leviticus 8:7	וַיִּקְרָא ח, ז

כֻּתֳּנֹת\כָּתְנֹת
כְּתֹנֶת־: כֻּתָּנְתִּי, כֻּתַּנְתֶּךָ, כֻּתָּנְתּוֹ
כָּתְנוֹת־\כָּתְנֹת־: כֻּתֳּנֹתָם

לובשים בגדי שש לבן כתונת בד ומכנסי* בד

They are wearing clothes of white linen: tunic of linen and pants* of linen.
War Scroll (1QM) 7:10

כָּתֵף (67) כתף? shoulder, side, slope (nf)

וַיְבִיאֵנִי בַמָּבוֹא אֲשֶׁר עַל כֶּתֶף הַשַּׁעַר

יְחֶזְקֵאל מו, יט

And he brought me into the entrance which is on the side of the gate.
Ezekiel 46:19

כְּתֵפֹת\כְּתֵפוֹת
כֶּתֶף־\כְּתֵף־: כְּתֵפִי, כְּתֵפָם
כִּתְפוֹת־\כִּתְפֹת־: כְּתֵפָיו, כְּתֵפֶיהָ

כֹּתֶרֶת\כּוֹתֶרֶת (24) כתר capital (nf)

וּשְׁתֵּי כֹתָרֹת עָשָׂה לָתֵת עַל רָאשֵׁי הָעַמּוּדִים

מְלָכִים א ז, טז

And two capitals he made to put on the top of the columns.
1 Kings 7:16

כֹּתָרֹת\כֹּתָרוֹת

ל / ל

to, for, toward, into (prep)	ל	(20,365?)	לְ\לַ\לָ\לֶ\לִ\לֵ

And he gave to me bread to eat and clothing to wear.
Genesis 28:20

וְנָתַן לִי לֶחֶם לֶאֱכֹל וּבֶגֶד לִלְבֹּשׁ
בְּרֵאשִׁית כח, כ

לִי	לָנוּ
לְךָ\לָךְ\לְכָה	לָכֶם
לָךְ\לָכִי	לָכֶנָה
לוֹ	לָהֶם\לָמוֹ\לָהֵמָּה
לָהּ	לָהֶן\לָהֵנָּה

And for the peace of your house I blessed you.
Arad 16:2–3

ולשלמ ביתכ ברכתכ

And I will uncover your eyes to see and to understand.
Damascus Document (CD) 2:14

ואגלה עיניכם לראות ולהבין

to, for (prep; dir obj)	ל	(378)	לְ

Tell the dream to your servants.
Daniel 2:4

אֱמַר חֶלְמָא לְעַבְדָיִךְ
דָּנִיֵּאל ב, ד

לִי	לַנָא
לָךְ	לְכֹם\לְכוֹן
---	---
לֵהּ	לְהוֹם\לְהֹם\לְהוֹן
לַהּ	---

I called for my sons, the sons of my sons, and the wives of all of us.
1Q20 12:16

קרית לבני ולבני בני ולנשי כולנא

no, not (negative part)	לא	(5190?)	לֹא\לוֹא\לֹה\לוֹ

There will not be to you other gods.
Exodus 20:3

לֹא יִהְיֶה לְךָ אֱלֹהִים אֲחֵרִים
שְׁמוֹת כ, ג

You did not know.
Lachish 3:8

לא ידעתה

They did not know his covenant.
Community Rule (1QS) 5:19

לוא ידעו את בריתו

no, not (negative part)	לא	(82?)	לָא\לָה

And they were not able to read the writing. — וְלָא כָהֲלִין כְּתָבָא לְמִקְרֵא
Daniel 5:8 — דָּנִיֵּאל ה, ח

And he will not die in the days of evil. — ולא ימות ביומי רשעא
4Q534 f7:1

Leah (np)	לאה	(34)	לֵאָה

And Jacob sent and called for Rachel and Leah. — וַיִּשְׁלַח יַעֲקֹב וַיִּקְרָא לְרָחֵל וּלְלֵאָה
Genesis 31:4 — בְּרֵאשִׁית לא, ד

people, nation (nm)	לאם?	(35)	לְאֹם\לְאוֹם

Let the nations rejoice and sing for joy. — יִשְׂמְחוּ וִירַנְּנוּ לְאֻמִּים
Psalm 67:4 — תְּהִלִּים סז, ה

לְאֻמִּים\לְאוּמִּים\אֻמִּים
---: לְאוּמֵּי

And all nations will know your truth, and all peoples your glory. — וידעו כול גוים אמתכה וכול לאֻומים כבודכה
Thanksgiving Hymn (1QHa) 14:15

heart, mind, will (nm)	לב	(600?)	לֵב\לֶב

Trust in the LORD will all your heart. — בְּטַח אֶל יְהוָה בְּכָל לִבֶּךָ
Proverbs 3:5 — מִשְׁלֵי ג, ה

לִבּוֹת
לֵב־\לֶב־: לִבִּי, לִבְּךָ\לִבֶּךָ, לִבֵּךְ, לִבּוֹ, לִבָּהּ, לִבֵּנוּ, לִבְּכֶם, לִבָּם, לִבָּן\לִבְּהֶן
---: לִבּוֹתָם\לִבֹּתָם

With a whole heart they seek him. — בלב שלם דרשוהו
Damascus Document (CD) 1:10

Lebo-hamath (np)	בוא\חמם	(11)	לְבֹא חֲמָת\לְבוֹא חֲמָת

A great assembly (was) from Lebo-hamath to the river valley of Egypt. — קָהָל גָּדוֹל מִלְּבוֹא חֲמָת עַד נַחַל מִצְרַיִם
1 Kings 8:65 — מְלָכִים א ח, סה

heart, mind, will (nm)	לבב	(252)	לֵבָב

May he give to you according to your heart. — יִתֶּן לְךָ כִלְבָבֶךָ
Psalm 20:4 — תְּהִלִּים כ, ה

לְבָבוֹת

לְבַב־: לְבָבִי, לְבָבְךָ\לְבָבֶךָ, לְבָבֵךְ, לְבָבוֹ, לְבָבָהּ, לְבָבֵנוּ, לְבַבְכֶם, לְבָבָם
---: לִבְבֵהֶן

And the LORD gave to him according to his heart. — ויתן לה יהוה כלבבה
Kuntillet Ajrud 20:2–3

Do not fear and do not let your heart be soft. — אל תיראו ואל ירך לבבכמה
War Scroll (1QM) 10:3

[לֵבַב]	(7)	לבב	heart (nm)

וּלְבַב אֱנָשׁ יְהִיב לַהּ — And a heart of man was given to him.
דָּנִיֵּאל ז, ד — *Daniel 7:4*

לְבַב־: לִבְבָךְ, לִבְבֵהּ

וטמרת* רזא* דן* בלבבי — And I hid* this* mystery* in my heart.
1Q20 6:12

לְבוּשׁ	(31)	לבש	clothing (nm)

יָבִיאוּ לְבוּשׁ מַלְכוּת אֲשֶׁר לָבַשׁ בּוֹ הַמֶּלֶךְ — They will bring royal clothing which the king wore it.
אֶסְתֵּר ו, ח — *Esther 6:8*

לְבוּשׁ־: לְבוּשִׁי, לְבוּשֶׁךָ, לְבוּשׁוֹ\לְבֻשׁוֹ, לְבוּשָׁהּ, לְבוּשְׁכֶן, לְבוּשָׁם
---: לְבֻשֵׁיהֶם

לָבִיא	(12)	לבא	lion (nm)

עָם כְּלָבִיא יָקוּם — A people will arise like a lion.
בְּמִדְבַּר כג, כד — *Numbers 23:24*

לְבָאִם

גד כלביא שכן — Gad dwelt like a lion.
4Q174 f9_10:3

לָבָן	(29)	לבן	white (adj)

וּלְבֶן שִׁנַּיִם מֵחָלָב — And teeth whiter than milk.
בְּרֵאשִׁית מט, יב — *Genesis 49:12*

לָבָן (לְבֶן־) | לְבָנָה | לְבָנִים | לְבָנוֹת\לְבָנֹת

And the blade* is white iron. — והלוהב* ברזל לבן
War Scroll (1QM) 5:10

Laban (np)	לבן	(54)	לָבָן

And God came to Laban the Aramean in the dream at night. — וַיָּבֹא אֱלֹהִים אֶל לָבָן הָאֲרַמִּי בַּחֲלֹם הַלָּיְלָה
Genesis 31:24 — בְּרֵאשִׁית לא, כד

brick (nf)	לבן	(12)	לְבֵנָה

Take for yourself a brick and put it before you. — קַח לְךָ לְבֵנָה וְנָתַתָּה אוֹתָהּ לְפָנֶיךָ
Ezekiel 4:1 — יְחֶזְקֵאל ד, א

לְבֵנִים
לִבְנַת־: ---
---: לִבְנֵיכֶם

Libnah (np)	לבן	(18)	לִבְנָה

Then Libnah rebelled at that time. — אָז תִּפְשַׁע לִבְנָה בָּעֵת הַהִיא
2 Kings 8:22 — מְלָכִים ב ח, כב

incense, frankincense (nf)	לבן	(21)	לְבֹנָה\לְבוֹנָה

And he will not put on it incense. — וְלֹא יִתֵּן עָלָיו לְבֹנָה
Numbers 5:15 — בְּמִדְבַּר ה, טו

---: לְבֹנָתָהּ

You will put incense on it. — תתן עליו לבונה
11Q19 8:12

Lebanon (np)	לבן	(71)	לְבָנוֹן

His appearance is like Lebanon, a choice thing like the cedars. — מַרְאֵהוּ כַּלְּבָנוֹן בָּחוּר כָּאֲרָזִים
Song of Songs 5:15 — שִׁיר הַשִּׁירִים ה, טו

he put on, wore (v, *qal*)	לבש	(75)	לָבַשׁ\לָבֵשׁ

Your priests will wear righteousness. — כֹּהֲנֶיךָ יִלְבְּשׁוּ צֶדֶק
Psalm 132:9 — תְּהִלִּים קלב, ט

לְבֹשׁ (לָבוּשׁ)
לָבַשְׁתִּי, לָבַשְׁתָּ, לָבַשׁ\לָבֵשׁ, לָבְשָׁה, לָבְשׁוּ | לְבֵשָׁם
תִּלְבַּשׁ\תִּלְבָּשׁ, תִּלְבְּשִׁי\תִּלְבָּשִׁי, יִלְבַּשׁ\יִלְבָּשׁ, תִּלְבַּשׁ, נִלְבָּשׁ, תִּלְבְּשׁוּ, יִלְבְּשׁוּ\יִלְבָּשׁוּ\יִלְבְּשׁוּ |
אֶלְבָּשֶׁנָּה, יִלְבָּשֵׁנִי, יִלְבָּשָׁם

לְבֻשִׁים | --- | לְבֻשׁ\לְבוּשׁ, --- (לְבֻשֵׁי־)
לְבֻשׁ, לְבֻשִׁי, לְבֻשׁוֹ

They are wearing garments of white linen. *War Scroll (1QM) 7:10*	לובשים בגדי שש לבן

blade, flame (nm)	להב	(12)	**לַ֫הַב**

And the angel of the LORD went up in the flame of the altar. *Judges 13:20*	וַיַּעַל מַלְאַךְ יְהוָה בְּלַהַב הַמִּזְבֵּחַ שׁוֹפְטִים יג, כ

לְהָבִים
לַהַב־: ---
לַהֲבֵי־: ---

And an ear of pure, gold corn is in the midst of the blade. *War Scroll (1QM) 5:10*	ושבולת זהב טהור בתוך הלהב

flame, point of spear (nf)	להב	(19)	**לֶהָבָה**

They will not save their soul from a flame's power. *Isaiah 47:14*	לֹא יַצִּילוּ אֶת נַפְשָׁם מִיַּד לֶהָבָה יְשַׁעְיָהוּ מז, יד

לֶהָבוֹת
לַהֶבֶת־: ---
לַהֲבוֹת־: ---

Like fire of a flame, they will jud[ge]. *4Q185 f1_2i:8–9*	כאש להבה ישפט֯[ו]

therefore, but, except, only (conj)	ל, הן	(10)	**לָהֵן**

And they will not worship any god except their God. *Daniel 3:28*	וְלָא יִסְגְּדוּן לְכָל אֱלָהּ לָהֵן לֵאלָהֲהוֹן דָּנִיֵּאל ג, כח
Only the king kn[ew]. *4Q550 f2:1*	להן יד[ע] מלכא

if only, oh that (exclam)	לו	(22)	**לוּ\לֻא\לוּא**

If only my people were hearing me! *Psalm 81:13*	לוּ עַמִּי שֹׁמֵעַ לִי תְּהִלִּים פא, יד

tablet, board (nm)	לוח	(43)	**לוּחַ**

And he took in his hand two tablets of stone. *Exodus 34:4*	וַיִּקַּח בְּיָדוֹ שְׁנֵי לֻחֹת אֲבָנִים שְׁמוֹת לד, ד

לֻחֹת\לֻחוֹת\לֻחֹתַיִם
לוּחַ־: ---
לֻחֹת־\לֻחוֹת־\לוּחֹת־: ---

Everything is written on tablets. — הכול כתוב בלוחות
4Q177 f1_4:12

Lot (np) --- (33) **לוֹט**

And Lot's two daughters became pregnant by their father. — וַתַּהֲרֶיןָ שְׁתֵּי בְנוֹת לוֹט מֵאֲבִיהֶן
Genesis 19:36 — בְּרֵאשִׁית יט, לו

Levi (np, person/tribe/gent) לוה? (350) **לֵוִי**

And the Levites purified themselves and washed their clothes. — וַיִּתְחַטְּאוּ הַלְוִיִּם וַיְכַבְּסוּ בִּגְדֵיהֶם
Numbers 8:21 — בְּמִדְבַּר ח, כא

if not, unless, surely (conj) לו\לא (14) **לוּלֵא\לוּלֵי**

If your law was not my delight*, then I would have perished in my affliction. — לוּלֵי תוֹרָתְךָ שַׁעֲשֻׁעָי* אָז אָבַדְתִּי בְעָנְיִי
Psalm 119:92 — תְּהִלִּים קיט, צב

loop (nf) לול (13) **[לוּלָאָה]**

And fifty loops you will make. — וַחֲמִשִּׁים לֻלָאֹת תַּעֲשֶׂה
Exodus 26:5 — שְׁמוֹת כו, ה

לֻלָאֹת\לֻלָאוֹת

לֻלָאֹת־: ---

cheek, jaw, jawbone (nm) לחה (20) **לְחִי\לֶחִי**

And he found a jawbone of a donkey. — וַיִּמְצָא לְחִי חֲמוֹר
Judges 15:15 — שׁוֹפְטִים טו, טו

לְחָיַיִם
לְחִי־: לֶחֱיוֹ, לֶחֱיָהּ
לְחָיֵי־: לְחָיַי\לְחָיָי, לְחָיַיִךְ, לְחָיַיִךְ, לְחָיָיו, לְחָיֵהֶם

And the jawbones and stomach* will be to the priests. — ו]את הלחיים ואת הקבה* לכוהנים יהיה
11Q19 22:9–10

bread, food (nm and nf) לחם (297) **לֶחֶם\לָחֶם**

Bread I did not eat and water I did not drink. — לֶחֶם לֹא אָכַלְתִּי וּמַיִם לֹא שָׁתִיתִי
Deuteronomy 9:18 — דְּבָרִים ט, יח

לֶחֶם־: לַחְמִי, לַחְמְךָ\לַחְמֶךָ, לַחְמוֹ, לַחְמָהּ, לַחְמֵנוּ, לַחְמְכֶם, לַחְמָם

Record the wheat and the bread. — 𐤋𐤇𐤌 𐤇𐤈𐤌 𐤅𐤋𐤇𐤌

Arad 3:7–8

He is bl]essing the first of the bread. — הוא מ]ברך את רשית הלחם

Community Rule (1QSa) 2:19

he oppressed, pressed, pushed (v, *qal*)	לחץ (18)	לָחַץ

And their enemies oppressed them. — וַיִּלְחָצוּם אוֹיְבֵיהֶם

Psalm 106:42 — תְּהִלִּים קו, מב

לָחַץ, לְחַצְתֶּם, לָחֲצוּ
תִּלְחָץ, תִּלְחַץ, יִלְחֲצוּ | תִּלְחָצֶנּוּ, , יִלְחָצֵנִי, יִלְחָצוּם
לֹחֲצִים | לֹחֲצָיו, לֹחֲצֵיכֶם, לֹחֲצֵיהֶם
---

oppression (nm)	לחץ (12)	לַחַץ\לָחַץ

I saw the oppression which the Egyptians are oppressing them. — רָאִיתִי אֶת הַלַּחַץ אֲשֶׁר מִצְרַיִם לֹחֲצִים אֹתָם

Exodus 3:9 — שְׁמוֹת ג, ט

לַחַץ־: לַחֲצֵנוּ

And see our a[ffliction] and our toil and our oppression. — וראה עֹ[ונינו] ועמלנו ולחצנו

4Q504 f1_2Rvi:11–12

night (nm)	ליל (225)	לַיְלָה\לָיְלָה

And to the darkness he called night. — וְלַחֹשֶׁךְ קָרָא לָיְלָה

Genesis 1:5 — בְּרֵאשִׁית א, ה

לֵילוֹת

לֵילוֹת־: ---

With the coming of day and night, I will enter into the covenant of God. — עם מבוא יום ולילה אבואה בברית אל

Community Rule (1QS) 10:10

night (nm)	ליל	(5)	[לֵילַי]\לֵילְיָא

I was seeing in my vision with the night. — חָזֵה הֲוֵית בְּחֶזְוִי עִם לֵילְיָא
Daniel 7:2 — דָּנִיֵּאל ז, ב

I saw in my dream on this* night. — אנה חזית בחלמי בליליא דן*
4Q530 f2ii+6_12(?): 16

he captured, took (v, *qal*)	לכד	(83)	לָכַד\לָכָ֫ד

And all their kings Joshua captured. — וְאֶת כָּל מַלְכֵיהֶם לָכַד יְהוֹשֻׁעַ
Joshua 11:12 — יְהוֹשֻׁעַ יא, יב

--- (לָכוֹד) | לָכְדֵנִי, לָכְדָהּ
לָכַדְתִּי, לָכַד\לָכָ֫ד, לָכָ֫דְנוּ | לָכְדָה, לְכָדוּהָ\לְכָדֻהָ
אֶלְכֹּד, יִלְכֹּד\יִלְכּוֹד\יִלְכָּד, נִלְכֹּד, יִלְכְּדוּ\יִלְכֹּדוּ | יִלְכְּדָה, יִלְכְּדֶנּוּ, יִלְכְּדֶנָּה, תִּלְכְּדוֹ, יִלְכְּדֻנוֹ, יִלְכְּדֵהוּ,
יִלְכְּדוּהָ\יִלְכְּדֻהָ
לְכֵד
לִכְדוּ | לָכְדָהּ

It will capture their foot. — תלכוד רגלם
Thanksgiving Hymn (1QHa) 10:31

Lachish (np)	---	(24)	לָכִישׁ

And the LORD gave Lachish into the hand of Israel. — וַיִּתֵּן יְהוָה אֶת לָכִישׁ בְּיַד יִשְׂרָאֵל
Joshua 10:32 — יְהוֹשֻׁעַ י, לב

therefore, then, so (adv)	ל\כן	(200)	לָכֵן

Therefore, the Lord himself will give to you a sign. — לָכֵן יִתֵּן אֲדֹנָי הוּא לָכֶם אוֹת
Isaiah 7:14 — יְשַׁעְיָהוּ ז, יד

Therefore, my people were exiled without knowledge. — לכן גלה עמי מבלי דעת
4Q162 2:4

he learned, trained (v, *qal*)	למד	(24)	לָמַד

And I did not learn wisdom. — וְלֹא לָמַדְתִּי חָכְמָה
Proverbs 30:3 — מִשְׁלֵי ל, ג

--- (לָמֹד) | לָמְדִי
לָמַדְתִּי, לָמַד, לְמַדְתֶּם, לָמְדוּ
אֶלְמַד\אֶלְמְדָה, תִּלְמַד, יִלְמַד, תִּלְמָ֫דוּ, יִלְמְדוּ\יִלְמְדוּן

--- | --- | --- (לְמוּדֵי־)
לִמֻּדוּ

לוא תלמד לעשות כתועבות הגויים
Do not learn to do like the abominations of the nations.
11Q19 60:16–17

לִמֵּד	(57)	למד	he taught (v, *piel*)

בָּרוּךְ אַתָּה יְהוָה לַמְּדֵנִי חֻקֶּיךָ
Blessed are you, O LORD; teach me your statutes.
תְּהִלִּים קיט, יב
Psalm 119:12

לַמֵּד (לַמֵּד) | לַמְּדָם
לִמַּדְתִּי, לִמַּדְתְּ, לִמֵּד, לִמַּדְתֶּם, לִמְּדוּ | לִמַּדְתַּנִי, לִמְּדוּם
אֲלַמְּדָה, יְלַמֵּד\יְלַמֶּד, יְלַמְּדוּ\יְלַמֵּדוּן | אֲלַמֶּדְכֶם, אֲלַמְּדֵם, תְּלַמְּדֵנִי, תְּלַמְּדֶנּוּ, תְּלַמְּדֵם, יְלַמְּדֵהוּ, יְלַמְּדָהּ, תְּלַמְּדֵנִי
מְלַמֵּד | מְלַמֶּדְךָ, מְלַמְּדַי
לַמֶּדְנָה | לַמְּדֵנִי, לַמְּדָהּ

וחוכמה אלמדכמה
And wisdom I will teach you.
4Q413 f1_2:1

לָמָּה\לָמָה\לָמֶה	(180)	ל\מה	why (interrog)

לָמָּה קָרַעְתָּ בְּגָדֶיךָ
Why did you tear your clothes?
מְלָכִים ב ה, ח
2 Kings 5:8

למה תכבדכה ממנו
Why will you honor yourself more than him?
1Q26 f1:5

לֶמֶךְ	(11)	---	Lamech (np)

וַיִּקַּח לוֹ לֶמֶךְ שְׁתֵּי נָשִׁים
And Lamech took for himself two wives.
בְּרֵאשִׁית ד, יט
Genesis 4:19

לְמַעַן	(272)	ל\מען	in order that, on account, for the sake of (prep)

וַיּוֹשִׁיעֵם לְמַעַן שְׁמוֹ
And he saved them for his name sake.
תְּהִלִּים קו, ח
Psalm 106:8

לְמַעֲנִי	---
לְמַעַנְךָ	לְמַעַנְכֶם
---	---
---	---
---	---

ויצילם למען חסדו
And he saved them on account of his lovingkindness.
4Q434 f1i:4

לָן (69) לין\לון **he lodged, spent the night (v, *qal*)**

וּסְבִיבוֹת בֵּית הָאֱלֹהִים יָלִינוּ — Around the house of God they will lodge.
דִּבְרֵי הַיָּמִים א ט, כז — *1 Chronicles 9:27*

לוּן\לִין
לָן, לָנָה, לַנּוּ\לָנוּ
אָלִין, תָּלֶן\תָּלַן, תָּלִינִי, יָלִין\יָלֶן, תָּלִין\תָּלַן, נָלִין\נָלִינָה, תָּלִינוּ, יָלִינוּ\יָלְנוּ
לֵנִים
לִין, לִינִי, לִינוּ

ביער בערב* תלינו — In the forest in Arabia* you will lodge.
4Q165 f5:4

[לָעַג] (12) לעג **he mocked, scorned (v, *qal*)**

וְאַתָּה יְהוָה תִּשְׂחַק לָמוֹ תִּלְעַג לְכָל גּוֹיִם — And you, O LORD, laugh at them; you mock all nations.
תְּהִלִּים נט, ט — *Psalm 59:8*

לָעֲגָה
אֶלְעַג, תִּלְעַג, יִלְעַג\יִלְעָג, תִּלְעַג, יִלְעֲגוּ
לֹעֵג

לְעֻמַּת\לְעֻמּוֹת (32) ל\עמה **close to, next to, beside, against (prep)**

נָתַתִּי אֶת פָּנֶיךָ חֲזָקִים לְעֻמַּת פְּנֵיהֶם — I hardened your face against their faces.
יְחֶזְקֵאל ג, ח — *Ezekiel 3:8*

לְעֻמָּתוֹ, לְעֻמָּתָם

ותאים [ע]שוים בין לשעריו מחוץ לעומת המוסד — And chambers are [bu]ilt between its gates outside, next to the foundation.
11Q19 40:10

לַפִּיד (13) לפד? **torch, lightning (nm)**

וְעֵינָיו כְּלַפִּידֵי אֵשׁ — And his eyes are like torches of fire.
דָּנִיֵּאל י, ו — *Daniel 10:6*

לַפִּידִים\לַפִּדִים\לַפִּידִם
לַפִּיד־: ---
לַפִּידֵי־: ---

לִפְנֵי (1104?) ל\פנה **before, in front of (prep)**

וָאֶשְׁפֹּךְ אֶת נַפְשִׁי לִפְנֵי יְהוָה — And I poured my soul before the LORD.
שְׁמוּאֵל א א, טו — *1 Samuel 1:15*

לְפָנַי\לְפָנָ֫י	לְפָנֵינוּ\לְפָנֵנוּ
לְפָנֶיךָ	לִפְנֵיכֶם
---	---
לְפָנָיו	לִפְנֵיהֶם
לְפָנֶיהָ	---

כתבת לפניך
You wrote before you.
Arad 7:6

יעמודו לפניכה לעד
They will stand before you forever.
Thanksgiving Hymn (1QHa) 12:22

לְפָנִים (20) ל\פנה former times, formerly, earlier (adv)

חָצוֹר לְפָנִים הִיא רֹאשׁ כָּל הַמַּמְלָכוֹת הָאֵלֶּה
יְהוֹשֻׁעַ יא, י
Hazor, formerly, was the head of all these kingdoms.
Joshua 11:10

מלפנים עמד משה ואהרן ביד שר האורים
Formerly, Moses and Aaron stood in the power of the prince of lights.
Damascus Document (CD) 5:17–18

לֵץ (16) ליץ scoffer, mocker (nm)

וּבְמוֹשַׁב לֵצִים לֹא יָשָׁב
תְּהִילִּים א, א
And in the seat of scoffers he will not sit.
Psalm 1:1

לֵצִים

לָקַח (936?) לקח he took, carried, received (v, *qal*)

לֹא תִקַּח לְךָ אִשָּׁה
יִרְמְיָהוּ טז, ב
You shall not take for yourself a wife.
Jeremiah 16:2

קַחַת\קְחַת (לְקוֹחַ\לָקֹחַ) | קַחְתִּי, קַחְתֵּךְ, קַחְתּוֹ, קַחְתָּהּ
לְקַחְתִּי\לָקָ֫חְתִּי, לָקַחְתָּ, לָקַחַתְּ, לָקַח\לָקָ֫ח, לָקְחָה, לָקַחְנוּ, לְקַחְתֶּם, לָקְחוּ\לָקָ֫חוּ | לְקַחְתִּיךָ, לְקַחְתִּיו,
לְקַחְתִּים, לְקַחְתָּנוּ, לְקָחַנִי, לְקָחָהּ, לְקָחָם\קָחָם, לְקָחוּם
אֶקַּח\אֶקָּ֫ח\אֶקְחָה, תִּקַּח\תִּקָּ֫ח, תִּקְחִי, יִקַּח\יִקָּ֫ח, תִּקַּח, נִקַּח\נִקְחָה, תִּקְחוּ\תִּקָּ֫חוּ, יִקְחוּ\יִקָּ֫חוּ\יִקְּחֻ |
אֶקָּחֲךָ, אֶקָּחֵהוּ, אֶקָּחֵם, תִּקָּחֵנִי, תִּקָּחֶנּוּ, תִּקָּחֶנָּה, יִקָּחֵנִי, יִקָּחֲךָ\יִקָּחֶ֫ךָּ, יִקָּחֵהוּ\יִקָּחֶנּוּ, יִקָּחֶהָ\יִקָּחֶנָּה,
יִקָּחֵם, תִּקָּחֵנִי, תִּקָּחֲךָ, תִּקָּחֵהוּ, תִּקָּחֶהָ, תִּקָּחֵם, יִקָּחֻהוּ, יִקָּחוּם
לֹקֵחַ, לֹקְחִים (לֹקְחֵי־) | --- | לְקוּחִים
קַח\קָ֫ח\קְחָה, קְחִי, קְחוּ\קָ֫חוּ | קָחֶנּוּ, קָחֶנָּה, קָחֵם, קָחֻהוּ

ויקח את בגד עבדך
And he took the garment of your servant.
Metsad ha-Shavyahu 1:8

והון עמים לקח
And wealth of peoples he took.
Habakkuk Pesher (1QpHab) 8:12

he was taken, removed, stolen (v, *pual*)	לקח	(15)	לֻקַּח

From it (ground) you were taken because you are dust and to dust you will return.
Genesis 3:19

מִמֶּנָּה לֻקָּחְתָּ כִּי עָפָר אַתָּה וְאֶל עָפָר תָּשׁוּב
בְּרֵאשִׁית ג, יט

לֻקָּחְתָּ, לֻקַּח\לֻקָּח, לֻקְּחָה, לֻקְּחוּ
יֻקַּח\יֻקָּח, תֻּקַּח
לֻקָּח

From dust I was taken.
Thanksgiving Hymn (1QHa) 23:24

מעפר לוקחתי

he picked up, gathered, gleaned (v, *qal*)	לקט	(14)	[לָקַט]

And they gathered it every morning.
Exodus 16:21

וַיִּלְקְטוּ אֹתוֹ בַּבֹּקֶר בַּבֹּקֶר
שְׁמוֹת טז, כא

לְקֹט
לָקְטוּ\לָקָטוּ
יִלְקְטוּ\יִלְקֹטוּן | תִּלְקְטֵהוּ

לִקְטוּ

One person will glean.
4Q267 f6:7

תלקוט נפש אחת

he collected, gathered up (v, *piel*)	לקט	(21)	[לִקֵּט]

And she gathered in the field until the evening.
Ruth 2:17

וַתְּלַקֵּט בַּשָּׂדֶה עַד הָעָרֶב
רוּת ב, יז

לַקֵּט
לִקַּטְתְּ
אֲלַקֳּטָה, תְּלַקֵּט, יְלַקֵּט, תְּלַקֵּט
מְלַקֵּט, מְלַקְּטִים
---

tongue, language (nm and nf)	לשן	(117)	לָשׁוֹן\לָשֹׁן

Is there iniquity on my tongue?
Job 6:30

הֲיֵשׁ בִּלְשׁוֹנִי עַוְלָה
אִיּוֹב ו, ל

לְשֹׁנוֹת
לְשׁוֹן־: לְשׁוֹנִי, לְשׁוֹנְךָ\לְשׁוֹנֶךָ, לְשׁוֹנֵךְ, לְשׁוֹנוֹ\לְשֹׁנוֹ, לְשׁוֹנָהּ, לְשׁוֹנֵנוּ\לְשֹׁנֵנוּ, לְשׁוֹנְכֶם, לְשׁוֹנָם
לְשֹׁנוֹת־: לְשֹׁנֹתָם

And the righteousness of God my tongue will tell.
Community Rule (1QS) 10:23

וצדקות אל תספר לשוני

room, chamber, hall (nf) --- (47) לִשְׁכָּה

And he brought me to the chamber.
Ezekiel 42:1

וַיְבִאֵנִי אֶל הַלִּשְׁכָּה
יְחֶזְקֵאל מב, א

לְשָׁכוֹת\לְשָׁכֹת
לִשְׁכַּת־: ---
לִשְׁכוֹת־\לִשְׁכֹת־: ---

language (nm) לשן (7) לִשָּׁן

The king wrote to all peoples, nations, and languages.
Daniel 6:25

מַלְכָּא כְּתַב לְכָל עַמְמַיָּא אֻמַּיָּא וְלִשָּׁנַיָּא
דָּנִיֵּאל ו, כו

---\לִשָּׁנַיָּא

מ / ܡ

very (adv) מאד (298) **מְאֹד**

And the water increased very, very much on the earth.
Genesis 7:19

וְהַמַּיִם גָּבְרוּ מְאֹד מְאֹד עַל הָאָרֶץ
בְּרֵאשִׁית ז, יט

O Zion be very joyous.
1QM 19:5

ציון שמחי מאדה

hundred (adj) מאה? (578?) **מֵאָה**

And the days of Isaac were one hundred and eighty years.
Genesis 35:28

וַיִּהְיוּ יְמֵי יִצְחָק מְאַת שָׁנָה וּשְׁמֹנִים שָׁנָה
בְּרֵאשִׁית לה, כח

--- | מֵאָה (מְאַת־) | --- | מֵאוֹת\מֵאת\מָאתַיִם\מָאתָיִם

hundred (nf) מאה (8) **מְאָה**

And they offered for the dedication* of this house of God one hundred bulls.
Ezra 6:17

וְהַקְרִבוּ לַחֲנֻכַּת* בֵּית אֱלָהָא דְנָה תּוֹרִין מְאָה
עֶזְרָא ו, יז

מָאתַיִן

---

something, anything (nm) --- (32) **מְאוּמָה**

And you did not take anything from the hand of anyone.
1 Samuel 12:4

וְלֹא לָקַחְתָּ מִיַּד אִישׁ מְאוּמָה
שְׁמוּאֵל א יב, ד

---

light (nm) אור (19) **מָאוֹר**

To you is the day, also night; you established light and the sun.
Psalm 74:16

לְךָ יוֹם אַף לְךָ לָיְלָה אַתָּה הֲכִינוֹתָ מָאוֹר וָשָׁמֶשׁ
תְּהִלִּים עד, טז

מְאוֹרוֹת
מְאוֹר־: ---
מְאוֹרֵי־: ---

scales, balances (nm, dual) אזן? (15) **מֹאזְנַיִם**

And I weighed the silver in the scales. | וָאֶשְׁקֹל הַכֶּסֶף בְּמֹאזְנָיִם
Jeremiah 32:10 | יִרְמְיָהוּ לב, י

מֹאזְנֵי־:---

food (nm) | אכל (30) | מַאֲכָל

They gave the carcass of your servants as food for the birds of the sky. | נָתְנוּ אֶת נִבְלַת עֲבָדֶיךָ מַאֲכָל לְעוֹף הַשָּׁמָיִם
Psalm 79:2 | תְּהִלִּים עט, ב

מַאֲכַל־: מַאֲכָלְךָ, מַאֲכָלוֹ, מַאֲכָלָהּ, מַאֲכַלְכֶם
---

vessel (nm) | אנה (7) | [מָאן]

Then they brought the vessels of gold. | בֵּאדַיִן הַיְתִיו מָאנֵי דַהֲבָא
Daniel 5:3 | דָּנִיֵּאל ה, ג

---\מָאנַיָּא

מָאנֵי־: ---

he refused (v, *piel*) | מאן (41) | מֵאֵן

And the people refused to hear the voice of Samuel. | וַיְמָאֲנוּ הָעָם לִשְׁמֹעַ בְּקוֹל שְׁמוּאֵל
1 Samuel 8:19 | שְׁמוּאֵל א ח, יט

--- (מָאֵן)
מֵאַנְתָּ, מֵאַנְתְּ, מֵאֵן, מֵאֲנָה, מֵאַנְתֶּם, מֵאֲנוּ
תְּמָאֵן, יְמָאֵן, תְּמָאֵן, תְּמָאֲנוּ\תְּמָאֵנוּ, יְמָאֲנוּ

They will not refuse to return from their evil. | לוא ימאנו לשוב מרעתם
4Q171 f1_2ii:3

he rejected (v, *qal*) | מאס (71) | מָאַס

My God rejected them because they did not listen to him. | יִמְאָסֵם אֱלֹהַי כִּי לֹא שָׁמְעוּ לוֹ
Hosea 9:17 | הוֹשֵׁעַ ט, יז

--- (מָאֹס\מָאוֹס) | מָאָסְכֶם, מָאֳסָם
מָאַסְתִּי, מָאַסְתָּ\מָאַסְתָּה, מָאַס, מָאֲסָה, מְאַסְתֶּם, מָאֲסוּ\מָאָסוּ | מְאַסְתִּיךָ, מְאַסְתִּיו\מְאַסְתִּיהוּ, מְאַסְתִּים, מְאַסְתָּנוּ, מְאָסָם
אֶמְאַס, תִּמְאַס\תִּמְאָס, יִמְאַס\יִמְאָס, תִּמְאָסוּ, יִמְאֲסוּ\יִמְאָסוּן | אֶמְאָסְאךָ, יִמְאָסְךָ, יִמְאָסֵם

מֹאֵס\מוֹאֵס, מֹאֶסֶת

And you rejected them because you will not take pleasure in ini[qui]ty.
1Q34bis f3ii:4–5

ותמאס בם כי לא תחפץ בע[ול]ה

entrance, setting (of sun), west (nm) בוא (25) **מָבוֹא**

And he brought me into the entrance which is on the side of the gate.
Ezekiel 46:19

וַיְבִיאֵנִי בַמָּבוֹא אֲשֶׁר עַל כֶּתֶף הַשַּׁעַר
יְחֶזְקֵאל מו,יט

מְבוֹא־: מְוֹבָאֶךָ, מְבוֹאוֹ
מְבוֹאוֹת־\מְבוֹאֵי־: מוֹבָאָיו

flood (nm) יבל (13) **מַבּוּל**

And I am surely bringing the flood, water over the earth.
Genesis 6:17

וַאֲנִי הִנְנִי מֵבִיא אֶת הַמַּבּוּל מַיִם עַל הָאָרֶץ
בְּרֵאשִׁית ו, יז

---

choice (nm) בחר (12) **מִבְחַר**

In the choice one of our graves, bury your dead.
Genesis 23:6

בְּמִבְחַר קְבָרֵינוּ קְבֹר אֶת מֵתֶךָ
בְּרֵאשִׁית כג, ו

מִבְחַר־: ---
---: מִבְחָרָיו

trust, confidence (nm) בטח (15) **מִבְטָח**

For you are my hope, Lord; the Lord is my confidence from my youth.
Psalm 71:5

כִּי אַתָּה תִקְוָתִי אֲדֹנָי יְהוִה מִבְטַחִי מִנְּעוּרָי
תְּהִילִּים עא, ה

מִבְטַחִים
מִבְטַח־: מִבְטַחִי, מִבְטַחֲךָ, מִבְטַחוֹ, מִבְטֶחָה, מִבְטֶחָם
---: מִבְטָחַיִךְ

fortress, fortified place (nm) בצר (37) **מִבְצָר**

And our little one(s) will dwell in fortified cities from the presence of the dwellers of the land.
Numbers 32:17

וְיָשַׁב טַפֵּנוּ בְּעָרֵי הַמִּבְצָר מִפְּנֵי יֹשְׁבֵי הָאָרֶץ
בְּמִדְבַּר לב, יז

מִבְצָרִים\מִבְצָרוֹת
מִבְצַר־: ---
מִבְצְרֵי־: מִבְצָרֶיךָ, מִבְצָרַיִךְ, מִבְצָרָיו, מִבְצָרֶיהָ, מִבְצְרֵיהֶם

Megiddo (np) | --- | (12) | מְגִדּוֹ

And King Josiah went to meet him [Pharaoh Neco] and he [Neco] killed him in Megiddo.
2 Kings 23:29

וַיֵּלֶךְ הַמֶּלֶךְ יֹאשִׁיָּהוּ לִקְרָאתוֹ
וַיְמִיתֵהוּ בִּמְגִדּוֹ

מְלָכִים ב כג, כט

tower (nm) | גדל | (34?) | מִגְדָּל

Come, let us build for ourselves a city and a tower and its top (will be) in the heavens.
Genesis 11:4

הָבָה נִבְנֶה לָּנוּ עִיר וּמִגְדָּל וְרֹאשׁוֹ בַשָּׁמַיִם

בְּרֵאשִׁית יא, ד

מִגְדָּלִים\מִגְדָּלוֹת
מִגְדַּל־: ---
מִגְדְּלוֹת־: מִגְדָּלֶיהָ, מִגְדְּלוֹתַיִךְ

dwelling, place of sojourn (nm) | גור | (12) | מָגוּר

From the land of their sojourns I will bring them out.
Ezekiel 20:38

מֵאֶרֶץ מְגוּרֵיהֶם אוֹצִיא אוֹתָם

יְחֶזְקֵאל כ, לח

---: מְגוּרָם
מְגוּרֵי־: מְגוּרַי\מְגוּרָי, מְגֻרַיִךְ, מְגוּרָיו, מְגוּרֵיהֶם\מְגֻרֵיהֶם

scroll (nf) | גלל | (21) | מְגִלָּה

Return, take for yourself another scroll and write on it.
Jeremiah 36:28

שׁוּב קַח לְךָ מְגִלָּה אַחֶרֶת וּכְתֹב עָלֶיהָ

יִרְמְיָהוּ לו, כח

מְגִלַּת־: ---
---

shield (nm/nf) | גנן | (62?) | מָגֵן

Israel, trust in the LORD; he is their help and their shield.
Psalm 115:9

יִשְׂרָאֵל בְּטַח בַּיהוָה עֶזְרָם וּמָגִנָּם הוּא

תְּהִלִּים קטו, ט

מָגִנִּים\מָגִנּוֹת
מָגֵן־: מָגִנִּי, מָגִנֵּנוּ, מָגִנָּם
מָגִנֵּי־: מָגִנָּיו

plague, slaughter (nf) נגף (26) **מַגֵּפָה**

And the plague was stopped from on the sons of Israel.
Numbers 25:8

וַתֵּעָצַר הַמַּגֵּפָה מֵעַל בְּנֵי יִשְׂרָאֵל
בְּמִדְבַּר כה, ח

מַגֵּפַת־: ---
---: מַגֵּפוֹתַי

open land, pastureland (nm) גרש (114)? **מִגְרָשׁ**

Open land of their cities will not be sold.
Leviticus 25:34

מִגְרַשׁ עָרֵיהֶם לֹא יִמָּכֵר
וַיִּקְרָא כה, לד

---\מִגְרֹשׁוֹת
מִגְרַשׁ־: מִגְרָשָׁהּ
מִגְרְשֵׁי־: מִגְרָשֶׁיהָ\מִגְרָשֶׁהָ, מִגְרְשֵׁיהֶם, מִגְרְשֵׁיהֶן

desert, wilderness (nm) דבר (270?) **מִדְבָּר**

And I led you in the wilderness for forty years.
Amos 2:10

וָאוֹלֵךְ אֶתְכֶם בַּמִּדְבָּר אַרְבָּעִים שָׁנָה
עָמוֹס ב, י

מִדְבַּר־: מִדְבָּרָהּ
---

he measured (v, *qal*) מדד (43) **מָדַד**

And he measured the south gate.
Ezekiel 40:28

וַיָּמָד אֶת הַשַּׁעַר הַדָּרוֹם
יְחֶזְקֵאל מ, כח

מֹד
מַדֹּתִי, מָדַד\מָדָּד, מַדֹּתֶם, מָדְדוּ | מְדָדוֹ
תָּמוֹד, יָמָד, תָּמֹדּוּ, יָמֹדּוּ

And the valley of Succ]oth let me measure.
4Q171 f13:4

ועמק סכ]וֹת אמדדה

measure (nf) מדד (54) **מִדָּה**

LORD, inform me of my end; what is the measure of my days?
Psalm 39:4

הוֹדִיעֵנִי יְהוָה קִצִּי וּמִדַּת יָמַי מַה הִיא
תְּהִילִּים לט, ה

מִדּוֹת
מִדַּת־: ---
מִדּוֹת־: מִדּוֹתָיו, מִדּוֹתֶיהָ

מָדוֹן\מָדִין (17?) דין **strife, quarreling (nm)**

גָּרֵשׁ לֵץ וְיֵצֵא מָדוֹן — Drive out one who scoffs and strife will depart.
מִשְׁלֵי כב, י — *Proverbs 22:10*

מְדוָֹנִים\מִדְיָנִים\מְדָנִים

מִדְיְנֵי־

מַדּוּעַ (72) מה\ידע **why (interrog part)**

מַדּוּעַ פָּנֶיךָ רָעִים וְאַתָּה אֵינְךָ חוֹלֶה — Why is your face sad and you are not sick?
נְחֶמְיָה ב, ב — *Nehemiah 2:2*

מָדַי (16) --- **Madai, Media, Mede (np, gent)**

הִנְנִי מֵעִיר עֲלֵיהֶם אֶת מָדָי אֲשֶׁר כֶּסֶף לֹא יַחְשֹׁבוּ — I am arousing over them Media who do not think of silver.
יְשַׁעְיָהוּ יג, יז — *Isaiah 13:17*

מִדְיָן (59) דין? **Midian (np)**

וַיִּכָּנַע מִדְיָן לִפְנֵי בְּנֵי יִשְׂרָאֵל — And Midian was subdued before the sons of Israel.
שׁוֹפְטִים ח, כח — *Judges 8:28*

מְדִינָה (53) דין **province, district (nf)**

וַיִּשְׁלַח סְפָרִים אֶל כָּל מְדִינוֹת הַמֶּלֶךְ — And he sent scrolls to all the provinces of the king.
אֶסְתֵּר א, כב — *Esther 1:22*

מְדִינוֹת

מְדִינוֹת־: ---

[מְדִינָה]\מְדִינְתָּא (11) דין **province (nf)**

אֲזַלְנָא לִיהוּד מְדִינְתָּא לְבֵית אֱלָהָא רַבָּא — We went to Judah the province, to the house of the great God.
עֶזְרָא ה, ח — *Ezra 5:8*

מְדִינָן
מְדִינַת־: ---

לך מן כול מדינת מצרין — Go from all the province of Egypt!
1Q20 20:27–28

מַה\מָה\מֶה\מַ (750?) מה **what (pron, interrog)**

וַיֹּאמֶר אֵלָיו יְהוָה מַזֶּה בְיָדֶךָ — And the LORD said to him, "What is this in your hand?"
שְׁמוֹת ד, ב — *Exodus 4:2*

And what will I say unless you open my mouth? — ומה אדבר בלא פתחתה פי
Thanksgiving Hymn (1QHa) 18:9

what (interrog pron)	מה	(14)	מָה\מָא

And he will say to him, "What did you do?" — וְיֵאמַר לֵהּ מָה עֲבַדְתְּ
Daniel 4:35 — דָּנִיֵּאל ד, לב

What will I do for you? — מה אעבד לכה
4Q550 f5+5a:4

confusion, dismay, panic (nf)	הום	(12)	מְהוּמָה

Better is a little with the fear of the LORD than a great treasury and panic in it. — טוֹב מְעַט בְּיִרְאַת יְהוָה מֵאוֹצָר רָב וּמְהוּמָה בוֹ
Proverbs 15:16 — מִשְׁלֵי טו, טז

מְהוּמוֹת\מְהוּמֹת
מְהוּמַת־: ---
---

he hastened, went quickly (v, *piel*)	מהר	(59)	מִהַר

What you saw me do, go quickly, do like me. — מָה רְאִיתֶם עָשִׂיתִי מַהֲרוּ עֲשׂוּ כָמוֹנִי
Judges 9:48 — שׁוֹפְטִים ט, מח

מִהֵר
מִהַרְתָּ, מִהַרְתְּ, מִהַר, מִהֲרָה, מִהַרְתֶּם, מִהַרְתֶּן, מִהֲרוּ
יְמַהֵר, תְּמַהֵר, תְּמַהֲרוּ, יְמַהֲרוּ, תְּמַהֵרְנָה
מְמַהֵר, מְמַהֲרוֹת
מַהֵר, מַהֲרָה, מַהֲרוּ

Are the days not going quickly? — הלא ממהרים הימים
4Q385 f4:3

quickly, fast (adv and adj)	מהר	(18)	מַהֵר

Pursue quickly after them. — רִדְפוּ מַהֵר אַחֲרֵיהֶם
Joshua 2:5 — יְהוֹשֻׁעַ ב, ה

Quickly give that which is his. — מֹהר תן אשר לו
4Q416 f2ii:5

quickly, fast (adv)	מהר	(20)	מְהֵרָה

Arise and cross the water quickly. — קוּמוּ וְעִבְרוּ מְהֵרָה אֶת הַמַּיִם
2 Samuel 17:21 — שְׁמוּאֵל ב יז כא

Send to Ziph* quickly. — שלח זפ* מהרה
Arad 17:5

מוֹאָב (187?) מן\אב Moab (np, person and place)

וַיִּפְשַׁע מוֹאָב בְּיִשְׂרָאֵל אַחֲרֵי מוֹת אַחְאָב
מְלָכִים ב א, א

And Moab rebelled against Israel after Ahab's death.
2 Kings 1:1

מוֹאָבִי (16) מן\אב Moabite (gent)

נַעֲרָה מוֹאֲבִיָּה הִיא הַשָּׁבָה עִם נָעֳמִי מִשְּׂדֵה מוֹאָב
רוּת ב, ו

She is a Moabite young woman who returned with Naomi from the field of Moab.
Ruth 2:6

מוֹאָבִי\מֹאָבִי, מוֹאֲבִיָּה\מֹאֲבִיָּה\מוֹאָבִית, מוֹאָבִים\מֹאָבִים, מוֹאֲבִיּוֹת\מֹאֲבִיּוֹת

מוֹטָה (12) מוט bar, yoke (nf)

מוֹטֹת עֵץ שָׁבָרְתָּ וְעָשִׂיתָ תַחְתֵּיהֶן מֹטוֹת בַּרְזֶל
יִרְמְיָהוּ כח, יג

You broke the bars of wood and made instead of them bars of iron.
Jeremiah 28:13

מֹטוֹת

מֹטוֹת־\מֹטֹת־\מוֹטֹת־: ---

מוּל\מוֹל\מוּאל (36) מול front, in front, opposite (n, prep)

גַּם הַצֹּאן וְהַבָּקָר אַל יִרְעוּ אֶל מוּל הָהָר הַהוּא
שְׁמוֹת לד, ג

Also, do not graze the flock and cattle to the front of that mountain.
Exodus 34:3

מֻלִי

מוֹלֶדֶת (22) ילד birth, kindred, relatives (nf)

לֹא הִגִּידָה אֶסְתֵּר אֶת עַמָּהּ וְאֶת מוֹלַדְתָּהּ
אֶסְתֵּר ב, י

Esther did not make known her people and her kindred.
Esther 2:10

מוֹלֶדֶת־: מוֹלַדְתִּי, מוֹלַדְתְּךָ, מוֹלַדְתֵּךְ, מוֹלַדְתּוֹ, מוֹלַדְתָּהּ, מוֹלַדְתֵּנוּ, מוֹלַדְתָּם
---: מוֹלְדוֹתַיִךְ\מֹלְדֹתַיִךְ

מוּם\מְאוּם\מְאוֹם (21) --- blemish, defect (nm)

כֹּל אֲשֶׁר בּוֹ מוּם לֹא תַקְרִיבוּ
וַיִּקְרָא כב, כ

Any who has a defect on him do not bring near.
Leviticus 22:20

---: מוּמוֹ, מוּמָם

[מוּסָד] (13) יסד foundation (nm)

And the foundations of the earth shook. | וַיִּרְעֲשׁוּ מוֹסְדֵי אָרֶץ
Isaiah 24:18 | יְשַׁעְיָהוּ כד, יח

מוֹסָדוֹת

מוֹסְדֵי־\מֹסְדֵי־\מוֹסְדוֹת־\מֹסְדוֹת־: ---

A foundation of truth is to Israel. | מסׂד אמת לישׂראל
4Q256 9:5

discipline, correction, training (nm) **יסר** (50) **מוּסָר**

The discipline of the LORD, my son, do not despise. | מוּסַר יְהוָה בְּנִי אַל תִּמְאָס
Proverbs 3:11 | מִשְׁלֵי ג, יא

מוּסַר־: מוּסָרִי, מוּסָרְךָ
---

assembly, set place or time, festival (nm) **יעד** (223) **מוֹעֵד**

And Moses and Aaron came to the front of the tent of assembly. | וַיָּבֹא מֹשֶׁה וְאַהֲרֹן אֶל פְּנֵי אֹהֶל מוֹעֵד
Numbers 16:43 | בְּמִדְבַּר יז, ח

מוֹעֲדִים\מוֹעֲדוֹת
מוֹעֵד־: מוֹעֲדֶךָ, מוֹעֲדוֹ, מוֹעֲדָהּ, מוֹעֲדֵנוּ, מוֹעֲדָם
מוֹעֲדֵי־: מוֹעֲדַי, מוֹעֲדֶיהָ, מוֹעֲדֵיכֶם

spectacle, wonder, sign, portent (nm) **---** (36) **מוֹפֵת**

And Moses and Aaron did all of these spectacles. | וּמֹשֶׁה וְאַהֲרֹן עָשׂוּ אֶת כָּל הַמֹּפְתִים הָאֵלֶּה
Exodus 11:10 | שְׁמוֹת יא, י

מוֹפְתִים\מֹפְתִים
---: מוֹפֶתְכֶם
---: מוֹפְתַי, מֹפְתָיו\מוֹפְתָיו

source, spring, exit, something going out (nm) **יצא** (27) **מוֹצָא**

And he went out to the source of the water and threw salt there. | וַיֵּצֵא אֶל מוֹצָא הַמַּיִם וַיַּשְׁלֶךְ שָׁם מֶלַח
2 Kings 2:21 | מְלָכִים ב ב, כא

מוֹצָא־: מוֹצָאֲךָ, מוֹצָאוֹ
מוֹצָאֵי־: מוֹצָאָיו, מוֹצָאֵיהֶם, מוֹצָאֵיהֶן

snare, trap (nm) | **יקשׁ** (27) | **מוֹקֵשׁ**

Instruction of a wise one is a fountain of life to turn from the snares of death.
Proverbs 13:14

תּוֹרַת חָכָם מְקוֹר חַיִּים לָסוּר מִמֹּקְשֵׁי מָוֶת
מִשְׁלֵי יג, יד

מוֹקְשִׁים\מֹקְשִׁים\מֹקְשׁוֹת

מוֹקְשֵׁי־\מֹקְשֵׁי־: ---

fear, terror (nm) | **ירא** (12) | **מוֹרָא\מוֹרָה**

The LORD your God will put your fear and terror over the face of all the land.
Deuteronomy 11:25

פַּחְדְּכֶם וּמוֹרַאֲכֶם יִתֵּן יְהוָה אֱלֹהֵיכֶם עַל פְּנֵי כָל הָאָרֶץ
דְּבָרִים יא, כה

מוֹרָאִים
---: מוֹרָאִי, מוֹרָאוֹ, מוֹרַאֲכֶם
---

seat, dwelling (nm) | **ישׁב** (44) | **מוֹשָׁב**

And to all the sons of Israel there was light in their dwellings.
Exodus 10:23

וּלְכָל בְּנֵי יִשְׂרָאֵל הָיָה אוֹר בְּמוֹשְׁבֹתָם
שְׁמוֹת י, כג

מוֹשַׁב־: מוֹשָׁבִי, מוֹשָׁבֶךָ, מוֹשָׁבוֹ, מוֹשָׁבָם
מוֹשְׁבֵי־: מוֹשְׁבוֹתֵיכֶם\מוֹשְׁבֹתֵיכֶם\מֹשְׁבֹתֵיכֶם, מוֹשְׁבוֹתֵיהֶם\מוֹשְׁבֹתֵיהֶם\מֹשְׁבֹתֵיהֶם\מוֹשְׁבֹתָם\ מֹשְׁבֹתָם\מוֹשְׁבֹתָם\מֹשְׁבֹתָם

savior, deliverer (nm) | **ישׁע** (20) | **מוֹשִׁיעַ\מֹשִׁיעַ**

And the LORD raised up a savior for the sons of Israel and he saved them.
Judges 3:9

וַיָּקֶם יְהוָה מוֹשִׁיעַ לִבְנֵי יִשְׂרָאֵל וַיּוֹשִׁיעֵם
שׁוֹפְטִים ג, ט

מוֹשִׁיעִים\מוֹשִׁעִים
---: מֹשִׁעִי, מוֹשִׁיעֵךְ, מוֹשִׁיעֵךְ, מוֹשִׁיעוֹ
---

death (nm) | **מות** (152) | **מָוֶת\מָוְתָה**

Who is a man who will live and not see death?
Psalm 89:48

מִי גֶבֶר יִחְיֶה וְלֹא יִרְאֶה מָּוֶת
תְּהִלִּים פט, מט

מוֹת־: מוֹתִי, מוֹתוֹ\מֹתוֹ, מוֹתָהּ, מוֹתָם\מֹתָם
מוֹתֵי־: מוֹתָיו

Her ways are ways of death. — דרכיה דרכי מות
4Q184 f1:9

altar (nm) — זבח — (401?) — **מִזְבֵּחַ**

And he built there an altar to the LORD, who appeared to him. — וַיִּבֶן שָׁם מִזְבֵּחַ לַיהוָה הַנִּרְאֶה אֵלָיו
Genesis 12:7 — בְּרֵאשִׁית יב, ז

מִזְבְּחוֹת\מִזְבְּחֹת
מִזְבַּח־: מִזְבְּחִי, מִזְבַּחֲךָ\מִזְבְּחֶךָ, מִזְבְּחוֹ
מִזְבְּחוֹת־: מִזְבְּחוֹתֶיךָ\מִזְבְּחֹתֶיךָ, מִזְבְּחֹתָיו\מִזְבְּחֹתָו, מִזְבְּחוֹתֵיכֶם, מִזְבְּחוֹתֵיהֶם\מִזְבְּחֹתֵיהֶם\
מִזְבְּחוֹתָם\ מִזְבְּחֹתָם

And you should not ignite my altar. — ולוא תאירו מזבחי
Damascus Document (CD) 6:13

doorpost (nf) — זוז — (19) — **מְזוּזָה**

And you will write them on the doorposts of your house and on your gates. — וּכְתַבְתָּם עַל מְזוּזֹת בֵּיתֶךָ וּבִשְׁעָרֶיךָ
Deuteronomy 6:9 — דְּבָרִים ו, ט

מְזוּזֹת\מְזֻזוֹת
מְזוּזַת־: מְזוּזָתִי, מְזוּזָתָם
מְזוּזוֹת־\מְזוּזֹת־\מְזֻזוֹת־: ---

discretion, scheme, (evil) intention (nf) — זמם — (19) — **מְזִמָּה**

Discretion will guard over you; understanding will watch you. — מְזִמָּה תִּשְׁמֹר עָלֶיךָ תְּבוּנָה תִנְצְרֶכָּה
Proverbs 2:11 — מִשְׁלֵי ב, יא

מְזִמּוֹת
---: מְזִמָּתוֹ
מְזִמּוֹת־: מְזִמּוֹתָיו

psalm (nm) — זמר — (57) — **מִזְמוֹר**

A psalm for David when he was in the desert of Judah. — מִזְמוֹר לְדָוִד בִּהְיוֹתוֹ בְּמִדְבַּר יְהוּדָה
Psalm 63 superscription — תְּהִלִּים סג, א

---

east, sunrise (nm) — זרח — (74) — **מִזְרָח\מִזְרָחָה**

I am saving my people from a land of the east. — הִנְנִי מוֹשִׁיעַ אֶת עַמִּי מֵאֶרֶץ מִזְרָח
Zechariah 8:7 — זְכַרְיָה ח, ז

מִזְרַח־\מִזְרָחָה: ---

ועשיתה שלושה מקומות למזרח העיר	And you will make three places to the east of the city. *11Q19 46:16–17*

מִזְרָק	(32)	זרק	ceremonial basin, bowl (nm)

וַיַּעַשׂ מִזְרְקֵי זָהָב מֵאָה דִּבְרֵי הַיָּמִים ב ד, ח	And he made one hundred basins of gold. *2 Chronicles 4:8*

מִזְרָקִים, מִזְרָקוֹת\מִזְרָקֹת

מִזְרְקֵי־: מִזְרְקֹתָיו

והעלה את דמו למזבח במזרק	And he will offer up its blood to the altar in a ceremonial bowl. *11Q19 23:11–12*

מָחָה	(22)	מחה	he wiped, blotted out, destroyed (v, *qal*)

שְׁמָם מָחִיתָ לְעוֹלָם וָעֶד תְּהִלִּים ט, ו	Their name you blotted out forever and ever. *Psalm 9:6*

מְחוֹת (מָחֹה)
מָחִיתִי, מָחִיתָ, מָחָה, מָחֲתָה
אֶמְחֶה, תִּמְחֶה, יִמְחֶה\יִמַח | אֶמְחֶנּוּ
מֹחֶה
מְחֵה | מְחֵנִי

𐤀𐤓𐤓 𐤀𐤔𐤓 𐤉𐤌𐤇𐤄	Cursed is whoever will destroy. *En Gedi 2:1*
וכו]ל עונותינו מחה	And al]l of our iniquities blot out! *4Q493f1ii_2:5*

מָחוֹל\[מְחוֹלָה]	(14)	חול	dancing (nm and nf)

יְהַלְלוּ שְׁמוֹ בְמָחוֹל תְּהִלִּים קמט, ג	Let them praise his name with dancing. *Psalm 149:3*

מְחֹלוֹת\מְחֹלֹת
מְחוֹל־\מְחֹלַת־: מְחוֹלֵנוּ

מְחִיר	(15)	מחר	price, value, wage (nm)

And its priests teach for a price. *Micah 3:11*	וְכֹהֲנֶיהָ בִּמְחִיר יוֹרוּ מִיכָה ג, יא

מְחִיר־: מְחִירָהּ
---: מְחִירֵיהֶם

And to your might there is no value. *Thanksgiving Hymn (1QHa) 18:12*	ולגבורתכה אין מחיר

Mahli (np)	---	(11)	מַחְלִי

And they brought to us . . . a man of insight from the sons of Mahli son of Levi. *Ezra 8:18*	וַיָּבִיאוּ לָנוּ . . . אִישׁ שֶׂכֶל מִבְּנֵי מַחְלִי בֶּן לֵוִי עֶזְרָא ח, יח

division, portion, allotment (nf)	חלק	(42)	מַחֲלֹקֶת

And Hezekiah appointed the divisions of the priests. *2 Chronicles 31:2*	וַיַּעֲמֵד יְחִזְקִיָּהוּ אֶת מַחְלְקוֹת הַכֹּהֲנִים דִּבְרֵי הַיָּמִים ב לא, ב

מַחְלְקוֹת
מַחֲלֹקֶת־: מַחֲלֻקְתּוֹ
מַחְלְקוֹת־: מַחְלְקוֹתֵיכֶם, מַחְלְקוֹתָם\מַחְלְקֹתָם\מַחְלְקוֹתֵיהֶם

And I recoun]ted before him the division of its time. *4Q228 f1i:4*	ואספ]ר לפנו מחלקת עתו

delight, desirable/precious thing (nm)	חמד	(13)	[מַחְמָד]

I am taking from you the delight of your eyes. *Ezekiel 24:16*	הִנְנִי לֹקֵחַ מִמְּךָ אֶת מַחְמַד עֵינֶיךָ יְחֶזְקֵאל כד, טז

מַחֲמַדִּים
מַחְמַד־: ---
מַחֲמַדֵּי־: מַחֲמַדַּי, מַחֲמַדֶּיהָ, מַחֲמַדֵּינוּ, מַחֲמוּדֵיהֶם

camp (nm and nf)	חנה	(215)	מַחֲנֶה

Arise, go down in the camp because I have given it into your hand. *Judges 7:9*	קוּם רֵד בַּמַּחֲנֶה כִּי נְתַתִּיו בְּיָדֶךָ שׁוֹפְטִים ז, ט

מַחֲנוֹת\מַחֲנֹת\מַחֲנִים\מַחֲנָיִם
מַחֲנֵה־: מַחֲנֶךָ, מַחֲנֵהוּ
מַחֲנוֹת־: מַחֲנֶיךָ, מַחֲנֵיכֶם, מַחֲנֵיהֶם

The peace of God is in the camps of his holy ones. *War Scroll (1QM) 3:5*	שלום אל במחני קדושיו

Mahanaim (np)	חנה	(13)	מַחֲנַ֫יִם

And he called the name of that place Mahanaim. — וַיִּקְרָא שֵׁם הַמָּקוֹם הַהוּא מַחֲנָיִם
Genesis 32:3 — בְּרֵאשִׁית לב, ג

shelter, refuge (nm)	חסה	(20)	מַחְסֶה\מַחֲסֶה

You are my shelter in a day of evil. — מַחֲסִי אַתָּה בְּיוֹם רָעָה
Jeremiah 17:17 — יִרְמְיָהוּ יז, יז

מַחְסֵה־: מַחְסִי\מַחֲסִי, מַחְסֵהוּ, מַחְסֵנוּ

And shelters of flesh I do not have. — ומחסי בשר אין לי
Thanksgiving Hymn (1QHa) 15:20

need, poverty (nm)	חסר	(13)	מַחְסוֹר

A man of need loves pleasure. — אִישׁ מַחְסוֹר אֹהֵב שִׂמְחָה
Proverbs 21:17 — מִשְׁלֵי כא, יז

---: מַחְסוֹרְךָ, מַחְסֹרוֹ
---: מַחְסֹרֶיךָ

And in your need he will shut his hand. — ובמחסורכה יקפץ ידו
4Q417 f2i:24

he shattered, crushed, struck (v, *qal*)	מחץ	(14)	מָחַץ

God will crush the head of his enemies. — אֱלֹהִים יִמְחַץ רֹאשׁ אֹיְבָיו
Psalm 68:21 — תְּהִלִּים סח, כב

מָחַצְתִּי, מָחַצְתָּ, מָחַץ, מָחֲצָה
תִּמְחַץ, יִמְחַץ\יִמְחָץ | אֶמְחָצֵם

מְחַץ

Crush nations, your adversaries! — מחץ גוים צריכה
War Scroll (1QM) 12:11

half (nf)	חצה	(16)	[מַחֲצִית]

Half of the shekel is an offering to the Lord. — מַחֲצִית הַשֶּׁקֶל תְּרוּמָה לַיהוָה
Exodus 30:13 — שְׁמוֹת ל, יג

מַחֲצִית־\מַחֲצַת־: מַחֲצִיתוֹ, מַחֲצִיתָהּ, מַחֲצִיתָם

And half of the people will not be cut off from their cities. — ומחצית העם לוא יכרתו מעריהמה
11Q19 58:11

tomorrow (nm and adv) --- (52) מָחָר

Tomorrow, go out before them and the LORD will be with you. — מָחָר צְאוּ לִפְנֵיהֶם וַיהוָה עִמָּכֶם
2 Chronicles 20:17 — דִּבְרֵי הַיָּמִים ב כ, יז

And you will come around tomorrow; do not be late. — ותסבת מחר אל תאחר
Arad 2:5–6

day after, following day (nf) --- (32) מָחֳרָת

From the day following the Passover, the sons of Israel went out. — מִמָּחֳרַת הַפֶּסַח יָצְאוּ בְנֵי יִשְׂרָאֵל
Numbers 33:3 — בְּמִדְבַּר לג, ג

מָחֳרַת־: מָחֳרָתָם

Un]til the day after the seventh Sabbath, you will count fifty days. — ע]ד ממוחרת השבת השביעית תספורו חמשים יום
11Q19 19:13

thought, intent, design (nf) חשב (56) מַחֲשָׁבָה\מַחֲשֶׁבֶת\מַחֲשֶׁבֶת

The LORD knows man's plans. — יְהוָה יֹדֵעַ מַחְשְׁבוֹת אָדָם
Psalm 94:11 — תְּהִלִּים צד, יא

מַחֲשָׁבוֹת\מַחֲשָׁבֹת
מַחֲשֶׁבֶת־: מַחֲשַׁבְתּוֹ
מַחְשְׁבוֹת־\ מַחְשְׁבֹת־: מַחְשְׁבוֹתַי\מַחְשְׁבֹתַי, מַחְשְׁבֹתֶיךָ, מַחְשְׁבוֹתָיו\מַחְשְׁבֹתָיו, מַחְשְׁבוֹתֵינוּ, מַחְשְׁבוֹתֵיכֶם\מַחְשְׁבֹתֵיכֶם, מַחְשְׁבוֹתָם\מַחְשְׁבֹתָם\מַחְשְׁבוֹתֵיהֶם\מַחְשְׁבֹתֵיהֶם

And before they were, he prepared all of their design. — ולפני היותם הכין כול מחשבתם
Community Rule (1QS) 3:15

censer, firepan (nf) חתה (22) מַחְתָּה

וַיִּקְחוּ אִישׁ מַחְתָּתוֹ וַיִּתְּנוּ עֲלֵיהֶם אֵשׁ
בְּמִדְבַּר טז, יח

And each man took his censer and put on them fire.
Numbers 16:18

מַחְתּוֹת\מַחְתֹּת
---: מַחְתָּתוֹ
מַחְתּוֹת־: מַחְתֹּתָיו, מַחְתֹּתֶיהָ

ואת המזלגות ואת המחתות כול [כליו
עשו נחושת]

And the forks and the firepans—all [its vessels they made of bronze].
4Q365 f12a_bii:10–11

מְחִתָּה	(11)	חתת	terror, ruin (nf)

פִּי כְסִיל מְחִתָּה לוֹ
מִשְׁלֵי יח, ז

A mouth of a fool is ruin for him.
Proverbs 18:7

מְחִתַּת־: ---

ומחתה לכול שכניו

And ruin is for all his neighbors.
4Q175 1:24

[מָט]	(15)	מוט	he slipped, moved, shook, staggered (v, *qal*)

הָמוּ גוֹיִם מָטוּ מַמְלָכוֹת
תְּהִילִּים מו, ז

Nations raged; kingdoms staggered.
Psalm 46:6

מוֹט (מוֹט)
מָטָה, מָטוּ
תָּמוּט, תְּמוּטֶינָה
מָט, מָטִים

אם אמוט חסדי אל ישועתי לעד

If I will stumble, the lovingkindness of God is my salvation forever.
Community Rule (1QS) 11:11

מְטָא\מְטָה	(8)	מטא	he reached, came, arrived (v, *peal*)

כֹּלָּא מְטָא עַל נְבוּכַדְנֶצַּר מַלְכָּא
דָּנִיֵּאל ד, כה

Everything came on Nebuchadnezzar the king.
Daniel 4:28

מְטָא\מְטָה, מְטָת, מְטוֹ
יִמְטֵא

---

tribe, staff, stem (nm)	נטה	(252?)	מַטֶּה

And Aaron threw down his staff before Pharaoh. — וַיַּשְׁלֵךְ אַהֲרֹן אֶת מַטֵּהוּ לִפְנֵי פַרְעֹה
Exodus 7:10 — שְׁמוֹת ז, י

מַטּוֹת\מַטֹּת
מַטֵּה־: מַטְּךָ\מַטֶּךָ, מַטֵּהוּ
מַטּוֹת־: מַטָּיו, מַטּוֹתָם\מַטֹּתָם

He will make the offering of the tribe of Judah. — יעשה עולת מטה יהודה
11Q19 24:10

bed, couch (nf)	נטה	(29)	מִטָּה

And we will put for him there a bed, table, chair, and lamp. — וְנָשִׂים לוֹ שָׁם מִטָּה וְשֻׁלְחָן וְכִסֵּא וּמְנוֹרָה
2 Kings 4:10 — מְלָכִים ב ד, י

מִטּוֹת
מִטַּת־: מִטָּתִי, מִטָּתֶךָ, מִטָּתוֹ
מִטּוֹת־: ---

down, downward, below (adv)	נטה	(19)	מַ֫טָּה\מָ֫טָּה

And you will descend way down. — וְאַתָּה תֵרֵד מַטָּה מָּטָּה
Deuteronomy 28:43 — דְּבָרִים כח, מג

rain (nm)	מטר	(38)	מָטָר

And I will give rain on the face of the earth. — וְאֶתְּנָה מָטָר עַל פְּנֵי הָאֲדָמָה
1 Kings 18:1 — מְלָכִים א יח, א

מְטַר־: ---
מִטְרוֹת־: ---

guard, target (nf)	נטר	(16)	מַטָּרָה\מַטָּרָא

And he set me up for himself for a target. — וַיְקִימֵנִי לוֹ לְמַטָּרָה
Job 16:12 — אִיּוֹב טז, יב

---

who (pron, interrog)	מי	(424?)	מִי

Who will ascend on the mountain of the LORD? — מִי יַעֲלֶה בְהַר יְהוָה
Psalm 24:3 — תְּהִלִּים כד, ג

Who is your servant . . . a dog? — מי עבדך כלב
Lachish 5:3–4

Who is like you in strength, O God of Israel? — מיא כמוכה בכוח אל ישראל
War Scroll (1QM) 13:13

Michael (np)	מי\כ\אל	(13)	מִיכָאֵל

And behold Michael one of the head princes came to help me. — וְהִנֵּה מִיכָאֵל אַחַד הַשָּׂרִים הָרִאשֹׁנִים בָּא לְעָזְרֵנִי
Daniel 10:13 — דָּנִיֵּאל י, יג

Micah, Micaiah (np)	מי\כ\יהוה	(53)	מִיכָה\מִיכָיְהוּ

Micaiah, should we go to Ramoth-gilead for war? — מִיכָה הֲנֵלֵךְ אֶל רָמֹת גִּלְעָד לַמִּלְחָמָה
2 Chronicles 18:14 — דִּבְרֵי הַיָּמִים ב יח, יד

Michal (np)	מי\כ\אל	(18)	מִיכַל

And Michal, Saul's daughter, did not have a child. — וּלְמִיכַל בַּת שָׁאוּל לֹא הָיָה לָהּ יָלֶד
2 Samuel 6:23 — שְׁמוּאֵל ב ו, כג

water (nm, pl)	מים	(580)	מַ֫יִם\מָ֫יִם\הַמַּ֫יְמָה

He turned their waters to blood. — הָפַךְ אֶת מֵימֵיהֶם לְדָם
Psalm 105:29 — תְּהִלִּים קה, כט

מַ֫יִם\מָ֫יִם

מֵי־\מֵימֵי־: מֵימַי\מֵימֵינוּ, מֵימֶיךָ, מֵימָיו, מֵימֶיהָ, מֵימֵיהֶם

And the water went from the spring. — וילכו המים מן המוצא
Siloam 1:4–5

And my knees went like water. — וילכו כמים ברכי
Thanksgiving Hymn (1QHa) 16:35

type, kind (nm)	מין	(31)	מִין

Let the earth bring forth living beings to its kind. — תּוֹצֵא הָאָרֶץ נֶפֶשׁ חַיָּה לְמִינָהּ
Genesis 1:24 — בְּרֵאשִׁית א, כד

---: מִינוֹ\מִינֵהוּ, מִינָהּ\מִינָה, מִינֵהֶם

And he set before them three types of righteousness. — ויתנם פניהם לשלושת מיני הצדק
Damascus Document (CD) 4:16

level place, plain, uprightness, justice (nm)	ישר	(23)	מִישׁוֹר\מִישֹׁר

A scepter of justice is the scepter of your kingdom. — שֵׁבֶט מִישֹׁר שֵׁבֶט מַלְכוּתֶךָ
Psalm 45:6 — תְּהִלִּים מה, ז

דרכה רגלי במישור כי מנעורי ידעתיה

My foot walked in uprightness because from my youth I knew her.
11Q5 21:13

Meshach (np) | --- | (14) | מֵישַׁךְ

וְאָמַר שַׁדְרַךְ מֵישַׁךְ וַעֲבֵד נְגוֹ

And he was saying, "Shadrach, Meshach, and Abednego!"
Daniel 3:26

דָּנִיֵּאל ג, כו

level path, uprightness, equity (nm, pl) | ישר | (19) | מֵישָׁרִים\מֵשָׁרִים

אֲנִי יְהוָה דֹּבֵר צֶדֶק מַגִּיד מֵישָׁרִים
יְשַׁעְיָהוּ מה, יט

I, the Lord, speak righteousness, declare equity.
Isaiah 45:19

מֵישָׁרִים\מֵשָׁרִים

ותוצא לנצח משפטם ולמישרים אמת

And forever their judgment you send forth and for uprightness (you send forth) truth.
Thanksgiving Hymn (1QHa) 12:26

pain, suffering (nm) | כאב | (16) | מַכְאוֹב

וְיוֹסִיף דַּעַת יוֹסִיף מַכְאוֹב

And he will increase knowledge; he will increase pain.
Ecclesiastes 1:18

קֹהֶלֶת א, יח

מַכְאוֹבִים\מַכְאֹבִים\מַכְאֹבוֹת
---: מַכְאֹבִי\מַכְאוֹבִי, מַכְאֹבֵךְ, מַכְאֹבוֹ, מַכְאוֹבָהּ
---: מַכְאֹבָיו, מַכְאֹבֵינוּ

ואשכחה נגע מכאובי̊

And let me forget the mark of my suffering.
4Q427 f2:2

wound, blow, defeat (nf) | נכה | (48) | מַכָּה

מָה הַמַּכּוֹת הָאֵלֶּה בֵּין יָדֶיךָ
זְכַרְיָה יג, ו

What are these wounds between your arms?
Zechariah 13:6

מַכּוֹת
מַכַּת־: מַכָּתִי, מַכָּתֵךְ, מַכָּתֵךְ, מַכָּתוֹ
מַכּוֹת־: מַכֹּתְךָ, מַכּוֹתַיִךְ, מַכֹּתֶהָ\מַכּוֹתֶיהָ, מַכֹּתָם

והנה מכה על מכה

And behold a blow is on a blow.
4Q481c f1:7

מָכוֹן (17) כון | place, foundation, support (nm)

וְאַתָּה תִּשְׁמַע מִן הַשָּׁמַיִם מְכוֹן שִׁבְתְּךָ
And you hear from heaven, the place of your dwelling.

דִּבְרֵי הַיָּמִים ב ו, ל
2 Chronicles 6:30

מָכוֹן־: מְכוֹנִי, מְכוֹנוֹ
---: מְכוֹנֶיהָ

ומשפט וצדק מכון כסאו
And justice and righteousness are a foundation of his throne.
11Q5 26:11

מְכוֹנָה\מְכֹנָה (25) כון | stand, base, foundation (nf)

וַיָּכִינוּ הַמִּזְבֵּחַ עַל מְכוֹנֹתָיו
And they set the altar on its foundations.

עֶזְרָא ג, ג
Ezra 3:3

מְכֹנוֹת
---: מְכֻנָתָהּ
---: מְכוֹנֹתָיו

מָכִיר (22) מכר | Machir (np)

וַיֵּלְכוּ בְּנֵי מָכִיר בֶּן מְנַשֶּׁה גִּלְעָדָה וַיִּלְכְּדֻהָ
And the sons of Machir, son of Manasseh, went to Gilead and captured it.

בְּמִדְבַּר לב, לט
Numbers 32:39

מִכְמָס\מִכְמָשׂ (11) כמס | Michmas/Michmash (np)

וַיֵּצֵא מַצַּב פְּלִשְׁתִּים אֶל מַעֲבַר מִכְמָשׂ
And the Philistine garrison went out to the Michmash pass.

שְׁמוּאֵל א יג, כג
1 Samuel 13:23

מִכְסֶה (16) כסה | covering (nm)

וַיִּפְרֹשׂ אֶת הָאֹהֶל עַל הַמִּשְׁכָּן וַיָּשֶׂם אֶת מִכְסֵה הָאֹהֶל עָלָיו
And he spread the tent over the tabernacle, and he put the covering of the tent above it.

שְׁמוֹת מ, יט
Exodus 40:19

מִכְסֵה־: מִכְסֵהוּ

מָכַר (57) מכר | he sold (v, *qal*)

וַיִּמְכְּרֵם בְּיַד אוֹיְבֵיהֶם
And he sold them into the hand of their enemies.

שׁוֹפְטִים ב, יד
Judges 2:14

מָכוֹר (מָכֹר) | מְכָרָהּ, מִכְרָם

מָכַרְתִּי, מָכַר, מָכְרָה, מְכַרְתֶּם, מָכְרוּ | מָכְרוֹ, מְכָרָנוּ, מְכָרָם, מְכָרוּם
תִּמְכֹּר, יִמְכֹּר\יִמְכָּר, תִּמְכָּר, תִּמְכְּרִי, יִמְכְּרוּ | תִּמְכְּרֶנָּה, יִמְכְּרֵם, נִמְכְּרֶנּוּ
מוֹכֵר\מֹכֵר, מֹכֶרֶת, מוֹכְרִים (מֹכְרֵי-) | מֹכְרֵיהֶן
מִכְרָה, מִכְרִי

Do not sell your honor.	אַל תִּמְכּוֹר כְּבוֹדְכָה
4Q416 f2ii:18	

hindrance, stumbling block (nm)	כשל	(14)	מִכְשׁוֹל\מִכְשֹׁל

And before a blind person you will not put a stumbling block.	וְלִפְנֵי עִוֵּר לֹא תִתֵּן מִכְשֹׁל
Leviticus 19:14	וַיִּקְרָא יט, יד

מִכְשֹׁלִים
מִכְשׁוֹל-: ---
---

he circumcised (v, *qal*)	מול	(13)	מָל

And Abraham circumcised Isaac, his son.	וַיָּמָל אַבְרָהָם אֶת יִצְחָק בְּנוֹ
Genesis 21:4	בְּרֵאשִׁית כא, ד

מַלְתָּה, מָל, מַלְתֶּם, מָלוּ
יָמָל
--- | --- | מוֹל, מָלִים
מֹל

He did not circumcise the foreskin of his heart.	לוֹא מָל אֶת עוֹרְלַת לִבּוֹ
Habakkuk Pesher (1QpHab) 11:13	

he filled, was full (v, *qal*)	מלא	(101)	מָלֵא

Behold, the glory of the LORD filled the temple of the LORD.	וְהִנֵּה מָלֵא כְבוֹד יְהוָה אֶת בֵּית יְהוָה
Ezekiel 44:4	יְחֶזְקֵאל מד, ד

מְלֹאת\מְלֹאוֹת
מָלֵאתִי\מָלֵתִי, מָלֵאתָ, מָלֵא, מָלְאָה, מָלְאוּ\מָלֵאוּ\מָלוּ | מִלְאוֹ
יִמְלְאוּ | תִּמְלָאֵמוֹ
מָלֵא, מְלֵאִים
מְלֹאוּ

And the earth was full of knowledge and praise of God.	וּמָלְאָה הָאָרֶץ דַּעַת וּתְהִלַּת אֵל
4Q215a f1ii:5	

he filled, fulfilled, satisfied, completed (v, *piel*)	מלא	(111)	מִלֵּא

May he give to you as your heart (desires), and each of your plans may he fulfill.
Psalm 20:4

יִתֶּן לְךָ כִלְבָבֶךָ וְכָל עֲצָתְךָ יְמַלֵּא
תְּהִלִּים כ, ה

מִלֵּא\מִלְּאוֹת\מַלְּאת | מַלְּאָם
מִלֵּאתִי, מִלֵּאתָ, מִלֵּא, מִלֵּאנוּ, מִלֵּאתֶם, מִלְאוּ | מִלֵּאתִיךָ, מִלֵּאתִיו, מִלֵּאתָנִי, מִלְאוּךָ, מִלְאוּהָ
אֲמַלֵּא, תְּמַלֵּא, יְמַלֵּא\יְמַלֵּה, תְּמַלֵּא, נְמַלֵּא, יְמַלְאוּ\יְמַלֵּאוּ, תְּמַלֶּאנָה | אֲמַלְאֵהוּ, יְמַלְאוּם
מְמַלֵּא, מְמַלְאִים
מַלֵּא, מַלְאוּ

And knowledge will fill the earth.
1Q27 f1i:7

ודעת תמלא תבל

full (adj)	מלא	(63)	מָלֵא

I went full and the LORD returned me empty.
Ruth 1:21

אֲנִי מְלֵאָה הָלַכְתִּי וְרֵיקָם הֱשִׁיבַנִי יְהוָה
רוּת א, כא

מָלֵא (מְלֵא־) | מְלֵאָה (מְלֵאֲתִי־) | מְלֵאִים | מְלֵאת\מְלֵאוֹת

And do not sacrifice to me an ox, sheep, or goat if they are full [i.e., pregnant].
11Q19 52:5

ולוא תזבח לי שור ושה ועז והמה מלאות

fullness, multitude, abundance, full of (nm)	מלא	(38)	מְלֹא\מְלוֹא\מְלוֹ

The earth is the LORD's and its abundance.
Psalm 24:1

לַיהוָה הָאָרֶץ וּמְלוֹאָהּ
תְּהִלִּים כד, א

---: מְלֹאוֹ\מְלוֹאוֹ, מְלֹאָהּ\מְלוֹאָהּ

The homer full of wine.
Arad 2:5

𐤄𐤇𐤌𐤓 𐤌𐤋𐤀 𐤉𐤉𐤍

All the earth is full of your glory.
Thanksgiving Hymn (1QHa) 8:21

כ]בֹ֯ודך מלוא כוֹ֯ל [תבל

setting, installation, consecration (nm, pl)	מלא	(15)	מִלֻּאִים\מִלּוּאִים

And the ram of consecration you will take and boil its flesh in a holy place.
Exodus 29:31

וְאֵת אֵיל הַמִּלֻּאִים תִּקָּח וּבִשַּׁלְתָּ אֶת בְּשָׂרוֹ בְּמָקֹם קָדֹשׁ
שְׁמוֹת כט, לא

מִלּוּאִים\מִלֻּאִים

---: מַלְאֵיכֶם

angel, messenger (nm)	לאך (213)	מַלְאָךְ

I am sending my messenger. — הִנְנִי שֹׁלֵחַ מַלְאָכִי
Malachi 3:1 — מַלְאָכִי ג, א

מַלְאָכִים
מַלְאַךְ־: מַלְאָכִי, מַלְאָכוֹ
מַלְאֲכֵי־: מַלְאָכֶיךָ, מַלְאָכֵהֶ, מַלְאָכָיו

And the God of Israel and the angel of his truth helped all the sons of light. — ואל ישראל ומלאך אמתו עזר לכול בני אור
Community Rule (1QS) 3:24–25

work, service (nf)	לאך (167)	מְלָאכָה

Six days you will labor and do all your work. — שֵׁשֶׁת יָמִים תַּעֲבֹד וְעָשִׂיתָ כָּל מְלַאכְתֶּךָ
Exodus 20:9 — שְׁמוֹת כ, ט

מְלֶאכֶת\מְלָאכֶת־: מְלַאכְתְּךָ\מְלַאכְתֶּךָ, מְלַאכְתּוֹ
מַלְאֲכוֹת־: מַלְאֲכוֹתֶיךָ

One may not speak (on Sabbath) with words of work. — אל ידבר בדברי המלאכה
Damascus Document (CD) 10:19

word (nf)	מלל (38)	מִלָּה

There is not a word on my tongue. — אֵין מִלָּה בִּלְשׁוֹנִי
Psalm 139:4 — תְּהִלִּים קלט, ד

מִלִּים\מִלִּין
---: מִלָּתִי, מִלָּתוֹ
---: מִלַּי, מִלֶּיךָ, מִלֵּיהֶם

You will hear their words. — תשמע את מליהם
4Q525 f14ii:23

word, matter, thing (nf)	מלל (24)	מִלָּה\מִלְּתָא

The word is still in the mouth of the king. — עוֹד מִלְּתָא בְּפֻם מַלְכָּא
Daniel 4:31 — דָּנִיֵּאל ד, כח

מִלִּין\מִלַּיָּא
מִלַּת־: ---

מְלֵי־: ---

The words of* the king he spoke. — מליא זי* מלכא אמר
TAD C1 2:3

The words of the book which Michael spoke to the angels. — מלי כתבא די אמר מיכאל למלאכיא
4Q529 f1:1

sovereignty, monarchy, royalty (nf) — מלך (24) — מְלוּכָה\ מְלֻכָה

For to the LORD is the monarchy and he rules over the nations. — כִּי לַיהוָה הַמְּלוּכָה וּמֹשֵׁל בַּגּוֹיִם
Psalm 22:28 — תְּהִלִּים כב, כט

To God Almighty is the monarchy and to his people the salvation. — לאל עלי]ון המלוכה ולעמו הישועה
4Q491 f14_15:7

salt (nm) — מלח (23?) — מֶלַח

And he went out to the spring of water and threw salt there. — וַיֵּצֵא אֶל מוֹצָא הַמַּיִם וַיַּשְׁלֶךְ שָׁם מֶלַח
2 Kings 2:21 — מְלָכִים ב ב, כא

---

war, battle (nf) — לחם (319?) — מִלְחָמָה

And they will not learn war again. — וְלֹא יִלְמְדוּ עוֹד מִלְחָמָה
Isaiah 2:4 — יְשַׁעְיָהוּ ב, ד

מִלְחָמוֹת
---: מִלְחַמְתִּי, מִלְחַמְתְּךָ\מִלְחַמְתֶּךָ, מִלְחַמְתּוֹ, מִלְחַמְתָּהּ, מִלְחַמְתָּם
מִלְחֲמוֹת־\מִלְחֲמֹת־: מִלְחֲמֹתָיו, מִלְחֲמֹתֵינוּ

Blessed be Baal on the day of batt[le]. — 𐤁𐤓𐤊 𐤁𐤏𐤋 𐤁𐤉𐤌 𐤌𐤋𐤇[𐤌𐤄]
Kuntillet Ajrud 15:2

None of these will go with them to war. — כול אלה לוא ילכו אתם למלחמה
War Scroll (1QM) 7:5

he saved, rescued, laid (v, *piel*) — מלט (28) — מִלֵּט

I will surely rescue you and by the sword you will not fall. *Jeremiah 39:18*	מַלֵּט אֲמַלֶּטְךָ וּבַחֶרֶב לֹא תִפֹּל יִרְמְיָהוּ לט, יח

--- (מַלֵּט)
מַלֵּט\מַלַּט | מַלְּטֵנוּ
אֲמַלֵּט, יְמַלֵּט, תְּמַלֵּט, יְמַלְּטוּ | אֲמַלֶּטְךָ, יְמַלְּטֵהוּ
מְמַלֵּט, מְמַלְּטִים
מַלְּטָה, מַלְּטִי, מַלְּטוּ | מַלְּטוּנִי

God saved and rescued. *4Q183 f1ii:3*	הושיע אל וימלט

מָלַךְ (297) מלך he ruled, reigned, was king (v, *qal*)

Will you really rule over us? *Genesis 37:8*	הֲמָלֹךְ תִּמְלֹךְ עָלֵינוּ בְּרֵאשִׁית לז, ח

מְלֹךְ\מְלָךְ (מָלֹךְ) | מָלְכוֹ
מָלַכְתָּ, מָלַךְ\מָלָךְ, מָלְכוּ
אֶמְלֹךְ\אֶמְלוֹךְ, תִּמְלֹךְ\תִּמְלוֹךְ, יִמְלֹךְ\יִמְלוֹךְ\יִמְלָךְ, תִּמְלֹךְ, יִמְלְכוּ\יִמְלֹכוּ
מֹלֵךְ, מֹלֶכֶת
מְלָךְ\מְלוֹכָה, מַלְכִי

I ruled in al[l the land of Israel]. *Arad 88:1*	אני מלכתי בכ[ל ארץ ישראל]
The Lord will rule forever and ever. *4Q174 f1_2i:3*	יהוה ימלוך עולם ועד

מֶלֶךְ (2526) מלך king (nm)

The king, the Lord of hosts, my eyes saw. *Isaiah 6:5*	אֶת הַמֶּלֶךְ יְהוָה צְבָאוֹת רָאוּ עֵינָי יְשַׁעְיָהוּ ו, ה

מְלָכִים\מַלְאכִים\מְלָכִין
מֶלֶךְ־: מַלְכִּי, מַלְכְּךָ, מַלְכֵּךְ, מַלְכּוֹ, מַלְכָּהּ, מַלְכֵּנוּ, מַלְכְּכֶם, מַלְכָּם
מַלְכֵי־: מַלְכֶיהָ, מַלְכֵינוּ, מַלְכֵיכֶם, מַלְכֵיהֶם

And the word of the king is with you. *Arad 24:17*	ודבר המלך אתכם
From the midst of your brothers you will put a king over you. *11Q19 56:14*	מקרב אחיכה תשים עליך מלך

מֶלֶךְ\מַלְכָּא\מַלְכָּה (180) מלך king (nm)

חֶלְמָא וּפִשְׁרֵהּ נֵאמַר קֳדָם מַלְכָּא
דָּנִיֵּאל ב, לו

The dream and its interpretation we will tell before the king.
Daniel 2:36

מַלְכִין\מַלְכִים\מַלְכַיָּא
מַלְכֵי־: ---

ומן יומי מלכי מצרין אבהין בנו

And from the days of the kings of Egypt our fathers built.
TAD A4 8:12

ובכול מלכי ארעא אנתה שליט

And among all the kings of the earth you are ruler.
1Q20 20:13

queen (nf)	מלך (35)	מַלְכָּה

הַמַּלְכָּה עָשְׂתָה מִשְׁתֵּה נָשִׁים
אֶסְתֵּר א, ט

The queen made a banquet of women.
Esther 1:9

מְלָכוֹת
מַלְכַּת־: ---

במשכן המלכא בצד המערבי

(It is) in the dwelling of the queen on the western side.
3Q15 6:11–12

Milcah (np)	מלך (11)	מִלְכָּה

שֵׁם אֵשֶׁת אַבְרָם שָׂרָי וְשֵׁם אֵשֶׁת נָחוֹר מִלְכָּה
בְּרֵאשִׁית יא, כט

The name of Abram's wife was Sarai and the name of Nahor's wife was Milcah.
Genesis 11:29

kingdom (nf)	מלך (91)	מַלְכוּת

יִבְנֶה בַיִת לַיהוָה וּבַיִת לְמַלְכוּתוֹ
דִּבְרֵי הַיָּמִים ב ב, יא

He will build a house for the LORD and a house for his kingdom.
2 Chronicles 2:12

מַלְכֻיּוֹת
מַלְכוּת־: מַלְכוּתִי, מַלְכוּתְךָ\מַלְכוּתֵךְ, מַלְכוּתוֹ\מַלְכֻתוֹ, מַלְכוּתָהּ, מַלְכוּתָם

לו ולזרעו נתנה ברית מלכות עמו

To him and his seed a covenant of the kingdom of his people was given.
4Q252 5:4

Malchiah\Malchijah	מלך\יהוה	(16)	מַלְכִּיָּה\מַלְכִּיָּהוּ

And they took Jeremiah and threw him into the cistern of Malchiah.
Jeremiah 38:6

וַיִּקְחוּ אֶת יִרְמְיָהוּ וַיַּשְׁלִכוּ אֹתוֹ אֶל הַבּוֹר מַלְכִּיָּהוּ

יִרְמְיָהוּ לח, ו

he spoke (verb, *pael*)	מלל	(5)	מַלִּל

And a mouth is speaking great things [i.e., arrogantly].
Daniel 7:8

וּפֻם מְמַלִּל רַבְרְבָן

דָּנִיֵּאל ז, ח

מַלִּל
יְמַלִּל
מְמַלִּל, מְמַלְּלָא

Hear now and I will speak.
1Q10 37:6

שמע נא ואנה אמלל

sale, merchandise (nm)	מכר	(10)	מִמְכָּר

An equal portion they will eat, despite his sales on the fathers [i.e., inheritance].
Deuteronomy 18:8

חֵלֶק כְּחֵלֶק יֹאכֵלוּ לְבַד מִמְכָּרָיו עַל הָאָבוֹת

דְּבָרִים יח, ח

מִמְכַּר־: מִמְכָּרוֹ
---: מִמְכָּרָיו

An equal portion they will eat, despite a sale on the fathers [i.e., an inheritance].
11Q19 60:14

חלק כחלק יואכלו לבד ממכר על האבות

kingdom (nf)	מלך	(117)	מַמְלָכָה

And you will be for me a kingdom of priests.
Exodus 19:6

וְאַתֶּם תִּהְיוּ לִי מַמְלֶכֶת כֹּהֲנִים

שְׁמוֹת יט, ו

מַמְלָכוֹת
מַמְלֶכֶת־: מַמְלַכְתִּי, מַמְלַכְתְּךָ, מַמְלַכְתּוֹ
מַמְלְכוֹת־\מַמְלְכֹת־: ---

And the kingdom of Israel will be destroyed.
4Q387 f2ii:7

וממלכת ישראל תאבד

Mamre (np)	---	(10)	מַמְרֵא

וַיָּבֹא יַעֲקֹב אֶל יִצְחָק אָבִיו מַמְרֵא בְּרֵאשִׁית לה, כז	And Jacob came to Isaac, his father, (at) Mamre. *Genesis 35:27*

מֶמְשָׁלָה (17) משל rule, realm, dominion (nf)

בָּרְכוּ יְהוָה כָּל מַעֲשָׂיו בְּכָל מְקֹמוֹת מֶמְשַׁלְתּוֹ תְּהִלִּים קג, כב	Bless the LORD all his works in all places of his rule. *Psalm 103:22*

מֶמְשָׁלוֹת
מֶמְשֶׁלֶת־: מֶמְשַׁלְתְּךָ, מֶמְשַׁלְתּוֹ
---: מַמְשְׁלוֹתָיו

ביד שר אורים ממשלת כול בני צדק	In the hand of the prince of lights is the realm of all the sons of righteousness. *Community Rule (1QS) 3:20*

מָן (13) מן manna (nm)

וַיִּקְרְאוּ בֵית יִשְׂרָאֵל אֶת שְׁמוֹ מָן שְׁמוֹת טז, לא	And the house of Israel called its name manna. *Exodus 16:31*

---: מַנְךָ

ידרושו למנו	They will seek his manna. *4Q511 f10:9*

מַן (10) מן who (interrog pron)

מַן שָׂם לְכֹם טְעֵם בַּיְתָא דְנָה לִבְּנֵא עֶזְרָא ה, ג	Who put for you a decree to build this house? *Ezra 5:3*
מן יכתוב מלי אלה בכתב	Who will write these words of mine in a book? *4Q536 f2ii:12*

מִן\מִנִּי\מִנֵּי\מִ־\מֵ־ (7557?) מן from, out of, since, than [comparison] (prep)

וּמֵעָפָר אַחֵר יִצְמָחוּ אִיּוֹב ח, יט	And from dust others will sprout. *Job 8:19*

מִנִּי\מֶנִּי\מִמֶּנִּי מִמֶּנּוּ
מִמְּךָ\מִמֶּךָּ מִכֶּם
מִמֵּךְ ---
מִמֶּנּוּ\מֶנְהוּ מֵהֶם\מִנְהֶם\מֵהֵנָּה

מִמֶּנָּה מֵהֵנָה\מֵהֵן\מֵהֶן

He will ask from God grace.
Kuntillet Ajrud 20:2

ויסורו מבאר מים החיים
And they turned from the well of living water.
Damascus Document (CD) 19:34

from, out of (prep)	מן	(119)	מִן

וּמִנִּי שִׂים טְעֵם
And from me a decree was set.
עֶזְרָא ד, יט
Ezra 4:19

מִנִּי	---
מִנָּךְ	---
---	---
מִנֵּהּ	מִנְּהוֹן
מִנַּהּ	מִנְּהֵון

ואנה בעלה* מן יומא זנה
And I am her husband from this* day.
TAD B2 6:4

וסלקת מן [מצרי]ן
And I went out from [Egyp]t
1Q20 20:33

he counted, assigned (v, *qal*)	מנה	(12)	מָנָה

וַיִּמְנוּ אֶת הַכֶּסֶף הַנִּמְצָא בֵית יְהוָה
And they counted the money which was found in the house of the LORD.
מְלָכִים ב יב, יא
2 Kings 12:11

מְנוֹת
מָנִיתִי, מָנָה
תִּמְנֶה, יִמְנוּ
מוֹנֶה
מְנֵה

He will count barley.
Samaria 111:3

portion, part (nf)	מנה	(12)	מָנָה

תְּנָה אֶת הַמָּנָה אֲשֶׁר נָתַתִּי לָךְ
Give the portion which I gave to you.
שְׁמוּאֵל א ט, כג
1 Samuel 9:23

מָנוֹת

---: מָנוֹתֶ֫הָ

לכוהנים יהיה למנה כמשפטמֹה

To the priests will be a portion according to their regulation.
11Q19 22:10

Manoah (np) | נוח | (18) | מָנוֹחַ

אָז יָדַע מָנוֹחַ כִּי מַלְאַךְ יְהוָה הוּא
שׁוֹפְטִים יג, כא

Then Manoah knew that it was the angel of the LORD.
Judges 13:21

rest, resting place (nm) | נוח | (21) | מְנוּחָה\מְנֻחָה

בָּרוּךְ יְהוָה אֲשֶׁר נָתַן מְנוּחָה לְעַמּוֹ יִשְׂרָאֵל
מְלָכִים א ח, נו

Blessed is the LORD, who gave rest to his people, Israel.
1 Kings 8:56

מְנוּחֹת\מְנֻחוֹת
---: מְנוּחָתִי, מְנוּחָתֶ֫ךָ, מְנֻחָתוֹ
---

lampstand (nf) | נור | (42) | מְנוֹרָה\מְנֹרָה

וַיַּעַשׂ אֶת הַמְּנֹרָה זָהָב טָהוֹר
שְׁמוֹת לז, יז

And he made the lampstand of pure gold.
Exodus 37:17

מְנֹרוֹת
מְנוֹרַת\מְנֹרַת: ---
מְנֹרוֹת־: ---

וש[מתה את השלחן מחוץ] ל[פ]רכת
ואת המנורה נכח השלחן

And you wi[ll put the table outside] the v[ei]l and the lampstand opposite the table.
4Q364 f17:3–4

grain offering, offering, gift (nf) | מנח | (211) | מִנְחָה

וַיִּקְחוּ הָאֲנָשִׁים אֶת הַמִּנְחָה הַזֹּאת
בְּרֵאשִׁית מג, טו

And the men took this present.
Genesis 43:15

מִנְחַת־: מִנְחָתִי, מִנְחָתְךָ\מִנְחָתֶ֫ךָ, מִנְחָתוֹ, מִנְחָתָהּ, מִנְחָתָם
---: מִנְחֹתֶ֫יךָ, מִנְחֹתֵיכֶם

ויביאו מנחתם כסף וזהב ואבן יקרה

And they will bring their offerings: silver, gold, and precious stone.
4Q504 f1_2Riv:10

he withheld, restrained, denied (v, *qal*) | מנע | (25) | מָנַע

And from a hungry one you withhold bread. — וּמֵרָעֵב תִּמְנַע לָחֶם
Job 22:7 — אִיּוֹב כב, ז

מָנַעְתִּי, מָנַעְתָּ, מָנַע, מָנְעוּ | מְנָעַנִי, מְנָעֶךָ
אֶמְנַע, תִּמְנַע, יִמְנַע | יִמְנָעֵנִי, יִמְנָעֶנָּה
מֹנֵעַ
מְנַע, מִנְעִי

And my request do not withhold from me. — ובקשתי אל תמנע ממני
11Q5 24:4–5

Manasseh (np, person and tribe)	נשה	(146)	מְנַשֶּׁה

And Manasseh also spilled much innocent blood. — וְגַם דָּם נָקִי שָׁפַךְ מְנַשֶּׁה הַרְבֵּה מְאֹד
2 Kings 21:16 — מְלָכִים ב כא, טז

forced labor, conscription (nm)	---	(23)	מַס

And this is the account of the forced labor that King Solomon raised up to build the LORD's house and his house. — וְזֶה דְבַר הַמַּס אֲשֶׁר הֶעֱלָה הַמֶּלֶךְ שְׁלֹמֹה לִבְנוֹת אֶת בֵּית יְהוָה וְאֶת בֵּיתוֹ
1 Kings 9:15 — מְלָכִים א ט, טו

מִסִּים
מַס־: ---
---

rim, frame, fortress (nf)	סגר	(17)	מִסְגֶּרֶת

And he made a molding of gold around its rim. — וַיַּעַשׂ זֵר זָהָב לְמִסְגַּרְתּוֹ סָבִיב
Exodus 37:12 — שְׁמוֹת לז, יב

מִסְגְּרוֹת\מִסְגְּרֹת
---: מִסְגַּרְתּוֹ
---: מִסְגְּרֹתֶיהָ, מִסְגְּרֹתֵיהֶם\מִסְגְּרוֹתֵיהֶם\מִסְגְּרוֹתָם

cover, curtain, screen (nm)	סכך	(25)	מָסָךְ

And he set up the court around the tabernacle and the altar and put the curtain of the court gate. — וַיָּקֶם אֶת הֶחָצֵר סָבִיב לַמִּשְׁכָּן וְלַמִּזְבֵּחַ וַיִּתֵּן אֶת מָסַךְ שַׁעַר הֶחָצֵר
Exodus 40:33 — שְׁמוֹת מ, לג

מָסַךְ־: ---
---

image, idol (nf)	נסך	(26)	מַסֵּכָה

וְעַתָּה יוֹסִפוּ לַחֲטֹא וַיַּעֲשׂוּ לָהֶם מַסֵּכָה מִכַּסְפָּם
הוֹשֵׁעַ יג, ב

And now they will continue to sin and make for themselves an idol from their silver.
Hosea 13:2

מַסֵּכוֹת
מַסֵּכַת־:---
---: מַסֵּכָתָם

מְסִלָּה (27) סלל highway, track, path (nf)

מַחְשְׁבוֹתֵיהֶם מַחְשְׁבוֹת אָוֶן שֹׁד וָשֶׁבֶר בִּמְסִלּוֹתָם
יְשַׁעְיָהוּ נט, ז

Their thoughts are thoughts of iniquity; violence and destruction are in their highways.
Isaiah 59:7

מְסִלּוֹת
מְסִלַּת־:
---: מְסִלֹּתַי, מְסִלּוֹתָם

ישרו בערבה מסלה לאלוהינו

Make straight in the desert a highway for our God.
Community Rule (1QS) 8:14

מַסַּע (12) נסע journey, departure (nm)

וּבְהֵעָלוֹת הֶעָנָן מֵעַל הַמִּשְׁכָּן יִסְעוּ בְּנֵי יִשְׂרָאֵל בְּכֹל מַסְעֵיהֶם
שְׁמוֹת מ, לו

And when the cloud was lifted from over the tabernacle, the sons of Israel departed on all their journeys.
Exodus 40:36

מַסְעֵי: מַסָּעָיו, מַסְעֵיהֶם

מִסְפֵּד (16) ספד mourning, wailing (nm)

הָפַכְתָּ מִסְפְּדִי לְמָחוֹל לִי פִּתַּחְתָּ שַׂקִּי
תְּהִלִּים ל, יב

You turned my mourning to dancing; you loosened for me my sackcloth.
Psalm 30:11

מִסְפַּד־: מִסְפְּדִי

מִסְפָּר (134) ספר number (nm)

וְעַמִּי שְׁכֵחוּנִי יָמִים אֵין מִסְפָּר
יִרְמְיָהוּ ב, לב

And my people forgot me innumerable days.
Jeremiah 2:32

מִסְפַּר־: מִסְפַּרְכֶם, מִסְפָּרָם
מִסְפְּרֵי־: ---

secret place, hiding place (nm) | סתר | (10) | **מִסְתָּר**

A bear lying in wait he is to me; a lion in hiding places.
Lamentations 3:10

דֹּב אֹרֵב הוּא לִי אֲרִיה בְּמִסְתָּרִים
אֵיכָה ג, י

מִסְתָּרִים

---: מִסְתָּרָיו

wagon rut, path | עגל | (13) | **מַעְגָּל**

In the way of wisdom I instructed you; I led you on paths of uprightness.
Proverbs 4:11

בְּדֶרֶךְ חָכְמָה הֹרֵתִיךָ הִדְרַכְתִּיךָ בְּמַעְגְּלֵי יֹשֶׁר
מִשְׁלֵי ד, יא

מַעְגַּל־: ---
מַעְגְּלֵי־: מַעְגָּלֶיךָ, מַעְגְּלוֹתֶיךָ, מַעְגְּלֹתָיו, מַעְגְּלֹתֶיהָ, מַעְגְּלֹתָם

stronghold, refuge, strength, protection (nm) | עוז | (36) | **מָעוֹז\מָעֹז**

The LORD is the strength of my life; from whom will I be afraid?
Psalm 27:1

יְהוָה מָעוֹז חַיַּי מִמִּי אֶפְחָד
תְּהִילִּים כז, א

מָעֻזִּים
מָעוֹז־: מָעוּזִּי\מָעֻזִּי, מָעֻזֵּךְ, מָעוּזּוֹ\מָעֻזּוֹ\מָעֻזָּה, מָעֻזְּכֶם, מָעֻזְּכֶן, מָעוּזָּם\מָעֻזָּם
מָעוּזֵּי־: מָעֻזְנֶיהָ

There is not a refuge for me.
Thanksgiving Hymn (1QHa) 16:28

אין מעוז לי

dwelling, lair (nm) | עון | (18) | **מָעוֹן**

Look down from your holy dwelling, from heaven, and bless your people.
Deuteronomy 26:15

הַשְׁקִיפָה מִמְּעוֹן קָדְשְׁךָ מִן הַשָּׁמַיִם וּבָרֵךְ אֶת עַמְּךָ
דְּבָרִים כו, טו

מְעוֹן־: מְעוֹנֶךָ, מְעוֹנוֹ, מְעוֹנָהּ
---

little, few (adj) | מעט | (101) | **מְעַט\מְעָט**

Is it a little thing that you brought us up from a land which flows of milk and honey to kill us in the wilderness?
Numbers 16:13

הַמְעַט כִּי הֶעֱלִיתָנוּ מֵאֶרֶץ זָבַת חָלָב וּדְבַשׁ לַהֲמִיתֵנוּ בַּמִּדְבָּר
בְּמִדְבַּר טז, יג

מְעַט\מְעָט | --- | מְעַטִּים | ---

belly, stomach, bowels, womb (nm) — מעה (32) — [מְעִי]

And Jonah was in the belly of the fish three days.
Jonah 1:17

וַיְהִי יוֹנָה בִּמְעֵי הַדָּג שְׁלֹשָׁה יָמִים
יוֹנָה ב, א

מְעֵי־: מֵעַי\מֵעָי, מֵעֶיךָ, מֵעַיִךְ, מֵעָיו, מֵעֵיהֶם

And her child will die in her womb.
11Q19 50:10

וימות ילדה במעיה

robe, cloak (nm) — עלה? (28) — מְעִיל

And Job arose, tore his robe, and shaved his head.
Job 1:20

וַיָּקָם אִיּוֹב וַיִּקְרַע אֶת מְעִלוֹ וַיָּגָז אֶת רֹאשׁוֹ
אִיּוֹב א, כ

מְעִילִים
מְעִיל־: מְעִילִי, מְעִילְךָ, מְעִילוֹ\מְעִלוֹ
---: מְעִילֵיהֶם

spring, headwaters (nm) — עין (23) — מַעְיָן

You broke open a spring and a brook; you dried up perennial rivers.
Psalm 74:15

אַתָּה בָקַעְתָּ מַעְיָן וָנָחַל אַתָּה הוֹבַשְׁתָּ נַהֲרוֹת אֵיתָן
תְּהִלִּים עד, טו

מַעְיָנִים\מַעְיָנוֹת
מַעְיַן־: מַעְיָנוֹ
מַעְיְנֵי־\מַעְיְנוֹת־\מַעְיְנֹת־: מַעְיָנַי, מַעְיְנֹתֶיךָ

Maacah (np, m and f) — מעך? (18) — מַעֲכָה

And Rehoboam loved Maacah, Absalom's daughter, more than all his wives.
2 Chronicles 11:21

וַיֶּאֱהַב רְחַבְעָם אֶת מַעֲכָה בַת אַבְשָׁלוֹם מִכָּל נָשָׁיו
דִּבְרֵי הַיָּמִים ב יא, כא

he was unfaithful, broke faith, sinned (v, *qal*) — מעל (35) — מָעַל

Our fathers were were unfaithful and did evil in the eyes of the LORD.
2 Chronicles 29:6

מָעֲלוּ אֲבֹתֵינוּ וְעָשׂוּ הָרַע בְּעֵינֵי יְהוָה
דִּבְרֵי הַיָּמִים ב כט, ו

מְעֹל\מְעוֹל\מְעָל (מָעוֹל) | מַעֲלָם
מָעַלְתָּ, מָעַל, מָעֲלָה, מָעַלְנוּ, מְעַלְתֶּם, מָעֲלוּ
יִמְעַל, תִּמְעֹל, תִּמְעָלוּ, יִמְעֲלוּ

A man will be unfaithful with the law and his friend sees (it).
Damascus Document (CD) 9:16–17

ימעל איש בתורה וראה רעיהו

מַ֫עַל (29) מעל — treachery, infidelity, fraud (nm)

What is this treachery which you have committed against the God of Israel?
Joshua 22:16

מָה הַמַּעַל הַזֶּה אֲשֶׁר מְעַלְתֶּם בֵּאלֹהֵי יִשְׂרָאֵל
יְהוֹשֻׁעַ כב, טז

מַעַל־: מַעֲלוֹ\מַעְלוֹ, מַעֲלָם

מַ֫עַל\מָ֫עַל\מַעְלָה\מָ֫עְלָה (140) עלה — above, upward (adv)

He is God in the heaven above and on the earth below.
Joshua 2:11

הוּא אֱלֹהִים בַּשָּׁמַיִם מִמַּעַל וְעַל הָאָרֶץ מִתָּחַת
יְהוֹשֻׁעַ ב, יא

And I put him above and not below.
11Q19 59:20

ונתתיה למעלה ולוא למטה

מַעֲלֶה (19) עלה — ascent, stairs (nm)

And they buried him on the ascent of the tombs of the sons of David.
2 Chronicles 32:33

וַיִּקְבְּרֻהוּ בְּמַעֲלֵה קִבְרֵי בְנֵי דָוִיד
דִּבְרֵי הַיָּמִים ב לב, לג

מַעֲלֵה־: מַעֲלָו

And twelve stairs you will make for it.
11Q19 46:6

ושתים עשרה מעלה תעשה לו

מַעֲלָה (47) עלה — step, stair, ascent, upper story (nf)

And you will not go up on stairs on my altar.
Exodus 20:26

וְלֹא תַעֲלֶה בְמַעֲלֹת עַל מִזְבְּחִי
שְׁמוֹת כ, כו

מַעֲלוֹת\מַעֲלֹת

מַעֲלוֹת־: מַעֲלוֹתָו\ מַעֲלֹתָו, מַעֲלֹתֵהוּ

(It is) in the well of salt which is under the stairs.
3Q15 2:1

בבור המלח שתחת המעלות

מַעֲלָלִים (41) עלל — deeds, practices (nm, pl only)

וְלֹא יִשְׁכְּחוּ מַעַלְלֵי אֵל — And they will not forget the deeds of God.
תְּהִילִּים עח, ז — *Psalm 78:7*

מַעֲלָלִים

מַעַלְלֵי־: מַעֲלָלֶיךָ, מַעֲלָלַיִךְ, מַעֲלָלָיו, מַעֲלָלֵינוּ, מַעַלְלֵיכֶם\מַעֲלִילֵיכֶם, מַעַלְלֵיהֶם

ולוא אענה אותמה מפני רוע מעלליהמה — And I will not answer them because of the evilness of their deeds.
11Q19 59:6–7

מַעֲרָב\מַעֲרָבָה | ערב | (14) | west, sunset (nm)

מִמִּזְרָח אָבִיא זַרְעֶךָ וּמִמַּעֲרָב אֲקַבְּצֶךָּ — From the east I will bring your offspring and from the west I will gather you.
יְשַׁעְיָהוּ מג, ה — *Isaiah 43:5*

ושערים עשו לה מהמזרח ומהצפון ומהמערב — And gates they made for it from the east, north, and west.
11Q19 31:12–13

מְעָרָה | ערר | (40) | cave (nf)

נְתָנְךָ יְהוָה הַיּוֹם בְּיָדִי בַּמְּעָרָה — The LORD gave you today into my hand in the cave.
שְׁמוּאֵל א כד, יא — *1 Samuel 24:11*

מְעָרוֹת
מְעָרַת־: ---
מְעָרוֹת־: ---

[ב]מערת העמוד של שני [ה]פתחין — (It is) in] the cave of the column which has two openings/doors.
3Q15 6:1–2

מַעֲרָכָה | ערך | (19) | row, battle line (nf)

וַתַּעֲרֹךְ יִשְׂרָאֵל וּפְלִשְׁתִּים מַעֲרָכָה לִקְרַאת מַעֲרָכָה — And Israel and the Philistines arranged battle line to meet battle line.
שְׁמוּאֵל א יז, כא — *1 Samuel 17:21*

מַעַרְכוֹת־\מַעַרְכֹת־: ---

row [specifically of ceremonial bread] (nf)	ערך	(10)	מַעֲרֶ֫כֶת\מַעֲרָ֫כֶת

And you will put them in two rows—six for each row.
Leviticus 24:6

וְשַׂמְתָּ אוֹתָם שְׁתַּיִם מַעֲרָכוֹת שֵׁשׁ הַמַּעֲרָכֶת
וַיִּקְרָא כד, ו

מַעֲרָכוֹת
מַעֲרֶכֶת־: ---
---

deed, work, labor (nm)	עשה	(235?)	מַעֲשֶׂה

What is this deed which you did?
Genesis 44:15

מָה הַמַּעֲשֶׂה הַזֶּה אֲשֶׁר עֲשִׂיתֶם
בְּרֵאשִׁית מד, טו

מַעֲשִׂים
מַעֲשֵׂה־: מַעֲשֶׂךָ, מַעֲשֵׂהוּ, מַעֲשֵׂנוּ
מַעֲשֵׂי־: מַעֲשַׂי\מַעֲשָׂי, מַעֲשֶׂיךָ, מַעֲשַׂיִךְ\מַעֲשָׂיִךְ, מַעֲשָׂיו, מַעֲשֶׂיהָ, מַעֲשֵׂינוּ, מַעֲשֵׂיכֶם, מַעֲשֵׂיהֶם

And they will not eat from it on the days of work.
11Q19 43:15

ולוא יואכלו ממנו בימי המעשה

Maaseiah (np)	עשה\יהוה	(23)	מַעֲשֵׂיָה\מַעֲשֵׂיָהוּ

And Zichri, the warrior of Ephraim, killed Maaseiah son of the king.
2 Chronicles 28:7

וַיַּהֲרֹג זִכְרִי גִּבּוֹר אֶפְרַיִם אֶת מַעֲשֵׂיָהוּ בֶּן הַמֶּלֶךְ
דִּבְרֵי הַיָּמִים ב כח, ז

tithe, ten percent (nm)	עשר	(32)	מַעֲשֵׂר

And he gave to him a tithe from everything.
Genesis 14:20

וַיִּתֶּן לוֹ מַעֲשֵׂר מִכֹּל
בְּרֵאשִׁית יד, כ

מַעְשַׂר־: ---
מַעְשְׂרוֹת־: מַעְשְׂרֹתֵיכֶם

He [will send] to you the tithe?
Arad 5:10–12

[ישל]ח לך את ה[מ]עש[ר]

And ten percent of the cattle and the flock are for the priests.
4Q396 f1_2iii:3

ומעשר הבקר והצון לכוהנים הוא

Mephibosheth (np)	---	(15)	מְפִיבֹ֫שֶׁת\מְפִי־בֹשֶׁת\מְפִבֹשֶׁת

And Mephibosheth, son of Jonathan, son of Saul, came to David.
2 Samuel 9:6

וַיָּבֹא מְפִיבֹשֶׁת בֶּן יְהוֹנָתָן בֶּן שָׁאוּל אֶל דָּוִד
שְׁמוּאֵל ב ט, ו

from, from before, because of (prep)	מן\פנה	(307?)	מִפְּנֵי

You were afraid from the fire and did not go up on the mountain.
Deuteronomy 5:5

יְרֵאתֶם מִפְּנֵי הָאֵשׁ וְלֹא עֲלִיתֶם בָּהָר
דְּבָרִים ה, ה

מִפָּנַי	מִפָּנֵינוּ
מִפָּנֶיךָ	מִפְּנֵיכֶם
---	---
מִפָּנָיו	מִפְּנֵיהֶם
מִפָּנֶיהָ	---

And there is no savior from their evil.
11Q19 59:8

ואין מושיע מפני רעתמה

he found, met, achieved (v, *qal*)	מצא	(307)	מָצָא

And I will not find wisdom among you.
Job 17:10

וְלֹא אֶמְצָא בָכֶם חָכָם
אִיּוֹב יז, י

מְצֹא\מְצוֹא | מֹצַאֲכֶם
מָצָאתִי\מָצָתִי, מָצָאתָ, מָצָאת, מָצָא, מָצְאָה, מָצָאָה, מָצָאנוּ, מְצָאתֶם, מָצְאוּ\מָצָאוּ | מְצָאתִיו\מְצָאתִיהוּ,
מְצָאתִיהָ, מְצָאתִים, מְצָאתַנִי, מְצָאתָהּ, מְצָאוֹ, מְצָאָהּ, מְצָאָנוּ, מְצָאַתְנוּ\מְצָאָתְנוּ, מְצָאתַם,
מְצָאנֻהוּ, מְצָאנוּהָ, מְצָאוּנִי, מְצָאוּךָ, מְצָאֻהוּ\מְצָאֻנוּ, מְצָאָהּ, מְצָאֵם
אֶמְצָא, תִּמְצָא, יִמְצָא, תִּמְצָא, נִמְצָא, תִּמְצְאוּ\תִּמְצְאוּן, יִמְצְאוּ\יִמְצָאוּ, תִּמְצֶאןָ | אֶמְצָאֲךָ\אֶמְצָאֶךָּ,
אֶמְצָאֵהוּ, תִּמְצָאֶנּוּ, תִּמְצָאֵם, יִמְצָאֲךָ\יִמְצָאֶכָּה, יִמְצָאֵהוּ, תִּמְצָאֵהוּ, תִּמְצָאֲךָ, תִּמְצָאֻהוּ, יִמְצָאֻנִי, יִמְצָאֻהוּ,
יִמְצָאוּנְהָ
מוֹצֵא\מֹצֵא, מוֹצֵאת\מֹצֵאת, מֹצְאִים (מֹצְאֵי־), מֹצְאוֹת | מֹצְאִי, מֹצְאוֹ, מוֹצְאֵיהֶם\מֹצְאֵיהֶם
מְצָא, מִצְאוּ, מְצֶאןָ

He will seek it but not find it.
4Q485 f1_2i:12

יבקשוהו ולא ימצאהו

garrison, position, office (nm)	נצב	(10)	מַצָּב

And the garrison of the Philistines (was) then in Bethlehem.
2 Samuel 23:14

וּמַצַּב פְּלִשְׁתִּים אָז בֵּית לָחֶם
שְׁמוּאֵל ב כג, יד

מַצַּב־: מַצָּבְךָ

And when each man] is standing on his station, the priests will blow a second signal.
4Q491 f11ii:19–20

ובעומדם איש] על מצבו יתקעו הכוהנים שנית

pillar, memorial stone (nf)	נצב	(34)	מַצֵּבָה

וַיִּקַּח יַעֲקֹב אָבֶן וַיְרִימֶהָ מַצֵּבָה

And Jacob took a stone and set it up as a memorial stone.
Genesis 31:45

בְּרֵאשִׁית לא, מה

מַצֵּבוֹת\מַצֵּבֹת
מַצְּבַת־\מַצֶּבֶת־: ---
מַצְּבוֹת־: מַצֵּבוֹתֶיךָ, מַצֵּבוֹתָם\מַצֵּבֹתָם\מַצֵּבֹתֵיהֶם

ופסיליהם תש]רפון באש ומצבותיהם [תשברון]

And their idols you will bu]rn with fire, and their pillars [you will smash].
4Q368 f2:5–6

stronghold, fortress (nm)	צוד	(12)	מְצָד

וַיֵּשֶׁב דָּוִד בַּמִּדְבָּר בַּמְּצָדוֹת

And David remained in the wilderness, in the strongholds.
1 Samuel 23:14

שְׁמוּאֵל א כג, יד

מְצָדוֹת

מְצָדוֹת־: ---

unleavened bread (nf)	מצץ	(53)	מַצָּה

מַצּוֹת תֵּאָכֵל בְּמָקוֹם קָדֹשׁ

Unleavened bread will be eaten in a holy place.
Leviticus 6:16

וַיִּקְרָא ו, ט

מַצּוֹת\מַצֹּת

עבודה לוא תעשו בו חג מצות שבעת ימים ליהוה

Work you will not do on it—festival of unleavened bread—seven days for the Lord.
11Q19 17:11–12

stronghold, fortress (nf)	צוד	(18)	מְצוּדָה\מְצֻדָה

וַיִּלְכֹּד דָּוִד אֵת מְצֻדַת צִיּוֹן הִיא עִיר דָּוִד

And David conquered the fortress of Zion—it is the city of David.
2 Samuel 5:7

שְׁמוּאֵל ב ה, ז

מְצוּדוֹת
מְצֻדַת־: מְצוּדָתִי\מְצֻדָתִי

שמך ישעי סלעי ומצודתי

Your name is my salvation, my rock, and my fortress.
Thanksgiving Hymn (1QHa) 17:28

commandment (nf)	צוה	(181)	מִצְוָה

שָׁמוֹר תִּשְׁמְרוּן אֶת מִצְוֹת יְהוָה אֱלֹהֵיכֶם
You shall surely keep the commandments of the LORD your God.
דְּבָרִים ו, יז
Deuteronomy 6:17

מִצְוֹת\מִצְווֹת
מִצְוַת־: מִצְוָתְךָ, מִצְוָתוֹ
מִצְוֹת־: מִצְוֹתַי\מִצְוֹתָי\מִצְוֹתָו, מִצְוֹתֶיךָ\מִצְוֹתֶךָ, מִצְוֹתָיו\מִצְוֹתָו

ולא שמרו את מצות עשיהם
And they did not keep the commandments of their maker.
Damascus Document (CD) 2:21

מְצוּלָה\מְצֻלָה	(12)	צול	deep, depths (nf)

וְתַשְׁלִיךְ בִּמְצֻלוֹת יָם כָּל חַטֹּאותָם
And you will throw all their sins into the depths of the sea.
מִיכָה ז, יט
Micah 7:19

מְצוּלַת\מְצֹלוֹת

מְצוּלוֹת־\מְצֻלוֹת־: ---

ומצולה לכול חיה
And a deep place is for every living thing.
Thanksgiving Hymn (1QHa) 16:20

מָצוֹר	(20)	צור	siege, distress (nm)

וְאֶל מְצוֹר יְרוּשָׁלִַם תָּכִין פָּנֶיךָ
To the siege of Jerusalem you set your face.
יְחֶזְקֵאל ד, ז
Ezekiel 4:7

מְצוֹר־: מְצוֹרֵךְ

יאכלו [את בשר בנ]יהם ובנותי[ה]ם במצור
They will eat [the flesh of their so]ns and [their] daughters in the siege.
4Q248 f1:3–4

מֵצַח	(13)	צחח	forehead (nm)

וַתִּטְבַּע הָאֶבֶן בְּמִצְחוֹ
And the stone sank into his forehead.
שְׁמוּאֵל א יז, מט
1 Samuel 17:49

מֵצַח־: מִצְחוֹ, מִצְחֲךָ\מִצְחֵךְ, מִצְחָם
מִצְחוֹת־: ---

מְצִלְתַּיִם\מְצִלְתָּיִם	(13)	צלל	cymbals (nf, dual)

And he stationed the Levites in the house of the LORD with cymbals. — וַיַּעֲמֵד אֶת הַלְוִיִּם בֵּית יְהוָה בִּמְצִלְתַּיִם
2 Chronicles 29:25 — דִּבְרֵי הַיָּמִים ב כט, כה

מְצִלְתַּיִם\מְצִלְתָּיִם

---

turban (nf)	צנף	(12)	מִצְנֶפֶת\מִצְנֶפֶת

And he put the turban on his head. — וַיָּשֶׂם אֶת הַמִּצְנֶפֶת עַל רֹאשׁוֹ
Leviticus 8:9 — וַיִּקְרָא ח, ט

מִצְנֶפֶת־: ---

Mizpah (np)	צפה	(40)	מִצְפָּה\מִצְפָּתָה

And Samuel judged the sons of Israel in Mizpah. — וַיִּשְׁפֹּט שְׁמוּאֵל אֶת בְּנֵי יִשְׂרָאֵל בַּמִּצְפָּה
1 Samuel 7:6 — שְׁמוּאֵל א ז, ו

Egyptian (gent)	---	(30)	מִצְרִי

And he struck the Egyptian and hid him in the sand. — וַיַּךְ אֶת הַמִּצְרִי וַיִּטְמְנֵהוּ בַּחוֹל
Exodus 2:12 — שְׁמוֹת ב, יב

מִצְרִי | מִצְרִית | מִצְרִים | מִצְרִיֹּת

Egypt (np)	---	(682?)	מִצְרַיִם

Egypt was happy when they left because fear of them fell on them. — שָׂמַח מִצְרַיִם בְּצֵאתָם כִּי נָפַל פַּחְדָּם עֲלֵיהֶם
Psalm 105:38 — תְּהִלִּים קה, לח

sanctuary, sacred place (nm)	קדש	(75)	מִקְדָּשׁ\מִקְדָּשׁ

And make for me a sanctuary, and I will live in your midst. — וְעָשׂוּ לִי מִקְדָּשׁ וְשָׁכַנְתִּי בְּתוֹכָם
Exodus 25:8 — שְׁמוֹת כה, ח

מִקְדָּשִׁים
מִקְדַּשׁ־: מִקְדָּשִׁי, מִקְדָּשְׁךָ\מִקְדָּשֵׁךְ, מִקְדָּשׁוֹ\מִקְדָּשׁוֹ, מִקְדָּשָׁהּ, מִקְדָּשֵׁנוּ, מִקְדָּשָׁם
מִקְדְּשֵׁי־: מִקְדָּשַׁי, מִקְדָּשֶׁיךָ, מִקְדְּשֵׁיכֶם, מִקְדְּשֵׁיהֶם

They are defiling the sanctuary. — מטמאים הם את המקדש
Damascus Document (CD) 5:6

place, space, location (nm)	קום	(401)	מָקוֹם\מָקֹם

And he brought us to this place. — וַיְבִאֵנוּ אֶל הַמָּקוֹם הַזֶּה
Deuteronomy 26:9 — דְּבָרִים כו, ט

מְקֹמוֹת\מְקוֹמוֹת\מְקוֹמֹת
מְקוֹם־: מְקוֹמִי, מְקוֹמְךָ\מְקוֹמֵךְ, מְקוֹמוֹ\מְקֹמוֹ, מְקוֹמָהּ\מְקֹמָהּ, מְקוֹמֵנוּ, מְקוֹמְכֶם, מְקוֹמָם
מְקֹמוֹת־: מְקוֹמֹתֵיכֶם, מְקוֹמֹתָם\מְקֹמֹתָם

אל ישבות איש במקום קרוב לגוים

A man shall not rest in a place close to gentiles.
4Q271 f5i:9

מָקוֹר	(18)	קור	spring, source (nm)

בַּיּוֹם הַהוּא יִהְיֶה מָקוֹר נִפְתָּח לְבֵית דָּוִיד
זְכַרְיָה יג, א

On that day, there will be a fountain opened for the house of David.
Zechariah 13:1

מְקוֹר־: מְקוֹרֵךְ, מְקוֹרוֹ, מְקוֹרָהּ\מְקֹרָהּ

מַקֵּל	(18)	---	rod, branch, stick, staff

הֲכֶלֶב אָנֹכִי כִּי אַתָּה בָא אֵלַי בַּמַּקְלוֹת
שְׁמוּאֵל א יז, מג

Am I a dog that you come to me with the sticks?
1 Samuel 17:43

מַקְלוֹת
מַקֵּל\מַקַּל: מַקְלִי, מַקְלוֹ, מַקֶּלְכֶם

מִקְלָט	(20)	קלט	refuge, asylum (nm)

כִּי בְעִיר מִקְלָטוֹ יֵשֵׁב עַד מוֹת הַכֹּהֵן הַגָּדֹל
בְּמִדְבַּר לה, כח

For in the city of his asylum he will sit until the death of the high priest.
Numbers 35:28

מִקְלַט־: מִקְלָטוֹ

מִקְנֶה	(76)	קנה	property, cattle, livestock (nm)

וַיְהִי לוֹ מִקְנֵה צֹאן וּמִקְנֵה בָקָר
בְּרֵאשִׁית כו, יד

And there was to him property of flocks and property of herds.
Genesis 26:14

מִקְנֵה־: מִקְנְךָ, מִקְנֵהוּ, מִקְנֵנוּ
---: מִקְנַי, מִקְנֶיךָ, מִקְנֵיכֶם\מִקְנְכֶם, מִקְנֵיהֶם\מִקְנֵהֶם

ויתרוממו* בֿמקנה

And they exalt* themselves with property.
Thanksgiving Hymn (1QHa) 18:27

price, purchase (nf)	קנה	(15)	מִקְנָה

And I took the document of the purchase [i.e., deed].
Jeremiah 32:11

וָאֶקַּח אֶת סֵפֶר הַמִּקְנָה
יִרְמְיָהוּ לב, יא

מִקְנַת־: מִקְנָתוֹ
---

corner (nm)	קצע	(12)	מִקְצֹעַ\מִקְצוֹעַ

Thus, he made the two of them for the two corners.
Exodus 36:29

כֵּן עָשָׂה לִשְׁנֵיהֶם לִשְׁנֵי הַמִּקְצֹעֹת
שְׁמוֹת לו, כט

מִקְצֹעֹת
מִקְצֹעַ־: ---
מִקְצֹעֹת־\מִקְצוֹעֵי־: מִקְצֹעֹתָיו

And from the corner of the gate until the second corner is 120 cubits.
11Q19 36:12–13

ומפנת השער עד המקצוע השני לחצר עשרים ומאה באמה

assembly, convocation, reading (nm)	קרא	(23)	מִקְרָא

On the first day a holy assembly will be to you.
Leviticus 23:7

בַּיּוֹם הָרִאשׁוֹן מִקְרָא קֹדֶשׁ יִהְיֶה לָכֶם
וַיִּקְרָא כג, ז

מִקְרָא־: ---
מִקְרָאֵי־: מִקְרָאֶהָ

The priests blew on the trumpets of the assembly.
War Scroll (1QM) 9:3

יתקעו הכוהנים בחצוצרות המקרא

event, fate, chance (nm)	קרה	(10)	מִקְרֶה

One fate is for all things.
Ecclesiastes 9:2

לַכֹּל מִקְרֶה אֶחָד
קֹהֶלֶת ט, ב

מִקְרֵה־: מִקְרֶהָ
---

bitter (adj)	מרר	(39)	מַר\מָר

And this one will die with a bitter soul.
Job 21:25

וְזֶה יָמוּת בְּנֶפֶשׁ מָרָה
אִיּוֹב כא, כה

מַר\מָר (מַר־) | מָרָה\מָרָא (מָרַת־) | מָרִים (מָרֵי־) | ---

ואז תדע מה מר לאיש	And then you will know what is bitter for a man. *4Q416 f2iii:15*

מֹר\מוֹר	(12)	מרר	myrrh (nm)

אֵלֶךְ לִי אֶל הַר הַמּוֹר שִׁיר הַשִּׁירִים ד, ו	I will go myself to the mountain of myrrh. *Song of Songs 4:6*

מָר־: מוֹרִי

מַרְאֶה	(103)	ראה	sight, appearance (nm)

כְּמַרְאֵה סוּסִים מַרְאֵהוּ יוֹאֵל ב, ד	Like an appearance of horses is its appearance. *Joel 2:4*

מַרְאֵה־: מַרְאֵךְ, מַרְאֵהוּ, מַרְאֶהָ
מַרְאֵי־: מַרְאַיִךְ, מַרְאָיו, מַרְאֵינוּ, מַרְאֵיהֶם, מַרְאֵיהֶן

וראה הכהן אותו כמראי הבשר החי	And the priest saw it like the appearance of living flesh. *4Q266 f6i:2*

מַרְאָה	(12)	ראה	vision, appearance (nf)

בְּמַרְאוֹת אֱלֹהִים הֱבִיאַנִי אֶל אֶרֶץ יִשְׂרָאֵל יְחֶזְקֵאל מ, ב	In visions of God, he brought me to the land of Israel. *Ezekiel 40:2*

מַרְאוֹת

מַרְאוֹת־\מַרְאֹת־: ---

ותחדש בריתך להם במראת כב[ו]ד	And you renewed your covenant for them in a vision of gl[or]y. *1Q34bis f3ii:6*

[מְרַ◌אֲשׁוֹת]	(10)	ראש	headrest, at the place of the head (nf, pl)

וַיִּקַּח אֶת הָאֶבֶן אֲשֶׁר שָׂם מְרַאֲשֹׁתָיו בְּרֵאשִׁית כח, יח	And he took the stone which he put as his headrest. *Genesis 28:18*

---: מְרַאֲשֹׁתָיו\מְרַאֲשֹׁתָו, מְרַאֲשׁוֹתֵיכֶם

מָרַד	(25)	מרד	he rebelled (v, *qal*)

בַּיהוָה אַל תִּמְרֹדוּ — Against the LORD do not rebel.
בְּמִדְבַּר יד, ט — *Numbers 14:9*

מְרוֹד\מְרֹד | מְרָדְכֶם
מָרַדְתָּ, מָרָד, מָרַדְנוּ\מָרָדְנוּ, מָרְדוּ ,מָרָדוּ
יִמְרֹד\יִמְרָד, תִּמְרְדוּ\תִּמְרֹדוּ, יִמְרְדוּ
מֹרְדִים\מוֹרְדִים (מֹרְדֵי־)

מָרְדֳּכַי	(60)	---	Mordechai (np)

וּמָרְדֳּכַי יָדַע אֶת כָּל אֲשֶׁר נַעֲשָׂה — And Mordechai knew all that had been done.
אֶסְתֵּר ד, א — *Esther 4:1*

מָרָה	(21)	מרה	he rebelled (v, *qal*)

וְאָנֹכִי לֹא מָרִיתִי — And I did not rebel.
יְשַׁעְיָהוּ נ, ה — *Isaiah 50:5*

--- (מָרוֹ)
מָרִיתִי, מָרִיתָ, מָרָה, מָרְתָה\מָרָתָה, מָרִינוּ, מְרִיתֶם, מָרוּ

מוֹרֶה\מֹרֶה, מֹרִים

כול קרוביך לוא ימרו — All those close to you will not rebel.
Thanksgiving Hymn (1QHa) 6:25

מָרוֹם	(54)	רום	height, high place, on high (nm)

עֹשֶׂה שָׁלוֹם בִּמְרוֹמָיו — The maker of peace is in his high places.
אִיּוֹב כה, ב — *Job 25:2*

מְרוֹמִים\מְרֹמִים
מְרוֹם־: ---
מְרוֹמֵי־\מְרֹמֵי־ :מְרוֹמָיו

הללו אלוהי מרומים — Praise the God of high places!
4Q403 f1i:30

מֶרְחָק	(18)	רחק	distance, distant place, far away (nm)

הִנְנִי מֵבִיא עֲלֵיכֶם גּוֹי מִמֶּרְחָק — I am bringing against you a nation from far away.
יִרְמְיָהוּ ה, טו — *Jeremiah 5:15*

מֶרְחַקִּים

מֶרְחַקֵּי־: ---

And from a distant place they will come—from the islands of the sea. — וממרחק יבואו מאיי הים
Habakkuk Pesher (1QpHab) 3:10–11

rebellion, rebellious people (nm) — מרה (23) — מְרִי\מֶ֫רִי

Do not be a rebellious people like the house of rebellion. — אַל תְּהִי מֶרִי כְּבֵית הַמֶּרִי
Ezekiel 2:8 — יְחֶזְקֵאל ב, ח

מְרִי־: מֶרְיְךָ, מִרְיָם

Meribah (np) — ריב (11) — מְרִיבָה

These are the waters of Meribah where the sons of Israel disputed with the LORD. — הֵמָּה מֵי מְרִיבָה אֲשֶׁר רָבוּ בְנֵי יִשְׂרָאֵל אֶת יְהוָה
Numbers 20:13 — בְּמִדְבַּר כ, יג

Miriam (np) — --- (15) — מִרְיָם

And as the people stayed in Kadesh, Miriam died and was buried there. — וַיֵּשֶׁב הָעָם בְּקָדֵשׁ וַתָּמָת שָׁם מִרְיָם וַתִּקָּבֵר שָׁם
Numbers 20:1 — בְּמִדְבַּר כ, א

chariot (nf) — רכב (44) — מֶרְכָּבָה

The chariots of Pharaoh and his army he threw into the sea. — מַרְכְּבֹת פַּרְעֹה וְחֵילוֹ יָרָה בַיָּם
Exodus 15:4 — שְׁמוֹת טו, ד

מַרְכָּבוֹת
מִרְכֶּבֶת־: מֶרְכַּבְתּוֹ
מַרְכְּבוֹת־\מַרְכְּבֹת־: מַרְכְּבֹתֶיךָ, מַרְכְּבוֹתָיו\מַרְכְּבֹתָיו, מַרְכְּבֹתֵיהֶם

The image of the chariot-throne they are blessing. — תבנית כסא מרכבה מברכים
4Q405 f20ii_22:8

deceit, deception, fraud (nf) — רמה (39) — מִרְמָה

Your brother came in deceit and took your blessing. — בָּא אָחִיךָ בְּמִרְמָה וַיִּקַּח בִּרְכָתֶךָ
Genesis 27:35 — בְּרֵאשִׁית כז, לה

מִרְמוֹת

And you will cut off in ju[dgme]nt all men of deceit. — ותכרת במ֯[שפ]ט כול אנשי מרמה
Thanksgiving Hymn (1QHa) 12:21

pasture (nm)	רעה	(13)	מִרְעֶה

In good pasture I will pasture them. — בְּמִרְעֶה טּוֹב אֶרְעֶה אֹתָם
Ezekiel 34:14 — יְחֶזְקֵאל לד, יד

מִרְעֵה־: מִרְעֵהוּ
---: מִרְעֵיכֶם

pasture (nf)	רעה	(10)	[מַרְעִית]

And you are my sheep—the sheep of my pasture. — וְאַתֵּן צֹאנִי צֹאן מַרְעִיתִי
Ezekiel 34:31 — יְחֶזְקֵאל לד, לא

---: מַרְעִיתִי, מַרְעִיתֶךָ, מַרְעִיתוֹ, מַרְעִיתָם
---

healing, health (nm)	רפא	(13)	מַרְפֵּא\מַרְפֵּה

Why have you struck us and there is not any healing for us? — מַדּוּעַ הִכִּיתָנוּ וְאֵין לָנוּ מַרְפֵּא
Jeremiah 14:19 — יִרְמְיָהוּ יד, יט

Merari (np)	מרר?	(39)	מְרָרִי

The sons of Levi were Gershom, Kohath, and Merari. — בְּנֵי לֵוִי גֵּרְשֹׁם קְהָת וּמְרָרִי
1 Chronicles 6:16 — דִּבְרֵי הַיָּמִים א ו, א

he departed, left, ceased, removed (v, *qal*)	מוש\מיש	(11)	מָשׁ

This book of the law will not depart from your mouth. — לֹא יָמוּשׁ סֵפֶר הַתּוֹרָה הַזֶּה מִפִּיךָ
Joshua 1:8 — יְהוֹשֻׁעַ א, ח

מַשְׁתִּי, מָשׁ, מָשׁוּ
תָּמֵשׁ, יָמוּשׁ\יָמִישׁ, תָּמוּשׁ, יָמוּשׁוּ\יָמֻשׁוּ

He will not depart from the midst of their congregation. — לא ימוש מקרב עדתם
4Q169 f3_4ii:5

burden, load (nm)	משא	(44)	מַשָּׂא

וּמַשָּׂא יְהוָה לֹא תִזְכְּרוּ עוֹד

And the burden of the LORD you will not remember again.

יִרְמְיָהוּ כג, לו

Jeremiah 23:36

מַשָּׂא־: מַשָּׂאוֹ, מַשַּׂאֲכֶם, מַשָּׂאָם

. . . עם צמד חמרם משא

. . . with a load of a pair of donkeys.

Arad 3:4

מַשָּׂא	(22)	משא	oracle (nm)

מַשָּׂא דְבַר יְהוָה אֶל יִשְׂרָאֵל בְּיַד מַלְאָכִי

An oracle: the word of the LORD is to Israel by the hand of Malachi.

מַלְאָכִי א, א

Malachi 1:1

מַשָּׂא־: ---
מַשְׂאוֹת־: ---

מַשְׂאֵת	(15)	נשא	something raised, cloud, gift, portion (nf)

וַתֵּרֶב מַשְׂאַת בִּנְיָמִן מִמַּשְׂאֹת כֻּלָּם

The portion of Benjamin was greater than the portions of all of them.

בְּרֵאשִׁית מג, לד

Genesis 43:34

מַשְׂאֹת
מַשְׂאַת־: ---
מַשְׂאֹת־: מַשְׂאֹתֵיכֶם

וידע כי אל משאת לכש נחנו שמרם

And he will know because to the (smoke) cloud of Lachish we are watching.

Lachish 4:10–11

מְשֻׁבָה\מְשׁוּבָה	(12)	שוב	apostasy, backsliding (nf)

רַבּוּ מְשׁוּבֹתֵינוּ לְךָ חָטָאנוּ

Our apostasies are many; we have sinned against you.

יִרְמְיָהוּ יד, ז

Jeremiah 14:7

מְשׁוּבַת־: מְשׁוּבָתִי, מְשׁוּבָתָם
---: מְשֻׁבוֹתַיִךְ, מְשׁוּבֹתֵינוּ, מְשׁוּבֹתֵיכֶם, מְשֻׁבוֹתֵיהֶם

מִשְׂגָּב	(17)	שגב	refuge, stronghold, shelter (nm)

וַיְהִי יְהוָה לִי לְמִשְׂגָּב

And the LORD was to me a refuge.

תְּהִלִּים צד, כב

Psalm 94:22

מִשְׂגַּב־: מִשְׂגַּבִּי, מִשְׂגַּבּוֹ

ואין לו משגב
And there is not to him a refuge.
4Q379 f22i:3

Moses (np)	משה (767?)	מֹשֶׁה

נָחִיתָ כַצֹּאן עַמֶּךָ בְּיַד מֹשֶׁה וְאַהֲרֹן
You led your people as the flock by the hand of Moses and Aaron.
תְּהִלִּים עז, כא
Psalm 77:20

ואת תורת משה אל יזכור
And he will not remember the law of Moses.
Damascus Document (CD) 15:2

joy (nm)	שוש (15)	מָשׂוֹשׂ

שָׁבַת מְשׂוֹשׂ לִבֵּנוּ
The joy of our heart ceased.
אֵיכָה ה, טו
Lamentations 5:15

מְשׂוֹשׂ־: מְשׂוֹשִׂי, מְשׂוֹשָׂהּ

והשבתי כוֹל משושה
And I will cause all her joy to cease.
4Q166 2:14

he anointed, smeared (v, *qal*)	משח (65)	מָשַׁח

וְאֶת אַהֲרֹן וְאֶת בָּנָיו תִּמְשָׁח
And you will anoint Aaron and his sons.
שְׁמוֹת ל, ל
Exodus 30:30

מְשֹׁחַ\מָשְׁחָה (מָשׁוֹחַ) | מָשְׁחֲךָ, מָשְׁחוֹ
מָשַׁחְתָּ, מָשַׁח, מָשַׁחְנוּ, מָשְׁחוּ | מְשַׁחְתִּיךָ, מְשַׁחְתִּיו, מְשַׁחְתּוֹ, מְשָׁחֲךָ, מְשָׁחוֹ
תִּמְשַׁח\תִּמְשָׁח, יִמְשַׁח, יִמְשְׁחוּ\יִמְשָׁחוּ | יִמְשָׁחֲךָ, יִמְשָׁחֵם, יִמְשָׁחֻהוּ
מֹשְׁחִים | מָשׁוּחַ, מְשֻׁחִים
מִשְׁחוּ | מְשָׁחֻהוּ

וימשחני בשמן הקודש
And he anointed me with the holy oil.
11Q5 28:11

anointing (nf)	משח (21)	מִשְׁחָה

וַיִּצֹק מִשֶּׁמֶן הַמִּשְׁחָה עַל רֹאשׁ אַהֲרֹן
And he poured from the oil of anointing on the head of Aaron.
וַיִּקְרָא ח, יב
Leviticus 8:12

מִשְׁחַת־: ---
---

destruction, ruin, destroyer (nm)	שחת	(18)	מַשְׁחִית

And he will not allow the destruction to come to your houses.
Exodus 12:23

וְלֹא יִתֵּן הַמַּשְׁחִית לָבֹא אֶל בָּתֵּיכֶם
שְׁמוֹת יב, כג

And my splendor is turned to destruction.
Thanksgiving Hymn (1QHa) 13:34

והודי נהפך למשחית

anointed one (nm)	משח	(39)	מָשִׁיחַ

I killed the anointed one of the LORD.
2 Samuel 1:16

אָנֹכִי מֹתַתִּי אֶת מְשִׁיחַ יְהוָה
שְׁמוּאֵל ב א, טז

מְשִׁיחַ־: מְשִׁיחִי, מְשִׁיחֶךָ, מְשִׁיחוֹ
---: מְשִׁיחָי

And the earth will listen to his anointed one.
4Q521 f2ii+4:1

והארץ ישמעו למשיחו

he pulled, dragged, drew [a bow], went (v, *qal*)	משך	(30)	מָשַׁךְ

And they pulled and lifted Joseph from the well.
Genesis 37:28

וַיִּמְשְׁכוּ וַיַּעֲלוּ אֶת יוֹסֵף מִן הַבּוֹר
בְּרֵאשִׁית לז, כח

מְשֹׁךְ\מְשׁוֹךְ | מָשְׁכוּ
מָשַׁכְתִּי, מָשַׁכְתָּ, מָשַׁךְ, מָשְׁכָה, מָשְׁכוּ | מְשַׁכְתִּיךְ
תִּמְשֹׁךְ, יִמְשֹׁךְ\יִמְשׁוֹךְ, יִמְשְׁכוּ | אֶמְשְׁכֵם, תִּמְשְׁכֵנִי
מֹשֵׁךְ (מֹשֵׁךְ־), מֹשְׁכִים (מֹשְׁכֵי־)
מְשֹׁךְ, מִשְׁכוּ | מָשְׁכֵנִי

bed (nm)	שכב	(46)	מִשְׁכָּב

And David arose from his bed.
2 Samuel 11:2

וַיָּקָם דָּוִד מֵעַל מִשְׁכָּבוֹ
שְׁמוּאֵל ב יא, ב

מִשְׁכַּב־: מִשְׁכָּבִי, מִשְׁכָּבְךָ\מִשְׁכָּבֶךָ, מִשְׁכָּבֵךְ, מִשְׁכָּבוֹ, מִשְׁכָּבָהּ, מִשְׁכַּבְכֶם, מִשְׁכָּבָם
מִשְׁכְּבֵי־: מִשְׁכְּבוֹתָם

You went up on the beds of your father.
4Q252 4:4–5

עליתה משכבי אביכה

bed (nm)	שכב	(6)	[מִשְׁכָּב]

I was seeing in a vision of my head on my bed. — חָזֵה הֲוֵית בְּחֶזְוֵי רֵאשִׁי עַל מִשְׁכְּבִי

Daniel 4:13 — דָּנִיֵּאל ד, י

---: מִשְׁכְּבִי, מִשְׁכְּבָךְ, מִשְׁכְּבֵהּ
---

poem(?), song(?), Instructor [Qumran] (nm)	שכל	(14)	מַשְׂכִּיל

A poem for David when he was in the cave. — מַשְׂכִּיל לְדָוִד בִּהְיוֹתוֹ בַמְּעָרָה

Psalm 142 superscription — תְּהִלִּים קמב, א

Words of bless[ing] for the Instructor to bless the fearers of God. — דברי ברכ֯[ה] למשכיל לברך את יראי אל

Community Rule (1QSb) 1:1

dwelling, tabernacle (nm)	שכן	(139)	מִשְׁכָּן

Let them bring me to the mountain of your holiness and to your dwellings. — יְבִיאוּנִי אֶל הַר קָדְשְׁךָ וְאֶל מִשְׁכְּנוֹתֶיךָ

Psalm 43:3 — תְּהִלִּים מג, ג

מִשְׁכָּנוֹת
מִשְׁכַּן: מִשְׁכָּנִי, מִשְׁכָּנוֹ
מִשְׁכְּנוֹת־\מִשְׁכְּנֵי־: מִשְׁכְּנֵיהֶם

His dwelling is in Zion. — משכנו בציון

4Q448 1:10

he ruled (v, *qal*)	משל	(77)	מָשַׁל

I will not rule over you; my son will not rule over you; the LORD will rule over you. — לֹא אֶמְשֹׁל אֲנִי בָּכֶם וְלֹא יִמְשֹׁל בְּנִי בָּכֶם יְהוָה יִמְשֹׁל בָּכֶם

Judges 8:23 — שׁוֹפְטִים ח, כג

מְשֹׁל\מְשׁוֹל\מְשָׁל
מָשַׁלְתָּ, מָשַׁל\מָשָׁל, מָשְׁלָה, מָשְׁלוּ
אֶמְשֹׁל, תִּמְשֹׁל\תִּמְשׁל, תִּמְשָׁל, יִמְשֹׁל\יִמְשָׁל, תִּמְשֹׁל, יִמְשְׁלוּ\יִמְשֹׁלוּ
מֹשֵׁל\מוֹשֵׁל, מֹשְׁלָה, מֹשְׁלִים\מוֹשְׁלִים (מֹשְׁלֵי־) | מֹשְׁלוֹ
מְשָׁל

I will cut off his seed from ruling still over Israel. — אכרית זרעו ממשול עוד על ישראל

11Q19 59:15

he spoke a parable/proverb, sung, scoffed (v, *qal*)	משל	(10)	מָשַׁל

You are giving this proverb. — אַתֶּם מֹשְׁלִים אֶת הַמָּשָׁל הַזֶּה
Ezekiel 18:2 — יְחֶזְקֵאל יח, ב

מְשֹׁל\מְשָׁל

יִמְשֹׁל, יִמְשְׁלוּ
מֹשֵׁל, מֹשְׁלִים
מְשֹׁל

proverb, parable, saying, jest (nm)	משל	(39)	מָשָׁל

The proverbs of Solomon: A wise son will gladden a father. — מִשְׁלֵי שְׁלֹמֹה בֵּן חָכָם יְשַׂמַּח אָב
Proverbs 10:1 — מִשְׁלֵי י, א

מְשָׁלִים
מְשַׁל־: מְשָׁלוֹ
מִשְׁלֵי־: ---

Say the proverb and tell the riddle before we speak. — אמרו המשל והגידו החידה בטרם נדבר
4Q300 f1aii_b:1

Meshullam (np)	שלם	(25)	מְשֻׁלָּם

After him, Meshullam made repairs/made strong. — אַחֲרָיו הֶחֱזִיק מְשֻׁלָּם
Nehemiah 3:30 — נְחֶמְיָה ג, ל

Belonging to Azaliah, son of Meshullam. — לעזליהו בן משלם
Seals 90:1–2

guard, watch, jail (nm)	שמר	(22)	מִשְׁמָר

And he gathered them to jail for three days. — וַיֶּאֱסֹף אֹתָם אֶל מִשְׁמָר שְׁלֹשֶׁת יָמִים
Genesis 42:17 — בְּרֵאשִׁית מב, יז

מִשְׁמַר־: מִשְׁמָרוֹ, מִשְׁמַרְכֶם
---: מִשְׁמָרָיו

According to the abundance of your lovingkindness, give a guard for your righteousness. — כרוב חסדיכה תן משמר צדקכה
Thanksgiving Hymn (1QHa) 23:25

guard, responsibility, service, duty (nf)	שמר	(78)	מִשְׁמֶרֶת\מִשְׁמָרֶת

And the sons of Israel guarded the service of the LORD. — וְשָׁמְרוּ בְנֵי יִשְׂרָאֵל אֶת מִשְׁמֶרֶת יְהוָה
Numbers 9:19 — בְּמִדְבַּר ט, יט

מִשְׁמָרוֹת
מִשְׁמֶרֶת־: מִשְׁמַרְתִּי, מִשְׁמַרְתְּךָ, מִשְׁמַרְתּוֹ, מִשְׁמַרְתָּם
מִשְׁמְרוֹת־: מִשְׁמְרוֹתָם\מִשְׁמְרֹתָם\מִשְׁמְרוֹתֵיהֶם

שמרו את משמרת מקדשי	They guarded the duty of my sanctuary. *Damascus Document (CD) 4:1*

מִשְׁנֶה (35) שנה	second, double, copy (nm)
וְכֶסֶף מִשְׁנֶה קְחוּ בְיֶדְכֶם בְּרֵאשִׁית מג, יב	And take double the money in your hand. *Genesis 43:12*

מִשְׁנִים
מִשְׁנֵה־: מִשְׁנֵהוּ

אחר כוהן הראש ומשנהו ראשים שנים עשר להיות משרתים	After the chief priest and his second in command are twelve leaders to be serving. *War Scroll (1QM) 2:1*

מִשְׁעֶנֶת (11) שען	staff (nf)
שִׁבְטְךָ וּמִשְׁעַנְתֶּךָ הֵמָּה יְנַחֲמֻנִי תְּהִלִּים כג, ד	Your rod and staff, they will comfort me. *Psalm 23:4*

מִשְׁעֶנֶת־: מִשְׁעַנְתִּי, מִשְׁעַנְתֶּךָ, מִשְׁעַנְתּוֹ
---: מִשְׁעֲנֹתָם

מִשְׁפָּחָה (303) שפח	family (nf)
אֶתְכֶם יָדַעְתִּי מִכֹּל מִשְׁפְּחוֹת הָאֲדָמָה עָמוֹס ג, ב	I knew you from all the families of the earth. *Amos 3:2*

מִשְׁפָּחוֹת\מִשְׁפָּחֹת
מִשְׁפַּחַת־: מִשְׁפַּחְתִּי, מִשְׁפַּחְתּוֹ, מִשְׁפַּחְתָּם
מִשְׁפְּחוֹת־\מִשְׁפְּחוֹת־: מִשְׁפְּחֹתָיו\מִשְׁפְּחֹתָו, מִשְׁפְּחוֹתֶיהָ, מִשְׁפְּחֹתֵיכֶם, מִשְׁפְּחֹתָם\מִשְׁפְּחוֹתָם\
מִשְׁפּחוֹתֵיהֶם\מִשְׁפְּחֹתֵיהֶם

יקח לו אשה ממשפחת אביהו	He will take for himself a wife from his father's family. *11Q19 57:16–17*

מִשְׁפָּט (422) שפט	judgment, justice (nm)
וְיִגַּל כַּמַּיִם מִשְׁפָּט עָמוֹס ה, כד	And justice will role like water. *Amos 5:24*

מִשְׁפָּטִים

מִשְׁפַּט־: מִשְׁפָּטִי, מִשְׁפָּטֶךָ, מִשְׁפָּטוֹ, מִשְׁפָּטָהּ, מִשְׁפָּטָם, מִשְׁפָּטָן
מִשְׁפְּטֵי־: מִשְׁפָּטַי, מִשְׁפָּטֶיךָ, מִשְׁפָּטַיִךְ, מִשְׁפָּטָיו\מִשְׁפָּטָו, מִשְׁפְּטֵיהֶם, מִשְׁפְּטֵיהֶן

ואדעה כיא בידו משפט כול חי
And may I know that in his hand is the judgment of every living being.
Community Rule (1QS) 10:16

מַשְׁקֶה (19) שקה — drink, cupbearer, irrigated land (nm)

וַאֲנִי הָיִיתִי מַשְׁקֶה לַמֶּלֶךְ
נְחֶמְיָה א, יא
And I was a cupbearer for the king.
Nehemiah 1:11

מַשְׁקִים
מַשְׁקֵה־: מַשְׁקֵהוּ
---: מַשְׁקָיו

ויעצורו משקה דעת מצמאים
And they stop the drink of knowledge from thirsty ones.
Thanksgiving Hymn (1QHa) 12:12

מִשְׁקָל (49) שקל — weight, weighing (nm)

וְלַנְּחֹשֶׁת וְלַבַּרְזֶל אֵין מִשְׁקָל כִּי לָרֹב הָיָה
דִּבְרֵי הַיָּמִים א כב, יד
And for the bronze and iron there was no weight because there was much.
1 Chronicles 22:14

מִשְׁקַל־: מִשְׁקָלוֹ, מִשְׁקָלָם

ובמשקל [ ] לוא יעשה פעלתו
And in weight [ ] he will not do his work.
4Q424 f3:1

מִשְׁתֶּה (46) שתה — feast, banquet, drink

וְהַמֶּלֶךְ קָם בַּחֲמָתוֹ מִמִּשְׁתֵּה הַיַּיִן
אֶסְתֵּר ז, ז
And the king arose in his anger from the banquet of wine.
Esther 7:7

מִשְׁתֵּה־: ---
---: מִשְׁתָּיו, מִשְׁתֵּיכֶם, מִשְׁתֵּיהֶם

משתיהם ואת פעל יהוה לוא הביטו
(They have) their feasts but the work of the LORD they do not consider.
4Q162 2:3–4

מֵת (627) מות — he died (v, *qal*)

Why should you die when it is not your time? — לָמָּה תָמוּת בְּלֹא עִתֶּךָ
Ecclesiastes 7:17 — קֹהֶלֶת ז, יז

מוּת\מוֹת (מוֹת) | מוּתִי\מוֹתִי, מוֹתוֹ\מֹתוֹ, מוֹתָהּ, מוּתֵנוּ, מֹתָם, מוּתָן
מֵתִי, מַתָּה, מֵת, מֵתָה, מַתְנוּ, מַתְנוּ\מָ֫תְנוּ, מֵתוּ
אָמוּת\אָמֻת\אָמוּתָה, תָּמוּת, תָּמוּתִי, יָמוּת\יָמֹת\יָמֹת, תָּמוּת\תָּמֹת\תָּמֹת, נָמוּת, תָּמוּתוּ\תָּמֻתוּ\תְּמֻתוּן\
תְּמוּתוּן, יָמֻתוּ\יָמוּתוּ\יְמֻתוּן\יְמוּתוּן, תְּמוּתֶ֫נָה
מֵת, מֵתָה, מֵתִים (מֵתֵי־) | מֵתִי, מֵתְךָ\מֵתֶךָ, מֵתוֹ, מֵתֶיךָ
מֻת

My husband died without sons. — מת אישך לא בנם
Moussaieff 2:2–3

It is] the year which Abraham died in it — היאה] הׄשנה אשר מת בה אברהם
4Q219 2:36

sweet (adj)	מתק	(12)	מָתוֹק

What is sweeter than honey? — מַה מָּתוֹק מִדְּבַשׁ
Judges 14:18 — שׁוֹפְטִים יד, יח

מָתוֹק | מְתוּקָה | מְתוּקִים | ---

And then you will know what is bitter for a man and what is sweet for a man. — ואז תדע מה מר לאיש ומהׄ מתוק לגבר
4Q416 f2iii:15

when (interrog)	מתי	(43)	מָתַי\מָתָ֫י

When will I come and see the face of God? — מָתַי אָבוֹא וְאֵרָאֶה פְּנֵי אֱלֹהִים
Psalm 42:2 — תְּהִלִּים מב, ג

How long will he make it heavy on himself? — עד מתי יכביד עלו
Habakkuk Pesher (1QpHab) 8:7

men (nm, coll)	---	(22)	מְתִים\מְתִם

I did not sit with men of worthlessness. — לֹא יָשַׁבְתִּי עִם מְתֵי שָׁוְא
Psalm 26:4 — תְּהִלִּים כו, ד

מְתִים

מְתֵי־: מְתַיִךְ, מְתָיו

Its glory are men of hunger. — וכבדו מתי רעב
4Q162 2:4

gift (nf)	נתן	(17)	מַתָּנָה

וְשׂוֹנֵא מַתָּנֹת יִחְיֶה
מִשְׁלֵי טו, כז

And one who hates gifts [i.e., bribes] will live.
Proverbs 15:27

מַתָּנוֹת\מַתָּנֹת
מַתְּנַת־: ---
מַתְּנֹת־: מַתְּנוֹתֵיכֶם\מַתְּנֹתֵיכֶם, מַתְּנוֹתָם

מתנותמה אשר יביאו לי

[These are] their gifts which they will bring to me.
11Q19 29:6

מַתַּנְיָה\מַתַּנְיָהוּ (16) נתן\יהוה — Mattaniah (np)

וַיַּמְלֵךְ מֶלֶךְ בָּבֶל אֶת מַתַּנְיָה דֹדוֹ תַּחְתָּיו
מְלָכִים ב כד, יז

And the king of Babylon made Mattaniah, his uncle, king instead of him.
2 Kings 24:17

מָתְנַיִם\מָתְנָיִם (47) מתן — loins, hips (nm, dual)

נָשִׂימָה נָּא שַׂקִּים בְּמָתְנֵינוּ
מְלָכִים א כ, לא

Let us please put sackcloth on our loins.
1 Kings 20:31

מָתְנַיִם\מָתְנָיִם

מָתְנֵי־: מָתְנַי\מָתְנָי, מָתְנֶיךָ, מָתְנָיו, מָתְנֶיהָ, מָתְנֵינוּ, מָתְנֵיכֶם, מָתְנֵיהֶם

ומעוז מותני היה לבהלה*

And the strength of my loins has become terror*.
Thanksgiving Hymn (1QHa) 16:34

נ / ן

please, now (interj) נא (405) **נָא**

Please do not leave us. — אַל נָא תַּעֲזֹב אֹתָנוּ
Numbers 10:31 — בְּמִדְבַּר י, לא

Please read, "And behold the words of the [officials] are not good." — 𐤒𐤓𐤀 𐤍𐤀 𐤅𐤄𐤍𐤄 𐤃𐤁𐤓𐤉 𐤄[𐤔𐤓𐤌] 𐤋𐤀 𐤈𐤁𐤌
Lachish 6:5–6

And now, please listen my people. — ועתה שמעו נא עמי
4Q185 f1_2i:13

lovely, beautiful, fitting (adj) נאה (10) **נָאוֶה**

Honor is not fitting for a fool. — לֹא נָאוֶה לִכְסִיל כָּבוֹד
Proverbs 26:1 — מִשְׁלֵי כו, א

נָאוֶה | נָאוָה\נָוָה | --- | ---

he was eaten, consumed (v, *niph*) אכל (45) **נֶאֱכַל**

And in the fire of his jealousy, all the earth will be consumed. — וּבְאֵשׁ קִנְאָתוֹ תֵּאָכֵל כָּל הָאָרֶץ
Zephaniah 1:18 — צְפַנְיָה א, יח

הֵאָכֹל
נֶאֱכַל
יֵאָכֵל, תֵּאָכֵל, יֵאָכְלוּ\יֵאָכֵלוּ, תֵּאָכַלְנָה
נֶאֱכֶלֶת

And on holy days it will be eaten, but it will not be eaten on work days. — ובימי הקודש יאכל ולוא יאכל בימי המעשה
11Q19 43:17

declaration, utterance, oracle (nm) נאם (376?) **[נְאֻם]**

"I am against the prophets," declares the Lord. — הִנְנִי עַל הַנְּבִאִים נְאֻם יְהוָה
Jeremiah 23:31 — יִרְמְיָהוּ כג, לא

נְאֻם־: ---

"I am to you," declares the Lord. — הנני אליך נאם יהוה
4Q169 f3_4ii:10

he was reliable, faithful, enduring (v, *niph*)	אמן	(45)	נֶאֱמַן

And you found his heart faithful before you.
Nehemiah 9:8

וּמָצָאתָ אֶת לְבָבוֹ נֶאֱמָן לְפָנֶיךָ
נְחֶמְיָה ט, ח

נֶאְמַן, נֶאֶמְנָה, נֶאֶמְנוּ\נֶאֱמָנוּ
יֵאָמֵן\יֵאָמֶן, תֵּאָמֵנוּ, יֵאָמְנוּ
נֶאֱמָן (נֶאֱמַן־), נֶאֱמָנָה\נֶאֱמֶנֶת, נֶאֱמָנִים (נֶאֶמְנֵי־), נֶאֱמָנוֹת

And he built for them a faithful house in Israel.
Damascus Document (CD) 3:19

ויבן להם בית נאמן בישראל

he was called, it was said (v, *niph*)	אמר	(21)	נֶאֱמַר

On that day, it will be said to Jerusalem,
"You shall not fear."
Zephaniah 3:16

בַּיּוֹם הַהוּא יֵאָמֵר לִירוּשָׁלַםִ אַל תִּירָאִי
צְפַנְיָה ג, טז

נֶאֱמַר
יֵאָמֵר\יֵאָמֶר\יֵאָמַר

---

he sighed, groaned (v, *niph*)	אנח	(12)	נֶאֱנַח

All her people are groaning while seeking bread.
Lamentations 1:11

כָּל עַמָּהּ נֶאֱנָחִים מְבַקְּשִׁים לֶחֶם
אֵיכָה א, יא

נֶאֶנְחָה, נֶאֶנְחוּ
תֵּאָנַח, יֵאָנַח, יֵאָנְחוּ
נֶאְנָח, נֶאֱנָחָה, נֶאֱנָחִים
הֵאָנַח

he was gathered (v, *niph*)	אסף	(81)	נֶאֱסַף

And the people had not been gathered to Jerusalem.
2 Chronicles 30:3

וְהָעָם לֹא נֶאֶסְפוּ לִירוּשָׁלָםִ
דִּבְרֵי הַיָּמִים ב ל, ג

הֵאָסֵף (הֵאָסֹף)
נֶאֱסַפְתָּ, נֶאֱסַף, נֶאֶסְפָה, נֶאֱסַפְתֶּם, נֶאֶסְפוּ\נֶאֱסָפוּ
תֵּאָסֵף, יֵאָסֵף\יֵאָסֶף, תֵּאָסֵף, יֵאָסְפוּ\יֵאָסֵפוּ\יֵאָסֵפוּן
נֶאֱסָף, נֶאֱסָפִים
הֵאָסֵף, הֵאָסְפִי, הֵאָסְפוּ

And all the lines of battle were gathered to them.
War Scroll (1QM) 18:4

ונאספו אליהם כול מערכות המלחמה

he committed adultery (v, *qal*)	נאף	(16)	[נָאַף]

Do not commit adultery. — לֹא תִּנְאָף
Exodus 20:14 — שְׁמוֹת כ, יד

--- (נָאֹף\נָאוֹף)

תִּנְאָף, יִנְאַף, תִּנְאַף, יִנְאָפוּ
נֹאֵף, נֹאָפֶת, נֹאֲפוֹת\נֹאֶפֶת
---

he committed adultery (v, *piel*)	נאף	(15)	[נִאֵף]

They committed adultery and blood is on their hands. — נִאֵפוּ וְדָם בִּידֵיהֶן
Ezekiel 23:37 — יְחֶזְקֵאל כג, לז

נִאֲפָה, נִאֵפוּ
יְנַאֲפוּ, תְּנָאַפְנָה
מְנָאֵף, מְנָאֶפֶת, מְנָאֲפִים
---

he despised, scorned (v, *piel*)	נאץ	(15)	נִאֵץ

And the word of the holy one of Israel they despised. — וְאֵת אִמְרַת קְדוֹשׁ יִשְׂרָאֵל נִאֵצוּ
Isaiah 5:24 — יְשַׁעְיָהוּ ה, כד

--- (נִאֵץ)
נִאַצְתָּ, נִאֵץ, נִאֲצוּ\נִאֵצוּ | נִאֲצוּנִי
יְנָאֵץ | יְנַאֲצוּנִי
--- | מְנַאֲצַי, מְנַאֲצָיִךְ

And you raised my horn over all those who despise me. — ותרם קרני על כול מנאצי
Thanksgiving Hymn (1QHa) 15:25

he prophesied (v, *niph*)	נבא	(87)	נִבָּא

You will not prophesy in the name of the Lord. — לֹא תִנָּבֵא בְּשֵׁם יְהוָה
Jeremiah 11:21 — יִרְמְיָהוּ יא, כא

הִנָּבֵא | הִנָּבְאִי, הִנָּבְאוּ, הִנָּבְאתוֹ
נִבֵּאתִי, נִבֵּאתָ\נִבֵּיתָ, נִבֵּא, נִבְּאוּ\נִבָּאוּ
תִּנָּבֵא, יִנָּבֵא, תִּנָּבְאוּ, יִנָּבְאוּ
נִבָּא, נִבְּאִים\נִבָּאִים\נִבִּיאִים (נִבְּאֵי־)
הִנָּבֵא

וינבאו שקר להשיב את ישראל מאחר אל

And they prophesied falsehood to cause Israel to turn from following God.
Damascus Document (CD) 6:1

[נִבְדַּל] (10) **בדל** he separated himself, was set apart (v, *niph*)

לֹא נִבְדְּלוּ הָעָם יִשְׂרָאֵל וְהַכֹּהֲנִים וְהַלְוִיִּם מֵעַמֵּי הָאֲרָצוֹת

The people of Israel, the priests, and the Levites have not separated themselves from the peoples of the lands.
Ezra 9:1

עֶזְרָא ט, א

נִבְדְּלוּ
יִבָּדֵל, יִבָּדְלוּ
נִבְדָּל
הִבָּדְלוּ

ואתה הבדל מכול אשר שנא

And you shall separate yourself from all which he hates.
4Q418 f81+81a:2

נִבְהַל (24) **בהל** he was terrified, disturbed, hasty (v, *niph*)

וַתָּבוֹא הָאִשָּׁה אֶל שָׁאוּל וַתֵּרֶא כִּי נִבְהַל מְאֹד

And the woman came to Saul and saw that he was very disturbed.
1 Samuel 28:21

שְׁמוּאֵל א כח, כא

נִבְהַלְתִּי\נִבְהָלְתִּי, נִבְהַל, נִבְהֲלָה, נִבְהַלְנוּ, נִבְהֲלוּ\נִבְהָלוּ
אִבָּהֵל, תִּבָּהֵל, יִבָּהֵל, יִבָּהֲלוּ\יִבָּהֵלוּן, תִּבָּהַלְנָה
נִבְהָל\נִבֶּהָל, נִבְהָלָה

וממשׁ[לתו] על כול גבורי כוח ומכוח גבור[ת ויבהלו

And his rule is over all mighty of strength, and from the strength of his might they will be terrified.
4Q510 f1:2–3

נְבוֹ (12) --- Nebo (np)

וַיַּעַל מֹשֶׁה מֵעַרְבֹת מוֹאָב אֶל הַר נְבוֹ

And Moses ascended from the plains of Moab to Mount Nebo.
Deuteronomy 34:1

דְּבָרִים לד, א

נְבוּכַדְנֶאצַּר (27) --- Nebuchadnezzar (np)

וַיָּבֹא נְבוּכַדְנֶאצַּר מֶלֶךְ בָּבֶל עַל הָעִיר

And Nebuchadnezzar, king of Babylon, came against the city.
2 Kings 24:10

מְלָכִים ב כד, יא

Nebuchadnezzar (np) --- (31) נְבוּכַדְנֶאצַּר

The king Nebuchadnezzar fell on his face. מַלְכָּא נְבוּכַדְנֶצַּר נְפַל עַל אַנְפּוֹהִי
Daniel 2:46 דָּנִיֵּאל ב, מו

Nebuchadrezzar (np) --- (33) נְבוּכַדְרֶאצַּר

Nebuchadrezzar, king of Babylon, is warring against us. נְבוּכַדְרֶאצַּר מֶלֶךְ בָּבֶל נִלְחָם עָלֵינוּ
Jeremiah 21:2 יִרְמְיָהוּ כא, ב

he was discerning, wise, skillful (v, *niph*) בין (22) [נָבוֹן]

A discerning heart will acquire knowledge. לֵב נָבוֹן יִקְנֶה דָּעַת
Proverbs 18:15 מִשְׁלֵי יח, טו

נְבֻנוֹתִי

נָבוֹן (נְבוֹן־), נְבֹנִים\נְבוֹנִים | נְבֹנָיו

And the LORD gave to him a discerning spirit. ויתן לו יהוה רוח נבונה
11Q5 27:3–4

Naboth (np) --- (22) נָבוֹת

And Ahab arose to go down to the vineyard of Naboth the Jezreelite. וַיָּקָם אַחְאָב לָרֶדֶת אֶל כֶּרֶם נָבוֹת הַיִּזְרְעֵאלִי
1 Kings 21:16 מְלָכִים א כא, טז

he was despised (v, *niph*) בזה (10) נִבְזֶה

I am young and despised. צָעִיר אָנֹכִי וְנִבְזֶה
Psalm 119:141 תְּהִילִּים קיט, קמא

נִבְזֶה, נִמְבְזָה, נִבְזִים

And who] is despised like m[e? ומי] נ̇ב̇זה כמונ̇[י
4Q471b f1a_d:2

prophet (nm) נבא (315) נָבִיא

And I sent to you all my servants, the prophets. וָאֶשְׁלַח אֲלֵיכֶם אֶת כָּל עֲבָדַי הַנְּבִיאִים
Jeremiah 7:25 יִרְמְיָהוּ ז, כה

נְבִיאִים\נְבִאִים\נְבִיאִם
---: נְבִיאֶךָ, נְבִיאֲכֶם

נְבִיאֵי־\נְבִאֵי־\נְבִיאֵו־: נְבִיאַי, נְבִיאֶיךָ, נְבִיאַיִךְ, נְבִיאָיו\נְבִאָיו, נְבִיאֶיהָ, נְבִיאֵינוּ, נְבִיאֵיכֶם, נְבִיאֵיהֶם

[It was] from with the prophet saying, "Beware!" — 𐤄𐤔𐤌𐤓 𐤋𐤀𐤌𐤓 𐤄𐤍𐤁𐤀 𐤌𐤀𐤕
Lachish 3:20–21

Your God will command you from the mouth of the prophet. — יצוה אלוהיכה אליכה מפי הנביא
4Q375 f1i:1

it withered, wore out, faded (v, *qal*)	נבל	(20)	נָבֵל

Grass dries out; a flower withers. — יָבֵשׁ חָצִיר נָבֵל צִיץ
Isaiah 40:8 — יְשַׁעְיָהוּ מ, ח

נְבֹל (נָבֹל)
נָבַלְתָּ, נָבֵל, נָבְלָה
תִּבֹּל, יִבּוֹל, נָבֵל, יִבֹּלוּ\יִבּוֹלוּן
נֹבֵל, נֹבֶלֶת

In hot (weather) its leaves wither. — לפני חום יבול עליו
Thanksgiving Hymn (1QHa) 16:26–27

foolish (adj)	נבל	(18)	נָבָל

A fool said in his heart, "There is no God." — אָמַר נָבָל בְּלִבּוֹ אֵין אֱלֹהִים
Psalm 14:1 — תְּהִלִּים יד,א

נָבָל | --- | נְבָלִים | נְבָלוֹת

And on the Sabbath day, a man may not speak a foolish word. — וביום השבת אל ידבר איש דבר נבל
Damascus Document (CD) 10:17–18

Nabal (np)	נבל	(22)	נָבָל

And the LORD struck Nabal and he died. — וַיִּגֹּף יְהוָה אֶת נָבָל וַיָּמֹת
1 Samuel 25:38 — שְׁמוּאֵל א כה, לח

skin, jar, vessel (nm)	נבל	(11)	נֵ֫בֶל

We will not know that every jar will be filled with wine. — לֹא נֵדַע כִּי כָל נֵבֶל יִמָּלֵא יָיִן
Jeremiah 13:12 — יִרְמְיָהוּ יג ,יב

נֵבֶל־:
נִבְלֵי־: נִבְלֵיהֶם

To Adoni]am: a jar of old wine.
Samaria 10:2–4

ל[אדני]ם נבל יין ישן

harp (nm) — נבל (27) — נֵבֶל\נֶבֶל\נָבֶל

Praise the Lord with lyre, with harp.
Psalm 33:2

הוֹדוּ לַיהוָה בְּכִנּוֹר בְּנֵבֶל
תְּהִילִּים לג, ב

נְבָלִים
נֵבֶל־: ---
נִבְלֵי־: נְבָלֶיךָ

Let me sing on a lyre of salvation and harp of jo[y].
Thanksgiving Hymn (1QHa) 19:26

אזמרה בכנור ישועות ונבל שמח̊[ה]

folly, disgraceful thing (nf) — נבל (13) — נְבָלָה

Thus Nabal is his name and folly is with him.
1 Samuel 25:25

כֵּן הוּא נָבָל שְׁמוֹ וּנְבָלָה עִמּוֹ
שְׁמוּאֵל א כה, כה

---

corpse, carcass (nf) — נבל (48) — נְבֵלָה

Your corpse will not come to the grave of your fathers.
1 Kings 13:22

לֹא תָבוֹא נִבְלָתְךָ אֶל קֶבֶר אֲבֹתֶיךָ
מְלָכִים א יג, כב

נִבְלַת־: נִבְלָתִי, נִבְלָתְךָ, נִבְלָתוֹ, נִבְלָתָהּ, נִבְלָתָם

A carcass among bird and beast you will not eat.
11Q19 48:6

נבלה בעוף ובבהמה לוא תואכלו

it was built (v, *niph*) — בנה (30) — נִבְנָה

A house had not been built for the name of the Lord.
1 Kings 3:2

לֹא נִבְנָה בַיִת לְשֵׁם יְהוָה
מְלָכִים א ג, ב

הִבָּנוֹת | הִבָּנֹתוֹ
נִבְנֵית, נִבְנָה, נִבְנְתָה, נִבְנוּ
אִבָּנֶה, תִּבָּנֶה, יִבָּנֶה, תִּבָּנֶה, תִּבָּנֶינָה
נִבְנֶה

[נבנו הבתים באר[ץ
The houses were built on the ear[th].
11Q12 f1:9

נִבְקַע (15) בקע — it split, was breached, broke forth (v, *niph*)

וַתִּבָּקַע הָאֲדָמָה אֲשֶׁר תַּחְתֵּיהֶם
בְּמִדְבָּר טז, לא
And the ground which was under them split.
Numbers 16:31

הִבָּקֵעַ
נִבְקַע, נִבְקְעוּ\נִבְקָעוּ
יִבָּקַע\יִבָּקֵעַ, תִּבָּקַע, יִבָּקְעוּ

ביום ההוא נבקעו כול מעינות תהום רבה
On that day, all the fountains of the great deep broke forth.
4Q252 1:4–5

[נִבְרָא] (10) ברא — he was created (v, *niph*)

הוּא צִוָּה וְנִבְרָאוּ
תְּהִילִּים קמח, ה
He commanded, and they were created.
Psalm 148:5

--- | הִבָּרַאֲךָ, הִבָּרְאָךְ, הִבָּרְאָם
נִבְרֵאת, נִבְרְאוּ\נִבְרָאוּ
יִבָּרֵאוּן
נִבְרָא

פעולתם בטרם הבראם
. . . their work before they were created.
4Q215a f1ii:9

נֶגֶב\נֶגְבָּה (112) נגב — desert, south, Negev (nm and np)

רַבִּים יַעַמְדוּ עַל מֶלֶךְ הַנֶּגֶב
דָּנִיֵּאל יא, יד
Many will stand against the king of the south.
Daniel 11:14

נֶגֶב־: ---

ועלו לנגב ויבואו
And they ascended to the Negev and came.
4Q365 f32:10

נֶגֶד\נֶגְדָּה (151) נגד — in front, before, opposite, against (adv, prep)

אֶעֱשֶׂה אֶת הַדָּבָר הַזֶּה נֶגֶד כָּל יִשְׂרָאֵל
שְׁמוּאֵל ב יב, יב
I will do this thing before all of Israel.
2 Samuel 12:12

נֶגְדִּי ---

נֶגְדְּךָ\נֶגְדֶּךָ	נֶגְדְּכֶם
--- ---	
נֶגְדּוֹ	נֶגְדָּם
נֶגְדָּהּ	---

And they camped opposite the king of the Kittim* and opposite all the army of Belial.
War Scroll (1QM) 15:2

וחנו נגד מלך הכתיים* ונגד כול חיל בליעל

prince, ruler, leader, officer (nm) — נגד (44) — נָגִיד

I put you as ruler over my people, Israel.
1 Kings 14:7

וָאֶתֶּנְךָ נָגִיד עַל עַמִּי יִשְׂרָאֵל
מְלָכִים א יד, ז

נְגִידִים
נְגִיד־\נְגִד־: ---
נְגִידֵי־: ---

And he put me as leader for his people.
11Q5 28:11

וישימני נגיד לעמו

stringed music, song (nf) — נגן (14) — [נְגִינָה]

And my songs we will sing all the days of our lives.
Isaiah 38:20

וּנְגִנוֹתַי נְנַגֵּן כָּל יְמֵי חַיֵּינוּ
יְשַׁעְיָהוּ לח, כ

נְגִינוֹת\נְגִינֹת
נְגִינַת־: נְגִינָתִי, נְגִינָתָם
נְגִינוֹת־: נְגִינוֹתַי\נְגִינוֹתָי

And I was a song for rebellious ones.
Thanksgiving Hymn (1QHa) 10:13

ואני הייתי נגינה לפושעים

he uncovered, exposed, revealed (v, *niph*) — גלה (31) — נִגְלָה

Thus said the Lord, "Did I surely reveal myself to the house of your father."
1 Samuel 2:27

כֹּה אָמַר יְהוָה הֲנִגְלֹה נִגְלֵיתִי אֶל בֵּית אָבִיךָ
שְׁמוּאֵל א ב, כז

הִגָּלוֹת (נִגְלֹה\נִגְלוֹת)
נִגְלֵיתִי, נִגְלָה, נִגְלְתָה, נִגְלִינוּ, נִגְלוּ
יִגָּלֶה, תִּגָּלֶה\תִּגַּל, יִגָּלוּ
--- | --- | נִגְלוֹת
הִגָּלוּ

And your righteousness was revealed to the eyes of all your works.
Thanksgiving Hymn (1QHa) 6:27

ונגלתה צדקתך לעיני כול מעשיך

he played music [stringed instrument] (v, *piel*) נגן (14) נִגֵּן

And David took the lyre and played with his hand.
1 Samuel 16:23

וְלָקַח דָּוִד אֶת הַכִּנּוֹר וְנִגֵּן בְּיָדוֹ
שְׁמוּאֵל א טז, כג

נִגֵּן
נַגֵּן
נְנַגֵּן
מְנַגֵּן
---

he touched, struck, reached (v, *qal*) נגע (107) נָגַע

You will not touch my anointed ones.
Psalm 105:15

אַל תִּגְּעוּ בִמְשִׁיחָי
תְּהִלִּים קה, טו

נְגַע\גַּעַת | נָגְעֵךְ, נָגְעוֹ
נָגַע, נָגְעָה, נָגָעוּ | נְגַעֲנוּךָ
יִגַּע, תִּגַּע\תִּגָּע, תִּגְּעוּ\תִּגָּעוּ, יִגְּעוּ
נֹגֵעַ\נוֹגֵעַ, נֹגַעַת, נֹגְעִים, נֹגְעֹת | --- | נָגוּעַ
גַּע

He shall not touch on the pure (food) of the men of holiness.
Community Rule (1QS) 8:17

אל יגע בטהרת אנשי הקודש

blow, injury, illness, plague, disease (nm) נגע (78) נֶגַע\נָגַע

This is the law for every disease.
Leviticus 14:54

זֹאת הַתּוֹרָה לְכָל נֶגַע
וַיִּקְרָא יד, נד

נְגָעִים
נֶגַע־: נִגְעִי, נִגְעֶךָ, נִגְעוֹ
נִגְעֵי־: ---

Cleanse me, O LORD, from bad illness.
11QPs 24:12

טהרני 𐤉𐤄𐤅𐤄 מנגע רע

he struck, injured (v, *qal*) נגף (25) נָגַף

Why did the LORD strike us today?
1 Samuel 4:3

לָמָּה נְגָפָנוּ יְהוָה הַיּוֹם
שְׁמוּאֵל א ד, ג

נְגֹף (נָגֹף) | נָגְפוֹ
נָגַף, נָגְפוּ | נְגָפוֹ, נְגָפָנוּ
אֶגּוֹף\אֶגֹּף, תִּגּוֹף\תִּגֹּף, יִגֹּף | יִגְּפֵהוּ, יִגָּפֶנּוּ
נֹגֵף

God struck all sons of darkness. — נגף אל כול בני חושך
War Scroll (1QM) 3:9

he was defeated, struck down (v, *niph*) נגף (23) נִגַּף

And you will not be defeated before your enemies. — וְלֹא תִּנָּגְפוּ לִפְנֵי אֹיְבֵיכֶם
Deuteronomy 1:42 — דְּבָרִים א, מב

הִנָּגֵף (נִגּוֹף)
נִגַּף, נִגַּפְתֶּם, נִגְּפוּ\נִגָּפוּ
יִנָּגֵף, תִּנָּגְפוּ, יִנָּגְפוּ\יִנָּגֵפוּ
נִגָּף, נִגָּפִים

And when they will be defeated before them, the priests will blow the trumpet. — ובהנגפם לפניהם יתקעו הכוהנים
War Scroll (1QM) 9:3

he oppressed, required, was a taskmaster (v, *qal*) נגשׂ (19) נָגַשׂ

And an oppressor will not pass over them again. — וְלֹא יַעֲבֹר עֲלֵיהֶם עוֹד נֹגֵשׂ
Zechariah 9:8 — זְכַרְיָה ט, ח

נָגַשׂ
תִּגֹּשׂ, יִגֹּשׂ, תִּנְגְּשׂוּ
נוֹגֵשׂ\נֹגֵשׂ, נֹגְשִׂים (נֹגְשֵׂי־) | נֹגְשַׂיִךְ, נֹגְשָׂיו, נֹגְשֵׂיהֶם

And freely you will serve your taskmasters. — וחנם תעבוד נוגשיכה
4Q416 f2ii:17

he approached, drew near (v, *qal*) נגשׁ (68) [נָגַשׁ]

And the prophet approached to the king of Israel. — וַיִּגַּשׁ הַנָּבִיא אֶל מֶלֶךְ יִשְׂרָאֵל
1 Kings 20:22 — מְלָכִים א כ, כב

גֶּשֶׁת | גִּשְׁתּוֹ, גִּשְׁתְּכֶם

תִּגַּשׁ, יִגַּשׁ\יִגָּשׁ, תִּגַּשׁ, תִּגְּשׁוּ\תִּגַּשׁוּ, יִגְּשׁוּ\יִגַּשׁוּ\יִגָּשׁוּ, תִּגַּשְׁןָ

גַּשׁ\גֶּשׁ\גְּשָׁה, גְּשִׁי, גְּשׁוּ\גֹּשׁוּ

He shall not approach to [the holy] worship. — אל יגש לעבודת [הקודש]
4Q266 f5ii:6

he approached, drew near (v, *niph*) נגשׁ (17) נִגַּשׁ

הַכֹּהֲנִים הַנִּגָּשִׁים אֶל יְהוָה יִתְקַדָּשׁוּ
The priests who draw near to the LORD will consecrate themselves.
שְׁמוֹת יט, כב
Exodus 19:22

נִגַּשׁ, נִגְּשָׁה, נִגַּשְׁתֶּם, נִגְּשׁוּ

נִגָּשִׁים

ונגש הכוהן וידבר אל העם
And the priest will draw near and speak to the people.
11Q19 61:15

[נָד] (18) נוד he wandered, swayed, grieved, consoled (v, *qal*)

וָנָד תִּהְיֶה בָאָרֶץ
And a wanderer you will be on the earth.
בְּרֵאשִׁית ד, יב
Genesis 4:12

נוּד
נָדוּ
תָּנוּד\תָּנֹד, יָנוּד, תָּנֻדוּ, יָנֻדוּ
נָד
נוּדִי, נֻדוּ

מי ינוד לה
Who will grieve for her?
4Q169 f3_4iii:6

נָדָב (20) נדב Nadab (np)

וַיָּמָת נָדָב וַאֲבִיהוּא בְּהַקְרִיבָם אֵשׁ זָרָה
And Nadab and Abihu died when they offered strange fire.
בְּמִדְבַּר כו, סא
Numbers 26:61

נְדָבָה (26) נדב freewill offering, voluntary gift/action (nf)

וְהֵם הֵבִיאוּ אֵלָיו עוֹד נְדָבָה בַּבֹּקֶר בַּבֹּקֶר
And they brought to him again a freewill offering every morning.
שְׁמוֹת לו, ג
Exodus 36:3

נְדָבוֹת\נְדָבֹת
נִדְבַת־: ---
נִדְבוֹת־: נִדְבֹתֶיךָ, נִדְבֹתֵיכֶם, נִדְבוֹתָם

כולם יהיו אנשי נדבת מלחמה
All of them will be men of voluntary war service.
War Scroll (1QM) 7:5

[נָדַד] (23) נדד he fled, wandered, fluttered (v, *qal*)

And every bird of the sky fled. — וְכָל עוֹף הַשָּׁמַיִם נָדָדוּ
Jeremiah 4:25 — יִרְמְיָהוּ ד, כה

נָדַד
נָדְדָה, נָדְדוּ\נָדָ֫דוּ
יִדּוֹד, תִּדַּד, יִדֹּדוּן
נֹדֵד\נוֹדֵד, נוֹדֶדֶת, נֹדְדִים

And all who will see you will flee from you. — והיה כול רואיך ידודו ממך
4Q169 f3_4iii:2

נִדָּה (29) נדד menstruation, impurity, defilement (nf)

The one who touches the water of impurity will be unclean until evening. — וְהַנֹּגֵעַ בְּמֵי הַנִּדָּה יִטְמָא עַד הָעָרֶב
Numbers 19:21 — בְּמִדְבַּר יט, כא

נִדַּת־: נִדָּתָהּ

And in his righteousness he will purify me from human impurity. — ובצדקתו יטהרני מנדת אנוש
Community Rule (1QS) 11:14–15

נִדַּח (25) נדח he was scattered, was outcast, strayed (v, *niph*)

And all the Judeans returned from all the places which they were scattered there. — וַיָּשֻׁבוּ כָל הַיְּהוּדִים מִכָּל הַמְּקֹמוֹת אֲשֶׁר נִדְּחוּ שָׁם
Jeremiah 40:12 — יִרְמְיָהוּ מ, יב

נִדַּחְתָּ, נִדְּחָה, נִדַּחְתֶּם, נִדְּחוּ
יִדַּח
נִדָּח, נִדָּחָה\נִדַּחַת, נִדָּחִים (נִדְּחֵי־\נִדְחֵי־) | נִדַּחֲךָ, נִדְּחוֹ, נִדַּחֲכֶם, נִדָּחַי

And all my friends and the ones who know me were scattered from me. — וכול רעי ומודעי נדחו ממני
Thanksgiving Hymn (1QHa) 12:10

נָדִיב (27) נדב noble, willing, generous (adj)

Do not trust in noble ones. — אַל תִּבְטְחוּ בִנְדִיבִים
Psalm 146:3 — תְּהִלִּים קמו, ג

נָדִיב (נְדִיב־) | נְדִיבָה | נְדִיבִים (נְדִיבֵי־) | ---

נְדִיבֵמוֹ

And with noble ones he caused you to sit. — ועם נדיבים הושיבכה
4Q416 f2iii:11

נִדְמָה (11) דמה — he was destroyed, perished (v, *niph*)

At dawn, the king of Israel shall surely perish. — בַּשַּׁחַר נִדְמֹה נִדְמָה מֶלֶךְ יִשְׂרָאֵל
Hosea 10:15 — הוֹשֵׁעַ י, טו

--- (נִדְמֹה)
נִדְמֵיתִי, נִדְמֵיתָה, נִדְמָה, נִדְמוּ

נִדְמֶה

נָדַר (31) נדר — he vowed (v, *qal*)

And Israel vowed a vow to the LORD. — וַיִּדַּר יִשְׂרָאֵל נֶדֶר לַיהוָה
Numbers 21:2 — בְּמִדְבַּר כא, ב

נְדֹר
נָדַרְתִּי, נָדַרְתָּ, נָדַר\נָדָ֫ר, נָדָ֫רָה, נָדַרְנוּ, נָדְרוּ
תִּדֹּר\תִּדּוֹר, יִדֹּר\יִדַּר, תִּדֹּר, תִּדְּרוּ, יִדְּרוּ
נְדֵר
נִדְרוּ

If you vow a vow, do not delay to complete it. — אם תדור נדר לוא תאחר לשלמו
11Q19 53:11

נֶ֫דֶר\נֵ֫דֶר (60) נדר — vow (nm)

My vows I will pay to the LORD. — נְדָרַי לַיהוָה אֲשַׁלֵּם
Psalm 116:18 — תְּהִלִּים קטז, יח

נְדָרִים
נֶדֶר־\נֵדֶר־: נִדְרִי, נִדְרוֹ, נִדְרָהּ
---: נְדָרַי\נְדָרָ֫י, נְדָרֶיךָ, נְדָרָ֫יִךְ, נְדָרֶיהָ, נְדָרֵינוּ, נִדְרֵיכֶם, נִדְרֵיהֶם

And her father heard her vow. — ושמע אביה את נדרה
11Q19 53:17

נָהַג (20) נהג — he drove, led (v, *qal*)

And my heart was leading with wisdom. — וְלִבִּי נֹהֵג בַּחָכְמָה
Ecclesiastes 2:3 — קֹהֶלֶת ב, ג

נָהַג, נָהֲגוּ

יִנְהַג\יִנְהָג, יִנְהֲגוּ\יִנְהָגוּ | אֶנְהָגְךָ
נֹהֵג, נֹהֲגִים | --- | נְהוּגִים
נְהַג

He drove your flock. — את צואנכה נהֹגֹ
4Q223_224 f2i:51

נִהַג (10) נהג — he drove away, led away (v, *piel*)

The LORD will lead you away to there. — יְנַהֵג יְהוָה אֶתְכֶם שָׁמָּה
Deuteronomy 4:27 — דְּבָרִים ד, כז

נִהַגְתָּ, נִהַג
תְּנַהֵג, יְנַהֵג | יְנַהֶגְךָ, יְנַהֲגֵהוּ, יְנַהֲגֵנוּ, יְנַהֲגֵם

And Laban led away Hannah, my mother's mother. — וינהג לבן את חנה אם אמי
4Q215 f1_3:8

נִהְיָה (20) היה — it occurred, had been/become, was done (v, *niph*)

This day you have become a people for the LORD, your God. — הַיּוֹם הַזֶּה נִהְיֵיתָ לְעָם לַיהוָה אֱלֹהֶיךָ
Deuteronomy 27:9 — דְּבָרִים כז, ט

נִהְיֵיתִי, נִהְיֵיתָ, נִהְיָה, נִהְיְתָה\נִהְיָתָה

נִהְיָה

From God is the knowledge of all which is and will be. — מאל הדעות כול הווה ונהייה
Community Rule (1QS) 3:15

נֶהְפַּךְ (34) הפך — he was changed, turned, destroyed (v, *niph*)

All the waters which were in the Nile turned to blood. — וַיֵּהָפְכוּ כָּל הַמַּיִם אֲשֶׁר בַּיְאֹר לְדָם
Exodus 7:20 — שְׁמוֹת ז, כ

--- (נַהֲפוֹךְ)
נֶהְפַּכְתָּ, נֶהְפַּכְתְּ, נֶהְפַּךְ\נֶהְפָּךְ, נֶהֶפְכָה, נֶהְפְּכוּ\נֶהֶפְכוּ
תֵּהָפֵךְ, יֵהָפֵךְ, יֵהָפְכוּ
נֶהְפָּךְ, נֶהְפֶּכֶת

And my glory is turned to destruction. — והודי נהפך למשחיֹתֹ
Thanksgiving Hymn (1QHa) 13:34

river (nm)	נהר	(119)	נָהָר

Rivers lifted, O LORD; rivers lifted their voice.
Psalm 93:3

נָשְׂאוּ נְהָרוֹת יְהוָה נָשְׂאוּ נְהָרוֹת קוֹלָם
תְּהִלִּים צג, ג

נְהָרוֹת\נְהָרִים
נְהַר־: ---
נַהֲרוֹת־\נַהֲרֵי־: נַהֲרוֹתֶיךָ, נַהֲרוֹתַיִךְ, נַהֲרוֹתֶיהָ\נַהֲרֹתֶיהָ, נַהֲרֹתָם\נַהֲרוֹתָם

And he will not be sanctified in oceans and rivers.
Community Rule (1QS) 3:4–5

ולוא יתקדש בימים ונהרות

river (nm)	נהר	(15)	נְהַר\נַהֲרָה\נַהֲרָא

A river of fire flowed* and went out from before him.
Daniel 7:10

נְהַר דִּי נוּר נָגֵד* וְנָפֵק מִן קֳדָמוֹהִי
דָּנִיֵּאל ז, י

And I] passed* the seven heads of the river.
1Q20 19:12

וח]לפת* שבעת ראשי נהרא

he was destroyed, ruined, torn down (v, *niph*)	הרס	(10)	[נֶהֱרַס]

I, the LORD, built the destroyed (places).
Ezekiel 36:36

אֲנִי יְהוָה בָּנִיתִי הַנֶּהֱרָסוֹת
יְחֶזְקֵאל לו, לו

נֶהֱרָסָה, נֶהֶרְסוּ
יֵהָרֵס, תֵּהָרֵס, יֵהָרֵסוּן
נֶהֱרָסוֹת
---

he was known, revealed himself (v, *niph*)	ידע	(41)	נוֹדַע

I revealed myself to them, to their eyes, to bring them out from the land of Egypt.
Ezekiel 20:9

נוֹדַעְתִּי אֲלֵיהֶם לְעֵינֵיהֶם לְהוֹצִיאָם מֵאֶרֶץ מִצְרָיִם
יְחֶזְקֵאל כ, ט

--- | הִוָּדְעִי
נוֹדַעְתִּי, נוֹדַע, נוֹדְעָה, נֹדְעוּ
אִוָּדַע, תִּוָּדְעִי, יִוָּדַע\יִוָּדֵעַ, תִּוָּדַע
נוֹדָע

And it will not be known without your favor.
Thanksgiving Hymn (1QHa) 18:11

ולא יודע בלוא רצונכה

pasture, dwelling (nf) | נוה | (15) | [נָוֶה]\[נָאָה]

A fire consumed pastures of wilderness.
Joel 1:19

אֵשׁ אָכְלָה נְאוֹת מִדְבָּר
יוֹאֵל א, יט

נְוֹת־:---
נְאוֹת־\נְוֹת־:---

pasture, dwelling (nm) | נוה | (32) | נָוֶה

I took you from the pasture, from after the flock.
1 Chronicles 17:7

אֲנִי לְקַחְתִּיךָ מִן הַנָּוֶה מִן אַחֲרֵי הַצֹּאן
דִּבְרֵי הַיָּמִים א יז,ז

נְוֵה־: נָוְךָ, נָוֵהוּ, נְוֵהֶם, נְוֵהֶן
---

he was born (v, *niph*) | ילד | (38) | נוֹלַד

A good name is better than good oil, and the day of death (is better) than the day of his being born.
Ecclesiastes 7:1

טוֹב שֵׁם מִשֶּׁמֶן טוֹב וְיוֹם הַמָּוֶת מִיּוֹם הִוָּלְדוֹ
קֹהֶלֶת ז, א

הִוָּלֵד | הִוָּלְדוֹ, הִוָּלְדָהּ
נוֹלַד, נוֹלְדוּ
אִוָּלֵד, תִּוָּלֵד, יִוָּלֵד\יִוָּלֶד, יִוָּלְדוּ\יִוָּלֵדוּ\יִלָּדוּ
נוֹלָד\נוֹלַד, נוֹלָדִים

Behold, a son is born to Jesse, son of Perez, son of Ju[dah].
4Q522 f9ii:3

הנה בן נולד לישי בן פרץ בן יה[ודה]

Nun (np) | נון? | (30) | נוּן

And Joshua, son of Nun, was filled with a spirit of wisdom.
Deuteronomy 34:9

וִיהוֹשֻׁעַ בִּן נוּן מָלֵא רוּחַ חָכְמָה
דְּבָרִים לד, ט

he met, assembled (v, *niph*) | יעד | (19) | [נוֹעַד]

And all these kings assembled and came.
Joshua 11:5

וַיִּוָּעֲדוּ כֹּל הַמְּלָכִים הָאֵלֶּה וַיָּבֹאוּ
יְהוֹשֻׁעַ יא, ה

נוֹעַדְתִּי\נֹעַדְתִּי, נוֹעֲדוּ\נוֹעָדוּ
אִוָּעֵד, נִוָּעֵד\נִוָּעֲדָה, יִוָּעֲדוּ
נוֹעָדִים\נֹעָדִים

To the tab]le of communion they will assem[ble]. — לשול]חן יחד יועד[ו]
Community Rule (1QSa) 2:17

נוֹעַץ (22) **יעץ** he consulted, took advice, took counsel (v, *niph*)

And he consulted the children who grew up with him. — וַיִּוָּעַץ אֶת הַיְלָדִים אֲשֶׁר גָּדְלוּ אִתּוֹ
2 Chronicles 10:8 — דִּבְרֵי הַיָּמִים ב י, ח

נוֹעַץ, נוֹעֲצוּ
יִוָּעַץ\יִוָּעֵץ, נִוָּעֲצָה, יִוָּעֲצוּ
נוֹעָצִים

And together they will eat, and together they will bless, and together they will take counsel. — ויחד יואכלו ויחד יברכו ויחד יועצו
Community Rule (1QS) 6:2–3

נוּר\נוּרָא (17) **נור** fire (nm/nf)

They fell to the midst of the furnace of fire. — נְפַלוּ לְגוֹא אַתּוּן נוּרָא
Daniel 3:23 — דָּנִיֵּאל ג, כג

The troops of fire I found there*. — גדודי נורא תמה* השכח[ת
4Q529 f1:2

נוֹרָא (45) **ירא** he was feared, awe-inspiring, awesome (v, *niph*)

May they praise your great and awesome name. — יוֹדוּ שִׁמְךָ גָּדוֹל וְנוֹרָא
Psalm 99:3 — תְּהִילִּים צט, ג

תִּוָּרֵא
נוֹרָא, נוֹרָאָה, נוֹרָאוֹת\נוֹרָאֹת | נוֹרְאֹתֶיךָ

He was more feared than him. — ונורא הוא ממנו
Habakkuk Pesher (1QpHab) 3:3

נוֹשַׁע (21) **ישע** he was saved, victorious (v, *niph*)

Save me, and I will be saved because you are my praise. — הוֹשִׁיעֵנִי וְאִוָּשֵׁעָה כִּי תְהִלָּתִי אָתָּה
Jeremiah 17:14 — יִרְמְיָהוּ יז, יד

נוֹשַׁע, נוֹשַׁעְנוּ, נוֹשַׁעְתֶּם
אִוָּשֵׁעַ\אִוָּשְׁעָה, תִּוָּשְׁעִי, יִוָּשַׁע, תִּוָּשַׁע, נִוָּשֵׁעַ\נִוָּשְׁעָה, תִּוָּשְׁעוּן
נוֹשָׁע
הִוָּשְׁעוּ

ונזכרתמה לפני אלוהיכם ונושעתם מאויביכם

And you were remembered before your God, and you were saved from your enemies.
War Scroll (1QM) 10:7–8

נוֹתַר	(81)	יתר	he was left over, remained (v, *niph*)

יִוָּתְרוּ עֲשָׂרָה אֲנָשִׁים בְּבַיִת אֶחָד
עָמוֹס ו, ט

Ten men will remain in one house.
Amos 6:9

נוֹתַרְתִּי, נוֹתַר\נוֹתָר, נוֹתְרָה, נוֹתַרְתֶּם, נוֹתְרוּ\נֹתְרוּ
אִוָּתֵר, יִוָּתֵר\יִוָּתֶר, יִוָּתְרוּ
נוֹתָר\נֹתָר, נוֹתֶרֶת, נוֹתָרִים\נוֹתָרִם, נוֹתָרוֹת\נוֹתָרֹת

ואת הנותר מהמה יוכלו

And what remains from it they will eat.
11Q19 20:11

נָזִיר	(16)	נזר	Nazirite, consecrated thing or person (nm)

נְזִיר אֱלֹהִים אֲנִי מִבֶּטֶן אִמִּי
שׁוֹפְטִים טז ,יז

A Nazirite of God I have been from the womb of my mother.
Judges 16:17

נְזִרִים
נְזִיר־:---
---: נְזִירֶךָ, נְזִירֶיהָ\נְזִרֶיהָ

[נִזְכַּר]	(19)	זכר	he was remembered (v, *niph*)

וְנִכְרְתֶנּוּ מֵאֶרֶץ חַיִּים וּשְׁמוֹ לֹא יִזָּכֵר עוֹד
יִרְמְיָהוּ יא, יט

And let us cut him off from the land of the living, and his name will be remembered no more.
Jeremiah 11:19

--- | הִזָּכֶרְכֶם
נִזְכַּרְתֶּם
תִּזָּכְרִי, יִזָּכֵר, תִּזָּכֵר, יִזָּכְרוּ, תִּזָּכַרְנָה\תִּזָּכַרְןָ
נִזְכָּרִים

ופשעי אל יזכרו לי

And may my sins not be remembered to me.
11Q5 24:11

it flowed, trickled, dripped (v, *qal*)	נזל	(15)	[נָזַל]

And clouds will drip righteousness. — וּשְׁחָקִים יִזְּלוּ צֶדֶק
Isaiah 45:8 — יְשַׁעְיָהוּ מה, ח

נָזְלוּ
יִזַּל, תִּזַּל, יִזְּלוּ
נוֹזְלִים\נֹזְלִים | נֹזְלֵיהֶם
---

ring, earring, nose-ring (nm)	זמם\נזם?	(17)	נֶ֫זֶם

And give to me, each man, a ring of his loot. — וּתְנוּ לִי אִישׁ נֶזֶם שְׁלָלוֹ
Judges 8:24 — שׁוֹפְטִים ח ,כד

נְזָמִים
נֶזֶם־: נִזְמָהּ
נִזְמֵי־:---

consecration, dedication, crown (nm)	נזר	(25)	נֵ֫זֶר

And I took the crown which was on his head. — וָאֶקַּח הַנֵּזֶר אֲשֶׁר עַל רֹאשׁוֹ
2 Samuel 1:10 — שְׁמוּאֵל ב א ,י

נֵזֶר־: נִזְרֶךָ, נִזְרוֹ
---

he rested (v, *qal*)	נוח	(28)	[נָח]

The spirit of Elijah rested on Elisha. — נָחָה רוּחַ אֵלִיָּהוּ עַל אֱלִישָׁע
2 Kings 2:15 — מְלָכִים ב ב, טו

נוֹחַ\נוּחַ | נֻחֹה
נַחְתִּי, נָחָה, נָחוּ
תָּנוּחַ, יָנוּחַ\יָנַח, תָּנוּחַ\תָּנַח, יָנוּחוּ

And the sixth day, the ark rested. — ויום הששי נחה התבה
4Q252 1:9–10

Noah (np)	נוח?	(46)	נֹחַ

And Noah found favor in the eyes of the LORD. — וְנֹחַ מָצָא חֵן בְּעֵינֵי יְהוָה
Genesis 6:8 — בְּרֵאשִׁית ו, ח

And Noah [open]ed the window of the ark. — ו[יפ]תח נוח את חלון התבה
4Q252 1:13

he was hidden, hid himself (v, *niph*) **חבא** (19) **נֶחְבָּא\נֶחְבָּה**

And I feared because I was naked, and I hid myself.
Genesis 3:10

וָאִירָא כִּי עֵירֹם אָנֹכִי וָאֵחָבֵא
בְּרֵאשִׁית ג, י

הֵחָבֵא\הֵחָבֵה
נַחְבֵּאתָ, נֶחְבָּא\נֶחְבָּה, נַחְבֵּתֶם, נֶחְבְּאוּ\נֶחְבָּאוּ
אֵחָבֵא, תֵּחָבֵא, יֵחָבְאוּ
נֶחְבָּא, נֶחְבְּאִים
---

he led (v, *qal*) **נחה** (11) **[נָחָה]**

LORD, lead me in your righteousness.
Psalm 5:8

יְהוָה נְחֵנִי בְצִדְקָתֶךָ
תְּהִילִים ה, ט

נָחִיתָ | נָחַנִי, נָחֲךָ, נָחָם

נְחֵה | נְחֵנִי

Nahor (np) **---** (18) **נָחוֹר**

And Abram and Nahor took wives for themselves.
Genesis 11:29

וַיִּקַּח אַבְרָם וְנָחוֹר לָהֶם נָשִׁים
בְּרֵאשִׁית יא, כט

copper, bronze (nf) **נחש** (10) **נְחוּשָׁה\נְחֻשָׁה**

Your horn I will put iron, and your hoofs I will put bronze.
Micah 4:13

קַרְנֵךְ אָשִׂים בַּרְזֶל וּפַרְסֹתַיִךְ אָשִׂים נְחוּשָׁה
מִיכָה ד ,יג

[And] he will put your horns iron and your hoofs bronze.
Community Rule (1QSb) 5:26

[ו]ישם קרניכה ברזל ופרסותיכה נחושה

he took possession, inherited (v, *qal*) **נחל** (30) **נָחַל**

You will inherit in the land which the LORD, your God, is giving to you.
Deuteronomy 19:14

תִּנְחַל בָּאָרֶץ אֲשֶׁר יְהוָה אֱלֹהֶיךָ נֹתֵן לְךָ
דְּבָרִים יט, יד

נְחֹל
נָחַלְתִּי, נָחַלְתָּ, נָחַל, נְחַלְתֶּם, נָחֲלוּ | נְחַלְתָּנוּ
תִּנְחַל\תִּנְחָל, יִנְחַל, נִנְחַל, יִנְחֲלוּ\יִנְחָלוּ | יִנְחָלוּהָ, יִנְחָלוּם

תנחל שמחה
You will inherit joy.
4Q416 f2iii:7

נִחַל (10) חלל he was profaned, defiled (v, *niph*)

וָאֵחַל בְּתוֹכָם
And I will be profaned in your midst.
יְחֶזְקֵאל כב, כו
Ezekiel 22:26

הֵחֵל | הֵחַלּוֹ
נִחַלְתָּ, נִחָל, נִחֲלוּ
אֵחַל, יֵחָל, תֵּחֵל

נַ֫חַל\נָ֫חַל (137) נחל stream, river, wadi, flashflood (nm)

כָּל הַנְּחָלִים הֹלְכִים אֶל הַיָּם
All streams go to the sea.
קֹהֶלֶת א, ז
Ecclesiastes 1:7

נְחָלִים\נַחֲלַיִם
נַחַל־: ---
נַחֲלֵי־: נְחָלֶיהָ

ודמעתי כנחלי מים
And my tears are like rivers of water.
Thanksgiving Hymn (1QHa) 17:5

[נֶחֱלָה] (10) חלה he was sick, exhausted, severely wounded (v, *niph*)

אֶת הַנַּחְלוֹת לֹא חִזַּקְתֶּם
The sick ones you did not strengthen.
יְחֶזְקֵאל לד, ד
Ezekiel 34:4

נֶחֱלֵיתִי, נֶחְלוּ

נַחֲלָה\נַחְלָה, נַחְלוֹת

נַחֲלָה\נַחֲלַת (221) נחל inheritance, property (nf)

וַיְהִי נַחֲלָתָם בְּתוֹךְ נַחֲלַת בְּנֵי יְהוּדָה
And their inheritance was in the midst of the inheritance of the sons of Judah.
יְהוֹשֻׁעַ יט, א
Joshua 19:1

נְחָלוֹת\נְחָלֹת
נַחֲלַת־: נַחֲלָתִי, נַחֲלָתְךָ\נַחֲלָתֶךָ, נַחֲלָתוֹ, נַחֲלָתֵנוּ, נַחֲלַתְכֶם, נַחֲלָתָם, נַחֲלָתָן

מלא ארצכה כבוד ונחלתכה ברכה
Fill your land with glory and your inheritance with blessing.
War Scroll (1QM) 12:12

he was sorry, comforted, had compassion (v, *niph*)	נחם	(48)	נִחַם

I was sorry for the evil which I did to you.
Jeremiah 42:10

נִחַמְתִּי אֶל הָרָעָה אֲשֶׁר עָשִׂיתִי לָכֶם
יִרְמְיָהוּ מב, י

נִחַמְתִּי\נִחָמְתִּי, נִחַם\נִחָם, נִחַמְתֶּם
אֶנָּחֵם, יִנָּחֵם\יִנָּחֵם, יִנָּחֲמוּ
נִחָם
הִנָּחֵם

And I am sorry about my former sin.
Thanksgiving Hymn (1QHa) 17:13

ואנחמה על פשע ראשון

he comforted, consoled (v, *piel*)	נחם	(51)	נִחַם

Comfort, comfort my people your God says.
Isaiah 40:1

נַחֲמוּ נַחֲמוּ עַמִּי יֹאמַר אֱלֹהֵיכֶם
יְשַׁעְיָהוּ מ, א

נִחַם | נִחֲמֻנִי, נִחַמְךָ, נִחֲמוֹ
נִחַם, נִחֲמוּ | נִחַמְתִּים, נִחַמְתָּנִי
יְנַחֵם, יְנַחֲמוּ\יְנַחֲמוּן | אֲנַחֶמְךָ, אֲנַחֶמְכֶם, תְּנַחֲמֵנִי, יְנַחֲמֵנִי, תְּנַחֲמֵנִי, תְּנַחֲמֶנּוּ, תְּנַחֲמוּנִי, יְנַחֲמֻנִי
מְנַחֵם, מְנַחֲמִים (מְנַחֲמֵי־) | מְנַחֶמְכֶם
נַחֲמוּ

As a man whose mother comforts him, thus he will comfort them.
4Q434 f2:6

כאיש אשר אמו תנחמנו כן ינחמם

he practiced divination, foretold (v, *piel*)	נחש	(11)	נִחֵשׁ

A man who is like me will surely practice divination.
Genesis 44:15

נַחֵשׁ יְנַחֵשׁ אִישׁ אֲשֶׁר כָּמֹנִי
בְּרֵאשִׁית מד, טו

--- (נַחֵשׁ)
נִחַשְׁתִּי, נִחֵשׁ
יְנַחֵשׁ, תְּנַחֲשׁוּ, יְנַחֲשׁוּ\יְנַחֵשׁוּ
מְנַחֵשׁ
---

snake, serpent (nm)	נחש	(31)	נָחָשׁ

And Moses made a snake of bronze and put it on the pole.
Numbers 21:9

וַיַּעַשׂ מֹשֶׁה נְחַשׁ נְחֹשֶׁת וַיְשִׂמֵהוּ עַל הַנֵּס
בְּמִדְבַּר כא, ט

נְחָשִׁים

נְחַשׁ־:---

And Dan will be a sna[ke on the road].	ויהי דן נח[ש עלי דרך]
4Q254 f5_6:4	

bronze, copper (nm)	נחש	(9)	נְחָשׁ\נְחָשָׁא

And they praised gods of gold and silver, bronze, iron, wood, and stone.	וְשַׁבַּחוּ לֵאלָהֵי דַּהֲבָא וְכַסְפָּא נְחָשָׁא פַּרְזְלָא אָעָא וְאַבְנָא
Daniel 5:4	דָּנִיֵּאל ה, ד

He brou]ght out vessels of bronze.	הנ]פק* מׄני נחשא
TAD A3 9:5	

he was thought, considered, reckoned (v, *niph*)	חשב	(30)	נֶחְשַׁב

Silver was not considered as anything in the days of Solomon.	אֵין כֶּסֶף נֶחְשָׁב בִּימֵי שְׁלֹמֹה לִמְאוּמָה
2 Chronicles 9:20	דִּבְרֵי הַיָּמִים ב ט, כ

נֶחְשַׁבְתִּי, נֶחְשַׁב, נֶחְשַׁבְנוּ, נֶחְשְׁבוּ\נֶחְשָׁבוּ
יֵחָשֵׁב, תֵּחָשֵׁב\תֵּחָשֶׁב, יֵחָשְׁבוּ
נֶחְשָׁב

And it will be reckoned to you for righteousness when you do the right.	ונחשבה לך לצדקה בעשותך הישר
4Q398 f14_17ii:7	

Nahshon (np)	נחש	(10)	נַחְשׁוֹן

And the prince of the sons of Judah was Nahshon, son of Amminadab.	וְנָשִׂיא לִבְנֵי יְהוּדָה נַחְשׁוֹן בֶּן עַמִּינָדָב
Numbers 2:3	בְּמִדְבַּר ב, ג

bronze, copper (nm and nf)	נחש	(139)	נְחֹשֶׁת

And in his hand were vessels of silver, vessels of gold, and vessels of bronze.	וּבְיָדוֹ הָיוּ כְּלֵי כֶסֶף וּכְלֵי זָהָב וּכְלֵי נְחֹשֶׁת
2 Samuel 8:10	שְׁמוּאֵל ב ח, י

נְחֻשְׁתַּיִם
---: נְחָשְׁתִּי, נְחֻשְׁתָּהּ, נְחֻשְׁתָּם

And they overlaid it with bronze. — ויצפו אותו נחושת
4Q365 f12a_bii:9

he was broken, dismayed, terrified (v, *niph*) חתת (29) **[נֵחַת]**

Do not be afraid and do not be dismayed. — לֹא תִירָא וְלֹא תֵחָת
Deuteronomy 31:8 — דְּבָרִים לא, ח

אֵחַתָּה, תֵּחַת\תֵּחָת, יֵחַת\יֵחָת, תֵּחָת, תֵּחַתּוּ\תֵּחָתּוּ, יֵחַתּוּ

---

he stretched out, reached, bowed, turned (v, *qal*) נטה (136) **נָטָה**

And the donkey turned from the road. — וַתֵּט הָאָתוֹן מִן הַדֶּרֶךְ
Numbers 22:23 — בְּמִדְבַּר כב, כג

נְטוֹת\נְטֹת | נְטֹתִי, נְטוֹתוֹ
נָטִיתִי\נָטִתִי, נָטִיתָ, נָטָה, נָטְתָה, נָטוּ\נָטָיוּ
תֵּט, יִטֶּה\יֵט\יֶט, תִּטֶּה\תֵּט, נִטֶּה, יִטּוּ
נֹטֶה\נוֹטֶה | נוֹטֵיהֶם | נָטוּי, נְטוּיָה, נטוּוֹת
נְטֵה

And you stretched out the heavens for your glory. — ואתה נטיתה שמים לכבודכה
Thanksgiving Hymn (1QHa) 9:11–12

he was defiled, was unclean (v, *niph*) טמא (18) **נִטְמָא**

I am not defiled; after the Baals I have not walked. — לֹא נִטְמֵאתִי אַחֲרֵי הַבְּעָלִים לֹא הָלַכְתִּי
Jeremiah 2:23 — יִרְמְיָהוּ ב, כג

נִטְמֵאתִי, נִטְמֵאת, נִטְמָא, נִטְמְאָה\נִטְמָּאָה, נִטְמֵאתֶם\נִטְמֵתֶם, נִטְמְאוּ

נִטְמְאִים

It will be holy and pure from anything, any unclean thing they will be unclean with it. — תֹּהיה קודש וטהורה מכול דבר לכול טמאה אשר יטמאו בה
11Q19 47:4–5

he planted (v, *qal*) נטע (57) **נָטַע**

I built for myself houses; I planted for myself vineyards. — בָּנִיתִי לִי בָּתִּים נָטַעְתִּי לִי כְּרָמִים
Ecclesiastes 2:4 — קֹהֶלֶת ב, ד

נְטוֹעַ\נְטֹעַ\טַעַת
נָטַעְתִּי, נָטַּעְתָּ, נָטַע\נָטָע, נָטְעָה\נָטְעָ, נְטַעְתֶּם, נָטְעוּ | נְטַעְתִּיךָ, נְטַעְתִּיו\נְטַעְתִּיהוּ, נְטַעְתִּים, נְטַעְתָּם
תִּטַּע, תִּטְעִי, יִטַּע, תִּטָּעוּ, יִטְּעוּ | תִּטָּעֶהָ, תִּטָּעֵמוֹ, תִּטָּעֵם, יִטָּעֵהוּ
נוֹטֵעַ\נֹטֵעַ, נֹטְעִים | נָטוּעַ, נְטוּעִים
נִטְּעוּ

ויטע ל̇[נ]ו̇ בחירו בארץ — And he planted [us], his chosen one, in the land.
4Q374 f2ii:5

נָטַשׁ	(33)	נטש	he left, abandoned, forsook, permitted (v, *qal*)

לֹא יִטֹּשׁ יְהוָה עַמּוֹ — The LORD will not abandon his people.
תְּהִלִּים צד, יד — *Psalm 94:14*

נָטַשְׁתִּי, נָטַשְׁתָּ\נָטַשְׁתָּה, נָטַשְׁתְּ, נָטַשׁ | נְטַשְׁתִּיךָ, נְטַשְׁתַּנִי, נְטַשְׁתָּה, נְטָשָׁנוּ
תִּטֹּשׁ, יִטֹּשׁ\יִטּוֹשׁ, תִּטֹּשׁ, נִטֹּשׁ | תִּטְּשֵׁנִי, יִטְּשֵׁנוּ, יִטְּשֶׁהוּ
--- | --- | נְטוּשָׁה, נְטֻשִׁים
נְטוֹשׁ

ולוא יטושנה בעוני — And do not forsake it in affliction.
4Q525 f2ii+3:5

נִיחֹחַ\נִיחֹוחַ	(43)	נוח	pleasantness, something soothing (nm)

וַיָּרַח יְהוָה אֶת רֵיחַ הַנִּיחֹחַ — And the LORD smelled a fragrance of pleasantness.
בְּרֵאשִׁית ח ,כא — *Genesis 8:21*

---: נִיחֹחִי, נִיחֹחֲכֶם
---: נִיחוֹחֵיהֶם

ת]ק̇טיר̇ הכול על המזבח אשה ריח ניחוח לפני האלהים — You] will burn everything on the altar of fire, a fragrance of pleasantness before God.
4Q220 f1:5

נִינְוֵה\נִינְוֵה	(17)	---	Nineveh (np)

וַיַּאֲמִינוּ אַנְשֵׁי נִינְוֵה בֵּאלֹהִים — And the people of Nineveh believed in God.
יוֹנָה ג ,ה — *Jonah 3:5*

נִכְבַּד	(30)	כבד	he was honored, was glorified (v, *niph*)

וְנִכְבַּדְתִּי בְּתוֹכֵךְ וְיָדְעוּ כִּי אֲנִי יְהוָה — And I was honored in your midst and they knew that I am the LORD.
יְחֶזְקֵאל כח, כב — *Ezekiel 28:22*

--- | הִכָּבְדִי
נִכְבַּדְתִּי, נִכְבַּדְתָּ\נִכְבָּדְתָּ, נִכְבַּד

אֶכָּבֵד\אֶכָּבְדָה\אִכָּבְדָה\אִכָּבֵ֫דָה
נִכְבָּד, נִכְבָּדִים (נִכְבַּדֵּי־), נִכְבָּדוֹת | נִכְבַּדֶּיהָ, נִכְבְּדֵיהֶם
הִכָּבֵד

ולפי דעתם יכבדו איש מרעהו

And according to their knowledge will a man be honored more than his friend.
Thanksgiving Hymn (1QHa) 18:29–30

[נָכוֹן]	(68)	כון	it was fixed, ready, established, enduring, right (v, *niph*)

לֹא נָכוֹן לַעֲשׂוֹת כֵּן
שְׁמוֹת ח, כב

It is not right to do so.
Exodus 8:26

נָכוֹנָה, נָכוֹנוּ\נָכֹנוּ
תִּכּוֹן, יִכּוֹן, תִּכּוֹן\תִּכֹּן, יִכֹּנוּ
נָכוֹן (נְכוֹן־), נְכוֹנָה, נְכֹנִים
הִכּוֹן\הִכֹּן

ומחשבת לבכה תכון לנצח

And the thoughts of your heart will endure forever.
Thanksgiving Hymn (1QHa) 12:14

נֹ֫כַח	(25)	נכח	opposite of, in front of (prep)

וַיָּשֶׂם אֶת הַמְּנֹרָה בְּאֹהֶל מוֹעֵד נֹכַח הַשֻּׁלְחָן
שְׁמוֹת מ, כד

And he put the lamp in the tent of meeting opposite the table.
Exodus 40:24

נִכְחוֹ

ושנים שערים לו֯ מצפונו ומדרומו זה נוכח זה

And two gates are to it from its north and south, this opposite this.
11Q19 33:10

נִכְחַד	(11)	כחד	he was hidden, cut off, destroyed (v, *niph*)

וְכָל דָּבָר לֹא יִכָּחֵד מִן הַמֶּלֶךְ
שְׁמוּאֵל ב יח, יג

And not a thing will be hidden from the king.
2 Samuel 18:13

נִכְחַד, נִכְחָ֫דוּ
תִּכָּחֵד, יִכָּחֵד, תִּכָּחֵד
נִכְחֶדֶת, נִכְחָדוֹת

מ]ה היא חכמה נכחדת

What is hidden wisdom?
4Q300 f1aii_b:4–5

he was humiliated, put to shame (v, *niph*) כלם (26) **[נִכְלַם]**

Do not fear for you will not be ashamed; do not be humiliated.
Isaiah 54:4

אַל תִּירְאִי כִּי לֹא תֵבוֹשִׁי וְאַל תִּכָּלְמִי
יְשַׁעְיָהוּ נד, ד

הִכָּלֵם
נִכְלַמְתִּי\נִכְלָמְתִּי, נִכְלַמְתְּ, נִכְלְמוּ
תִּכָּלְמִי, תִּכָּלֵם, תִּכָּלְמוּ, יִכָּלְמוּ
נִכְלָם, נִכְלָמִים, נִכְלָמוֹת
הִכָּלְמוּ

he was subdued, humbled himself (v, *niph*) כנע (25) **נִכְנַע**

And the sons of Israel were humbled at that time.
2 Chronicles 13:18

וַיִּכָּנְעוּ בְּנֵי יִשְׂרָאֵל בָּעֵת הַהִיא
דִּבְרֵי הַיָּמִים ב יג, יח

הִכָּנַע | הִכָּנְעוֹ
נִכְנַע, נִכְנְעוּ\נִכְנָעוּ
תִּכָּנַע, יִכָּנַע, תִּכָּנַע, יִכָּנְעוּ\יִכָּנֵעוּ

With our humbled heart we atoned for our sins.
4Q504 f1_2Rvi:5

נכנע לבנו רצינו את עווננו

foreigner (nm) נכר (36) **נֵכָר**

How will we sing the song of the LORD on land of a foreigner?
Psalm 137:4

אֵיךְ נָשִׁיר אֶת שִׁיר יְהוָה עַל אַדְמַת נֵכָר
תְּהִילִים קלז ,ד

נֵכַר־: ---

One may not send the son of a foreigner to do his desire on the Sabbath day.
Damascus Document (CD) 11:2

אל ישלח את בן הנכר לעשות את חפצו
ביום השבת

foreign (adj) נכר (45) **נָכְרִי**

A stranger I was in a foreign land.
Exodus 2:22

גֵּר הָיִיתִי בְּאֶרֶץ נָכְרִיָּה
שְׁמוֹת ב ,כב

נָכְרִי | נָכְרִיָּה | נָכְרִים | נָכְרִיּוֹת

You will not put over you a foreign man who is not your brother.
11Q19 56:15

לוא תתן עליכה איש נוכרי אשר לוא אחיכה הוא

נִכְרַת (73) כרת he was cut off, was exterminated (v, *niph*)

וּרְשָׁעִים מֵאֶרֶץ יִכָּרֵתוּ
And wicked ones will be cut off from the land.
מִשְׁלֵי ב, כב
Proverbs 2:22

הִכָּרֵת
נִכְרַתָּ, נִכְרַת\נִכְרָ֫ת, נִכְרְתָה\נִכְרָ֫תָה, נִכְרְתוּ\נִכְרָ֫תוּ
יִכָּרֵת\יִכָּ֫רֶת, תִּכָּרֵת, יִכָּרְתוּ\יִכָּרֵ֫תוּ\יִכָּרֵתוּן

ונכרת מתוך כול בני אור
And he was cut off from the midst of all sons of light.
Community Rule (1QS) 2:16

נִכְשַׁל (23) כשל he stumbled, fell (v, *niph*)

כַּסּוּס בַּמִּדְבָּר לֹא יִכָּשֵׁלוּ
Like the horse in the wilderness, they will not stumble.
יְשַׁעְיָהוּ סג, יג
Isaiah 63:13

--- | (בְ)כָשְׁלוֹ, הִכָּשְׁלָם
נִכְשַׁל, נִכְשְׁלוּ\נִכְשָׁ֫לוּ
תִּכָּשֵׁל, יִכָּ֫שֶׁל, יִכָּשְׁלוּ\יִכָּשֵׁ֫לוּ
נִכְשָׁל, נִכְשָׁלִים

וגבורי חיל נכשלו בם
And mighty ones of strength stumbled with them.
Damascus Document (CD) 2:17

[נִכְתַּב] (17) כתב it was written, recorded (v, *niph*)

וַיִּכָּתֵב סֵפֶר זִכָּרוֹן לְפָנָיו
And a book of remembrance was written before him.
מַלְאָכִי ג, טז
Malachi 3:16

יִכָּתֵב, תִּכָּ֫תֶב, יִכָּתֵ֫בוּ\יִכָּתְבוּן
נִכְתָּב

ויכתבו אוהבים לאל
And they were recorded as lovers/friends to God.
Damascus Document (CD) 3:3–4

נִלְאָה (10) לאה he was weary, tired (v, *niph*)

וְנִלְאוּ מִצְרַיִם לִשְׁתּוֹת מַיִם מִן הַיְאֹר
And Egypt was tired of drinking water from the Nile.
שְׁמוֹת ז, יח
Exodus 7:18

נִלְאֵתִי, נִלְאֵת, נִלְאָה, נִלְאוּ

נִלְוָה (11) לוה he joined (v, *niph*)

וְנִלְווּ גוֹיִם רַבִּים אֶל יְהוָה בַּיּוֹם הַהוּא
זְכַרְיָה ב, טו

And many nations will join to the LORD on that day.
Zechariah 2:15

נִלְוָה, נִלְווּ
יִלָּוֶה, יִלָּווּ
נִלְוִים

יגילו בניך בקרבך וידידיך אליך נלוו

Your sons will rejoice in your midst, and your friends have joined you.
11Q5 22:7

נִלְחַם (167) לחם he fought, went to battle (v, *niph*)

וְלֹא תִלָּחֲמוּ עִם אֲחֵיכֶם
דִּבְרֵי הַיָּמִים ב יא, ד

And you will not fight with your brothers.
2 Chronicles 11:4

הִלָּחֵם\הִלָּחֶם (נִלְחֹם) | הִלָּחֲמוּ
נִלְחַמְתִּי, נִלְחַמְתָּ, נִלְחַם\נִלְחָם, נִלְחַמְנוּ, נִלְחַמְתֶּם, נִלְחֲמוּ\נִלְחָמוּ
יִלָּחֵם\יִלָּחֶם, תִּלָּחֵם, נִלָּחֵם\נִלָּחֲמָה, תִּלָּחֲמוּ\תִּלָּחֲמוּן, יִלָּחֲמוּ | יִלָּחֲמוּנִי
נִלְחָם, נִלְחָמִים
הִלָּחֵם\הִלָּחֶם, הִלָּחֲמוּ

יצא בחמה גדולה להלחם במלכי הצפון

He went out in great anger to fight with the kings of the north.
War Scroll (1QM) 1:4

נִלְכַּד (36) לכד he was captured, trapped, taken by lot (v, *niph*)

נִלְכַּדְתָּ בְּאִמְרֵי פִיךָ
מִשְׁלֵי ו, ב

You were trapped with the words of your mouth.
Proverbs 6:2

נִלְכַּדְתָּ, נִלְכַּדְתְּ, נִלְכַּד, נִלְכְּדָה, נִלְכְּדוּ\נִלְכָּדוּ
תִּלָּכֵדִי, יִלָּכֵד\יִלָּכֶד, תִּלָּכֵד, יִלָּכְדוּ\יִלָּכֵדוּ\יִלָּכְדוּן
נִלְכָּד

תלכד בשפתותיכׄה

You will be trapped by your lips.
4Q525 f14ii:27

he was taken, captured (v, *niph*) | **לקח** | (10) | **נִלְקַח**

What should I do for you before I will be taken from you?
2 Kings 2:9

מָה אֶעֱשֶׂה לָּךְ בְּטֶרֶם אֶלָּקַח מֵעִמָּךְ
מְלָכִים ב ב, ט

הִלָּקַח | הִלָּקְחוּ
נִלְקַח\נִלְקָח, נִלְקָחָה
אֶלָּקַח, תִּלָּקַח

Not one in Ephraim will be taken.
4Q460 f9i:9

לוא לאחד באפרים ילקח

he was moved, was shaken (v, *niph*) | **מוט** | (22) | **[נָמוֹט]**

And a root of righteous ones will not be moved.
Proverbs 12:3

וְשֹׁרֶשׁ צַדִּיקִים בַּל יִמּוֹט
מִשְׁלֵי יב, ג

נָמוֹטוּ
אֶמּוֹט, יִמּוֹט, תִּמּוֹט, יִמּוֹטוּ

And all who enter it will not be moved.
Thanksgiving Hymn (1QHa) 14:30

וכול באיה בל ימוטו

he was circumcised (v, *niph*) | **מול** | (19) | **נִמּוֹל**

Be circumcised to the LORD, and remove the foreskin of your heart.
Jeremiah 4:4

הִמֹּלוּ לַיהוָה וְהָסִרוּ עָרְלוֹת לְבַבְכֶם
יִרְמְיָהוּ ד, ד

הִמּוֹל\הִמֹּל | הִמֹּלוּ
נִמּוֹל, נִמַּלְתֶּם, נִמֹּלוּ
יִמּוֹל, יִמֹּלוּ
נִמּוֹלִים
הִמֹּלוּ

Therefore, Abraham was circumcised on the day of his knowledge.
Damascus Document (CD) 16:5

על כן נימול אברהם ביום דעתו

he was sold, sold himself (v, *niph*) | **מכר** | (19) | **נִמְכַּר**

Behold, in your transgressions you were sold.
Isaiah 50:1

הֵן בַּעֲוֹנֹתֵיכֶם נִמְכַּרְתֶּם
יְשַׁעְיָהוּ נ, א

--- | הִמָּכְרוּ

נִמְכַּר, נִמְכַּרְנוּ, נִמְכַּרְתֶּם, נִמְכְּרוּ
יִמָּכֵר, תִּמָּכֵר, יִמָּכְרוּ
נִמְכָּרִים

And it was sold without price. | ונמכר בלוא מחיר
1Q27 f1ii:6

he was filled (v, *niph*) | **מלא (36)** | **נִמְלָא**

And the streets of the city will be full of boys and girls. | וּרְחֹבוֹת הָעִיר יִמָּלְאוּ יְלָדִים וִילָדוֹת
Zechariah 8:5 | זְכַרְיָה ח, ה

נִמְלָא
אִמָּלְאָה, תִּמָּלְאִי\תִּמָּלֵאִי, יִמָּלֵא, תִּמָּלֵא, יִמָּלְאוּ\יִמָּלְאוּן

The earth will be filled to know the glory of the Lord. | תמלא הארץ לדעת את כבוד יהוה
Habakkuk Pesher (1QpHab) 10:14

he escaped, slipped away, fled (v, *niph*) | **מלט (63)** | **נִמְלַט**

And one who walks in wisdom, he will escape. | וְהוֹלֵךְ בְּחָכְמָה הוּא יִמָּלֵט
Proverbs 28:26 | מִשְׁלֵי כח, כו

הִמָּלֵט (הִמָּלֵט)
נִמְלַטְתִּי\נִמְלָטְתִּי, נִמְלַט\נִמְלָט, נִמְלְטָה, נִמְלָטְנוּ, נִמְלְטוּ\נִמְלָטוּ
אִמָּלֵט\אִמָּלְטָה, תִּמָּלֵט, יִמָּלֵט, תִּמָּלֵט, נִמָּלֵט, יִמָּלְטוּ\יִמָּלֵטוּ
נִמְלָט, נִמְלָטָה
הִמָּלֵט, הִמָּלְטִי

And the ones who held on escaped to the land of the north. | והמחזיקים נמלטו לארץ צפון
Damascus Document (CD) 7:13–14

he melted (v, *niph*) | **מסס (19)** | **נָמֵס**

And the heart of the people melted and became water. | וַיִּמַּס לְבַב הָעָם וַיְהִי לְמָיִם
Joshua 7:5 | יְהוֹשֻׁעַ ז, ה

--- (הִמֵּס)
נָמֵס\נָמָס, נָמַסּוּ
יִמַּס\יִמָּס, יִמַּסּוּ
נָמֵס

And the mountains melted.
Kuntillet Ajrud 15:1

And a melting heart is for a door of hope. — ולב נמס לפתח תקוה
War Scroll (1QM) 11:9

he was found, discovered (v, *niph*) מצא (141) **נִמְצָא**

On lips of one who is wise will wisdom be found. — בְּשִׂפְתֵי נָבוֹן תִּמָּצֵא חָכְמָה
Proverbs 10:13 — מִשְׁלֵי י, יג

הִמָּצֵא | הִמָּצְאוֹ
נִמְצֵאתִי, נִמְצֵאת, נִמְצָא, נִמְצְאוּ\נִמְצָֽאוּ
יִמָּצֵא, תִּמָּצֵא, תִּמָּצְאִי, יִמָּצְאוּ\יִמָּצְאוּן, תִּמָּצֶאינָה
נִמְצָא, נִמְצָאָה, נִמְצְאִים\נִמְצָאִים, נִמְצָאוֹת | נִמְצָאַיִךְ

And lies will not be found on my lips. — וכזבים לוא ימצאו בשפתי
Community Rule (1QS) 10:22

he fled, escaped (v, *qal*) נוס (154) **נָס**

The sea saw and fled. — הַיָּם רָאָה וַיָּנֹס
Psalm 114:3 — תְּהִלִּים קיד, ג

נוּס\נֻס (נֹס) | נֻסְךָ, נוּסָם\נֻסָם
נַסְתִּי, נַסְתָּה, נָס, נָסָה, נַסְנוּ, נַסְתֶּם, נָסוּ
אָנוּסָה, תָּנוּס, יָנוּס\יָנֻס\יָנֹס, תָּנֹס, נָנוּס\נָנוּסָה, תָּנוּסוּ\תָּנֻסוּ\תְּנוּסוּן, יָנוּסוּ\יָנֻסוּ\יְנוּסוּן
נָס, נָסִים
נֻסוּ

On a horse we will flee. — על סוס ננוס
4Q163 f23ii:5

banner, sign, flag (nm) נוס (21) **נֵס**

Lift up a banner in the land; blow a trumpet among the nations. — שְׂאוּ נֵס בָּאָרֶץ תִּקְעוּ שׁוֹפָר בַּגּוֹיִם
Jeremiah 51:27 — יִרְמְיָהוּ נא ,כז

---: נִסִּי

And you will put me (as a) banner for the chosen of righteousness. — ותשימני נס לבחירי צדק
Thanksgiving Hymn (1QHa) 10:15

he surrounded, went around, turned (v, *niph*)	סבב	(20)	נָסַב

And they surrounded us and cut off our name from the earth.
Joshua 7:9

וְנָסַבּוּ עָלֵינוּ וְהִכְרִיתוּ אֶת שְׁמֵנוּ מִן הָאָרֶץ
יְהוֹשֻׁעַ ז, ט

נָסַב, נָסְבָה\נָסֵבָּה, נָסַבּוּ
יִסַּבּוּ

---

he tried, tested (v, *piel*)	נסה	(36)	נִסָּה

Please test your servants for ten days.
Daniel 1:12

נַס נָא אֶת עֲבָדֶיךָ יָמִים עֲשָׂרָה
דָּנִיֵּאל א, יב

נַסּוֹת | נִסִּתְךָ\נִסְּךָ, נִסּוֹתוֹ\נַסֹּתוֹ, נַסֹּתָם
נִסִּיתִי, נִסָּה, נִסְּתָה, נִסִּיתֶם | נִסִּיתוֹ, נִסָּהוּ, נִסּוּנִי
אֲנַסֶּה, תְּנַסּוּ\תְּנַסּוּן, יְנַסּוּ | אֲנַסְּכָה, אֲנַסֶּנּוּ, יְנַסֵּם
מְנַסֶּה
נַס | נַסֵּנִי

A man tried to read a letter to me.
Lachish 3:9

נסה איש לקרא לי ספר

You tested him at Massah*.
4Q175 1:15

נסיתו במסה*

he turned back, fled, was unfaithful (v, *niph*)	סוג	(14)	נָסוֹג

Our heart did not turn back.
Psalm 44:18

לֹא נָסוֹג אָחוֹר לִבֵּנוּ
תְּהִלִּים מד, יט

--- (נָסוֹג)
נְסוּגֹתִי, נָסוֹג\נָשׂוֹג, נָסֹגוּ
יִסַּג, יִסֹּגוּ
נְסוֹגִים

And the ones who turned back they delivered to the sword.
Damascus Document (CD) 8:1

והנסוגים הסגירו לחרב

drink offering (nm)	נסך	(60)	נֶסֶךְ\נֵסֶךְ

And wine you will offer for a drink offering.
Numbers 15:10

וְיַיִן תַּקְרִיב לַנֶּסֶךְ
בְּמִדְבַּר טו, י

נְסָכִים

נֶסֶךְ־: נִסְכּוֹ\נִסְכֹּה, נִסְכָּהּ
---: נְסָכֶיהָ, נִסְכֵּיהֶם\נִסְכֵּהֶם

ו[הביאות]מה יין חדש לנסך
And [you will br]ing new wine for a drink offering.
11Q19 19:14

נִסְלַח (13) סלח — he was forgiven (v, *niph*)

וְנִסְלַח לוֹ מֵחַטָּאתוֹ אֲשֶׁר חָטָא
And it will be forgiven him from his sin which he sinned.
Leviticus 19:22
וַיִּקְרָא יט, כב

נִסְלַח

ויכפר בו על כול עם הקהל ונסלח להמה
And he will atone with it over all the people of the assembly and it will be forgiven them.
1Q19 26:9–10

נָסַע (136) נסע — he set out, journeyed, pulled up (v, *qal*)

וַיִּסְעוּ בְנֵי יִשְׂרָאֵל וַיָּבֹאוּ אֶל עָרֵיהֶם
And the sons of Israel set out and came to their cities.
Joshua 9:17
יְהוֹשֻׁעַ ט, יז

נְסֹעַ (נָסוֹעַ) | נָסְעָם
נָסַע, נָסְעוּ\נָסָעוּ
יִסַּע, נִסַּע\נִסעָה, תִּסְעוּ, יִסְעוּ\יִסָּעוּ | יִסָּעֵם
נֹסֵעַ, נֹסְעִים
סְעוּ

[ו]יראו והנה מצרים נסעים אחריהמ[ה
[And] they saw, and behold Egyptians are journeying after th[em.
4Q365 f5:1

[נִסְתַּר] (30) סתר — he was hidden, hid himself (v, *niph*)

נִסְתְּרָה דַרְכִּי מֵיְהוָה
My way was hidden from the LORD.
Isaiah 40:27
יְשַׁעְיָהוּ מ, כז

הִסָּתֵר
נִסְתַּרְתִּי, נִסְתַּרְתָּ, נִסְתָּר, נִסְתְּרָה\נִסְתָּרָה, נִסְתָּרנוּ, נִסְתְּרוּ
אֶסָּתֵר, תִּסָּתֵר, יִסָּתֵר, נִסָּתֵר, תִּסָּתְרוּ, יִסָּתְרוּ
נִסְתָּר, נִסְתָּרִים, נִסְתָּרוֹת
הִסָּתֵר

And trouble was not hidden from my eyes. — ולא נסתר עמל מעיני
Thanksgiving Hymn (1QHa) 19:22

he shook, swayed, wandered, staggered (v, *qal*) נוע (25) [נָע]

And his heart and the heart of his people shook like the shaking of trees of a forest. — וַיָּנַע לְבָבוֹ וּלְבַב עַמּוֹ כְּנוֹעַ עֲצֵי יַעַר
Isaiah 7:2 — יְשַׁעְיָהוּ ז, ב

נוּעַ\נוֹעַ (נוֹעַ)
נָעוּ
יָנַע, תָּנוּעַ, יָנוּעוּ\יָנֻעוּ\ יְנוּעוּן
נָע, נָעוֹת
---

youth (nm pl) נער (46) נְעוּרִים

Like arrows in a hand of a warrior, thus are sons of youth. — כְּחִצִּים בְּיַד גִּבּוֹר כֵּן בְּנֵי הַנְּעוּרִים
Psalm 127:4 — תְּהִלִּים קכז, ד

נְעוּרִים

---: נְעוּרַי\נְעֻרַי\נְעוּרָי\נְעֻרָי, נְעוּרֶיךָ\נְעֻרֶיךָ, נְעוּרַיִךְ\נְעוּרָיִךְ\נְעוּרָיְכִי, נְעוּרָיו\נְעֻרָיו, נְעוּרֶיהָ\נְעֻרֶיהָ, נְעוּרֵינוּ, נְעוּרֵיהֶם, נְעוּרֵיהֶן

The sin of my youth put far from me. — חטאת נעורי הרחק ממני
11Q5 24:11

pleasant, lovely, delightful (adj) נעם (13) נָעִים

Behold, how good and how pleasant is brothers dwelling also together. — הִנֵּה מַה טּוֹב וּמַה נָּעִים שֶׁבֶת אַחִים גַּם יָחַד
Psalm 133:1 — תְּהִלִּים קלג, א

נָעִים (נְעִים־) | --- | נְעִימִים\נְעִמִים\נְעִימִם | נְעִמוֹת

And every tree is pleasant. — וכל עץ נעים
4Q423 f1_2i:1

sandal, shoe (nf) נעל (22) נַעַל\נַעַל

Our garments and our sandals wore out from the very long road/journey. — שַׂלְמוֹתֵינוּ וּנְעָלֵינוּ בָּלוּ מֵרֹב הַדֶּרֶךְ מְאֹד
Joshua 9:13 — יְהוֹשֻׁעַ ט, יג

נַעֲלַיִם\נְעָלִים\נְעָלוֹת
---: נַעֲלִי, נַעַלְךָ, נַעֲלוֹ
---: נְעָלֶיךָ, נְעָלָיו, נְעָלֵינוּ, נַעֲלֵיכֶם

he was taken up, brought up, exalted (v, *niph*) עלה (18) נַעֲלָה

And if the cloud will not be taken up, they would not journey.
Exodus 40:37

וְאִם לֹא יֵעָלֶה הֶעָנָן וְלֹא יִסְעוּ
שְׁמוֹת מ, לז

הֵעָלוֹת | הֵעָלֹתוֹ
נַעֲלֵיתָ, נַעֲלָה
יֵעָלֶה, תֵּעָלוּ, יֵעָלוּ

הֵעָלוּ

And the deeds of David were exalted, except the blood of Uriah.
Damascus Document (CD) 5:5

ויעלו מעשי דויד מלבד דם אוריה

he was hidden, concealed, was crafty (v, *niph*) עלם (11) נֶעְלָם

There was not a thing hidden from the king.
1 Kings 10:3

לֹא הָיָה דָבָר נֶעְלָם מִן הַמֶּלֶךְ
מְלָכִים א י, ג

נֶעְלַם, נֶעֶלְמָה

נֶעְלָם, נַעֲלָמָה, נַעֲלָמִים

And in the council of crafty ones you did not put my statute.
Thanksgiving Hymn (1QHa) 15:37

ובסוד נעלמים לא שמתה חוקי

Naomi (np) נעם (21) נָעֳמִי

And Naomi took the child and set him on her lap.
Ruth 4:16

וַתִּקַּח נָעֳמִי אֶת הַיֶּלֶד וַתְּשִׁתֵהוּ בְחֵיקָהּ
רוּת ד, טז

Naaman (np) נעם (16) נַעֲמָן

And Naaman, a commander of the army of the king of Aram, was a great man.
2 Kings 5:1

וְנַעֲמָן שַׂר צְבָא מֶלֶךְ אֲרָם הָיָה אִישׁ גָּדוֹל
מְלָכִים ב ה, א

he was restrained, stopped (up) (v, *niph*) עצר (10) [נֶעֱצַר]

And he stood between the dead and the living, and the plague was stopped.
Numbers 16:48

וַיַּעֲמֹד בֵּין הַמֵּתִים וּבֵין הַחַיִּים וַתֵּעָצַר הַמַּגֵּפָה
בְּמִדְבַּר יז, יג

הֵעָצֵר

נֶעֶצָ֫רָה
תֵּעָצַר
נֶעְצָר

נַ֫עַר (240) נער boy, young man, servant (nm)

וַיִּשְׁמַע אֱלֹהִים אֶת קוֹל הַנַּעַר
בְּרֵאשִׁית כא, יז

And God heard the voice of the young man.
Genesis 21:17

נְעָרִים
נַעַר־: נַעַרְךָ, נַעֲרוֹ, נַעֲרָהּ
נַעֲרֵי־: נְעָרַי\נְעָרַ֫י, נְעָרֶיךָ, נְעָרָיו, נְעָרֶיהָ, נְעָרֵינוּ, נַעֲרֵיהֶם

אני נער בטרם תעיתי

I am a young man; previously I erred.
11Q5 21:11

נַעֲרָה\נַעֲרָ (63) נער girl, young woman, maid (nf)

וַיְבַקְשׁוּ נַעֲרָה יָפָה בְּכֹל גְּבוּל יִשְׂרָאֵל
מְלָכִים א א, ג

And they sought a beautiful young woman in all the border of Israel.
1 Kings 1:3

נְעָרוֹת

נַעֲרוֹת־: נַעֲרֹתַי\נַעֲרֹתָי, נַעֲרוֹתֶיךָ, נַעֲרוֹתָיו, נַעֲרֹתֶיהָ\נַעֲרוֹתֶיהָ

ולנערה לוא תעשו דבר

And to the young women you will not do anything.
11Q19 66:6

נַעֲשָׂה (99) עשה it was done, made (v, *niph*)

בִּדְבַר יְהוָה שָׁמַיִם נַעֲשׂוּ
תְּהִלִּים לג, ו

With the word of the LORD heavens were made.
Psalm 33:6

הֵעָשׂוֹת
נַעֲשָׂה, נֶעֶשְׂתָה\נֶעֱשָׂתָה, נַעֲשׂוּ
יֵעָשֶׂה, תֵּעָשֶׂה\תֵּעָשׂ, יֵעָשׂוּ, תֵּעָשֶׂינָה
נַעֲשֶׂה, נַעֲשִׂים, נַעֲשׂוֹת

הסוכות נעשות עליהמה בכול שנה ושנה

The booths are made around them every year.
11Q19 42:12

[נָפוֹץ] (16) פוץ he was scattered, dispersed (v, *niph*)

רָאִיתִי אֶת כָּל יִשְׂרָאֵל נְפוֹצִים עַל הֶהָרִים כַּצֹּאן
דִּבְרֵי הַיָּמִים ב יח, טז

I saw all of Israel scattered on the mountains like sheep.
2 Chronicles 18:16

נָפוּצָה, נְפוּצוֹתֶם\נְפוּצוֹתֶם\נְפֹצוֹתֶם\נְפֹצֹתֶם, נָפֹצוּ

נָפֹצֶית, נְפוֹצִים\נְפֹצִים, --- (נְפֻצוֹת־)
---

he fell, fell upon, collapsed (v, *qal*) **נפל** (367) **נָפַל\נָפָל**

Fear of the Jews fell on them. — נָפַל פַּחַד הַיְּהוּדִים עֲלֵיהֶם
Esther 8:17 — אֶסְתֵּר ח, יז

נְפֹל\נְפוֹל\נְפֹל (נָפוֹל) | נָפְלוּ\נִפְלוּ, נִפְלָם
נָפַלְתִּי, נָפַלְתָּ\נָפָלְתָּ\נָפַלְתָּה, נָפַל\נָפָל, נָפְלָה\נָפָלָה, נְפַלְתֶּם, נָפְלוּ\נָפָלוּ
אֶפֹּל\אֶפְּלָה\אֶפֹּלָה, תִּפּוֹל\תִּפֹּל, יִפֹּל\יִפּוֹל\יִפָּל\יִפּוֹל, תִּפֹּל\תִּפּוֹל\תִּפָּל, נִפְּלָה, תִּפֹּלוּ, תִּפֹּלְנָה, יִפְּלוּ\
    יִפֹּלוּ, תִּפֹּלְנָה
נֹפֵל\נוֹפֵל, נֹפֶלֶת, נֹפְלִים
נִפְלוּ

And you raised fallen ones with your strength. — ואתה הקימותה נופלים בעוזכה
War Scroll (1QM) 14:10–11

he fell (v, *peal*) **נפל** (11) **נְפַל**

Then King Nebuchadnezzar fell on his face. — בֵּאדַיִן מַלְכָּא נְבוּכַדְנֶצַּר נְפַל עַל אַנְפּוֹהִי
Daniel 2:46 — דָּנִיֵּאל ב, מו

נְפַל, נְפַלוּ\נְפַלְוּ
יִפֵּל\יִפֶּל, תִּפְּלוּן
נָפְלִין

And I fell on my face. — ואנה נפֿלת על אנפי
4Q531 f14:3

it was wonderful, miraculous, difficult (v, *niph*) **פלא** (57) **[נִפְלָא]**

Remember his miracles which he did. — זִכְרוּ נִפְלְאוֹתָיו אֲשֶׁר עָשָׂה
Psalm 105:5 — תְּהִילִּים קה, ה

נִפְלֵיתִי, נִפְלָאת, נִפְלְאַתָה, נִפְלְאוּ
יִפָּלֵא
נִפְלֵאת, נִפְלָאִים, נִפְלָאוֹת\נִפְלָאֹת (נִפְלְאוֹת־) | נִפְלְאֹתָי, נִפְלְאוֹתֶיךָ\נִפְלְאֹתֶיךָ, נִפְלְאוֹתָיו\נִפְלְאֹתָיו

I will recount your wonders. — אספרה נפלאותיכה
Thanksgiving Hymn (1QHa) 18:23

he smashed (v, *piel*) נפץ (15) נִפֵּץ

Like a vessel of a potter you smash them. — כִּכְלִי יוֹצֵר תְּנַפְּצֵם

Psalm 2:9 — תְּהִלִּים ב, ט

נַפֵּץ
נִפַּצְתִּי, נִפֵּץ | נִפַּצְתִּים
יְנַפֵּצוּ | תְּנַפְּצֵם

---

he went out, came out (v, *peal*) נפק (6) נְפַק

He went out to kill* the wise men of Babylon. — נְפַק לְקַטָּלָה* לְחַכִּימֵי בָבֶל

Daniel 2:14 — דָּנִיֵּאל ב, יד

נְפַק, נֶפְקַת, נְפַקוּ

נִפֻּק, נִפְקִין
פֻּקוּ

From my house, my anger went out. — מן ביתי נפקת חמתי

TAD C1 1:140

I, Noah, went out and walked in the land. — אֲנָה נֹוח נפקת והלכת בארעא

1Q20 11:11

he was missed, summoned, punished (v, *niph*) פקד (21) נִפְקַד

Surely, if he will be missing, it will be your life for his life. — אִם הִפָּקֵד יִפָּקֵד וְהָיְתָה נַפְשְׁךָ תַּחַת נַפְשׁוֹ

1 Kings 20:39 — מְלָכִים א כ, לט

--- (הִפָּקֵד)
נִפְקַדְתָּ, נִפְקַד
תִּפָּקֵד, יִפָּקֵד\יִפָּקֶד, תִּפָּקֵד, יִפָּקְדוּ\יִפָּקֵדוּ

All of them will be summoned by their names. — יפקדו כלם בשמותיהם

Damascus Document (CD) 14:3

he was separated, divided (v, *niph*) פרד (12) [נִפְרַד]

The nations were divided on the earth after the flood. — נִפְרְדוּ הַגּוֹיִם בָּאָרֶץ אַחַר הַמַּבּוּל

Genesis 10:32 — בְּרֵאשִׁית י, לב

הִפָּרֵד
נִפְרְדוּ\נִפְרָדוּ

יִפָּרֵד, יִפָּרְדוּ\יִפָּרֵ֫דוּ
נִפְרָד, נִפְרָדִים
הִפָּ֫רֵד

When the two houses of Israel were divided . . . — בהפרד שני בתי ישראל
Damascus Document (CD) 7:12

breath, soul, life, throat, neck (nf) — נפש — (754?) — נֶ֫פֶשׁ\נָ֫פֶשׁ

And you will love the LORD your God with all your heart, with all your soul, and with all your strength. — וְאָהַבְתָּ אֵת יְהוָה אֱלֹהֶיךָ בְּכָל לְבָבְךָ וּבְכָל נַפְשְׁךָ וּבְכָל מְאֹדֶךָ
Deuteronomy 6:5 — דְּבָרִים ו, ה

נְפָשׁוֹת\נְפָשֹׁת\נְפָשִׁים
נֶפֶשׁ-: נַפְשִׁי\נַפְשִׁו, נַפְשְׁךָ\נַפְשֶׁךָ, נַפְשֵׁךְ, נַפְשׁוֹ, נַפְשָׁהּ\נַפְשָׁו, נַפְשֵׁנוּ, נַפְשְׁכֶם, נַפְשָׁם
נַפְשׁוֹת-\נַפְשֹׁת-: נַפְשֹׁתֵינוּ\נַפְשׁוֹתֵינוּ, נַפְשֹׁתֵיכֶם\נַפְשׁוֹתֵיכֶם\נַפְשֹׁתֵכֶם, נַפְשֹׁתָם\נַפְשׁוֹתָם

And you, my God, helped a poor soul. — ואתה אלי עזרתה נפש עני
Thanksgiving Hymn (1QHa) 10:36

he was opened, loosened, freed (v, *niph*) — פתח — (18) — נִפְתַּח

The heavens were opened and I saw visions of God. — נִפְתְּחוּ הַשָּׁמַיִם וָאֶרְאֶה מַרְאוֹת אֱלֹהִים
Ezekiel 1:1 — יְחֶזְקֵאל א, א

הִפָּתֵחַ
נִפְתַּח, נִפְתְּחוּ\נִפְתָּ֫חוּ
יִפָּתַח\יִפָּ֫תֵחַ, תִּפָּתַח, יִפָּתְחוּ, תִּפָּתַחְנָה
נִפְתָּח

A fountain for eternal blessing was opened. — נפתח מקור לברכת עד
4Q434 f2:4

Naphtali (np) — פתל? — (51) — נַפְתָּלִי

Naphtali is one satisfied with favor and full of the LORD's blessing. — נַפְתָּלִי שְׂבַע רָצוֹן וּמָלֵא בִּרְכַּת יְהוָה
Deuteronomy 33:23 — דְּבָרִים לג, כג

he stood, was appointed, was set (v, *niph*) — נצב\יצב — (50) — נִצַּב

The LORD is forever; your word is set in the heaven. — לְעוֹלָם יְהוָה דְּבָרְךָ נִצָּב בַּשָּׁמָיִם
Psalm 119:89 — תְּהִלִּים קיט, פט

נִצַּבְתָּ, נִצְּבָה\נִצָּבָה, נִצְּבוּ

נִצָּב, נִצֶּבֶת, נִצָּבִים\נִצָּיבִים, נִצָּבוֹת

And all the people are standing around [you]. — וכול העם נצבים עׄל[יך]
4Q365 f7ii:3

[נִצַּח] (64) נצח — he directed, oversaw (v, *piel*)

For the director; for the servant of the LORD; for David. — לַמְנַצֵּחַ לְעֶבֶד יְהוָה לְדָוִד
Psalm 36 superscription — תְּהִלִּים לו, א

נַצֵּחַ

מְנַצֵּחַ, מְנַצְּחִים

And the priests shout to direct a battle. — והכוהנים מריעים לנצח מלחמה
War Scroll (1QM) 9:2

נֵ֫צַח\נֶ֫צַח (43) נצח — glory, everlastingness, eternity (nm);

Why have you forgotten us forever? — לָמָּה לָנֶצַח תִּשְׁכָּחֵנוּ
Lamentations 5:20 — אֵיכָה ה, כ

נְצָחִים
נֵצַח־: נִצְחִי

As the LORD lives if a man tried to read to me a book . . . never! — 𐤇𐤉𐤄𐤅𐤄 𐤀𐤌 𐤍𐤎𐤄 𐤀𐤉𐤔 𐤋𐤒𐤓𐤀 𐤋𐤉 𐤎𐤐𐤓 𐤋𐤍𐤑𐤇
Lachish 3:9–10

They will write on their signs: Salvation of God, Glory of God, Help of God. — יכתובו על אותותם ישועות אל נצח אל עזר אל
War Scroll (1QM) 4:13

[נִצַּל] (15) נצל — he was saved, was rescued, saved himself (v, *niph*)

A mighty man will not be saved with greatness of strength. — גִּבּוֹר לֹא יִנָּצֵל בְּרָב כֹּחַ
Psalm 33:16 — תְּהִלִּים לג, טז

הִנָּצֵל
נִצַּלְנוּ

אִנָּצְלָה, תִּנָּצֵל, תִּנָּצְלִי, יִנָּצֵל, תִּנָּצֵל, יִנָּצְלוּ, יִנָּצְלוּ\יִנָּצֵלוּ

הִנָּצֵל

The one rescued from this will be seized with that. — והניצל מזה יתפש בזה
Damascus Document (CD) 4:18–19

he kept, preserved (v, *qal*) נצר (61) [נָצַר]

Keep, my son, the commandment of your father. — נְצֹר בְּנִי מִצְוַת אָבִיךָ
Proverbs 6:20 — מִשְׁלֵי ו, כ

נְצֹר (נָצוֹר)
נָצַ֫רְתִּי, נָצְרוּ | נְצַרְתֶּם
אֶצֹּר\אֶצְּרָה\אֶצֳּרָה, תִּצֹּר, יִצֹּר, תִּצֹּר, יִנְצֹּרוּ\יִצְּרוּ | אֶצָּרְךָ, אֶצְּרֶנָּה, תִּצְּרֵנִי\תִּנְצְרֵנִי, תִּצְּרֵנוּ, יִצְּרֶנְהוּ,
תִּצְּרֶךָ\תִּנְצְרֶ֫כָּה, יִצְּרוּנִי, יִנְצְרֻהוּ
נֹצֵר\נוֹצֵר, נֹצְרִים\נוֹצְרִים (נֹצְרֵי־) | נֹצְרָהּ | נָצוּר, נְצוּרָה (נְצֻרַת־), --- (נְצוּרֵי־), נְצֻרוֹת
נְצֹר\נִצְרָה | נִצְרֶהָ

And you preserved your law before me. — ותנצור תורתכה לפני
4Q436 f1a+bi:4

he pierced, fixed, slandered (v, *qal*) נקב (13) [נָקַב]

And a slanderer of the name of the LORD will surely be put to death. — וְנֹקֵב שֵׁם יְהוָה מוֹת יוּמָת
Leviticus 24:16 — וַיִּקְרָא כד, טז

--- | נְקָבוֹ
נָקַבְתָּ | נְקָבָהּ
תִּקֹּב, יִנְקָב\יִקֹּב | יִקֳּבֶ֫נּוּ
נֹקֵב | --- | נָקוּב, --- (נְקֻבֵי־)
נָקְבָה

woman, female (nf) נקב (22) נְקֵבָה

In the image of God he created him; male and female he created them. — בְּצֶלֶם אֱלֹהִים בָּרָא אֹתוֹ זָכָר וּנְקֵבָה בָּרָא אֹתָם
Genesis 1:27 — בְּרֵאשִׁית א, כז

And the foundation of creation he created them male and female. — ויסוד הבריאה זכר ונקבה ברא אותם
Damascus Document (CD) 4:21

he was gathered, assembled (v, *niph*) קבץ (31) [נִקְבַּץ]

Gather and listen, O sons of Jacob!
Genesis 49:2

הִקָּבְצוּ וְשִׁמְעוּ בְּנֵי יַעֲקֹב
בְּרֵאשִׁית מט, ב

הִקָּבֵץ
נִקְבְּצוּ\נִקְבָּ֫צוּ
תִּקָּבֵץ, תִּקָּבְצוּ, יִקָּבְצוּ
נִקְבָּצִים | נִקְבָּצָיו
הִקָּבְצוּ

[נִקְבַּר] (39) קבר he was buried (v, *niph*)

Where you die, I will die; there I will be buried.
Ruth 1:17

בַּאֲשֶׁר תָּמוּתִי אָמוּת וְשָׁם אֶקָּבֵר
רוּת א, יז

אֶקָּבֵר, תִּקָּבֵר, יִקָּבֵר, תִּקָּבֵר, יִקָּבֵ֫רוּ

נִקְדַּשׁ (11) קדשׁ he was dedicated, showed oneself holy (v, *niph*)

And the holy God showed himself holy in righteousness.
Isaiah 5:16

וְהָאֵל הַקָּדוֹשׁ נִקְדָּשׁ בִּצְדָקָה
יְשַׁעְיָהוּ ה, טז

--- | הִקָּדְשִׁי
נִקְדַּשְׁתִּי, נִקְדַּשׁ
אֶקָּדֵשׁ, יִקָּדֵשׁ

Your showed yourself holy among your people.
4 Q504 f1_2Riv:9

נקדשתה בתוך עמכה

נִקָּה (25) נקה he was free, clean, blameless, unpunished (v, *niph*)

A witness of lies will not go unpunished.
Proverbs 19:5

עֵד שְׁקָרִים לֹא יִנָּקֶה
מִשְׁלֵי יט, ה

הִנָּקֵה
נִקֵּיתִי, נִקִּיתָ, נִקָּה, נִקְּתָה
תִּנָּקֶה, יִנָּקֶה, תִּנָּקוּ

הִנָּקִי

The one close to them will not be clean.
Damascus Document (CD) 5:14

הקרוב אליהם לא ינקה

[נִקָּה] (18) נקה he acquitted, left unpunished (v, *piel*)

וְנַקֵּה לֹא אֲנַקֶּךָּ
יִרְמְיָהוּ ל, יא

I will surely not acquit you!
Jeremiah 30:11

נַקֵּה
נִקֵּיתִי
יְנַקֶּה | אֲנַקֶּךָּ, תְּנַקֵּנִי, תְּנַקֵּהוּ

--- | נַקֵּנִי

תנْקה עד משפט

You will leave unpunished until judgment.
4Q512 f29_32:20

[נִקְהַל] (19) קהל he was assembled, gathered (v, *niph*)

וַתִּקָּהֵל הָעֵדָה אֶל פֶּתַח אֹהֶל מוֹעֵד
וַיִּקְרָא ח, ד

And the congregation was assembled to the opening of the tent of meeting.
Leviticus 8:4

הִקָּהֵל
נִקְהֲלוּ
יִקָּהֵל, תִּקָּהֵל, יִקָּהֲלוּ
נִקְהָלִים

וחיל כול הגוים הْנקהלים

The army of all the nations which are gathered.
War Scroll (1QM) 19:10

נָקִי\נָקִיא (43) נקה clean, innocent, free (adj)

וַיִּשְׁפְּכוּ דָם נָקִי דַּם בְּנֵיהֶם וּבְנוֹתֵיהֶם
תְּהִלִּים קו, לח

And they poured innocent blood, blood of their sons and their daughters.
Psalm 106:38

נָקִי\נָקִיא (נְקִי־) | --- | נְקִיִּים\נְקִיִּם | ---

ואל תתן דם נקי בקרב עמכה ישראל

And do not give innocent blood in the midst of your people, Israel.
11Q19 63:7

נָקַל\נָקֵל\נָקֹל (11) קלל he was insignificant, swift, light (v, *niph*)

וְנָקַל זֹאת בְּעֵינֵי יְהוָה
מְלָכִים ב ג, יח

And this was insignificant in the eyes of the LORD.
2 Kings 3:18

נְקַלֹּתִי, נָקַל\נָקֵל\נָקֹל
יֵקַלּוּ

נְקַלָּה

Your pursuers will be swift. — יקלו רודפיכמה
4Q163 f23ii:6

he took vengeance, avenged (v, *qal*) נקם (13) [נָקַם]

For he will avenge the blood of his servants. — כִּי דַם עֲבָדָיו יִקּוֹם
Deuteronomy 32:43 — דְּבָרִים לב, מג

נְקֹם (נָקֹם)
--- | נְקָמַנִי
תִּקֹּם, יִקּוֹם\יִקֹּם
נֹקֵם, נֹקֶמֶת
נְקֹם

He takes vengeance toward his adversaries. — נוקם הוא לצריו
Damascus Document (CD) 9:5

he took revenge, suffered vengeance (v, *niph*) נקם (12) [נִקַּם]

Take vengeance on her; as she did, do to her. — הִנָּקְמוּ בָהּ כַּאֲשֶׁר עָשְׂתָה עֲשׂוּ לָהּ
Jeremiah 50:15 — יִרְמְיָהוּ נ, טו

הִנָּקֵם
נִקַּמְתִּי, נִקְמוּ
אִנָּקְמָה, יִנָּקֵם, יִנָּקְמוּ

הִנָּקֵם, הִנָּקְמוּ

vengeance (nm) נקם (17) נָקָם

And he put on garments of vengeance. — וַיִּלְבַּשׁ בִּגְדֵי נָקָם
Isaiah 59:17 — יְשַׁעְיָהוּ נט, יז

נְקַם־: ---

(There is) a judgment to return, vengeance to the masters of iniquity. — משפט להשיב נקם לבעלי און
4Q418 f126ii:6

vengeance (nf) נקם (27) נְקָמָה

You saw all their vengeance, all their plots toward me. — רָאִיתָה כָּל נִקְמָתָם כָּל מַחְשְׁבֹתָם לִי
Lamentations 3:60 — אֵיכָה ג, ס

נְקָמוֹת\נְקָמֹת
נִקְמַת־: נִקְמָתִי, נִקְמָתְךָ, נִקְמָתֵךְ, נִקְמָתֵנוּ, נִקְמָתָם

May he lift the face of his anger for your vengeance.
Community Rule (1QS) 2:9

ישא פני אפו לנקמתכה

נִקְרָא (62) **קרא** he was called, proclaimed, summoned (v, *niph*)

I have not been called to come to the king.
Esther 4:11

וַאֲנִי לֹא נִקְרֵאתִי לָבוֹא אֶל הַמֶּלֶךְ
אֶסְתֵּר ד, יא

נִקְרֵאתִי, נִקְרָא, נִקְרְאָה, נִקְרָ֫אוּ
יִקָּרֵא, תִּקָּרֶ֫אוּ, יִקָּרְאוּ
נִקְרָא, נִקְרָאִים

On the name of the God of Israel they will be called.
4Q387 f3:4

על שם אלהי ישראל יקראו

נֵר (44) **נור** lamp, light (nm)

A lamp to my foot is your word.
Psalm 119:105

נֵר לְרַגְלִי דְבָרֶ֫ךָ
תְּהִלִּים קיט, קה

נֵרוֹת\נֵרֹת
נֵר־: נֵרִי\נִירִי, נֵרוֹ, נֵרָהּ
נֵרֹת־: נֵרֹתֶיהָ, נֵרֹתֵיהֶם

T]hey will light all its lamps.
11Q19 9:12

י]אירו כול נרותיה

נֵר (16) **נור?** Neṛ (np)

Abner son of Ner came to the king and he sent him away and he left in peace.
2 Samuel 3:23

בָּא אַבְנֵר בֶּן נֵר אֶל הַמֶּלֶךְ וַיְשַׁלְּחֵהוּ וַיֵּלֶךְ בְּשָׁלוֹם
שְׁמוּאֵל ב ג, כג

נִרְאָה (101) **ראה** he was seen, appeared (v, *niph*)

From afar the LORD appeared to me.
Jeremiah 31:3

מֵרָחוֹק יְהוָה נִרְאָה לִי
יִרְמְיָהוּ לא, ג

הֵרָאֹה\הֵרָאוֹת\(לֵ)רָאוֹת | הֵרָאוֹתוֹ\הֵרָאֹתוֹ
נִרְאָה, נִרְאֲתָה, נִרְאוּ
אֵרָאֶה\אֵרָא, יֵרָאֶה\יֵרָא, תֵּרָאֶה, יֵרָאוּ
נִרְאֶה, נִרְאָה
הֵרָאֵה

And your glory will appear there. — וכבודכה יראה שם
4Q369 f1ii:3

נִרְפָּא (17) **רפא** he was healed, made fresh, repaired (v, *niph*)

Heal me, O Lord, and I will be healed! — רְפָאֵנִי יְהוָה וְאֵרָפֵא
Jeremiah 17:14 — יִרְמְיָהוּ יז, יד

הֵרָפֵא\הֵרָפֵה
נִרְפָּא, נִרְפָּתָה, נִרְפְּאוּ
אֵרָפֵא, תֵּרָפֵא, תֵּרָפְאוּ, יֵרָפְאוּ\יֵרָפוּ

And if he will be healed from it, they will watch him for seven years. — ואם ירפא ממנה ושמרוהו עד שבע שנים
Damascus Document (CD) 12:5

נָשָׂא (598?) **נשא** he lifted, carried, took, forgave (v, *qal*)

I lifted my hand [i.e., swore] to give it to your fathers. — נָשָׂאתִי אֶת יָדִי לְתִתָּהּ לַאֲבֹתֵיכֶם
Ezekiel 47:14 — יְחֶזְקֵאל מז, יד

שְׂאֵת\שֵׂאת\נְשֹׂא\נְשׂוֹא\מַשְׂאוֹת (נָשֹׂא\נָשׂוֹא) | שְׂאֵתִי\נָשְׂאִי, שְׂאֵתוֹ
נָשָׂאתִי, נָשָׂאתָ\נָשָׂאתָה, נָשָׂא, נָשְׂאָה, נְשָׂאתֶם, נָשְׂאוּ\נָשָׂאוּ\נָשֻׂא\נָשׂוּ | נְשָׂאתַנִי, נְשָׂאתִים, נְשָׂאֲךָ, נְשָׂאוֹ, נְשָׂאַתְנִי
אֶשָּׂא, תִּשָּׂא, תִּשְׂאִי, יִשָּׂא, תִּשָּׂא, נִשָּׂא, תִּשְׂאוּ, תִּשָּׂאוּ\תִּשָּׂאוּ\תִּשָּׂאוּן, תִּשֶּׂאינָה, יִשְׂאוּ\יִשָּׂאוּ, תִּשֶּׂאנָה\תִּשֶּׂנָה | אֶשָּׂאֶנּוּ, תִּשָּׂאֵנִי, יִשָּׂאֵנִי, יִשָּׂאֲךָ, יִשָּׂאֵהוּ, יִשָּׂאֶנָּה\יִשָּׂאֶהָ, יִשָּׂאֵם, תִּשָּׂאֵנִי, תִּשָּׂאֵהוּ, תִּשָּׂאֵם, יִשָּׂאוּנְךָ, יִשָּׂאֻהוּ, יִשָּׂאֻנוּ, יִשָּׂאוּם\יִשָּׂאֻם
נֹשֵׂא (נֹשֵׂא־\נוֹשֵׂא\נֹשֵׂאי־), נֹשֵׂאת, נֹשְׂאִים (נֹשְׂאֵי־\נוֹשְׂאֵי־), נֹשְׂאוֹת\נֹשְׂאת | --- | נָשׂוּא\נְשֻׂא (נְשׂוּי), נְשֻׂאִים
שָׂא\נְשָׂא, שְׂאִי, שְׂאוּ | שָׂאֵהוּ, שָׂאוּנִי

And a wife he will not take from all the daughters of the nations. — ואשה לוא ישא מכול בנות הגויים
11Q19 57:15–16

נִשָּׂא (33) **נשא** he was lifted up, carried, exalted (v, *niph*)

On a mountain, high and lifted up, you put your bed. — עַל הַר גָּבֹהַּ וְנִשָּׂא שַׂמְתְּ מִשְׁכָּבֵךְ
Isaiah 57:7 — יְשַׁעְיָהוּ נז, ז

הִנָּשֵׂא (נִשֵּׂאת?) | הִנָּשְׂאָם
נִשָּׂא
אֶנָּשֵׂא, יִנָּשֵׂא, תִּנָּשֵׂאוּ, יִנָּשְׂאוּ\יִנָּשֵׂאוּ\יִנָּשׂוּא, תִּנָּשֶׂאנָה
נִשָּׂא, נִשָּׂאָה\נִשֵּׂאת, נִשָּׂאִים, נִשָּׂאוֹת
הִנָּשֵׂא, הִנָּשְׂאוּ

Every valley will be lifted up. | כול גיא ינשא
4Q176 f1_2i:7

he lifted up, exalted, supported, desired (v, *piel*) **נשא** (12) **נִשֵּׂא**

And they supported the people and the house of God. | וְנִשְּׂאוּ אֶת הָעָם וְאֶת בֵּית הָאֱלֹהִים
Ezra 8:36 | עֶזְרָא ח, לו

נִשֵּׂא\נִשָּׂא | נִשְּׂאוּ
--- | יְנַשְּׂאֵהוּ, יְנַשְּׂאֵם, יְנַשְּׂאוּהוּ
מְנַשְּׂאִים
--- | נַשְּׂאֵם

he lent, was a creditor (v, *qal*) **נשא\נשה** (16) **נָשָׂא\[נָשָׁה]**

I did not lend, and they did not lend me. | לֹא נָשִׁיתִי וְלֹא נָשׁוּ בִי
Jeremiah 15:10 | יִרְמְיָהוּ טו, י

--- (נָשָׁא)
נָשִׁיתִי, נָשָׁא, נָשׁוּ

נֹשֶׁא\נֹשֶׁה\נוֹשֶׁה, נֹשִׁים\נֹשִׁאים | נוֹשַׁי
---

he remained, was left (v, *niph*) **שאר** (94) **נִשְׁאַר**

And I remained by myself. | וַאֲנִי נִשְׁאַרְתִּי לְבַדִּי
Daniel 10:8 | דָּנִיֵּאל י, ח

נִשְׁאַרְתִּי, נִשְׁאַר\נִשְׁאָר, נִשְׁאֲרָה\נִשְׁאָרָה, נִשְׁאַרְנוּ, נִשְׁאַרְתֶּם, נִשְׁאֲרוּ\נִשְׁאָרוּ
יִשָּׁאֵר, תִּשָּׁאֵר, יִשָּׁאֲרוּ, תִּשָּׁאַרְנָה
נִשְׁאָר\נֵאשֵׁאר, נִשְׁאֶרֶת\נִשְׁאָרֶת\נִשְׁאָרָה, נִשְׁאָרִים, נִשְׁאָרוֹת

And the remaining ones will hear and fear. | והנשארים ישמעו ויראו
11Q19 61:11

he swore, took an oath (v, *niph*) **שבע** (154) **נִשְׁבַּע**

I swore to your fathers to give to them a land. | נִשְׁבַּעְתִּי לַאֲבוֹתֵיכֶם לָתֵת לָהֶם אֶרֶץ
Jeremiah 11:5 | יִרְמְיָהוּ יא, ה

הִשָּׁבֵעַ (הִשָּׁבַע\הִשָּׁבֵעַ)
נִשְׁבַּעְתִּי\נִשְׁבָּעְתִּי, נִשְׁבַּעְתָּ, נִשְׁבַּע, נִשְׁבַּעְנוּ, נִשְׁבַּעְתֶּם, נִשְׁבְּעוּ\נִשְׁבָּעוּ
אֶשָּׁבַע\אִשָּׁבֵעַ, תִּשָּׁבֵעַ, יִשָּׁבַע, תִּשָּׁבַע, תִּשָּׁבְעוּ, יִשָּׁבְעוּ\יִשָּׁבֵעוּ

נִשְׁבַּע, נִשְׁבָּעִים, נִשְׁבָּעוֹת
הִשָּׁבְעָה, הִשָּׁבְעוּ

ידור נדר לי או ישבע שבועה

He will vow a vow to me or he will swear an oath.
11Q19 53:14–15

נִשְׁבַּר (57) שבר he was broken, injured, crushed (v, *niph*)

קָרוֹב יְהוָה לְנִשְׁבְּרֵי לֵב
תְּהִלִּים לד, יט

The LORD is close to those broken of heart.
Psalm 34:18

הִשָּׁבֵר
נִשְׁבַּרְתִּי, נִשְׁבַּר\נִשְׁבָּר, נִשְׁבְּרָה\נִשְׁבָּרָה, נִשְׁבְּרוּ\נִשְׁבָּרוּ\נִשְׁבַּרְנָה
תִּשָּׁבֵר\תִּשָּׁבֵר, יִשָּׁבֵר, תִּשָּׁבֵר\תִּשָּׁבֶר, יִשָּׁבְרוּ\יִשָּׁבֵרוּ, תִּשָּׁבַרְנָה
נִשְׁבָּר, נִשְׁבֶּרֶת\נִשְׁבָּרֶת\נִשְׁבָּרָה, נִשְׁבָּרִים (נִשְׁבְּרֵי־)

וכול כלי חרש ישברו

And all earthenware vessels will be broken.
11Q19 50:17–18

נִשְׂגַּב (10) שגב he was high, exalted, secure (v, *niph*)

יְהַלְלוּ אֶת שֵׁם יְהוָה כִּי נִשְׂגָּב שְׁמוֹ לְבַדּוֹ
תְּהִלִּים קמח, יג

Let them praise the name of the LORD for his name alone is exalted.
Psalm 148:13

נִשְׂגַּב\נִשְׂגָּב, נִשְׂגְּבָה

נִשְׂגָּב, נִשְׂגָּבָה

נָשִׂיא (130) נשא prince, chief, leader (nm)

וְדָוִד עַבְדִּי נָשִׂיא לָהֶם לְעוֹלָם
יְחֶזְקֵאל לז, כה

And David, my servant, is a prince for them forever.
Ezekiel 37:25

נְשִׂיאִים\נְשִׂאִים\נְשִׂיאִם\נְשִׂאִם
נְשִׂיא־: ---
נְשִׂיאֵי־: נְשִׂיאַי, נְשִׂיאֶיהָ, נְשִׂיאֵיהֶם\נְשִׂיאֵהֶם

ועל הנשיא כתוב לא ירבה לו נשים

And about the leader it is written, "He shall not increase wives for himself."
Damascus Document (CD) 5:1

נָשַׁךְ (10) נשך he bit (v, *qal*)

I will command the serpent and it will bite them. אֲצַוֶּה אֶת הַנָּחָשׁ וּנְשָׁכָם
Amos 9:3 עָמוֹס ט, ג

נָשַׁךְ | נְשָׁכוֹ, נְשָׁכָם
יִשֹּׁךְ\יִשָּׁךְ | יִשְּׁכֶנּוּ
נֹשֵׁךְ, נֹשְׁכִים | נֹשְׁכֶיךָ | נָשׁוּךְ
---

interest (nm)	נשך	(12)	נֶשֶׁךְ

He did not give his money with interest. כַּסְפּוֹ לֹא נָתַן בְּנֶשֶׁךְ
Psalm 15:5 תְּהִלִּים טו, ה

נֶשֶׁךְ־: ---
---

he was forgotten (v, *niph*)	שכח	(13)	נִשְׁכַּח

I was forgotten like one dead from the heart. נִשְׁכַּחְתִּי כְּמֵת מִלֵּב
Psalm 31:13 תְּהִלִּים לא, יג

נִשְׁכַּחְתִּי, נִשְׁכַּח\נִשְׁכָּח, נִשְׁכְּחוּ
יִשָּׁכַח, תִּשָּׁכַח\תִּשָּׁכֵחַ
נִשְׁכָּחָה\נִשְׁכַּחַת, נִשְׁכָּחִים
---

he was deserted, desolate, dismayed (v, *niph*)	שמם	(25)	[נָשַׁם]

Highways were deserted; one crossing a path stopped. נָשַׁמּוּ מְסִלּוֹת שָׁבַת עֹבֵר אֹרַח
Isaiah 33:8 יְשַׁעְיָהוּ לג, ח

נָשַׁמָּה, נָשַׁמּוּ

נְשַׁמָּה, נְשַׁמּוֹת
---

he was destroyed, exterminated (v, *niph*)	שמד	(21)	נִשְׁמַד

A house of wicked ones will be destroyed. בֵּית רְשָׁעִים יִשָּׁמֵד
Proverbs 14:11 מִשְׁלֵי יד, יא

הִשָּׁמֵד | הִשָּׁמֶדְךָ, הִשָּׁמְדָךְ, הִשָּׁמְדָם
נִשְׁמַדְתִּי, נִשְׁמַד, נִשְׁמְדָה, נִשְׁמַדְנוּ, נִשְׁמְדוּ

יִשָּׁמֵד, תִּשָּׁמֵדוּן

\---

\---

| And transgressors were destroyed together. | וּפוֹשְׁעִים נִשְׁמְדוּ יַחַד |
| 4Q171 f3_10iv:17–18 | |

| breath, spirit (nf) | נשם | (24) | נְשָׁמָה |

| The lamp of the LORD is the spirit of man. | נֵר יְהוָה נִשְׁמַת אָדָם |
| Proverbs 20:27 | מִשְׁלֵי כ, כז |

נְשָׁמוֹת
נִשְׁמַת־: נִשְׁמָתִי, נִשְׁמָתוֹ

\---

| You give the breath of all flesh. | נשמת כול בשר אתה נתתה |
| 11Q5 19:3 | |

| it was heard, reported (v, niph) | שמע | (43) | נִשְׁמַע |

| And a sound of weeping will not be heard in it again. | וְלֹא יִשָּׁמַע בָּהּ עוֹד קוֹל בְּכִי |
| Isaiah 65:19 | יְשַׁעְיָהוּ סה, יט |

הִשָּׁמַע
נִשְׁמַע\נִשְׁמָע, נִשְׁמְעוּ
יִשָּׁמַע\יִשָּׁמֵע, תִּשָּׁמַע, יִשָּׁמְעוּ
נִשְׁמָע, נִשְׁמַעַת, נִשְׁמָעִים

\---

| From the doors of righteous ones her voice is heard. | מפתחי צדיקים נשמע קולה |
| 11Q5 18:10 | |

| he watched out, took care, was kept (v, niph) | שמר | (37) | נִשְׁמַר |

| Watch out! Do not turn to iniquity! | הִשָּׁמֶר אַל תֵּפֶן אֶל אָוֶן |
| Job 36:21 | אִיּוֹב לו, כא |

\---

נִשְׁמַרְתָּ, נִשְׁמַר\נִשְׁמָר, נִשְׁמַרְתֶּם, נִשְׁמְרוּ\נִשְׁמְרוּ
תִּשָּׁמֵר, תִּשָּׁמֵרוּ

\---

הִשָּׁמֵר\הִשָּׁמֶר, הִשָּׁמְרִי, הִשָּׁמְרוּ\הִשָּׁמֵרוּ

| Watch out for yourself! Why will you honor yourself more than him? | השמר לכה למה תכבדכה ממנו |
| 1Q26 f1:5 | |

he leaned on, relied on, was supported (v, *niph*) שען (22) נִשְׁעַן

He will trust in the name of the LORD and rely on his God.
Isaiah 50:10

יִבְטַח בְּשֵׁם יְהוָה וְיִשָּׁעֵן בֵּאלֹהָיו
יְשַׁעְיָהוּ נ, י

הִשָּׁעֵן | הִשָּׁעֶנְךָ, הִשָּׁעֲנָם
נִשְׁעַנְתָּ, נִשְׁעַן, נִשְׁעַנּוּ, נִשְׁעֲנוּ
אֶשָּׁעֵן, תִּשָּׁעֵן, יִשָּׁעֵן, תִּשָּׁעֲנוּ, יִשָּׁעֵנוּ
נִשְׁעָן
הִשָּׁעֲנוּ

And on his steadfast love I will lean all the day.
Community Rule (1QS) 10:16

ועל חסדיו אשען כול היום

twilight, darkness (nm) נשף (12) נֶשֶׁף\נָשֶׁף

And David struck them from the twilight until the evening of their next day.
1 Samuel 30:17

וַיַּכֵּם דָּוִד מֵהַנֶּשֶׁף וְעַד הָעֶרֶב לְמָחֳרָתָם
שְׁמוּאֵל א ל, יז

נֶשֶׁף־: נִשְׁפּוֹ

Let all the stars of twilight praise.
4Q88 10:6

יהללו ^נא^ כל כוכבי נשף

he disputed, was judged (v, *niph*) שפט (17) [נִשְׁפַּט]

I disputed with your fathers in the wilderness.
Ezekiel 20:36

נִשְׁפַּטְתִּי אֶת אֲבוֹתֵיכֶם בְּמִדְבַּר
יְחֶזְקֵאל כ, לו

הִשָּׁפֵט | הִשָּׁפְטוֹ
נִשְׁפַּטְתִּי
אִשָּׁפֵט\אִשָּׁפְטָה, נִשָּׁפְטָה, יִשָּׁפְטוּ
נִשְׁפָּט

And who will be righteous before you when he is judged?
Thanksgiving Hymn (1QHa) 15:31

ומי יצדק לפניכה בהשפטו

he kissed (v, *qal*) נשק (26) נָשַׁק

Please let me kiss my father and my mother.
1 Kings 19:20

אֶשְּׁקָה נָּא לְאָבִי וּלְאִמִּי
מְלָכִים א יט, כ

נְשָׁק
נָשַׁק, נָשְׁקָה, נָשָׁקוּ
אֶשְׁקָה, יִשַּׁק\יִשָּׁק, תִּשַּׁק, יִשְׁקוּ\יִשָּׁקוּן | אֶשָּׁקְךָ, יִשָּׁקֵנִי, יִשָּׁקֵהוּ

שְׁקָה

weapon, armory (nm)	נשק	(10)	נֶשֶׁק\נֵשֶׁק\נָשֶׁק

He will flee from a weapon of iron. — יִבְרַח מִנֵּשֶׁק בַּרְזֶל
Job 20:24 — אִיּוֹב כ, כד

נֶשֶׁק־\נֵשֶׁק־: ---
---

he looked down, looked out (v, *niph*)	שקף	(10)	נִשְׁקַף

And righteousness looked down from heaven. — וְצֶדֶק מִשָּׁמַיִם נִשְׁקָף
Psalm 85:11 — תְּהִילִּים פה, יב

נִשְׁקַפְתִּי, נִשְׁקַף, נִשְׁקְפָה\נִשְׁקָפָה

נִשְׁקָף, נִשְׁקָפָה
---

eagle, vulture (nm)	נשר	(26)	נֶשֶׁר\נָשֶׁר

And I carried you on wings of eagles. — וָאֶשָּׂא אֶתְכֶם עַל כַּנְפֵי נְשָׁרִים
Exodus 19:4 — שְׁמוֹת יט, ד

נְשָׁרִים

נִשְׁרֵי־: ---

From afar they fly like an eagle. — מרחוק יעופו כנשר
Habakkuk Pesher (1QpHab) 3:7–8

he was burned (v, *niph*)	שרף	(14)	[נִשְׂרַף]

And Judah said, "Bring her out, so that she will be burned." — וַיֹּאמֶר יְהוּדָה הוֹצִיאוּהָ וְתִשָּׂרֵף
Genesis 38:24 — בְּרֵאשִׁית לח, כד

יִשָּׂרֵף, תִּשָּׂרֵף, יִשָּׂרְפוּ, תִּשָּׂרַפְנָה

It will be sanctified; burned in fire; it will not be eaten again.
11Q19 43:11

יקדש באש ישרף לוא יאכל עוד

piece (nm)	נתח	(13)	נֵ֫תַח

And the sons of Aaron, the priests, arranged the pieces.
Leviticus 1:8

וְעָרְכוּ בְּנֵי אַהֲרֹן הַכֹּהֲנִים אֵת הַנְּתָחִים
וַיִּקְרָא א, ח

נְתָחִים

---: נְתָחָיו, נְתָחֶיהָ

On the fire on the altar is every bull and its pieces.
11Q19 34:11–12

על האש אשר על המזבח פר ופר ונתחיו

path (nf)	נתב	(21)	נְתִיבָה

And all her [i.e., Wisdom's] paths are peace.
Proverbs 3:17

וְכָל נְתִיבוֹתֶיהָ שָׁלוֹם
מִשְׁלֵי ג, יז

נְתִיבוֹת
---: נְתִיבָתִי
נְתִיבוֹת־\נְתִבוֹת־: נְתִיבוֹתַי\נְתִיבֹתַי, נְתִיבֹתָיו, נְתִיבוֹתֶיהָ\נְתִיבֹתֶיהָ, נְתִיבוֹתֵיהֶם

And I will reveal] to you ways of life and paths of a pit [i.e., destruction].
4Q270 f2ii:19–20

ואגלה] לכם דרכי חיים ונתיבות שחת

temple servant (nm)	נתן	(17)	[נָתִין]

And the temple servants were sitting.
Nehemiah 3:26

וְהַנְּתִינִים הָיוּ יֹשְׁבִים
נְחֶמְיָה ג, כו

נְתִינִים

---

he was correct, just (v, *niph*)	תכן	(10)	[נִתְכַּן]

Is it not your ways that are not just?
Ezekiel 18:25

הֲלֹא דַרְכֵיכֶם לֹא יִתָּכֵנוּ
יְחֶזְקֵאל יח, כה

נִתְכְּנוּ
יִתָּכֵן, יִתָּכְנוּ\יִתָּכֵנוּ

---

he gave, put, set, made (v, *qal*)	נתן (1921)	נָתַן

Give to them, O Lord, what you will give. — תֵּן לָהֶם יְהוָה מַה תִּתֵּן
Hosea 9:14 — הוֹשֵׁעַ ט, יד

תֵּת\תֶּת\נְתֹן\נְתָן\תִּתֵּן (נָתֹן\נָתוֹן) | תִּתִּי, תִּתְּךָ, תִּתֵּךְ, תִּתּוֹ, תִּתָּהּ, תִּתֵּנוּ, תִּתָּם
נָתַתִּי\נָתָתִּי, נָתַתָּ\נָתַתָּה\תַּתָּה, נָתַתְּ\נָתַתִּי, נָתַן\נָתָן, נָתְנָה\נָתָנָה, נָתַנּוּ, נְתַתֶּם, נָתְנוּ\נָתָנוּ | נְתַתִּיךָ,
נְתַתִּיךְ, נְתַתִּיו\נְתַתִּיהוּ, נְתַתִּיהָ, נְתַתִּים, נְתַתָּנִי, נְתַתָּם, נְתַתִּיהוּ, נְתָנַנִי\נְתָנָנִי, נְתָנְךָ, נְתָנוֹ, נְתָנָהּ,
נְתָנָנוּ, נְתָנָם, נְתַנּוּךָ
אֶתֵּן\אֶתֶּן\אֶתְּנָה\אֶתֵּנָה, תִּתֵּן\תִּתֶּן, תִּתְּנִי, יִתֵּן\יִתֶּן, תִּתֵּן\תִּתֶּן, נִתֵּן\נִתַּן\נִתְּנָה, תִּתְּנוּ\תִּתֵּנוּ, יִתְּנוּ\
יִתֵּנוּ | אֶתֶּנְךָ, אֶתְּנֵךְ, אֶתְּנֵהוּ\אֶתְּנֶנּוּ, אֶתְּנֶנָּה\אֶתְּנֶהָ, אֶתְּנֵם, תִּתְּנֵנִי, תִּתְּנוֹ\תִּתְּנֵהוּ\תִּתְּנֶנּוּ, תִּתְּנֶנָּה\
תִּתְּנָהּ, תִּתְּנֵם, תִּתְּנִים, יִתְּנֵנִי, יִתֶּנְךָ, יִתְּנֵהוּ\יִתְּנֶנּוּ, יִתְּנָהּ\יִתְּנֶנָּה, יִתְּנֵנוּ, יִתְּנֵם, תִּתְּנֵהוּ, נִתְּנָהּ, תִּתְּנֻהוּ,
תִּתְּנוּם, יִתְּנֻהוּ\יִתְּנוּהוּ\יִתְּנֻהָ, יִתְּנֻם\יִתְּנוּם
נֹתֵן\נוֹתֵן, נֹתְנִין (נֹתְנֵי־) | נֹתֶנְךָ, נֹתְנָךְ, נֹתְנוֹ | נָתוּן, נְתֻנִים\נְתוּנִים\נְתוּנִם, נְתֻנוֹת
תֵּן\תֶּן\תְּנָה, תְּנִי\תֵּנִי, תְּנוּ | תְּנֵהוּ, תְּנֶנָּה, תְּנֵם

I gave them to [my] lord. — נתתם לאדנ[י]
Arad 40:10

Put your hand on the neck of your enemies! — תן ידכה בעורף אויביכה
War Scroll (1QM) 12:11

he gave (v, *peal*)	נתן (7)	[נְתַן]

You will give from the house of the treasury* of the king. — תִּנְתֵּן מִן בֵּית גִּנְזֵי* מַלְכָּא
Ezra 7:20 — עֶזְרָא ז, כ

מִנְתַּן

תִּנְתֵּן, יִנְתֵּן, יִנְתְּנוּן | יִתְּנִנֵּהּ

He will give to him the silver. — ינתן לה כספא
TAD B2 1:10

And to your seed I will give all this land. — לזרעך אנתן כול ארעא דא
1Q20 21:12

he was given, delivered (v, *niph*)	נתן (82)	נִתַּן

An inheritance was not given to them in the midst of the sons of Israel. — לֹא נִתַּן לָהֶם נַחֲלָה בְּתוֹךְ בְּנֵי יִשְׂרָאֵל
Numbers 26:62 — בְּמִדְבַּר כו, סב

הִנָּתֵן (הִנָּתֹן)
נִתַּן\נִתָּן, נִתְּנָה\נִתָּנָה, נִתַּנּוּ, נִתַּתֶּם, נִתְּנוּ\נִתָּנוּ
תִּנָּתֵן, יִנָּתֵן\יִנָּתֶן, תִּנָּתֵן\תִּנָּתֶן, יִנָּתְנוּ

נִתָּן

לו ולזרעו נתנה ברית מלכות עמו

To him and to his offspring a covenant of the kingdom of his people was given.
4Q252 5:4

נָתָן (42) נתן — Nathan (np)

וַיִּשְׁלַח יְהוָה אֶת נָתָן אֶל דָּוִד
שְׁמוּאֵל ב יב, א

And the LORD sent Nathan to David.
2 Samuel 12:1

נְתַנְאֵל (14) נתן\אל — Nethanel (np)

וְעַל צְבָא מַטֵּה בְּנֵי יִשָּׂשכָר נְתַנְאֵל
בְּמִדְבַּר י, טו

And over the army of the tribe of Issachar was Nethanel.
Numbers 10:15

נְתַנְיָה\נְתַנְיָהוּ (20) נתן\יהוה — Nethaniah (np)

אֵלְכָה נָּא וְאַכֶּה אֶת יִשְׁמָעֵאל בֶּן נְתַנְיָה
יִרְמְיָהוּ מ, טו

Let me go and smite Ishmael son of Nethaniah!
Jeremiah 40:15

נִתְפַּשׂ (15) תפש — he was caught, captured (v, *niph*)

כִּי בְּיַד מֶלֶךְ בָּבֶל תִּתָּפֵשׂ
יִרְמְיָהוּ לח, כג

For in the hand of the king of Babylon you will be captured.
Jeremiah 38:23

הִתָּפֵשׂ
נִתְפַּשְׂתְּ, נִתְפַּשׂ\נִתְפָּשׂ, נִתְפְּשָׂה\נִתְפָּשָׂה, נִתְפָּשׂוּ
תִּתָּפֵשׂ, תִּתָּפֵשׂוּ, יִתָּפְשׂוּ

יתפשו במחשבותם

They will be captured in their own thoughts.
Thanksgiving Hymn (1QHa) 12:20

נָתַץ (31) נתץ — he pulled down, tore down (v, *qal*)

מִזְבְּחֹתֵיהֶם תִּתֹּצוּ וּמַצֵּבֹתָם תְּשַׁבֵּרוּ
דברים ז, ה

Their altars you will tear down, and their pillars you will smash.
Deuteronomy 7:5

נָתוֹץ
נָתַץ\נָתָץ, נָתְצוּ\נָתָצוּ
אֶתֹּץ, יִתֹּץ, תִּתֹּצוּ\תִּתְצוּ\תִּתֹּצוּן, יִתְצוּ\יִתֹּצוּ | יִתְּצֵנִי, יִתָּצְךָ, יִתְּצֵהוּ
--- | --- | נְתֻצִים
נְתֹץ

נִתַּק (10) נתק — he was broken, torn, drawn out (v, *niph*)

And they pursued after Joshua and were drawn out from the city.
Joshua 8:16

וַיִּרְדְּפוּ אַחֲרֵי יְהוֹשֻׁעַ וַיִּנָּתְקוּ מִן הָעִיר
יְהוֹשֻׁעַ ח, טז

נִתַּק, נִתְּקוּ\נִתָּקוּ
יִנָּתֵק, יִנָּתְקוּ\יִנָּתֵקוּ

---

he tore to pieces, tore out (v, *piel*) נתק (11) [נִתֵּק]

Will he not tear out its root?
Ezekiel 17:9

הֲלוֹא אֶת שָׁרָשֶׁיהָ יְנַתֵּק
יְחֶזְקֵאל יז, ט

נִתַּקְתִּי, נִתְּקוּ
אֲנַתֵּק, תְּנַתֵּקִי, יְנַתֵּק, נְנַתְּקָה, תְּנַתֵּקוּ | יְנַתְּקֵם

---

skin disease [scabies?] (nm) נתק (14) נֶתֶק

And the appearance of the skin disease is not deeper than the skin.
Leviticus 13:32

וּמַרְאֵה הַנֶּתֶק אֵין עָמֹק מִן הָעוֹר
וַיִּקְרָא יג, לב

And] the skin disease they will not shave.
4Q272 f1i:18

ואת] הנתק לוא יגלחו

he uprooted, removed (v, *qal*) נתש (16) נָתַשׁ

And that which I planted, I am uprooting.
Jeremiah 45:4

וְאֵת אֲשֶׁר נָטַעְתִּי אֲנִי נֹתֵשׁ
יִרְמְיָהוּ מה, ד

נְתוֹשׁ (נָתוֹשׁ) | נָתְשִׁי
נָתַשְׁתִּי, נָתַשְׁתָּ, נָתַשׁ | נְתַשְׁתִּים
אֶתּוֹשׁ | יִתְּשֵׁם
נֹתֵשׁ | נֹתְשָׁם

𐤎 / ס

he turned/went around, surrounded (v, *qal*)	סבב	(90)	סָבַב

All nations surrounded me. — כָּל גּוֹיִם סְבָבוּנִי
Psalm 118:10 — תְּהִלִּים קיח, י

סֹב\סָבַב
סַבּוֹתִי\סַבֹּתִי, סָבַב, סַבֹּתֶם, סָבְבוּ | סְבָבוּנִי\סְבָבֻנִי\סַבּוּנִי\סַבֻּנִי, סְבָבֻהוּ, סְבָבוּנִי, סְבָבוּם
תִּסֹּב, יִסֹּב\יִסּוֹב\יִסֹּב\יָסֹב, תִּסֹּב\תִּסּוֹב, נָסֹב\נָסֹב, תָּסֹבּוּ, יָסֹבּוּ, תְּסֻבֶּינָה | יְסוּבֵּנִי, יְסֻבֻּנוּ, יְסֻבּוּהוּ
סֹבֵב\סוֹבֵב\סֹבֵיב, סֹבְבִים
סֹב, סֹבּוּ

The cup of the Lord's right hand will surround you. — תסוב עליכה כוס ימין 𐤉𐤄𐤅𐤄
Habakkuk Pesher (1QpHab) 11:10

he encompassed, went around (v, *piel/poel*)	סבב	(13)	[סִבֵּב]\[סוֹבֵב]

And I shall go around your altar, O Lord. — וַאֲסֹבְבָה אֶת מִזְבַּחֲךָ יְהוָה
Psalm 26:6 — תְּהִלִּים כו, ו

סַבֵּב

אֲסֹבְבָה\אֲסוֹבְבָה, תְּסוֹבֵב, יְסוֹבְבוּ | תְּסוֹבְבֵנִי, יְסֹבְבֵנִי, יְסוֹבְבֵנִי, יְסוֹבְבֶנּוּ\יְסֹבְבֶנְהוּ, תְּסוֹבְבֶךָּ, יְסוֹבְבֶהוּ

Groaning and sorrow will encompass me. — אׄנחהׄ ויגוןׄ יסובבוני
Thanksgiving Hymn (1QHa) 13:36

around, surroundings, round about (nm, adv)	סבב	(336)	סָבִיב

And the water went around the altar. — וַיֵּלְכוּ הַמַּיִם סָבִיב לַמִּזְבֵּחַ
1 Kings 18:35 — מְלָכִים א יח, לה

סְבִיב־: ---
סְבִיבֵי־\סְבִיבוֹת־\סְבִיבֹת־: סְבִיבוֹתַי\סְבִיבֹתָי, סְבִיבֶיךָ\סְבִיבוֹתֶיךָ, סְבִיבָיִךְ\סְבִיבוֹתָיִךְ, סְבִיבָיו\
סְבִיבוֹתָיו\סְבִיבוֹתָו\סְבִיבֹתָיו\סְבִיבֹתָו, סְבִיבֶיהָ\סְבִיבוֹתֶיהָ\סְבִיבֹתֶיהָ, סְבִיבֹתֵינוּ\סְבִיבוֹתֵינוּ,
סְבִיבוֹתֵיכֶם\סְבִיבֹתֵיכֶם, סְבִיבוֹתָם\סְבִיבֹתָם\סְבִיבוֹתֵיהֶם\סְבִיבֹתֵיהֶם

Lovingkindness and truth surround his face. — חסד ואמת סביב פניו
11Q5 26:10

he paid homage, worshiped (v, *peal*)	סגד	(12)	סְגִד

And you will worship the image of gold. — וְתִסְגְּדוּן לְצֶלֶם דַּהֲבָא
Daniel 3:5 — דָּנִיֵּאל ג, ה

סְגִד
יִסְגֻּד, נִסְגֻּד, תִּסְגְּדוּן, יִסְגְּדוּן
סָגְדִין

And all the provinces paid homage to him. — וכל מדינתא לה יסגדון
4Q246 f1ii:7

leader, official (nm)	סכן(?)	(17)	[סָגָן\סֶגֶן]

And the leaders did not knew where I went. — וְהַסְּגָנִים לֹא יָדְעוּ אָנָה הָלַכְתִּי
Nehemiah 2:16 — נְחֶמְיָה ב, טז

סְגָנִים

---: סְגָנֶיהָ

prefect, governor (nm)	---	(5)	[סְגַן]

And [Daniel was made] chief of prefects over all the wise men of Babylon. — וְרַב סִגְנִין עַל כָּל חַכִּימֵי בָבֶל
Daniel 2:48 — דָּנִיֵּאל ב, מח

סִגְנִין\סִגְנַיָּא

---

he closed, shut (v, *qal*)	סגר	(36)	סָגַר

And he went out and closed the gate after he went out. — וְיָצָא וְסָגַר אֶת הַשַּׁעַר אַחֲרֵי צֵאתוֹ
Ezekiel 46:12 — יְחֶזְקֵאל מו, יב

סְגוֹר
סָגַרְתְּ, סָגַר, סָגְרוּ\סָגָרוּ
יִסְגֹּר, תִּסְגֹּר, נִסְגְּרָה, יִסְגְּרוּ
סֹגֵר, סֹגֶרֶת | --- | סָגוּר
סְגֹר, סִגְרוּ

And you closed the mouth of lions. — ותסגור פי כפירים
Thanksgiving Hymn (1QHa) 13:11

Sodom (np)	---	(39)	סְדֹם

And the men of Sodom were evil and sinners before the Lord. — וְאַנְשֵׁי סְדֹם רָעִים וְחַטָּאִים לַיהוָה
Genesis 13:13 — בְּרֵאשִׁית יג, יג

secret, scheme, council/group (nm)	סוד	(21)	סוֹד

And a secret of another do not reveal. — וְסוֹד אַחֵר אַל תְּגָל
Proverbs 25:9 — מִשְׁלֵי כה, ט

סוֹד־: סוֹדִי, סוֹדוֹ, סֹדָם

And they are a council of emptiness and group of worthlessness/Belial. — והמה סוד שוא ועדת בליעל
Thanksgiving Hymn (1QHa) 10:24

horse (nm) — סוס(?) (137) — סוס

I saw servants on horses. — רָאִיתִי עֲבָדִים עַל סוּסִים
Ecclesiastes 10:7 — קֹהֶלֶת י, ז

סוּסִים\סֻסִים
סוּס־: ---
סוּסֵי־: סוּסַי, סוּסֶיךָ, סוּסָיו\סוּסָו, סוּסֵיכֶם, סוּסֵיהֶם

You will go out to war against your enemies, and you will see horse and chariot. — תצא למלחמה על אויביכה וראיתה סוס ורכב
11Q19 61:13

end (nm) — סוף (5) — [סוֹף]\סוֹפָא

Until here is the end of the matter. — עַד כָּה סוֹפָא דִי מִלְּתָא
Daniel 7:28 — דָּנִיֵּאל ז, כח

סוֹף־: ---

There will be [no] end to all. — לא] איתי סוף לכול
4Q212 f1iv:26

reed [most in Sea of Reeds/Red Sea] (nm) — סוף (28) — סוּף

And Israel went into the desert until the Sea of Reeds. — וַיֵּלֶךְ יִשְׂרָאֵל בַּמִּדְבָּר עַד יַם סוּף
Judges 11:16 — שׁוֹפְטִים יא, טז

---

whirlwind (nf) — סוף (15) — סוּפָה\סוּפָתָה

Behold, the LORD will come in the fire, and like the whirlwind are his chariots. — הִנֵּה יְהוָה בָּאֵשׁ יָבוֹא וְכַסּוּפָה מַרְכְּבֹתָיו
Isaiah 66:15 — יְשַׁעְיָהוּ סו, טו

סוּפוֹת
‏---: סוּפָּתֵךְ
‏---

| Wind they will sow; whirlwinds [they will reap]. | [רוּחַ יִזְרָעוּ סוּפוֹת [יִקְצֹרוּ |
| 4Q167 f11_13:6 | |

| he journeyed, traded (v, qal) | סחר | (20) | [סָחַר] |

| Traders among the peoples whistled at you. | סֹחֲרִים בָּעַמִּים שָׁרְקוּ עָלָיִךְ |
| Ezekiel 27:36 | יְחֶזְקֵאל כז, לו |

‏---

סָחֲרוּ | סְחָרוּהָ
תִּסְחָרוּ, יִסְחֲרוּ
סֹחֵר\סוֹחֵר, סֹחֲרִים (סֹחֲרֵי־) | סֹחַרְתֵּךְ, סֹחֲרַיִךְ, סֹחֲרֶיהָ

‏---

| Sihon (np) | --- | (37) | סִיחוֹן\ סִיחֹן |

And Israel sent messengers to Sihon king of the
Amorites.

וַיִּשְׁלַח יִשְׂרָאֵל מַלְאָכִים אֶל סִיחוֹן מֶלֶךְ הָאֱמֹרִי

Judges 11:19

שׁוֹפְטִים יא, יט

| Sinai (np) | --- | (35) | סִינַי |

And the LORD descended on Mount Sinai to the
top of the mountain.

וַיֵּרֶד יְהוָה עַל הַר סִינַי אֶל רֹאשׁ הָהָר

Exodus 19:20

שְׁמוֹת יט, כ

| Sisera (np) | --- | (21) | סִיסְרָא |

This is the day that the LORD has given Sisera
into your hand.

זֶה הַיּוֹם אֲשֶׁר נָתַן יְהוָה אֶת סִיסְרָא בְּיָדֶךָ

Judges 4:14

שׁוֹפְטִים ד, יד

| pot, tub (nm, nf) | --- | (29) | סִיר |

It [i.e., the city] is the pot, and we are
the meat.

הִיא הַסִּיר וַאֲנַחְנוּ הַבָּשָׂר

Ezekiel 11:3

יְחֶזְקֵאל יא, ג

סִירֹת
סִיר־:---

‏---

| booth, tent, shelter (nf) | סכך | (31) | סֻכָּה |

The festival of booths you will make for yourself
for seven days.

חַג הַסֻּכֹּת תַּעֲשֶׂה לְךָ שִׁבְעַת יָמִים

Deuteronomy 16:13

דְּבָרִים טז, יג

סֻכּוֹת\סֻכֹּת
סֻכַּת־: סֻכָּתוֹ

The books of the law are the tents of the king. ספרי התורה הם סוכת המלך
Damascus Document (CD) 7:15–16

Succoth (np)	סכך	(18)	סֻכּוֹת\סֻכֹּת

And he captured a young man from the people of Succoth. וַיִּלְכָּד נַעַר מֵאַנְשֵׁי סֻכּוֹת
Judges 8:14 שׁוֹפְטִים ח, יד

he covered, wrapped, screened (v, *qal*)	סכך	(11)	[סָכַךְ]

And the cherubim covered over the ark. וַיָּסֹכּוּ הַכְּרֻבִים עַל הָאָרוֹן
1 Kings 8:7 מְלָכִים א ח, ז

סַכֹּתָ\סַכֹּתָה\סַכּוֹתָה
יָסֹכּוּ
סוֹכֵךְ, סֹכְכִים\סֹכֲכִים
---

basket (nm)	סלל(?)	(15)	סַל\סָל

The three baskets are three days. שְׁלֹשֶׁת הַסַּלִּים שְׁלֹשֶׁת יָמִים הֵם
Genesis 40:18 בְּרֵאשִׁית מ, יח

סַלִּים
סַל־: ---
סַלֵּי־: ---

And they divided] all the rams and the baskets. וחצו את] כֹ֯ול האילים והסלים
11Q19 15:12

Selah, raising pitch (?), pause (?) (interj)	סלל	(74)	סֶלָה

He is the king of glory. Selah! הוּא מֶלֶךְ הַכָּבוֹד סֶלָה
Psalm 24:10 תְּהִלִּים כד, י

he forgave (v, *qal*)	סלח	(33)	[סָלַח]

You did not forgive. אַתָּה לֹא סָלָחְתָּ
Lamentations 3:42 אֵיכָה ג, מב

סָלֹחַ
סָלַחְתִּי, סָלַחְתָּ\סָלָחְתָּ
אֶסְלַח\אֶסְלוֹחַ, יִסְלַח
סְלַח

סְלַח\סְלָחָה

Forgive, O LORD, my sin! — סלחה 𐤉𐤄𐤅𐤄 לחטאתי
11Q5 19:13

he built up, piled up, lifted up (v, *qal*)	סלל	(10)	[סָלַל]

Build up, build up the road! — סֹלּוּ סֹלּוּ הַמְסִלָּה
Isaiah 62:10 — יְשַׁעְיָהוּ סב, י

יָסֹלּוּ
סְלֻלָה\סְלוּלָה
סֹלּוּ | סָלּוּהָ

mound, siege ramp (nf)	סלל	(11)	סֹלְלָה\סוֹלְלָה

And the king of the north will come and throw up a siege ramp. — וְיָבֹא מֶלֶךְ הַצָּפוֹן וְיִשְׁפֹּךְ סוֹלְלָה
Daniel 11:15 — דָּנִיֵּאל יא, טו

סֹלְלוֹת

---

rock (nm)	סלע	(58)	סֶלַע\סָלַע

The LORD is my rock and my fortress. — יְהוָה סַלְעִי וּמְצוּדָתִי
Psalm 18:2 — תְּהִלִּים יח, ג

סְלָעִים
סֶלַע־: סַלְעִי, סַלְעוֹ

For the truth of God is the rock of my foot. — כיא אמת אל היאה סלע פעמי
Community Rule (1QS) 11:5

he went up, ascended (v, *peal*)	סלק	(5)	[סְלֵק]

And four great beasts are ascending from the sea. — וְאַרְבַּע חֵיוָן רַבְרְבָן סָלְקָן מִן יַמָּא
Daniel 7:3 — דָּנִיֵּאל ז, ג

סִלְקֵת\סִלְקַת, סִלְקוּ

סָלְקָן

And they ascended the way of the desert. — וסלקו ארחא די מדברא
1Q20 21:28

fine flour (nf) --- (53) **סֹ֫לֶת**

Fine flour, oil, and honey I fed you.
Ezekiel 16:19

סֹלֶת וָשֶׁמֶן וּדְבַשׁ הֶאֱכַלְתִּיךְ
יְחֶזְקֵאל טז, יט

סֹ֫לֶת־: סָלְתָּהּ
---

spice (nm) סמם? (16) **[סַם]**

And Aaron offered on it incense of spice.
Exodus 30:7

וְהִקְטִיר עָלָיו אַהֲרֹן קְטֹרֶת סַמִּים
שְׁמוֹת ל, ז

סַמִּים

---

he laid, supported, sustained (v, *qal*) סמך (41) **סָמַךְ**

And he laid his hands on him.
Numbers 27:23

וַיִּסְמֹךְ אֶת יָדָיו עָלָיו
בְּמִדְבַּר כז, כג

סָמַכְתָּ, סָמַךְ, סָמְכָה, סָמְכוּ | סְמַכְתִּיו, סְמָכַ֫תְנִי, סְמָכָ֫תְהוּ
יִסְמֹךְ, יִסְמְכוּ | יִסְמְכֵנִי, תִּסְמְכֵנִי
סוֹמֵךְ, --- (סֹמְכֵי־) | --- | סָמוּךְ, סְמוּכִים
--- | סָמְכֵנִי

And God will support him.
4Q161 f8_10:18

ואל יסומכנו

Sanballat (np) --- (10) **סַנְבַלַּט**

And Sanballat sent to me a similar word a fifth time.
Nehemiah 6:5

וַיִּשְׁלַח אֵלַי סַנְבַלַּט כַּדָּבָר הַזֶּה פַּעַם חֲמִישִׁית
נְחֶמְיָה ו, ה

Sennacherib (np) --- (13) **סַנְחֵרִיב**

And Sennacherib, king of Assyria, returned and dwelt in Nineveh.
Isaiah 37:37

וַיָּשָׁב סַנְחֵרִיב מֶלֶךְ אַשּׁוּר וַיֵּשֶׁב בְּנִינְוֵה
יְשַׁעְיָהוּ לז, לז

he supported, upheld, fortified (v, *qal*) סעד (12) **סָעַד**

Your lovingkindness, O Lord, supported me.
Psalm 94:18

חַסְדְּךָ יְהוָה יִסְעָדֵנִי
תְּהִלִּים צד, יח

--- | סְעָדָהּ
סָעַד
יִסְעָד | יִסְעָדֵנִי, יִסְעָדֶךָּ, יִסְעָדֶנּוּ, תִּסְעָדֵנִי

סְעָד\סְעָֽדָה, סַעֲדוּ | סְעָדֵנִי

wind storm, gale (nf)	סער	(16)	סְעָרָה\סֳעָרָת

And the LORD answered Job from the wind storm.
Job 38:1

וַיַּעַן יְהוָה אֶת אִיּוֹב מִן הַסְּעָרָה
אִיּוֹב לח, א

סְעָרוֹת
סַעֲרַת־:---
סַעֲרוֹת־:--

threshold (nm)	---	(25)	סַף\סָף

She came in the threshold of the house, and the child died.
1 Kings 14:17

הִיא בָּאָה בְסַף הַבַּיִת וְהַנַּעַר מֵת
מְלָכִים א יד ,יז

סִפִּים
סַף־: סִפִּי, סִפָּם
---

he mourned, lamented (v, *qal*)	ספד	(28)	[סָפַד]

And Samuel died and all Israel gathered and mourned for him.
1 Samuel 25:1

וַיָּמָת שְׁמוּאֵל וַיִּקָּבְצוּ כָל יִשְׂרָאֵל וַיִּסְפְּדוּ לוֹ
שְׁמוּאֵל כה, א

סְפוֹד\סְפֹד (סָפוֹד)
סָפְדָה, סָפְדוּ
אֶסְפְּדָה, תִּסְפֹּד, תִּסְפְּדוּ, יִסְפְּדוּ
סֹפְדִים\סוֹפְדִים
סִפְדוּ, סְפֹדְנָה

sapphire (nm)	---	(11)	סַפִּיר

Its stones are a place of sapphire and dusts of gold are to it.
Job 28:6

מְקוֹם סַפִּיר אֲבָנֶיהָ וְעַפְרֹת זָהָב לוֹ
אִיּוֹב כח, ו

סַפִּירִים

The congregation of his chosen is like the stone of sapphire among the stones.
4Q164 f1:3

עדת בחירו כאבן הספיר בתוך האבנים

he counted (v, *qal*)	ספר	(27)	סָפַר

And all my steps he will count.
Job 31:4

וְכָל צְעָדַי יִסְפּוֹר
אִיּוֹב לא, ד

סָפַר
סָפַרְתָּ\סָפַרְתָּה, סָפַר, סָפְרָה, סְפַרְתֶּם | סְפָרָם
תִּסְפֹּר\תִּסְפּוֹר\תִּסְפָּר, יִסְפֹּר\יִסְפּוֹר, תִּסְפְּרוּ, יִסְפְּרוּ | אֶסְפְּרֵם, יִסְפְּרֵם
סֹפֵר
סְפֹר, סִפְרוּ

And count the wheat and the bread. — וספר החטם והלחם
Arad 3:6–8

You will count fifty days. — תספורו חמשים יום
11Q19 21:14

he recounted, announced, reported, told (v, *piel*) — ספר (67) — [סִפֵּר]

The heavens announce the glory of God. — הַשָּׁמַיִם מְסַפְּרִים כְּבוֹד אֵל
Psalm 19:1 — תְּהִלִּים יט, ב

סִפֵּר
סִפַּרְתִּי, סִפְּרוּ
אֲסַפֵּר\אֲסַפְּרָה\אֲסַפֵּרָה, תְּסַפֵּר, יְסַפֵּר\יְסַפֶּר, תְּסַפֶּר, נְסַפֵּר\נְסַפֶּר\נְסַפְּרָה, תְּסַפְּרוּ, יְסַפְּרוּ\יְסַפֵּרוּ |
יְסַפְּרָהּ, יְסַפְּרוּם
מְסַפֵּר, מְסַפְּרִים
סַפֵּר\סַפְּרָה, סַפְּרוּ\סַפֵּרוּ

And the priests are recounting the righteous acts of God. — והכוהנים מספרים את צדקות אל
Community Rule (1QS) 1:21

letter, writing, scroll, book (nm) — ספר (185) — סֵפֶר

And he sent letters to all the provinces of the king. — וַיִּשְׁלַח סְפָרִים אֶל כָּל מְדִינוֹת הַמֶּלֶךְ
Esther 1:22 — אֶסְתֵּר א, כב

סְפָרִים
סֵפֶר־: סִפְרִי, סִפְרְךָ

Your servant returned the letters. — השב עבדך הספרם
Lachish 5:6–7

It is written in the book of Isaiah the prophet. — כתוב בספר ישעיהו הנביא
4Q174 f1_2i:15

scribe, secretary (nm) — ספר (54) — סֹפֵר\סוֹפֵר

And Ezra, the scribe, stood on a tower of wood. — וַיַּעֲמֹד עֶזְרָא הַסֹּפֵר עַל מִגְדַּל עֵץ
Nehemiah 8:4 — נְחֶמְיָה ח, ד

סְפָרִים\סוֹפְרִים

סִפְרֵי־: ---

For Shallum, son of Adonija[h], the scribe. *Seals 23:1–3*	לשלם בן אדניה[ו] הספר

book, record, letter, document (nm) ספר (5) [סְפַר]

As the writing of the book of Moses (instructs). *Ezra 6:18*	כִּכְתָב סְפַר מֹשֶׁה עֶזְרָא ו, יח

סִפְרִין\סִפְרַיָּא
סְפַר־: ---

To (know of) your well-being I sent this* letter. *TAD A2 7:4*	לשלמכי שלחת ספרא זנה*
[H]e will know three of the books. *4Q534 f1i:4*	[י]נדע תלתת ספריא֯

scribe (nm) ספר (6) [סָפַר]\סָפְרָא

To Ezra, the priest, the scribe of the law of the God of heaven. *Ezra 7:12*	לְעֶזְרָא כָהֲנָא סָפַר דָּתָא דִּי אֱלָהּ שְׁמַיָּא עֶזְרָא ז, יב

סָפַר־: ---

Anani, the scribe, set an order. *TAD A6 2:23*	שים טעם ענני ספרא
The fear of the house of the scribe fell on him. *4Q550 f2:4*	נפלת עלוהי אימת בית ספרא

he stoned (v, *qal*) סקל (12) [סָקַל]

And they stoned them with stones. *Joshua 7:25*	וַיִּסְקְלוּ אֹתָם בָּאֲבָנִים יְהוֹשֻׁעַ ז, כה

--- (סָקוֹל) | סָקְלוֹ
סְקַלְתֶּם | סְקַלְתּוֹ, סְקַלְתָּם, סְקָלֻנִי, סְקָלוּהָ
יִסְקְלוּ | יִסְקְלֻהוּ, יִסְקְלֻנוּ

--- | סִקְלֻהוּ

Still a little while and they will stone me. — עוד מעט ויסוקלוני
4Q365 f7i:3

he turned aside, departed, removed (v, *piel*)	סור	(159)	סָר

And from the LORD his heart will turn. — וּמִן יְהוָה יָסוּר לִבּוֹ
Jeremiah 17:5 — יִרְמְיָהוּ יז, ה

סוּר (סוֹר)
סָ֫רְתִּי, סָר, סָ֫רָה, סַרְתֶּם, סָרוּ
אָסוּר\אָסֻרָה, תָּסוּר, יָסוּר\יָסֻר\יָסַר, תָּסוּר, נָסוּר\נָסוּרָה, תָּסוּרוּ\תָּסֻרוּ, יָסוּרוּ\יָסֻרוּ
סָר, --- (סָרַת־), --- (סָרֵי־)
סוּר\ס֫וּרָה\סוּרָ֫ה, סוּרוּ\סֻרוּ

He will not turn from ways of righteousness. — לוא יסור מדרכי צדק
4Q420 f1aii_b:5

officer, official, eunuch (nm)	---	(45)	סָרִיס

And Pharaoh was angry about his two officials. — וַיִּקְצֹף פַּרְעֹה עַל שְׁנֵי סָרִיסָיו
Genesis 40:2 — בְּרֵאשִׁית מ ,ב

סָרִיסִים\סָרִסִים
סְרִיס־:---
סְרִיסֵי־\סָרִסֵי־: סָרִיסָיו, סָרִיסֶיהָ

ruler, official, chief (nm)	סרך	(5)	[סָרַךְ]

Then this Daniel was distinguishing* himself over the rulers. — אֱדַיִן דָּנִיֵּאל דְּנָה הֲוָא מִתְנַצַּח* עַל סָרְכַיָּא
Daniel 6:3 — דָּנִיֵּאל ו, ד

סָרְכִין\סָרְכַיָּא

סָרְכֵי־: ---

lord, ruler (nm)	---	(21)	סֶ֫רֶן

And you will not do evil in the eyes of the lords of the Philistines. — וְלֹא תַעֲשֶׂה רָע בְּעֵינֵי סַרְנֵי פְלִשְׁתִּים
1 Samuel 29:7 — שְׁמוּאֵל א כט, ז

סְרָנִים

סַרְנֵי־: סַרְנֵיכֶם

he rebelled, was stubborn (v, *qal*)	סרר	(17)	סָרַר

Like a stubborn heifer, Israel was stubborn. — כְּפָרָה סֹרֵרָה סָרַר יִשְׂרָאֵל
Hosea 4:16 — הוֹשֵׁעַ ד, טז

סָרַר

סוֹרֵר, סֹרֵרָה\סֹרֶרֶת\סֹרָ֫רֶת, סוֹרְרִים

ואנשי עָצָתי סוררים — And men of my council are rebelling.
Thanksgiving Hymn (1QHa) 13:26

סָתַם	(10)	סתם	he stopped up, hid, kept secret (v, *qal*)

וְכָל מַעְיְנֵי מַיִם תִּסְתֹּמוּ — And all springs of water you will stop up.
מְלָכִים ב ג, יט — *2 Kings 3:19*

סְתוֹם
סָתַם
תִּסְתֹּמוּ, יִסְתְּמוּ\יִסְתֹּמוּ
--- | --- | סָתוּם\סָתֻם, סְתֻמִים
סְתֹם

סֵתֶר\סָתֶר	(35)	סתר	cover, hiding place, secret (nm)

אָרוּר מַכֵּה רֵעֵהוּ בַּסָּתֶר — Cursed is the one who strikes down his friend in secret.
דְּבָרִים כז, כד — *Deuteronomy 27:24*

סְתָרִים
סֵתֶר־: סִתְרִי, סִתְרוֹ

ס / ע

עָב	(31) עוב	cloud, thicket (nm/nf)

הִנֵּה עָב קְטַנָּה כְּכַף אִישׁ עֹלָה מִיָּם
מְלָכִים א יח, מד

Behold, a small cloud, like a man's hand, is rising from the sea.
1 Kings 18:44

עָבִים\עָבוֹת
עַב־: ---
עָבֵי־: עָבָיו

ופרשינ[ו כ]ענני וכעבי טל לכסות ארץ

And our horse[men are like] clouds and fog [lit., thick clouds of dew] to cover the earth.
War Scroll (1QM) 12:9

עָבַד	(271?) עבד	he served, worked, did, worshiped (v, *qal*)

בְּכָל כֹּחִי עָבַדְתִּי אֶת אֲבִיכֶן
בְּרֵאשִׁית לא, ו

With all my strength I served your father.
Genesis 31:6

עֲבֹד\עֲבוֹד\עֲבָד | עָבְדֶךָ, עָבְדוֹ, עָבְדָהּ, עָבְדֵנוּ, עָבְדָם
עָבַדְתִּי, עָבַדְתָּ, עָבַד, עֲבַדְתֶּם, עָבְדוּ\עָבָדוּ | עֲבַדְתִּיךָ, עֲבַדְתַּנִי, עֲבַדְתָּם, עֲבָדְךָ, עֲבָדוֹ, עֲבָדָהּ, עֲבָדוּךָ,
עֲבָדוּהוּ\עֲבָדֻהוּ, עֲבָדוּם
אֶעֱבֹד, תַּעֲבֹד, יַעֲבֹד, נַעֲבֹד\נַעַבְדָה, תַּעַבְדוּ\תַּעֲבֹדוּ\תַּעַבְדוּן\תַּעֲבֹדוּן, יַעַבְדוּ\יַעֲבֹדוּ | אֶעֶבָדְךָ, יַעַבְדֵנִי,
יַעַבְדֻנוּ, יַעַבְדֶם, נַעַבְדֶךָ, נַעַבְדֶנּוּ, תַּעַבְדוּם, יַעַבְדֻנִי\יַעַבְדוּנִי, יַעַבְדוּךָ, יַעַבְדוּךָ, יַעַבְדוּהוּ\יַעַבְדֻהוּ,
יַעַבְדוּם\יַעַבְדֻם
עֲבֹד, עִבְדִים (עִבְדֵי־) | עֹבְדָיו
עֲבֹד, עִבְדוּ\עֲבֹדוּ | עָבְדֵהוּ, עִבְדֻהוּ

עבדו את האבן ואת העץ

They worshiped the stone and the tree.
Habakkuk Pesher (1QpHab) 13:2

עֲבַד	(19) עבד	he served, made, did (v, *peal*)

וְקַרְנָא דִכֵּן* עָבְדָה קְרָב עִם קַדִּישִׁין
דָּנִיֵּאל ז, כא

And that* horn is making war with holy ones.
Daniel 7:21

מֶעְבַּד
עַבְדַת, עֲבַדְתְּ, עֲבַד, עֲבַדוּ
תַּעַבְדוּן
עָבֵד, עָבְדָה, עָבְדִין

אנה עבדת לך כן אפו* עבד לי

I did for you, thus also* do for me!
TAD C1 1:52

And I made with them a battle. — ועבדת עמהון קרב
4Q531 f22:4

slave, servant (nm)	עבד	(800?)	עֶבֶד\עָבֶד

And he said to me, "You are my servant, Israel." — וַיֹּאמֶר לִי עַבְדִּי אַתָּה יִשְׂרָאֵל
Isaiah 49:3 — יְשַׁעְיָהוּ מט, ג

עֲבָדִים\עֲבָדם
עֶבֶד־: עַבְדִּי, עַבְדְּךָ\עַבְדֶּךָ\עַבְדְּךָ, עַבְדּוֹ\עַבְדֵּנוּ, עַבְדְּכֶם
עַבְדֵי־: עֲבָדַי, עֲבָדֶיךָ, עֲבָדָיו\עֲבָדוֹ, עֲבָדֶיהָ, עֲבָדֵיכֶם, עֲבָדֵיהֶם

Who is your servant? A dog? — *𐤌𐤉 𐤏𐤁𐤃𐤊 𐤊𐤋𐤁*
Lachish 5:3–4

And his servant and his maid he shall not sell. — ואת עבדו ואת אמתו אל ימכור
Damascus Document (CD) 12:10

servant (nm)	עבד	(7)	[עֲבֵד]

Let the king tell the dream to his servants. — מַלְכָּא חֶלְמָא יֵאמַר לְעַבְדוֹהִי
Daniel 2:7 — דָּנִיֵּאל ב, ז

עֲבֵד־: ---
---: עַבְדָיךְ\עַבְדֶיךְ, עַבְדוֹהִי

[To all who w]ill rule after me and to the servants of the kingdom: Pe[a]ce. — [לכול די י]מלכון בתרי ולעבדי שלטנא ש[ל]ם
4Q550 f1:7

Abednego (np)	עבד\?	(14)	עֲבֵד נְגוֹ

Shadrach, Meshach, and Abednego answered. — עֲנוֹ שַׁדְרַךְ מֵישַׁךְ וַעֲבֵד נְגוֹ
Daniel 3:16 — דָּנִיֵּאל ג, טז

Obed-edom (np)	עבד\אדם	(20)	עֹבֵד אֱדוֹם\עֹבֵד אֱדֹם

And the ark of God dwelt with the house of Obed-edom. — וַיֵּשֶׁב אֲרוֹן הָאֱלֹהִים עִם בֵּית עֹבֵד אֱדֹם
1 Chronicles 13:14 — דִּבְרֵי הַיָּמִים א יג, יד

work, service, worship (nf)	עבד	(145)	עֲבֹדָה\עֲבוֹדָה

The sons of Israel did all the work. — עָשׂוּ בְּנֵי יִשְׂרָאֵל אֵת כָּל הָעֲבֹדָה
Exodus 39:42 — שְׁמוֹת לט, מב

עֲבֹדַת־\עֲבוֹדַת־: עֲבֹדָתִי\עֲבוֹדָתִי, עֲבֹדָתוֹ, עֲבֹדָתֵנוּ, עֲבֹדַתְכֶם, עֲבֹדָתָם\עֲבוֹדָתָם

From heaven, he will judge concerning work of wickedness. — מִשְּׁמים ישפוט על עבודת רשעה
4Q416 f1:10

Obadiah (np) — עבד\יהוה — (20) — **עֹבַדְיָה\עֹבַדְיָ֫הוּ**

And Obadiah was on the road and behold Elijah met him. — וַיְהִי עֹבַדְיָהוּ בַּדֶּרֶךְ וְהִנֵּה אֵלִיָּהוּ לִקְרָאתוֹ
1 Kings 18:7 — מְלָכִים א יח, ז

rope, cord (nm/nf) — עבת — (19) — **[עֲבוֹת]\עֲבֹת**

And they bound him with two new ropes. — וַיַּאַסְרֻהוּ בִּשְׁנַיִם עֲבֹתִים חֲדָשִׁים
Judges 15:13 — שׁוֹפְטִים טו, יג

עֲבֹתִים\עֲבוֹתִים\עֲבֹתֹת
עֲבוֹת־: עֲבֹתוֹ
עֲבֹתֹת־\עֲבֹתוֹת: עֲבֹתֵימוֹ

work, service (nf) — עבד — (6) — **[עֲבִידָה]\עֲבִידְתָּא**

Then the work of the house of God stopped*. — בֵּאדַיִן בְּטֵלַת* עֲבִידַת בֵּית אֱלָהָא
Ezra 4:24 — עֶזְרָא ד, כד

עֲבִידַת־: ---

He arose over the work [of the king] before the king. — קם על עבידת [מלכא] קדם מלכא
4Q550 f4:2

he passed, crossed, transgressed (v, *qal*) — עבר — (465?) — **עָבַר\עָבָר**

A foot of a man or beast will not cross in it. — לֹא תַעֲבָר בָּהּ רֶגֶל אָדָם וְרֶגֶל בְּהֵמָה
Ezekiel 29:11 — יְחֶזְקֵאל כט, יא

עֲבֹר\עֲבוֹר\עֲבָר\עֲבוֹר (עָבוֹר) | עָבְרִי, עָבְרְךָ\עָבְרֶךָ, עָבְרוֹ, עָבְרֵנוּ, עָבְרְכֶם, עָבְרָם\עָבְרָ֫נוּ
עָבַרְתִּי, עָבַרְתָּ, עָבַר\עָבָר, עָבְרָה, עָבַרְנוּ, עֲבַרְתֶּם, עָבְרוּ\עָבָ֫רוּ | עֲבָרוֹ
אֶעֱבֹר\אֶעֱבוֹר\אֶעְבְּרָה\אֶעְבְּרָה, תַּעֲבֹר\תַּעֲבוֹר\תַּעֲבָר, תַּעֲבוּרִי, יַעֲבֹר\יַעֲבוֹר\יַעֲבָר\יַעֲבוֹר, תַּעֲבֹר\
תַּעֲבָר, נַעֲבֹר\נַעְבְּרָה\נַעֲבֹ֫רָה, תַּעַבְרוּ\תַּעֲבֹ֫רוּ, יַעַבְרוּ\יַעֲבֹ֫רוּ\יַעֲבֹרוּן, תַּעֲבֹרְנָה | יַעַבְרֶ֫נּוּ\
יַעַבְרֶנְהוּ\יַעַבְרֻנְהוּ, יַעַבְרוּם
עֹבֵר\עוֹבֵר, עֹבְרִים (עֹבְרֵי־\עוֹבְרֵי־)
עֲבֹר, עִבְרִי\עֲבֹ֫רִי, עִבְרוּ

He will transgress something from the law of Moses. — יעבר דבר מתורת מושה
Community Rule (1QS) 8:22

beyond, opposite side, bank (nm) — עבר — (90) — **עֵ֫בֶר**

וָאֶקַּח אֶת אֲבִיכֶם אֶת אַבְרָהָם מֵעֵבֶר הַנָּהָר
And I took your father, Abraham, from beyond the river.
Joshua 24:3
יְהוֹשֻׁעַ כד, ג

עֲבָרִים
עֵבֶר־: עֶבְרוֹ
עֶבְרֵי־: עֲבָרָיו, עֶבְרֵיהֶם

[עֲבַר] (14) עבר **beyond, opposite bank (nm)**

בַּעֲבַר נַהֲרָא לָא אִיתַי לָךְ
On the opposite bank of the river [i.e., the Euphrates], you will not have anything.
Ezra 4:16
עֶזְרָא ד, טז

עֲבַר־: ---

עֵ֫בֶר (15) עבר **Eber (np)**

וַיְחִי עֵבֶר אַרְבַּע וּשְׁלֹשִׁים שָׁנָה
And Eber lived thirty-four years.
Genesis 11:16
בְּרֵאשִׁית יא, טז

עֶבְרָה (34) עבר **wrath, arrogance, fury (nf)**

אֲנִי יָדַעְתִּי נְאֻם יְהוָה עֶבְרָתוֹ
"I have known" declares the LORD, "his arrogance."
Jeremiah 48:30
יִרְמְיָהוּ מח, ל

עֲבָרוֹת
עֶבְרַת־: עֶבְרָתִי, עֶבְרָתְךָ, עֶבְרָתוֹ, עֶבְרָתָם
עַבְרוֹת־: ---

עליהם אשפך כמים עברה
On them, I will pour wrath like water.
Damascus Document (CD) 19:16

עִבְרִי (34) עבר **Hebrew (gent)**

יְהוָה אֱלֹהֵי הָעִבְרִים שְׁלָחַנִי אֵלֶיךָ
The LORD, the God of the Hebrews, sent me to you.
Exodus 7:16
שְׁמוֹת ז, טז

עִבְרִי, עִבְרִיָּה, עִבְרִים, עִבְרִיּוֹת\עִבְרִית

עֵ֫גֶל (35) עגל **calf (nm)**

וַיַּעַשׂ שְׁנֵי עֶגְלֵי זָהָב
And he made two calves of gold.
1 Kings 12:28
מְלָכִים א יב, כח

עֲגָלִים

עֵגֶל־: עֶגְלֵךְ
עֶגְלֵי־: ---

On]e is an eagle and one is a calf. *4Q385 f6:9*	אח]ד נשר ואחד עגל

heifer, cow (nf) — עגל (12) — עֶגְלָה

A heifer of a bull you will take in your hand. *1 Samuel 16:2*	עֶגְלַת בָּקָר תִּקַּח בְּיָדֶךָ שְׁמוּאֵל א טז, ב

עֶגְלַת־: עֶגְלָתִי
עֶגְלוֹת־: ---

They will wash their hands on the head of the heifer. *11Q19 63:5*	ירחצו את ידיהמה על ראוש העגלה

cart (nf) — עגל (25) — עֲגָלָה

And now take and make a new cart. *1 Samuel 6:7*	וְעַתָּה קְחוּ וַעֲשׂוּ עֲגָלָה חֲדָשָׁה שְׁמוּאֵל א ו, ז

עֲגָלוֹת\עֲגָלֹת
---: עֶגְלָתוֹ
עֶגְלֹת־: ---

until, as far as, even (prep) — עדה (1297?) — עַד

And Abram crossed in the land until the place of Shechem. *Genesis 12:6*	וַיַּעֲבֹר אַבְרָם בָּאָרֶץ עַד מְקוֹם שְׁכֶם בְּרֵאשִׁית יב, ו

עָדַי	---
עָדֶיךָ	עֲדֵיכֶם
---	---
עָדָיו	---
עָדֶיהָ	---

God established his covenant for Israel until eternity. *Damascus Document (CD) 3:13*	הקים אל את בריתו לישראל עד עולם

until, up to, even to (prep, conj) — עוד (35) — עַד\עֲדֵי

And they will possess the kingdom until eternity and until the eternity of eternities. *Daniel 7:18*	וְיַחְסְנוּן* מַלְכוּתָא עַד עָלְמָא וְעַד עָלַם עָלְמַיָּא דָּנִיֵּאל ז, יח

And I am her husband from this day and until eternity. *TAD B2 6:4*	ואנה בעלה מן יומא זנה* ועד עלם
Until now, we are in the midst of our land. *1Q20 19:12*	עד כען אנחנא בגו אׄרׄעׄנׄאׄ

forever, eternity (nm)	עדה	(48)	עַד\עֶד

The LORD is king forever and ever. *Psalm 10:16*	יְהוָה מֶלֶךְ עוֹלָם וָעֶד תְּהִלִּים י, טז
	--- --- ---
The mercies of God are my salvation for eternity. *Community Rule (1QS) 11:12*	חסדי אל ישועתי לעד

witness (nm)	עוד	(69)	עֵד

Witnesses of a lie arose against me. *Psalm 27:12*	קָמוּ בִי עֵדֵי שֶׁקֶר תְּהִלִּים כז, יב
	עֵדִים עֵד־: עֵדִי עֵדֵי־: עֵדַי\עֵדָ֑י, עֵדֶיךָ עֵדֵיהֶם
I [am] not sending to there the wit[ness today]. *Lachish 4:7–8*	𐤀𐤍𐤊[𐤉] 𐤔𐤋𐤇 𐤔𐤌𐤄 𐤀𐤕 𐤄𐤏[𐤃 𐤄𐤉𐤌]
And there is no number to your witnesses. *4Q381 f76_77:11*	ואין מספר לעדיכם

congregation, community, assembly (nf)	יעד	(149)	עֵדָה

And they called him to the assembly and made him king. *1 Kings 12:20*	וַיִּקְרְאוּ אֹתוֹ אֶל הָעֵדָה וַיַּמְלִיכוּ אֹתוֹ מְלָכִים א יב, כ
	--- עֲדַת־: עֲדָתִי, עֲדָתְךָ, עֲדָתוֹ, עֲדָתָם ---
He is the leader of all the congregation. *Damascus Document (CD) 7:20*	הוא נשיא כל העדה

he went away, departed, revoked (v, *peal*)	עדה	(5)	[עֲדָה]

His dominion is an eternal dominion which will not go away.
Daniel 7:14

שָׁלְטָנֵהּ שָׁלְטָן עָלַם דִּי לָא יֶעְדֵּה

דָּנִיֵּאל ז, יד

עֲדָת
יֶעְדֵּה, תֶּעְדֵּא

Then the darkness will depart*.
4Q541 f9i:4

אדין יעדה חשוכא*

decree, witness, testimony (nf)	עוד	(83)	עֵדוּת\עֵדֻת

My soul guarded your decrees.
Psalm 119:167

שָׁמְרָה נַפְשִׁי עֵדֹתֶיךָ
תְּהִילִּים קיט, קסז

עֵדֹת
עֵדוּת־: ---
---: עֵדֹתַי, עֵדֹתֶיךָ\עֵדוֹתֶיךָ, עֵדֹתָיו\עֵדוֹתָיו

A testimony for Israel is to pra[ise the name of the Lo]RD.
4Q522 f22_26:3

עדות לישראל להוד[ות לשם יה]וֺה

ornament, jewelry (nm)	עדה	(14)	עֲדִי\עֶדִי

And now put down your jewelry from on you.
Exodus 33:5

וְעַתָּה הוֹרֵד עֶדְיְךָ מֵעָלֶיךָ
שְׁמוֹת לג, ה

עֲדָיִים
עֲדִי־: עֶדְיְךָ, עֶדְיֵךְ, עֶדְיוֹ, עֶדְיָהּ, עֶדְיָם

You will be an ornament of brightness in your love for your God.
11Q22 f1:2

תהיה]די צה באהבתך לאלהיך

time (nm)	יעד	(13)	עִדָּן\עִדָּנָא

And they will be given in his hand for a time, times, and half a time.
Daniel 7:25

וְיִתְיַהֲבוּן בִּידֵהּ עַד עִדָּן וְעִדָּנִין וּפְלַג* עִדָּן

דָּנִיֵּאל ז, כה

עִדָּנִין\עִדָּנַיָּא

May the gods seek your peace at all times. — אלהיא ישאלו שלמך בכל עדן
TAD A4 4:1

Eden (np) | עדן | (14) | **עֵדֶן**

And the LORD God took the man and placed him in the garden of Eden. — וַיִּקַּח יְהוָה אֱלֹהִים אֶת הָאָדָם וַיַּנִּחֵהוּ בְגַן עֵדֶן
Genesis 2:15 — בְּרֵאשִׁית ב, טו

flock, herd (nm) | עדר | (38) | **עֵדֶר**

And he guided them like a flock in the desert. — וַיְנַהֲגֵם כַּעֵדֶר בַּמִּדְבָּר
Psalm 78:52 — תְּהִלִּים עח, נב

עֲדָרִים
עֵדֶר־: עֶדְרוֹ
עֶדְרֵי־: עֶדְרֵיהֶם

Obed (np) | עבד | (10) | **עוֹבֵד\עֹבֵד**

And they called his name Obed; he was the father of Jesse, the father of David. — וּתִּקְרֶאנָה שְׁמוֹ עוֹבֵד הוּא אֲבִי יִשַׁי אֲבִי דָוִד
Ruth 4:17 — רוּת ד, יז

Og (np) | --- | (22) | **עוֹג\עֹג**

For only Og, king of Bashan, remained from the remnant of the Rephaim. — כִּי רַק עוֹג מֶלֶךְ הַבָּשָׁן נִשְׁאַר מִיֶּתֶר הָרְפָאִים
Deuteronomy 3:11 — דְּבָרִים ג, יא

again, yet, still, more (adv) | עוד | (490?) | **עוֹד\עֹד**

And you will not bow again to the work of your hands. — וְלֹא תִשְׁתַּחֲוֶה עוֹד לְמַעֲשֵׂה יָדֶיךָ
Micah 5:13 — מִיכָה ה, יב

עוֹדִי\עוֹדֶנִּי עוֹדֵינָה
עוֹדְךָ\עֹדְךָ ---
עוֹדָךְ ---
עוֹדֶנּוּ\עֹדֶנּוּ עוֹדָם
עוֹדָהּ\עוֹדֶנָּה ---

And he will not return again to the counsel of the community (Yahad). — ולוא ישוב עוד על עצת היחד
Community Rule (1QS) 7:2

iniquity, injustice, dishonesty | עול | (21) | **עָוֶל**

What iniquity did your fathers find in me? — מַה מָּצְאוּ אֲבוֹתֵיכֶם בִּי עָוֶל
Jeremiah 2:5 — יִרְמְיָהוּ ב, ה

עֱוֶל־: עַוְלוֹ

יריבו רוחי אמת ועול בלבב גבר	Spirits of truth and iniquity will contend in a man's heart. *Community Rule (1QS) 4:23*

עַוְלָה\עוֹלָה (33) עול iniquity, injustice, wickedness (nf)

הֲיֵשׁ בִּלְשׁוֹנִי עַוְלָה אִיּוֹב ו, ל	Is there wickedness on my tongue? *Job 6:30*

עוֹלֹת
---: עַוְלָתָה\עֹלָתָה

⁄4 אמת אתה וכול עולה תשמיד	A God of truth are you, and every wickedness you will destroy. *Thanksgiving Hymn (1QHa) 7:38*

עוֹלֵל (10) עלל he gleaned, dealt with harshly (v, *poel*)

עוֹלֵל יְעוֹלְלוּ כַגֶּפֶן יִרְמְיָהוּ ו, ט	They will surely glean like the vine. *Jeremiah 6:9*

--- (עוֹלֵל)
עוֹלַלְתָּ, עוֹלְלָה
תְּעוֹלֵל, יְעוֹלְלוּ | יְעֹלְלֻהוּ
מְעוֹלֵל
עוֹלֵל

עוֹלֵל\עוֹלָל\עֹלֵל (20) עול child (nm)

עוֹלָלִים שָׁאֲלוּ לֶחֶם אֵיכָה ד, ד	Children asked for bread. *Lamentations 4:4*

עוֹלְלִים\עוֹלָלִים\עֹלְלִים

עֹלְלֵי־: עוֹלָלַיִךְ\עֹלָלַיִךְ, עוֹלָלֶיהָ\עֹלָלֶיהָ, עוֹלְלֵיהֶם\עֹלְלֵיהֶם

עוֹלָם\עֹלָם\עֵילוֹם (439?) עלם forever, ancient time, always, everlasting (nm)

כִּי לְעוֹלָם חַסְדּוֹ קלו, א תְּהִילִּים	For his lovingkindness is forever. *Psalm 136:1*

עוֹלָמִים\עֹלָמִים

עוֹלְמֵי־: ---

בם בחר אל לברית עולמים

God chose them for an eternal covenant.
Community Rule (1QS) 4:22

עָוֺן\עָווֹן (231?) עון — transgression, sin, guilt, punishment (nm)

סְלַח נָא לַעֲוֺן הָעָם הַזֶּה
בְּמִדְבַּר יד, יט

Please forgive the sin of this people.
Numbers 14:19

עֲוֺנוֹת\עֲוֺנֹת
עֲוֺן־\עֲווֹן־: עֲוֺנִי, עֲוֺנְךָ\עֲוֺנֶךָ, עֲוֺנֵךְ\עֲוֺנֵכִי, עֲוֺנוֹ, עֲוֺנָהּ\עֲוֺנָה, עֲוֺנֵנוּ, עֲוֺנְכֶם, עֲוֺנָם
עֲוֺנֹת־\עֲוֺנוֹת־: עֲוֺנֹתַי, עֲוֺנֶיךָ\עֲוֺנֹתֶיךָ, עֲוֺנֹתָיו\עֲווֹנוֹתַי, עֲוֺנֵינוּ\עֲוֺנֵנוּ\עֲוֺנֹתֵינוּ, עֲוֺנֹתֵיכֶם\עֲוֺנוֹתֵיכֶם, עֲוֺנֹתָם\
עֲוֺנֹתֵיהֶם\עֲוֺנוֹתֵיהֶם

והלוים מספרים את עוונות בני ישראל

And the Levites recount the transgressions of the sons of Israel.
Community Rule (1QS) 1:22

עוֹף (71) עוף — bird, winged insect, flying creature (nm)

כָּל עוֹף טָהוֹר תֹּאכֵלוּ
דְּבָרִים יד, כ

Every clean bird you will eat.
Deuteronomy 14:20

עוֹף־: ---

נבלה בעוף ובבהמה לוא תואכלו

A corpse among bird or beast you will not eat.
11Q19 48:6

עִוֵּר (26) עור — blind (adj)

עֵינַיִם הָיִיתִי לַעִוֵּר
אִיּוֹב כט, טו

I was eyes to the blind.
Job 29:15

עִוֵּר | --- | עִוְרִים | עִוְרוֹת

כול איש עור לוא יבואו לה

Every blind man will not come to it [i.e., Jerusalem].
11Q19 45:12–13

עוֹר (99) עור — skin (nm)

וְאֶת הַבָּשָׂר וְאֶת הָעוֹר שָׂרַף בָּאֵשׁ
וַיִּקְרָא ט, יא

And the flesh and the skin he burned in fire.
Leviticus 9:11

עוֹר־: עוֹרִי, עוֹרוֹ\עֹרוֹ, עֹרָהּ, עוֹרֵנוּ, עוֹרָם
עֹרֹת־\עוֹרֹת־: עֹרֹתָם

כטהרת בשרו כן יטהרו העורות

Like the purity of its flesh thus the skins will be pure.
11Q19 47:15

עוֹרֵר (14) עור he aroused, stirred up, fought (v, *polel*)

וְעוֹרַרְתִּי בָנַיִךְ צִיּוֹן
זְכַרְיָה ט, יג

And I will stir up your sons, O Zion.
Zechariah 9:13

עוֹרֵר
עוֹרַרְתִּי, עוֹרֵר, עוֹרְרוּ | עוֹרַרְתִּיךְ
תְּעֹרֵר, תְּעוֹרְרוּ\תְּעֹרְרוּ, יְעֹעֵרוּ

עוֹרְרָה

עֵז (74) --- goat, goat hair (nf)

יִשְׁחַט שׁוֹר אוֹ כֶשֶׂב אוֹ עֵז בַּמַּחֲנֶה
וַיִּקְרָא יז, ג

He will slaughter an ox, lamb, or goat in the camp.
Leviticus 17:3

עִזִּים

---: עִזֶּיךָ

ולוא תזבח לי שור ושה ועז

And you will not sacrifice to me an ox, lamb, or goat.
11Q19 52:5

עַז\עָז (23) עזז strong, fierce (adj)

יַצִּילֵנִי מֵאֹיְבִי עָז
שְׁמוּאֵל ב כב, יח\תְּהִלִּים יח, יח

He will save me from my strong enemy.
2 Samuel 22:18/Psalm 18:17

עַז\עָז | עַזָּה | עַזִּים (עַזֵּי־) | עַזּוֹת

עֹז\עוֹז\עָז (76) עזז strength, might (nm)

וּמִגְדַּל עֹז הָיָה בְתוֹךְ הָעִיר
שׁוֹפְטִים ט, נא

And a tower of strength was in the midst of the city.
Judges 9:51

עֹז־ :עֻזִּךְ\עָזְךָ\עֻזֶּךָ,עֻזֵּךְ, עֻזּוֹ\עֻזֹּה ,עֻזָּהּ, עֻזְּכֶם, עֻזָּמוֹ

ותשימני כמגדל עוז

And you put me as a tower of strength.
Thanksgiving Hymn (1QHa) 15:11

refuge, protection (nm) עזז (17) **עֹז**

My protection, to you I will sing. עֻזִּי אֵלֶיךָ אֲזַמֵּרָה
Psalm 59:17 תְּהִלִּים נט, יח

---: עֻזִּי\עָזִּי, עָזְךָ\עֻזֶּךָ, עֻזּוֹ, עוּזֵּנוּ

Uzzah (np) עזז (14) **עֻזָּא\עֻזָּה**

And Uzzah stretched his hand out to grasp the ark. וַיִּשְׁלַח עֻזָּא אֶת יָדוֹ לֶאֱחֹז אֶת הָאָרוֹן
1 Chronicles 13:9 דִּבְרֵי הַיָּמִים א יג, ט

he left, abandoned, departed, forsook (v, *qal*) עזב (203) **עָזַב**

And they abandoned me and did not keep my law. וְאֹתִי עָזָבוּ וְאֶת תּוֹרָתִי לֹא שָׁמָרוּ
Jeremiah 16:11 יִרְמְיָהוּ טז, יא

עֲזֹב (עֲזֹב\עֲזוֹב) | עָזְבֵךְ, עָזְבָהּ, עָזְבְכֶם, עָזְבָם
עָזַבְתִּי, עָזַבְתָּ, עָזַב\עָזָב, עָזְבָה, עָזַבְנוּ, עֲזַבְתֶּם, עֲזַבְתֶּן, עָזְבוּ\עָזָבוּ | עֲזַבְתִּיךָ, עֲזַבְתִּים, עֲזַבְתָּנִי,
עֲזַבְתָּם, עֲזָבַנִי\עֲזָבָנִי, עֲזָבוֹ, עֲזָבָנוּ, עֲזַבְנֻהוּ, עֲזָבוּנִי\עֲזָבֻנִי, עֲזָבוּךָ
אֶעֱזֹב\אֶעֶזְבָה, תַּעֲזֹב, יַעֲזֹב\יַעֲזוֹב\יַעֲזָב, תַּעֲזֹב, נַעֲזֹב\נַעַזְבָה, תַּעַזְבוּ\תַּעֲזֹבוּ, יַעַזְבוּ\יַעֲזֹבוּ | אֶעֱזָבְךָ\
אֶעֶזְבֵךְ, אֶעֶזְבֵם, תַּעַזְבֵנִי, תַּעַזְבֶנּוּ, תַּעַזְבֶהָ, תַּעַזְבֵנוּ, תַּעַזְבֵם, יַעַזְבֵנִי, יַעַזְבֶךָ, יַעַזְבֶנּוּ, יַעַזְבֶנָּה, יַעַזְבֵנוּ,
תַּעַזְבֵהוּ, יַעַזְבֵנִי, יַעַזְבֵךְ, יַעַזְבֵהוּ
עֹזֵב (עֹזְבֵי־), עֹזֶבֶת, עֹזְבִים (עֹזְבֵי־) | עֹזְבֶיךָ, עֹזְבָיו | עָזוּב, עֲזוּבָה (עֲזוּבַת־), עֲזֻבוֹת
עֲזֹב\עָזְבָה, עִזְבוּ | עִזְבוּהָ

And they will understand all which they and their fathers forsook. ויבינו בכול אשר עזבו הם ואבותיהם
4Q390 f1:6

Gaza (np) --- (20) **עַזָּה**

For Gaza will be deserted and Ashkelon to desolation. כִּי עַזָּה עֲזוּבָה תִהְיֶה וְאַשְׁקְלוֹן לִשְׁמָמָה
Zephaniah 2:4 צְפַנְיָה ב, ד

Uzzi (np) עזז (11) **עֻזִּי**

And the leader of the Levites in Jerusalem was Uzzi. וּפְקִיד הַלְוִיִּם בִּירוּשָׁלַם עֻזִּי
Nehemiah 11:22 נְחֶמְיָה יא, כב

Uzziel (np) עזז\אל (16) **עֻזִּיאֵל**

And for the sons of Uzziel, Amminadab was the leader. לִבְנֵי עֻזִּיאֵל עַמִּינָדָב הַשָּׂר
1 Chronicles 15:10 דִּבְרֵי הַיָּמִים א טו, י

Uzziah (np) עזז\יהוה (27) **עֻזִּיָּה\עֻזִּיָּהוּ**

In the year of King Uzziah's death, I saw the Lord.
Isaiah 6:1

בִּשְׁנַת מוֹת הַמֶּלֶךְ עֻזִּיָּהוּ וָאֶרְאֶה אֶת אֲדֹנָי
יְשַׁעְיָהוּ ו, א

he helped, assisted (v, *qal*)	עזר	(76)	עָזַר

Help us, O God of our salvation.
Psalm 79:9

עָזְרֵנוּ אֱלֹהֵי יִשְׁעֵנוּ
תְּהִלִּים עט, ט

עָזַר\עֲזוֹר\עֲזוֹר\עְזוֹר | עָזְרֵנִי, עָזְרוֹ, עָזְרֵנוּ
עָזַרְתָּ, עֲזַרְתֶּם, עָזְרוּ | עֲזַרְתִּיךָ, עֲזַרְתִּיךְ, עֲזַרְתַּנִי, עֲזָרַנִי, עֲזָרֶךָ, עֲזָרוֹ, עֲזָרָנוּ, עֲזָרָם
יַעֲזָר, יַעְזְרוּ\יַעְזֹרוּ | יַעְזְרֶךָּ, יַעְזְרֵהוּ, יַעְזְרֶהָ, יַעְזְרֵם, יַעְזְרוּנִי\יַעְזְרֻנִי, יַעְזְרֵהוּ, יַעְזְרֻכֶם
עֹזֵר\עוֹזֵר, --- (עֹזְרֵי־) | עֹזְרֶךָ, עֹזְרִי, עֹזְרָיו, עֹזְרֶיהָ | עָזֵר
--- | עָזְרֵנִי, עָזְרֵנוּ, עִזְרֵנִי

He will help all the sons of light from the hand of Belial.
4Q177 f12_13i:7

יׄעזור לכול בני אור מיד בליעל

help (nm)	עזר	(21)	עֵזֶר

My help is from the LORD, maker of heaven and earth.
Psalm 121:2

עֶזְרִי מֵעִם יְהוָה עֹשֵׂה שָׁמַיִם וָאָרֶץ
תְּהִלִּים קכא, ב

---: עֶזְרִי, עֶזְרְךָ\עֶזְרֶךָ, עֶזְרוֹ\עֶזְרֹה, עֶזְרֵנוּ, עֶזְרָם

And a man of dishonesty do not consider a help.
4Q417 f2i:7

ואיש עול אל תחשוב עזר

Ezra (np)	עזר	(22)	עֶזְרָא

And Ezra the priest brought the law before the assembly.
Nehemiah 8:2

וַיָּבִיא עֶזְרָא הַכֹּהֵן אֶת הַתּוֹרָה לִפְנֵי הַקָּהָל
נְחֶמְיָה ח, ב

help (nf)	עזר	(26)	עֶזְרָה\עֶזְרַת\עֶזְרָתָה

Woe to those who go down (to) Egypt for help.
Isaiah 31:1

הוֹי הַיֹּרְדִים מִצְרַיִם לְעֶזְרָה
יְשַׁעְיָהוּ לא, א

עֶזְרַת־: עֶזְרָתִי, עֶזְרָתֵךְ, עֶזְרָתֵנוּ

I will call to the LORD, and my God, my help, will answer me.
4Q372 f1:19

אקרא ליהׄוׄהׄ ויענני אלהי עזרתי

Azariah (np) | עזר\יהוה | (48) | **עֲזַרְיָה\עֲזַרְיָהוּ**

And Azariah slept with his fathers and they buried him with his fathers.
2 Kings 15:7

וַיִּשְׁכַּב עֲזַרְיָה עִם אֲבֹתָיו וַיִּקְבְּרוּ אֹתוֹ עִם אֲבֹתָיו
מְלָכִים ב טו, ז

he wrapped, enveloped (v, *qal*) | עטה | (11) | **[עָטָה]**

And he wrapped vengeance like a cloak.
Isaiah 59:17

וַיַּעַט כַּמְעִיל קִנְאָה
יְשַׁעְיָהוּ נט, יז

עָטוּ
תַּעְטֶה, יַעְטֶה\יַעַט, תַּעְטוּ, יַעֲטוּ
עֹטֶה, עֹטְיָה
---

crown, wreath (nf) | עטר | (23) | **עֲטָרָה**

A crown of elders are grandchildren [lit., sons of sons].
Proverbs 17:6

עֲטֶרֶת זְקֵנִים בְּנֵי בָנִים
מִשְׁלֵי יז, ו

עֲטָרוֹת\עֲטָרֹת
עֲטֶרֶת־: ---

Blessings of [eternity] are a crown of your head.
Community Rule (1QSb) 4:3

ברכוּת [עול]ם עטרת רואשכה

Ai (np) | עוה? | (37) | **עַי**

And they seized the king of Ai alive and brought him to Joshua.
Joshua 8:23

וְאֶת מֶלֶךְ הָעַי תָּפְשׂוּ חָי וַיַּקְרִבוּ אֹתוֹ אֶל יְהוֹשֻׁעַ
יְהוֹשֻׁעַ ח, כג

Elam (np, person) | --- | (11) | **עֵילָם**

The sons of Shem were Elam and Asshur.
Genesis 10:22

בְּנֵי שֵׁם עֵילָם וְאַשּׁוּר
בְּרֵאשִׁית י, כב

Elam (np, place) | --- | (15) | **עֵילָם**

Thus said the Lord, "I am breaking the bow of Elam."
Jeremiah 49:35

כֹּה אָמַר יְהוָה צְבָאוֹת הִנְנִי שֹׁבֵר אֶת קֶשֶׁת עֵילָם
יִרְמְיָהוּ מט, לה

eye, spring (nm and nf) | עין | (886?) | **עַיִן\עָיִן**

I am standing by the spring of water.
Genesis 24:43

אָנֹכִי נִצָּב עַל עֵין הַמָּיִם
בְּרֵאשִׁית כד, מג

עֵינַיִם\עֵינָ֫יִם
עֵין־: עֵינִי, עֵינְךָ\עֵינֶ֫ךָ, עֵינֵךְ, עֵינוֹ\עֵינֵיו, עֵינָהּ, עֵינֵנוּ, עֵינְכֶם, עֵינָם\עֵינֵמוֹ
עֵינֵי־: עֵינַי\עֵינָ֫י, עֵינֶיךָ\עֵינֶךָ, עֵינַיִךְ\עֵינָ֫יִךְ, עֵינָיו\עֵינָו\עֵינֵיהוּ, עֵינֶיהָ, עֵינֵינוּ, עֵינֵיכֶם, עֵינֵיהֶם, עֵינֵיהֶן

And they did, each man, what was right in his eyes. *Damascus Document (CD) 8:7*	ויעשו איש הישר בעיניו

eye (nf)	עין (5)	[עַיִן]
And behold eyes are like the eyes of the man. *Daniel 7:8*		וַאֲלוּ עַיְנִין כְּעַיְנֵי אֲנָשָׁא דָּנִיֵּאל ז, ח

עַיְנִין
עֵין־: ---
עַיְנֵי־: עַיְנַי

I lifted my eyes and saw. *4Q543 f5_9:4*	נ̊טלת* עיני וחזית

weary, tired, faint (adj)	עיף (17)	עָיֵף
And all the people with him are weary. *2 Samuel 16:14*		וְכָל הָעָם אֲשֶׁר אִתּוֹ עֲיֵפִים שְׁמוּאֵל ב טז, יד

עָיֵף | עֲיֵפָה | עֲיֵפִים | ---

And you, my God, gave to the weary holy counsel. *Thanksgiving Hymn (1QHa) 15:13*	ו̊אתה אלי נתתי לעפים לעצת קודש

city, town (nf)	עיר (1041)	עִיר
Woe to one who builds a city with blood. *Habakkuk 2:12*		הוֹי בֹּנֶה עִיר בְּדָמִים חֲבַקּוּק ב, יב

עָרִים\עֲיָרִים
עִיר־: עִירִי, עִירְךָ, עִירוֹ, עִירָהּ, עִירָם
עָרֵי־: עָרַי, עָרֶיךָ, עָרַיִךְ, עָרָיו, עָרֶיהָ, עָרֵינוּ, עָרֵיכֶם, עָרֵיהֶם

And he brought him up to the city. *Lachish 4:7*	ויעלהו העירה
They went to the city to besiege it. *4Q376 f1iii:2*	ילכו לעיר לצור עליה

City of David (np)	עיר\דוד (44)	עִיר דָּוִד

And David captured the fortress of Zion, which is the City of David. *2 Samuel 5:7*	וַיִּלְכֹּד דָּוִד אֵת מְצֻדַת צִיּוֹן הִיא עִיר דָּוִד שְׁמוּאֵל ב ה, ז

naked (adj)	ערה\עור?	(10)	עֵירֹם\עֵרֹם

Who told to you that you were naked? *Genesis 3:11*	מִי הִגִּיד לְךָ כִּי עֵירֹם אָתָּה בְּרֵאשִׁית ג, יא

עֵירֹם\עֵרֹם | --- | עֵירֻמִּם | ---

he troubled, harmed (v, *qal*)	עכר	(12)	עָכַר

My father troubled the land. *1 Samuel 14:29*	עָכַר אָבִי אֶת הָאָרֶץ שְׁמוּאֵל א יד, כט

עֲכַרְתִּי, עָכַר, עֲכַרְתֶּם | עֲכַרְתָּנוּ
--- | יַעְכָּרְךָ
עֹכֵר | עֹכְרִי
---

on, upon, above, concerning, against (prep)	עלה	(5771)	עַל

And they assembled against Moses and against Aaron. *Numbers 16:3*	וַיִּקָּהֲלוּ עַל מֹשֶׁה וְעַל אַהֲרֹן בְּמִדְבַּר טז, ג

עָלַי\עָלָי	עָלֵינוּ
עָלֶיךָ	עֲלֵיכֶם\עֲלֵכֶם
עָלַיִךְ\עָלָיִךְ	עֲלֵיכֶן
עָלָיו\עָלוֹ	עֲלֵיהֶם\עֲלֵהֶם\עָלֵימוֹ
עָלֶיהָ	עֲלֵיהֶן\עֲלֵהֶן

I wrote on the door. *Lachish 4:3*	כתבתי על הדלת
Days will come on you, on your people, and on the house of your father. *Damascus Document (CD) 7:11*	יבוא עליך ועל עמך ועל בית אביך ימים

מֵעַל: above, from, away from
עַל־כֵּן: therefore

upon, on, to, against, about (prep)	עלה	(104)	עַל

And I heard about you that the spirit of gods is in you. *Daniel 5:14*	וְשִׁמְעֵת עֲלָיךְ דִּי רוּחַ אֱלָהִין בָּךְ דָּנִיֵּאל ה, יד

עֲלַי	עֲלֵינָא
עֲלָךְ\עֲלַיִךְ	---
---	---
עֲלוֹהִי\עֲלֹהִי	עֲלֵיהֹם
עֲלַהּ\עֲלַיַהּ	עֲלֵיהוֹן

ועלותא נקרב על מדבחא*
And the offering we approached on the altar*.
TAD B2 11:4

אנתה מרה* ושליט על כולא
You are lord and ruler over everything.
1Q20 20:13

עֹל (40) עול yoke (nm)

מֵעוֹלָם שָׁבַרְתִּי עֻלֵּךְ
יִרְמְיָהוּ ב, כ
From eternity I have broken your yoke.
Jeremiah 2:20

עֹל־: עֻלֵּךְ, עֻלּוֹ, עֻלֵּנוּ, עֻלְּכֶם, עֻלָּם

ובני ישראל [זעקים מפ]ני על כבד
And the sons of Israel [are crying out be]cause of a heavy yoke.
4Q389 f8ii:2–3

עָלָה (609) עלה he went up, ascended, lifted, offered (v, *qal*)

מִי יַעֲלֶה בְהַר יְהוָה
תְּהִילִּים כד, ג
Who will ascend on the mountain of the LORD?
Psalm 24:3

עֲלוֹת\עֲלֹת (עָלֹה) | עָלִתִי, עָלִתְךָ, עָלְתוֹ\עֲלוֹתוֹ, עֲלוֹתָהּ\עֲלֹתָהּ, עֲלוֹתָם
עָלִיתִי, עָלִיתָ, עָלִית, עָלָה, עָלְתָה\עָלָתָה, עָלִינוּ, עֲלִיתֶם, עָלוּ\עָלָה
אֶעֱלֶה\אַעַל, תַּעֲלֶה, תַּעֲלִי, יַעֲלֶה\יַעַל\יָעַל, תַּעֲלֶה\תַּעַל\תָּעַל, נַעֲלֶה\נַעַל, תַּעֲלוּ, יַעֲלוּ, תַּעֲלֶינָה\תַּעֲלֶנָה
| יַעֲלֶנָה
עֲלֵה\עוֹלֶה, עָלָה\עוֹלָה, עֹלִים\עוֹלִים, עֹלֹת\עֹלוֹת
עֲלֵה, עֲלִי, עֲלוּ

אל יעל איש למזבח בשבת
A man shall not go up to the altar on the Sabbath.
Damascus Document (CD) 11:17

עֹלָה\עוֹלָה (287) עלה burnt offering (nf)

וְשִׁבְעַת יְמֵי הֶחָג יַעֲשֶׂה עוֹלָה לַיהוָה
יְחֶזְקֵאל מה, כג
And seven days of the festival he will make an offering to the LORD.
Ezekiel 45:23

עֹלוֹת\עוֹלֹת\עוֹלוֹת\עֹלֹת
עֹלַת־\עוֹלַת־: עוֹלֹתֶךָ\עֹלָתֶךָ, עֹלָתוֹ\עוֹלָתוֹ, עֹלֹתָם

עֹלוֹת־: עֹלֹתֶיךָ\עוֹלֹתֶיךָ, עֹלוֹתֵינוּ, עֹלוֹתֵיכֶם\עֹלֹתֵיכֶם\עוֹלֹתֵיכֶם\עוֹלוֹתֵיכֶם, עוֹלֹתֵיהֶם

ויעל את העולה̊ על המזב[ח]
And he offered a burnt offering on the alt[ar].
4Q158 f4:4

עָלֶה (19) עלה leaf (nm)

כִּי תִהְיוּ כְּאֵלָה נֹבֶלֶת עָלֶהָ
יְשַׁעְיָהוּ א, ל
For you will be like an oak whose leaf withers.
Isaiah 1:30

עֲלֵה־: עֲלֵהוּ, עָלֶהָ
עֲלֵי־: ---

עליו ירעו כול ח̊[יו]ת̊ יער
All the be[ast]s of the forest will graze its leaves.
Thanksgiving Hymn (1QHa) 16:9

[עָלַז] (16) עלז he exulted, triumphed (v, *qal*)

שִׂמְחִי וְעָלְזִי בְּכָל לֵב
צְפַנְיָה ג, יד
Rejoice and exult with a whole heart!
Zephaniah 3:14

עָלוֹז

אֶעְלֹז\אֶעְלְזָה\אֶעֱלוֹזָה, תַּעֲלֹזִי, יַעֲלֹז, תַּעַלְזִי, יַעְלְזוּ\יַעֲלֹזוּ, תַּעְלוֹזָה\תַּעֲלוֹזָה

עָלְזִי, עִלְזוּ

עֵלִי (33) עלה Eli (np)

וְהַנַּעַר שְׁמוּאֵל מְשָׁרֵת אֶת יְהוָה לִפְנֵי עֵלִי
שְׁמוּאֵל א ג, א
The young man Samuel was serving the LORD before Eli.
1 Samuel 3:1

עֲלִיָּה (20) עלה upper room, roof chamber (nf)

וַיַּעַל עַל עֲלִיַּת הַשַּׁעַר וַיֵּבְךְּ
שְׁמוּאֵל ב יט, א
And he went up on the roof chamber of the gate, and he cried.
2 Samuel 19:1

עֲלִיּוֹת
עֲלִיַּת־: עֲלִיָּתוֹ
---: עֲלִיּוֹתָיו\עֲלִיֹּתָיו

ובעלית הב[ית הזה תעשה שע]ר̇
And in the roof chamber of this hou[se, you will make a ga]te.
11Q19 31:6

עֶלְיוֹן (53) עלה upper, Most High (adj)

You, LORD Most High, are over all the earth. | אַתָּה יְהוָה עֶלְיוֹן עַל כָּל הָאָרֶץ
Psalm 97:9 | תְּהִלִּים צז, ט

עֶלְיוֹן | עֶלְיוֹנָה | --- | עֶלְיוֹנֹת

May God, Most High, bless you and cause his face to shine toward you. | יברך אתכם אל עליון ויאר פניו אליכם
11Q14 f1ii:7

deed, behavior, action (nf) | עלל | (24) | עֲלִילָה

And they forgot his deeds and his wonders which he showed them. | וַיִּשְׁכְּחוּ עֲלִילוֹתָיו וְנִפְלְאוֹתָיו אֲשֶׁר הֶרְאָם
Psalm 78:11 | תְּהִלִּים עח, יא

עֲלִלוֹת\עֲלִילֹת

עֲלִילֹת־: עֲלִילוֹתֶיךָ, עֲלִילוֹתַיִךְ\עֲלִילֹתַיִךְ, עֲלִילוֹתָיו\עֲלִילֹתָיו, עֲלִילוֹתֵיכֶם, עֲלִילוֹתָם

And his anger burned against their deeds. | ויחר אפו בעלילותיהם
Damascus Document (CD) 5:16

he entered, came in (v, *peal*) | עלל | (7) | [עֲלַל]

Daniel entered before me. | עַל קֳדָמַי דָּנִיֵּאל
Daniel 4:8 | דָּנִיֵּאל ד, ה

עַל, עַלַּלַת

עָלְלִין

And we entered to the land of the sons of Ham, to the land of Egypt. | ועלנא לארע בני חם לארע מצרין
1Q20 19:13

eternity, forever (nm) | עלם | (20) | עָלַם\עָלְמָא

The name of God is blessed from eternity and until eternity. | שְׁמֵהּ דִּי אֱלָהָא מְבָרַךְ מִן עָלְמָא וְעַד עָלְמָא
Daniel 2:20 | דָּנִיֵּאל ב, כ

עָלְמִין\עָלְמַיָּא

And I am her husband from this day and until forever. | ואנה בעלה מן יומא זנה* ועד עלם
TAD B3 3:4

מלכותה מלכות עלם

His kingdom is an eternal kingdom.
4Q246 f1ii:5

עַם\עָם	(1865)	עמם	people, relative (nm)

עַמֵּךְ עַמִּי וֵאלֹהַיִךְ אֱלֹהָי

Your people are my people, and your God is my God.

רוּת א, טז

Ruth 1:16

עַמִּים\עֲמָמִים
עַם־: עַמִּי, עַמְּךָ\עַמֶּךָ, עַמֵּךְ, עַמּוֹ, עַמָּהּ, עַמֵּנוּ, עַמָּם
עַמֵּי־\עַמְמֵי־: עַמֶּיךָ\עֲמָמֶיךָ, עַמָּיו, עַמֶּיהָ

ויקבצו אלו כול העמים

And all the peoples will gather to him.
Habakkuk Pesher (1QpHab) 8:5

עַם\עַמָּא\עַמָּה	(15)	עמם	people (nm)

דָּרְיָוֶשׁ מַלְכָּא כְּתַב לְכָל עַמְמַיָּא
דָּנִיֵּאל ו, כו

Darius, the king, wrote to all the peoples.
Daniel 6:25

---\עַמְמַיָּא

וחוכמתה לכול עׄממיא תהך

And his wisdom came to all the peoples.
4Q534 f1i:8

עִם	(1048)	---	with (prep)

עִמּוֹ חָכְמָה וּגְבוּרָה
אִיּוֹב יב, יג

With him are wisdom and strength.
Job 12:13

עִמִּי — עִמָּנוּ
עִמְּךָ\עִמָּךְ\עִמְּכָה — עִמָּכֶם
עִמָּךְ — ---
עִמּוֹ — עִמָּם\עִמָּהֶם
עִמָּהּ — ---

ישמרך ויהי עם אד[נ]י

And may he guard you and be with my lo[r]d.
Kuntillet Ajrud 19:8–10

באו עמו בברית אברהם

They entered with him into the covenant of Abraham.
Damascus Document (CD) 12:11

עִם	(22)	---	with (prep)

אֱדַיִן דָּנִיֵּאל עִם מַלְכָּא מַלִּל
דָּנִיֵּאל ו, כב

Then Daniel spoke with the king.
Daniel 6:21

עִמִּי	---
עִמָּךְ	---
---	---
עִמֵּה	עִמְּהוֹן
---	---

אנה אזלת עם שארית
I went with the rest.
TAD B8 1:11

עִמָּד־ (45) עמד with (prep)

לֹא אִירָא רָע כִּי אַתָּה עִמָּדִי
תְּהִלִּים כג, ד
I will not fear evil for you are with me.
Psalm 23:4

עִמָּדִי (only 1cs form in biblical Hebrew)

כגדול חסדיך [א]שר עשיתה עמדי
According to the greatness of your steadfast love with me.
Thanksgiving Hymn (1QHa) 8:30–31

עָמַד (435?) עמד he stood, was still, went up, remained (v, *qal*)

וּבְדֶרֶךְ חַטָּאִים לֹא עָמָד
תְּהִלִּים א, א
And in the path of sinners he did not stand.
Psalm 1:1

עֲמֹד\עֲמוֹד (עָמֹד) | עָמְדִי, עָמְדְךָ, עָמְדוֹ, עָמְדָהּ, עָמְדָם
עָמַדְתִּי, עָמַדְתָּ, עָמַד\עָמָד, עָמְדָה, עָמַדְנוּ, עֲמַדְתֶּם, עָמְדוּ\עָמָדוּ
אֶעֱמֹד\אֶעֱמְדָה, תַּעֲמֹד, יַעֲמֹד\יַעֲמוֹד\יַעֲמָד, תַּעֲמֹד\תַּעֲמוֹד, נַעֲמֹד\נַעַמְדָה, תַּעֲמֹדוּ\תַּעַמְדוּן, יַעַמְדוּ\יַעֲמֹדוּ
עֹמֵד\עוֹמֵד, עֹמֶדֶת\עוֹמֶדֶת\עֹמָדֶת, עֹמְדִים, עֹמְדוֹת
עֲמֹד\עֲמָד עִמְדִי, עִמְדוּ

ולא יעמוד לפני אש
And he will not stand before fire.
4Q424 f1:5

עַמּוּד\עַמֻּד (111) עמד column, pillar, post (ms)

וַיֵּרֶד יְהוָה בְּעַמּוּד עָנָן
בְּמִדְבַּר יב, ה
And the LORD descended in a pillar of a cloud.
Numbers 12:5

עַמּוּדִים\עַמֻּדִים
עַמּוּד־\עַמֻּד־: עַמּוּדוֹ
עַמּוּדֵי־\עַמֻּדֵי־: עַמּוּדָיו\עַמֻּדָיו\עַמֻּדָו, עַמּוּדֶיהָ\עַמֻּדֶיהָ, עַמּוּדֵיהֶם\עַמֻּדֵיהֶם

אתה בקרבנו בעמוד אש
You are in our midst in a column of fire.
4Q504 f6:10

Ammon (np)	עם?	(101)	עַמּוֹן

And if the sons of Ammon will be stronger than you, I will come to save you. — וְאִם בְּנֵי עַמּוֹן יֶחֶזְקוּ מִמְּךָ וְהָלַכְתִּי לְהוֹשִׁיעַ לָךְ
2 Samuel 10:11 — שְׁמוּאֵל ב י, יא

Ammonite (gent)	עם?	(21)	עַמּוֹנִי

An Ammonite or Moabite will not come into the assembly of the Lord. — לֹא יָבֹא עַמּוֹנִי וּמוֹאָבִי בִּקְהַל יְהוָה
Deuteronomy 23:4 — דְּבָרִים כג, ד

Amminadab (np)	עם\נדב	(13)	עַמִּינָדָב

And Amminadab begat Nahshon, the prince of the sons of Judah. — וְעַמִּינָדָב הוֹלִיד אֶת נַחְשׁוֹן נְשִׂיא בְּנֵי יְהוּדָה
1 Chronicles 2:10 — דִּבְרֵי הַיָּמִים א ב, י

friend, neighbor, community (nm)	עמם\עמה	(12)	[עָמִית]

With righteousness you will judge your neighbor. — בְּצֶדֶק תִּשְׁפֹּט עֲמִיתֶךָ
Leviticus 19:15 — וַיִּקְרָא יט, טו

---: עֲמִיתִי, עֲמִיתְךָ\עֲמִיתֶךָ, עֲמִיתוֹ

You shall not let a man oppress his neighbor. — לוא תונו איש את עמיתו
4Q271 f3:5

he worked, labored, toiled (v, *qal*)	עמל	(20)	עָמַל

. . . which I labored under the sun. — שֶׁעָמַלְתִּי תַּחַת הַשָּׁמֶשׁ
Ecclesiastes 2:20 — קֹהֶלֶת ב, כ

עָמַלְתִּי, עָמַלְתָּ, עָמַל, עָמְלָה, עָמְלוּ
יַעֲמֹל
עָמֵל, עֲמֵלִים
---

trouble, care, toil, labor (ns)	עמל	(55)	עָמָל

And ones who sow trouble will reap it. — וְזֹרְעֵי עָמָל יִקְצְרֻהוּ
Job 4:8 — אִיּוֹב ד, ח

עֲמַל-: עֲמָלִי, עֲמָלְךָ, עֲמָלוֹ, עֲמָלֵנוּ, עֲמָלָם

And trouble was not hidden from my eyes. — ולוא נסתר עמל מעיני
Thanksgiving Hymn (1QHa) 19:22

Amalek (np)	---	(39)	עֲמָלֵק

And David recovered all which Amalek took. — וַיַּצֵּל דָּוִד אֵת כָּל אֲשֶׁר לָקְחוּ עֲמָלֵק
1 Samuel 30:18 — שְׁמוּאֵל א ל, יח

Amalekite (gent)	---	(12)	עֲמָלֵקִי

And he said to me, "Who are you?" And I said to him, "I am an Amalekite." — וַיֹּאמֶר לִי מִי אָתָּה וָאֹמַר אֵלָיו עֲמָלֵקִי אָנֹכִי
2 Samuel 1:8 — שְׁמוּאֵל ב א, ח

deep (adj)	עמק	(17)	עָמֹק

Words of the mouth of man are deep waters. — מַיִם עֲמֻקִּים דִּבְרֵי פִי אִישׁ
Proverbs 18:4 — מִשְׁלֵי יח, ד

עָמֹק | עֲמֻקָּה | עֲמֻקִּים | עֲמֻקּוֹת

And they heard deep things and understood. — וישמעו עמוקות ויבינו
4Q266 f2i:5

valley (nm)	עמק	(43?)	עֵמֶק

A god of hills is the LORD, but not a god of valleys. — אֱלֹהֵי הָרִים יְהוָה וְלֹא אֱלֹהֵי עֲמָקִים
1 Kings 20:28 — מְלָכִים א כ, כח

עֲמָקִים
עֵמֶק־: עִמְקֵךְ, עִמְקָם
עִמְקֵי־: עֲמָקַיִךְ

sheaf, measurement (nm)	עמר	(14)	עֹמֶר

Between the sheaves you will gather. — בֵּין הָעֳמָרִים תְּלַקֵּט
Ruth 2:15 — רוּת ב, טו

עֳמָרִים
עֹמֶר: ---

Seven full weeks are from the day of your bringing the sheaf. — שֶׁבַע שַׁבָּתוֹת תמימות מיום הֲביאכמה את העומר
11Q19 18:11

Omri (np)	---	(18)	עָמְרִי

And Omri did the evil thing in the eyes of the LORD and he did more evil than all those before him. — וַיַּעֲשֶׂה עָמְרִי הָרַע בְּעֵינֵי יְהוָה וַיָּרַע מִכֹּל אֲשֶׁר לְפָנָיו
1 Kings 16:25 — מְלָכִים א טז, כה

Amram (np)	עם\רם	(14)	עַמְרָם

And the children of Amram were Aaron, Moses and Miriam.
1 Chronicles 5:29

וּבְנֵי עַמְרָם אַהֲרֹן וּמֹשֶׁה וּמִרְיָם
דִּבְרֵי הַיָּמִים א ה, כט

Amasa (np)	---	(16)	עֲמָשָׂא

And Joab said to Amasa, "Are you well, my brother?"
2 Samuel 20:9

וַיֹּאמֶר יוֹאָב לַעֲמָשָׂא הֲשָׁלוֹם אַתָּה אָחִי
שְׁמוּאֵל ב כ, ט

grape (nm)	---	(19)	עֵנָב

Like grapes in the desert I found Israel.
Hosea 9:10

כַּעֲנָבִים בַּמִּדְבָּר מָצָאתִי יִשְׂרָאֵל
הוֹשֵׁעַ ט, י

עֲנָבִים

עִנְּבֵי־: עֲנָבֵמוֹ

And the days are the days of the firstfruit of grapes.
4Q365 f32:9

והימים ימי בכורות ענבים

he answered, replied, testified (v, *qal*)	ענה	(310)	עָנָה

Once I spoke, and I will not answer.
Job 40:5

אַחַת דִּבַּרְתִּי וְלֹא אֶעֱנֶה
אִיּוֹב מ, ה

עֲנוֹת
עָנִיתִי, עָנִיתָ, עָנָה, עָנְתָה, עֲנִיתֶם, עָנוּ | עֲנִיתִיךָ, עֲנִיתָנִי, עֲנִיתָם, עָנָנִי, עָנְךָ, עָנָהוּ, עָנָם
אֶעֱנֶה\אַעֲנֶה\אַעַן, תַּעֲנֶה\תַּעַן, יַעֲנֶה\יַעַן, תַּעֲנֶה\תַּעַן, תַּעֲנוּ, יַעֲנוּ | אֶעֶנְךָ\אֶעֱנֶךָּ, תַּעֲנֶנָּה\תַּעֲנֶינָה
אֶעֱנֵהוּ\אֶעֱנֶנּוּ, אֶעֱנֵם, תַּעֲנֵנִי, תַּעֲנֶנּוּ, תַּעֲנֵנוּ, תַּעֲנֵם, יַעֲנֵנִי, יַעַנְךָ, יַעֲנֵהוּ\יַעֲנֶנּוּ, יַעֲנֶנָּה, יַעֲנֵנוּ, יַעֲנֵם, תַּעַנְךָ,תַּעֲנֵהוּ, יַעֲנוּכָה
עֹנֶה\עוֹנֶה, עֹנִים | עוֹנֶךָ, עֹנֵהוּ
עֲנֵה, עֲנוּ | עֲנֵנִי\עֲנֵנוּ, עֲנֵנוּ

And all my brothers will testify for me.
Metsad ha-Shavyahu 1:10

כל אחי יענו לי

And all who enter the covenant will answer and say after them, "Amen, Amen!"
Community Rule (1QS) 2:18

וכול באי הברית יענו ואמרו אחריהם אמן אמן

he answered (v, *peal*)	ענה	(30)	[עֲנָה]

They answered and said to Nebuchadnezzar the king.
Daniel 3:9

עֲנוֹ וְאָמְרִין לִנְבוּכַדְנֶצַּר מַלְכָּא
דָּנִיֵּאל ג, ט

עֲנַת, עֲנוֹ

עָנֶה, עֲנַיִן

God answered Job. | ענא אלהא לאיוב
11Q10 34:2

he sang, cried (v, *qal*) ענה (13) **עָנָה**

Sing to the LORD with thanksgiving! | עֱנוּ לַיהוָה בְּתוֹדָה
Psalm 147:7 | תְּהִלִּים קמז, ז

עֱנוֹת
עָנָה, עָנוּ
יַעֲנֶה, תַּעַן, יַעֲנוּ, תַּעֲנֶינָה

עֱנוּ

he oppressed, humbled, violated, abused (v, *piel*) ענה (57) **עִנָּה**

And I humbled you; I will not humble you again. | וְעִנִּתִךְ לֹא אֲעַנֵּךְ עוֹד
Nahum 1:12 | נַחוּם א, יב

עַנּוֹת\עַנֹּת (עַנֵּה) | עַנֹּתְךָ\עַנּוֹתֶךָ, עַנּוֹתוֹ\עַנֹּתוֹ
עִנֵּיתִי, עִנִּיתָ, עִנָּה, עִנִּינוּ, עִנִּיתֶם, עִנּוּ | עִנִּתִךְ, עִנִּיתָנִי, עִנִּיתָהּ, עִנִּיתָנוּ, עִנָּהּ
(וָ)אעַנֶּה, תְּעַנֶּה, יְעַנֶּה, תְּעַנּוּ\תְּעַנּוּן, יְעַנּוּ | אֲעַנֵּךְ, תְּעַנֵּנִי, תְּעַנֵּנוּ, יְעַנֵּנִי, יְעַנְּךָ, יְעַנֶּנּוּ, יְעַנֶּהָ, יְעַנֵּם, תְּעַנֶּהָ
יְעַנּוּנוּ
--- | מְעַנַּיִךְ
עַנּוּ

And you are to humble your soul on it [i.e., on the Day of Atonement]. | ותענו בו את נפשותיכמה
11Q19 66:11

Anah (np) --- (12) **עֲנָה**

These are the chiefs of Oholibamah, daughter of Anah, wife of Esau. | אֵלֶּה אַלּוּפֵי אָהֳלִיבָמָה בַּת עֲנָה אֵשֶׁת עֵשָׂו
Genesis 36:18 | בְּרֵאשִׁית לו, יח

humble, meek, oppressed (adj) ענה (19) **עָנָו**

And humble ones will inherit land. | וַעֲנָוִים יִירְשׁוּ אָרֶץ
Psalm 37:11 | תְּהִלִּים לז, יא

עָנָו | --- | עֲנָוִים\עֲנָוִים\עֲנָוִים (עַנְוֵי־\עֲנָוֵי־) | ---

Humbled ones will not perish. — לא יבדו ענוים
4Q372 f1:17

poor, afflicted (adj) — ענה (77) — עָנִי

You will surely open your hand for your brother, for your poor. — פָּתֹחַ תִּפְתַּח אֶת יָדְךָ לְאָחִיךָ לַעֲנִיֶּךָ
Deuteronomy 15:11 — דְּבָרִים טו, יא

עָנִי | עֲנִיָּה | עֲנִיִּים\עֲנָיִים (עֲנִיֵּי־) | ---
עֲנִיֶּךָ, עֲנִיֵּךְ, עֲנִיֶּיךָ, עֲנִיָּו

And you, my God, help poor souls. — ואתה 𐤀𐤋𐤉 עזרתה נפש עני
Thanksgiving Hymn (1QHa) 10:36

affliction, misery (nm) — ענה (36) — עֳנִי\עֳנִי\עוֹנִי

And you saw the misery of our fathers in Egypt. — וַתֵּרֶא אֶת עֳנִי אֲבֹתֵינוּ בְּמִצְרָיִם
Nehemiah 9:9 — נְחֶמְיָה ט, ט

עֳנִי־: עָנְיִי, עָנְיֵךְ, עָנְיוֹ, עָנְיָהּ, עָנְיֵנוּ, עָנְיָם

And you li[ft]ed our affliction according to your goodness with us. — ותׄ[ש]א ענינו כטובׄכה בנו
War Scroll (1QM) 18:8

cloud (nm) — ענן (87) — עָנָן

And my bow I put in the cloud. — אֶת קַשְׁתִּי נָתַתִּי בֶּעָנָן
Genesis 9:13 — בְּרֵאשִׁית ט, יג

עֲנָנִים
עֲנַן־: עֲנָנְךָ, עֲנָנוֹ

You are in our midst in a pillar of fire and a cloud. — אתה בקרבנו בעמוד אש וענן
4Q504 f6:10

Anak (np) — --- (18) — עֲנָק

And there we saw the Nephilim, the sons of Anak. — וְשָׁם רָאִינוּ אֶת הַנְּפִילִים בְּנֵי עֲנָק
Numbers 13:33 — בְּמִדְבַּר יג, לג

Anathoth (np) — --- (13) — עֲנָתוֹת

Buy for yourself my field which is in Anathoth. *Jeremiah 32:7*	קְנֵה לְךָ אֶת שָׂדִי אֲשֶׁר בַּעֲנָתוֹת יִרְמְיָהוּ לב, ז

he flew (v, *qal*) [עוף] (18) **[עָף]**

I see a scroll flying. *Zechariah 5:2*	אֲנִי רֹאֶה מְגִלָּה עָפָה זְכַרְיָה ה, ב

עוּף
עָפוּ
אָעוּפָה, יָעוּף\יָעֹף\יָעַף\וָעִיף, תָּעוּף, נָעֻפָה, יָעֻפוּ, תְּעוּפֶינָה
עָפָה, עָפוֹת

They will fly like an eagle that hurries to eat. *Habakkuk Pesher (1QpHab) 3:8*	יעופו כנשר חש לאכול

eyelashes, glances, gaze (nm, du) עוף (10) **[עַפְעַפַּיִם]**

His glances will test humanity. *Psalm 11:4*	עַפְעַפָּיו יִבְחֲנוּ בְּנֵי אָדָם תְּהִלִּים יא, ד

עַפְעַפֵּי־: עַפְעַפַּי, עַפְעַפֶּיךָ, עַפְעַפָּיו, עַפְעַפֶּיהָ, עַפְעַפֵּינוּ

dust, soil, earth (nm) עפר (110) **עָפָר**

And dust you will eat all the days of your life. *Genesis 3:14*	וְעָפָר תֹּאכַל כָּל יְמֵי חַיֶּיךָ בְּרֵאשִׁית ג, יד

עֲפַר־: עֲפָרֶךָ, עֲפָרוֹ, עֲפָרָהּ, עֲפָרָם
עַפְרוֹת־\עַפְרֹת־: ---

And he will raise poor ones from the dust. *4Q427 f7ii:8*	וירם מעפר אביון

Ephron (np) עפר (12) **עֶפְרוֹן**

And Abraham listened to Ephron. *Genesis 23:16*	וַיִּשְׁמַע אַבְרָהָם אֶל עֶפְרוֹן בְּרֵאשִׁית כג, טז

tree, wood (nm) --- (329) **עֵץ**

Here is the fire and the wood, but where is the lamb for the burnt offering? *Genesis 22:7*	הִנֵּה הָאֵשׁ וְהָעֵצִים וְאַיֵּה הַשֶּׂה לְעֹלָה בְּרֵאשִׁית כב, ז

עֵצִים
עֵץ־: עֵצְךָ, עֵצוֹ, עֵצָהּ

עֲצֵי־: עֵצֶיךָ, עֵצַיִךְ, עֵצָיו, עֵצֶיהָ, עֵצֵינוּ

יהיה לאיש עץ טוב — A man has a good tree.
4Q302 f2ii:2–3

עָצָב (17) עצב — idol, false god (nm)

וַיַּעַזְבוּ שָׁם אֶת עֲצַבֵּיהֶם — And they left their idols there.
שְׁמוּאֵל ב ה, כא — *2 Samuel 5:21*

עֲצַבִּים

עֲצַבֵּי־: עֲצַבֶּיהָ, עֲצַבֵּיכֶם, עֲצַבֵּיהֶם

יכלה אל את כול עובדי העצבים — God will exterminate all the servants of idols.
Habakkuk Pesher (1QpHab) 13:3

עֵצָה (88) עצה — advice, counsel (nf)

לֹא הָלַךְ בַּעֲצַת רְשָׁעִים — He did not walk in the counsel of wicked ones.
תְּהִלִּים א, א — *Psalm 1:1*

עֵצוֹת
עֲצַת־: עֲצָתִי\עֲצָתִו, עֲצָתְךָ, עֲצָתוֹ, עֲצָתָם
---: עֲצָתֶיךָ

ישאלו לעצתם לכול דבר — They will ask for their counsel for every matter.
Community Rule (1QS) 6:4

עָצַם (16) עצם — he was powerful, it was numerous (v, *qal*)

וַיִּרֶב הָעָם וַיַּעַצְמוּ מְאֹד — And the people multiplied and became very numerous.
שְׁמוֹת א, כ — *Exodus 1:20*

--- | עָצְמוּ
עָצַמְתָּ, עָצַם, עָצְמוּ\עָצֵמוּ
יַעַצְמוּ

ויעצומו מקצה עד קׄצׄהׄ — And they will be powerful from end to end [i.e., all over the world].
Thanksgiving Hymn (1QHa) 14:34

עֶצֶם\עָצֶם (125) עצם — bone, skeleton, self, same (nf)

עַצְמִי וּבְשָׂרִי אָתָּה — You are my bone and my flesh.
בְּרֵאשִׁית כט, יד — *Genesis 29:14*

עֲצָמִים\עֲצָמוֹת
עֶצֶם־: עַצְמִי, עַצְמְךָ, עַצְמוֹ, עַצְמְכֶם, עַצְמָם
עַצְמוֹת־: עֲצָמַי\עֲצָמָי\עַצְמוֹתַי\עַצְמֹתַי\עַצְמוֹתָי\עַצְמֹתָי, עַצְמוֹתֶיךָ\עַצְמֹתֶיךָ, עֲצָמָיו\עַצְמוֹתָיו\עַצְמֹתָיו, עֲצָמֶיהָ, עֲצָמֵינוּ\עַצְמוֹתֵינוּ, עַצְמוֹתֵיכֶם, עַצְמוֹתָם\עַצְמֹתֵיהֶם\עַצְמוֹתֵיהֶם

ושברים את כׄל עצמיו
And they break all his bones.
4Q372 f1:15

עָצַר	(36) עצר	he restrained, withheld, retained (v, *qal*)

אֶעֱצֹר הַשָּׁמַיִם וְלֹא יִהְיֶה מָטָר
I will restrain the heavens, and there will not be rain.
דִּבְרֵי הַיָּמִים ב ז, יג
2 Chronicles 7:13

עָצֹר (עֲצֹר)
עָצַרְתִּי, עָצַר, עָצְרוּ | עֲצָרַנִי
אֶעְצֹר, תַּעֲצָר, יַעְצֹר\יַעְצָר, תַּעְצֹר, נַעְצֹר\נַעְצְרָה | תַּעְצְרֵנִי, יַעֲצָרְכָה, יַעַצְרֵהוּ
--- | --- | עָצוּר\עָצֻר, עֲצֻרָה

ויעצורו משקה דעת מצמאים
And they will withhold a drink of knowledge from thirsty ones.
Thanksgiving Hymn (1QHa) 12:12

עָקֵב	(14) עקב	heel, hoof, footprint (nm)

וְיָדוֹ אֹחֶזֶת בַּעֲקֵב עֵשָׂו
And his hand is grasping on the heal of Esau.
בְּרֵאשִׁית כה, כו
Genesis 25:26

עֲקֵב־: עֲקֵבוֹ
עִקְּבֵי־\עִקְבֵי־\עִקְּבוֹת־: עֲקֵבַי, עֲקֵבָיךָ, עִקְּבוֹתֶיךָ

ג[ם א]וׄכלי לחמי עלי הגדילו עקב
Al[so the ones] who eat my bread raised a heel against me.
Thanksgiving Hymn (1QHa) 13:25–26

עֵקֶב	(15) עקב	consequence, end (nm), because (conj)

כֵּן תֹּאבֵדוּן עֵקֶב לֹא תִשְׁמְעוּן בְּקוֹל יְהוָה
Thus you will be destroyed because you will not hear the voice of the LORD.
דְּבָרִים ח, כ
Deuteronomy 8:20

עָקָר	(12) עקר	barren, infertile, sterile (adj)

לֹא יִהְיֶה בְךָ עָקָר וַעֲקָרָה
There will not be among you a sterile or barren one.
דְּבָרִים ז, יד
Deuteronomy 7:14

עָקָר | עֲקָרָה (עֲקֶרֶת־) | --- | ---

All her palaces and walls are like a barren one. — כל ארמונתיה וחו[מותיה] כֿעֿקרה
4Q179 f2:6–7

Ekron (np) --- (22) עֶקְרוֹן

And they sent the ark of God (to) Ekron. — וַיְשַׁלְּחוּ אֶת אֲרוֹן הָאֱלֹהִים עֶקְרוֹן
1 Samuel 5:10 — שְׁמוּאֵל א ה, י

twisted, perverted (adj) עקש (11) עִקֵּשׁ

One perverted of heart will not find good. — עִקֶּשׁ לֵב לֹא יִמְצָא טוֹב
Proverbs 17:20 — מִשְׁלֵי יז, כ

עִקֵּשׁ (עִקֶּשׁ־\עִקֵּשׁ־) | --- | עִקְּשִׁים | ---

he awoke, roused, stirred up (v, *qal*) עור (20) עַר

Awake! Awake! Put on your strength! — עוּרִי עוּרִי לִבְשִׁי עֻזֵּךְ
Isaiah 52:1 — יְשַׁעְיָהוּ נב, א

עַר
--- | יְעוֹרְנוּ

עוּרָה, עוּרִי

And they roused against [– — יעור לו [-
Jerusalem 2:5

Seekers of truth awake for yo[ur] judgments. — דורשי אמת יעורו למשפטכֿ[ם]
4Q418 f69ii:7

Er (np) --- (10) עֵר

And Judah took a wife for Er, his firstborn. — וַיִּקַּח יְהוּדָה אִשָּׁה לְעֵר בְּכוֹרוֹ
Genesis 38:6 — בְּרֵאשִׁית לח, ו

raven (nm) ערב (10) עֹרֵב\עוֹרֵב

And the ravens were bringing bread to him. — וְהָעֹרְבִים מְבִיאִים לוֹ לֶחֶם
1 Kings 17:6 — מְלָכִים א יז, ו

עֹרְבִים

עֹרְבֵי־: ---

he pledged himself, exchanged, traded (v, *qal*) ערב (15) עָרַב

And our houses we are pledging. — וּבָתֵּינוּ אֲנַחְנוּ עֹרְבִים
Nehemiah 5:3 — נְחֶמְיָה ה, ג

עֲרֹב
עָרַבְתִּי, עָרַב
--- | אֶעֶרְבֶנּוּ
עֹרֵב, עֹרְבִים (עֹרְבֵי־)
עֲרֹב | עָרְבֵנִי

They pledged their spirit.	עֹרְבוּ את רוחם
4Q434 f1i:11	

evening, sunset (nm)	ערב	(134)	עֶרֶב\עָרֶב

To the time of the evening there will be light.	לְעֵת עֶרֶב יִהְיֶה אוֹר
Zechariah 14:7	זְכַרְיָה יד, ז

עַרְבַּיִם\עַרְבָּיִם
עֶרֶב־: ---

And all who touch it are unclean until the evening.	וכול הנוגע בו טמא עד הערב
11Q19 50:12	

desert, plain (nf)	ערב	(59)	עֲרָבָה\עֲרָבָתָה

And the LORD spoke to Moses in the plains of Moab.	וַיְדַבֵּר יְהוָה אֶל מֹשֶׁה בְּעַרְבֹת מוֹאָב
Numbers 33:50	בְּמִדְבַּר לג, נ

עֲרָבוֹת
---: עַרְבָתָהּ
עַרְבוֹת־\עַרְבֹת־: ---

Make straight in the desert a highway for our God.	ישרו בערבה מסלה לאלוהינו
Community Rule (1QS) 8:14	

nakedness (nf)	ערה	(54)	עֶרְוָה

And they covered the nakedness of their father.	וַיְכַסּוּ אֵת עֶרְוַת אֲבִיהֶם
Genesis 9:23	בְּרֵאשִׁית ט, כג

עֶרְוַת־: עֶרְוָתְךָ, עֶרְוָתֵךְ, עֶרְוָתוֹ, עֶרְוָתָהּ, עֶרְוָתָן

Nakedness will not be seen.	ערוה לוא יראה
4Q491 f1_3:8	

shrewd, crafty, clever, prudent (adj)	ערם	(11)	עָרוּם

וְהַנָּחָשׁ הָיָה עָרוּם מִכֹּל חַיַּת הַשָּׂדֶה
And the serpent was more crafty than every animal of the field.
בְּרֵאשִׁית ג, א
Genesis 3:1

עָרוּם | --- | עֲרוּמִים | ---

ערומים יכרו דרכיה
Prudent ones uncover its [i.e., the Torah's] paths.
4Q525 f5:12

עָרוֹם\עָרֹם (16) ערם naked (adj)

וַיִּהְיוּ שְׁנֵיהֶם עֲרוּמִּים הָאָדָם וְאִשְׁתּוֹ
And the two of them, the man and his wife, were naked.
בְּרֵאשִׁית ב, כה
Genesis 2:25

עָרוֹם\עָרֹם | עֲרֻמָּה | עֲרוּמִּים | ---

יהלך לפני רעהו ערום
He will walk before his friend naked.
Community Rule (1QS) 7:12

עֲרוֹעֵר (15) --- Aroer (np)

וַיַּעַבְרוּ אֶת הַיַּרְדֵּן וַיַּחֲנוּ בַעֲרוֹעֵר
And they crossed the Jordan and they camped in Aroer.
שְׁמוּאֵל ב כד, ה
2 Samuel 24:5

עָרִיץ (20) ערץ ruthless, violent, mighty (adj, nm)

וַעֲדַת עָרִיצִים בִּקְשׁוּ נַפְשִׁי
And an assembly of violent ones sought my life.
תְּהִלִּים פו, יד
Psalm 86:14

עָרִיץ | ---
עָרִיצִים | (עָרִיצֵי־) | ---

ינתנו ביד עריצי גואים למשפט
They will be put in the hand of violent ones of gentiles for judgment.
4Q171 f1_2ii:19

עָרַךְ (69) ערך he arranged, ordered (v, *qal*)

אֶת שִׁבְעַת הַמִּזְבְּחֹת עָרַכְתִּי
I arranged the seven altars.
בְּמִדְבַּר כג, ד
Numbers 23:4

עֲרֹךְ (עָרֹךְ)
עָרַכְתִּי, עָרַכְתָּ, עָרַךְ, עָרְכָה, עָרְכוּ
אֶעֱרֹךְ\אֶעֶרְכָה, תַּעֲרֹךְ, יַעֲרֹךְ, תַּעֲרֹךְ, נַעֲרֹךְ, תַּעַרְכוּ, יַעַרְכוּ | יַעַרְכֵנוּ, יַעַרְכֶנָּה, יַעַרְכֶהָ, יַעַרְכוּנִי
עֹרְכִים (עֹרְכֵי־) | --- | עָרוּךְ (עֱרוּךְ־), עֲרוּכָה, עֲרֻכוֹת
עֶרְכָה, עִרְכוּ

They will arrange the table to eat. — יערוכו השולחן לאכול
Community Rule (1QS) 6:4

value, equivalent, assessment, row (nm)	ערך	(33)	[עֵ֫רֶךְ]

Like the priest's assessment of you, thus it will be. — כְּעֶרְכְּךָ הַכֹּהֵן כֵּן יִהְיֶה
Leviticus 27:12 — וַיִּקְרָא כז, יב

עֵרֶךְ־: עֶרְכִּי, עֶרְכְּךָ\עֶרְכֶּ֫ךָ, עֶרְכּוֹ, עֶרְכָּהּ
---

uncircumcised (adj)	ערל	(35)	עָרֵל

You are going to take a wife from the uncircumcised Philistines. — אַתָּה הוֹלֵךְ לָקַחַת אִשָּׁה מִפְּלִשְׁתִּים הָעֲרֵלִים
Judges 14:3 — שׁוֹפְטִים יד, ג

עָרֵל (עֲרַל־\עֶרֶל־) | עֲרֵלָה | עֲרֵלִים (עַרְלֵי־) | ---

For to the uncircumcised ear a word was opened. — כיא לערל אוזן נפתח דבר
Thanksgiving Hymn (1QHa) 14:23

foreskin (nf)	ערל	(16)	עָרְלָה

And on the eighth day the flesh of his foreskin will be circumcised. — וּבַיּוֹם הַשְּׁמִינִי יִמּוֹל בְּשַׂר עָרְלָתוֹ
Leviticus 12:3 — וַיִּקְרָא יב, ג

עֲרָלוֹת
עָרְלַת־: עָרְלָתוֹ, עָרְלַתְכֶם, עָרְלָתָם
עָרְלוֹת־: עָרְלֹתֵיהֶם

And he circumcised the foreskins of their heart and delivered them for the sake of his steadfast love. — וימול עורלות לבם ויצילם למען חסדו
4Q434 f1i:4

heap (nf)	ערם	(11)	עֲרֵמָה

Your belly is a heap of wheat. — בִּטְנֵךְ עֲרֵמַת חִטִּים
Song of Songs 7:3 — שִׁיר הַשִּׁירִים ז, ג

עֲרֵמוֹת\ עֲרֵמִים

עֲרֵמוֹת־: ---

neck, back of neck (nm)	ערף	(33)	עֹ֫רֶף

And they hardened their neck like the neck of their fathers. — וַיַּקְשׁוּ אֶת עָרְפָּם כְּעֹרֶף אֲבוֹתָם
2 Kings 17:14 — מְלָכִים ב יז, יד

עֹרֶף־: עָרְפִּי, עָרְפְּךָ\עָרְפֶּךָ, עָרְפּוֹ, עָרְפְּכֶם, עָרְפָּם

Put your hand on the neck of your enemies. — תן ידכה בעורף אויביכה
War Scroll (1QM) 12:11

thick darkness --- (15) **עֲרָפֶל**

A cloud and thick darkness surround him. — עָנָן וַעֲרָפֶל סְבִיבָיו
Psalm 97:2 — תְּהִילִּים צז, ב

---

he was terrified; he terrified, scared (v, *qal*) ערץ (11) **[עָרַץ]**

Do not be terrified and do not fear from them. — לֹא תַעַרְצוּן וְלֹא תִירְאוּן מֵהֶם
Deuteronomy 1:29 — דְּבָרִים א, כט

עֲרֹץ

אֶעֱרוֹץ, תַּעֲרוֹץ\תַּעֲרֹץ, תַּעֲרוֹצִי, תַּעַרְצוּ\תַּעַרְצוּן

And do not be terrified before them. — ואל תערוצו מפניהם
War Scroll (1QM) 15:8

couch, bed (nf) --- (10) **[עֶרֶשׂ]\עָרֶשׂ**

His bed is a bed of iron. — עַרְשׂוֹ עֶרֶשׂ בַּרְזֶל
Deuteronomy 3:11 — דְּבָרִים ג, יא

עֶרֶשׂ־: עַרְשִׂי, עַרְשׂוֹ, עַרְשֵׂנוּ
---: עַרְשׂוֹתָם

My bed lifts up a lamentation. — ערשי בקינה תשא
Thanksgiving Hymn (1QHa) 17:4

grass, herb, green plant (nm) --- (33) **עֵשֶׂב**

And the hail struck down all the grass of the field. — וְאֵת כָּל עֵשֶׂב הַשָּׂדֶה הִכָּה הַבָּרָד
Exodus 9:25 — שְׁמוֹת ט, כה

עֵשֶׂב־: עֶשְׂבָּם
עִשְׂבוֹת־: ---

[עֲשַׂב]\עִשְׂבָּא (5) עשב grass (nm)

וְעִשְׂבָּא כְתוֹרִין יֵאכֻל — And the grass, like oxen, he will eat.
דָּנִיֵּאל ד, ל — *Daniel 4:33*

עָשָׂה (2521?) עשה he did, made, created, acquired (v, *qal*)

אֶת הַכֹּל עָשָׂה יָפֶה בְעִתּוֹ — Everything he made beautiful in its time.
קֹהֶלֶת ג, יא — *Ecclesiastes 3:11*

עֲשׂוֹת\עֲשֹׂת\עֲשֹׂה\עֲשׂוֹ (עָשֹׂה\עָשׂוֹ) | עֲשׂוֹתִי\עֲשֹׂתִי, עֲשׂוֹתְךָ, עֲשׂוֹתֵךְ, עֲשֹׂתוֹ\עֲשֹׂהוּ, עֲשׂוֹתָהּ\עֲשֹׂתָהּ,
עֲשׂוֹתְכֶם\עֲשֹׂתְכֶם, עֲשׂוֹתָם\עֲשֹׂתָם
עָשִׂיתִי\עָשִׂתִי, עָשִׂיתָ\עָשִׂיתָה, עָשִׂית\עָשִׂיתי, עָשָׂה, עָשְׂתָה\עָשָׂתָה\עָשָׂת, עָשִׂינוּ, עֲשִׂיתֶם, עֲשִׂיתֶן,
עָשׂוּ | עֲשִׂיתִנִי, עֲשִׂיתִיו\עֲשִׂיתִיהוּ, עֲשִׂיתִים, עֲשִׂיתָנִי, עֲשִׂיתָהּ, עֲשִׂיתָם, עָשָׂנִי, עָשְׂךָ, עָשָׂהוּ, עָשָׂנוּ,
עָשָׂם, עָשָׂתְנִי, עָשׂוּנִי, עָשׂוּהוּ
אֶעֱשֶׂה\אַעַשׂ, תַּעֲשֶׂה\תַּעֲשֶׂה\תַּעַשׂ, תַּעֲשִׂי\תַּעֲשִׂין, יַעֲשֶׂה\יַעַשׂ\יַעַשׂ, תַּעֲשֶׂה\תַּעַשׂ, נַעֲשֶׂה\נַעֲשֶׂה\
נַעַשׂ, תַּעֲשׂוּ\תַּעֲשׂוּן, יַעֲשׂוּ\יַעֲשׂוּן | אֶעֶשְׂךָ, אֶעֱשֶׂנָּה, תַּעֲשֶׂנּוּ, תַּעֲשֶׂהָ, יַעֲשֵׂהוּ, יַעֲשֶׂהָ, יַעֲשֶׂנָּה, יַעֲשֵׂם,
נַעֲשֶׂנָּה, יַעֲשׂוּנִי, יַעֲשׂוּהָ, תַּעֲשֶׂינָה
עֹשֶׂה\עוֹשֶׂה, עֹשָׂה, עֹשִׂים, עֹשׂוֹת\עֹשֹׂת)עֹשֵׂה\עוֹשֵׂה, עֹשֵׂי\עוֹשֵׂי) | עֹשֵׂנִי, עֹשֶׂךָ, עֹשׂוֹ\עֹשֵׂהוּ, עֹשָׂהּ,
עֹשֵׂנוּ, עֹשַׂי, עֹשַׂיִךְ, עֹשָׂיו, עֹשֶׂיהָ,עֹשֵׂיהֶם | עָשׂוּי\עָשׂוּ, עֲשׂוּיָה\עֲשֻׂיָה, עֲשׂוּיִם, עֲשׂוּוֹת
עֲשֵׂה, עֲשִׂי, עֲשׂוּ

ואדעה כיא לכה עשיתה אלה אלי — And I know that for yourself you did these things, my God.
Thanksgiving Hymn (1QHa) 21:7

עֲשָׂהאֵל (18) עשה\אל Asahel (np)

וַיִּשְׂאוּ אֶת עֲשָׂהאֵל וַיִּקְבְּרֻהוּ בְּקֶבֶר אָבִיו — And they lifted Asahel and buried him in his father's tomb.
שְׁמוּאֵל ב ב, לב — *2 Samuel 2:32*

עֵשָׂו (97) --- Esau (np)

וְלֹא יִהְיֶה שָׂרִיד לְבֵית עֵשָׂו כִּי יְהוָה דִּבֵּר — And there will not be a survivor for the house of Esau for the LORD has spoken.
עֹבַדְיָה יח — *Obadiah 18*

עָשׂוֹר\עָשֹׂר (16) עשר ten, tenth day, ten-stringed instrument (nm)

וְהָעָם עָלוּ מִן הַיַּרְדֵּן בֶּעָשׂוֹר לַחֹדֶשׁ הָרִאשׁוֹן — And the people ascended from the Jordan on the tenth day of the first month.
יְהוֹשֻׁעַ ד, יט — *Joshua 4:19*

עַל אות העשרה יכתובו רנות אל בנבל עשורׂ

On the banner of the ten they will write, "Joyful songs of God on a ten-stringed harp."
War Scroll (1QM) 4:4

עָשִׁיר	(23)	עשר	rich (adj, nm)

חָכָם בְּעֵינָיו אִישׁ עָשִׁיר
מִשְׁלֵי כח, יא

Wise in his own eyes is a rich man.
Proverbs 28:11

עֲשִׁירִים

עֲשִׁירֵי־: עֲשִׁירֶיהָ

עֲשִׂירִי\עֲשִׂרִי	(29)	עשר	tenth, tithe (adj)

הָעֲשִׂירִי יִהְיֶה קֹּדֶשׁ לַיהוָה
וַיִּקְרָא כז, לב

The tithe will be holy to the LORD.
Leviticus 27:32

עֲשִׂירִי\עֲשִׂרִי | --- | --- | עֲשִׂירִית\עֲשִׂרִית\עֲשִׂירִת\עֲשִׂרִיָּה

עָשָׁן	(25)	עשן	smoke (nm)

עָלָה עָשָׁן בְּאַפּוֹ וְאֵשׁ מִפִּיו תֹּאכֵל
שְׁמוּאֵל ב כב, ט

Smoke went up in his nose and fire from his mouth will eat up.
2 Samuel 22:9

עֲשַׁן־: עֲשָׁנוֹ, עֲשָׁנָהּ

וכתום עשן וא[ינ]ו עוד כן יתם הרשע

And as smoke ends and is [no more], thus wickedness will end.
1Q27 f1i:6

עָשַׁק	(36)	עשק	he oppressed, exploited, wronged (v, *qal*)

וְאַלְמָנָה וְיָתוֹם גֵּר וְעָנִי אַל תַּעֲשֹׁקוּ
זְכַרְיָה ז, י

And do not oppress a widow, orphan, stranger, or poor.
Zechariah 7:10

עֲשֹׁק | עָשְׁקָם
עָשַׁקְתִּי, עָשַׁק\עָשָׁק, עָשְׁקוּ | עֲשַׁקְתָּנִי, עֲשָׁקוֹ
תַּעֲשֹׁק, יַעֲשֹׁק, תַּעֲשֹׁקוּ | יַעַשְׁקֵנִי
עֹשֵׁק\עוֹשֵׁק, --- (עֹשְׁקֵי־), עֹשְׁקוֹת | עֹשְׁקָי, עֹשְׁקֵיהֶם | עָשׁוּק\עָשֻׁק, עֲשׁוּקִים

Who is a nation who has not oppressed [his] neighbor?
מי גוי אשר לוא עשק רעה[ו]
1Q27 f1i:11

oppression, extortion (nm)	עשק	(15)	עֹשֶׁק

Redeem me from oppression of man.
פְּדֵנִי מֵעֹשֶׁק אָדָם
Psalm 119:134
תְּהִלִּים קיט, קלד

עֹשֶׁק־: ---
---

riches, wealth (nm)	עשר	(37)	עֹשֶׁר

And you did not ask for yourself riches.
וְלֹא שָׁאַלְתָּ לְּךָ עֹשֶׁר
1 Kings 3:11
מְלָכִים א ג, יא

---: עָשְׁרוֹ, עָשְׁרָם
---

ten (adj, fs)	עשר	(56)	עֶשֶׂר\עָשֶׂר

And Joseph lived one hundred and ten years.
וַיְחִי יוֹסֵף מֵאָה וָעֶשֶׂר שָׁנִים
Genesis 50:22
בְּרֵאשִׁית נ, כב

--- | --- | --- | ---

Ten cubits is the entire height of the basin.
עשר אמות כול גובה הכיור
11Q19 6:5

ten (adj)	עשר	(6)	עֲשַׂר

And the ten horns: from it, the kingdom, ten kings will arise.
וְקַרְנַיָּא עֲשַׂר מִנַּהּ מַלְכוּתָה עַשְׂרָה מַלְכִין יְקֻמוּן
Daniel 7:24
דָּנִיֵּאל ז, כד

עֲשַׂר | עַשְׂרָה | --- | ---

Twelve years they were giving their tax.
תרתי* עשרה שנין הווא יהבין מדתהון*
1Q20 21:26–27

Ten element for #s 11–19 (adj, m)	עשר	(203)	עָשָׂר

And they slaughtered the Passover sacrifice on the fourteenth of the first month.
וַיִּשְׁחֲטוּ הַפֶּסַח בְּאַרְבָּעָה עָשָׂר לַחֹדֶשׁ הָרִאשׁוֹן
2 Chronicles 35:1
דִּבְרֵי הַיָּמִים ב לה, א

--- | --- | --- | ---

בעצת היחד שנים עשר איש וכוהנים שלושה

In the counsel of the community are twelve men and three priests.
Community Rule (1QS) 8:1

עֲשָׂרָה (120) עשר — ten (adj, ms)

וַיִּכְתֹּב עַל הַלֻּחֹת אֵת דִּבְרֵי הַבְּרִית עֲשֶׂרֶת הַדְּבָרִים
שְׁמוֹת לד, כח

And he wrote on the tablets the words of the covenant, the ten words.
Exodus 34:28

יהיה שם עשרה אנשים

There will be there ten men.
Community Rule (1QS) 6:3

עֲשָׂרֹת
עֲשֶׂרֶת־

עֶשְׂרֵה (134) עשר — Ten element for #s 11–19 (adj, f)

שְׁמֹנֶה עֶשְׂרֵה אַמָּה קוֹמַת הָעַמּוּד הָאֶחָד
מְלָכִים א ז, טו

Eighteen cubits is the height of the one column.
1 Kings 7:15

אות השבט] שתים עשרה אמה

The sign of the tribe] is twelve cubits.
War Scroll (1QM) 4:16

עִשָּׂרוֹן\עִשָּׂרֹן (33) עשר — tenth part, tithe (nm)

וּשְׁלֹשָׁה עֶשְׂרֹנִים סֹלֶת מִנְחָה בְּלוּלָה בַשֶּׁמֶן
בְּמִדְבַּר כח, יב

And three-tenths of fine flour is an offering mixed with oil.
Numbers 28:12

עֶשְׂרֹנִים

מגורן יוֹרד את העשרון מן החׄ[ומר]

From the threshing floor he will bring down the tithe from the p[ile].
4Q271 f2:1

עֶשְׂרִים (315) עשר — twenty (adj, m and f)

וְהוּא שָׁפַט אֶת יִשְׂרָאֵל עֶשְׂרִים שָׁנָה
שׁוֹפְטִים טז, לא

And he judged Israel twenty years.
Judges 16:31

--- | --- | --- | ---

They will be from twenty-five to thirty years old. *War Scroll (1QM) 7:3*	יהיו מבן חמש ועשרים שנה ועד בן שלושים

one [only used to make eleven] (adj)	**---**	**(19)**	**עַשְׁתֵּי**

One measurement is for the eleven curtains. *Exodus 26:8*	מִדָּה אַחַת לְעַשְׁתֵּי עֶשְׂרֵה יְרִיעֹת שְׁמוֹת כו, ח
	--- | --- | --- | ---
The banner of ten thousand is el[even cubits]. *War Scroll (1QM) 4:16*	אוֹת הָרִבּוֹא עשתי עש[רה אמה]

time (nm and nf)	**---**	**(294?)**	**עֵת**

And he will hide his face from them at that time. *Micah 3:4*	וְיַסְתֵּר פָּנָיו מֵהֶם בָּעֵת הַהִיא מִיכָה ג, ד
	עִתִּים\עִתּוֹת עֵת־\עֶת־: עִתְּךָ, עִתֵּךְ, עִתּוֹ, עִתָּהּ, עִתָּם ---: עִתֹּתָי, עִתֶּיךָ
May the Lord show my lord peace at this time. *Lachish 6:1–2*	𐤉𐤓𐤀 𐤉𐤄𐤅𐤄 𐤀𐤕 𐤀𐤃𐤍𐤉 𐤀𐤕 𐤄𐤏𐤕 𐤄𐤆𐤄 𐤔𐤋𐤌
It is a time of distress for Isra[el]. *War Scroll (1QM) 15:1*	היאה עת צרה לישר[אל]

now (adv)	**---**	**(433)**	**עַתָּה\עַתְּ**

And we will bless the Lord from now until forever. *Psalm 115:18*	וַאֲנַחְנוּ נְבָרֵךְ יָהּ מֵעַתָּה וְעַד עוֹלָם תְּהִילִּים קטו, יח
And now, when I left from your house, I sent the [si]lver. *Arad 16:3–5*	𐤅𐤏𐤕 𐤊𐤑𐤀𐤕𐤉 𐤌𐤁𐤉𐤕𐤊 𐤅𐤔𐤋𐤇𐤕𐤉 𐤀𐤕 𐤄[𐤊]𐤎𐤐
And now sons listen to me. *Damascus Document (CD) 2:14*	ועתה בנים שמעו לי

male sheep/goat; leader [metaph] (nm)	**עתד**	**(29)**	**[עַתּוּד]**

And blood of bulls, lambs, and goats I did not desire. *Isaiah 1:11*	וְדַם פָּרִים וּכְבָשִׂים וְעַתּוּדִים לֹא חָפָצְתִּי יְשַׁעְיָהוּ א, יא
	עַתּוּדִים\עַתֻּדִים ---

עַתּוּדֵי־: ---

עֲתַלְיָה\עֲתַלְיָהוּ (17) עתל\יהוה Athaliah (np)

וַתִּקְרַע עֲתַלְיָה אֶת בְּגָדֶיהָ וַתִּקְרָא קֶשֶׁר קָשֶׁר

מְלָכִים ב יא, יד

And Athaliah tore her garments and cried, "Treason, treason!"
2 Kings 11:14

פ / ף

פֵּאָה	(86)	פאה	corner, side, edge (nf)

וּפְאַת זְקָנָם לֹא יְגַלֵּחוּ

And the corner of their beard they will not shave.

וַיִּקְרָא כא, ה

Leviticus 21:5

פֵּאת
פְּאַת־: ---
פַּאֲתֵי־: ---

קם שבט מישראל ומחץ פאתי מואב

A tribe from Israel arose and crushed the edges of Moab.

War Scroll (1QM) 11:6

פָּארָן	(11)	---	Paran (np)

וַיִּשְׁלַח אֹתָם מֹשֶׁה מִמִּדְבַּר פָּארָן עַל פִּי יְהוָה

And Moses sent them from the wilderness of Paran according to the word of the LORD.

בְּמִדְבַּר יג, ג

Numbers 13:3

פָּגַע	(40)	פגע	he met, came on, fell upon, struck, touched (v, *qal*)

וַיֵּצֵא וַיִּפְגַּע בּוֹ וַיָּמֹת

And he went out, struck him, and he died.

מְלָכִים א ב, מו

1 Kings 2:46

פְּגֹעַ | פִּגְעוֹ
פָּגַעְתָּ, פָּגַע | פָּגְעוֹ
אֶפְגַּע, תִּפְגַּע, תִּפְגְּעִי, יִפְגַּע, נִפְגַּע, תִּפְגְּעוּן, יִפְגְּעוּ\יִפְגְּעוּן | יִפְגָּעֵנוּ

פְּגַע, פִּגְעוּ

ותפגע בעבדכה זות למענכה

And this came on your servant for your sake.

Thanksgiving Hymn (1QHa) 22:35

פֶּגֶר\פָּגֶר	(22)	פגר	corpse, carcass (nm)

וְיָצְאוּ וְרָאוּ בְּפִגְרֵי הָאֲנָשִׁים

And they will go out and look on the corpses of the men.

יְשַׁעְיָהוּ סו, כד

Isaiah 66:24

פְּגָרִים
פֶּגֶר־: ---
פִּגְרֵי־: פִּגְרֵיכֶם, פִּגְרֵיהֶם

יכבסו בגדיהם ורחצו מדם פגרי האשמה

They will wash their clothes and wash from the blood of the corpses of the guilty.
War Scroll (1QM) 14:2–3

he met, encountered (v, *qal*) פגש (10) [פָּגַשׁ]

וַיִּפְגְּשֵׁהוּ בְּהַר הָאֱלֹהִים
שְׁמוֹת ד, כז

And he met him at the mountain of God.
Exodus 4:27

פְּגֹשׁ (פָּגוֹשׁ)
פָּגַשְׁתִּי, פָּגְשׁוּ
תִּפְגֹּשׁ | אֶפְגְּשֵׁם, יִפְגָּשְׁךָ, יִפְגְּשֵׁהוּ, יִפְגְּשׁוּם

---

he redeemed, ransomed (v, *qal*) פדה (58) פָּדָה

וַיִּפְדְּךָ יְהוָה אֱלֹהֶיךָ מִשָּׁם
דְּבָרִים כד, יח

And the LORD, your God, redeemed you from there.
Deuteronomy 24:18

פְּדוֹת (פָּדֹה)
פָּדִיתָ\פָּדִיתָה, פָּדָה | פְּדִיתִיךָ\פְּדִתִיךָ, פְּדִיתִים, פָּדְךָ, פָּדָם
אֶפְדֶּה, תִּפְדֶּה, יִפְדֶּה, יִפְדּוּ | אֶפְדֵּם, יִפְדְּךָ, תִּפְדּוּנִי
פּוֹדֶה | פֹּדְךָ | פְּדֻיִם (פְּדוּיֵי־) | פְּדוּיָו
פְּדֵה | פְּדֵנִי, פְּדֵנוּ

ופדיתיכה מבית עבדים

And I redeemed you from the house of slaves.
11Q19 54:16–17

Paddan (np) --- (11) פַּדָּן

וַיֵּרָא אֱלֹהִים אֶל יַעֲקֹב עוֹד בְּבֹאוֹ מִפַּדַּן אֲרָם
בְּרֵאשִׁית לה, ט

And God appeared to Jacob again when he came from Paddan Aram.
Genesis 35:9

mouth (nm) פה (497) פֶּה

תְּהִלַּת יְהוָה יְדַבֶּר פִּי
תְּהִלִּים קמה כא

The praise of the LORD my mouth will speak.
Psalm 145:21

פִּיּוֹת\פֵּיוֹת
פִּי־: פִּי, פִּיךָ, פִּיךְ, פִּיו\פִּיהוּ, פִּיהָ, פִּינוּ, פִּיכֶם, פִּיהֶם\פִּימוֹ, פִּיהֶן

כְּפִי: according to, as needed (prep)
לְפִי: according to (prep)

ידבר בפיהו דבר נבל

He will speak with his mouth a foolish word.
Community Rule (1QS) 7:9

here (part) פה (82) פֹּה\פוֹ\פֹּא

Is there not here another prophet of the LORD? — הַאֵין פֹּה נָבִיא לַיהוָה עוֹד
1 Kings 22:7 — מְלָכִים א כב, ז

There is not silver or gold here. — אין [ש]ם כסף וזהב
Silwan 2:1

trap (nm)	---	(25)	פַּח\פָּח

Wicked ones put a trap for me. — נָתְנוּ רְשָׁעִים פַּח לִי
Psalm 119:110 — תְּהִילִּים קיט, קי

פַּחִים
פַּח־: ---

[The] blessing is from every [tr]ap and from the evil. — [ה]ברכה מכל [פ]ח ומהרע
Ketef Hinnom 1:9–10

And they were delivered from all the traps of Belial. — ונצלו מכול פחי בליעל
4Q171 f1_2ii:9–10

he feared, trembled, was in awe (v, *qal*)	פחד	(22)	פָּחַד

If you lie down you will not fear. — אִם תִּשְׁכַּב לֹא תִפְחָד
Proverbs 3:24 — מִשְׁלֵי ג, כד

פָּחַדְתִּי, פָּחַדְתָּ, פָּחַד, פָּחֲדוּ\פָּחָדוּ
אֶפְחַד\אֶפְחָד, תִּפְחָד, יִפְחָד, תִּפְחֲדוּ, יִפְחֲדוּ\יִפְחָדוּ

And before you I will fear. — ולפניכה אפחד
4Q460 f9i:2

fear, dread (nm)	פחד	(49)	פַּחַד\פָּחַד

And fear of the LORD fell on the people. — וַיִּפֹּל פַּחַד יְהוָה עַל הָעָם
1 Samuel 11:7 — שְׁמוּאֵל א יא, ז

פְּחָדִים
פַּחַד־: פַּחְדְּךָ, פַּחְדּוֹ, פַּחְדְּכֶם, פַּחְדָּם

Fear, a pit, and a trap are on you, dweller of the land. — פחד ופחת ופח עליך יושב הארץ
Damascus Document (CD) 4:14

governor (nm)	---	(28)	פֶּחָה

I and my brothers will not eat the bread of the governor.	אֲנִי וְאַחַי לֶחֶם הַפֶּחָה לֹא אָכַלְתִּי
Nehemiah 5:14	נְחֶמְיָה ה, יד

פַּחוֹת
פַּחַת־: פֶּחָתֶ֫ךְ, פֶּחָם
פַּחוֹת־\פַּחֲווֹת־: פַּחוֹתֶיךָ

[For Isa]iah son of [San]ballat, governor of Samaria.	[לישע]יהו בן [סנא]בלט פחת שמרן
Seals 419:1–2	

governor (nm)	---	(10)	פֶּחָה

The governor of the Jews and elders of the Jews will build that house of God.	פַּחַת יְהוּדָיֵא וּלְשָׂבֵי יְהוּדָיֵא בֵּית אֱלָהָא דֵךְ יִבְנוֹן
Ezra 6:7	עֶזְרָא ו, ז

---\פַּחֲוָתָא
פַּחַת־: ---

[A letter] to our lord, Bagohi, governor of Judah.	אל מראן* בגוהי* פחת יהוד
TAD A4 7:1	

trap, pit (nm)	פחת	(10)	פַּ֫חַת\פָּ֫חַת

And the one who climbs from the pit will be caught in the trap.	וְהָעֹלֶה מִן הַפַּחַת יִלָּכֵד בַּפָּח
Jeremiah 48:44	יִרְמְיָהוּ מח, מד

פְּחָתִים

Fear, a pit, and a trap are on you, dweller of the land.	פחד ופחת ופח עליך יושב הארץ
Damascus Document (CD) 4:14	

firstborn (nm)	פטר	(11)	[פֶּ֫טֶר]

And every firstborn of a donkey you will redeem with a sheep.	וְכָל פֶּטֶר חֲמֹר תִּפְדֶּה בְשֶׂה
Exodus 13:13	שְׁמוֹת יג, יג

פֶּטֶר־: ---
---

concubine (nf)	---	(37)	פִּילֶגֶשׁ\פִּלֶגֶשׁ

And he took for himself a woman, a concubine, from Bethlehem of Judah.
Judges 19:1

וַיִּקַּח לוֹ אִשָּׁה פִילֶגֶשׁ מִבֵּית לֶחֶם יְהוּדָה
שׁוֹפְטִים יט, א

פִּילַגְשִׁים\פִּלַגְשִׁים
פִּילֶגֶשׁ־\פִּלֶגֶשׁ־: פִּילַגְשִׁי, פִּילַגְשִׁי\פִּילַגְשֵׁהוּ
פִּלַגְשֵׁי־: פִּלַגְשֶׁיךָ, פִּילַגְשָׁיו, פִּלַגְשֵׁיהֶם

He rebuked the one who lay with Bilhah, his concubine.
4Q252 4:5–6

הוכיחו אשר שכב עם בלהה פילגשו

Phineas (np)	---	(25)	פִּינְחָס

And Phineas, son of Eleazar, son of Aaron (was) standing before him.
Judges 20:28

וּפִינְחָס בֶּן אֶלְעָזָר בֶּן אַהֲרֹן עֹמֵד לְפָנָיו
שׁוֹפְטִים כ, כח

wonder, miracle (nm)	פלא	(13)	פֶּלֶא

You are the God who makes a miracle.
Psalm 77:15

אַתָּה הָאֵל עֹשֵׂה פֶלֶא
תְּהִלִּים עז, טו

פְּלָאִים\פְּלָאוֹת
---: פִּלְאֲךָ\פִּלְאֶךָ

And you caused me to understand the works of your wonder.
Thanksgiving Hymn (1QHa) 19:7

ותשכילני במעשי פלאכה

stream (nm)	פלג	(10)	פֶּלֶג

My eye will send down streams of water.
Lamentations 3:48

פַּלְגֵי מַיִם תֵּרַד עֵינִי
אֵיכָה ג, מח

פְּלָגִים

פַּלְגֵי־: פְּלָגָיו

And its streams will cause a thorn to come up.
Thanksgiving Hymn (1QHa) 16:25–26

ופלגיו יעל קוץ

he served (v, *peal*)	פלח	(10)	[פְּלַח]

To your gods we will not be serving.
Daniel 3:18

לֵאלָהָיךְ לָא אִיתַינָא פָלְחִין
דָּנִיֵּאל ג, יח

יִפְלְחוּן
פְּלַח, פָּלְחִין (פָּלְחֵי־)

I will not be able to serve in the gate of the palace. *TAD C1 1:17*	אנה לא אכהל למפלח בבב* היכלא
And all of them will be serving. *1Q20 15:18*	וכולהון להון פלחין

he delivered, saved (v, *piel*)	פלט	(24)	[פִּלֵּט]

And the LORD helped them and saved them; he will save them from evil ones. — וַיַּעְזְרֵם יְהוָה וַיְפַלְּטֵם יְפַלְּטֵם מֵרְשָׁעִים
Psalm 37:40 — תְּהִלִּים לז, מ

פִּלֵּט

אֲפַלְּטָה, תְּפַלֵּט, תְּפַלֵּט | אֲפַלְּטֵהוּ, תְּפַלְּטֵנִי, תְּפַלְּטֵמוֹ, יְפַלְּטֵהוּ, יְפַלְּטֵם
--- | מְפַלְטִי\מְפַלְּטִי
פַּלֵּט, פַּלְּטָה, פַּלְּטוּ | פַּלְּטֵנִי

And he will rescue them and deliver them from evil ones. — וימלטם ויפלטם מרשעים
4Q171 f3_10iv:20

fugitive, survivor (nm)	פלט	(19)	פָּלִיט

On that day, the survivor will come to you. — בַּיּוֹם הַהוּא יָבוֹא הַפָּלִיט אֵלֶיךָ
Ezekiel 24:26 — יְחֶזְקֵאל כד, כו

פְּלִיטֵי־: פְּלִיטָיו, פְּלִיטֵיכֶם, פְּלִיטֵיהֶם

And I will cause survivors to remain from them. — והשארתי מהם פליטים
4Q390 f1:10

escape, remnant (nf)	פלט	(28)	פְּלֵיטָה\פְּלֵטָה

And in Jerusalem there will be a remnant. — וּבִירוּשָׁלַם תִּהְיֶה פְלֵיטָה
Joel 3:5 — יוֹאֵל ג, ה

פְּלֵיטַת־: ---

A remnant will not be to [all the sons] of darkness. — ופלטה לוא תהיה ל[כול בנ]י חושך
War Scroll (1QM) 1:6–7

Philistine (gent)	---	(288)	פְּלִשְׁתִּי

And the Philistines took the ark of God. — וּפְלִשְׁתִּים לָקְחוּ אֵת אֲרוֹן הָאֱלֹהִים
1 Samuel 5:1 — שְׁמוּאֵל א ה, א

פְּלִשְׁתִּי, פְּלִשְׁתִּים

mouth (nm)	---	(6)	פֻּם

My God sent his angel and closed the mouth of the lions. — אֱלָהִי שְׁלַח מַלְאֲכֵהּ וּסֲגַר פֻּם אַרְיָוָתָא
Daniel 6:22 — דָּנִיֵּאל ו, כג

פֻּם־: פֻּמַּהּ

Good is going out from the mouth of [the good m]an. — נפקה טבה מן פם א[נשא טב]
TAD C1 1:171

In accord [lit., one mouth] the three of them are speaking. — פם חד תלתהון ממללין
1Q20 20:8

lest (conj)	---	(133)	פֶּן

He will go and return to his house lest he will die in the war. — יֵלֵךְ וְיָשֹׁב לְבֵיתוֹ פֶּן יָמוּת בַּמִּלְחָמָה
Deuteronomy 20:5 — דְּבָרִים כ, ה

Lest it will happen to the city. — 𐤐𐤍 𐤕𐤒𐤓𐤄 𐤀𐤕 𐤄𐤏𐤓
Arad 24:16–17

If you do not have strength, do not touch lest you fail. — אין כוחכה אל תגע פן תכשל
4Q416 f2ii:16

he turned (v, *qal*)	פנה	(116)	פָּנָה

And Moses turned and descended from the mountain. — וַיִּפֶן וַיֵּרֶד מֹשֶׁה מִן הָהָר
Exodus 32:15 — שְׁמוֹת לב, טו

פְּנוֹת (פְּנֹה) | פְּנוֹתָם
פָּנִיתִי, פָּנִיתָ, פָּנָה, פָּנִינוּ, פָּנוּ
אֶפְנֶה\אֵפֶן, תִּפְנֶה\תֵּפֶן, יִפְנֶה\יִפֶן, תִּפְנֶה\תֵּפֶן, נֵפֶן, תִּפְנוּ, יִפְנוּ
פְּנֵה\פּוֹנֶה, פֹּנִים, פֹּנוֹת

פְּנֵה, פְּנוּ

And they turned in the stubbornness of their heart. — ויפנו בשרירות לבם
Damascus Document (CD) 8:19

corner (nf)	פנן	(30)	פִּנָּה

And he made for himself altars in every corner in Jerusalem. — וַיַּעַשׂ לוֹ מִזְבְּחוֹת בְּכָל פִּנָּה בִּירוּשָׁלָם
2 Chronicles 28:24 — דִּבְרֵי הַיָּמִים ב כח, כד

פִּנּוֹת\פִּנִּים
פִּנַּת־: פִּנָּתָהּ\פִּנָּהּ
פִּנּוֹת־: פִּנֹּתָיו, פִּנּוֹתָם

And they made its horns on its four corners. — ועשו קרנותיו על ארבע פנותיו
4Q365 f12a_bii:8

face, front (nm and nf, only pl)	פנה	(1004?)	פָּנִים

And they fell on their faces. — וַיִּפְּלוּ עַל פְּנֵיהֶם
Leviticus 9:24 — וַיִּקְרָא ט, כד

פָּנִים

פְּנֵי־: פָּנַי\פָּנָי, פָּנֶיךָ, פָּנַיִךְ\פָּנָיִךְ, פָּנָיו, פָּנֶיהָ, פָּנֵינוּ, פְּנֵיכֶם, פְּנֵיהֶם\פְּנֵימוֹ

May the LORD shine his face [to] you. — יאר יהוה פניו [אל]יך
Ketef Hinnom 2:8–10

He hid his face from Israel. — הסתיר פניו מישראל
Damascus Document (CD) 1:3

inner (adj)	פנה	(32)	פְּנִימִי

And he put the cherubim in the midst of the inner house. — וַיִּתֵּן אֶת הַכְּרוּבִים בְּתוֹךְ הַבַּיִת הַפְּנִימִי
1 Kings 6:27 — מְלָכִים א ו, כז

פְּנִימִי | פְּנִימִית | פְּנִימִים | פְּנִימִיּוֹת

Passover (nm)	פסח	(49)	פֶּסַח\פָּסַח

And Moses spoke to the sons of Israel to do the Passover. — וַיְדַבֵּר מֹשֶׁה אֶל בְּנֵי יִשְׂרָאֵל לַעֲשֹׂת הַפָּסַח
Numbers 9:4 — בְּמִדְבַּר ט, ד

פְּסָחִים

---

lame (adj) | פסח | (14) | **פִּסֵּחַ**

Blind and lame will not come into the house. — עִוֵּר וּפִסֵּחַ לֹא יָבוֹא אֶל הַבָּיִת
2 Samuel 5:8 — שְׁמוּאֵל ב ה, ח

פִּסֵּחַ | --- | פִּסְחִים | ---

Lame or blind or any bad defect you will not sacrifice to me. — פסח או עור או כול מום רע לוא תזבחנו לי
11Q19 52:10

image (nm; only pl) | פסל | (23) | **[פְּסִיל]**

The images of their gods you will burn with fire. — פְּסִילֵי אֱלֹהֵיהֶם תִּשְׂרְפוּן בָּאֵשׁ
Deuteronomy 7:25 — דְּבָרִים ז, כה

פְּסִילִים\ פְּסִלִים

פְּסִילֵי־: פְּסִילֶיךָ, פְּסִילֶיהָ, פְּסִילֵיהֶם

idol, image (nm) | פסל | (31) | **פֶּסֶל\פָּסֶל**

Cursed is the man who will make an idol. — אָרוּר הָאִישׁ אֲשֶׁר יַעֲשֶׂה פֶסֶל
Deuteronomy 27:15 — דְּבָרִים כז, טו

פֶּסֶל־: פִּסְלִי, פִּסְלוֹ, פִּסְלָם

What profit is an idol? — מה הועיל פסל
Habakkuk Pesher (1QpHab) 12:10

he did, made (v, *qal*) | פעל | (57) | **פָּעַל**

There the doers of iniquity fell. — שָׁם נָפְלוּ פֹּעֲלֵי אָוֶן
Psalm 36:12 — תְּהִלִּים לו, יג

--- | פְּעָלָם
פָּעַלְתִּי, פָּעַלְתָּ, פָּעַל\פָּעָל, פָּעֲלוּ\פָּעָלוּ
אֶפְעַל, תִּפְעָל, יִפְעַל\יִפְעָל, תִּפְעָלוּן | יִפְעָלֵהוּ
פֹּעֵל, --- (פֹּעֲלֵי־)

Blessed are yo[u], O Lord, because you did these things. — ברוך אתׄ[ה] אדוני כי אתה פעלתה אלה
Thanksgiving Hymn (1QHa) 19:35–36

work, deed, wage (nm) | פעל | (37) | **פֹּעַל**

I will return to a man as his deed. — אָשִׁיב לָאִישׁ כְּפָעֳלוֹ
Proverbs 24:29 — מִשְׁלֵי כד, כט

פְּעָלִים
פֹּעַל־: פָּעֳלִי, פָּעָלְךָ\פָּעֳלֶךָ, פָּעֳלֵךְ, פָּעֳלוֹ\פֹּעֲלוֹ, פָּעֳלָהּ, פָּעָלְכֶם, פָּעֳלָם

Bless, O LORD, his strength, and the work of his hand accept. — ברך ייי חילו ופעל ידו תרצה
4Q175 1:19

work, wage (nf)	פעל	(14)	[פְּעֻלָּה]

They will not understand the works of the LORD. — לֹא יָבִינוּ אֶל פְּעֻלֹּת יְהוָה
Psalm 28:5 — תְּהִלִּים כח, ה

פְּעֻלַּת־: פְּעֻלָּתִי, פְּעֻלָּתֵךְ, פְּעֻלָּתוֹ, פְּעֻלַּתְכֶם, פְּעֻלָּתָם
פְּעֻלּוֹת\פְּעֻלֹּת: ---

And he knew the work of their deeds. — והואה ידע פעולת מעשיהן
Community Rule (1QS) 4:25

step, foot, time (nf)	פעם	(118)	פַּ֫עַם\פָּ֫עַם

And he went down and dipped in the Jordan seven times. — וַיֵּרֶד וַיִּטְבֹּל בַּיַּרְדֵּן שֶׁבַע פְּעָמִים
2 Kings 5:14 — מְלָכִים ב ה, יד

פְּעָמִים\פַּעֲמַיִם\פְּעָמָ֫יִם

פַּעֲמֵי־: פְּעָמַי\פְּעָמָ֫י, פְּעָמֶיךָ, פְּעָמַיִךְ, פְּעָמָיו\פַּעֲמֹתָיו

By the hand of our king, you saved us many times. — ביד מלכינו הושעתנו פעמים רבות
War Scroll (1QM) 11:3

he scattered, dispersed (v, *qal*)	פוץ	(12)	[פָּץ]

Let God arise; let his enemies scatter. — יָקוּם אֱלֹהִים יָפוּצוּ אוֹיְבָיו
Psalm 68:1 — תְּהִלִּים סח, ב

נָפוּץ, יָפֻצוּ\יָפוּצוּ, תְּפוּצֶינָה\תְּפוּצֶנָה\תְּפוּצֶין

פֻּצוּ

All the sons of darkness will scatter. — יפוצו כול בני חושך
4Q491 f8_10i:14

he opened [his mouth], spoke (v, *qal*)	פצה	(15)	[פָּצָה]

And I opened my mouth to the LORD. — וְאָנֹכִי פָּצִיתִי פִי אֶל יְהוָה
Judges 11:35 — שׁוֹפְטִים יא, לה

פָּצִיתִי, פָּצִיתָה, פָּצְתָה, פָּצוּ
יִפְצֶה
פּוֹצֶה\פֹּצֶה
פְּצֵה | פְּצֵנִי

And they did not open their mouths against me. — ולא פצו עלי פיהם
Thanksgiving Hymn (1QHa) 13:12–13

he looked at, visited, appointed, reviewed (v, *qal*)	פקד	(234)	פָּקַד

God will surely visit you. — פָּקֹד יִפְקֹד אֱלֹהִים אֶתְכֶם
Genesis 50:25 — בְּרֵאשִׁית נ, כה

פָּקֹד (פְּקֹד) | פָּקְדִי
פָּקַדְתִּי, פָּקַדְתָּ, פָּקַד, פָּקְדָנוּ, פְּקַדְתֶּם, פָּקְדוּ\פָּקָֽדוּ | פְּקַדְתִּיךָ, פְּקַדְתִּיו, פְּקַדְתִּים, פְּקָדוּךָ
אֶפְקֹד\אֶפְקוֹד\אֶפְקָד, תִּפְקֹד, יִפְקֹד\יִפְקוֹד, תִּפְקְדוּ, יִפְקְדוּ\יִפְקֹֽדוּ | תִּפְקְדִי, תִּפְקְדֶנּוּ, תִּפְקְדֵם, יִפְקְדֵנִי, יִפְקְדֵם
פֹּקֵד\פּוֹקֵד | --- | פְּקֻדִים (פְּקוּדֵי־\פְּקֻדֵי־) | פְּקֻדָיו, פְּקֻדֵיכֶם, פְּקֻדֵיהֶם\פְּקוּדֵיהֶם
פְּקֹד, פִּקְדוּ | פָּקְדֵנִי

It is the day which God will visit. — הוא היום אשר יפקד אל
Damascus Document (CD) 8:2–3

oversight, punishment, duty, watch (nf)	פקד	(32)	פְּקֻדָּה

In the time of their punishment, they will perish. — בְּעֵת פְּקֻדָּתָם יֹאבֵדוּ
Jeremiah 51:18 — יִרְמְיָהוּ נא, יח

פְּקֻדּוֹת\פְּקֻדֹּת
פְּקֻדַּת־: פְּקֻדָּתְךָ, פְּקֻדָּתֵךְ, פְּקֻדָּתוֹ, פְּקֻדָּתָם
פְּקֻדֹּת־\פְּקֻדּוֹת־: ---

These will escape in the time of punishment. — אלה ימלטו בקץ הפקדה
Damascus Document (CD) 19:10

instruction, precept (nm)	פקד	(24)	[פִּקּוּד]

I am yours. Save me because I have sought your instructions. — לְךָ אֲנִי הוֹשִׁיעֵנִי כִּי פִקּוּדֶיךָ דָרָשְׁתִּי
Psalm 119:94 — תְּהִלִּים קיט, צד

פִּקּוּדֵי־: פִּקּוּדֶיךָ\פִּקֻּדֶיךָ, פִּקּוּדָיו\פִּקֻּדָיו

he opened [eyes and ears] (v, *qal*)	פקח	(17)	פָּקַח

Open, O LORD, your eyes and see!
Isaiah 37:17

פְּקַח יְהוָה עֵינְךָ וּרְאֵה
יְשַׁעְיָהוּ לז, יז

פְּקֹחַ (פָּקוֹחַ)
פָּקַחְתָּ, פָּקַח
אֶפְקַח, יִפְקַח
פְּקַח | --- | פְּקֻחוֹת
פְּקַח\פִּקְחָה

And he opened their eyes to see his ways.
4Q434 f1i:3

ויפקח עיניהם לראות את דרכיו

Pekah (np)	פקח	(11)	פֶּ֫קַח

In the days of Pekah, king of Israel, Tiglath-pileser came.
2 Kings 15:29

בִּימֵי פֶּקַח מֶלֶךְ יִשְׂרָאֵל בָּא תִּגְלַת פִּלְאֶסֶר
מְלָכִים ב טו, כט

overseer, manager, commander (nm)	פקד	(13)	פָּקִיד

And the king will appoint overseers in all the provinces of his kingdom.
Esther 2:3

וְיַפְקֵד הַמֶּלֶךְ פְּקִידִים בְּכָל מְדִינוֹת מַלְכוּתוֹ
אֶסְתֵּר ב, ג

פְּקִידִים
פְּקִיד־: פְּקִידוֹ

The man, the overseer at the head of the many, will examine him.
Community Rule (1QS) 6:14

ידורשהו האיש הפקיד ברואש הרבים

bull (nm)	---	(133)	פַּר

And they took the bull which he gave to them.
1 Kings 18:26

וַיִּקְחוּ אֶת הַפָּר אֲשֶׁר נָתַן לָהֶם
מְלָכִים א יח, כו

פָּרִים
פַּר־: ---
---: פָּרֶיהָ

And he took the second bull which was for the people.
11Q19 16:14

ויקח הפר השני אשר לעם

wild ass (nm)	פרא	(10)	פֶּ֫רֶא\פֶּ֫רֶה

And he will be a wild ass of a man.
Genesis 16:12

וְהוּא יִהְיֶה פֶּרֶא אָדָם
בְּרֵאשִׁית טז, יב

פְּרָאִים
פֶּ֫רֶא־: ---

פֶּ֫רֶד	(14)	פרד(?)	mule (nm)

אַל תִּהְיוּ כְּסוּס כְּפֶרֶד — Do not be like a horse, like a mule.
תְּהִלִּים לב, ט — *Psalm 32:9*

פְּרָדִים
---: פִּרְדּוֹ
---: פִּרְדֵיהֶם

[פָּרָה]	(22)	פרה	he bore fruit, was fruitful (v, *qal*)

וְאַתֶּם פְּרוּ וּרְבוּ — And you be fruitful and be numerous!
בְּרֵאשִׁית ט, ז — *Genesis 9:7*

פָּרִינוּ, פְּרִיתֶם, פָּרוּ
תִּפְרֶה, יִפְרֶה, יִפְרוּ
פֹּרֶה, פֹּרִיָּה (פֹּרָת־)
פְּרֵה, פְּרוּ

פָּרָה	(26)	---	heifer (nf)

שֶׁבַע פָּרֹת הַטֹּבֹת שֶׁבַע שָׁנִים הֵנָּה — The seven good heifers, they are seven years.
בְּרֵאשִׁית מא, כו — *Genesis 41:26*

פָּרוֹת\פָּרֹת
---: פָּרָתוֹ
פָּרוֹת־: ---

כפרה סורירה כן סרר ישראל — Like a rebellious heifer, thus Israel rebelled.
Damascus Document (CD) 1:13–14

פְּרִזִּי	(23)	פרז?	Perizzite (gent)

וַיִּתֵּן יְהוָה אֶת הַכְּנַעֲנִי וְהַפְּרִזִּי בְּיָדָם — And the LORD gave the Canaanite(s) and Perizzite(s) into their hand.
שׁוֹפְטִים א, ד — *Judges 1:4*

פַּרְזֶל\פַּרְזְלָא	(20)	---	iron (nm)

וְשִׁנַּיִן דִּי פַרְזֶל לַהּ — And teeth of iron it had.
דָּנִיֵּאל ז, ז — *Daniel 7:7*

He [tau]ght [to humanity to] make swords of iron. | א[ל]ף* [לאנשא ל]מעבד חרבן די פרזל
4Q202 f1ii:26

he sprouted, bloomed, broke out, festered (v, *qal*) פרח (29) פָּרַח

And like a leaf righteous ones will bloom. | וְכֶעָלֶה צַדִּיקִים יִפְרָחוּ
Proverbs 11:28 | מִשְׁלֵי יא, כח

פְּרֹחַ (פָּרוֹחַ\פָּרֹחַ)
פָּרַח, פָּרְחָה\פָּרָחָה
יִפְרַח\יִפְרָח, תִּפְרַח\תִּפְרָח, יִפְרְחוּ\יִפְרָחוּ, תִּפְרַחְנָה
פֹּרֵחַ, פֹּרַחַת

And it will break out like a burning fire. | ויפרח כאש בוער
Thanksgiving Hymn (1QHa) 16:31

petal, bud, flower (nm) פרח (17) פֶּרַח\פָּרַח

The staff of Aaron sprouted for the house of Levi, and it put forth a bud. | פָּרַח מַטֵּה אַהֲרֹן לְבֵית לֵוִי וַיֹּצֵא פֶרַח
Numbers 17:8 | בְּמִדְבַּר יז, כג

פֶּרַח־: פִּרְחָהּ
---: פְּרָחֶיהָ

And the flower of Lebanon withered. | ופרח לבנן אמלל
4Q169 f1_2:5

fruit, produce, offspring (nm) פרה (119) פְּרִי\פֶּרִי

From the fruit of the tree of the garden we may eat. | מִפְּרִי עֵץ הַגָּן נֹאכֵל
Genesis 3:2 | בְּרֵאשִׁית ג, ב

פְּרִי־: פִּרְיִי, פֶּרְיְךָ, פִּרְיֵךְ, פִּרְיוֹ, פִּרְיָהּ, פֶּרְיְכֶם, פִּרְיָם\פִּרְיָמוֹ\פְּרִיהֶם, פִּרְיָן\פְּרִיהֶן

And the fruit of holiness is on my tongue. | ופרי קודש בלשוני
Community Rule (1QS) 10:22

veil, curtain (nf) פרך (25) פָּרֹכֶת

But to the veil he will not come. | אַךְ אֶל הַפָּרֹכֶת לֹא יָבֹא
Leviticus 21:23 | וַיִּקְרָא כא, כג

פָּרֹכֶת־: ---

And you [ma]de a veil of gold. — ועש[י]תֿה פרוכת זהב
11Q19 7:13

Persia (np) --- (28) פָּרַס

And now I will return and fight with the prince of Persia. — וְעַתָּה אָשׁוּב לְהִלָּחֵם עִם שַׂר פָּרָס
Daniel 10:20 — דָּנִיֵּאל י, כ

Persia (np) --- (6) פָּרַס

Darius, king of Persia. — דָּרְיָוֶשׁ מֶלֶךְ פָּרָס
Ezra 4:24 — עֶזְרָא ד, כד

hoof (nf) פרס (21) פַּרְסָה

With the hoofs of his horses he will trample. — בְּפַרְסוֹת סוּסָיו יִרְמֹס
Ezekiel 26:11 — יְחֶזְקֵאל כו, יא

פְּרָסוֹת\פְּרָסֹת

פַּרְסוֹת־: פַּרְסֹתַיִךְ, פַּרְסֵיהֶן

And he put your horns of iron and your hoofs of bronze. — [ו]ישם קרניכה ברזל ופרסותיכה נחושה
Community Rule (1QSb) 5:26

he let go, ignored, was disheveled, wild (v, *qal*) פרע (13) פָּרַע

And you ignored all of my counsel. — וַתִּפְרְעוּ כָל עֲצָתִי
Proverbs 1:25 — מִשְׁלֵי א, כה

פְּרֹעַ
פָּרַע | פָּרְעָה
אֶפְרַע, יִפְרָע, תִּפְרְעוּ\תִּפְרָעוּ
פּוֹרֵעַ | --- | פָּרוּעַ\פָּרֻעַ
--- | פְּרָעֵהוּ

You will neglect the holy covenant. — תפרעי ברית קוֹ֯ד[ש
4Q415 f2ii:4

Pharoah (np) --- (274) פַּרְעֹה

Pharoah was angry at his servants and he put me in custody. — פַּרְעֹה קָצַף עַל עֲבָדָיו וַיִּתֵּן אֹתִי בְּמִשְׁמַר
Genesis 41:10 — בְּרֵאשִׁית מא, י

he broke out/through/down, spread out (v, *qal*) פרץ (42) פָּרַץ

Right and left you will spread out. — יָמִין וּשְׂמֹאול תִּפְרֹ֫צִי
Isaiah 54:3 — יְשַׁעְיָהוּ נד, ג

פְּרֹץ\פְּרוֹץ (פָּרֹץ)
פָּרַצְתָּ, פָּרַץ, פָּרְצוּ\פָּ֫רָצוּ | פְּרַצְתָּנוּ
יִפְרֹץ\יִפְרָץ, תִּפְרָץ, נִפְרְצָה, יִפְרֹ֫צוּ | תִּפְרֹ֫צִי, יִפְרְצֵנִי
פֹּרֵץ | --- | פְּרוּצָה, פְּרוּצִים\פְּרֻצִים

They broke through the border of the law. — פרצו את גבול התורה
Damascus Document (CD) 20:25

breach, gap (nm)	פרץ	(19)	פֶּ֫רֶץ\פָּ֫רֶץ

The LORD made a breach in the tribes of Israel. — עָשָׂה יְהוָה פֶּרֶץ בְּשִׁבְטֵי יִשְׂרָאֵל
Judges 21:15 — שׁוֹפְטִים כא, טו

פְּרָצִים\פְּרָצוֹת
פֶּרֶץ־: ---
---: פִּרְצֵיהֶן

And they looked for gaps. — ויצפו לפרצות
Damascus Document (CD) 1:18–19

Perez (np)	פרץ	(15)	פֶּ֫רֶץ

And may your house be like the house of Perez whom Tamar bore to Judah. — וִיהִי בֵיתְךָ כְּבֵית פֶּרֶץ אֲשֶׁר יָלְדָה תָמָר לִיהוּדָה
Ruth 4:12 — רוּת ד, יב

he spread out, stretched out (v, *qal*)	פרש	(57)	פָּרַשׂ

And we spread our hands to a foreign god. — וַנִּפְרֹשׂ כַּפֵּינוּ לְאֵל זָר
Psalm 44:20 — תְּהִלִּים מד, כא

פָּרַשְׂתִּי, פָּרַשְׂתָּ, פָּרַשׂ, פָּרְשָׂה, פָּרְשׂוּ
אֶפְרֹשׂ\אֶפְרוֹשׂ\אֶפְרְשָׂה, יִפְרֹשׂ, תִּפְרֹשׂ, נִפְרֹשׂ, יִפְרְשׂוּ | יִפְרְשֵׂהוּ
פֹּרֵשׂ\פּוֹרֵשׂ, פֹּרְשִׂים (פֹּרְשֵׂי־) | --- | פָּרֻשׂ, פְּרוּשָׂה, פְּרֻשׂוֹת

I spread out my hands to your holy dwelling. — פרשתי כפי למען קודשכה
11Q5 24:3–4

horseman, horse (nm)	פרש	(57)	פָּרָשׁ\פָּרַשׁ

Horsemen are riders of horses. — פָּרָשִׁים רֹכְבֵי סוּסִים
Ezekiel 23:6 — יְחֶזְקֵאל כג, ו

פָּרָשִׁים

---: פָּרָשָׁיו

Two hundred horsemen will go out.
War Scroll (1QM) 6:9

מאתים פרשים יצאו

Euphrates (np) --- (18) פְּרָת

And I went to the Euphrates, dug, and took the undergarment.
Jeremiah 13:7

וָאֵלֵךְ פְּרָתָה וָאֶחְפֹּר וָאֶקַּח אֶת הָאֵזוֹר
יִרְמְיָהוּ יג, ז

he spread (v, *qal*) פשה (22) פָּשָׂה

And the plague did not spread.
Leviticus 13:55

וְהַנֶּגַע לֹא פָשָׂה
וַיִּקְרָא יג, נה

--- (פָּשֹׂה)
פָּשָׂה, פָּשְׂתָה\פָּשָׂתָה
יִפְשֶׂה, תִּפְשֶׂה

Pashhur (np) --- (14) פַּשְׁחוּר

And you, Pashhur, and all the dwellers of your house will go into captivity.
Jeremiah 20:6

וְאַתָּה פַשְׁחוּר וְכֹל יֹשְׁבֵי בֵיתֶךָ תֵּלְכוּ בַּשֶּׁבִי
יִרְמְיָהוּ כ, ו

he took off, stripped, rushed, raided (v, *qal*) פשט (24) פָּשַׁט

The Philistines raided on the land.
1 Samuel 23:27

פָּשְׁטוּ פְלִשְׁתִּים עַל הָאָרֶץ
שְׁמוּאֵל א כג, כז

פָּשַׁטְתִּי, פָּשַׁטְתָּ, פָּשַׁט, פָּשַׁטְנוּ, פְּשַׁטְתֶּם, פָּשְׁטוּ
יִפְשַׁט, יִפְשְׁטוּ\יִפְשֹׁטוּ
פֹּשְׁטִים
פְּשֹׁטָה

he rebelled, transgressed, sinned (v, *qal*) פשע (40) פָּשַׁע

And Israel has rebelled against the house of David until this day.
2 Chronicles 10:19

וַיִּפְשְׁעוּ יִשְׂרָאֵל בְּבֵית דָּוִיד עַד הַיּוֹם הַזֶּה
דִּבְרֵי הַיָּמִים ב י, יט

פְּשֹׁעַ (פָּשֹׁעַ)
פָּשַׁעַתְּ\פָּשָׁעַתְּ, פָּשַׁע, פָּשַׁעְנוּ, פְּשַׁעְתֶּם, פָּשְׁעוּ\פָּשָׁעוּ
יִפְשַׁע, תִּפְשַׁע, יִפְשְׁעוּ
פֹּשֵׁעַ, פֹּשְׁעִים\פּוֹשְׁעִים

פֹּשְׁעוּ

And I will be a trap for the rebellious ones. — ואהיה פח לפושעים
Thanksgiving Hymn (1QHa) 10:10

transgression, guilt, crime (nm)	פשע	(93)	פֶּ֫שַׁע\פָּ֫שַׁע

I, I am he who wipes out your transgressions. — אָנֹכִי אָנֹכִי הוּא מֹחֶה פְשָׁעֶיךָ
Isaiah 43:25 — יְשַׁעְיָהוּ מג, כה

פְּשָׁעִים
פֶּשַׁע־: פִּשְׁעִי, פִּשְׁעוֹ, פִּשְׁעָה, פִּשְׁעֲכֶם, פִּשְׁעָם
פִּשְׁעֵי־: פְּשָׁעַי\פְּשָׁעָי, פְּשָׁעֶיךָ, פְּשָׁעָיו, פְּשָׁעֶיהָ, פְּשָׁעֵינוּ, פִּשְׁעֵיכֶם, פִּשְׁעֵיהֶם

And he gave you into the hand of your transgressions. — ונתנכה בייד פשעיכה
4Q219 2:26

interpretation (nm)	פשר	(31)	[פְּשַׁר]\פִּשְׁרָא\פִּשְׁרָה

The writing I will read to the king and the interpretation I will inform him. — כְּתָבָא אֶקְרֵא לְמַלְכָּא וּפִשְׁרָא אֲהוֹדְעִנֵּהּ
Daniel 5:17 — דָּנִיֵּאל ה, יז

פִּשְׁרִין
פְּשַׁר־: פִּשְׁרֵהּ\פִּשְׁרֵא

[We] knew from you their interpreta[ti]on. — [נ]נדע מנך פשרה̊[ו]ן
4Q530 f7ii:10

linen, flax (nf)	פשת	(16)	[פֵּשֶׁת]

Clothes of linen they will wear. — בִּגְדֵי פִשְׁתִּים יִלְבָּשׁוּ
Ezekiel 44:17 — יְחֶזְקֵאל מד, יז

פִּשְׁתִּים
---: פִּשְׁתִּי
פִּשְׁתֵּי־: ---

A month is (for) cutting* flax. — 𐤉𐤓𐤇 𐤏𐤑𐤃* 𐤐𐤔𐤕
Gezer 1:3

piece, scrap (nf)	פתת	(14)	פַּת

Strengthen your heart (with) a piece of bread. — סְעָד לִבְּךָ פַּת לֶחֶם
Judges 19:5 — שׁוֹפְטִים יט, ה

פִּתִּים

פַּת־: פִּתִּי, פִּתְּךָ, פִּתֵּךְ, פִּתּוֹ
---

suddenly (adv)	פתע	(25)	פִּתְאֹם\פִּתְאוֹם

And suddenly he will come to his temple. — וּפִתְאֹם יָבוֹא אֶל הֵיכָלוֹ
Malachi 3:1 — מַלְאָכִי ג, א

And now please listen, my people, and look to me suddenly. — ועתה שמעו נא עמי והשכילו לי פתאום
4Q185 f1_2i:13–14

word, decree, reply, matter (nm)	---	(6)	פִּתְגָם\[פִּתְגָמָא]

The king sent a reply. — פִּתְגָמָא שְׁלַח מַלְכָּא
Ezra 4:17 — עֶזְרָא ד, יז

And he sent to me a reply. — ושלח לי פתגם
TAD D7 39:8

I will ask you and you will return to me a reply. — אשאלנך והתיבני פתגם
11Q10 34:3

he deceived, enticed, seduced (v, *piel*)	פתה	(16)	[פִּתָּה]

And they deceived him with their mouths, and with their tongues they lied to him. — וַיְפַתּוּהוּ בְּפִיהֶם וּבִלְשׁוֹנָם יְכַזְּבוּ לוֹ
Psalm 78:36 — תְּהִילִּים עח, לו

--- | פִּתִּתָךְ
פִּתֵּיתִי | פִּתִּיתַנִי
תְּפַתֶּה, יְפַתֶּה | אֲפַתֶּנּוּ, יְפַתּוּךָ, יְפַתּוּהוּ
--- | מְפַתֶּיהָ
פַּתִּי

A man will seduce a young woman. — יפתה איש נערה
11Q19 66:8

engraving (nm)	פתח	(11)	פִּתּוּחַ

Engravings of a seal you will engrave the two stones. — פִּתּוּחֵי חֹתָם תְּפַתַּח אֶת שְׁתֵּי הָאֲבָנִים
Exodus 28:11 — שְׁמוֹת כח, יא

פִּתּוּחִים
---: פִּתֻּחֶהָ

פִּתּוּחֵי־: פִּתּוּחֶיהָ

he opened (v, *qal*) פתח (97) פָּתַח

You shall surely open your hand to your brother.
Deuteronomy 15:11

פָּתֹחַ תִּפְתַּח אֶת יָדְךָ לְאָחִיךָ
דְּבָרִים טו, יא

פְּתֹחַ (פָּתֹחַ\פָּתוֹחַ) | פִּתְחִי, פִּתְחוּ
פָּתַחְתִּי, פָּתַחְתָּ, פָּתַח\פָּתָח, פָּתְחָה, פָּתְחוּ\פָּתָחוּ
אֶפְתַּח\אֶפְתָּח\אֶפְתְּחָה, תִּפְתַּח\תִּפְתָּח, יִפְתַּח\יִפְתָּח, תִּפְתַּח, נִפְתְּחָה, יִפְתְּחוּ\יִפְתָּחוּ | יִפְתָּחוּם
פֹּתֵחַ\פּוֹתֵחַ | --- | פָּתוּחַ, פְּתוּחָה, פְּתֻחוֹת\פְּתֻחֹת\פְּתוּחוֹת
פְּתַח, פִּתְחִי, פִּתְחוּ

Cursed is the man who will open this.
Silwan 2:2–3

𐤀𐤓𐤅𐤓 𐤄𐤀𐤃𐤌 𐤀𐤔𐤓 𐤉𐤐𐤕𐤇 𐤀𐤕 𐤆𐤀𐤕

And gates of salvation you opened for us.
War Scroll (1QM) 18:7

ושערי ישועות פתחתה לנו

he untied, took off, set free, opened up (v, *piel*) פתח (19) פִּתַּח

And now behold I set you free today.
Jeremiah 40:4

וְעַתָּה הִנֵּה פִתַּחְתִּיךָ הַיּוֹם
יִרְמְיָהוּ מ, ד

פַּתֵּחַ
פִּתַּחְתָּ, פִּתַּח\פִּתֵּחַ, פִּתְּחָה, פִּתְּחוּ | פִּתַּחְתִּיךָ
אֲפַתֵּחַ, תְּפַתֵּחַ, יְפַתַּח | יְפַתְּחֵהוּ
מְפַתֵּחַ
---

opening, doorway, entrance (nm) פתח (164) פֶּתַח\פָּתַח\פֶּתְחָה

And he brought me to the opening of the gate of the house of the LORD.
Ezekiel 8:14

וַיָּבֵא אֹתִי אֶל פֶּתַח שַׁעַר בֵּית יְהוָה
יְחֶזְקֵאל ח, יד

פְּתָחִים
פֶּתַח־: פִּתְחוֹ, פִּתְחָהּ
פִּתְחֵי־: פְּתָחַי, פְּתָחֶיךָ, פְּתָחֵינוּ, פִּתְחֵיהֶם, פִּתְחֵיהֶן

Dig at the opening nine cubits.
3Q15 6:9–10

חפר בפתח אמות תשע

simple, foolish, simplicity (nm) פתה (19) פֶּתִי

How long, simple ones, will you love simplicity?
Proverbs 1:22

עַד מָתַי פְּתָיִם תְּאֵהֲבוּ פֶתִי
מִשְׁלֵי א, כב

פְּתָאִים\פְּתָיִים\פְּתָיִם

ותפארתו לכול פותאים

And his glory is for all simple ones.

11Q5 18:2–3

פְּתִיל (11) פתל cord, thread (nm)

וַיִּתְּנוּ עָלָיו פְּתִיל תְּכֵלֶת
שְׁמוֹת לט, לא

And they put on it a cord of blue.

Exodus 39:31

פְּתִילִים\פְּתִילִם
פְּתִיל־: פְּתִילֶךָ

צ / ꡎ

flock, sheep (nm and nf) | --- | (274) | צֹאן

And we are your people and the sheep of your pasture.
Psalm 79:13

וַאֲנַחְנוּ עַמְּךָ וְצֹאן מַרְעִיתֶךָ
תְּהִלִּים עט, יג

צֹאן־: צֹאנִי, צֹאנְךָ\צֹאנֶךָ, צֹאנוֹ, צֹאנֵנוּ, צֹאנְכֶם, צֹאנָם
---: צֹאנֵינוּ\צֹאונֵנוּ

Strike the shepherd and the flock will scatter.
Damascus Document (CD) 19:8

הך את הרעה ותפוצינה הצאן

offspring, produce (nm, pl) | יצא | (11) | צֶאֱצָאִים

I will pour my spirit on my seed and my blessing on my offspring.
Isaiah 44:3

אֶצֹּק רוּחִי עַל זַרְעֶךָ וּבִרְכָתִי עַל צֶאֱצָאֶיךָ
יְשַׁעְיָהוּ מד, ג

צֶאֱצָאִים

צֶאֱצָאֵי־: צֶאֱצָאַי, צֶאֱצָאֶיךָ, צֶאֱצָאָיו, צֶאֱצָאֶיהָ, צֶאֱצָאֵיהֶם

And he will cause his offspring to inherit it.
4Q185 f1_2ii:15

ויורישנה לצאצאיו

he fought, waged war, served (v, *qal*) | צבא | (12) | [צָבָא]

The LORD of host will descend to fight on Mount Zion.
Isaiah 31:4

יֵרֵד יְהוָה צְבָאוֹת לִצְבֹּא עַל הַר צִיּוֹן
יְשַׁעְיָהוּ לא, ד

צָבָא\צָבֹא
צָבְאוּ
יִצְבְּאוּ
צֹבְאִים, צֹבְאוֹת\צֹבְאֹת | צֹבֶיהָ
---

army, host, service (nm and nf) | צבא | (484?) | צָבָא

LORD of hosts, blessed is the man who trusts in you.
Psalm 84:12

יְהוָה צְבָאוֹת אַשְׁרֵי אָדָם בֹּטֵחַ בָּךְ
תְּהִלִּים פד, יג

צְבָאוֹת

צְבָא־: צְבָאִי, צְבָאֲךָ, צְבָאוֹ, צְבָאָהּ, צְבָאָם
צִבְאוֹת־: צִבְאֹתַי, צְבָאָיו\צְבָאָו, צִבְאוֹתֵינוּ\צִבְאֹתֵינוּ, צִבְאוֹתֵיכֶם, צִבְאֹתָם

ר]וֹממו יחד בצבא עֹולם
Exalt together with the eternal host.
4Q427 f7i:15

[צְבָא\צְבָה]	(10)	צבא\צבה	he wanted, desired, was pleased (v, *peal*)

דִּי הֲוָה צָבֵא הֲוָא קָטֵל
דָּנִיֵּאל ה, יט
Whomever he was wanting he was killing.
Daniel 5:19

--- | מִצְבְּיֵהּ
צְבִית
יִצְבֵּא\יִצְבֵּה
צָבֵא

כול די יצבא קריב* בידֹּה
All which he will desire is close in his hand.
4Q550 f7+7a:1

צְבִי	(12)	צבה	gazelle (nm)

סֹב דְּמֵה לְךָ דוֹדִי לִצְבִי
שִׁיר הַשִּׁירִים ב, יז
Turn, make yourself, my beloved, like a gazelle.
Song of Songs 2:17

צְבָיִם\צְבָאִים

בשעריכה תואכלנו . . . כצבי וכאיל
In your gates you will eat it . . . like a gazelle and deer.
11Q19 52:10–11

צְבִי\צֶבִי	(19)	צבה	ornament, beauty (nm)

בַּיּוֹם הַהוּא יִהְיֶה יְהוָה צְבָאוֹת לַעֲטֶרֶת צְבִי
יְשַׁעְיָהוּ כח, ה
On that day, the LORD of hosts will be a crown of beauty.
Isaiah 28:5

צְבִי־: ---
צִבְאוֹת־: ---

היאה צבי תבל ארֹצכה
It is the beauty of the world, your land.
4Q369 f1ii:2

[צָד]	(13)	צוד	he hunted (v, *qal*)

צוֹד צָדוּנִי כַּצִּפּוֹר
אֵיכָה ג, נב
They surely hunted me like a bird.
Lamentations 3:52

צוּד (צוֹד)
צָדוּ | צָדוּנִי, צָדוּם
תָּצוּד, יָצוּד, תָּצוּד, יָצוּדוּ | תְּצוּדֵנִי, יְצוּדֻנוּ
צָד
צוּדָה

side (nm)	צדד	(33)	צַד

A thousand will fall from your side and a multitude from your right hand.
Psalm 91:7

יִפֹּל מִצִּדְּךָ אֶלֶף וּרְבָבָה מִימִינֶךָ
תְּהִלִּים צא, ז

צִדִּים
צַד־: צִדְּךָ\צִדֶּךָ, צִדּוֹ, צִדָּהּ\צִדָּה
צִדֵּי־: צִדָּיו, צִדֶּיהָ, צִדֵּיכֶם

And [my strength] stood far from me and my life from a side.
Thanksgiving Hymn (1QHa) 17:5–6

וֹ[מעוז]ִי עמד לי מרחוק וחיי מצד

Zadok (np)	צדק	(53)	צָדוֹק

And Zadok, the priest, took the horn of oil from the tent.
1 Kings 1:39

וַיִּקַּח צָדוֹק הַכֹּהֵן אֶת קֶרֶן הַשֶּׁמֶן מִן הָאֹהֶל
מְלָכִים א א, לט

just, righteous, innocent (adj)	צדק	(206)	צַדִּיק

Righteous ones will inherit land.
Psalm 37:29

צַדִּיקִים יִירְשׁוּ אָרֶץ
תְּהִלִּים לז, כט

צַדִּיק | --- | צַדִּיקִים\צַדִּקִים\צַדִּקִם | ---

You created righteous ones and evil ones.
Thanksgiving Hymn (1QHa) 12:39

אתה בראתה צדיק ורשע

he was just, right, righteous (v, *qal*)	צדק	(22)	[צָדַק]

Every living one will not be righteous before you.
Psalm 143:2

לֹא יִצְדַּק לְפָנֶיךָ כָל חָי
תְּהִלִּים קמג, ב

צָדַקְתִּי, צָדַקְתָּ, צָדְקָה, צָדְקוּ
אֶצְדָּק, תִּצְדַּק\תִּצְדָּק, יִצְדַּק\יִצְדָּק, יִצְדְּקוּ\יִצְדָּקוּ, תִּצְדַּקְנָה

And I know that a man will not be righteous apart from you.
Thanksgiving Hymn (1QHa) 8:29

ואדעה כִּי לא יצדק איש מבִּלעדיך

righteousness, justness, accuracy, equity (nm)	צדק	(119)	צֶ֫דֶק

Righteousness, righteousness you will pursue. — צֶדֶק צֶדֶק תִּרְדֹּף
Deuteronomy 16:20 — דְּבָרִים טז, כ

---: צִדְקִי, צִדְקְךָ\צִדְקֶ֫ךָ, צִדְקֵךְ, צִדְקוֹ, צִדְקָהּ, צִדְקֵנוּ

And now listen all who know righteousness. — ועתה שמעו כל יודעי צדק
Damascus Document (CD) 1:1

righteousness, justice (nf)	צדק	(157)	צְדָקָה

O LORD, lead me in your righteousness. — יְהוָה נְחֵנִי בְצִדְקָתֶךָ
Psalm 5:8 — תְּהִלִּים ה, ט

צְדָקוֹת
צִדְקַת־: צִדְקָתִי, צִדְקָתְךָ\צִדְקָתֶ֫ךָ, צִדְקָתֵךְ, צִדְקָתוֹ, צִדְקָתָם
צִדְקוֹת־\צִדְקֹת־: צִדְקֹתֶךָ, צִדְקֹתָו\צִדְקוֹתָו, צִדְקֹתֵינוּ

In the righteousness of his truth he judged me. — בצדקת אמתו שפטני
Community Rule (1QS) 11:14

Zedekiah (np)	צדק\יהוה	(63)	צִדְקִיָּה\צִדְקִיָּהוּ

And Zedekiah, king of Judah, will not escape from the hand of the Chaldeans. — וְצִדְקִיָּהוּ מֶלֶךְ יְהוּדָה לֹא יִמָּלֵט מִיַּד הַכַּשְׂדִּים
Jeremiah 32:4 — יִרְמְיָהוּ לב, ד

noon, midday (nm, pl)	צהר	(23)	צָהֳרַיִם\צָהֳרָ֫יִם

The men will eat with me at noon. — אִתִּי יֹאכְלוּ הָאֲנָשִׁים בַּצָּהֳרָ֫יִם
Genesis 43:16 — בְּרֵאשִׁית מג, טז

צָהֳרַיִם\צָהֳרָ֫יִם

---

neck (nm)	---	(41)	צַוָּאר

Like the tower of David is your neck. — כְּמִגְדַּל דָּוִיד צַוָּארֵךְ
Song of Songs 4:4 — שִׁיר הַשִּׁירִים ד, ד

צַוַּאר־: צַוָּארִי, צַוָּאר֫ךָ, צַוָּארֵךְ, צַוָּארוֹ, צַוָּארָהּ, צַוָּארֵנוּ, צַוְּרָם
צַוְּארֵי־: צַוָּארָיו\צַוָּארָו, צַוְּארֵיכֶם\צַוְּארֹתֵיכֶם, צַוְּארֵיהֶם

And they chose attractive ones good [lit. good of neck]. — ויבחרו בטוב הצואר
Damascus Document (CD) 1:19

צִוָּה	(484)	צוה	he commanded, charged, instructed (v, *piel*)

אָנֹכִי מְצַוְּךָ הַיּוֹם עַל לְבָבֶךָ — . . . I am commanding you today (are to be) on your heart.
דְּבָרִים ו, ו — *Deuteronomy 6:6*

צוֹת\צַוּוֹת | צַוֹּתוֹ
צִוִּיתִי\צִוֵּיתִי, צִוִּיתָ\צִוִּיתָה, צִוָּה, צִוְּתָה\צִוָּתָה, צִוִּיתֶם | צִוִּיתִיךָ\צִוִּיתִךְ, צִוִּיתִיו, צִוִּיתִיהָ, צִוִּיתִים\צִוִּיתִם,
צִוִּיתָנִי, צִוִּיתָנוּ, צִוַּנִי\צִוָּנִי, צִוְּךָ\צִוָּךְ, צִוָּהוּ, צִוָּנוּ, צִוָּם
אֲצַוֶּה\אֲצַו, תְּצַוֶּה, יְצַוֶּה\יְצַו, יְצַוּוּ | אֲצַוְּךָ\אֲצַוֶּךָ\אֲצַוֶּךָּ, אֲצַוֶּנּוּ, תְּצַוֶּנּוּ, (וַ)יְצַוְּךָ, יְצַוֵּהוּ, יְצַוֶּנּוּ, יְצַוֵּם,
תְּצַוֵּהוּ, תְּצַוֵּנִי, תְּצַוֵּם
מְצַוֶּה (מְצַוֵּה־), מְצַוָּה | מְצַוְּךָ\מְצַוְּךָ\מְצַוֶּךָּ
צַו\צַוֵּה, צַוּוּ

ולדבר אשר צויתני שלם — And for the matter which you commanded me; all is well.
Arad 18:6–8

צויתה ויבחרו באשר שנאתה — You commanded but they chose that which you hated.
Thanksgiving Hymn (1QHa) 7:32

צוֹם	(26)	צום	fast, fasting (nm)

וַיִּקְרָא צוֹם עַל כָּל יְהוּדָה — And he called a fast over all Judah.
דִּבְרֵי הַיָּמִים ב כ, ג — *2 Chronicles 20:3*

צֹמוֹת
צוֹם־: צֹמְכֶם

כתוב לשוב אל אל בבכי ובצום — It is written to return to God with weeping and fasting.
4Q266 f11:5

צוּר\צֻר	(73)	צור	rock (nm)

לֹא כְצוּרֵנוּ צוּרָם — Their rock is not like our rock.
דְּבָרִים לב, לא — *Deuteronomy 32:31*

צֻרִים\צוּרוֹת
צוּר־: צוּרִי, צוּרֵנוּ, צוּרָם
צוּרֵי־: ---

חד[ר] בירכת הצר — A cham[ber] is in the side of the rock.
Silwan 1:1

ואין צור כמוהו — And there is not a rock like him.
4Q377 f2ii:8

Ziba (np) --- (16) **צִיבָא**

You and Ziba will divide the field. — אַתָּה וְצִיבָא תַּחְלְקוּ אֶת הַשָּׂדֶה
2 Samuel 19:29 — שְׁמוּאֵל ב יט, ל

hunting, game, food, provision (nm) צוד (18) **צַיִד\צָיִד**

And Esau was a man who knew hunting, a man of field. — וַיְהִי עֵשָׂו אִישׁ יֹדֵעַ צַיִד אִישׁ שָׂדֶה
Genesis 25:27 — בְּרֵאשִׁית כה, כז

צֵיד־: צֵידִי, צֵידוֹ, צֵידָהּ, צֵידָם
---

food, provision (nf) צוד (10) **צֵידָה\צֵדָה**

And he gave them food for the journey. — וַיִּתֵּן לָהֶם צֵדָה לַדָּרֶךְ
Genesis 45:21 — בְּרֵאשִׁית מה, כא

The organizer of food will all be from twenty-five to thirty years old. — ועורך הצידה כולם יהיו מבן חמש ועשרים שנה ועד בן שלושים
War Scroll (1QM) 7:3

Sidon (np) צוד? (20) **צִידוֹן**

Son of man, put your face toward Sidon and prophesy against it. — בֶּן אָדָם שִׂים פָּנֶיךָ אֶל צִידוֹן וְהִנָּבֵא עָלֶיהָ
Ezekiel 28:21 — יְחֶזְקֵאל כח, כא

Sidonian (gent) צוד? (16) **[צִידוֹנִי]\צִידֹנִי\צִדֹנִי**

There was nobody among us who knew how to cut trees like the Sidonians. — אֵין בָּנוּ אִישׁ יֹדֵעַ לִכְרָת עֵצִים כַּצִּדֹנִים
1 Kings 5:6 — מְלָכִים א ה, כ

צִידֹנִי\צִדֹנִי | צִידוֹנִים\צִידֹנִים\צִדֹנִים | צֵדְנִית

drought, desert, dry land (nf, adj) ציה (16) **צִיָּה**

And he will put Nineveh to desolation, a dry land like the desert. — וְיָשֵׂם אֶת נִינְוֵה לִשְׁמָמָה צִיָּה כַּמִּדְבָּר
Zephaniah 2:13 — צְפַנְיָה ב, יג

צִיּוֹת

Zion (np) --- (154) **צִיּוֹן**

For God will save Zion and rebuild the cities of Judah.	כִּי אֱלֹהִים יוֹשִׁיעַ צִיּוֹן וְיִבְנֶה עָרֵי יְהוּדָה
Psalm 69:35	תְּהִלִּים סט, לו

flower, blossom, medallion (nm)	צוץ	(14)	צִיץ

And you will make a medallion of pure gold. — וְעָשִׂיתָ צִּיץ זָהָב טָהוֹר
Exodus 28:36 — שְׁמוֹת כח, לו

צִצִים
צִיץ־: ---

And his covenantal love sprouted like a flower. — ופרח̇ כציץ חסדו
4Q185 f1_2i:10

shadow, shade (nm)	צלל	(53)	צֵל

And all the peoples of the earth descended from its shade. — וַיֵּרְדוּ מִצִּלּוֹ כָּל עַמֵּי הָאָרֶץ
Ezekiel 31:12 — יְחֶזְקֵאל לא, יב

צְלָלִים
צֵל־: צִלִּי, צִלְּךָ, צִלֵּךְ, צִלּוֹ\צִלֲלוֹ, צִלָּהּ, צִלָּם
צִלֲלֵי־: ---

And like a shadow are their days o[n the earth]. — וכצל ימיהם ע̇[ל הארץ]
4Q370 f1ii:5

he prospered, succeeded, rushed (v, *qal*)	צלח	(25)	[צָלַח]

And the spirit of the LORD rushed on him. — וַתִּצְלַח עָלָיו רוּחַ יְהוָה
Judges 14:6 — שׁוֹפְטִים יד, ו

צָלְחָה\צָלֵחָה, צָלְחוּ
תִּצְלְחִי, יִצְלַח\יִצְלָח, תִּצְלַח\תִּצְלָח

צְלַח

And you will succeed in everything. — ותצלח בכול
4Q219 2:29

image, idol (nm)	צלם	(17)	צֶלֶם

And God created the man in his image. — וַיִּבְרָא אֱלֹהִים אֶת הָאָדָם בְּצַלְמוֹ
Genesis 1:27 — בְּרֵאשִׁית א, כז

צֶלֶם־: צַלְמוֹ, צַלְמֵנוּ, צַלְמָן
צַלְמֵי־: צְלָמָיו, צַלְמֵיכֶם

The images are the books of the prophets. | הצלמים הם ספרי הנביאים
Damascus Document (CD) 7:17

צְלֵם\צַלְמָא	(17)	צלם	statue, image (nm)

נְבוּכַדְנֶצַּר מַלְכָּא עֲבַד צְלֵם דִּי דְהַב | Nebuchadnezzar the king made a statue of gold.
דָּנִיֵּאל ג, א | *Daniel 3:1*

צְלֵם־\צֶלֶם־: ---

ושפיר* לה צלם אנפיהא* | Beautiful to her is the image of her face.
1Q20 20:2

צַלְמָוֶת	(18)	צלל\מות	deep darkness, shadow of death (nm)

גַּם כִּי אֵלֵךְ בְּגֵיא צַלְמָוֶת לֹא אִירָא רָע | Even though I will walk in a valley of deep darkness, I will not fear evil.
תְּהִלִּים כג, ד | *Psalm 23:4*

צַלְמֻנָּע	(12)	---	Zalmunna (np)

וַיָּנוּסוּ זֶבַח וְצַלְמֻנָּע וַיִּרְדֹּף אַחֲרֵיהֶם | And Zebah and Zalmunna fled and he [i.e., Gideon] pursued after them.
שׁוֹפְטִים ח, יב | *Judges 8:12*

צֵלָע	(40)	צלע	rib, side (nf, nm)

וַיִּקַּח אַחַת מִצַּלְעֹתָיו וַיִּסְגֹּר בָּשָׂר תַּחְתֶּנָּה | And he took one from his ribs and closed (the) flesh under it.
בְּרֵאשִׁית ב, כא | *Genesis 2:21*

צְלָעוֹת\צְלָעֹת\צְלָעִים
צֶלַע־\צֵלַע־: צַלְעוֹ
צַלְעוֹת־\צַלְעֹת־: צַלְעֹתָיו

ואת השלחן תתן על צלעו צפונה | You will put the table on its north side.
4Q364 f17:5

צְלָפְחָד	(11)	---	Zelophehad (np)

כַּאֲשֶׁר צִוָּה יְהוָה אֶת מֹשֶׁה כֵּן עָשׂוּ בְּנוֹת צְלָפְחָד | As the LORD commanded Moses, thus the daughters of Zelophehad did.
בְּמִדְבַּר לו, י | *Numbers 36:10*

he fasted (v, *qal*)	צום	(21)	[צָם]

And let us fast and request from our God about this. — וַנָּצוּמָה וַנְּבַקְשָׁה מֵאֱלֹהֵינוּ עַל זֹאת

Ezra 8:23 — עֶזְרָא ח, כג

--- (צוֹם)
צַמְתִּי, צַמְתָּ, צַמְנוּ, צַמְתֶּם | צַמְתֻּנִי
אָצוּם, יָצוֹם\יָצֹם, נָצוּמָה, תָּצוּמוּ, יָצוּמוּ\יָצֻמוּ
צֹם
צוּמוּ

he was thirsty (v, *qal*)	צמא	(10)	[צָמֵא]

And the people were thirsty for water there. — וַיִּצְמָא שָׁם הָעָם לַמַּיִם

Exodus 17:3 — שְׁמוֹת יז, ג

צָמֵתִי, צָמִת, צָמְאָה, צָמְאוּ
יִצְמָא, תִּצְמְאוּ, יִצְמָאוּ

---

thirst (nm)	צמא	(17)	צָמָא

And you brought water from a rock for them, for their thirst. — וּמַיִם מִסֶּלַע הוֹצֵאתָ לָהֶם לִצְמָאָם

Nehemiah 9:15 — נְחֶמְיָה ט, טו

---: צְמָאִי, צְמָאָם

And for their thirst they gave them vinegar* to drink. — ולצמאם ישקום חומץ

Thanksgiving Hymn (1QHa) 12:12

pair, couple (nm)	צמד	(15)	צֶמֶד

And he took the pair of oxen and sacrificed them. — וַיִּקַּח אֶת צֶמֶד הַבָּקָר וַיִּזְבָּחֵהוּ

1 Kings 19:21 — מְלָכִים א יט, כא

צְמָדִים
צֶמֶד־: צִמְדּוֹ
צִמְדֵּי־: ---

(Go to) Beer-sheba with a load of a pair of donkeys. — · · · בארשב[ ]ע משא צמד חמרם

Arad 3:3–5

he grew, sprouted (v, *qal*)	צמח	(15)	צָמַח

I am doing a new thing; now it will sprout. — הִנְנִי עֹשֶׂה חֲדָשָׁה עַתָּה תִצְמָח

Isaiah 43:19 — יְשַׁעְיָהוּ מג, יט

צָמַח, צָמְחוּ
יִצְמַח\יִצְמָ֑ח, תִּצְמָ֑ח, יִצְמָ֑חוּ, תִּצְמַחְנָה
צוֹמֵחַ\צֹמֵחַ, צֹמְחוֹת

Like gr[ass] he will grow from its land. — כח[צ]יר יצמח מארצו
4Q185 f1_2i:10

branch, sprout, growth (nm)	צמח	(12)	צֶ֫מַח

And in that time, I will sprout for David a branch of righteousness. — וּבָעֵת הַהִיא אַצְמִיחַ לְדָוִד צֶמַח צְדָקָה
Jeremiah 33:15 — יִרְמְיָהוּ לג, טו

צֶ֫מַח־: צִמְחָהּ

It is the branch of David which is the one who is standing with the seeker of the Torah. — הואה צמח דויד העומד עם דורש התורה
4Q174 f1_2i:11

wool (nm)	צמר	(16)	צֶ֫מֶר\צֶ֫מֶר

You will eat the fat and will wear the wool. — אֶת הַחֵלֶב תֹּאכֵלוּ וְאֶת הַצֶּמֶר תִּלְבָּשׁוּ
Ezekiel 34:3 — יְחֶזְקֵאל לד, ג

צֶ֫מֶר־: צַמְרִי

And I will remove my wool and my linen. — והצלתי צמרי ופישתי
4Q166 2:9

Zin (np)	---	(10)	צִן

And they ascended and spied out the land from the wilderness of Zin. — וַיַּעֲלוּ וַיָּתֻרוּ אֶת הָאָרֶץ מִמִּדְבַּר צִן
Numbers 13:21 — בְּמִדְבַּר יג, כא

large shield (nf)	צנן	(20)	צִנָּה

Arrange the small shield and large shield and advance to war. — עִרְכוּ מָגֵן וְצִנָּה וּגְשׁוּ לַמִּלְחָמָה
Jeremiah 46:3 — יִרְמְיָהוּ מו, ג

צִנּוֹת

וחסדיך לי צנה סביב

And your covenantal loves are a shield around me.
4Q437 f2i:5

[צַעַד]\צְעַד	(14)	צעד	step (nm)

הֲלֹא הוּא יִרְאֶה דְרָכָי וְכָל צְעָדַי יִסְפּוֹר
אִיּוֹב לא, ד

Will he not see my path and count all my steps?
Job 31:4

צְעָדִים
---: צְעָדַי, צַעֲדֶךָ, צַעֲדוֹ
צַעֲדֵי־: צַעֲדַי, צְעָדָיו, צְעָדֶיהָ, צְעָדֵינוּ

וצבא רוחיו עם צעדינו

And the host of his spirits are with our steps.
War Scroll (1QM) 12:9

צָעִיר	(22)	צער	little, small, young (adj)

וּמִשְׁפַּחְתִּי הַצְּעִרָה מִכָּל מִשְׁפְּחוֹת שִׁבְטֵי בִנְיָמִן
שְׁמוּאֵל א ט, כא

And my family is the smallest from all the families of the tribes of Benjamin.
1 Samuel 9:21

צָעִיר | צְעִירָה\צְעִרָה | צְעִירִים (צְעִירֵי־) | ---
צְעִירוֹ, צְעִירֶיהָ

וצעיר מבני אבי וישימני רועה לצונו

And (I was) younger than the sons of my father, and he made me a shepherd for his flock.
11Q5 28:3

צָעַק	(47)	צעק	he called, cried out (v, *qal*)

וַיִּצְעַק הָעָם אֶל פַּרְעֹה לַלָּחֶם
בְּרֵאשִׁית מא, נה

And the people cried out to Pharaoh for bread.
Genesis 41:55

צְעֹק (צָעֹק)
צָעַקְתִּי, צָעַק, צָעֲקָה, צָעֲקוּ\צָעָקוּ
אֶצְעַק\אֶצְעָקָה, תִּצְעַק, יִצְעַק, נִצְעַק, תִּצְעֲקוּ, יִצְעֲקוּ
צֹעֶקֶת, צֹעֲקִים
צַעֲקִי\צְעָקִי, צְעַקְנָה

צְעָקָה	(21)	צעק	cry, screaming, call for help (nf)

וַתְּהִי צְעָקָה גְדֹלָה בְּמִצְרָיִם
שְׁמוֹת יב, ל

And there was a great cry in Egypt.
Exodus 12:30

צַעֲקַת־: צַעֲקָתוֹ, צַעֲקָתָהּ, צַעֲקָתָם

Zoar (np)	צער	(10)	צֹעַר\צוֹעַר\צֹעֲרָה

And Lot went up from Zoar and settled in the hill. — וַיַּעַל לוֹט מִצּוֹעַר וַיֵּשֶׁב בָּהָר

Genesis 19:30 — בְּרֵאשִׁית יט, ל

he looked, kept watch [ptc: sentinel] (v, *qal*)	צפה	(27)	צָפָה

And the sentinel went to the roof of the gate to the wall. — וַיֵּלֶךְ הַצֹּפֶה אֶל גַּג הַשַּׁעַר אֶל הַחוֹמָה

2 Samuel 18:24 — שְׁמוּאֵל ב יח, כד

יִצֶף, תִּצְפֶּינָה
צֹפֶה\צוֹפֶה, צוֹפִיָּה, צֹפִים, צֹפוֹת | צֹפַיִךְ, צֹפָו | צָפוּ

A wicked one watches the righteous and seeks [to kill him]. — צופה רשע לצדיק ומבקש [להמיתו]

4Q171 f3_10iv:7

he overlaid (v, *piel*)	צפה	(44)	צִפָּה

And all the house he overlaid (with) gold. — וְאֶת כָּל הַבַּיִת צִפָּה זָהָב

1 Kings 6:22 — מְלָכִים א ו, כב

צִפִּיתָ, צִפָּה
תְּצַפֶּה, יְצַף, יְצַפּוּ | תְּצַפֶּנּוּ, יְצַפֵּהוּ, יְצַפֵּם

And they overlaid it (with) bronze. — ויצפו אותו נחושה

4Q365 f12a_bii:9

north, northward (nf)	צפן	(153)	צָפוֹן\צָפֹן\צָפוֹנָה\צָפֹנָה

And they will come together from the land of the north. — וְיָבֹאוּ יַחְדָּו מֵאֶרֶץ צָפוֹן

Jeremiah 3:18 — יִרְמְיָהוּ ג, יח

He will go out in great anger to fight with the kings of the north. — יצא בחמה גדולה להלחם במלכי הצפון

War Scroll (1QM) 1:4

bird (nm)	צפר	(40)	צִפּוֹר\צִפֹּר

Every clean bird you shall eat. — כָּל צִפּוֹר טְהֹרָה תֹּאכֵלוּ

Deuteronomy 14:11 — דְּבָרִים יד, יא

צִפֳּרִים
צִפּוֹר־: ---

They drove me from my land like a bird from its nest. — ידיחני מארצי כצפֿור מקנה
Thanksgiving Hymn (1QHa) 12:9–10

he hid, kept, ambushed (v, *qal*)	צפן	(26)	צָפַן

In my heart I hid your word. — בְּלִבִּי צָפַנְתִּי אִמְרָתֶךָ
Psalm 119:11 — תְּהִלִּים קיט, יא

צָפַנְתִּי, צָפַנְתָּ, צָפַן
תִּצְפֹּן, יִצְפֹּן\[וְ]צְפֹּן, נִצְפְּנָה, יִצְפְּנוּ\יִצְפֹּנוּ | תִּצְפְּנֵם, יִצְפְּנֵנִי, תִּצְפְּנֵהוּ\תִּצְפְּנוֹ
--- | צְפְנֶיהָ | צָפוּן, צְפוּנָה | צְפוּנִי, צְפִינְךָ, צְפוּנֶיךָ, צְפוּנָיו

God of my salvation, my days are hidden. — אלהי ישעי צפנים ימי
4Q381 f31:6

Zephaniah (np)	צפן\יהוה	(10)	צְפַנְיָה\צְפַנְיָהוּ

And Zephaniah, the priest, read this letter. — וַיִּקְרָא צְפַנְיָה הַכֹּהֵן אֶת הַסֵּפֶר הַזֶּה
Jeremiah 29:29 — יִרְמְיָהוּ כט, כט

frog (nf)	---	(13)	צְפַרְדֵּעַ

And on you, on your people, and on all your servants, the frogs will ascend. — וּבְכָה וּבְעַמְּךָ וּבְכָל עֲבָדֶיךָ יַעֲלוּ הַצְפַרְדְּעִים
Exodus 7:29 — שְׁמוֹת ז, כט

צְפַרְדְּעִים

The frogs were in all [their] land. — הצפרדעים בכול ארצ֯[ם]
4Q422 3:8

Ziklag (np)	---	(15)	צִקְלַג

Ziklag has belonged to the kings of Judah until this day. — הָיְתָה צִקְלַג לְמַלְכֵי יְהוּדָה עַד הַיּוֹם הַזֶּה
1 Samuel 27:6 — שְׁמוּאֵל א כז, ו

he tied up, bound, besieged (v, *qal*)	צור	(32)	[צָר]

And he besieged it three years. — וַיָּצַר עָלֶיהָ שָׁלֹשׁ שָׁנִים
2 Kings 17:5 — מְלָכִים ב יז, ה

צַרְתִּי, צַרְתָּ | צַרְתָּנִי
תָּצוּר, יָצַר, נָצוּר, יָצֻרוּ
צָר, צָרִים
צוֹרִי

They will go to the city to besiege it. — ילכו לעיר לצור עליה
4Q376 f1iii:2

צַר\צָר (70) צרר — **adversary, enemy (nm)**

Your hand will be raised over your enemies. — תָּרֹם יָדְךָ עַל צָרֶיךָ
Micah 5:9 — מִיכָה ה, ח

צָרִים
---: צָרַי
צָרֵי־: צָרַי\צָרָי, צָרֶיךָ, צָרַיִךְ\צָרָיִךְ, צָרָיו, צָרֶיהָ, צָרֵינוּ, צָרֵיהֶם\צָרֵימוֹ

Your enemies were cut off, O Zion. — נכרתו צריך ציון
11Q5 22:10–11

צַר\צָר (18) צרר — **narrow, distressed (adj)**

And he stood in a narrow place at which there was no path. — וַיַּעֲמֹד בְּמָקוֹם צָר אֲשֶׁר אֵין דֶּרֶךְ
Numbers 22:26 — בְּמִדְבַּר כב, כו

צַר\צָר | צָרָה | --- | ---

צֹר\צוֹר (42) צרר? — **Tyre (np)**

What are you to me, O Tyre? — מָה אַתֶּם לִי צֹר
Joel 4:4 — יוֹאֵל ד, ד

צָרָה (70) צרר — **distress, need, anxiety (nf)**

May the LORD answer you in the day of distress. — יַעַנְךָ יְהוָה בְּיוֹם צָרָה
Psalm 20:1 — תְּהִלִּים כ, ב

צָרוֹת
צָרַת־: צָרָתִי, צָרָתוֹ, צָרָתֵנוּ, צָרַתְכֶם, צָרָתָם
צָרוֹת־: צָרוֹתָיו, צָרוֹתֵיכֶם, צָרוֹתָם

It is a time of distress for Isra[el]. — היאה עת צרה לישר[אל]
War Scroll (1QM) 15:1

צְרוּיָה\צְרֻיָה (26) צרה — **Zeruiah (np)**

And the three sons of Zeruiah (Joab, Abishai, and Asahel) were there. — וַיִּהְיוּ שָׁם שְׁלֹשָׁה בְּנֵי צְרוּיָה יוֹאָב וַאֲבִישַׁי וַעֲשָׂהאֵל
2 Samuel 2:18 — שְׁמוּאֵל ב ב, יח

he was leprous, had a skin disease (v, *pual*)	צרע	(15)	[צֹרַע]

This will be the law of the leprous person on the day of his purification.
Leviticus 14:2

זֹאת תִּהְיֶה תּוֹרַת הַמְּצֹרָע בְּיוֹם טָהֳרָתוֹ
וַיִּקְרָא יד, ב

מְצֹרָע\מְצוֹרָע, מְצֹרַעַת\מְצֹרַעַת, מְצֹרָעִים

Zorah (np)	צרע	(10)	צָרְעָה

And there was one man from Zorah from the family of the Danites.
Judges 13:2

וַיְהִי אִישׁ אֶחָד מִצָּרְעָה מִמִּשְׁפַּחַת הַדָּנִי
שׁוֹפְטִים יג, ב

leprosy, skin disease (nf)	צרע	(35)	צָרַעַת\ צָרָעַת

This is the law for every disease of leprosy.
Leviticus 14:54

זֹאת הַתּוֹרָה לְכָל נֶגַע הַצָּרַעַת
וַיִּקְרָא יד, נד

צָרַעַת־: צָרַעְתּוֹ
---

he refined, smelted, tested (v, *qal*)	צרף	(30)	צָרַף

Every word of God is tested.
Proverbs 30:5

כָּל אִמְרַת אֱלוֹהַּ צְרוּפָה
מִשְׁלֵי ל, ה

צְרֹף\צְרוֹף\צְרֹף (צָרוֹף)
צָרַף | צְרַפְתִּיךָ, צְרַפְתִּים, צְרַפְתַּנִי, צְרַפְתָּנוּ, צְרָפָתְהוּ
אֶצְרֹף | אֶצְרְפֵנּוּ
צוֹרֵף\צֹרֵף, צוֹרְפִים\צֹרְפִים | צוֹרְפָם | צָרוּף, צְרוּפָה
צְרוּפָה

Refine your heart and in the abundance of understanding your thoughts.
4Q416 f2iii:13–14

צרוף לבכה וברוב בינה מחשבותיכה

he distressed, bound, troubled (v, *qal*)	צרר	(40)	[צרר]

Who bound water in the garment?
Proverbs 30:4

מִי צָרַר מַיִם בַּשִּׂמְלָה
מִשְׁלֵי ל, ד

צְרוֹר
צָרַר\צַר, צָרָה
תֵּצְרִי, יֵצַר\יֵצֶר, תֵּצֶר, יֵצְרוּ
צֹרֵר

צוֹר

he attacked, harassed, was an enemy (v, *qal*)	צרר	(26)	[צָרַר]

They attacked me from my youth. — צְרָרוּנִי מִנְּעוּרָי
Psalm 129:2 — תְּהִלִּים קכט, ב

--- (צָרוֹר)
צָרֲרוּ | צְרָרוּנִי
יָצֹר
צֹרֵר, צֹרְרִים (צֹרְרֵי־) | צֹרְרִי, צֹרְרַי\צֹרְרָי\צוֹרְרָי, צֹרְרֶיךָ\צוֹרְרֶיךָ, צוֹרְרָיו

My enemies increased before you. — רْבו צררי נגדך
4Q381 f31:5

ק / 𐤒

he cursed (v, *qal*)	קבב	(14)	[קָבַב]

How will I curse whom God did not curse? — מָה אֶקֹּב לֹא קַבֹּה אֵל
Numbers 23:8 — בְּמִדְבָּר כג, ח

קֹב (קֹב)
--- | קַבֹּתוֹ, קַבֹּה
אֶקֹּב\אֶקוֹב | תִּקֳּבֶנּוּ, יִקְּבֻהוּ

קָבָה | קָבְנוֹ

he accepted, received (v, *piel*)	קבל	(11)	קִבֵּל

Hear counsel, and receive discipline! — שְׁמַע עֵצָה וְקַבֵּל מוּסָר
Proverbs 19:20 — מִשְׁלֵי יט, כ

קִבֵּל, קִבְּלוּ\קִבְּלֻ
נְקַבֵּל, יְקַבְּלוּ | יְקַבְּלֵם

קַבֵּל\קַבֶּל

A man of insight will receive discipli[ne]. — איש שכל יקבל מ֯וס[ר]
4Q424 f3:7

before, in front (prep)	קבל	(29)	קֳבֵל

Therefore, King Darius signed the document. — כָּל קֳבֵל דְּנָה מַלְכָּא דָּרְיָוֶשׁ רְשַׁם כְּתָבָא
Daniel 6:9 — דָּנִיֵּאל ו, י

---	---
קָבְלָךְ	---
---	---
---	---
---	---
כָּל־קֳבֵל דִּי	because, just as
כָּל־קֳבֵל דְּנָה	because of this, therefore

You shall stand before them. — אנתם קמו קבלהם
TAD A4 3:6

He re]ad to him while standing before him. — קר]א֯ לה קאם לקבלה
4Q550 f5+5a:3

he gathered, collected (v, *qal*)	קבץ	(38)	קָבַץ

And the king of Israel gathered the prophets. *2 Chronicles 18:5*	וַיִּקְבֹּץ מֶלֶךְ יִשְׂרָאֵל אֶת הַנְּבִאִים דִּבְרֵי הַיָּמִים ב יח, ה

--- | קָבְצִי
קָבַץ
אֶקְבֹּץ\אֶקְבְּצָה, תִּקְבֹּץ, יִקְבֹּץ\יִקְבָּץ, יִקְבְּצוּ | אֶקְבְּצֵם, יִקְבְּצֶנּוּ, יִקְבְּצֵם
קֹבֵץ | --- | קְבוּצִים
קְבֹץ, קִבְצוּ

And all the nations will gather to him. *Habakkuk Pesher (1QpHab) 8:5*	ויקבצו אלו כול העמים

he gathered, gathered together (v, *piel*)	קבץ	(49)	[קִבֵּץ]

And I will gather the rest of my flock. *Jeremiah 23:3*	וַאֲנִי אֲקַבֵּץ אֶת שְׁאֵרִית צֹאנִי יִרְמְיָהוּ כג, ג

קַבֵּץ (קַבֵּץ) | קַבְּצִי
קִבַּצְתִּי, קִבְּצָה, קִבְּצוּ | קִבַּצְתִּים, קִבֶּצְךָ, קִבְּצָם, קִבְּצָן
אֲקַבֵּץ\אֲקַבְּצָה, יְקַבֵּץ, תְּקַבְּצוּ | אֲקַבֶּצְךָ, אֲקַבֶּצְךָ, אֲקַבְּצֵם, יְקַבֶּצְךָ, יְקַבְּצֶנּוּ, תְּקַבְּצֵם
מְקַבֵּץ | מְקַבְּצָם, מְקַבְּצָיו
--- | קַבְּצֵנוּ

And in great compassion I will gather you. *4Q176 f8_11:9*	וברחמים גדולים אקבצך

he buried (v, *qal*)	קבר	(87)	קָבַר

Please do not bury me in Egypt. *Genesis 47:29*	אַל נָא תִקְבְּרֵנִי בְּמִצְרָיִם בְּרֵאשִׁית מז, כט

קְבֹר (קָבוֹר) | קָבְרוֹ, קָבְרָהּ
קָבַרְתִּי, קָבַר, קְבַרְתֶּם, קָבְרוּ | קְבַרְתַּנִי, קְבַרְתּוֹ, קְבָרֻהוּ, קְבָרוּם
אֶקְבְּרָה, יִקְבֹּר, תִּקְבְּרוּ, יִקְבְּרוּ | אֶקְבְּרֶהָ, תִּקְבְּרֵנִי, תִּקְבְּרֵנוּ, יִקְבְּרֻהוּ
קֹבֵר\קוֹבֵר, קֹבְרִים | --- | קָבוּר, קְבֻרִים
קְבֹר, קִבְרוּ | קִבְרוּהָ

In every place they are burying their dead ones. *11Q19 48:11–12*	בכול מקום המה קורבים את מתיהמה

grave, tomb (nm)	קבר	(67)	קֶבֶר\קָבֶר

And they buried him in the city of David, but not in the tombs of the kings. *2 Chronicles 21:20*	וַיִּקְבְּרֻהוּ בְּעִיר דָּוִיד וְלֹא בְּקִבְרוֹת הַמְּלָכִים דִּבְרֵי הַיָּמִים ב כא, כ

קְבָרִים\קְבָרוֹת

קֶבֶר־: קִבְרִי, קִבְרְךָ\קִבְרֶךָ, קִבְרוֹ
קִבְרֵי־\קִבְרוֹת־: קִבְרֹתֶיךָ, קִבְרֹתָיו, קִבְרוֹתֵיהָ\קִבְרֹתֶיהָ\קִבְרֹתָהּ, קִבְרֵינוּ, קִבְרוֹתֵיכֶם, קִבְרֵיהֶם

She will be unclean like a grave.	תִּטְמָא כְּקֶבֶר
11Q19 50:11	

he bowed down (v, *qal*)	קדד	(15)	[קָדַד]
And the man bowed down and worshiped the LORD.	וַיִּקֹּד הָאִישׁ וַיִּשְׁתַּחוּ לַיהוָה		
Genesis 24:26	בְּרֵאשִׁית כד, כו		

אֶקֹּד, יִקֹּד, תִּקֹּד, יִקְּדוּ
---

holy (adj)	קדש	(116)	קָדוֹשׁ\קֹדֶשׁ
Holy, holy, holy is the LORD of hosts.	קָדוֹשׁ קָדוֹשׁ קָדוֹשׁ יְהוָה צְבָאוֹת		
Isaiah 6:3	יְשַׁעְיָהוּ ו, ג		

קָדוֹשׁ\קֹדֶשׁ־ | --- | קְדֹשִׁים\קָדוֹשִׁים | ---
קְדֹשִׁי, קְדוֹשׁוֹ, קְדוֹשְׁכֶם, קְדֹשָׁיו\קְדֹשָׁו

All the holy ones of the Most High cursed him.	אררוהו כל קדושי עליון
Damascus Document (CD) 20:8	

east, east wind (nm)	קדם	(69)	קָדִים\קָדִ֫ימָה\קָדְ֫מָה
The east wind, a wind of the LORD, will come.	יָבוֹא קָדִים רוּחַ יְהוָה		
Hosea 13:15	הוֹשֵׁעַ יג, טו		

---

holy (adj)	קדש	(13)	קַדִּישׁ
A spirit of holy gods is in him.	רוּחַ אֱלָהִין קַדִּישִׁין בֵּהּ		
Daniel 4:8	דָּנִיֵּאל ד, ה		

קַדִּישׁ | --- | קַדִּישִׁין (קַדִּישֵׁי־) | ---

A holy priest he is to [the Most High].	כֹּהֵן קדיש הוּא [לא עליון]
4Q545 f4:16	

he met, was in front of (v, *piel*)	קדם	(24)	[קָדַם]
They did not meet you with bread and water.	לֹא קִדְּמוּ אֶתְכֶם בַּלֶּחֶם וּבַמַּיִם		
Deuteronomy 23:5	דְּבָרִים כג, ה		

קִדַּמְתִּי, קִדְּמוּ | קִדְּמוּנִי\קִדְּמֻנִי
אֲקַדֵּם, נְקַדְּמָה, יְקַדְּמוּ | אֲקַדְּמֶנּוּ, תְּקַדְּמֶנּוּ, יְקַדְּמֵנִי, יְקַדְּמֻנִי, יְקַדְּמֶנְהָ, תְּקַדְּמֶ֫ךָּ, יְקַדְּמוּנִי\יְקַדְּמֻנִי, יְקַדְּמוּנוּ

קַדְּמָה

קֶ֫דֶם\קֵ֫דְמָה (87) קדם east, in front, ancient times, eastward (nm, adv)

וּגְבוּל קֵדְמָה יָם הַמֶּלַח	And the border to the east is the Dead Sea.
יְהוֹשֻׁעַ טו, ה	*Joshua 15:5*

קַדְמֵי־: ---

לא בחר אל בהם מקדם עולם	God did not choose them from ancient times of eternity.
	Damascus Document (CD) 2:7

קֳדָם (42) קדם before, in front of (prep)

דְּנָה חֶלְמָא וּפִשְׁרֵהּ נֵאמַר קֳדָם מַלְכָּא	This is the dream and its interpretation we will say before the king.
דָּנִיֵּאל ב, לו	*Daniel 2:36*

קֳדָמַי\קֳדָמַי\קֳדָמָ֫י\קֳדָמָ֫י	---
קֳדָמָ֫יךְ	---
---	---
קֳדָמוֹהִי\קֳדָמוֹהִי\קֳדָמוֹהִי	קֳדָמֵיהוֹן
קֳדָמַיהּ	---

וצדקה יהוה לך קדם יהו אלה שמיא	And justice will be to you before the Lord, God of heaven.
	TAD A4 7:27

ענא איוב ואמר קדם אלהא	Job answered and spoke before God.
	11Q10 37:3

קַדְמוֹנִי\קַדְמֹנִי (10) קדם former, earlier, ancient, eastern (adj)

וַתָּבֵא אֹתִי אֶל שַׁעַר בֵּית יְהוָה הַקַּדְמוֹנִי	And he brought me to the eastern gate of the house of the Lord.
יְחֶזְקֵאל יא, א	*Ezekiel 11:1*

קַדְמוֹנִי\קַדְמֹנִי | --- | קַדְמוֹנִים\קַדְמֹנִים | קַדְמֹנִיּוֹת

ובקדמוניות לוא התבוננו	And on earlier things they did not understand.
	1Q27 f1i:3

head, crown of head, scalp (nm)	---	(11)	קָדְקֹד

And on his own head, his violence will descend. — וְעַל קָדְקֳדוֹ חֲמָסוֹ יֵרֵד
Psalm 7:16 — תְּהִלִּים ז, יז

קָדְקֹד־: קָדְקֳדֶךָ, קָדְקֳדוֹ
---

he mourned; it was dark/dirty (v, *qal*)	קדר	(13)	קָדַר

Sun and moon were dark. — שֶׁמֶשׁ וְיָרֵחַ קָדָרוּ
Joel 2:10 — יוֹאֵל ב, י

קָדַרְתִּי, קָדַר, קָדְרוּ\קָדָרוּ

קֹדֵר, קֹדְרִים

Kedar (np)	קדר	(12)	קֵדָר

Arise, go up to Kedar! — קוּמוּ עֲלוּ אֶל קֵדָר
Jeremiah 49:28 — יִרְמְיָהוּ מט, כח

Kidron (np)	קדר	(11)	קִדְרוֹן

And he burned it [i.e., the image of Asherah] in Nahal Kidron. — וַיִּשְׂרֹף אֹתָהּ בְּנַחַל קִדְרוֹן
2 Kings 23:6 — מְלָכִים ב כג, ו

he was holy, set apart (v, *qal*)	קדש	(11)	קָדַשׁ

All who touch them will be holy. — כָּל הַנֹּגֵעַ בָּהֶם יִקְדָּשׁ
Exodus 30:29 — שְׁמוֹת ל, כט

קָדַשׁ, קָדֵשׁוּ | קְדַשְׁתִּיךָ
יִקְדַּשׁ\יִקְדָּשׁ, תִּקְדַּשׁ, יִקְדָּשׁוּ

It will be holy; in fire it will be burned; it will not be eaten. — יקדש באש ישרף לוא יאכל
11Q19 43:11

he sanctified, made holy, consecrated (v, *piel*)	קדש	(75)	קִדֵּשׁ

Guard the day of Sabbath to make it holy. — שָׁמוֹר אֶת יוֹם הַשַּׁבָּת לְקַדְּשׁוֹ
Deuteronomy 5:12 — דְּבָרִים ה, יב

קַדֵּשׁ | קַדְּשׁוֹ, קַדְּשָׁם
קִדַּשְׁתִּי, קִדַּשְׁתָּ, קִדַּשׁ, קִדַּשְׁתֶּם, קִדְּשׁוּ | קִדַּשְׁתּוֹ, קִדַּשְׁתָּם, קִדְּשׁוֹ, קִדְּשׁוּהוּ
אֲקַדֵּשׁ, יְקַדֵּשׁ, יְקַדְּשׁוּ\יְקַדֵּ֫שׁוּ | יְקַדְּשֵׁהוּ, יְקַדְּשֵׁם
מְקַדֵּשׁ | מְקַדְּשׁוֹ, מְקַדִּשְׁכֶם, מְקַדְּשָׁם, מְקַדְּשֵׁיהֶם
קַדֵּשׁ\קַדֶּשׁ, קַדְּשׁוּ\קַדֵּ֫שׁוּ

And they sanctified my sanctuary and feared from my sanctuary.	וקדשו את מקדשי ויראו ממקדשי
11Q19 46:11	

holiness, holy offering, sacred place (nm)	קדשׁ	(469?)	קֹ֫דֶשׁ\קוֹדֶשׁ

I found David, my servant; with oil of my holiness I anointed him.	מָצָאתִי דָּוִד עַבְדִּי בְּשֶׁמֶן קָדְשִׁי מְשַׁחְתִּיו
Psalm 89:20	תְּהִילִּים פט, כא

קָדָשִׁים\קֳדָשִׁים
קֹדֶשׁ־: קָדְשִׁי, קָדְשְׁךָ\קָדְשֶׁךָ, קָדְשׁוֹ, קָדְשֵׁנוּ
קָדְשֵׁי־: קָדָשַׁי\קֳדָשַׁי, קָדָשֶׁיךָ, קֳדָשָׁיו\קָדָשָׁיו, קָדְשֵׁיכֶם, קָדְשֵׁיהֶם

And fruit of holiness is on my tongue.	ופרי קודש בלשוני
Community Rule (1QS) 10:22	

Kadesh (np)	קדשׁ	(14?)	קָדֵשׁ

And Moses sent messengers from Kadesh to the king of Edom.	וַיִּשְׁלַח מֹשֶׁה מַלְאָכִים מִקָּדֵשׁ אֶל מֶלֶךְ אֱדוֹם
Numbers 20:14	בְּמִדְבַּר כ, יד

Kadesh-barnea (np)	קדשׁ\?	(10)	קָדֵשׁ בַּרְנֵ֫עַ

And Joshua struck them from Kadesh-barnea to Gaza.	וַיַּכֵּם יְהוֹשֻׁעַ מִקָּדֵשׁ בַּרְנֵעַ וְעַד עַזָּה
Joshua 10:41	יְהוֹשֻׁעַ י, מא

Kedesh (np)	קדשׁ	(12)	קֶ֫דֶשׁ\קֶדְשָׁה

And Deborah arose and went with Barak to Kedesh.	וַתָּקָם דְּבוֹרָה וַתֵּלֶךְ עִם בָּרָק קֶדְשָׁה
Judges 4:9	שׁוֹפְטִים ד, ט

assembly, company, congregation (nm)	קהל	(123)	קָהָל

And all the congregation said, "Amen," and they praised the LORD.	וַיֹּאמְרוּ כָל הַקָּהָל אָמֵן וַיְהַלְלוּ אֶת יְהוָה
Nehemiah 5:13	נְחֶמְיָה ה, יג

קְהַל־: קְהָלְךָ, קְהָלֵךְ, קְהָלָהּ, קְהַלְכֶם, קְהָלָם

From their congregation I will bless your name. — מקהלם אברכה שמכה
Thanksgiving Hymn (1QHa) 10:32

Kohath (np) --- (32) קְהָת

The families of the sons of Kohath camped on the south side of the tabernacle. — מִשְׁפְּחֹת בְּנֵי קְהָת יַחֲנוּ עַל יֶרֶךְ הַמִּשְׁכָּן תֵּימָנָה
Numbers 3:29 — בְּמִדְבַּר ג, כט

Kohathites (gent) --- (15) קְהָתִי

The Kohathites, who carry the sanctuary, set forth. — וְנָסְעוּ הַקְּהָתִים נֹשְׂאֵי הַמִּקְדָּשׁ
Numbers 10:21 — בְּמִדְבַּר י, כא

קְהָתִי, קְהָתִים

line, string, measuring line (nm) קוה (25) קַו\קָו\קָוה

Who stretched a measuring line on it? — מִי נָטָה עָלֶיהָ קָו
Job 38:5 — אִיּוֹב לח, ה

קַו־\קְוֵה־: קַוָּם

You set words on a measuring line. — ותשם דברים על קו
Thanksgiving Hymn (1QHa) 9:30

he hoped, waited for (v, *piel*) קוה (41) [קִוָּה]

I waited for the LORD; my soul waited. — קִוִּיתִי יְהוָה קִוְּתָה נַפְשִׁי
Psalm 130:5 — תְּהִלִּים קל, ה

קַוֵּה (קַוֹּה)
קִוִּיתִי\קִוֵּיתִי, קִוְּתָה, קִוִּינוּ, קִוִּיתֶם, קִוּוּ | קִוִּיתִיךָ, קִוִּינוּךָ, קִוִּינֻהוּ
אֲקַוֶּה, יְקַוֶּה\יְקַו, נְקַוֶּה, יְקַוּוּ

קַוֵּה

And for you I waited all the day. — ולכה קויתי כול היום
11Q5 19:16–17

voice, sound (nm) קול (505) קוֹל\קֹל

Your voice I heard in the garden. — אֶת קֹלְךָ שָׁמַעְתִּי בַּגָּן
Genesis 3:10 — בְּרֵאשִׁית ג, י

קֹלֹת\קֹלוֹת\קוֹלֹת
קוֹל־\קֹל־: קוֹלִי\קֹלִי, קוֹלְךָ\קֹלְךָ\קֹלֶךָ\קוֹלֶךָ, קוֹלֵךְ, קוֹלוֹ\קֹלוֹ, קוֹלָהּ\קֹלָהּ, קֹלֵנוּ\קוֹלֵנוּ, קוֹלְכֶם\קֹלְכֶם, קוֹלָם\קֹלָם, קוֹלָן

And he hear]d a voice of a man calling to his friend. *Siloam 1:2–3*	וישמ]ע קל אש קרא אל ר[ע]ו
You will listen to my voice to keep all of my commandments. *11Q19 55:13*	תשמע בקולי לשמור כול מצוותי

height (nf) — קום (45) — קוֹמָה\קָמָה\קוֹמַה

And three cubits is its height. *Exodus 27:1*	וְשָׁלֹשׁ אַמּוֹת קֹמָתוֹ שְׁמוֹת כז, א

קוֹמַת־: קוֹמָתֵךְ, קֹמָתוֹ\קוֹמָתוֹ, קוֹמָתָהּ, קוֹמָתָם

And he caused him to be elevated in height. *4Q431 f2:8*	יגביה בקומה

thorn (nm) — קוץ (12) — קוֹץ

They sowed wheat, but reaped thorns. *Jeremiah 12:13*	זָרְעוּ חִטִּים וְקֹצִים קָצָרוּ יִרְמְיָהוּ יב, יג

קוֹצִים\קֹצִים

קוֹצֵי־: ---

And (in) its streams, thorns come up. *Thanksgiving Hymn (1QHa) 16:25–26*	ופלגיו יעל קוץ

small, young, unimportant (adj) — קטן (47) — קָטָן

One small question I am asking. *1 Kings 2:20*	שְׁאֵלָה אַחַת קְטַנָּה אָנֹכִי שֹׁאֶלֶת מְלָכִים א ב, כ

קָטָן (---) | קְטָנָה | קְטַנִּים (קַטְנֵי־) | קְטַנּוֹת
קַטְנָּם

The small one among you will pursue a thous[and]. *4Q491 f13:2*	הׄקטן בבכם ירדוף אלׄ[ף]

small, young, unimportant (adj) — קטן (54) — קָטֹן

And bring your young(est) brother to me! *Genesis 42:34*	וְהָבִיאוּ אֶת אֲחִיכֶם הַקָּטֹן אֵלַי בְּרֵאשִׁית מב, לד

קָטֹן (קְטֹן־) | --- | --- | ---

he made an offering, burned a sacrifice (v, *piel*)	קטר	(42)	[קִטֵּר]

And he sacrificed and made an offering on the high places.
2 Chronicles 28:4

וַיְזַבֵּחַ וַיְקַטֵּר בַּבָּמוֹת
דִּבְרֵי הַיָּמִים ב כח, ד

קַטֵּר (קַטֵּר)
קִטַּרְתֶּם, קִטְּרוּ
יְקַטֵּר, יְקַטְּרוּ\יְקַטֵּרוּ\יְקַטְּרוּן\יְקַטִּירוּ
מְקַטְּרִים, מְקַטְּרוֹת
---

incense (nf)	קטר	(60)	קְטֹרֶת

And he made the altar of incense.
Exodus 37:25

וַיַּעַשׂ אֶת מִזְבַּח הַקְּטֹרֶת
שְׁמוֹת לז, כה

קְטֹרֶת־: קְטָרְתִּי

And] they made the holy anointing oil and the incense of spices.
4Q365 f12a_bii:6

וי]עשו את שמן המשוחה קודש ואת קטורת הסמים

he established, confirmed, imposed (v, *piel*)	קום	(11)	קִיֵּם

And the command of Esther established these practices of Purim.
Esther 9:32

וּמַאֲמַר אֶסְתֵּר קִיַּם דִּבְרֵי הַפֻּרִים הָאֵלֶּה
אֶסְתֵּר ט, לב

קַיֵּם
קִיַּם, קִיְּמוּ
אֲקַיְּמָה

--- | קַיְּמֵנִי

And a covenant* which they established in the land of Damascus, and it is a new covenant.
Damascus Document (CD) 20:12

ואמנה* אשר קימו בארץ דמשק והוא ברית החדשה

Cain (np)	קין	(16)	קַיִן

And Cain brought from the fruit of the ground an offering to the LORD.
Genesis 4:3

וַיָּבֵא קַיִן מִפְּרִי הָאֲדָמָה מִנְחָה לַיהוָה
בְּרֵאשִׁית ד, ג

funeral song, dirge (nf)	קין	(18)	קִינָה

And you, raise a dirge for the princes of Israel!
Ezekiel 19:1

וְאַתָּה שָׂא קִינָה אֶל נְשִׂיאֵי יִשְׂרָאֵל
יְחֶזְקֵאל יט, א

קִנִים\קִינוֹת

---: קִינוֹתֵיהֶם

Kenite (gent)	קין	(12)	קֵינִי

The sons of (the) Kenite, the father-in-law of Moses, went up from the city of palm trees.
Judges 1:16

וּבְנֵי קֵינִי חֹתֵן מֹשֶׁה עָלוּ מֵעִיר הַתְּמָרִים
שׁוֹפְטִים א, טז

קֵינִי, קֵינִים

summer, summer fruit (nm)	קיץ	(20)	קַ֫יִץ\קָיִץ

Harvest has passed, summer has ended, but we were not saved.
Jeremiah 8:20

עָבַר קָצִיר כָּלָה קָיִץ וַאֲנַחְנוּ לוֹא נוֹשָׁעְנוּ
יִרְמְיָהוּ ח, כ

---: קֵיצֵךְ
---

wall (nm)	---	(74)	קִיר\קִר

A stone from a wall will cry out.
Habakkuk 2:11

אֶבֶן מִקִּיר תִּזְעָק
חֲבַקּוּק ב, יא

קִירוֹת
קִיר־: ---
קִירוֹת־\ קִירֹת־: קִירֹתָיו\קִירוֹתָיו, קִירוֹתֶיהָ

And the width of the wall is seven cubits.
11Q19 40:9

ורוחב הקיר שבע אמות

Kish (np)	---	(21)	קִ֫ישׁ

What is this that has happened to the son of Kish? Is Saul also with the prophets?
1 Samuel 10:11

מַה זֶּה הָיָה לְבֶן קִישׁ הֲגַם שָׁאוּל בַּנְּבִיאִים
שְׁמוּאֵל א י, יא

it was swift, subsided; he showed contempt (v, *qal*)	קלל	(12)	[קַל]

They are swifter than eagles; they are stronger than lions.
2 Samuel 1:23

מִנְּשָׁרִים קַלּוּ מֵאֲרָיוֹת גָּבֵרוּ
שְׁמוּאֵל ב א, כג

קַלֹּתִי, קַלּוֹתָ קַלּוּ
אֵקַל, תֵּקַל, יֵקַלּוּ

ויֹשלח אֹת היונה לראות הקלו המים

And he sent the dove to see if the waters had subsided.
4Q252 1:14

קַל	(13) קלל	light, swift, quick (adj)

קַלִּים הָיוּ רֹדְפֵינוּ מִנִּשְׁרֵי שָׁמָיִם
אֵיכָה ד, יט

Our pursuers were quicker than eagles of heaven.
Lamentations 4:19

קַל | קַלָּה | קַלִּים | ---

קָל	(7) קול	voice, sound (nm)

שָׁמְעִין כָּל עַמְמַיָּא קָל קַרְנָא
דָּנִיֵּאל ג, ז

All the peoples are hearing the sound of the horn.
Daniel 3:7

קָל־: ---

ואנה נפֿלת על אנפי קלה שמ[עת]

And I fell on my face; I he[ard] his voice.
4Q531 f14:3

קָלוֹן	(17) קלה	shame, disgrace (nm)

כְּרֻבָּם כֵּן חָטְאוּ לִי כְּבוֹדָם בְּקָלוֹן אָמִיר
הוֹשֵׁעַ ד, ז

When they became numerous thus they sinned against me, their glory into shame I changed.
Hosea 4:7

קְלוֹן־: קְלוֹנֵךְ

קִלֵּל	(40) קלל	he cursed (v, *piel*)

יְקַלְלוּ הֵמָּה וְאַתָּה תְבָרֵךְ
תְּהִלִּים קט, כח

They will curse, but you will bless.
Psalm 109:28

קִלֵּל | קִלֲלְךָ, קִלְלוּ
קִלַּלְתָּ, קַלֵּל | קַלְלֵנִי
תְּקַלֵּל, יְקַלֵּל, יְקַלְלוּ | אֲקַלְלֵם, יְקַלֶּלְךָ, יְקַלְלֵם
מְקַלֵּל, מְקַלְלִים | מְקַלְלַוְנִי, מְקַלֶּלְךָ\מְקַלְלֶךָ
קַלֵּל

The Levites curse all the men of the lot of Belial. — והלויים מקללים את כול אנשי גורל בליעל
Community Rule (1QS) 2:4

curse (nf) קלל (33) **קְלָלָה**

And afterwards, he read all the words of the law, the blessing and the curse. — וְאַחֲרֵי כֵן קָרָא אֶת כָּל דִּבְרֵי הַתּוֹרָה הַבְּרָכָה וְהַקְּלָלָה
Joshua 8:34 — יְהוֹשֻׁעַ ח, לד

קְלָלוֹת
קִלְלַת־: קִלְלָתְךָ, קִלְלָתוֹ
---

curtain (nm) קלע (16) **קֶלַע**

All the courtyard curtains around were twisted linen. — כָּל קַלְעֵי הֶחָצֵר סָבִיב שֵׁשׁ מָשְׁזָר
Exodus 38:16 — שְׁמוֹת לח, טז

קְלָעִים

קַלְעֵי־: ---

he arose, got up, stood, endured (v, *qal*) קום (459?) **קָם**

A prophet will arise in your midst. — יָקוּם בְּקִרְבְּךָ נָבִיא
Deuteronomy 13:1 — דְּבָרִים יג, ב

קוּם (קוּם) | קוּמִי, קוּמָה, קוּמוּ, קוּמָה\קֻמָה
קַמְתִּי\קָמְתִּי, קַמְתָּ, קָם\קָאם, קָמָה, קַמְנוּ, קַמְתֶּם, קָמוּ
אָקוּם\אָקֻם\אָקוּמָה, תָּקוּם, יָקוּם\יָקֻם\יָקֹם, תָּקוּם\תָּקָם, נָקוּם\נָקוּמָה, תָּקוּמוּ\תָּקֻמוּ, יָקוּמוּ\יָקֻמוּ\
יְקוּמוּן
קָמָה, קָמִים\קוּמִים | קָמַי\קָמָי, קָמֶיךָ, קָמָיו, קָמֵינוּ, קָמֵיהֶם
קוּם\קוּמָה, קוּמִי\קֻמִי, קוּמוּ\קֻמוּ, קֻמְנָה

Arise to do work! — 𐤒𐤌 𐤋𐤏𐤔𐤕 𐤌𐤋𐤀𐤊𐤄
Lachish 13:1

And your counsel will stand. — ועצתכה היא תקום
Thanksgiving Hymn (1QHa) 12:14

he stood, rose, endured (v, *peal*) קום (13) **קָם**

And after you another kingdom will arise. — וּבָתְרָךְ תְּקוּם מַלְכוּ אָחֳרִי
Daniel 2:39 — דָּנִיֵּאל ב, לט

קָם, קָמוּ
יְקוּם, תְּקוּם, יְקוּמוּן\יְקֻמוּן

קָאֵם, קָאְמִין [קָאְמַיָּא]
קוּמִי

You shall arise before them. — אנתם קמו קבלהם
TAD A4 3:6

The people of God will arise. — יקום עם אל
4Q246 f1ii:4

קָמָה (10) קום — standing grain (nf)

וַיַּבְעֶר אֵשׁ בַּלַּפִּידִים וַיְשַׁלַּח בְּקָמוֹת פְּלִשְׁתִּים
שׁוֹפְטִים טו, ה

And he (Samson) set the torches on fire and sent (them) into the Philistines' standing grains.
Judges 15:5

קָמַת־: ---
קָמוֹת־: ---

קֶמַח\קָמַח (14) קמח — flour, meal (nm)

כִּי כֹה אָמַר יְהוָה אֱלֹהֵי יִשְׂרָאֵל כַּד הַקֶּמַח
לֹא תִכְלָה
מְלָכִים א יז, יד

For thus said the LORD the God of Israel, "The jar of flour will not go empty."
1 Kings 17:14

קֶמַח־: ---

קֵן (13) קנן — nest, compartment (nm)

כְּצִפּוֹר נוֹדֶדֶת מִן קִנָּהּ כֵּן אִישׁ נוֹדֵד מִמְּקוֹמוֹ
מִשְׁלֵי כז, ח

As a bird wanders from its nest, so a man wanders from his place.
Proverbs 27:8

קִנִּים
קַן־: קִנִּי, קִנֶּךָ, קִנּוֹ, קִנָּהּ

קִנֵּא (30) קנא — he was jealous, envious, zealous (v, *piel*)

קַנֹּא קִנֵּאתִי לַיהוָה
מְלָכִים א יט, י

I was very zealous for the LORD.
1 Kings 19:10

--- (קַנֹּא) | קַנְאוֹ, קַנֹּאתוֹ
קִנֵּאתִי, קִנֵּא | קִנְאוּנִי
תְּקַנֵּא, יְקַנֵּא, תְּקַנֵּא, יְקַנְאוּ | יְקַנְאֻהוּ
מְקַנֵּא

And I was not zealous with an evil spirit. — לוא אקנא ברוח רשעה
Community Rule (1QS) 10:18

jealousy, zeal (nf)	קנא	(43)	קִנְאָה

And in the fire of his jealousy all the earth will be consumed. — וּבְאֵשׁ קִנְאָתוֹ תֵּאָכֵל כָּל הָאָרֶץ
Zephaniah 1:18 — צְפַנְיָה א, יח

קִנְאַת
קִנְאַת־: קִנְאָתִי, קִנְאָתְךָ\קִנְאָתֵךְ, קִנְאָתוֹ, קִנְאָתָם
---

he bought, acquired, created (v, *qal*)	קנה	(81)	קָנָה

And Joseph bought all of the land of Egypt for Pharaoh. — וַיִּקֶן יוֹסֵף אֶת כָּל אַדְמַת מִצְרַיִם לְפַרְעֹה
Genesis 47:20 — בְּרֵאשִׁית מז, כ

קְנוֹת\קְנֹה (קָנֹה\קָנוֹ) | קְנוֹתְךָ
קָנִיתִי, קָנִיתָ\קָנִיתִי, קָנָה, קָנְתָה, קָנִינוּ | קָנָנִי, קָנֶךָ, קָנָהוּ
אֶקְנֶה, תִּקְנֶה, יִקְנֶה\יִקֶן, תִּקְנוּ, יִקְנוּ | יִקְנֵהוּ
קוֹנֶה\קֹנֶה | קֹנֵהוּ, קֹנֵיהֶן
קְנֵה

reed, stalk, spice stick/sweet cane (nm)	קנה	(62)	קָנֶה

The cane will shake in the water. — יָנוּד הַקָּנֶה בַּמַּיִם
1 Kings 14:15 — מְלָכִים א יד, טו

קָנִים
קְנֵה־: קָנָהּ
קְנֵי־: קְנֹתָם

Kenaz (np)	---	(11)	קְנַז

Kenaz (was) the younger brother of Caleb. — קְנַז אֲחִי כָלֵב הַקָּטֹן מִמֶּנּוּ
Judges 1:13 — שׁוֹפְטִים א, יג

property, possession (nm)	קנה	(10)	קִנְיָן

And with all your property, buy understanding. — וּבְכָל קִנְיָנְךָ קְנֵה בִינָה
Proverbs 4:7 — מִשְׁלֵי ד, ז

קִנְיַן־: קִנְיָנְךָ\קִנְיָנֶךָ, קִנְיָנוֹ, קִנְיָנָם

And they exalt* themselves with cattle and property. — ויתרוממו* במקנה וקנין
Thanksgiving Hymn (1QHa) 18:27

he practiced divination, told fortunes (v, *qal*) קסם (20) **[קָסַם]**

And its prophets for money will tell fortunes. — וּנְבִיאֶיהָ בְּכֶסֶף יִקְסֹמוּ

Micah 3:11 — מִיכָה ג, יא

קְסֹם\קְסָם\קְסוֹם

יִקְסְמוּ\יִקְסֹמוּ, תִּקְסַמְנָה

קֹסֵם, קֹסְמִים

קֹסְמַי

Keilah (np) --- (18) **קְעִילָה\קְעִלָה**

Behold, Philistines are fighting in Keilah! — הִנֵּה פְלִשְׁתִּים נִלְחָמִים בִּקְעִילָה

1 Samuel 23:1 — שְׁמוּאֵל א כג, א

plate, dish, bowl (nf) קער (17) **קְעָרָה**

He offered his offering: one silver plate. — הִקְרִב אֶת קָרְבָּנוֹ קַעֲרַת כֶּסֶף אַחַת

Numbers 7:19 — בְּמִדְבָּר ז, יט

קְעָרֹת

קַעֲרַת־: ---

קַעֲרֹת־: קְעָרֹתָיו

end, border, time, era (nm) קצץ (67) **קֵץ**

And seal the book until the time of the end! — וַחֲתֹם הַסֵּפֶר עַד עֵת קֵץ

Daniel 12:4 — דָּנִיֵּאל יב, ד

קֵץ־: קִצִּי, קִצֵּךְ, קִצּוֹ\קִצֹּה, קִצֵּנוּ

All the times of God will come. — כול קיצי אל יבואו

Habakkuk Pesher (1QpHab) 7:13

end (nm) קצה (95) **קָצֶה**

From the end of the earth I will call to you. — מִקְצֵה הָאָרֶץ אֵלֶיךָ אֶקְרָא

Psalm 61:2 — תְּהִלִּים סא, ג

קְצֵה־: קָצֵהוּ

קַצְוֵי־: קְצֵיהֶם

I myself will walk to the end of the hea[vens]. — אלכה לי אל קצה הש[מים]

4Q270 f7i:18

end (nf) קצה (42) **קָצָה\קְצָת**

The fire ate its two ends.
Ezekiel 15:4

אֵת שְׁנֵי קְצוֹתָיו אָכְלָה הָאֵשׁ
יְחֶזְקֵאל טו, ד

קְצָוֹת
קְצָת־: קְצָתָם
קְצוֹת־: קְצוֹתָיו\קַצְווֹתָו, קְצוֹתָם

And the sons of righteousness will bring light to all the ends of earth.
War Scroll (1QM) 1:8

ו[בני צ]דק יאירו לכול קצוות תבל

ruler, chief (nm)	קצה	(12)	קָצִין

Hear the word of the LORD, rulers of Sodom.
Isaiah 1:10

שִׁמְעוּ דְבַר יְהוָה קְצִינֵי סְדֹם
יְשַׁעְיָהוּ א, י

קְצִין: ---
קְצִינֵי־: קְצִינַיִךְ

harvest (nm)	קצר	(49)	קָצִיר

Is it not the harvest of wheat today?
1 Samuel 12:17

הֲלוֹא קְצִיר חִטִּים הַיּוֹם
שְׁמוּאֵל א יב, יז

קְצִיר־: קְצִירְךָ, קְצִירֵךְ, קְצִירוֹ, קְצִירָהּ, קְצִירְכֶם

May the LORD show you the harvest in goodness today.
Lachish 5:7–9

יראך יהוה הקצר בטב היום

[It will be] until a month for harvest of wheat.
4Q379 f12:7

עד חׄדׄש קציר חטים

he was angry, furious (v, *qal*)	קצף	(28)	קָצַף

And Pharaoh was furious at his two officers.
Genesis 40:2

וַיִּקְצֹף פַּרְעֹה עַל שְׁנֵי סָרִיסָיו
בְּרֵאשִׁית מ, ב

קָצֹף
קָצַפְתִּי, קָצַפְתָּ, קָצַף
אֶקְצֹף\אֶקְצוֹף, תִּקְצֹף, יִקְצֹף, יִקְצְפוּ
קְצֹף

And he was angry and the dogs are eating.
4Q306 f1:5

וׄיקׄצף והכלבים אוכלים

anger, wrath (nm) קצף (28) קֶ֫צֶף\קָ֫צֶף

And the wrath of the LORD was on Judah and Jerusalem. — וַיְהִי קֶצֶף יְהוָה עַל יְהוּדָה וִירוּשָׁלִָם

2 Chronicles 29:8 — דִּבְרֵי הַיָּמִים ב כט, ח

קֶצֶף־: קִצְפִּי, קֶצְפְּךָ\קִצְפֶּ֫ךָ, קִצְפּוֹ

And there was great wrath on the deeds of [that] generation. — ויהי קצף גדול על מעשי הדור [ההואה]

4Q176a f1_2:2–3

he reaped (v, *qal*) קצר (34) [קָצַר]

And he said to the reapers, "The LORD be with you." — וַיֹּאמֶר לַקּוֹצְרִים יְהוָה עִמָּכֶם

Ruth 2:4 — רוּת ב, ד

קְצֹר | קְצָרְךָ, קֻצְרְכֶם
קְצַרְתֶּם, קָצָ֫רוּ
תִּקְצֹר\תִּקְצוֹר, יִקְצוֹר\יִקְצוֹר, תִּקְצְרוּ, יִקְצֹ֫רוּ\יִקְצִירוּ\ יִקְצֹ֫רוּן | יִקְצְרֻהוּ
קֹצֵר\קוֹצֵר, קֹצְרִים\קוֹצְרִים
קִצְרוּ

The reapers are with me in the heat of the sun. — הקצרם אתי בחם שמש

Metsad ha-Shavyahu 1:10–11

You will sow and not] reap i[t]. — אתה תזרע ולא] תׄקצור אתׄ[ה]

1Q14 f17_19:2

he was short (v, *qal*) קצר (13) קָצַר

And my soul was short with them [i.e., impatient with them]. — וַתִּקְצַר נַפְשִׁי בָּהֶם

Zechariah 11:8 — זְכַרְיָה יא, ח

--- (קָצוֹר)
קָצַר, קָצְרָה
תִּקְצַר\תִּקְצָ֫ר, תִּקְצַרְנָה
--- | --- | קְצֻרוֹת
---

he called, read, proclaimed (v, *qal*) קרא (662?) קָרָא

I did not call, my son; go back, lie down. — לֹא קָרָאתִי בְנִי שׁוּב שְׁכָב

1 Samuel 3:6 — שְׁמוּאֵל א ג, ו

קְרֹא\קְרֹאות | קָרְאִי, קָרְאֵנוּ, קָרְאָם

קָרָאתִי, קָרָאתָ, קָרָאת\קָרָאתִי, קָרָא, קָרְאָה, קְרָאתֶם, קָרְאוּ\קָרָ֫אוּ | קְרָאתִיךָ, קְרָאתִיו, קְרָאָנִי, קְרָאֲךָ
אֶקְרָא\אֶקְרָאֶה, תִּקְרָא, תִּקְרְאִי, יִקְרָא, תִּקְרָא, נִקְרָא, תִּקְרְאוּ, תִּקְרֶאנָה, יִקְרְאוּ\יִקְרָ֫אוּ, תִּקְרֶאנָה\
תִּקְרֶאןָ | אֶקְרָאֶךָּ, תִּקְרָאֵם, יִקְרָאֵנִי, יִקְרָאֵהוּ\יִקְרָאוֹ, יִקְרָאֶהָ, יִקְרָאֵם, יִקְרָאֻנְנִי, יִקְרָאֻהוּ
קְרָא\קוֹרֵא, קֹרְאִים (קֹרְאֵי־) | קֹרְאֶךָ, קֹרְאָיו | קָרוּא, קְרֻאִים\קְרוּאִים (קְרִיאֵי־) | קְרָאָיו, קְרָאֶיהָ
קְרָא, קִרְאוּ\קְרָאוּ, קִרְאֶן\קְרֶאןָ | קְרָאֵנִי, קְרָאֻנָּה, קְרָאֻהוּ

Your servant read the letter[s]
Lachish 6:13–14

𐤒𐤓𐤀 𐤏𐤁𐤃𐤊 𐤀𐤕 𐤄𐤎𐤐𐤓[𐤌]

God called all of them.
Damascus Document (CD) 6:6

קרא אל את כולם

קָרָא (133) קרא **he met, encountered; it happened to (v, *qal*)**

Why did these things happen to me?
Jeremiah 13:22

מַדּוּעַ קְרָאֻנִי אֵלֶּה
יִרְמְיָהוּ יג, כב

קְרַאת | קְרָאתִי, קְרָאתְךָ\קְרָאתֶךָ, קְרָאתוֹ, קְרָאתָהּ, קְרָאתֵנוּ, קְרַאתְכֶם, קְרָאתָם
קָרָאת | קְרָאַנִי, קְרָאָהוּ, קְרָאֻנִי
יִקְרָא, תִּקְרֶאנָה | יִקְרָאֶנּוּ\יִקְרָאֵהוּ
--- | קְרָאתַיִךְ

My brothers went out to meet him.
11Q5 28:9

יצאו אחי לקראתו

[קְרָא] (10) קרא **he read, called (v, *peal*); it was read (v, *peil*)**

The writing I will read to the king.
Daniel 5:17

כְּתָבָא אֶקְרֵא לְמַלְכָּא
דָּנִיֵּאל ה, יז

מִקְרָא
קֱרִי [*peil*]
אֶקְרֵא, יִקְרֵה, יִקְרוֹן
קְרָא

קָרַב (94) קרב **he approached, came near (v, *qal*)**

You came near on the day I called you.
Lamentations 3:57

קָרַבְתָּ בְּיוֹם אֶקְרָאֶךָּ
אֵיכָה ג, נז

קְרֹב\קְרָב\קָרְבָה (קָרוֹב) | קָרָבְכֶם, קָרְבָתָם
קָרַבְתִּי, קָרַבְתָּ\קָרָ֫בְתָּ, קָרַב, קָרְבָה\קָרֵ֫בָה, קָרְבוּ
אֶקְרַב, תִּקְרַב, יִקְרַב\יִקְרָ֫ב, תִּקְרַב, נִקְרַב\נִקְרְבָה\נִקְרָ֫בָה, תִּקְרְבוּ\תִּקְרְבוּן, יִקְרְבוּ\יִקְרָ֫בוּ, תִּקְרְבוּ\
תִּקְרַבְנָה

קְרַב\קִרְבָה, קִרְבוּ

You will come near to a city to war against it. — תקרב אל עיר להלחם עליה
11Q19 62:6

קָרֵב (12) קרב close, near, approaching (adj)

You are approaching today for the war. — אַתֶּם קְרֵבִים הַיּוֹם לַמִּלְחָמָה
Deuteronomy 20:3 — דְּבָרִים כ, ג

קָרֵב | --- | קְרֵבִים | ---

קְרֵב (5) קרב he approached, drew near (v, *peal*)

Then they approached and spoke before the king. — בֵּאדַיִן קְרִיבוּ וְאָמְרִין קֳדָם מַלְכָּא
Daniel 6:12 — דָּנִיֵּאל ו, יג

--- | מִקְרְבֵהּ
קִרְבֵת, קְרֵב, קְרִבוּ\קְרִיבוּ

Then the king of Sodom approached and spoke to Abram. — באדין קרב מלכא די סודם ואמר לאברם
1Q20 22:18

קֶרֶב (227) קרב inward parts, midst, among (nm, prep)

And there will not be an inheritance for him in the midst of his brothers. — וְנַחֲלָה לֹא יִהְיֶה לּוֹ בְּקֶרֶב אֶחָיו
Deuteronomy 18:2 — דְּבָרִים יח, ב

קֶרֶב־: קִרְבִּי, קִרְבְּךָ\קִרְבֶּךָ, קִרְבֵּךְ, קִרְבּוֹ, קִרְבָּהּ, קִרְבֵּנוּ, קִרְבְּכֶם, קִרְבָּם, קִרְבֶּנָה
---: קְרָבַי

You are in our midst in a column of fire. — אתה בקרבנו בעמוד אש
4Q504 f6:10

קָרְבָּן (80) קרב offering (nm)

And from the flock you will offer your offering. — וּמִן הַצֹּאן תַּקְרִיבוּ אֶת קָרְבַּנְכֶם
Leviticus 1:2 — וַיִּקְרָא א, ב

קָרְבַּן־: קָרְבָּנִי, קָרְבָּנְךָ\קָרְבָּנֶךָ, קָרְבָּנוֹ, קָרְבָּנָהּ, קָרְבַּנְכֶם, קָרְבָּנָם
---: קָרְבְּנֵיהֶם

And on all of your offerings you will put salt. — ועל כול קורבנכמה תתנו מלח
11Q19 20:13

he encountered/met; it happened to (v, *qal*) קרה (13) [קָרָה]

It will happen to your people in the end of days. — יִקְרָה לְעַמְּךָ בְּאַחֲרִית הַיָּמִים
Daniel 10:14 — דָּנִיֵּאל י, יד

--- | קָרְךָ, קָרָהוּ
יִקְרֶה\יִקְרָה\יִקֶר, תִּקְרֶינָה | יִקְרֵנִי, יִקְרְךָ, יִקְרֵךְ
קְרֹת
---

close, near (adj) קרב (75) קָרוֹב\קָרֹב

The day of the LORD is near against all the nations. — קָרוֹב יוֹם יְהוָה עַל כָּל הַגּוֹיִם
Obadiah 15 — עֹבַדְיָה טו

קָרוֹב\קָרֹב (---) | קְרוֹבָה\קְרֹבָה | קְרוֹבִים\קְרֹבִים (---) | קְרֹבוֹת
קְרֹבוֹ, קְרוֹבַי\קְרוֹבָי\קְרֹבַי

A man shall not rest in a place near gentiles on Sabbath. — אל ישבות איש במקום קרוב לגוים בשבת
4Q271 f5i:9

Korah (np) קרח (37) קֹרַח

And the sons of Korah did not die. — וּבְנֵי קֹרַח לֹא מֵתוּ
Numbers 26:11 — בְּמִדְבַּר כו, יא

Kareah (np) קרח (14) קָרֵחַ

And Johanan son of Kareah and all the chiefs of the armies heard. — וַיִּשְׁמַע יוֹחָנָן בֶּן קָרֵחַ וְכָל שָׂרֵי הַחֲיָלִים
Jeremiah 41:11 — יִרְמְיָהוּ מא, יא

baldness (nf) קרח (11) קָרְחָה

On his entire head is baldness. — בְּכָל רֹאשָׁיו קָרְחָה
Isaiah 15:2 — יְשַׁעְיָהוּ טו, ב

---: קָרְחָתֵךְ

And you shall not put baldness between your eyes. — ולוא תשימו קורחה בין עיניכמה
11Q19 48:8

town, city (nf) קרה (29) קִרְיָה

Now, you must go out from a city! — עַתָּה תֵצְאִי מִקִּרְיָה
Micah 4:10 — מִיכָה ד, י

קִרְיַת־: ---

And in gates of cities she will stand.	ובשערי קריות תתיצב
4Q184 f1:12	

city, town (nf)	קרה	(9)	קִרְיָה\קִרְיָא [קִרְיְתָא]

And you will know that that city is a rebellious city.	וְתִנְדַּע דִּי קִרְיְתָא דָךְ קִרְיָא מָרָדָא*
Ezra 4:15	עֶזְרָא ד, טו

And behold, a city is being built.	והא* מתבניה קריה
4Q529 f1:9	

Kiriath-jearim (np)	קריה\יער	(18)	קִרְיַת יְעָרִים

And the men of Kiriath-jearim came and brought up the ark of the LORD.	וַיָּבֹאוּ אַנְשֵׁי קִרְיַת יְעָרִים וַיַּעֲלוּ אֶת אֲרוֹן יְהוָה
1 Samuel 7:1	שְׁמוּאֵל א ז, א

horn (nf)	קרן	(76)	קֶ֫רֶן

And he broke off its two horns.	וַיְשַׁבֵּר אֶת שְׁתֵּי קְרָנָיו
Daniel 8:7	דָּנִיֵּאל ח, ז

קַרְנַיִם\קְרָנַיִם\קַרְנָ֫יִם\קְרָנָ֫יִם\קְרָנוֹת
קֶרֶן־: קַרְנִי, קַרְנְךָ, קַרְנֵךְ, קַרְנוֹ, קַרְנֵנוּ, קַרְנְכֶם
קַרְנֵי־\קַרְנוֹת\קַרְנֹת: קַרְנָיו\קְרָנָיו, קַרְנֹתָיו, קַרְנֵיכֶם

And they made its horns on its four corners.	ועשו קרנותיו על ארבע פנותיו
4Q365 f12a_bii:8	

horn, trumpet (nf)	קרן	(14)	קֶ֫רֶן\קַרְנָא

He will hear the sound of the trumpet.	יִשְׁמַע קָל קַרְנָא
Daniel 3:10	דָּנִיֵּאל ג, י

קַרְנַיִן [קַרְנַיָּא]

And to the sound of the trumpet he will say, "Aha!"	ולקל קרנא יאמר האח*
11Q10 33:5	

clasp (nm)	קרס	(10)	[קֶ֫רֶס]

And he made fifty clasps of gold. — וַיַּעַשׂ חֲמִשִּׁים קַרְסֵי זָהָב
Exodus 36:13 — שְׁמוֹת לו, יג

קְרָסִים

קַרְסֵי־: קְרָסָיו

he tore, rent (v, *qal*) קרע (58) **קָרַע**

And the king arose and tore his garments. — וַיָּקָם הַמֶּלֶךְ וַיִּקְרַע אֶת בְּגָדָיו
2 Samuel 13:31 — שְׁמוּאֵל ב יג, לא

קָרוֹעַ (קָרֹעַ) | קָרְעִי
קָרַעְתִּי, קָרַעְתָּ, קָרַע, קָרְעָה, קָרְעוּ
אֶקְרַע\אֶקְרָע, תִּקְרַע, תִּקְרְעִי, יִקְרַע, תִּקְרַע, יִקְרְעוּ | אֶקְרְעֶנָּה, יִקְרָעֶהָ, יִקְרָעֵם
קֹרֵעַ | --- | קָרוּעַ, קְרֻעִים (קְרֻעֵי־\קְרוּעֵי־)
קִרְעוּ

Tear your heart and not your garments. — קרעו לבבכם ואל בגדיכם
4Q270 f7i:19

board, frame (nm) קרש (51) **קֶרֶשׁ\קָרֶשׁ**

And the frames you will cover with gold. — וְאֶת הַקְּרָשִׁים תְּצַפֶּה זָהָב
Exodus 26:29 — שְׁמוֹת כו, כט

קְרָשִׁים
---: קַרְשֶׁךָ
קַרְשֵׁי־: קְרָשָׁיו

straw, stubble (nm) --- (16) **קַשׁ\קָשׁ**

And a wind will lift them up like stubble. — וּסְעָרָה כַּקַּשׁ תִּשָּׂאֵם
Isaiah 40:24 — יְשַׁעְיָהוּ מ, כד

---

hard, difficult, severe (adj) קשה (36) **קָשֶׁה**

You are a people hard of neck [i.e., stubborn]. — עַם קְשֵׁה עֹרֶף אַתָּה
Exodus 33:3 — שְׁמוֹת לג, ג

קָשֶׁה (קשה־) | קָשָׁה (קְשַׁת־) | קָשִׁים (קְשֵׁי־) | קָשׁוֹת

And do not bring me into things too hard for me. — ואל תביאני בקשות ממני
11Q5 24:10

he bound, tied, conspired (v, *qal*) קשר (36) **קָשַׁר**

Bind them always on your heart!
Proverbs 6:21

קָשְׁרֵם עַל לִבְּךָ תָמִיד
מִשְׁלֵי ו, כא

קָשַׁרְתִּי, קָשַׁר\קָשָׁר, קְשַׁרְתֶּם | קְשַׁרְתָּם
תִּקְשֹׁר\תִּקְשָׁר, תִּקְשְׁרִי, יִקְשֹׁר, תִּקְשֹׁר, יִקְשְׁרוּ | תִּקְשְׁרֶנּוּ
קֹשְׁרִים | --- | קְשׁוּרָה, קְשֻׁרִים
--- | קָשְׁרֵם

קֶשֶׁר\קָשֶׁר (16) קשר **alliance, conspiracy (nm)**

And his servants arose and conspired a conspiracy.
2 Kings 12:21

וַיָּקֻמוּ עֲבָדָיו וַיִּקְשְׁרוּ קָשֶׁר
מְלָכִים ב יב, כא

קֶשֶׁר־: קִשְׁרוֹ

In Judah is found] a conspiracy.
4Q267 f5ii:2–3

ביהודה נמצא] קשר

קֶשֶׁת\קָשֶׁת (76) קשת **bow, rainbow (nf)**

I will not trust in my bow.
Psalm 44:6

לֹא בְקַשְׁתִּי אֶבְטָח
תְּהִילִים מד, ז

קְשָׁתוֹת
קֶשֶׁת־: קַשְׁתִּי, קַשְׁתְּךָ\קַשְׁתֶּךָ, קַשְׁתּוֹ, קַשְׁתָּם
---: קַשְּׁתֹתָיו, קַשְּׁתוֹתָם, קַשְּׁתֹתֵיהֶם

May their sword come into their heart, and their bows be broken.
4Q171 f1_2ii:16

חרבם תבוא בלבם וקשתותיהם תשברנה

ר/ש

he saw, looked (v, *qal*)	ראה (1126)	רָאָה

Those who fear you see me and rejoice. — יְרֵאֶיךָ יִרְאוּנִי וְיִשְׂמָחוּ
Psalm 119:74 — תְּהִלִּים קיט, עד

רְאֹה, רְאוֹת\רְאֹת (רָאֹה\רָאוֹ\רָאִית) | רְאוֹתִי\רְאֹתִי, רְאֹתְךָ\רְאוֹתֶךָ, רְאוֹתוֹ\רְאֹתוֹ, רְאוֹתָהּ\רְאֹתָהּ,
רְאֹתְכֶם, רְאוֹתָם\רְאֹתָם
רָאִיתִי, רָאִיתָ\רָאִיתָה\רָאִתָה, רָאִית, רָאָה, רָאֲתָה\רָאָתָה, רָאִינוּ, רְאִיתֶם, רְאִיתֶן, רָאוּ | רְאִיתִיךָ,
רְאִיתִיו, רְאִיתִיהָ, רְאִיתַנִי, רָאֲךָ, רָאָהוּ, רָאָהּ, רָאָם, רָאָתְךָ, רָאוּךָ, רָאוּהָ
אֶרְאֶה\אֵרֶא, תִּרְאֶה\תִּרְאֵה\תֵּרֶא, תִּרְאִי, יִרְאֶה\יֵרֶא\יֵרֵא\יַרְא, תִּרְאֶה\תֵּרֶא\תֵּרָאה, נִרְאֶה, תִּרְאוּ,
יִרְאוּ\יִרְאוּן, תִּרְאֶינָה | אֶרְאֶךָּ, אֶרְאֵךְ, אֶרְאֶנּוּ, אֶרְאֵם, תִּרְאֵנִי, תִּרְאֶנּוּ, יִרְאֵנִי\יִרְאַנִי, יִרְאֵהוּ, יִרְאֶהָ,
יִרְאֶנָּה, יִרְאֵם, תִּרְאֵנִי, תִּרְאַנִי, תִּרְאֵהוּ, נִרְאֵהוּ, תִּרְאֻנִי, יִרְאוּנִי, יִרְאֻהוּ, יִרְאוּהָ
רֹאֶה\רוֹאֶה (רֹאֵה־), רֹאָה, רֹאִים (רֹאֵי־) | רֹאִי, רֹאָנִי, רֹאֵנוּ, רֹאַי, רֹאֶיךָ, רֹאַיִךְ, רֹאָיו, רֹאֶיהָ, רֹאֵיהֶם |
רֹאֵיוֹת
רְאֵה, רְאִי, רְאוּ\רְאִי, רְאֶינָה

We cannot see Azekah. — 𐤋𐤀 𐤍𐤓𐤀𐤄 𐤀𐤕 𐤏𐤆𐤒𐤄
Lachish 4:12–13

I saw many from Israel who loved your name. — ראיתי רבים מישראל אשר אהבו את שמך
4Q385 f2:2

seer (nm)	ראה (12)	רֹאֶה

They say to the seers, "Do not see!" — אָמְרוּ לָרֹאִים לֹא תִרְאוּ
Isaiah 30:10 — יְשַׁעְיָהוּ ל, י

רֹאִים

Reuben (np)	ראה\בן (72)	רְאוּבֵן

And Reuben returned to the well and behold Joseph was not in the well. — וַיָּשָׁב רְאוּבֵן אֶל הַבּוֹר וְהִנֵּה אֵין יוֹסֵף בַּבּוֹר
Genesis 37:29 — בְּרֵאשִׁית לז, כט

Reubenite (gent)	ראה\בן (18)	רְאוּבֵנִי

And we took their land and gave it for an inheritance for the Reubenite(s) and Gadite(s). — וַנִּקַּח אֶת אַרְצָם וַנִּתְּנָהּ לְנַחֲלָה לָרְאוּבֵנִי וְלַגָּדִי
Deuteronomy 29:7 — דְּבָרִים כט, ז

רְאוּבֵנִי, ---, ---, ---

head, peak, leader, beginning (nm)	ראש	(599)	רֹאשׁ

I will be a leader for you. — אָנֹכִי אֶהְיֶה לָכֶם לְרֹאשׁ
Judges 11:9 — שׁוֹפְטִים יא, ט

רָאשִׁים
רֹאשׁ־: רֹאשִׁי, רֹאשְׁךָ\רֹאשֵׁךְ, רֹאשֵׁךְ, רֹאשׁוֹ, רֹאשָׁהּ, רֹאשֵׁנוּ, רֹאשְׁכֶם, רֹאשָׁם, רֹאשָׁן
רָאשֵׁי־: רֹאשָׁיו\רָאשָׁיו, רָאשֶׁיהָ, רָאשֵׁינוּ, רָאשֵׁיכֶם, רָאשֵׁיהֶם

On that day, the chief priest will stand. — ביום ההואה יעמוד כוהן הרואש
War Scroll (1QM) 18:5

poisonous plant, poison, venom (nm)	ראש	(12)	רֹאשׁ\רוֹשׁ

And he caused us to drink poisoned (water) because we sinned against the Lord. — וַיַּשְׁקֵנוּ מֵי רֹאשׁ כִּי חָטָאנוּ לַיהוָה
Jeremiah 8:14 — יִרְמְיָהוּ ח, יד

רֹאשׁ־: ---

And the venom of vipers is the chief of the kings of Greece. — וראש פתנים הוא ראש מלכי יון
Damascus Document (CD) 19:23–24

head, beginning (nm)	ראש	(14)	רֵאשׁ\רֵאשָׁה

The visions of my head terrify me. — וְחֶזְוֵי רֵאשִׁי יְבַהֲלֻנַּנִי
Daniel 7:15 — דָּנִיֵּאל ז, טו

רֵאשִׁין
---: רֵאשִׁי, רֵאשָׁךְ, רֵאשֵׁהּ, רֵאשַׁהּ, רֵאשְׁהוֹן
---: רָאשֵׁיהֹם

[And I] crossed the seven heads of the river. — [וח]לפת שבעת ראשי נהרא
1Q20 19:12

first, former, foremost (adj)	ראש	(182)	רִאשׁוֹן

I am the Lord, the first, and with the last, I am he. — אֲנִי יְהוָה רִאשׁוֹן וְאֶת אַחֲרֹנִים אֲנִי הוּא
Isaiah 41:4 — יְשַׁעְיָהוּ מא, ד

רִאשׁוֹן\רִאשֹׁן\רִאישׁוֹן\רִישׁוֹן | רִאשֹׁנָה\רִאשׁוֹנָה\רִיאשֹׁנָה | רִאשֹׁנִים | רִאשֹׁנוֹת

And from the remainder of the first flour you will transport. — 𐤅𐤌𐤉𐤕𐤓 𐤄𐤒𐤌𐤇 𐤄𐤓𐤀𐤔𐤍 𐤕𐤓𐤊𐤁
Arad 1:5–7

They will write on the first sign, "Congregation of God."
War Scroll (1QM) 4:9

יכתבו על אות הראישונה עדת אל

beginning, first (nf)	ראש	(51)	רֵאשִׁית

Better is an end of a matter than its beginning.
Ecclesiastes 7:8

טוֹב אַחֲרִית דָּבָר מֵרֵאשִׁיתוֹ
קֹהֶלֶת ז, ח

רֵאשִׁית־\רֵשִׁית־: רֵאשִׁיתְךָ, רֵאשִׁיתוֹ\רֵאשִׁתוֹ, רֵאשִׁיתָהּ, רֵאשִׁיתָם

And she is the beginning of all the ways of evil.
4Q184 f1:8

והׄיאה ראשית כֹול דרכׄיׄ עול

it was many, multiplied (v, *qal*)	רבב	(21)	רַב

Our transgressions multiplied before you.
Isaiah 59:12

רַבּוּ פְשָׁעֵינוּ נֶגְדֶּךָ
יְשַׁעְיָהוּ נט, יב

רֹב | רֻבְּכֶם, רֻבָּם
רַבָּה\רָבָה, רַבּוּ\רָבּוּ

---

great, much, many (adj, adv)	רבב	(422?)	רַב\רָב

Many thoughts are in the heart of a man.
Proverbs 19:21

רַבּוֹת מַחֲשָׁבוֹת בְּלֶב אִישׁ
מִשְׁלֵי יט, כא

רַב\רָב (רַב־) | רַבָּה (רַבַּת־) | רַבִּים | רַבּוֹת
רַבָּתִי

They will destroy many with the sword.
Habakkuk Pesher (1QpHab) 6:10

יאבדו רבים בחרב

chief, ruler, captain (nm)	רבב	(50)	רַב

And (the) captain approached to him.
Jonah 1:6

וַיִּקְרַב אֵלָיו רַב
יוֹנָה א, ו

רַב־: ---
רַבֵּי־: ---

abundance, greatness, multitude (nm)	רבב	(149?)	רֹב\רוֹב

Why the abundance of your sacrifices to me?
Isaiah 1:11

לָמָּה לִּי רֹב זִבְחֵיכֶם
יְשַׁעְיָהוּ א, יא

רֹב־\רָב־: ---

And in the abundance of his goodness he will atone. — וברוב טובו יכפר
Community Rule (1QS) 11:14

great, chief (adj)	רבב (23)	רַב

Is this not Babylon the Great? — הֲלָא דָא־הִיא בָּבֶל רַבְּתָא
Daniel 4:30 — דָּנִיֵּאל ד, כז

רַב [רַבָּא] (רַב־) | רַבְּתָא | רַבְרְבִין | רַבְרְבָן [רַבְרְבָתָא]

Behold, God is greater than man. — ארו רב אלהא מן אנשא
11Q10 22:6

he struggled, disputed, complained (v, *qal*)	ריב (66)	רָב

Do not go out to dispute quickly. — אַל־תֵּצֵא לָרִב מַהֵר
Proverbs 25:8 — מִשְׁלֵי כה, ח

רִיב\רִב (רִיב\רוֹב\רֹב) | רִבָם
רַבְתָּ\רִיבוֹתָ, רָב, רָבוּ
אָרִיב\אָרִיבָה, תָּרוֹב, יָרִיב\יָרֵב\יָרֶב, תְּרִיבוּ\תְּרִיבוּן, יָרִיבוּ\יְרִיבוּן\יְרִיבֻן | תְּרִיבֵנִי, תְּרִיבֵהוּ, תְּרִיבֶנָּה
רָב
רִיב\רִיבָה, רִיבוּ

And struggle with kingdoms! — וריבה עם ממלכות
4Q176 f1_2i:2

ten thousand, multitude, myriad (nf)	רבב (16)	רְבָבָה

Saul killed his thousand and David his ten thousands. — הִכָּה שָׁאוּל בַּאֲלָפָו וְדָוִד בְּרִבְבֹתָו
1 Samuel 21:12 — שְׁמוּאֵל א כא, יב

רְבָבוֹת

רִבְבוֹת־\רִבֲבוֹת־\רִבֲבֹת־: רִבְבֹתָיו\רִבְבֹתָו

he was great/many; he increased (v, *qal*)	רבה (59)	[רָבָה]

When righteous ones increase, the people will be happy. — בִּרְבוֹת צַדִּיקִים יִשְׂמַח הָעָם
Proverbs 29:2 — מִשְׁלֵי כט, ב

רְבוֹת
רָבִיתָ, רָבְתָה, רְבִיתֶם, רָבוּ

תִּרְבִּי, יִרְבֶּה\יֶרֶב, תִּרְבֶּה\תֶּרֶב, תִּרְבּוּ\תִּרְבּוּן, יִרְבּוּ\יִרְבּוּן\יִרְבְּיָן, תִּרְבֶּינָה

רְבֵה, רְבוּ

פשעי רבו ממני — My sins were greater than me.
4Q381 f33ab+35:4

he was great (v, *peal*)	רבה	(5)	רְבָה

אַנְתָּה הוּא מַלְכָּא דִּי רְבַית — You are he, O King, who has become great.
דָּנִיֵּאל ד, יט — *Daniel 4:22*

רְבַית, רְבָה, רְבָת

---

ten thousand, multitude, myriad (nf)	רבב	(11)	רִבּוֹא\רִבּוֹ

יֶשׁ בָּהּ הַרְבֵּה מִשְׁתֵּים עֶשְׂרֵה רִבּוֹ אָדָם — There is in it more than 120,000 [12 × 10,000] people.
יוֹנָה ד, יא — *Jonah 4:11*

רִבֹּאוֹת\רִבְּאוֹת\רִבּוֹת, רִבֹּתַיִם
רִבּוֹ־: ---
---

greatness (nf)	רבה	(5)	רְבוּ [רְבוּתָא]

וּרְבוּ יַתִּירָה הוּסְפַת לִי — And exceeding greatness was added to me.
דָּנִיֵּאל ד, לג — *Daniel 4:36*

---: רְבוּתָךְ

ש]לטן ורבו עם אלהא — Do]minion and greatness are with God.
11Q10 9:4

fourth, quarter (adj)	רבע	(56)	רְבִיעִי\רְבִעִי

בַּשָּׁנָה הָרְבִיעִית יֻסַּד* בֵּית יְהוָה — In the fourth year the (foundation of the) house of the LORD was laid*.
מְלָכִים א ו, לז — *1 Kings 6:37*

רְבִיעִי\רְבִעִי | רְבִיעִית\רְבִעִית\רְבִיעִת | רְבִיעִים\רְבִעִים | ---

ביום ה]רביעי פתחתה מאור גדול — On the] fourth [day] you opened a great light.
4Q440 f1:1

fourth (adj)	רבע	(6)	[רְבִיעָי]

The fourth beast: a fourth kingdom will be on the earth.
Daniel 7:23

חֵיוְתָא רְבִיעָיְתָא מַלְכוּ רְבִיעָיָא תֶּהֱוֵא בְאַרְעָא
דָּנִיֵּאל ז, כג

--- [רְבִיעָיָא] | רְבִיעָיָה [רְבִיעָיְתָא] | --- | ---

Riblah (np)	---	(11)	רִבְלָה\רִבְלָתָה

And the king of Babylon struck them down and executed them in Riblah.
2 Kings 25:21

וַיַּךְ אֹתָם מֶלֶךְ בָּבֶל וַיְמִיתֵם בְּרִבְלָה
מְלָכִים ב כה, כא

he lay down, rested, lurked (v, *qal*)	רבץ	(24)	רָבַץ

And needy ones will lay down in safety.
Isaiah 14:30

וְאֶבְיוֹנִים לָבֶטַח יִרְבָּצוּ
יְשַׁעְיָהוּ יד, ל

רָבַצְתָּ, רָבַץ, רָבְצָה\רָבָצָה, רָבְצוּ
יִרְבָּץ, תִּרְבַּץ, יִרְבְּצוּ\יִרְבָּצוּ\יִרְבָּצוּן, תִּרְבַּצְנָה
רֹבֵץ, רֹבֶצֶת, רֹבְצִים

Rebekah (np)	---	(30)	רִבְקָה

And Rebekah lifted her eyes and saw Isaac.
Genesis 24:64

וַתִּשָּׂא רִבְקָה אֶת עֵינֶיהָ וַתֵּרֶא אֶת יִצְחָק
בְּרֵאשִׁית כד, סד

noble, lord (nm)	רבב	(8)	[רַבְרְבָן]

The king made a great feast for his lords.
Daniel 5:1

מַלְכָּא עֲבַד לְחֶם* רַב לְרַבְרְבָנוֹהִי
דָּנִיֵּאל ה, א

---: רַבְרְבָנַי, רַבְרְבָנָךְ, רַבְרְבָנוֹהִי

A Jewish man is from the nobles of the k[ing].
4Q550 f5+5a:2

גבר יהודי מן רברבני מ[לכא]

he trembled, quaked, shook (v, *qal*)	רגז	(30)	רָגַז

The earth shook and quaked.
Psalm 77:18

רָגְזָה וַתִּרְעַשׁ הָאָרֶץ
תְּהִלִּים עז, יט

רָגַז, רָגְזָה, רָגְזוּ
אֶרְגָּז, תִּרְגְּזִי, יִרְגַּז, תִּרְגַּז, תִּרְגְּזוּ, תִּרְגַּזְנָה, יִרְגְּזוּ\יִרְגָּזוּ\יִרְגְּזוּן\יִרְגָּזוּן

רִגְזוּ, רְגָזָה

And he stretched his hand against him, struck him, and the mountains quaked.
4Q162 2:8–9

ויט ידו עליו ויכהו וירגזו הֶהָרִים

he spied, explored, slandered (v, *piel*) רגל (24) **[רִגֵּל]**

We were not spying.
Genesis 42:31

אֲנַחְנוּ לֹא הָיִינוּ מְרַגְּלִים
בְּרֵאשִׁית מב, לא

רִגֵּל | רַגְּלָהּ

יְרַגֵּל, יְרַגְּלוּ
מְרַגְּלִים
רַגְּלוּ

And they came to the valley of Eshcol* and explored it.
4Q365 f32:12

ויבואו עד נחל אֶשכול* וירגלו אותה

foot (nf) רגל (245) **רֶגֶל**

And a spirit came into me and set me on my feet.
Ezekiel 3:24

וַתָּבֹא בִי רוּחַ וַתַּעֲמִדֵנִי עַל רַגְלָי
יְחֶזְקֵאל ג, כד

רְגָלִים\רַגְלַיִם\רַגְלָיִם
רֶגֶל־: רַגְלִי, רַגְלְךָ\רַגְלֶךָ\רַגְלֶיךָ, רַגְלֵךְ, רַגְלוֹ\רגליו, רַגְלָהּ, רַגְלֵנוּ, רַגְלְכֶם, רַגְלָם
רַגְלֵי־: רַגְלַי\רַגְלָי\רַגְלָיו, רַגְלֶיךָ\רַגְלֶךָ, רַגְלַיִךְ, רַגְלָיו\רַגְלָו, רַגְלֶיהָ, רַגְלֵינוּ, רַגְלֵיכֶם, רַגְלֵיהֶם

And he established their foot to the path.
4Q434 f1i:4

ויכן לדרך רגלם

foot (nf) רגל (7) **[רְגַל]**

You saw the feet and toes.
Daniel 2:41

חֲזַיְתָה רַגְלַיָּא וְאֶצְבְּעָתָא
דָּנִיֵּאל ב, מא

רַגְלַיִן, רַגְלַיָּא

---: רַגְלוֹהִי, רַגְלַיִה\רַגְלַיה

on foot, foot-soldier (soldier) (adj) רגל (12) **רַגְלִי**

And thirty thousand foot-soldiers from Israel fell.
1 Samuel 4:10

וַיִּפֹּל מִיִּשְׂרָאֵל שְׁלֹשִׁים אֶלֶף רַגְלִי
שְׁמוּאֵל א ד, י

רַגְלִי | --- | רַגְלִים | ---

he stoned, executed (v, *qal*) רגם (16) **[רָגַם]**

And they stoned him (with stones) by the king's command. — וַיִּרְגְּמֻהוּ אֶבֶן בְּמִצְוַת הַמֶּלֶךְ
2 Chronicles 24:21 — דִּבְרֵי הַיָּמִים ב כד, כא

רְגוֹם (רְגוֹם)
רָגְמוּ | רְגָמֻהוּ
יִרְגְּמוּ | יִרְגְּמֻהוּ

And all the men of his city executed him with stones. — ורגמוהו כול אנשי עירו באבנים
4Q221 f4:6

moment (nm)	רגע	(22)	רֶ֫גַע\רָ֫גַע

I hid my face (for a) moment from you. — הִסְתַּרְתִּי פָנַי רֶגַע מִמֵּךְ
Isaiah 54:8 — יְשַׁעְיָהוּ נד, ח

רְגָעִים

---

he ruled, had dominion, tread (v, *qal*)	רדה	(22)	[רָדָה]

And they will rule over the fish of the sea. — וְיִרְדּוּ בִדְגַת הַיָּם
Genesis 1:26 — בְּרֵאשִׁית א, כו

רְדוֹת
רְדִיתֶם, רָדוּ
תִּרְדֶּה, יֵרְדְּ, יִרְדּוּ | יִרְדֵּנוּ, יִרְדֶּ֫נָּה
רֹדֶה, רֹדִים | רֹדֵם
רְדֵה, רְדוּ

And he will rule over him with a whip. — וירד בו בשוט
4Q301 f2b:3

he pursued, persecuted, chased (v, *qal*)	רדף	(131)	רָדַף

And lovingkindness will pursue me all the days of my life. — וָחֶסֶד יִרְדְּפוּנִי כָּל יְמֵי חַיָּי
Psalm 23:6 — תְּהִלִּים כג, ו

רְדֹף\רְדֹף | רָדוּפִי, רָדְפְךָ, רָדְפוֹ, רָדְפָם
רָדַפְתִּי, רָדַף, רְדַפְתֶּם, רָדְפוּ\רָדָ֫פוּ | רְדָפוּנִי, רְדָפוּךָ, רְדָפוּם
אֶרְדֹּף\אֶרְדּוֹף\אֶרְדְּפָה, תִּרְדֹּף, יִרְדֹּף\יִרְדָּף, תִּרְדֹּף, נִרְדָּף\נִרְדְּפָה, יִרְדְּפוּ\יִרְדֹּפוּ | תִּרְדְּפֵנוּ, תִּרְדְּפֵם,
יִרְדֳּפֶךָ, יִרְדְּפוֹ\יִרְדְּפֵהוּ, יִרְדְּפֵם, תִּרְדְּפֵנִי, יִרְדְּפוּנִי, יִרְדְּפוּם
רֹדֵף\רוֹדֵף, רֹדְפִים (רֹדְפֵי־) | רֹדְפֶךָ, רֹדְפָם, רֹדְפַי\רֹדְפָי, רֹדְפֶיהָ, רֹדְפֵינוּ, רֹדְפֵיכֶם, רֹדְפֵיהֶם
רְדֹף, רִדְפוּ | רָדְפֵהוּ

ה]קטן בככם ירדוף אלֿ[ף

The] small one among you will pursue a thous[and].
4Q491 f13:2

רוּחַ\רוּחָה	(378)	רוח	spirit, breath, wind (nm and nf)

וַתִּשָּׂא אֹתִי רוּחַ בֵּין הָאָרֶץ וּבֵין הַשָּׁמַיִם

And a spirit lifted me up between the earth and heaven.

יְחֶזְקֵאל ח, ג

Ezekiel 8:3

רוּחוֹת\רוּחֹת\רֻחוֹת
רוּחַ־: רוּחִי, רוּחֲךָ\רוּחֶךָ, רוּחוֹ, רוּחֲכֶם, רוּחָם
רוּחוֹת־: ---

ימשלו בו רוחות בליעל

The spirits of Belial will rule him.
Damascus Document (CD) 12:2

רוּחַ\רוּחָא	(11)	רוח	spirit, wind (nm, nf)

רוּחַ אֱלָהִין קַדִּישִׁין בָּךְ

The spirit of holy gods is in you.

דָּנִיֵּאל ד, ו

Daniel 4:9

רוּחַ־: רוּחִי, רוּחֵהּ
רוּחֵי־: ---

חזית רוח אנש מת

I saw a spirit of a dead man.
4Q206 f1xxii:3

[רוּם]	(5)	רום	height (nm)

וְרוּמֵהּ יִמְטֵא לִשְׁמַיָּא

And its height will reach to heaven.

דָּנִיֵּאל ד, יז

Daniel 4:20

---: רוּמֵהּ

זיתא גבר* ברומה

The olive tree grew* in its height.
1Q20 13:13

[רוֹמֵם]	(25)	רום	he exalted, raised, lifted up (v, *polel*)

אֲרוֹמִמְךָ אֱלוֹהַי הַמֶּלֶךְ

I will exalt you, my God, the king.

תְּהִלִּים קמה, א

Psalm 145:1

רוֹמֵם
רוֹמַמְתִּי | רֹמְמָתְהוּ

תְּרוֹמֵם, יְרוֹמֵם, תְּרוֹמֵם, נְרוֹמְמָה | אֲרוֹמִמְךָ\אֲרוֹמִמְךָ, אֲרֹמְמֶנְהוּ, תְּרוֹמְמֵנִי, יְרוֹמְמֵנִי, יְרוֹמִמְךָ,
תְּרוֹמְמֶךָּ, יְרוֹמְמוּהוּ
מְרוֹמֵם, רוֹמֵמָה | מְרוֹמְמִי
רוֹמְמוּ

I will exalt you, my rock. — ארוממכה צורי
Thanksgiving Hymn (1QHa) 19:18

Ruth (np) — רוה (12) — רוּת

And Ruth said, "Do not press me to leave you." — וַתֹּאמֶר רוּת אַל תִּפְגְּעִי בִי לְעָזְבֵךְ
Ruth 1:16 — רוּת א, טז

secret, mystery (nm) — --- (9) — רָז\רָזָה\רָזָא (def)

You were able to reveal this mystery. — יְכֵלְתָּ לְמִגְלֵא רָזָה דְנָה
Daniel 2:47 — דָּנִיֵּאל ב, מז

רָזִין, רָזַיָּא

[I] will reveal to you the secret of his work. — [א]חוה לכה רז עובדה
4Q545 f4:16

width, breadth (nm) — רחב (101) — רֹחַב

And the width of the gate is three cubits. — וְרֹחַב הַשַּׁעַר שָׁלֹשׁ אַמּוֹת
Ezekiel 40:48 — יְחֶזְקֵאל מ, מח

רֹחַב־: רָחְבּוֹ, רָחְבָּהּ, רָחְבָּן

The length of the shield is two and a half cubits, and its width is one and a half cubits. — אורך המגן אמתים וחצי ורוחבו אמה וחצי
War Scroll (1QM) 5:6

wide, spacious (adj) — רחב (21) — רָחָב

This is the sea, great and wide. — זֶה הַיָּם גָּדוֹל וּרְחַב
Psalm 104:25 — תְּהִלִּים קד, כה

רָחָב (רְחַב־) | רְחָבָה (רַחֲבַת־) | --- (רַחֲבֵי־) | ---

Good and wide is a land of streams of water. — טובה ורחבה ארץ נחלי מים
3Q378 f11:4

Rehoboam (np) — רחב\עם (50) — רְחַבְעָם

And King Rehoboam rejected the counsel of the elders. — וַיַּעֲזֹב הַמֶּלֶךְ רְחַבְעָם אֵת עֲצַת הַזְּקֵנִים
2 Chronicles 10:13 — דִּבְרֵי הַיָּמִים ב י, יג

plaza, public square (nf) רחב (43) **רְחוֹב\רְחֹב**

Therefore, her young men will fall in her plazas. — לָכֵן יִפְּלוּ בַחוּרֶיהָ בִּרְחֹבֹתֶיהָ
Jeremiah 49:26 — יִרְמְיָהוּ מט, כו

רְחֹבוֹת\רְחוֹבֹת
רְחוֹב־\רְחֹב־: רְחֹבָהּ
רְחֹבוֹת־: רְחֹבֹתֶיהָ\רְחוֹבוֹתֶיהָ, רְחֹבֹתֵינוּ

And all its spoil you will gather to the midst of its plaza. — ואת כול שללה תקבוץ אל תוך רחובה
11Q19 55:8–9

compassionate (adj) רחם (13) **רַחוּם**

And he is compassionate; he will forgive iniquity. — וְהוּא רַחוּם יְכַפֵּר עָוֹן
Psalm 78:38 — תְּהִלִּים עח, לח

רַחוּם | --- | --- | ---

You are God,] gracious and compassionate. — אתה אל] חׄנׄוׄן ורחוםׄ
Thanksgiving Hymn (1QHa) 8:34

far, distant, far off (adj) רחק (85) **רָחוֹק**

And far off ones will come and build on the temple of the LORD. — וּרְחוֹקִים יָבֹאוּ וּבָנוּ בְּהֵיכַל יְהוָה
Zechariah 6:15 — זְכַרְיָה ו, טו

רָחוֹק\רָחֹק | רְחוֹקָה\רְחֹקָה | רְחוֹקִים\רְחֹקִים | רְחוֹקוֹת\רְחֹקוֹת

Far from wicked ones is her word. — רחקה מרשעים אמרה
11Q5 18:13

Rachel (np) רחל (47) **רָחֵל**

The sons of Rachel, Jacob's wife, were Joseph and Benjamin. — בְּנֵי רָחֵל אֵשֶׁת יַעֲקֹב יוֹסֵף וּבִנְיָמִן
Genesis 46:19 — בְּרֵאשִׁית מו, יט

he had compassion, was compassionate (v, *piel*) רחם (42) **רִחַם**

Gracious is the LORD and righteous, and our God is compassionate. — חַנּוּן יְהוָה וְצַדִּיק וֵאלֹהֵינוּ מְרַחֵם
Psalm 116:5 — תְּהִלִּים קטז, ה

רַחֵם | רַחֶמְכֶם
רִחַמְתִּי, רִחַם | רִחַמְתִּיךְ, רִחַמְתִּים, רִחַמְךְ\רִחַמֶּךְ, רִחֲמוּם
אֲרַחֵם, תְּרַחֵם, יְרַחֵם, יְרַחֵ֫מוּ | אֲרַחֲמֶנּוּ, יְרַחֲמֶנּוּ, יְרַחֲמֵהוּ, יְרַחֲמֵנוּ, יְרַחֲמֵם
מְרַחֵם | מְרַחֲמֵךְ, מְרַחֲמָם

And he will have compassion on them like a father for his sons. *Damascus Document (CD) 13:9*	וירחם עליהם כאב לבניו

womb (nm)	רחם	(30)	רֶ֫חֶם\רַ֫חַם\רָ֫חֶם

Why should I not have died from the womb? *Job 3:11*	לָמָּה לֹּא מֵרֶחֶם אָמוּת אִיּוֹב ג, יא

רֶ֫חֶם־: רַחְמָהּ\רַחְמָה

And we are in iniquity from the womb. *4Q507 f1:2*	ואנו בעולה מרחם

compassion, mercy (nm, pl)	רחם	(39)	רַחֲמִים

And in great compassion I will gather you. *Isaiah 54:7*	וּבְרַחֲמִים גְּדֹלִים אֲקַבְּצֵךְ יְשַׁעְיָהוּ נד, ז

רַחֲמִים

רַחֲמֵי־: רַחֲמֶיךָ, רַחֲמָיו\רַחֲמָו, רַחֲמֶיהָ

You saved us many times because of your mercy. *War Scroll (1QM) 11:3–4*	הושעתנו פעמים רבות בעבור רחמיכה

he washed, bathed (v, *qal*)	רחץ	(69)	רָחַץ

And David arose from the ground and bathed. *2 Samuel 12:20*	וַיָּקָם דָּוִד מֵהָאָרֶץ וַיִּרְחַץ שְׁמוּאֵל ב יב, כ

רְחֹץ\רָחְצָה
רָחַצְתִּי, רָחַצְתָּ, רָחַצְתְּ, רָחַץ, רָחֲצוּ\רָחָ֫צוּ
אֶרְחַץ, יִרְחַץ\יִרְחָ֫ץ, יִרְחֲצוּ\יִרְחָ֫צוּ | אֶרְחָצֵךְ
רֹ֫חֶצֶת, רֹחֲצוֹת
רְחַץ, רַחֲצוּ

And all who come to the house will wash with water. *11Q19 49:17*	וכול אשר בא אל הבית ירחץ במים

he was far, distant (v, *qal*) **רחק (29) רָחַק**

God, do not be distant from me. — אֱלֹהִים אַל תִּרְחַק מִמֶּנִּי
Psalm 71:12 — תְּהִלִּים עא, יב

רָחֹק, רָחֳקָה
רָחַק, רָחֲקָה, רָחֲקוּ
תִּרְחַק\תִּרְחָק, יִרְחַק, תִּרְחַק\תִּרְחָק, יִרְחֲקוּ

רַחֲקִי, רַחֲקוּ

He will keep far from him in everything. — ירחק ממנו בכול דבר
Community Rule (1QS) 5:15

dispute, lawsuit, conflict (nm) **ריב (62) רִיב\רִב**

He will dispute their dispute with you. — הוּא יָרִיב אֶת רִיבָם אִתָּךְ
Proverbs 23:11 — מִשְׁלֵי כג, יא

רִיבֹת
רִיב־: רִיבִי, רִיבְךָ\רִיבֶךָ, רִיבֵךְ, רִיבוֹ, רִיבְכֶם, רִיבָם\רִבָם
רִיבֵי־\רִבוֹת: ---

He has a dispute with all flesh. — ריב לו עם כל בשר
Damascus Document (CD) 1:2

smell, fragrance, odor (nm) **ריח (59) רֵיחַ**

See, the smell of my son is like the smell of a field. — רְאֵה רֵיחַ בְּנִי כְּרֵיחַ שָׂדֶה
Genesis 27:27 — בְּרֵאשִׁית כז, כז

רֵיחַ־: רֵיחוֹ, רֵיחֵנוּ

It is a burnt offering, a fire of pleasing odor [before the Lord]. — עולה היא אשה ריח ניחוח [לפני יהוה]
11Q20 1:19

emptiness, vanity (nm) **ריק (12) רִיק**

You will love vanity; you will seek a lie. — תְּאֵהָבוּן רִיק תְּבַקְשׁוּ כָזָב
Psalm 4:2 — תְּהִלִּים ד, ג

And nations in complete emptiness will weary. — ולאומים בדי ריק ייעפו
Habakkuk Pesher (1QpHab) 10:8

[רֵיק]\רֵק (14) ריק **empty, worthless (adj)**

וְהַבּוֹר רֵק אֵין בּוֹ מָיִם — And the well was empty; there was no water in it.

בְּרֵאשִׁית לז, כד — *Genesis 37:24*

רֵק | רֵקָה | רֵיקִים\רֵקִים | רֵקוֹת

אל ידבר איש דבר נבל ורק — A man will not speak a foolish and empty word.

Damascus Document (CD) 10:17

רֵיקָם (16) ריק **empty-handed, empty, in vain (adv)**

וְחֶרֶב שָׁאוּל לֹא תָשׁוּב רֵיקָם — And the sword of Saul will not return empty.

שְׁמוּאֵל ב א, כב — *2 Samuel 1:22*

רַךְ\רָךְ (16) רכך **tender, soft, weak (adj)**

וַיֹּאמֶר דָּוִיד שְׁלֹמֹה בְנִי נַעַר וָרָךְ — And David said, "Solomon, my son, is a youth and weak."

דִּבְרֵי הַיָּמִים א כב, ה — *1 Chronicles 22:5*

רַךְ\רָךְ | רַכָּה | רַכִּים | רַכּוֹת

מי האיש הירא וֹרֹךְ הלבב — Who is the fearful and soft-hearted man?

11Q19 62:3

רָכַב (58) רכב **he road, mounted (v, *qal*)**

הֲלוֹא אָנֹכִי אֲתֹנְךָ אֲשֶׁר רָכַבְתָּ עָלַי — Am I not your donkey which you rode on me?

בְּמִדְבַּר כב, ל — *Numbers 22:30*

רְכֹב
רָכַבְתָּ, רָכַב, רָכְבוּ
אֶרְכַּב, תִּרְכַּב, יִרְכַּב, תִּרְכַּב, נִרְכָּב, יִרְכְּבוּ\יִרְכָּבוּ, תִּרְכַּבְנָה
רֹכֵב, רֹכֶבֶת, רֹכְבִים (רֹכְבֵי־) | רֹכְבוֹ, רֹכְבֶיהָ, רֹכְבֵיהֶם
רְכַב

ועל קל נרכב — On something quick we will ride.

4Q163 f23ii:5

רֶכֶב\רָכֶב (120) רכב **chariot, chariot rider, upper millstone (nm)**

וַיְהִי לוֹ אֶלֶף וְאַרְבַּע מֵאוֹת רֶכֶב — And he had fourteen hundred chariots.

מְלָכִים א י, כו — *1 Kings 10:26*

רֶכֶב־: רִכְבִּי, רִכְבּוֹ\רַכָּבוֹ, רִכְבָּהּ
רִכְבֵי־: ---

Men of the chariot are from the right and the left. — אנשי הרכב מימין ומשמאול
War Scroll (1QM) 8:4–5

Rechab (np)	רכב	(13)	רֵכָב

And David answered Rechab. — וַיַּעַן דָּוִד אֶת רֵכָב
2 Samuel 4:9 — שְׁמוּאֵל ב ד, ט

property, equipment (nm)	רכש	(28)	רְכוּשׁ\רְכֻשׁ

Their property was great and they could not live together. — הָיָה רְכוּשָׁם רָב וְלֹא יָכְלוּ לָשֶׁבֶת יַחְדָּו
Genesis 13:6 — בְּרֵאשִׁית יג, ו

רְכוּשׁ־\רְכֻשׁ־: רְכוּשֶׁךָ, רְכוּשׁוֹ\רְכֻשׁוֹ, רְכוּשֵׁנוּ, רְכוּשָׁם\רְכֻשָׁם
---

he traded [ptc: merchant] (v, *qal*)	רכל	(17)	[רָכַל]

You increased your merchants more than the stars of the sky. — הִרְבֵּית רֹכְלַיִךְ מִכּוֹכְבֵי הַשָּׁמָיִם
Nahum 3:16 — נַחוּם ג, טז

רוֹכֵל, רֹכֶלֶת, רֹכְלִים (רֹכְלֵי־) | רֹכַלְתֵּךְ, רֹכְלַיִךְ\רֹכְלָיִךְ
---

he was high, exalted, rose, went up (v, *qal*)	רום	(70)	רָם

The Lord is exalted over all nations. — רָם עַל כָּל גּוֹיִם יְהוָה
Psalm 113:4 — תְּהִלִּים קיג, ד

רוּם\רֻם | רוֹמָם
רָם\יָרוּם, רָמָה, רָמוּ\רָמוּ\רוֹמוּ
אָרוּם, יָרוּם\יָרֻם\יָרֹם\יָרָם, תָּרוּם\תָּרֹם\תָּרָם\תָּרִים, יָרוּמוּ\יֵרֹמוּן\יְרִימוּ
רָם, רָמָה, רָמִים (רָמֵי־), רָמוֹת\רָאמוֹת
רוֹמָה

His heart was exalted and he forsook God. — רם לבו ויעזבו את אל
Habakkuk Pesher (1QpHab) 8:10

he threw, placed (v, *peal*)	רמא\רמה	(7)	[רְמָא]

Did we not throw three men into the midst of the fire? — הֲלָא גֻבְרִין תְּלָתָא רְמֵינָא לְגוֹא נוּרָא
Daniel 3:24 — דָּנִיֵּאל ג, כד

מִרְמֵא
רְמֵינָא, רְמוֹ | --- | רְמִיו [*peil*]

--- | ---

ו֗רמוהי בארעא — And they put him on the earth.
1Q20 5:11

רָמָה\רָמָ֫תָה	רום?	(37)	**Ramah (np)**

וַיֵּלֶךְ שְׁמוּאֵל הָרָמָתָה וְשָׁאוּל עָלָה אֶל בֵּיתוֹ — And Samuel went to Ramah and Saul ascended to his house.
שְׁמוּאֵל א טו, לד — *1 Samuel 15:34*

רִמּוֹן\רִמֹּן	---	(32)	**pomegranate (nm)**

וַיַּעַשׂ רִמּוֹנִים מֵאָה — And he made one hundred pomegranates.
דִּבְרֵי הַיָּמִים ב ג, טז — *2 Chronicles 3:16*

רִמּוֹנִים\רִמֹּנִים
---: רִמֹּנֵי
רִמּוֹנֵי־\רִמֹּנֵי־: ---

רָמוֹת גִּלְעָד	ראם?	(24)	**Ramoth-gilead (np)**

הֲנֵלֵךְ אֶל רָמֹת גִּלְעָד לַמִּלְחָמָה אִם נֶחְדָּל — Shall we go to Ramoth-gilead for the war or refrain?
מְלָכִים א כב, טו — *1 Kings 22:15*

רֹ֫מַח	---	(15)	**spear, lance (nm)**

וַיִּקַּח רֹמַח בְּיָדוֹ — And he took a spear in his hand.
בְּמִדְבַּר כה, ז — *Numbers 25:7*

רְמָחִים

---: רָמְחֵיהֶם

אורך הרמח שבע אמות — The length of the spear is seven cubits.
War Scroll (1QM) 5:7

רְמִיָּה	רמה	(15)	**deceit, treachery, laziness, slackness (nf)**

לֹא יֵשֵׁב בְּקֶרֶב בֵּיתִי עֹשֵׂה רְמִיָּה — A doer of treachery will not dwell in the midst of my house.
תְּהִלִּים קא, ז — *Psalm 101:7*

It will be for shame all deeds of deceit. — יהיה לבושת כול מעשי רמיה
Community Rule (1QS) 4:23

Remaliah (np)	---	(13)	רְמַלְיָהוּ

Pekah, son of Remaliah, ruled over Israel in Samaria. — מָלַךְ פֶּקַח בֶּן רְמַלְיָהוּ עַל יִשְׂרָאֵל בְּשֹׁמְרוֹן
2 Kings 15:27 — מְלָכִים ב טו, כז

he trampled (v, *qal*)	רמס	(18)	רָמַס

And the people trampled him in the gate and he died. — וַיִּרְמְסוּ אֹתוֹ הָעָם בַּשַּׁעַר וַיָּמֹת
2 Kings 7:20 — מְלָכִים ב ז, כ

רְמֹס
רָמַס
תִּרְמֹס, יִרְמֹס\יִרְמָֽס, תִּרְמֹס, תִּרְמְסוּ, יִרְמְסוּ | אֶרְמְסֵם, יִרְמְסֵהוּ, יִרְמְסֶנָּה, תִּרְמְסֶ־
נָּה, תִּרְמְסֵם, יִרְמְסֻהוּ
רֹמֵס
רְמְסִי

And beasts will trample him. — וימסויו בהמות
4Q368 f10ii:7

he crept, swarmed, crawled (v, *qal*)	רמש	(17)	[רָמַשׂ]

Let heaven and earth praise him, the seas and all which swarm in them. — יְהַלְלוּהוּ שָׁמַיִם וָאָרֶץ יַמִּים וְכָל רֹמֵשׂ בָּם
Psalm 69:34 — תְּהִלִּים סט, לה

תִּרְמֹשׂ
רֹמֵשׂ\רוֹמֵשׂ, רֹמֶשֶׂת

The animals that will swarm in the sea. — החיה אשר תרמוש במים
Damascus Document (CD) 12:12

creeping thing (nm)	רמש	(17)	רֶמֶשׂ

Every creeping thing, which is living, to you it will be food. — כָּל רֶמֶשׂ אֲשֶׁר הוּא חַי לָכֶם יִהְיֶה לְאָכְלָה
Genesis 9:3 — בְּרֵאשִׁית ט, ג

רֶמֶשׂ־: ---

ותעש אדם כדגי הים כרמש

And you made man like fish of the sea, like a crawling thing.
Habakkuk Pesher (1QpHab) 5:12–13

רִנָּה	(33)	רנן	cry or shout of joy or lament (nf)

הַטֵּה אָזְנְךָ לְרִנָּתִי
תְּהִילִּים פח, ג

Stretch out your ear to my cry.
Psalm 88:2

---: רִנָּתִי, רִנָּתָם

ישמיעו יחד בקול רנה

They will proclaim together in a voice of joyful cry.
Thanksgiving Hymn (1QHa) 19:28–29

[רָנַן]	(19)	רנן	he cried, shouted [for joy or distress] (v, *qal*)

עֲבָדַי יָרֹנּוּ מִטּוּב לֵב
יְשַׁעְיָהוּ סה, יד

My servants will shout for joy from gladness of heart.
Isaiah 65:14

רָן

יָרוֹן, תָּרֹן\תָּרֹנָּה, יָרֹנּוּ

רָנִּי\רֹנִּי, רָנּוּ

[רִנֵּן]	(28)	רנן	he exulted, cried out, sang joyously (v, *piel*)

אָז יְרַנְּנוּ עֲצֵי הַיָּעַר
דִּבְרֵי הַיָּמִים א טז, לג

Then the trees of the field will sing joyously.
1 Chronicles 16:33

רַנֵּן (רַנֵּן)
רִנְּנוּ
אֲרַנֵּן, תְּרַנֵּן, נְרַנְּנָה, יְרַנְּנוּ\יְרַנֵּנוּ, תְּרַנֵּנָּה

רַנְּנוּ

רננו צדיקים באלוהי פלא

Exult, O righteous ones, in the God of wonder.
4Q510 f1:8

רַע	(27)	רעע	he was displeasing, evil, sad (v, *qal*)

וַיֵּרַע בְּעֵינָיו הַדָּבָר הַזֶּה
שְׁמוּאֵל א יח, ח

This thing was displeasing in his eyes.
1 Samuel 18:8

רַע\רָע, רָעָה, רָעוּ

יֵרַע, תֵּרַע, יֵרְעוּ

רֹעוּ

bad, evil, wicked (adj) | **רעע** | **(355)** | **רַע\רָע**

They did evil in the eyes of the LORD.
Judges 3:12

עָשׂוּ אֶת הָרַע בְּעֵינֵי יְהוָה
שׁוֹפְטִים ג, יב

רַע\רָע (רַע־) | רָעָה | רָעִים (רָאֵי־) | רָעוֹת\רָעֹת (רָעוֹת־)

From an evil time he will rescue their sou[l].
11Q5 18:15

מעת רעה יציל נפש[ם]

ugliness, evil, poor quality (nm) | **רעע** | **(19)** | **רֹ֫עַ**

I knew your arrogance and the evil of your heart.
1 Samuel 17:28

אֲנִי יָדַעְתִּי אֶת זְדֹנְךָ וְאֵת רֹעַ לְבָבֶךָ
שְׁמוּאֵל א יז, כח

רֹעַ־: ---

And I will not answer them because of the evil of their deeds.
11Q19 59:6–7

ולוא אענה אותמה מפני רוע מעלליהמה

friend, neighbor, companion (nm) | **רעה** | **(187?)** | **רֵ֫עַ**

And love your neighbor like yourself.
Leviticus 19:18

וְאָהַבְתָּ לְרֵעֲךָ כָּמוֹךָ
וַיִּקְרָא יט, יח

רֵעִים

רֵעַ־: רֵעִי, רֵעֲךָ\רֵעֶ֫ךָ, רֵעֵהוּ\רֵעוֹ, רֵעָהּ, רֵיעֲכֶם

רֵעֵי־: רֵעַי\רֵעָ֑י, רֵעֶיךָ, רֵעַיִךְ, רֵעֵהוּ\רֵעָיו, רֵעֶיהָ, רֵעֵיהֶם

A voice of a man called to his companion.
Siloam 1:2–3

𐤒𐤋 𐤀𐤔 𐤒[𐤓]𐤀 𐤀𐤋 𐤓𐤏𐤅

He will speak with his friend.
Community Rule (1QS) 7:5

ידבר את רעהו

he was hungry (v, *qal*) | **רעב** | **(11)** | **רָעֵב**

They will not be hungry and will not be thirsty.
Isaiah 49:10

לֹא יִרְעָבוּ וְלֹא יִצְמָאוּ
יְשַׁעְיָהוּ מט, י

רָעֵב, רָעֵבוּ

אֶרְעַב, יִרְעַב\יִרְעָב, תִּרְעַב\תִּרְעָב, נִרְעָב, תִּרְעָבוּ, יִרְעָבוּ

---

hungry (adj) | רעב | (20) | רָעֵב

If the one who hates you is hungry, feed him bread.
Proverbs 25:21

אִם רָעֵב שֹׂנַאֲךָ הַאֲכִלֵהוּ לָחֶם
מִשְׁלֵי כה, כא

רָעֵב | רְעֵבָה | רְעֵבִים | ---

And hungry ones he will make rich.
4Q521 f2ii+4:13

ורעבים יעשר

famine, hunger (nm) | רעב | (101) | רָעָב

And the hunger was over all the face of the land.
Genesis 41:56

וְהָרָעָב הָיָה עַל כָּל פְּנֵי הָאָרֶץ
בְּרֵאשִׁית מא, נו

---: רְעָבָם

They will perish by the sword and famine.
4Q171 f1_2ii:1

יובדו בחרב וברעב

he shepherded, tended, grazed, fed (v, *qal*) | רעה | (167) | רָעָה

And a cow and a bear will graze together.
Isaiah 11:7

וּפָרָה וָדֹב תִּרְעֶינָה יַחְדָּו
יְשַׁעְיָהוּ יא, ז

רְעוֹת | רְעֹתוֹ
רָעָה, רָעוּ | רְעִיתִים, רָעוּם
אֶרְעֶה, תִּרְעֶה, יִרְעֶה, תִּרְעֶה, תִּרְעוּ, יִרְעוּ\יִרְעוּן, תִּרְעֶינָה | אֶרְעֶנָּה, יִרְעֶנָּה, יִרְעֵם
רֹעֶה\רוֹעֶה (רֹעֵה), רֹעִים (רֹעֵי־), רֹעוֹת | רֹעִי, רֹעַי, רֹעֶיךָ, רֹעַיִךְ, רֹעֵיהֶם
רְעֵה, רְעִי, רְעוּ | רְעֵם

All the be[ast]s of the forest will graze.
Thanksgiving Hymn (1QHa) 16:9

ירעו כול ח̊[יו]ת̊ יער

evil, wickedness, calamity, disaster (nf) | רעה | (311) | רָעָה

There is evil which I saw under the sun.
Ecclesiastes 6:1

יֵשׁ רָעָה אֲשֶׁר רָאִיתִי תַּחַת הַשָּׁמֶשׁ
קֹהֶלֶת ו, א

רָעוֹת\רָעֹת
רָעַת־: רָעָתִי, רָעָתְךָ\רָעָתֶךָ, רָעָתֵךְ\רָעָתֵכִי, רָעָתוֹ, רָעָתָהּ, רָעַתְכֶם, רָעָתָם
רָעוֹת־\רָעֹת־: רָעוֹתֵיכֶם\רָעֹתֵיכֶם, רָעוֹתֵיהֶם

And there is not a deliverer from their evil. | ואין מושיע מפני רעתמה
11Q19 59:8

Reuel (np) רעה\אל (11) **רְעוּאֵל**

And they came to Reuel their father. | וַתָּבֹאנָה אֶל רְעוּאֵל אֲבִיהֶן
Exodus 2:18 | שְׁמוֹת ב, יח

thought (nm) רעה (6) **[רַעְיוֹן]**

And may you know the thoughts of your heart. | וְרַעְיוֹנֵי לִבְבָךְ תִּנְדַּע
Daniel 2:30 | דָּנִיֵּאל ב, ל

---: רַעְיוֹנָךְ
רַעְיוֹנֵי־: רַעְיוֹנֵי, רַעְיֹנֹהִי

green, fresh, flourishing (adj) רען (19) **רַעֲנָן**

And I am like a green olive tree in the house of God. | וַאֲנִי כְּזַיִת רַעֲנָן בְּבֵית אֱלֹהִים
Psalm 52:8 | תְּהִלִּים נב, י

רַעֲנָן | רַעֲנָנָה | רַעֲנַנִּים | ---

it shook, quaked, trembled (v, *qal*) רעש (22) **[רָעַשׁ]**

And the earth will shake from its place. | וְתִרְעַשׁ הָאָרֶץ מִמְּקוֹמָהּ
Isaiah 13:13 | יְשַׁעְיָהוּ יג, יג

רַעֲשָׁה\רָעָשָׁה, רָעֲשׁוּ
יִרְעַשׁ, תִּרְעַשׁ, יִרְעֲשׁוּ, תִּרְעַשְׁנָה
רֹעֲשִׁים
---

earthquake, shaking, rumbling, rattling (nm) רעש (17) **רַעַשׁ\רָעַשׁ**

And after the earthquake was a fire; the Lord was not in the fire. | וְאַחַר הָרַעַשׁ אֵשׁ לֹא בָאֵשׁ יְהוָה
1 Kings 19:12 | מְלָכִים א יט, יב

---

he healed (v, *qal*) רפא (38) **רָפָא**

And I will heal their land. | וְאֶרְפָּא אֶת אַרְצָם
2 Chronicles 7:14 | דִּבְרֵי הַיָּמִים ב ז, יד

רֹפֵא\רֹפוֹא (רָפוֹא)

רָפָא | רְפָאתִיו, רְפָאתִים, רְפָאָם
אֶרְפָּא\אֶרְפָּה, יִרְפָּא | אֶרְפָּאֵךְ, אֶרְפָּאֵהוּ, תִּרְפָּאֵנִי, יִרְפָּאֵנוּ, יִרְפָּאֵם, תִּרְפֶּינָה
רֹפֵא\רוֹפֵא, רֹפְאִים (רֹפְאֵי־) | רֹפְאֶךָ
רְפָא\רְפָה\רְפָאָה | רְפָאֵנִי

Ben Zakkur is the healer.
Seals 420:2–3

𐤁𐤍 𐤆𐤊𐤓 𐤄𐤓𐤐𐤀

He will heal slain ones and will revive dead ones.
4Q521 f2ii+4:12

ירפא חללים ומתים יחיה

Rephaim (np)	רפה	(11?)	רְפָאִים

For only Og, king of Bashan, remained from the remnant of the Rephaim.
Deuteronomy 3:11

כִּי רַק עוֹג מֶלֶךְ הַבָּשָׁן נִשְׁאַר מִיֶּתֶר הָרְפָאִים
דְּבָרִים ג, יא

he was weak, failed, sunk, released (v, *qal*)	רפה	(14)	רָפָה

Do not let your hands be weak.
Zephaniah 3:16

אַל יִרְפּוּ יָדָיִךְ
צְפַנְיָה ג, טז

רָפָה, רָפְתָה, רָפוּ
יִרְפֶּה\יִרֶף, יִרְפּוּ, תִּרְפֶּינָה

---

he ran (v, *qal*)	רוץ	(97?)	רָץ

"And whatever will be, I will run." And he said to him, "Run!" And he ran.
2 Samuel 18:23

וִיהִי מָה אָרוּץ וַיֹּאמֶר לוֹ רוּץ וַיָּרָץ
שְׁמוּאֵל ב יח, כג

רוּץ
רַצְתִּי, רַצְתָּה, רָץ, רָצוּ
אָרוּץ\אָרֻץ\אָרוּצָה\אָרֻצָה, תָּרוּץ, יָרוּץ\יָרֻץ\יָרֻץ\יָרֻץ\יָרֹץ, תָּרָץ, נָרוּצָה, יָרוּצוּ\יָרֻצוּ\יְרוּצוּן\יְרֻצוּן
רָץ, רָצִים\רָצִין
רוּץ\רֻץ

They will not run from the way.
4Q405 f23i:11

לוא ירוצו מדרך

he was pleased with, enjoyed, satisfied (v, *qal*)	רצה	(46)	רָצָה

The Lord is pleased with the fearers of him.
Psalm 147:11

רוֹצֶה יְהוָה אֶת יְרֵאָיו
תְּהִלִּים קמז, יא

רְצוֹת | רְצוֹתִי, רְצֹתוֹ
רָצִאתִי, רָצִיתָ, רָצָה, רָצְתָה, רָצוּ | רְצִיתָם, רָצָם

אֶרְצֶה, תִּרְצֶה\תִּרֶץ, יִרְצֶה, תִּרְצֶה\תִּרֶץ, יִרְצוּ | אֶרְצֵם, תִּרְצֵנִי, יִרְצְךָ\יִרְצֶךָּ, יִרְצֵהוּ
רוֹצֶה | רֹצָם | רָצוּי
רְצֵה

And I will not be satisfied until justice is established. — ולוא ארצה עד הכין משפט
Community Rule (1QS) 10:20

will, desire, favor, pleasure (nm)	רצה	(56)	רָצוֹן

Teach me to do your will for you are my God. — לַמְּדֵנִי לַעֲשׂוֹת רְצוֹנֶךָ כִּי אַתָּה אֱלוֹהָי
Psalm 143:10 — תְּהִלִּים קמג, י

רְצוֹן־: רְצוֹנִי, רְצוֹנְךָ\רְצוֹנֶךָ, רְצוֹנוֹ\רְצֹנוֹ, רְצֹנְכֶם, רְצוֹנָם\רְצֹנָם

And he did not choose the desire of his spirit. — ולא בחר ברצון רוחו
Damascus Document (CD) 3:2–3

he murdered, killed (v, *qal*)	רצח	(40)	רָצַח

You shall not kill. — לֹא תִּרְצָח
Exodus 20:13 — שְׁמוֹת כ, יג

--- (רָצֹחַ)
רָצַחְתָּ, רָצַח | רְצָחוֹ
תִּרְצַח\תִּרְצָח, יִרְצַח
רֹצֵחַ\רוֹצֵחַ

A man will arise against his neighbor and kill him. — יקום איש על רעהו ורצחו
11Q19 66:6–7

Rezin (np)	---	(11)	רְצִין

Then Rezin, king of Aram, arose. — אָז יַעֲלֶה רְצִין מֶלֶךְ אֲרָם
2 Kings 16:5 — מְלָכִים ב טז, ה

only, but, however (adv)	---	(109)	רַק

I only knew you from all the families of the earth. — רַק אֶתְכֶם יָדַעְתִּי מִכֹּל מִשְׁפְּחוֹת הָאֲדָמָה
Amos 3:2 — עָמוֹס ג, ב

Only the sons of Aaron will rule. — רק בני אהרון ימשלו
Community Rule (1QS) 9:7

firmament, expanse of heaven (nm)	רקע	(17)	רָקִיעַ

וַיֹּאמֶר אֱלֹהִים יְהִי רָקִיעַ בְּתוֹךְ הַמָּיִם
And God said, "Let there be a firmament in the midst of the waters."
בְּרֵאשִׁית א, ו
Genesis 1:6

רְקִיעַ־: ---

רִקְמָה | embroidered or woven material (nf) | רקם (12)

וַתִּקְחִי אֶת בִּגְדֵי רִקְמָתֵךְ וַתְּכַסִּים
And you took your embroidered garments and covered them.
יְחֶזְקֵאל טז, יח
Ezekiel 16:18

רְקָמוֹת, רִקְמָתַיִם
---: רִקְמָתֵךְ, רִקְמָתָם

ב]תْוך רוחי הדר מעשי רוקמות
In] the midst of spirits of majesty are works of embroidered material.
4Q405 f14_15i:6

רָשׁ | he was poor (v, *qal*) | רוש\ריש (23)

נוֹתֵן לָרָשׁ אֵין מַחְסוֹר
One who gives to the poor does not have need.
מִשְׁלֵי כח, כז
Proverbs 28:27

רָשׁוּ

רָשׁ\רָאשׁ, רָשִׁים\רָאשִׁים

וזכור כי ראש אתהْ
And remember that you are poor.
4Q416 f2iii:2

רְשַׁם | he wrote, inscribed, signed (v, *peal*) | רשם (7)

וּדְנָה כְתָבָא דִּי רְשִׁים
And this is the writing that is written.
דָּנִיֵּאל ה, כה
Daniel 5:25

רְשַׁמְתָּ, רְשַׁם
תִּרְשֻׁם
--- | --- | רְשִׁים

רָשָׁע | wicked, guilty (adj) | רשע (263)

Wicked men killed a righteous man.
2 Samuel 4:11

אֲנָשִׁים רְשָׁעִים הָרְגוּ אֶת אִישׁ צַדִּיק
שְׁמוּאֵל ב ד, יא

רָשָׁע | רְשָׁעָה | רְשָׁעִים (רִשְׁעֵי־) | ---

And with the breath of your lips you will kill a wicked one.
Community Rule (1QSb) 5:24–25

וברוח שפתיכה תמית רשע

wickedness (nm) רשע (30) רֶ֫שַׁע\רֶ֫שַׁע

You loved righteousness and hated wickedness.
Psalm 45:7

אָהַבְתָּ צֶּדֶק וַתִּשְׂנָא רֶשַׁע
תְּהִלִּים מה, ח

---: רִשְׁעֶ֫ךָ, רִשְׁעוֹ רִשְׁעֵנוּ

Cursed are you in all (your) deeds of wickedness.
Community Rule (1QS) 2:5

ארור אתה בכול מעשי רשע

wickedness (nf) רשע (15) רִשְׁעָה

And by his wickedness an evil one will fall.
Proverbs 11:5

וּבְרִשְׁעָתוֹ יִפֹּל רָשָׁע
מִשְׁלֵי יא, ה

רִשְׁעַת־: רִשְׁעָתוֹ

They guarded his covenant in the midst of wickedness.
Community Rule (1QSa) 1:3

שמרו בריתו בתוך רשעה

net (nf) ירש (22) רֶ֫שֶׁת\רֶ֫שֶׁת

He will remove my feet from a net.
Psalm 25:15

הוּא יוֹצִיא מֵרֶשֶׁת רַגְלָי
תְּהִלִּים כה, טו

---: רִשְׁתִּי, רִשְׁתּוֹ, רִשְׁתָּם

And they spread a net for me.
Thanksgiving Hymn (1QHa) 10:31

והם רשת פרשו לי

ש / w

that, which, who (rel pron) ש (139) **שֶׁ\שַׁ\שָׁ\שְׁ**

That which was is that which will be; and that which has been done is that which will be done.
Ecclesiastes 1:9

מַה שֶּׁהָיָה הוּא שֶׁיִּהְיֶה וּמַה שֶּׁנַּעֲשָׂה הוּא שֶׁיֵּעָשֶׂה
קֹהֶלֶת א, ט

And it is the place which he chose it from all the tribes of [Israel].
4Q394 f8iv:10–11

וׄהיא המקוׄם שבחר בו מׄכל שבׄטי [ישראל]

he drew water (v, *qal*) שאב (19) **שָׁאַב**

And she ran again to the well to draw water, and she drew water for all of his camels.
Genesis 24:20

וַתָּרָץ עוֹד אֶל הַבְּאֵר לִשְׁאֹב וַתִּשְׁאַב לְכָל גְּמַלָּיו
בְּרֵאשִׁית כד, כ

שְׁאֹב --- (שַׁאֲבֵי־)
שְׁאַבְתֶּם
אֶשְׁאָב, תִּשְׁאַב\תִּשְׁאָב, יִשְׁאֲבוּ\יִשְׁאֲבוּן
שֹׁאֵב, שֹׁאֶבֶת
שַׁאֲבִי

He will not draw water from it.
4Q421 f11:3

אל ישאב ממנו

he roared (v, *qal*) שאג (20) **שָׁאַג**

They will roar together like lions.
Jeremiah 51:38

יַחְדָּו כַּכְּפִרִים יִשְׁאָגוּ
יִרְמְיָהוּ נא, לח

--- (שָׁאֹג)
שָׁאַגְתִּי, שָׁאָג, שָׁאֲגוּ
יִשְׁאַג\יִשְׁאָג\(וַ)יִּשְׁאַג, יִשְׁאֲגוּ\יִשְׁאָגוּ
שֹׁאֵג\שׁוֹאֵג, שֹׁאֲגִים

My soul roars to praise your name.
11Q5 19:8

שאגה נפשי להלל את שמכה

Sheol (np) שאל? (65) **שְׁאוֹל**

But God redeemed my soul from the power of Sheol.
Psalm 49:15

אַךְ אֱלֹהִים יִפְדֶּה נַפְשִׁי מִיַּד שְׁאוֹל
תְּהִלִּים מט, טז

Saul (np) שאל (406?) **שָׁאוּל**

And Saul and all the men of Israel rejoiced there greatly.
1 Samuel 11:15

וַיִּשְׂמַח שָׁם שָׁאוּל וְכָל אַנְשֵׁי יִשְׂרָאֵל עַד מְאֹד
שְׁמוּאֵל א יא, טו

noise, roar, uproar (nm) שאה (17) **שָׁאוֹן**

And a roar of nations is like a roar of water.
Isaiah 17:12

וּשְׁאוֹן לְאֻמִּים כִּשְׁאוֹן מַיִם
יְשַׁעְיָהוּ יז, יב

שְׁאוֹן־: שְׁאוֹנָהּ

And like the sound of many water is the roar of their voice.
Thanksgiving Hymn (1QHa) 10:29

וכהמון מים רבים שאון קולם

he asked, inquired, demand, consulted (v, *qal*) שאל (162) **שָׁאַל**

And also what you did not ask, I will give to you.
1 Kings 3:13

וְגַם אֲשֶׁר לֹא שָׁאַלְתָּ נָתַתִּי לָךְ
מְלָכִים א ג, יג

שָׁאוֹל\שְׁאֹל\שְׁאָל\שְׁאוֹל (שָׁאוֹל)
שָׁאַלְתִּי, שָׁאַלְתָּ\שָׁאָלְתָּ, שָׁאַלְתְּ, שָׁאַל\שָׁאָל\יִשְׁאַל, שָׁאֲלָה\שָׁאָלָה, שְׁאֶלְתֶּם, שָׁאֲלוּ\שָׁאָלוּ | שְׁאִלְתִּיו\
  שְׁאִלְתִּיהוּ, שְׁאֵלְךָ, שְׁאֵלֵךְ, שְׁאָלוּנִי\שְׁאֵלוּנִי
אֶשְׁאַל\אֶשְׁאֲלָה, תִּשְׁאַל, יִשְׁאַל\יִשְׁאָל, נִשְׁאֲלָה, יִשְׁאֲלוּ\יִשְׁאָלוּ\יִשְׁאָלוּן | אֶשְׁאָלְךָ, אֶשְׁאָלֵם, תִּשְׁאָלֵנִי,
  יִשְׁאָלְךָ, יִשְׁאָלֵהוּ, תִּשְׁאָלְךָ, יִשְׁאָלוּנִי
שֹׁאֵל, שֹׁאֶלֶת, שֹׁאֲלִים | --- | שָׁאוּל
שְׁאַל, שַׁאֲלִי, שַׁאֲלוּ

A righteous judgment you will ask.
4Q471a f1:6

משפט צדק תשאלו

he asked (v, *peal*) שאל (6) **שְׁאֵל**

And even we asked to them their names.
Ezra 5:10

וְאַף שְׁמָהָתְהֹם שְׁאֵלְנָא לְהֹם
עֶזְרָא ה, י

שְׁאֵל, שְׁאֵלְנָא
--- | יִשְׁאֲלֶנְכוֹן
שָׁאֵל

They will ask your peace [i.e., greet you] at all times.
TAD A3 7:1

ישאלו שלמכי בכל עדן

And I asked him, "What is your name?" — ושאלתה מן שמך
4Q552 f1ii:5

שְׁאֵלָה (14) שאל — request, petition (nf)

And the LORD gave to me my request. — וַיִּתֵּן יְהוָה לִי אֶת שְׁאֵלָתִי
1 Samuel 1:27 — שְׁמוּאֵל א א, כז

---: שְׁאֵלָתִי\שֶׁאֱלָתִי, שְׁאֵלָתֵךְ\שֵׁלָתֵךְ, שֶׁאֱלָתָם

And give to me my request. — ותן לי את שאלתי
11Q5 24:4

שְׁאָר (26) שאר — remnant, rest, excess (nm)

And the remnant of the trees of his forest will be few. — וּשְׁאָר עֵץ יַעְרוֹ מִסְפָּר יִהְיוּ
Isaiah 10:19 — יְשַׁעְיָהוּ י, יט

שְׁאָר־: ---

And the rest of all the people will sit. — ושאר כול העם ישבו
Community Rule (1QS) 6:8–9

[שְׁאָר] (12) שאר — rest, remainder (nm)

It will be good to do with the rest of the silver and gold. — יֵיטַב בִּשְׁאָר כַּסְפָּא וְדַהֲבָה לְמֶעְבַּד
Ezra 7:18 — עֶזְרָא ז, יח

שְׁאָר־:

And it [i.e., moon] ruled over the rest of this day. — ושלט בשאר יממא דן
4Q209 f9:2

שְׁאֵר (16) שאר — flesh, food, relative, kin (nm)

And he rained on them food like dust. — וַיַּמְטֵר עֲלֵיהֶם כֶּעָפָר שְׁאֵר
Psalm 78:27 — תְּהִלִּים עח, כז

שְׁאֵר־: שְׁאֵרִי, שְׁאֵרֶךָ, שְׁאֵרוֹ, שְׁאֵרָהּ, שְׁאֵרָם

The sister of your mother do not approach; she is your mother's kin. | אחות אמך לא תקרב שאר אמך היא
Damascus Document (CD) 5:9

remnant, remainder (nf) שאר (66) שְׁאֵרִית

The remnant of Israel will not do wickedness. | שְׁאֵרִית יִשְׂרָאֵל לֹא יַעֲשׂוּ עַוְלָה
Zephaniah 3:13 | צְפַנְיָה ג, יג

שְׁאֵרִית־\שֵׁרִית־: שְׁאֵרִיתֵךְ, שְׁאֵרִיתוֹ, שְׁאֵרִיתָם

He left a remnant for Israel and did not give them to destruction. | השאיר שאירית לישראל ולא נתנם לכלה
Damascus Document (CD) 1:4

he went back, turned back, returned (v, *qal*) שוב (685?) שָׁב

Come, let us return to the LORD. | לְכוּ וְנָשׁוּבָה אֶל יְהוָה
Hosea 6:1 | הוֹשֵׁעַ ו, א

שׁוּב\שׁוּב (שׁוֹב) | שׁוּבִי\שׁוּבֵנִי, שׁוּבְךָ\שׁוּבֵךְ, שׁוּבוֹ\שֻׁבוֹ, שׁוּבְכֶם
שַׁבְתִּי, שַׁבְתָּ, שָׁב, שָׁבָה\שָׁבָה\שָׁבַת, שַׁבְנוּ, שַׁבְתֶּם, שָׁבוּ
אָשׁוּב\אָשֻׁב\אָשׁוּבָה, תָּשׁוּב\תָּשֹׁב\תָּשָׁב, יָשׁוּב\יָשֹׁב\יָשָׁב\יָשִׁיב, תָּשׁוּב\תָּשֹׁב\תָּשָׁב, נָשׁוּב\נָשׁוּב\
נָשׁוּבָה\נָשֻׁבָה\נָשׁוּב, תָּשֻׁבוּ\תָּשׁוּבוּ\תְּשׁוּבוּן\תְּשׁוּבֶן\תְּשֻׁבוּן, יָשֻׁבוּ\יָשׁוּבוּ\יְשׁוּבוּן\יְשֻׁבוּן, תָּשֹׁבְנָה\
תָּשֹׁבְןָ
שָׁב, שָׁבָה, שָׁבִים (שָׁבֵי־) | שָׁבֶיהָ | --- (שׁוּבֵי־)
שׁוּב\שֻׁב\שׁוּבָה\שֻׁבָה, שׁוּבִי\שֻׁבִי, שׁוּבוּ\שֻׁבוּ, שֹׁבְנָה | שׁוּבֵנוּ

And he will not return again unto the council of the community [Yahad]. | ולוא ישוב עוד על עצת היחד
Community Rule (1QS) 7:2

elder, old man (nm) שיב (5) [שָׂב]

Then we asked the elders. | אֱדַיִן שְׁאֵלְנָא לְשָׂבַיָּא
Ezra 5:9 | עֶזְרָא ה, ט

שָׂבַיָּא

שָׂבֵי־: ---

I am an old man; I will not be able to serve. | שב אנה לא אכהל* למפלח
TAD C1 1:17

Sheba (np) --- (23) שְׁבָא

And the queen of Sheba saw all the wisdom of Solomon. — וַתֵּרֶא מַלְכַּת שְׁבָא אֵת כָּל חָכְמַת שְׁלֹמֹה
1 Kings 10:4 — מְלָכִים א י, ד

he took captive, deported (v, *qal*) שבה (39) **שָׁבָה**

And their captors took them captive to the land of the enemy. — וְשָׁבוּם שֹׁבֵיהֶם אֶל אֶרֶץ הָאוֹיֵב
1 Kings 8:46 — מְלָכִים א ח, מו

שְׁבוֹת
שָׁבִיתָ, שָׁבָה, שְׁבִיתֶם, שָׁבוּ | שָׁבָם, שָׁבוּם
יִשְׁבְּ, יִשְׁבּוּ | יִשְׁבֵּם, תִּשְׁבְּךָ
שֹׁבִים | שׁוֹבֵינוּ, שׁוֹבֵיהֶם\שֹׁבֵיהֶם | שְׁבוּיִם, שְׁבֻיוֹת
שְׁבֵה

Rise up, O warrior. Take captive your captives, man of honor. — קומה גבור שבה שביכה איש כבוד
War Scroll (1QM) 12:10

week (nm) שבע (20) **שָׁבוּעַ**

And a Festival of Weeks you will make for yourself. — וְחַג שָׁבֻעֹת תַּעֲשֶׂה לְךָ
Exodus 34:22 — שְׁמוֹת לד, כב

שָׁבוּעוֹת\שָׁבֻעוֹת\שָׁבֻעֹת, שָׁבֻעִים | שְׁבֻעַיִם
שְׁבֻעַ־: ---
שְׁבֻעוֹת־\שְׁבֻעֹת־: שָׁבֻעֹתֵיכֶם

In the first we[ek, the man was created. — בשבוע הראישׂ[ון נברא האדם
4Q265 f7:11

oath (nf) שבע (31) **שְׁבוּעָה\שְׁבֻעָה**

And all of Judah rejoiced over the oath. — וַיִּשְׂמְחוּ כָל יְהוּדָה עַל הַשְּׁבוּעָה
2 Chronicles 15:15 — דִּבְרֵי הַיָּמִים ב טו, טו

שְׁבֻעוֹת
שְׁבֻעַת־\שְׁבוּעַת־: שְׁבֻעָתִי, שְׁבֻעָתֶךָ, שְׁבוּעָתוֹ
שְׁבֻעֵי־: ---

[–] an oath of an innocent on[e] — [–] 𐤔𐤁𐤏𐤕 𐤍𐤒[𐤄]
Jerusalem 28:1

fortune, captivity (nf) שבה\שוב (32) **[שְׁבוּת]\שְׁבִית**

I will return the fortune of the land. — אָשִׁיב אֶת־שְׁבוּת הָאָרֶץ
Jeremiah 33:11 — יִרְמְיָהוּ לג, יא

שְׁבוּת־\שְׁבִית\שְׁבוּת־: שְׁבוּתְךָ, שְׁבִיתֵךְ, שְׁבוּתֵנוּ שְׁבִיתְכֶם, שְׁבוּתָם\שְׁבוּתָם, שְׁבִיתְהֶן
---: שְׁבִיתַיִךְ, שְׁבוּתֵיכֶם

he praised, glorified (v, *pael*)	שבח	(5)	[שַׁבַּח]

And they praised the gods of gold. — וְשַׁבַּחוּ לֵאלָהֵי דַּהֲבָא
Daniel 5:4 — דָּנִיֵּאל ה, ד

שַׁבְּחֵת, שַׁבַּחְתָּ, שַׁבַּחוּ

מְשַׁבַּח

And they praised and glorified. — והללו ושבחו
1Q20 10:8

tribe, rod, staff, scepter (nm)	שבט	(190)	שֵׁבֶט\שָׁבֶט

And I took the heads of your tribes, wise men. — וָאֶקַּח אֶת רָאשֵׁי שִׁבְטֵיכֶם אֲנָשִׁים חֲכָמִים
Deuteronomy 1:15 — דְּבָרִים א, טו

שְׁבָטִים
שֵׁבֶט־: שִׁבְטְךָ\שִׁבְטֶךָ, שִׁבְטוֹ
שִׁבְטֵי־: שְׁבָטֶיךָ, שְׁבָטָיו, שְׁבָטֶיהָ, שִׁבְטֵיכֶם, שִׁבְטֵיהֶם

The staff is the leader of the whole congregation. — השבט הוא נשיא כל העדה
Damascus Document (CD) 7:20

captivity, captives (nm)	שבה	(49)	שְׁבִי\שֶׁבִי

My maidens and young men went into captivity. — בְּתוּלֹתַי וּבַחוּרַי הָלְכוּ בַשֶּׁבִי
Lamentations 1:18 — אֵיכָה א, יח

שְׁבִי־: שֶׁבְיֵךְ, שִׁבְיוֹ, שִׁבְיָהּ, שֶׁבְיְכֶם, שִׁבְיָם

And he commanded them what they would do in the land of their captivi[ty]. — ויצום את אשר יעשו בארץ שביא[ם]
4Q385a f18ia_b:7

seventh (adj)	שבע	(98)	שְׁבִיעִי

And God blessed the seventh day. — וַיְבָרֶךְ אֱלֹהִים אֶת יוֹם הַשְּׁבִיעִי
Genesis 2:3 — בְּרֵאשִׁית ב, ג

שְׁבִיעִי\שְׁבִעִי | שְׁבִיעִית\שְׁבִיעִת\שְׁבִעִית\שְׁבִעִת

And the priest looked on the seventh day. — וראה הכוהן ביום השביעי
4Q266 f6i:4

latticework, net (nf)	שבך	(16)	שְׂבָכָה

And Ahaziah fell through the latticework. — וַיִּפֹּל אֲחַזְיָה בְּעַד הַשְּׂבָכָה
2 Kings 1:2 — מְלָכִים ב א, ב

שְׂבָכוֹת, שְׂבָכִים

---

ears of corn, grain (nf)	שבל	(15)	שִׁבֹּ֫לֶת

And the seven good ears of grain are seven years. — וְשֶׁבַע הַשִּׁבֳּלִים הַטֹּבֹת שֶׁבַע שָׁנִים הֵנָּה
Genesis 41:26 — בְּרֵאשִׁית מא, כו

שִׁבֳּלִים

שִׁבֳּלֵי־

And a pure gold ear of grain is in the midst of the blade. — ושבולת זהב טהור בתוך הלהב
War Scroll (1QM) 5:10

he was full, satisfied (v, *qal*)	שבע	(78)	שָׂבַע

You will eat and be satisfied, and you will build good houses. — תֹּאכַל וְשָׂבָעְתָּ וּבָתִּים טוֹבִים תִּבְנֶה
Deuteronomy 8:12 — דְּבָרִים ח, יב

שָׂבֹעַ (שָׂבוֹעַ)
שָׂבַעְתִּי, שָׂבָ֫עְתָּ, שָׂבָ֫עַתְּ, שָׂבַע, שָׂבְעָה, שָׂבַעְנוּ, שְׂבַעְתֶּם, שָׂבְעוּ\שָׂבֵ֫עוּ
אֶשְׂבַּע\אֶשְׂבְּעָה, תִּשְׂבַּע, יִשְׂבַּע\יִשְׂבָּע, תִּשְׂבַּע, נִשְׂבַּע\נִשְׂבָּע\נִשְׂבְּעָה, תִּשְׂבְּעוּ\תִּשְׂבָּעוּ, יִשְׂבְּעוּ\יִשְׂבָּ֫עוּ\
יִשְׂבְּעוּן, תִּשְׂבַּעְנָה | תִּשְׂבָּעֶנּוּ, יִשְׂבָּעֶךָּ

שְׂבַע

And [h]e, like death, will not be satisfied. — ו[ה]וא כמות לוא ישבע
Habakkuk Pesher (1QpHab) 8:4

full, satisfied (adj)	שבע	(10)	שָׂבֵ֫עַ

And Job died: old and full of days. — וַיָּמָת אִיּוֹב זָקֵן וּשְׂבַע יָמִים
Job 42:17 — אִיּוֹב מב, יז

שָׂבֵעַ (שְׂבַע־) | שְׂבֵעָה | שְׂבֵעִים | ---

And the days of his life completed]: old and full of days. — ויתם את ימי חייו]זקן ושבע ימים
2Q19 f1:5

seven (adj, fs)	שבע	(165)	שֶׁ֫בַע

The seven good cows are seven years. — שֶׁבַע פָּרֹת הַטֹּבֹת שֶׁבַע שָׁנִים הֵנָּה
Genesis 41:26 — בְּרֵאשִׁית מא, כו

And the peace offering you will not eat until seven years have passed. — וזבח שלמים לוא תואכל עד יעבורו שבע שנים
11Q19 63:15

seven (adj, ms)	שבע	(227)	שִׁבְעָה

From all the pure animals you will take for yourself seven pairs. — מִכֹּל הַבְּהֵמָה הַטְּהוֹרָה תִּקַּח לְךָ שִׁבְעָה שִׁבְעָה
Genesis 7:2 — בְּרֵאשִׁית ז, ב

Seven Levites will go out with them. — יצאו עמהמה שבעה לויים
War Scroll (1QM) 7:14

seven (nm or adj?)	שבע	(6)	שִׁבְעָה

Seven times will pass over him. — וְשִׁבְעָה עִדָּנִין יַחְלְפוּן עֲלוֹהִי
Daniel 4:16 — דָּנִיֵּאל ד, יג

שִׁבְעַת־: ---

And I passed seven heads of the river. — וח]לפת שבעת ראשי נהרא
1Q20 19:12

seventy (adj, m pl and f pl)	שבע	(91)	שִׁבְעִים

And Ahab had seventy sons in Samaria. — וּלְאַחְאָב שִׁבְעִים בָּנִים בְּשֹׁמְרוֹן
2 Kings 10:1 — מְלָכִים ב י, א

And the width of the gates is fifty cubits and their height is seventy cubits. — ורוחב השערים חמשים באמה וגובהמה שבעים באמה
11Q19 40:12

he broke, shattered (v, *qal*)	שבר	(53)	שָׁבַר

I broke the arm of Pharaoh, king of Egypt. — אֶת זְרוֹעַ פַּרְעֹה מֶלֶךְ מִצְרַיִם שָׁבַרְתִּי
Ezekiel 30:21 — יְחֶזְקֵאל ל, כא

שְׁבֹר\שְׁבוֹר | שִׁבְרִי
שָׁבַרְתִּי\שָׁבָ֫רְתִּי, שָׁבַרְתָּ\שָׁבָ֫רְתָּ, שָׁבַר\שָׁבָ֫ר, שָׁבְרָה, שָׁבְרוּ | שְׁבָרֵךְ, שְׁבָרָהּ
אֶשְׁבֹּר\אֶשְׁבּוֹר, יִשְׁבֹּר\יִשְׁבּוֹר, תִּשְׁבָּר, תִּשְׁבְּרוּ\תִּשְׁבֹּ֫רוּ, יִשְׁבְּרוּ | יִשְׁבְּרֵהוּ, יִשְׁבְּרוּהוּ
שֹׁבֵר | --- | שָׁבוּר, --- (שְׁבוּרֵי)
שְׁבֹר | שָׁבְרֵם

In his days, I will break the kingdom of Egypt. — בימו אשבור את מלכות מצרים
4Q388a f7ii:4

he bought grain (v, *qal*) — שבר (16) — [שָׁבַר]

And all the earth came to Egypt to buy grain. — וְכָל הָאָרֶץ בָּאוּ מִצְרַיְמָה לִשְׁבֹּר
Genesis 41:57 — בְּרֵאשִׁית מא, נז

שְׁבֹר\שְׁבָר

יִשְׁבֹּר, נִשְׁבְּרָה, תִּשְׁבְּרוּ
שֹׁבְרִים
שִׁבְרוּ

he shattered, smashed (v, *piel*) — שבר (36) — שִׁבַּר

And his altars and his images they smashed. — וְאֶת מִזְבְּחֹתָיו וְאֶת צְלָמָיו שִׁבְּרוּ
2 Chronicles 23:17 — דִּבְרֵי הַיָּמִים ב כג, יז

--- (שַׁבֵּר)
שִׁבַּרְתָּ, שִׁבַּר\שִׁבֵּר, שִׁבַּרְתֶּם, שִׁבְּרוּ\שִׁבֵּרוּ
אֲשַׁבֵּר\אֲשַׁבְּרָה, תְּשַׁבֵּר, יְשַׁבֵּר, תְּשַׁבֵּרוּ\תְּשַׁבֵּרוּן, יְשַׁבְּרוּ | אֲשַׁבְּרֵם
מְשַׁבֵּר

The LORD our God shattered him. — שברו יהוה אלהינו
4Q373 f1a+b:6

break, fracture, collapse, wound (nm) — שבר (44) — שֶׁבֶר\שָׁבֶר

Who will heal your wound for you? — שִׁבְרֵךְ מִי יִרְפָּא לָךְ
Lamentations 2:13 — אֵיכָה ב, יג

שְׁבָרִים
שֶׁבֶר־\שֵׁבֶר־: שִׁבְרִי, שִׁבְרְךָ\שִׁבְרֶךָ, שִׁבְרֵךְ, שִׁבְרָהּ
---: שְׁבָרֶיהָ

I called the LORD and he answered me, [and he healed] my heartbreak. — קראתי יהוה ויענני [וירפא את] שבר לבי
11Q5 24:16

he stopped, rested, ceased (v, *qal*) — שבת (27) — שָׁבַת

And he ceased on the seventh day from all his work. — וַיִּשְׁבֹּת בַּיּוֹם הַשְּׁבִיעִי מִכָּל מְלַאכְתּוֹ
Genesis 2:2 — בְּרֵאשִׁית ב, ב

שָׁבַת, שָׁבְתָה\שָׁבָתָה, שָׁבָתוּ
תִּשְׁבֹּת, יִשְׁבּוֹת\יִשְׁבֹּת, תִּשְׁבֹּת\תִּשְׁבַּת, תִּשְׁבְּתוּ, יִשְׁבְּתוּ\יִשְׁבֹּתוּ

And he stored* (grain) some days before he stopped [perhaps "Sabbath"]. *Metsad ha-Shavyahu 1:5–6*	ואסם* כימם לפני שבת
And an evil animal ceased from [the land]. *11Q14 f1ii:13–14*	וחיה רעה שבתה מן [הארץ]

Sabbath, rest (nm and nf)	שבת	(111)	**שַׁבָּת**

And the seventh day is a Sabbath to the LORD your God. *Deuteronomy 5:14*	וְיוֹם הַשְּׁבִיעִי שַׁבָּת לַיהוָה אֱלֹהֶיךָ דְּבָרִים ה, יד

שַׁבָּתוֹת
שַׁבַּת־: שַׁבַּתּוֹ, שַׁבַּתָּהּ, שַׁבַּתְּכֶם
שַׁבְּתֹת־: שַׁבְּתוֹתַי\שַׁבְּתֹתַי, שַׁבְּתֹתֶיהָ\שַׁבְּתוֹתֶיהָ, שַׁבְּתֹתֵיכֶם

And he stored* (grain) some days before Sabbath [perhaps "he stopped"]. *Metsad ha-Shavyahu 1:5–6*	ואסם* כימם לפני שבת
Keep the Sabbath day to make it holy. *Damascus Document (CD) 10:16–17*	שמור את יום השבת לקדשו

rest (nm)	שבת	(11)	**שַׁבָּתוֹן**

A year of rest will be for the land. *Leviticus 25:5*	שְׁנַת שַׁבָּתוֹן יִהְיֶה לָאָרֶץ וַיִּקְרָא כה, ה

A Sabbath of rest, a holy convocation, will be to you. *11Q19 27:8*	שבת שבתון מקרא קודש יהיה לכמה

error, mistake (nf)	שגג	(19)	**שְׁגָגָה**

And the priest will forgive him concerning his error. *Leviticus 5:18*	וְכִפֶּר עָלָיו הַכֹּהֵן עַל שִׁגְגָתוֹ וַיִּקְרָא ה, יח

---: שִׁגְגָתוֹ, שִׁגְגָתָם

He is not walking again in error until he fulfills two years. *4Q258 7:1–2*	לא הלך עוד בשגגה עד מלאות לו שנתים

he strayed, erred, did wrong, staggered (v, *qal*)	שגה	(17)	[שָׁגָה]

And also these ones staggered with wine. — וְגַם אֵלֶּה בַּיַּיִן שָׁגוּ
Isaiah 28:7 — יְשַׁעְיָהוּ כח, ז

שְׁגוֹת
שָׁגִיתִי, שָׁגוּ
אֶשְׁגֶּה, תִּשְׁגֶּה, יִשְׁגֶּה, תִּשְׁגּוּ, יִשְׁגּוּ
שֹׁגֶה, שׁוֹגִים\שֹׁגִים

They erred and did not do the [commandments]. — ישגו ולא יעשו את [המצות]
4Q306 f1:1

great, much, many (adj, used adverbially)	שגא	(13)	שַׂגִּיא

Get up, eat much flesh! — קוּמִי אֲכֻלִי בְּשַׂר שַׂגִּיא
Daniel 7:5 — דָּנִיֵּאל ז, ה

שַׂגִּיא | --- | --- | שַׂגִּיאָן

Many words against him they will say. — שגיאן מלין עלוהי יאמרון
4Q541 f9i:5

breast (nm)	---	(21)	שַׁד

We have a little sister and she has no breasts. — אָחוֹת לָנוּ קְטַנָּה וְשָׁדַיִם אֵין לָהּ
Song of Songs 8:8 — שִׁיר הַשִּׁירִים ח, ח

שָׁדַיִם\שָׁדָיִם

שְׁדֵי־: שָׁדַי, שָׁדַיִךְ, שָׁדֶיהָ, שְׁדֵיהֶן

And we are in iniquity from the womb and from the breasts. — ואנו בעולה מרחם ומשדים
4Q507 f1:2

violence, destruction (nm)	שדד	(25)	שֹׁד

Destruction is to them because they rebelled against me. — שֹׁד לָהֶם כִּי פָשְׁעוּ בִי
Hosea 7:13 — הוֹשֵׁעַ ז, יג

שֹׁד־: ---
---

he destroyed, plundered, ruined (v, *qal*)	שדד	(31)	[שָׁדַד]

Destroyers will come to her declares the LORD. — יָבֹאוּ שֹׁדְדִים לָהּ נְאֻם יְהוָה
Jeremiah 51:53 — יִרְמְיָהוּ נא, נג

שְׁדוֹד (שָׁדוֹד)
שָׁדְדוּ | שַׁדּוּנִי
יָשׁוּד | יְשָׁדְדֵם
שֹׁדֵד\שׁוֹדֵד, שֹׁדְדִים\שׁוֹדְדִים (שׁוֹדְדֵי־) | --- | שָׁדוּד, שְׁדוּדָה
שָׁדְדוּ

it was destroyed, laid waste, plundered (v, *pual*)	שדד	(20)	שֻׁדַּד

All the earth was laid waste. — שֻׁדְּדָה כָּל הָאָרֶץ
Jeremiah 4:20 — יִרְמְיָהוּ ד, כ

שֻׁדַּד\שֻׁדָּד, שֻׁדְּדָה\שֻׁדָּדָה, שֻׁדַּדְנוּ, שֻׁדְּדוּ\שֻׁדָּדוּ

---

field, pasture, open land (nm)	---	(333)	שָׂדֶה\שָׂדַי\שָׂדָי

Blessed you are in the city, and blessed you are in the field. — בָּרוּךְ אַתָּה בָּעִיר וּבָרוּךְ אַתָּה בַּשָּׂדֶה
Deuteronomy 28:3 — דְּבָרִים כח, ג

שָׂדוֹת\שָׂדֹת
שְׂדֵה־: שָׂדִי, שָׂדְךָ\שָׂדֶךָ, שָׂדֵהוּ, שָׂדָהּ
שְׂדֵי־\שְׂדוֹת־: שָׂדֶיךָ, שְׂדֹתֶיהָ, שָׂדֵינוּ\שְׂדֹתֵינוּ\שְׂדֹתֵנוּ, שְׂדוֹתֵיכֶם, שְׂדוֹתֵיהֶם\שְׂדֹתֵיהֶם\שְׂדֹתָם

And the devoted field will be property of [the priest]. — ושדה החרם תהיׄה אחזת [הכוהן]
4Q251 f14:2

Shaddai (np)	---	(48)	שַׁדַּי

And may El Shaddai give to you mercy before the man. — וְאֵל שַׁדַּי יִתֵּן לָכֶם רַחֲמִים לִפְנֵי הָאִישׁ
Genesis 43:14 — בְּרֵאשִׁית מג, יד

Shadrach (np)	---	(14)	שַׁדְרַךְ

Shadrach, Meshach, and Abednego answered. — עֲנוֹ שַׁדְרַךְ מֵישַׁךְ וַעֲבֵד נְגוֹ
Daniel 3:16 — דָּנִיֵּאל ג, טז

sheep, goat, flock (nm)	---	(47)	שֶׂה

I am judging between sheep to sheep. — הִנְנִי שֹׁפֵט בֵּין שֶׂה לָשֶׂה
Ezekiel 34:17 — יְחֶזְקֵאל לד, יז

שֵׂה־: שֵׂיוֹ, שְׂיֵהוּ

ושה אותו ואת בנו לוא תזבח ביום אחד

And a sheep, it and its offspring, you will not sacrifice in one day.
11Q19 52:6

שֹׁהַם (11) --- onyx? (nm)

הֵבִיאוּ אֵת אַבְנֵי הַשֹּׁהַם
שְׁמוֹת לה, כז

They brought the stones of onyx.
Exodus 35:27

שָׁוְא\שָׁו (53) שוא emptiness, falsehood, vanity, worthless worthlessness (nm)

פִּיהֶם דִּבֶּר שָׁוְא
תְּהִילִּים קמד, ח

Their mouth spoke falsehood.
Psalm 144:8

התעה רבים לבנות עיר שוו

He caused many to err to build a worthless city.
Habakkuk Pesher (1QpHab) 10:9–10

שׁוֹאָה\שֹׁאָה (12) שוא devastation, ruin (nf)

וְתָבֹא עָלַיִךְ פִּתְאֹם שׁוֹאָה
יְשַׁעְיָהוּ מז, יא

And suddenly ruin will come on you.
Isaiah 47:11

---: שֹׁאֵיהֶם

[שׁוֹבֵב] (12) שוב he brought back, led astray, restored (v, *polel*)

נַפְשִׁי יְשׁוֹבֵב
תְּהִילִּים כג, ג

He will restore my soul.
Psalm 23:3

שׁוֹבֵב | שׁוֹבְבִי
שֹׁבַבְתִּי, שׁוֹבְבָה | שׁוֹבַבְתִּיךָ, שׁוֹבְבָתֶךָ, שׁוֹבְבִים
תְּשׁוֹבֵב, יְשׁוֹבֵב
מְשׁוֹבֵב, מְשׁוֹבֶבֶת

שׁוֹטֵר\שֹׁטֵר (25) שטר officer, official, supervisor (nm)

יָדַעְתָּ כִּי הֵם זִקְנֵי הָעָם וְשֹׁטְרָיו
בְּמִדְבַּר יא, טז

You have known that they are the elders of the people and its officials.
Numbers 11:16

שֹׁטְרִים

שֹׁטְרֵי־: שֹׁטְרָיו, שֹׁטְרֵיכֶם, שֹׁטְרֵיהֶם

Judges and officials you will put for yourself in all your gates. — שופטים ושוטרים תתן לכה בכול שעריכה
11Q19 51:11

hem, skirt (nm)	שול	(11)	[שׁוּל]

And also I strip your skirts over your face. — וְגַם אֲנִי חָשַׂפְתִּי שׁוּלַיִךְ עַל פָּנָיִךְ
Jeremiah 13:26 — יִרְמְיָהוּ יג, כו

שׁוּלֵי־: שׁוּלַיִךְ, שׁוּלָיו, שׁוּלֶיהָ

And you removed [your] skirts over your face. — וגלית שולי[ך] על פניך
4Q169 f3_4ii:10–11

he cried out, called for help (v, *piel*)	שוע	(21)	[שִׁוַּע]

O Lord, my God, I cried out to you and you healed me. — יְהוָה אֱלֹהָי שִׁוַּעְתִּי אֵלֶיךָ וַתִּרְפָּאֵנִי
Psalm 30:2 — תְּהִלִּים ל, ג

--- | שַׁוְּעִי, שַׁוְּעוּ
שִׁוַּעְתִּי
אֲשַׁוַּע\אֲשַׁוֵּעַ\אֲשַׁוְּעָה, תְּשַׁוַּע\תְּשַׁוֵּעַ, יְשַׁוְּעוּ\יְשַׁוֵּעוּ
מְשַׁוֵּעַ
---

cry for help (nf)	שוע	(11)	[שַׁוְעָה]

And their cry for help he will hear and save them. — וְאֶת שַׁוְעָתָם יִשְׁמַע וְיוֹשִׁיעֵם
Psalm 145:19 — תְּהִלִּים קמה, יט

שַׁוְעַת־: שַׁוְעָתִי, שַׁוְעָתָם

And the cry of orphans he heard. — ושועת יתומים שמע
4Q434 f1i:2

gatekeeper (nm)	שער	(37)	שׁוֹעֵר\שֹׁעֵר

And he stationed the gatekeepers on the gates of the house of the Lord. — וַיַּעֲמֵד הַשּׁוֹעֲרִים עַל שַׁעֲרֵי בֵּית יְהוָה
2 Chronicles 23:19 — דִּבְרֵי הַיָּמִים ב כג, יט

שׁוֹעֲרִים\שֹׁעֲרִים
שֹׁעֵר־: ---
שֹׁעֲרֵי־: ---

לעזריהו שער המטרה*
To Azariah, gatekeeper of the prison*.
Seals 418:1–2

trumpet, ram's horn (nm)	---	(72)	שׁוֹפָר\שֹׁפָר

תִּקְעוּ שׁוֹפָר בְּצִיּוֹן
יוֹאֵל ב, טו
Blow the trumpet in Zion!
Joel 2:15

שׁוֹפָרוֹת
שׁוֹפַר־: ---
שׁוֹפְרוֹת־: שׁוֹפְרֹתֵיהֶם

והלויים וכול עם השופרות יריעו
And the Levites and all people will blow the trumpets.
War Scroll (1QM) 8:9

thigh, leg (nf)	---	(19)	שׁוֹק

וְאֵת שׁוֹק הַיָּמִין תִּתְּנוּ תְרוּמָה לַכֹּהֵן
וַיִּקְרָא ז, לב
And you will give the right thigh, an offering to the priest.
Leviticus 7:32

שֹׁקַיִם
שׁוֹק־: ---
שׁוֹקֵי־: שׁוֹקָיו

ולכוהנים י]היה שוק התרומה
And to the priests w]ill be the thigh of the offering.
11Q20 5:1

ox, bull (nm)	---	(79)	שׁוֹר

יָרַד הַיּוֹם וַיִּזְבַּח שׁוֹר
מְלָכִים א א, כה
He went down today and sacrificed an ox.
1 Kings 1:25

שְׁוָרִים
שׁוֹר־: שׁוֹרְךָ\שֹׁרְךָ\שׁוֹרֶךָ, שׁוֹרוֹ

לוא תואכל בשר שור
You will not eat flesh of an ox.
11Q19 52:19

he sang (v, *polel*)	שׁיר	(37)	[שׁוֹרֵר]

חֲצֵרִים בָּנוּ לָהֶם הַמְשֹׁרְרִים
נְחֶמְיָה יב, כט
The singers built settlements for themselves.
Nehemiah 12:29

יְשׁוֹרֵר
מְשׁוֹרֵר, מְשֹׁרְרִים, מְשֹׁרְרוֹת

ויכתב תהלים שלושת אלפים ושש מאות ושיר לשורר לפני המזבח

And he wrote three thousand six hundred psalms and songs to sing before the altar.
11QS 27:4–5

שׁוּשַׁן (21) --- Susa (np)

אִישׁ יְהוּדִי הָיָה בְּשׁוּשַׁן הַבִּירָה וּשְׁמוֹ מָרְדֳּכַי
אֶסְתֵּר ב, ה

A Jewish man was in Susa the capital and his name was Mordechai.
Esther 2:5

שׁוּשַׁן\שׁוֹשָׁן\שׁוֹשַׁנָּה (17) --- lily (nm/nf)

אֲנִי לְדוֹדִי וְדוֹדִי לִי הָרֹעֶה בַּשּׁוֹשַׁנִּים
שִׁיר הַשִּׁירִים ו, ג

I am my beloved's and my beloved is mine, he pastures in the lilies.
Song of Songs 6:3

שׁוֹשַׁנִּים\שֹׁשַׁנִּים
שׁוֹשַׁנַּת־: ---

ואפרחה כשושנה ולבי נפתח למקור עולם

And may I sprout like a lily and my heart open to an eternal spring.
Thanksgiving Hymn (1QHa) 18:33

[שָׁחַח] (11) שחח he bowed down, was humbled, crouched (v, *qal*)

שַׁחוּ רָעִים לִפְנֵי טוֹבִים
מִשְׁלֵי יד, יט

Evil ones bowed down before good ones.
Proverbs 14:19

שְׁחוֹחַ
שַׁחוֹתִי\שַׁחֹתִי, שַׁח, שַׁחֲחוּ\שַׁחוּ
יָשֹׁחַ, יָשֹׁחוּ

[שָׂח] (18) שיח he talked about, complained, meditated (v, *qal*)

עַבְדְּךָ יָשִׂיחַ בְּחֻקֶּיךָ
תְּהִילִּים קיט, כג

Your servant will meditate on your statutes.
Psalm 119:23

שִׂיחַ

אָשִׂיחַ\אָשִׂיחָה, יָשִׂיחַ, יָשִׂיחוּ | תְּשִׂיחֶךָ

שִׂיחַ, שִׂיחוּ

And about his faithfulness they will talk all the day. — ובאמונתו ישיחו כול היום
4Q418 f126ii:10

bribe, gift (nm)	שחד	(23)	שֹׁחַד

Behold, I sent to you a gift of silver and gold. — הִנֵּה שָׁלַחְתִּי לְךָ שֹׁחַד כֶּסֶף וְזָהָב
1 Kings 15:19 — מְלָכִים א טו, יט

And they will not take a bribe. — ולוא יקחו שוחד
11Q19 51:12

laughter, mockery, laughingstock (nm)	שחק	(15)	שְׂחוֹק\שְׂחֹק

I was a laughingstock to all of my people. — הָיִיתִי שְׂחֹק לְכָל עַמִּי
Lamentations 3:14 — אֵיכָה ג, יד

שְׂחוֹק־\שְׂחֹק־: ---
---

he slaughtered (v, *qal*)	שחט	(77)	שָׁחַט

And they slaughtered the bull and the priests received the blood. — וַיִּשְׁחֲטוּ הַבָּקָר וַיְקַבְּלוּ הַכֹּהֲנִים אֶת הַדָּם
2 Chronicles 29:22 — דִּבְרֵי הַיָּמִים ב כט, כב

שְׁחֹט\שְׁחוֹט (שָׁחֹט) | שַׁחֲטָם
תִּשְׁחַט, תִּשְׁחֲטִי, יִשְׁחַט\יִשְׁחָט, תִּשְׁחֲטוּ, יִשְׁחֲטוּ\יִשְׁחָטוּ | יִשְׁחָטֵהוּ, יִשְׁחָטֵם, יִשְׁחָטוּהוּ, יִשְׁחָטוּם
שָׁחַטְתָּ, שָׁחַט, שְׁחַטְתֶּם, שָׁחֲטוּ | שְׁחָטוֹ
שׁוֹחֵט, --- (שֹׁחֲטֵי־) | --- | שָׁוחֵט, שְׁחֻטָה\שחוּטָה
שַׁחֲטוּ

They are not slaughtering in the sanctuary. — אי]נْם שוחטים במקْדש
4Q396 f1_2i:1

boils (nm, coll)	שחן	(13)	שְׁחִין

The LORD will strike you with bad boils. — יַכְּכָה יְהוָה בִּשְׁחִין רָע
Deuteronomy 28:35 — דְּבָרִים כח, לה

שְׁחִין־: ---

בְּעוֹרוֹ שחין ונרפ[א] On his skin are boils, and it was heal[ed].
4Q365 f19:4

שָׂחַק	(18)	שחק	he laughed (v, *qal*)

יוֹשֵׁב בַּשָּׁמַיִם יִשְׂחָק The one who sits in heaven will laugh.
תְּהִלִּים ב, ד *Psalm 2:4*

שְׂחוֹק
שָׂחַק, שָׂחֲקוּ
אֶשְׂחַק\אֶשְׂחָק, תִּשְׂחַק\תִּשְׂחָק, יִשְׂחַק\יִשְׂחָק, תִּשְׂחַק, יִשְׂחָקוּ

לכול מבצר ישחק To every fortress he will laugh.
Habakkuk Pesher (1QpHab) 4:4

[שִׂחֵק]	(17)	שחק	he danced, entertained, played (v, *piel*)

וְכָל חַיַּת הַשָּׂדֶה יְשַׂחֲקוּ שָׁם And every beast of the field will play there.
אִיּוֹב מ, ב *Job 40:20*

שַׂחֵק
שִׂחַקְתִּי
תְּשַׂחֵק, יְשַׂחֵק, יְשַׂחֲקוּ
מְשַׂחֵק, מְשַׂחֶקֶת, מְשַׂחֲקִים, מְשַׂחֲקוֹת

זמותי ואשחקה I devised and played.
11Q5 21:15

שַׁחַק	(21)	שחק	cloud, dust (nm)

וּכְשַׁחַק מֹאזְנַיִם נֶחְשָׁבוּ And like dust (on) scales they were considered.
יְשַׁעְיָהוּ מ, טו *Isaiah 40:15*

שְׁחָקִים

ויהמו שחקים בקול המון And clouds roared with a sound of a multitude.
Thanksgiving Hymn (1QHa) 11:14

[שִׁחֵר]	(11)	שחר	he sought eagerly, was diligent/intent (v, *piel*)

אֱלֹהִים אֵלִי אַתָּה אֲשַׁחֲרֶךָּ God, you are my God, I will seek you earnestly.
תְּהִלִּים סג, ב *Psalm 63:1*

שַׁחֵר
שִׁחֲרוּ | שִׁחַרְתַּנִי, שִׁחֲרוֹ

תְּשַׁחֵר | אֲשַׁחֲרֶךָּ, יְשַׁחֲרֻנְנִי
--- (מְשַׁחֲרֵי־) | מְשַׁחֲרַי

His favor always seek earnestly. — רצונו שחר תמיד
4Q416 f2iii:12

dawn (nm)	שחר	(23)	שַׁחַר\שָׁחַר

Then your light will break forth like dawn. — אָז יִבָּקַע כַּשַּׁחַר אוֹרֶךָ
Isaiah 58:8 — יְשַׁעְיָהוּ נח, ח

Words of the instructor who spoke to all the sons of dawn. — דבר]ֹי משכיל אשר דבר לכול בני שחר
4Q298 f1_2i:1

he ruined, destroyed, corrupted (v, *piel*)	שחת	(39)	שִׁחֵת

And there will not again be a flood to destroy the earth. — וְלֹא יִהְיֶה עוֹד מַבּוּל לְשַׁחֵת הָאָרֶץ
Genesis 9:11 — בְּרֵאשִׁית ט, יא

שִׁחֵת | שִׁחֲתָה, שִׁחֶתְכֶם, שִׁחֲתָם
שִׁחַתְּ, שִׁחֵת, שִׁחֲתוּ\שִׁחֵתוּ | שִׁחֶתְךָ, שִׁחֲתָהּ, שִׁחַתֶּם

שַׁחֵתוּ

The mysteries of God is to destroy evil ones. — רזי אל לשחת רשעה
War Scroll (1QM) 3:9

pit (nf)	שחת	(23)	שַׁחַת\שָׁחַת

One who digs a pit will fall into it. — כֹּרֶה שַׁחַת בָּהּ יִפֹּל
Proverbs 26:27 — מִשְׁלֵי כו, כז

שַׁחַת־: שַׁחְתָּם

And you made Belial for the pit. — ואתה עשיתה בליעל לשחת
War Scroll (1QM) 13:10–11

acacia (nf)	---	(28)	שִׁטָּה

I will put in the wilderness cedar, acacia, myrtle, and a tree of oil [i.e., olive]. — אֶתֵּן בַּמִּדְבָּר אֶרֶז שִׁטָּה וַהֲדַס וְעֵץ שָׁמֶן
Isaiah 41:19 — יְשַׁעְיָהוּ מא, יט

שִׁטִּים

[And] they made the altar of burnt offering of acacia wood. — [וי]עשו את מזבח העולה עצי שטים
4Q365 f12a_bii:7

adversary, Satan (nm)	שטן	(27)	שָׂטָן

And the accuser went out from the face of the Lord and struck Job. — וַיֵּצֵא הַשָּׂטָן מֵאֵת פְּנֵי יְהוָה וַיַּךְ אֶת אִיּוֹב
Job 2:7 — אִיּוֹב ב, ז

---

it overflowed; he washed off (v, *qal*)	שטף	(28)	שָׁטַף

And his hands he did not wash off with water. — וְיָדָיו לֹא שָׁטַף בַּמָּיִם
Leviticus 15:11 — וַיִּקְרָא טו, יא

שָׁטַף | שְׁטָפָתְנִי, שְׁטָפוּנוּ
אֶשְׁטֹף, יִשְׁטֹף\יִשְׁטוֹף, תִּשְׁטֹף, יִשְׁטְפוּ\יִשְׁטֹפוּ | תִּשְׁטְפֵנִי, יִשְׁטְפוּךָ, יִשְׁטְפוּהָ
שׁוֹטֵף\שֹׁטֵף, שֹׁטְפִים

And they will become an overflowing river. — ויהיו לנחל שוטף
Thanksgiving Hymn (1QHa) 16:18

gray hair, elderly, old age (nf)	שיב	(19)	שֵׂיבָה

Before elderly you will rise. — מִפְּנֵי שֵׂיבָה תָּקוּם
Leviticus 19:32 — וַיִּקְרָא יט, לב

שֵׂיבַת־: שֵׂיבָתִי, שֵׂיבָתֵךְ, שֵׂיבָתוֹ

And unto old age you sustain me. — ועד שיבה אתה תכלכלני
Thanksgiving Hymn (1QHa) 17:34

he delivered (v, *shaphel*)	---	(9)	שֵׁיזִב

And from your hand, O king, he will deliver. | וּמִן יְדָךְ מַלְכָּא יְשֵׁיזִב
Daniel 3:17 | דָּנִיֵּאל ג, יז

שֵׁיזָבוּתָךְ, שֵׁיזָבוּתֵהּ, שֵׁיזָבוּתַנָא
שֵׁיזִב
יְשֵׁיזִב | יְשֵׁיזְבִנָּךְ, יְשֵׁיזְבִנְכוֹן
מְשֵׁיזִב
---

complaint, lament, meditation (nm) — שיח — (14) — שִׂיחַ

Hear, O God, my voice in my lament. | שְׁמַע אֱלֹהִים קוֹלִי בְשִׂיחִי
Psalm 64:1 | תְּהִלִּים סד, ב

---: שִׂיחִי\שִׂחִי, שִׂיחוֹ

You pour out a complaint before you hear their words. | תשפוך שיח טרם תשמע את מליהם
4Q525 f14ii:23

song (nm) — שיר — (77) — שִׁיר

And he put in my mouth a new song, a song of praise for our God. | וַיִּתֵּן בְּפִי שִׁיר חָדָשׁ תְּהִלָּה לֵאלֹהֵינוּ
Psalm 40:3 | תְּהִלִּים מ, ד

שִׁירִים\שִׁרִים
שִׁיר־: שִׁירִי, שִׁירוֹ\שִׁירֹה
---: שִׁרֶיךָ, שִׁירָיִךְ, שִׁירֵיכֶם

For the instructor is a song of the sacrifice of the seventh Sabbath. | למשכיל שיר עולת השבת השביעית
4Q403 f1i:30

song (nf) — שיר — (13) — שִׁירָה

And Moses wrote this song. | וַיִּכְתֹּב מֹשֶׁה אֶת הַשִּׁירָה הַזֹּאת
Deuteronomy 31:22 | דְּבָרִים לא, כב

שִׁירַת־: ---
שִׁירוֹת־: ---

he lay down, slept (v, *qal*) — שכב — (197) — שָׁכַב

And Solomon slept with his fathers and they buried him. | וַיִּשְׁכַּב שְׁלֹמֹה עִם אֲבֹתָיו וַיִּקְבְּרֻהוּ
2 Chronicles 9:31 | דִּבְרֵי הַיָּמִים ב ט, לא

שְׁכַב\שְׁכַב\שְׁכָּב (שְׁכֹב) | שָׁכְבְּךָ, שָׁכְבוֹ, שִׁכְבָהּ
שָׁכַבְתִּי, שָׁכַבְתָּ\שָׁכָבְתִּי, שָׁכַב\שָׁכָב, שָׁכְבָה, שְׁכַבְתֶּם, שָׁכְבוּ
אֶשְׁכָּב\אֶשְׁכְּבָה, תִּשְׁכַּב\תִּשְׁכָּב, יִשְׁכַּב\יִשְׁכָּב, תִּשְׁכַּב\תִּשְׁכָּב, נִשְׁכְּבָה, תִּשְׁכְּבוּן\תִּשְׁכָּבוּן, יִשְׁכְּבוּ\
יִשְׁכָּבוּ\יִשְׁכְּבֶן\יִשְׁכָּבוּן
שֹׁכֵב\שׁוֹכֵב, שֹׁכֶבֶת, שֹׁכְבִים (שֹׁכְבֵי־)
שְׁכַב\שְׁכָב\שִׁכְבָה, שִׁכְבִי

אל ישכב איש עם אשה בעיר המקדש	A man shall not lie with a woman in the city of the sanctuary. *Damascus Document (CD) 12:1*

שִׁכּוֹר\שִׁכֹּר	(13)	שכר	drunk (adj)

הָקִיצוּ שִׁכּוֹרִים וּבְכוּ וְהֵילִלוּ כָּל שֹׁתֵי יָיִן	Wake up drunk ones and weep, and all drinkers of wine wail.
יוֹאֵל א, ה	*Joel 1:5*

שִׁכּוֹר\שִׁכֹּר | שִׁכֹּרָה | שִׁכּוֹרִים (שִׁכּוֹרֵי־\שִׁכֹּרֵי־) | ---

ויחגו כשכור	And they celebrated like a drunk person. *4Q418b f1:4*

שָׁכַח	(86)	שכח	he forgot (v, *qal*)

הַשְׁכַחְתֶּם אֶת רָעוֹת אֲבוֹתֵיכֶם	Have you forgotten the evil of your fathers?
יִרְמְיָהוּ מד, ט	*Jeremiah 44:9*

--- (שָׁכֹחַ)
שָׁכַחְתִּי\שָׁכָחְתִּי, שָׁכַחְתָּ, שָׁכַחַתְּ, שָׁכַח, שָׁכְחָה\שָׁכֵחָה, שָׁכַחְנוּ, שְׁכַחְתֶּם, שָׁכְחוּ | שְׁכַחְתָּנִי, שְׁכֵחָנִי,
שְׁכֵחֲנוּךָ, שְׁכֵחוּנִי\שְׁכֵחֻנִי, שְׁכֵחוּךָ
אֶשְׁכַּח\אֶשְׁכְּחָה, תִּשְׁכַּח\תִּשְׁכָּח, תִּשְׁכְּחִי\תִּשְׁכָּחִי, יִשְׁכַּח, תִּשְׁכַּח, תִּשְׁכְּחוּ\תִּשְׁכָּחוּ, יִשְׁכְּחוּ, תִּשְׁכַּחְנָה
| אֶשְׁכָּחֵךְ, תִּשְׁכָּחֵנִי, תִּשְׁכָּחֵנוּ, יִשְׁכָּחֵהוּ
--- (שְׁכֵחֵי־)
שִׁכְחִי

זכורני ואל תשכחני	Remember me and do not forget me! *11Q5 24:10*

שָׂכִיר	(17)	שכר	day-laborer, hired hand, mercenary (nm)

וְשָׂכִיר לֹא יֹאכַל קֹדֶשׁ	A hired hand will not eat a sacred item.
וַיִּקְרָא כב, י	*Leviticus 22:10*

שְׂכִיר־: שְׂכִירְךָ
---: שְׂכִרֶיהָ

שֵׂכֶל\שֶׂכֶל\שָׂכֶל	(16)	שכל	understanding, insight (nm)

לְפִי שִׂכְלוֹ יְהֻלַּל אִישׁ
מִשְׁלֵי יב, ח

According to his insight, a man will be praised.
Proverbs 12:8

שֵׂכֶל־: שִׂכְלוֹ

כול יודעיכה לפי שכלם יברכוכה

All who know you according to their insight will bless you.
Thanksgiving Hymn (1QHa) 9:33

[שִׁכֵּל]	(18)	שכל	he was made childless, bereaved, unfruitful (v, *piel*)

וְהַמַּיִם רָעִים וְהָאָרֶץ מְשַׁכָּלֶת
מְלָכִים ב ב, יט

And the water is bad and the land unfruitful.
2 Kings 2:19

--- | שַׁכְּלָם
שִׁכַּלְתִּי, שִׁכְּלָה, שִׁכַּלְתֶּם, שִׁכֵּלוּ | שִׁכַּלְתִּים, שִׁכְּלָתָה, שִׁכְּלוּךְ
תְּכַשְׁלִי, תְּשַׁכֵּל\תְּשַׁכֶּל
מְשַׁכֵּלָה\מְשַׁכֶּלֶת\מְשֻׁכָּלֶת

ואין משכלה בארצכם

And there is not one who miscarries in your land.
11Q14 f1ii:11

[שַׁכְלֵל]	(5)	כלל	he completed (v, *shaphel*)

וּמֶלֶךְ לְיִשְׂרָאֵל רַב בְּנָהִי וְשַׁכְלְלֵהּ
עֶזְרָא ה, יא

And a great king of Israel built it and completed it.
Ezra 5:11

שַׁכְלָלָה
שַׁכְלִלוּ\אשַׁכְלִלוּ | שַׁכְלְלֵהּ

שְׁכֶם\שֶׁכֶם	(22)	שכם	shoulder, back of neck (nm)

וַיִּגְבַּהּ מִכָּל הָעָם מִשִּׁכְמוֹ וָמָעְלָה
שְׁמוּאֵל א י, כג

And he was taller from all the people, from his shoulder and above.
1 Samuel 10:23

שְׁכֶם־: שִׁכְמִי, שִׁכְמֶךָ, שִׁכְמוֹ, שִׁכְמָהּ\שִׁכְמָה, שִׁכְמָם

וללויים את השכם

And to the Levites is the shoulder.
11Q19 22:10–11

Shechem (np, place) | שכם | (45) | שְׁכֶם\שְׁכֵמָה\שֶׁכְמָה

And Abram passed in the land until the place of Shechem. — וַיַּעֲבֹר אַבְרָם בָּאָרֶץ עַד מְקוֹם שְׁכֶם
Genesis 12:6 — בְּרֵאשִׁית יב, ו

Shechem (np, person) | שכם | (15) | שְׁכֶם

And they killed Hamor and his son Shechem with the edge of the sword. — וְאֶת חֲמוֹר וְאֶת שְׁכֶם בְּנוֹ הָרְגוּ לְפִי חָרֶב
Genesis 34:26 — בְּרֵאשִׁית לד, כו

he dwelt, lived, settled down (v, *qal*) | שכן | (111) | שָׁכַן\שָׁכֵן

I, the Lord your God, am dwelling in Zion. — אֲנִי יְהוָה אֱלֹהֵיכֶם שֹׁכֵן בְּצִיּוֹן
Joel 4:17 — יוֹאֵל ד, יז

שְׁכֹן | שָׁכְנִי, שִׁכְנוֹ
שָׁכַנְתִּי, שָׁכַנְתָּ, שָׁכַנְתְּ, שָׁכַן\שָׁכֵן, שָׁכְנָה, שָׁכְנוּ
אֶשְׁכּוֹן\אֶשְׁכָּן\אֶשְׁכְּנָה\אֶשְׁכֹּנָה, תִּשְׁכּוֹן\תִּשְׁכֹּן\תִּשְׁכָּן, יִשְׁכֹּן\יִשְׁכּוֹן\יִשְׁכָּן, יִשְׁכְּנוּ\יִשְׁכֹּנוּ\יִשְׁכּוֹנוּ, תִּשְׁכֹּנָּה
שֹׁכֵן (שֹׁכְנִי־), --- (שֹׁכַנְתִּי־), שֹׁכְנִים (שֹׁכְנֵי־) | שֹׁכְנֵיהֶם | --- (שְׁכוּנֵי־)
שְׁכֹן\שְׁכָן, שִׁכְנוּ

I am dwelling in their midst. — אנוכי שוכן בתוכמה
11Q19 46:12

he established, settled, caused to dwell (v, *piel*) | שכן | (12) | שִׁכֵּן

And I will settle you in this place. — וַאֲשַׁכְּנָה אֶתְכֶם בַּמָּקוֹם הַזֶּה
Jeremiah 7:3 — יִרְמְיָהוּ ז, ג

שַׁכֵּן
שִׁכַּנְתִּי, שִׁכֵּן
אֲשַׁכְּנָה

The place which I will choose to establish my name. — המקום אשר אבחר לשכן שמי
11Q19 60:13–14

neighbor, resident (nm) | שכן | (18) | שָׁכֵן

Better a neighbor close than a brother far. — טוֹב שָׁכֵן קָרוֹב מֵאָח רָחוֹק
Proverbs 27:10 — מִשְׁלֵי כז, י

שְׁכַן־: שְׁכֵנוֹ
---: שְׁכֵנַי\שֲׁכֵנַי, שְׁכֵנַיִךְ\שְׁכֵנָּכִי, שְׁכֵנָיו, שְׁכֵנֶיהָ, שְׁכֵנֵינוּ

And destruction is to all his neighbors. — ומחתה לכול שכניו
4Q175 1:24

he hired (v, *qal*) שכר (17) **שָׂכַר**

And he hired from Israel one hundred thousand warriors.
2 Chronicles 25:6

וַיִּשְׂכֹּר מִיִּשְׂרָאֵל מֵאָה אֶלֶף גִּבּוֹר
דִּבְרֵי הַיָּמִים ב כה, ו

שְׂכֹר (שָׂכֹר)
שָׂכַר | שְׂכַרְתִּיךָ, שְׂכָרוֹ
יִשְׂכֹּר, יִשְׂכְּרוּ | יִשְׂכְּרֵנִי
שׂוֹכֵר, שׂוֹכְרִים | --- | שָׂכוּר
---

wage, reward (nm) שכר (28) **שָׂכָר**

Behold, sons are an inheritance of the LORD; the fruit of the womb is a reward.
Psalm 127:3

הִנֵּה נַחֲלַת יְהוָה בָּנִים שָׂכָר פְּרִי הַבָּטֶן
תְּהִילִּים קכז, ג

שְׂכַר־: שְׂכָרִי, שְׂכָרְךָ\שְׂכָרֶךָ, שְׂכָרֵךְ, שְׂכָרוֹ, שְׂכָרָהּ

Two days wage (is required) for each month.
Damascus Document (CD) 14:12–13

שכר שני ימים לכל חדש

he was drunk (v, *qal*) שכר (10) **[שָׁכַר]**

And he drank from the wine and was drunk.
Genesis 9:21

וַיֵּשְׁתְּ מִן הַיַּיִן וַיִּשְׁכָּר
בְּרֵאשִׁית ט, כא

שָׁכְרָה
שָׁכְרוּ
תִּשְׁכְּרִי, יִשְׁכָּר, יִשְׁכְּרוּ\יִשְׁכָּרוּן
--- | --- | --- (שְׁכֻרַת־)
שִׁכְרוּ

alcohol, liquor, beer (nm) שכר (23) **שֵׁכָר**

Priest and prophet reeled with liquor.
Isaiah 28:7

כֹּהֵן וְנָבִיא שָׁגוּ בַשֵּׁכָר
יְשַׁעְיָהוּ כח, ז

In the morning, they seek alcohol.
4Q162 2:2

בבקר שכר ירדפו

snow (nm) שלג (20) **שֶׁלֶג\שָׁלֶג**

And he struck the lion in the pit on the day of snow.	וְהִכָּה אֶת הָאֲרִיה בתוֹךְ הַבֹּאר בְּיוֹם הַשָּׁלֶג
2 Samuel 23:20	שְׁמוּאֵל ב כג, כ

שֶׁלֶג־: ---

Shiloh (np)	---	(33)	שִׁלֹה\שִׁילוֹ\שִׁלוֹ

Let us take for ourselves from Shiloh the ark of the covenant of the LORD.	נִקְחָה אֵלֵינוּ מִשִּׁלֹה אֶת אֲרוֹן בְּרִית יְהוָה
1 Samuel 4:3	שְׁמוּאֵל א ד, ג

peace, wholeness, well-being (nm)	שלם	(237)	שָׁלוֹם\שָׁלֹם

Great peace is to the ones who love your law.	שָׁלוֹם רָב לְאֹהֲבֵי תוֹרָתֶךָ
Psalm 119:165	תְּהִלִּים קיט, קסה

שְׁלוֹמִים
שְׁלוֹם־: שְׁלוֹמִי\שְׁלֹמִי, שְׁלוֹמֶךָ\שְׁלֹמֶךָ, שְׁלוֹמָהּ, שְׁלוֹמֵנוּ, שְׁלֹמָם
---: שְׁלֹמָיו

May the LORD show my lord this time of peace.	𐤉𐤓𐤀 𐤉𐤄𐤅𐤄 𐤀𐤕 𐤀𐤃𐤍𐤉 𐤀𐤕 𐤄𐤏𐤕 𐤄𐤆𐤄 𐤔𐤋𐤌
Lachish 6:1–2	

God's peace is in the camps of his holy ones.	שלום אל במחני קדושיו
War Scroll (1QM) 3:5	

Shallum (np)	שלם	(27)	שַׁלּוּם

And Zadok fathered Shallum.	וְצָדוֹק הוֹלִיד אֶת שַׁלּוּם
1 Chronicles 5:38	דִּבְרֵי הַיָּמִים א ה, לח

he sent, stretched out (v, *qal*)	שלח	(564)	שָׁלַח

And God sent an angel to Jerusalem.	וַיִּשְׁלַח הָאֱלֹהִים מַלְאָךְ לִירוּשָׁלַם
1 Chronicles 21:15	דִּבְרֵי הַיָּמִים א כא, טו

שְׁלֹחַ\שְׁלֹח (שָׁלֹחַ\שָׁלוֹחַ) | שָׁלְחִי, שָׁלְחֶךָ
שָׁלַחְתִּי, שָׁלַחְתָּ\שָׁלָחְתָּ, שָׁלַח, שָׁלְחָה, שָׁלָחְנוּ, שְׁלַחְתֶּם, שָׁלְחוּ | שְׁלַחְתִּיךָ, שְׁלַחְתִּיו, שְׁלַחְתִּים,
שְׁלַחְתָּנִי, שְׁלַחְתָּנוּ, שְׁלָחַנִי\שְׁלָחָנִי, שְׁלָחֲךָ, שְׁלָחֵךְ, שְׁלָחוֹ, שְׁלָחָנוּ, שְׁלָחָם
אֶשְׁלַח\אֶשְׁלָח\אֶשְׁלְחָה, תִּשְׁלַח\תִּשְׁלָח, יִשְׁלַח, תִּשְׁלַח, נִשְׁלְחָה, תִּשְׁלְחוּ\תִּשְׁלָחוּ, יִשְׁלְחוּ, תִּשְׁלַחְנָה |
אֶשְׁלָחֲךָ, אֶשְׁלָחֵם, תִּשְׁלָחֵנִי, תִּשְׁלָחֵנוּ, תִּשְׁלָחֵם, יִשְׁלָחֵנִי, יִשְׁלָחֶךָ, יִשְׁלָחֵהוּ\יִשְׁלָחֶנּוּ, יִשְׁלָחֵם
שְׁלַח\שׁוֹלֵחַ, שֹׁלְחִים | שֹׁלְחִי, שֹׁלֵחֲךָ, שֹׁלֶחֲךָ, שֹׁלְחָיו | שָׁלוּחַ, שְׁלוּחָה\שְׁלֻחָה
שְׁלַח\שִׁלְחָה, שִׁלְחוּ\שְׁלָחוּ | שְׁלָחֵנִי

I sent the s[il]ver.	𐤔𐤋𐤇𐤕𐤉 𐤀𐤕 𐤄[𐤊]𐤎𐤐
Arad 16:4–5	

And you are my God; may you send your sp[ir]it. — ואתה אלהי תשלח רוֹ[ח]ךְ
4Q381 f33ab+35:4

שְׁלַח (14) שלח — he sent (v, *peal*)

My God sent his angel. — אֱלָהִי שְׁלַח מַלְאֲכֵהּ
Daniel 6:22 — דָּנִיֵּאל ו, כג

שְׁלַח, שְׁלַחְנָא, שְׁלַחְתּוּן, שְׁלַחוּ
יִשְׁלַח
--- | --- | שְׁלִיחַ

I, for your welfare, sent this letter. — אנה לשלמכן שלחת ספרה זנה
TAD A2 5:9

God Most High sent to him a spirit. — שלח לה אל עליון רוח
1Q20 20:16

שִׁלַּח (267?) שלח — he sent, sent away, set free, dismissed (v, *piel*)

Set my son free so that he may worship me. — שַׁלַּח אֶת בְּנִי וְיַעַבְדֵנִי
Exodus 4:23 — שְׁמוֹת ד, כג

שִׁלַּח\שַׁלֵּחַ (שַׁלֵּחַ) | שַׁלְּחִי\שַׁלְּחֵנִי, שַׁלְּחֵךְ, שַׁלְּחוֹ, שַׁלְּחָהּ, שַׁלְּחֵנוּ, שַׁלְּחָם
שִׁלַּחְתִּי, שִׁלַּחְתָּ, שִׁלַּח, שִׁלְּחָה, שִׁלַּחְנוּ, שִׁלַּחְתֶּם, שִׁלְּחוּ\שִׁלֵּחוּ | שִׁלַּחְתִּיךָ, שִׁלַּחְתִּיהָ, שִׁלַּחְתַּנִי\שִׁלַּחְתָּנִי,
שִׁלַּחְתּוֹ, שִׁלַּחְתָּהּ, שִׁלַּחְתָּם, שִׁלְּחֵךְ, שִׁלְּחוֹ, שִׁלְּחָהּ, שִׁלְּחָם, שִׁלְּחוּךָ, שִׁלְּחֻהוּ
אֲשַׁלַּח\אֲשַׁלֵּחַ\אֲשַׁלְּחָה, תְּשַׁלַּח, תְּשַׁלֵּחַ, יְשַׁלַּח\יְשַׁלֵּחַ, תְּשַׁלַּח, תְּשַׁלְּחוּ\תְּשַׁלֵּחוּ, יְשַׁלְּחוּ\יְשַׁלֵּחוּ, תְּשַׁלַּחְנָה |
אֲשַׁלֵּחֲךָ\אֲשַׁלֵּחֶךָ, אֲשַׁלְּחֵהוּ\אֲשַׁלְּחֶנּוּ, אֲשַׁלְּחֶהָ, תְּשַׁלְּחֵנִי, תְּשַׁלְּחֶנּוּ\תְּשַׁלְּחֵהוּ, תְּשַׁלְּחֵם, יְשַׁלְּחֶנּוּ\
יְשַׁלְּחֵהוּ, יְשַׁלְּחֶהָ, יְשַׁלְּחֵנוּ, יְשַׁלְּחֵם, תְּשַׁלְּחֵם, נְשַׁלֵּחֲךָ, נְשַׁלְּחֶנּוּ, תְּשַׁלְּחוּנִי, תְּשַׁלְּחוּם, יְשַׁלְּחוּהָ, יְשַׁלְּחוּם
מְשַׁלֵּחַ, מְשַׁלְּחִים (מְשַׁלְּחֵי־) | מְשַׁלֵּחֲךָ
שַׁלַּח, שַׁלְּחוּ | שַׁלְּחֵנִי\שַׁלְּחִנִי, שַׁלְּחוּנִי\שַׁלְּחֻנִי

Set my people free so that they may worship me. — שלח את עמי ויעובדוני
4Q365 f2:7

שֻׁלַּח (10) שלח — he was sent (v, *pual*)

Now, I was sent to you. — עַתָּה שֻׁלַּחְתִּי אֵלֶיךָ
Daniel 10:11 — דָּנִיֵּאל י, יא

שֻׁלַּחְתִּי, שֻׁלַּח\שֻׁלָּח, שֻׁלְּחָה, שֻׁלְּחוּ
יְשֻׁלַּח
מְשֻׁלָּח

שֻׁלְחָן | (71) | --- | table (nm)

תַּעֲרֹךְ לְפָנַי שֻׁלְחָן נֶגֶד צֹרְרָי
You arrange before me a table in front of my enemies.
תְּהִלִּים כג, ה
Psalm 23:5

שֻׁלְחָנוֹת
שֻׁלְחַן־: שֻׁלְחָנִי, שֻׁלְחָנְךָ\שֻׁלְחָנֶךָ, שֻׁלְחָנוֹ, שֻׁלְחָנָהּ, שֻׁלְחָנָם
שֻׁלְחֲנוֹת־: ---

המנורה נכח השלחן
The menorah is opposite the table.
4Q364 f17:4

שְׁלֵט | (5) | שלט | he ruled (v, *peal*)

וְתַלְתָּא בְמַלְכוּתָא תִּשְׁלַט
And third in the kingdom you will rule.
דָּנִיֵּאל ה, טז
Daniel 5:16

שְׁלֵט, שְׁלִטוּ
תִּשְׁלַט, יִשְׁלַט, תִּשְׁלַט

ואל ישלט בליליא דן
And may he not rule on this night.
1Q20 20:15

שָׁלְטָן\שָׁלְטָנָא | (14) | שלט | dominion, sovereignty, realm (nm)

וְלֵהּ יְהִיב שָׁלְטָן
And to him was given dominion.
דָּנִיֵּאל ז, יד
Daniel 7:14

---, שָׁלְטָנַיָּא
שָׁלְטָן־: שָׁלְטָנָךְ, שָׁלְטָנֵהּ, שָׁלְטָנְהוֹן

וינתנון לי שלטנא
And they will give to me the dominion.
TAD D7 56:12

שלטנה שלטן עלם
His sovereignty is an eternal sovereignty.
4Q246 f1ii:9

שַׁלִּיט\שַׁלִּיטָא | (10) | שלט | powerful, mighty, ruling (adj)

תִּנְדַּע דִּי שַׁלִּיט עִלָּיָא בְּמַלְכוּת אֲנָשָׁא
You know that the Most High is ruling on all the kingdom of man.
דָּנִיֵּאל ד, כט
Daniel 4:32

שַׁלִּיט | --- | שַׁלִּיטִין\שַׁלִּיטָן | ---

ובניכי שליטן אחריכי
And your sons are ruling ones after you.
TAD B3 10:21

ובכול מלכי ארעא אנתה שליט
And over all the kings of the land you are ruling.
1Q20 20:13

שָׁלִישׁ (19) שלש officer, commander (nm)

וַיַּעַן הַשָּׁלִישׁ אֶת אִישׁ הָאֱלֹהִים
And the officer answered the man of God.
מְלָכִים ב ז, יט
2 Kings 7:19

שָׁלִישִׁים\שָׁלִשִׁים\שָׁלִשִׁם\שָׁלִשַׁי\שָׁלוֹשִׁים
---: שָׁלִישׁוֹ\שָׁלִשֹׁה
---: שָׁלִישָׁיו\שָׁלִשָׁיו

ותעש להמה כפרעוה וכשלישי מרכבותיו
And you will do to them like Pharaoh and the officers of his chariots.
War Scroll (1QM) 11:9–10

שְׁלִישִׁי\שְׁלִשִׁי (106) שלש third (adj)

בַּיּוֹם הַשְּׁלִישִׁי יְקִמֵנוּ וְנִחְיֶה לְפָנָיו
One the third day, he will cause us to rise and we will live before him.
הוֹשֵׁעַ ו, ב
Hosea 6:2

שְׁלִישִׁי\שְׁלִשִׁי | שְׁלִישִׁית\שְׁלִישִׁת\שְׁלִשִׁית\שְׁלִשִׁת\שְׁלִשְׁת\שְׁלִישִׁיָּה (שְׁלִישִׁית־\שְׁלִשִׁית־) | --- | שְׁלִשִׁים | ---
שְׁלִשְׁתֵּיךְ, שְׁלִישִׁתָהּ

וביום השלישי יזה ויכבס בגדיו
And on the third day he will sprinkle and wash his clothes.
11Q19 50:14

שָׁלַל (12) שלל he captured, plundered (v, *qal*)

הֲלִשְׁלֹל שָׁלָל אַתָּה בָא
Is it to plunder spoil you are coming?
יְחֶזְקֵאל לח, יג
Ezekiel 38:13

שָׁלֹל
שַׁלּוֹתָ, שָׁלַל, שָׁלְלוּ
--- | יִשְׁלוּךְ
שֹׁלְלִים | שֹׁלְלֶיהָ, שֹׁלְלֵיהֶם

וישלוכה כול יתר עמים
And all remaining peoples will plunder you.
Habakkuk Pesher (1QpHab) 8:15

booty, spoil, loot, plunder (nm)	שלל	(75)	שָׁלָל

We will not give to them from the plunder. — לֹא נִתֵּן לָהֶם מֵהַשָּׁלָל
1 Samuel 30:22 — שְׁמוּאֵל א ל, כב

שְׁלַל־: שְׁלָלֵךְ, שְׁלָלוֹ, שְׁלָלָהּ, שְׁלַלְכֶם, שְׁלָלָם

And all of its loot you will gather. — ואת כול שללה תקבוץ
11Q19 55:8

he completed, made restitution, paid (v, *piel*)	שלם	(89)	שִׁלֵּם

The LORD will pay to the doer of evil according to his evilness. — יְשַׁלֵּם יְהוָה לְעֹשֵׂה הָרָעָה כְּרָעָתוֹ
2 Samuel 3:39 — שְׁמוּאֵל ב ג, לט

שִׁלֵּם (שַׁלֵּם) | שִׁלַּמְתִּי, שִׁלְּמוּ
שִׁלַּמְתִּי, שִׁלַּם, שִׁלַּמְתֶּם, שִׁלְּמוּ
אֲשַׁלֵּם\אֲשַׁלְּמָה, תְּשַׁלֵּם, יְשַׁלֵּם\יְשַׁלֵּם, נְשַׁלְּמָה | יְשַׁלֶּמְךָ, יְשַׁלְּמֶנָּה, יְשַׁלְּמוּנִי
מְשַׁלֵּם, מְשַׁלְּמִים (מְשַׁלְּמֵי־)
שַׁלֵּם, שַׁלְּמִי, שַׁלְּמוּ

And he will pay to a man his reward. — והואה ישלם לאיש גמולו
Community Rule (1QS) 10:18

whole, complete, entire, safe (adj)	שלם	(28)	שָׁלֵם

These men are safe for us. — הָאֲנָשִׁים הָאֵלֶּה שְׁלֵמִים הֵם אִתָּנוּ
Genesis 34:21 — בְּרֵאשִׁית לד, כא

שָׁלֵם | שְׁלֵמָה | שְׁלֵמִים | שְׁלֵמוֹת

With a whole heart they sought him. — בלב שלם דרשוהו
Damascus Document (CD) 1:10

peace offering (nm)	שלם	(87)	[שֶׁלֶם]

And David offered burnt offerings before the LORD and peace offerings. — וַיַּעַל דָּוִד עֹלוֹת לִפְנֵי יְהוָה וּשְׁלָמִים
2 Samuel 6:17 — שְׁמוּאֵל ב ו, יז

שְׁלָמִים
שֶׁלֶם־: ---
שַׁלְמֵי־: שְׁלָמֶיךָ, שְׁלָמָיו, שְׁלָמֵינוּ, שַׁלְמֵיכֶם, שַׁלְמֵיהֶם

And a sacrifice of peace offerings you will not eat. — וזבח שלמים לוא תואכל
11Q19 63:15

שַׂלְמָה (16) שמל — cloak, garment (nf)

לֹא בָלוּ שַׂלְמֹתֵיכֶם מֵעֲלֵיכֶם — Your garments did not wear out on you.
דְּבָרִים כט, ד — *Deuteronomy 29:5*

שְׂלָמוֹת
שַׂלְמַת־: ---
---: שַׂלְמוֹתַי, שַׂלְמֹתַיִךְ, שַׂלְמוֹתֵינוּ, שַׂלְמֹתֵיכֶם, שַׂלְמֹתֵיהֶם

וירחצו ויכבסו סלמותמה — And they bathed and washed their garments.
11Q19 49:18

שְׁלֹמֹה (293) שלם — Solomon (np)

וּשְׁלֹמֹה יָשַׁב עַל כִּסֵּא דָּוִד אָבִיו — And Solomon sat on the throne of his father David.
מְלָכִים א ב, יב — *1 Kings 2:12*

שֶׁלֶמְיָה\שֶׁלֶמְיָהוּ (10) שלם\יהוה — Shelemiah (np)

וַיִּפֹּל הַגּוֹרָל מִזְרָחָה לְשֶׁלֶמְיָהוּ — And the lot for the east fell to Shelemiah.
דִּבְרֵי הַיָּמִים א כו, יד — *1 Chronicles 26:14*

שָׁלַף (25) שלף — he drew out, took off (v, *qal*)

וְלֹא שָׁלַף הַנַּעַר חַרְבּוֹ כִּי יָרֵא — And the boy did not draw his sword because he was afraid.
שׁוֹפְטִים ח, כ — *Judges 8:20*

שָׁלַף
יִשְׁלֹף | יִשְׁלְפָהּ
שְׁלֹף, --- (שִׁלְפֵי־) | --- | שְׁלֻפָה\שְׁלוּפָה
שָׁלֹף

שָׁלֹשׁ\שָׁלוֹשׁ (172) שלש — three (adj fs)

שְׁלֹשׁ מֵאוֹת אַמָּה אֹרֶךְ הַתֵּבָה — Three hundred cubits is the length of the ark.
בְּרֵאשִׁית ו, טו — *Genesis 6:15*

שְׁלֹשׁ־\שְׁלָשׁ־

שלוש מאות ששים וארבעה באחד — Three hundred and sixty-four are in one (year).
4Q252 2:3

שְׁלֹשָׁה\שְׁלוֹשָׁה (258?) שלש — three (adj ms)

וַיְדַבֵּר שְׁלֹשֶׁת אֲלָפִים מָשָׁל — And he spoke three thousand proverbs.
מְלָכִים א ה, יב — *1 Kings 4:32*

שְׁלֹשֶׁת-
שְׁלָשְׁתְּכֶם, שְׁלָשְׁתָּם

Twelve men and three priests are blameless. *Community Rule (1QS) 8:1*	שנים עשר איש וכוהנים שלושה תמימים

day before yesterday, two days ago (adv) שלש (24) שִׁלְשׁוֹם\שִׁלְשֹׁם

You did not pass on the road previously. *Joshua 3:4*	לֹא עֲבַרְתֶּם בַּדֶּרֶךְ מִתְּמוֹל שִׁלְשׁוֹם יְהוֹשֻׁעַ ג, ד

אֶתְמוֹל\תְּמוֹל שִׁלְשׁוֹם: idiom identifying a time previous or beforehand

thirty (adj m pl and f pl) שלש (174) שְׁלֹשִׁים\שְׁלוֹשִׁים\שְׁלֹשִׁם

And there was to him thirty sons. *Judges 10:4*	וַיְהִי לוֹ שְׁלֹשִׁים בָּנִים שׁוֹפְטִים י, ד

he put, placed, set, ordained (v, *qal*) שים (581) שָׂם

The Lord, your God, made you like the stars of the heaven. *Deuteronomy 10:22*	שָׂמְךָ יְהוָה אֱלֹהֶיךָ כְּכוֹכְבֵי הַשָּׁמַיִם דְּבָרִים י, כב

שׂוּם\שִׂים\שׂוֹם (שׂוּם) | שׂוּמִי, שׂוּמוּ\שֻׂמוּ\שִׂימוּ
שַׂמְתִּי, שַׂמְתָּ, שַׂמְתְּ, שָׂם, שַׂמְנוּ, שַׂמְתֶּם, שָׂמוּ\שָׂמוּ | שַׂמְתִּיךָ, שַׂמְתִּיךְ, שַׂמְתִּיו, שַׂמְתִּיהָ, שַׂמְתִּים,
שַׂמְתַּנִי, שַׂמְתּוֹ, שַׂמְתָּם, שָׂמַנִי, שָׂמְךָ, שָׂמוֹ\שָׂמָהוּ, שָׂמָהּ\שָׂמָה, שָׂמַתְנִי, שָׂמְתְהוּ, שָׂמֻנִי\שָׂמוּךָ
אָשִׂים\אָשִׂם\אָשִׂימָה\אָשִׂמָה, תָּשִׂים\תָּשֵׂם\תָּשֶׂם, תָּשִׂימִי, יָשִׂים\יָשֵׂם\יָשׂוּם\יָשֵׂם\יָשֶׂם, תָּשֶׂם, נָשִׂים\
נָשִׂימָה, תָּשִׂימוּ\תְּשִׂימוּן\תְּשִׂימוּן, יָשִׂימוּ\יָשִׂמוּ | אֲשִׂימְךָ, אֲשִׂימֵךְ, אֲשִׂימֶנּוּ, אֲשִׂימֶנָּה, אֲשִׂימֵם, תְּשִׂימֵנִי,
תְּשִׂמֵנוּ, יְשִׂימֵנִי\יְשִׂמֵנִי, יְשִׂימְךָ\יְשִׂמְךָ, יְשִׂימֵהוּ\יְשִׂמֵהוּ, יְשִׂימֶהָ, יְשִׂימָם\יְשִׂמֵם, תְּשִׂמֵם, תְּשִׂימֵנִי, יְשִׂימֵהוּ
שָׂם, שָׂמִים | --- | שִׂים, שׂוּמָה
שִׂים\שִׂימָה, שִׂמִי, שִׂימוּ\שִׂמוּ | שִׂימֵנִי, שִׂימָהּ

And he will put for you pe[ace]. *Ketef Hinnom 2:10–12*	𐤉𐤔𐤌 𐤋𐤊 𐤔[𐤋𐤌]
And he put for him two spirits. *Community Rule (1QS) 3:18*	וישם לו שתי רוחות

he put, placed, issued (v, *peal*) שים (13) שָׂם

The king issued a decree. *Ezra 6:3*	מַלְכָּא שָׂם טְעֵם עֶזְרָא ו, ג

שָׂמֶת, שָׂמְתָּ, שָׂם, שָׂמוּ | שָׂמֵהּ

שִׂימוּ

I issued for them a decree. — אנה אשים להם טעם
TAD A6 3:6

it is put, placed, issued (v, *peil*) — שׂים — (10) — שֻׂם

A decree was issued to build that house of God. — שִׂים טְעֵם לְמִבְנֵא בֵּית אֱלָהָא דֵךְ
Ezra 5:17 — עֶזְרָא ה, יז

שִׂים, שֻׂמַת

And he came with the treasury which from me was put. — ויאתה עם גנזא זי מני שים
TAD A6 13:5

name, reputation, memory (nm) — --- — (864) — שֵׁם

A tower of strength is the name of the LORD. — מִגְדַּל עֹז שֵׁם יְהוָה
Proverbs 18:10 — מִשְׁלֵי יח, י

שֵׁמוֹת\שֵׁמֹת
שֵׁם־\שֶׁם־: שְׁמִי, שִׁמְךָ\שִׁמְכָה\שְׁמֶךָ, שְׁמֵךְ, שְׁמוֹ, שְׁמָהּ, שְׁמֵנוּ, שִׁמְכֶם, שְׁמָם
שְׁמוֹת־\שְׁמֹת־: שְׁמוֹתָם\שְׁמֹתָם, שְׁמוֹתָן

Write the name of the day. — 𐤀𐤕𐤁 𐤔𐤌 𐤄𐤉𐤌
Arad 1:4

The LORD heard the voice of those who love his name. — שמע 𐤉𐤄𐤅𐤄 בקול אוהבי שמו
11Q5 19:5–6

Shem (np) — --- — (17) — שֵׁם

Blessed is the LORD, the God of Shem, and let Canaan be a servant to him. — בָּרוּךְ יְהוָה אֱלֹהֵי שֵׁם וִיהִי כְנַעַן עֶבֶד לָמוֹ
Genesis 9:26 — בְּרֵאשִׁית ט, כו

name (nm) — --- — (12) — [שֻׁם]

And also we asked their names. — וְאַף שְׁמָהָתְהֹם שְׁאֵלְנָא
Ezra 5:10 — עֶזְרָא ה, י

שֻׁם־: שְׁמֵהּ
שְׁמָהָת־: שְׁמָהָתְהֹם

And he will cause you to know his great name. — ויודעכון שמה רבא
4Q542 f1i:1

there, to there (adv)	---	(834)	שָׁם\שָׁמָּה

And he built there an altar to the LORD. — וַיִּבֶן שָׁם מִזְבֵּחַ לַיהוָה
Genesis 13:18 — בְּרֵאשִׁית יג, יח

There is not a man there. — אין שם אדם
Lachish 4:5–6

And after the war, they will go up from there. — ואחר המלחמה יעלו משם
War Scroll (1QM) 1:3

left, left side, north (nm)	שמא?	(54)	שְׂמֹאל\שְׂמֹאול

He did not know between his right to his left. — לֹא יָדַע בֵּין יְמִינוֹ לִשְׂמֹאלוֹ
Jonah 4:11 — יוֹנָה ד, יא

---: שְׂמֹאלְךָ\שְׂמֹאולֶךָ, שְׂמֹאולֵךְ, שְׂמֹאלוֹ, שְׂמֹאלָהּ\שְׂמֹאולָהּ, שְׂמֹאלָם\שְׂמֹאולָם

Do not turn (right or left) from the law which they declared. — לא תסור מן התורה אשר יגידו ימין ושמאול
11Q19 56:7–8

desolation, waste (nf)	שמם	(39)	שַׁמָּה

And your land was desolation and waste. — וַתְּהִי אַרְצְכֶם לְחָרְבָּה וּלְשַׁמָּה
Jeremiah 44:22 — יִרְמְיָהוּ מד, כב

שַׁמּוֹת

Their cities will be waste. — יהיו עריהמה לשומה
11Q19 59:4

Samuel (np)	שמה\אל?	(140)	שְׁמוּאֵל

And Samuel grew and the LORD was with him. — וַיִּגְדַּל שְׁמוּאֵל וַיהוָה הָיָה עִמּוֹ
1 Samuel 3:19 — שְׁמוּאֵל א ג, יט

report (nf)	שמע	(27)	שְׁמוּעָה\שְׁמֻעָה

Do not fear from an evil report. — מִשְּׁמוּעָה רָעָה לֹא יִירָא
Psalm 112:7 — תְּהִלִּים קיב, ז

שְׁמֻעוֹת
שְׁמֻעַת־: שְׁמֻעָתֵנוּ

May the LORD cause my lord to hear a report of peace. — ישמע יהוה את אדני שמעת שלם
Lachish 3:2–3

he rejoiced, was happy (v, *qal*) שמח (126) שָׂמַח\שָׂמֵחַ

And also the women and children rejoiced. — וְגַם הַנָּשִׁים וְהַיְלָדִים שָׂמֵחוּ
Nehemiah 12:43 — נְחֶמְיָה יב, מג

שְׂמֹחַ\שָׂמוֹחַ
שָׂמַחְתִּי, שָׂמַחְתָּ, שָׂמַח\שָׂמֵחַ, שָׂמֵחָה, שְׂמַחְתֶּם, שָׂמְחוּ\שָׂמֵחוּ
אֶשְׂמַח\אֶשְׂמְחָה, תִּשְׂמַח\תִּשְׂמָח, תִּשְׂמְחִי, יִשְׂמַח\יִשְׂמָח, תִּשְׂמַח, נִשְׂמְחָה, תִּשְׂמְחִי, יִשְׂמְחוּ\
יִשְׂמָחוּ, תִּשְׂמַחְנָה

שְׂמַח, שִׂמְחִי, שִׂמְחוּ

And my brothers and my father's house rejoiced with me. — ישמ֯חו אחי עמי ובית אבי
11Q5 19:17

he made happy, gladdened, cheered (v, *piel*) שמח (27) שִׂמַּח

A wise son will make a father happy. — בֵּן חָכָם יְשַׂמַּח אָב
Proverbs 15:20 — מִשְׁלֵי טו, כ

--- (שַׂמֵּחַ)
שִׂמַּחְתָּ, שִׂמַּח | שִׂמַּחְתִּים, שִׂמַּחְתַּנִי, שִׂמְּחָהוּ, שִׂמְּחָם, שִׂמְּחוּךָ
יְשַׂמַּח, יְשַׂמְּחוּ | יְשַׂמְּחֶנָּה
מְשַׂמֵּחַ, --- (מְשַׂמְּחֵי־)
שַׂמֵּחַ\שַׂמַּח | שַׂמְּחֵנוּ

Gladden the soul of your servant with your truth. — שמח נפש עבדכה באמתכה
Thanksgiving Hymn (1QHa) 19:33

happy, joyful (adj) שמח (21) שָׂמֵחַ

And they went to their tents happy and good of heart. — וַיֵּלְכוּ לְאָהֳלֵיהֶם שְׂמֵחִים וְטוֹבֵי לֵב
1 Kings 8:66 — מְלָכִים א ח, סו

שָׂמֵחַ | שְׂמֵחָה | שְׂמֵחִים (שְׂמֵחֵי־\שִׂמְחֵי־) | ---

And he went out happy from with him. — ויצא מאתוה שמח
4Q219 2:34

joy, gladness (nf) שמח (94) שִׂמְחָה

Serve the LORD with joy. — עִבְדוּ אֶת יְהוָה בְּשִׂמְחָה
Psalm 100:2 — תְּהִלִּים ק, ב

שְׂמָחוֹת
שִׂמְחַת־: שִׂמְחָתִי, שִׂמְחָתְךָ, שִׂמְחָתוֹ, שִׂמְחַתְכֶם

And they lifted up his name together (with) joy. *War Scroll (1QM) 14:4*	ורוממו שמו ביחד שמחה

heaven, sky (nm, pl)	---	(421)	שָׁמַ֫יִם\שָׁמָ֫יִם\ שָׁמַ֫יְמָה\שָׁמָ֫יְמָה

Let heaven and earth praise him. *Psalm 69:34*	יְהַלְלוּהוּ שָׁמַיִם וָאָרֶץ תְּהִלִּים סט, לה

שָׁמַ֫יִם\שָׁמָ֫יִם\שָׁמַ֫יְמָה\שָׁמָ֫יְמָה

שְׁמֵי־: שְׁמֶיךָ, שָׁמָיו, שְׁמֵיכֶם

I will prophesy on the four winds of the heavens. *4Q385 f2:7*	אנבא על ארבע רוחות השמים

heaven, sky (nm pl)	---	(38)	[שְׁמַיִן]

Then Daniel blessed the God of heaven. *Daniel 2:19*	אֱדַיִן דָּנִיֵּאל בָּרִךְ לֶאֱלָהּ שְׁמַיָּא דָּנִיֵּאל ב, יט

---, שְׁמַיָּא

And they prayed to the LORD, the master* of heaven. *TAD A4 7:15*	ומצלין* ליהו מרא* שמיא

And I was blessing the master* of heaven. *1Q20 12:17*	והוית מברך למרה* שמיא

eighth, title for a psalm [octave?] (adj m f)	שמן	(31)	שְׁמִינִי

And on the eighth day, Moses called for Aaron. *Leviticus 9:1*	וַיְהִי בַּיּוֹם הַשְּׁמִינִי קָרָא מֹשֶׁה לְאַהֲרֹן וַיִּקְרָא ט, א

שְׁמִינִי | שְׁמִינִית\שְׁמִינִת

In the eighth year they will fight. *War Scroll (1QM) 2:12*	בשנה השמינית ילחמו

cloak, garment (nf)	שמל	(29)	שִׂמְלָה

And Joshua tore his garments and fell on his face. *Joshua 7:6*	וַיִּקְרַע יְהוֹשֻׁעַ שִׂמְלֹתָיו וַיִּפֹּל עַל פָּנָיו יְהוֹשֻׁעַ ז, ו

שְׂמָלֹת
שִׂמְלַת־: שִׂמְלָתְךָ, שִׂמְלָתוֹ, שִׂמְלָתֵנוּ
---: שִׂמְלֹתֵךְ, שִׂמְלֹתָיו\שִׂמְלֹתָו, שִׂמְלֹתֵיכֶם, שִׂמְלֹתָם

it was desolate, he was appalled (v, *qal*)	שמם(?)	(38)	[שָׁמַם]

Be appalled, O heavens, on account of this! — שֹׁמּוּ שָׁמַיִם עַל זֹאת
Jeremiah 2:12 — יִרְמְיָהוּ ב, יב

שַׁמּוֹת
שָׁמֵ֫מָה, שָׁמְמוּ\שָׁמֵמוּ\שָׁמֵ֫מָה
יֵשֹׁם, תֵּשַׁם\תֵּשָׁם, תִּישַׁ֫מְנָה, יָשֹׁמּוּ
שׁוֹמֵם\שֹׁמֵם, שׁוֹמֵמָה\שֹׁמֵמָה, שׁוֹמֵמִים\שׁוֹמֵמִין, שֹׁמְמוֹת\שֹׁמֵמוֹת (שֹׁמְמוֹת־) | שֹׁמְמֹתַיִךְ,
שֹׁמְמֹתֵינוּ
שֹׁמּוּ

And also their land was desolate on account of their enemies. — וְגם ארצם שממה על אויביהמה
4Q504 f1_2Rv:3–4

desolation, devastation, waste (nf)	שמם	(56)	שְׁמָמָה

And you will be a waste and know that I am the Lord. — וְאַתָּה שְׁמָמָה תִהְיֶה וְיָדַעְתָּ כִּי אֲנִי יְהוָה
Ezekiel 35:4 — יְחֶזְקֵאל לה, ד

שִׁמְמוֹת: ---

fat, rich, fertile (adj)	שמן	(10)	שָׁמֵן

And they found fertile pasture. — וַיִּמְצְאוּ מִרְעֶה שָׁמֵן
1 Chronicles 4:40 — דִּבְרֵי הַיָּמִים א ד, מ

שָׁמֵן | שְׁמֵנָה | --- | ---

And how is the land; is it fertile? — ומ]הْ הארץ השמנה
4Q365 f32:8

oil [olive], fat (nm)	שמן	(193)	שֶׁמֶן\שָׁמֶן

One who loves wine and oil will not be rich. — אֹהֵב יַיִן וָשֶׁמֶן לֹא יַעֲשִׁיר
Proverbs 21:17 — מִשְׁלֵי כא, יז

שְׁמָנִים
שֶׁמֶן־: שַׁמְנִי, שַׁמְנָהּ
---: שְׁמָנֶיךָ, שְׁמָנַיִךְ

For the king: one thousand, one hundred of oil. — 𐤋𐤌𐤋𐤊 𐤀[𐤋]𐤐 𐤔𐤌𐤍 𐤌𐤀𐤄
Qasile 1:1–2

And he anointed me with the holy oil. — וימשחני בשמן הקודש
11Q5 28:11

eight (adj fs)	שמן	(57)	שְׁמֹנֶה\שְׁמוֹנֶה

You will give to the Levites forty-eight cities. — תִּתְּנוּ לַלְוִיִּם אַרְבָּעִים וּשְׁמֹנֶה עִיר
Numbers 35:7 — בְּמִדְבַּר לה, ז

A place for booths: their height is eight cubits. — מקום לסוכות גבהים שמונה אמות
11Q19 42:12

eight (adj ms)	שמן	(52)	שְׁמֹנָה\שְׁמוֹנָה

And his name is Jesse and he has eight sons. — וּשְׁמוֹ יִשַׁי וְלוֹ שְׁמֹנָה בָנִים
1 Samuel 17:12 — שְׁמוּאֵל א יז, יב

שְׁמֹנַת־\שְׁמוֹנַת־

Twenty-eight thousand are warriors. — שמונה ועשרים אלף אנשי מלחמה
War Scroll (1QM) 9:5

eighty (adj m and f pl)	שמן	(38)	שְׁמֹנִים\שְׁמוֹנִים

Eighty years old I am today. — בֶּן שְׁמֹנִים שָׁנָה אָנֹכִי הַיּוֹם
2 Samuel 19:36 — שְׁמוּאֵל ב יט, לו

---

he heard, listened to, obeyed (v, *qal*)	שמע	(1051)	שָׁמַע

Hear, O Israel, the LORD is our God, the LORD alone. — שְׁמַע יִשְׂרָאֵל יְהוָה אֱלֹהֵינוּ יְהוָה אֶחָד
Deuteronomy 6:4 — דְּבָרִים ו, ד

שְׁמֹעַ\שְׁמוֹעַ (שְׁמוֹעַ\שְׁמֹעַ) | שָׁמְעִי, שָׁמְעֲךָ, שָׁמְעוֹ\שָׁמְעוֹ, שָׁמְעָתוֹ, שָׁמְעֲכֶם, שָׁמְעָם
שָׁמַעְתִּי\שָׁמָֽעְתִּי, שָׁמַעְתָּ\שָׁמָֽעְתָּ, שָׁמַעַתְּ\שָׁמַעַתְּי, שָׁמַע\שָׁמֵֽעַ, שָׁמְעָה, שָׁמַעְנוּ\שָׁמָֽעְנוּ, שְׁמַעְתֶּם,
שָׁמְעוּ\שָׁמֵֽעוּ | שְׁמַעְתִּיךָ, שְׁמַעְתִּיו, שְׁמַעְתָּם, שְׁמַעֲנוּהָ
אֶשְׁמַע\אֶשְׁמָֽע\אֶשְׁמְעָה, תִּשְׁמַע\תִּשְׁמָֽע, יִשְׁמַע\יִשְׁמָֽע, תִּשְׁמַע, נִשְׁמַע\נִשְׁמָֽע\נִשְׁמְעָה\נִשְׁמָֽעָה,
תִּשְׁמְעוּ\תִּשְׁמָֽעוּ\תִּשְׁמְעוּן\תִּשְׁמָֽעוּן, יִשְׁמְעוּ\יִשְׁמָֽעוּ\יִשְׁמְעוּן, תִּשְׁמַעְנָה | יִשְׁמָעֵנִי, יִשְׁמָעֶֽךָּ, נִשְׁמָעֶנָּה,
תִּשְׁמָעוּהָ
שֹׁמֵעַ\שׁוֹמֵעַ, שֹׁמַעַת\שֹׁמָֽעַת, שֹׁמְעִים (שֹׁמְעֵי־) | שֹׁמְעוֹ, שֹׁמְעָה\שֹׁמְעָיו
שְׁמַע\שְׁמָֽע\שֲׁמָֽע\שִׁמְעָה\שְׁמָֽעָה, שִׁמְעוּ\שְׁמָֽעוּ\שֲׁמָֽעוּ, שְׁמַעְנָה\שְׁמַעַן | שְׁמָעֵנִי, שְׁמָעֵנוּ, שְׁמָעֶנָּה,
שְׁמָעוּנִי\שְׁמָעֻנִי

May my lord, the official, hear the word of his servant. — ישמע אדני השר את דבר עבדה
Metsad ha-Shavyahu 1:1–2

And now sons listen to me! — ועתה בנים שמעו לי
Damascus Document (CD) 2:14

he heard, listened to (v, *peal*)	שמע	(8)	שְׁמַע

You will hear the sound of the horn. — תִּשְׁמְעוּן קָל קַרְנָא
Daniel 3:15 — דָּנִיֵּאל ג, טו

שְׁמַעַת, שְׁמַע
יִשְׁמַע, תִּשְׁמְעוּן
שָׁמְעִין

And G[o]d listened to the voice of Job. — ושמע א[ל]הא בקלה איוב
11Q10 38:2

report, news (nm)	שמע	(17)	שֵׁמַע

The king of Babylon heard their report. — שָׁמַע מֶלֶךְ בָּבֶל אֶת שִׁמְעָם
Jeremiah 50:43 — יִרְמְיָהוּ נ, מג

שֵׁמַע־: שִׁמְעִי, שִׁמְעֲךָ, שִׁמְעָהּ, שִׁמְעָם

Is there not from the mouth of all nations a report of truth? — הלוא מפי כול לאומים שמע האמת
1Q27 f1i:9

Simeon (np, person and tribe)	---	(44)	שִׁמְעוֹן

And Judah went with Simeon his brother and struck down the Canaanite(s). — וַיֵּלֶךְ יְהוּדָה אֶת שִׁמְעוֹן אָחִיו וַיַּכּוּ אֶת הַכְּנַעֲנִי
Judges 1:17 — שׁוֹפְטִים א, יז

Shimei (np)	שמע	(44)	שִׁמְעִי

And Shimei arose, saddled his donkey, and went to Gath. — וַיָּקָם שִׁמְעִי וַיַּחֲבֹשׁ אֶת חֲמֹרוֹ וַיֵּלֶךְ גַּתָה
1 Kings 2:40 — מְלָכִים א ב, מ

Shemaiah (np)	שמע\יהוה	(41)	שְׁמַעְיָה\שְׁמַעְיָהוּ

Are they not written in the words of Shemaiah the prophet? — הֲלֹא הֵם כְּתוּבִים בְּדִבְרֵי שְׁמַעְיָה הַנָּבִיא
2 Chronicles 12:15 — דִּבְרֵי הַיָּמִים ב יב, טו

he kept, guarded, watched (v, *qal*)	שמר	(427?)	שָׁמַר

You will surely keep all of this commandment. — שָׁמֹר תִּשְׁמְרוּן אֶת כָּל הַמִּצְוָה הַזֹּאת
Deuteronomy 11:22 — דְּבָרִים יא, כב

שְׁמֹר\שְׁמוֹר (שָׁמוֹר\שָׁמֹר) | שְׁמָרְךָ, שָׁמְרוֹ, שָׁמְרָהּ, שָׁמְרָם

שָׁמַרְתִּי\שָׁמָ֫רְתִּי, שָׁמַרְתָּ, שָׁמַרְתְּ, שָׁמַר\שָׁמָ֫ר, שָׁמְרָה, שָׁמַרְנוּ, שְׁמַרְתֶּם, שָׁמְרוּ\שָׁמָ֫רוּ | שְׁמַרְתִּיךָ, שְׁמַרְתָּ֫נִי,
שְׁמָרַנִי, שְׁמָרוֹ, שְׁמָרָהּ
אֶשְׁמֹר\אֶשְׁמוֹר\אֶשְׁמָר\אֶשְׁמְרָה\אֶשְׁמֹ֫רָה, תִּשְׁמֹר\תִּשְׁמוֹר\תִּשְׁמָר, יִשְׁמֹר\יִשְׁמָר, תִּשְׁמֹר, נִשְׁמֹר,
תִּשְׁמְרוּ\תִּשְׁמֹ֫רוּ\תִּשְׁמְרוּן, יִשְׁמְרוּ\יִשְׁמֹ֫רוּ | אֶשְׁמְרֶנָּה, תִּשְׁמְרֵנִי, תִּשְׁמְרֵם, יִשְׁמְרֵנִי, יִשְׁמָרְךָ\יִשְׁמְרֶ֫ךָּ,
יִשְׁמְרֵהוּ\יִשְׁמְרֶנּוּ, יִשְׁמְרֵנוּ, תִּשְׁמְרֶ֫ךָּ, תִּשְׁמוּרֵם
שֹׁמֵר\שׁוֹמֵר (שֹׁמֵר־\שׁוֹמֵר־), שֹׁמְרִים (שֹׁמְרֵי־) | שֹׁמְרֶ֫ךָ | שָׁמוּר, שְׁמֻרָה
שְׁמֹר\שְׁמָר\שָׁמְרָה, שִׁמְרוּ | שָׁמְרֵנִי, שָׁמְרֵם

May he bless you and guard you. — 𐤉𐤁𐤓𐤊𐤊 𐤅𐤉𐤔𐤌𐤓𐤊
Kuntillet Ajrud 19:7–8

And he will keep you from every evil. — וישמורכה מכול רע
Community Rule (1QS) 2:3

Samaria (np)	שמר	(109)	שֹׁמְרוֹן

And Ahab the son of Omri ruled over Israel in Samaria. — וַיִּמְלֹךְ אַחְאָב בֶּן עָמְרִי עַל יִשְׂרָאֵל בְּשֹׁמְרוֹן
1 Kings 16:29 — מְלָכִים א טז, כט

sun (nf)	שמש	(134)	שֶׁמֶשׁ\שָׁמֶשׁ

From the rising of the sun to its setting, the name of the Lord is praised. — מִמִּזְרַח שֶׁמֶשׁ עַד מְבוֹאוֹ מְהֻלָּל שֵׁם יְהוָה
Psalm 113:3 — תְּהִלִּים קיג, ג

שֶׁמֶשׁ־: שִׁמְשֵׁךְ, שִׁמְשָׁהּ
---: שִׁמְשֹׁתַיִךְ

The ones reaping are with me in the heat of the sun. — 𐤄𐤒𐤑𐤓𐤌 𐤀𐤕𐤉 𐤁𐤇𐤌 𐤔𐤌𐤔
Metsad ha-Shavyahu 1:10–11

And the righteous will be revealed like the sun. — והצדק יגלה כשמש
1Q27 f1i:6

Samson (np)	שמש?	(38)	שִׁמְשׁוֹן

And Samson made there a banquet for thus the young men would do. — וַיַּעַשׂ שָׁם שִׁמְשׁוֹן מִשְׁתֶּה כִּי כֵּן יַעֲשׂוּ הַבַּחוּרִים
Judges 14:10 — שׁוֹפְטִים יד, י

tooth, ivory (nm and nf)	שנן	(55)	שֵׁן

The ones who lie down are on beds of ivory. — הַשֹּׁכְבִים עַל מִטּוֹת שֵׁן
Amos 6:4 — עָמוֹס ו, ד

שִׁנַּיִם
שֵׁן־\שֶׁן־: שִׁנּוֹ

שְׁנֵי־: שִׁנָּי, שִׁנַּיִךְ, שִׁנָּיו, שִׁנֵּיהֶם\שִׁנֵּימוֹ

עין בעין שן בשן
An eye for an eye, and a tooth for a tooth.
11Q19 61:12

שָׂנֵא (129) שנא — he hated (v, *qal*)

וְשֹׂנְאֵי צַדִּיק יֶאְשָׁמוּ
תְּהִלִּים לד, כב
And haters of righteous ones will be condemned.
Psalm 34:21

שְׂנֹא\שִׂנְאת (שָׂנֹא)
שָׂנֵאתִי, שָׂנֵאתָ, שָׂנֵאת, שָׂנֵא, שָׂנְאָה, שְׂנֵאתֶם, שָׂנְאוּ | שְׂנֵאתִיו\שְׂנֵאתִיהוּ, שְׂנֵאתִיהָ, שְׂנֵאתִים,
שְׂנֵאתַנִי, שְׂנֵאתָהּ, שְׂנֵאֲךָ, שְׂנֵאָהּ, שְׂנֵאוּנִי, שְׂנֵאֻהוּ
אֶשְׂנָא, תִּשְׂנָא, יִשְׂנָא, יִשְׂנְאוּ | יִשְׂנָאֲךָ, יִשְׂנָאֶהָ
שׂוֹנֵא\שֹׂנֵא, --- (שֹׂנְאֵי־) | שֹׂנַאֲךָ, שֹׂנְאוֹ, שֹׂנַאי\שֹׂנְאַי, שֹׂנְאֶיךָ, שֹׂנְאָיו, שֹׂנְאֵינוּ, שֹׂנְאֵיכֶם, שֹׂנְאֵיהֶם,
שֹׂנְאוֹתַיִךְ | שְׂנוּאָה, --- (שְׂנֻאֵי)
שִׂנְאוּ

ותשנא עולה לעד
And you will hate iniquity forever.
Thanksgiving Hymn (1QHa) 6:36

[שִׂנֵּא] (15) שנא — enemy (v, *piel*; only ptc)

הֲלוֹא מְשַׂנְאֶיךָ יְהוָה אֶשְׂנָא
תְּהִלִּים קלט, כא
Is it not the ones who hate you, O Lord,
I will hate?
Psalm 139:21

--- (מְשַׂנְאֵי־) | מְשַׂנְאִי, מְשַׂנְאַי, מְשַׂנְאֶיךָ, מְשַׂנְאָיו, מְשַׂנְאֵינוּ

ויבחרו באשר שנאתה
And they will choose that which you hated.
Thanksgiving Hymn (1QHa) 7:32

[שְׁנָא\שְׁנָה] (8) שנא\שנה — he changed (v, *peal*)

וְהוּא יִשְׁנֵא מִן קַדְמָיֵא*
דָּנִיֵּאל ז, כד
And it will be changed from the former ones.
Daniel 7:24

שְׁנוֹ | שְׁנוֹהִי
יִשְׁנֵא, תִּשְׁנֵא
שָׁנְיָה, שָׁנַיִן, שָׁנְיָן

לא ישנא גבר
A man will not change.
11Q10 24:2–3

hate, hatred (nf)	שנא	(17)	שִׂנְאָה

And Amnon hated her (with) a very great hatred. — וַיִּשְׂנָאֶהָ אַמְנוֹן שִׂנְאָה גְּדוֹלָה מְאֹד
2 Samuel 13:15 — שְׁמוּאֵל ב יג, טו

שִׂנְאַת־: שִׂנְאָתֶיךָ, שִׂנְאָתוֹ, שִׂנְאָתָם

Eternal hatred is with the men of the pit. — שנאת עולם עם אנשי השחת
4Q258 8:6

year (nf)	שנה	(876?)	שָׁנָה

One thousand years in your eyes are like a day. — אֶלֶף שָׁנִים בְּעֵינֶיךָ כְּיוֹם
Psalm 90:4 — תְּהִלִּים צ, ד

שָׁנִים\שְׁנָתַיִם\שְׁנָתָיִם
שְׁנַת־: שְׁנָתוֹ, שְׁנָתָהּ
שְׁנֵי־\שְׁנוֹת־: שְׁנוֹתַי\שְׁנוֹתָי, שְׁנוֹתֶיךָ\שְׁנֹתֶיךָ, שְׁנוֹתָיִךְ, שָׁנָיו\שְׁנוֹתָיו, שָׁנֵינוּ\שְׁנוֹתֵינוּ, שְׁנֵיהֶם\שְׁנוֹתָם

In the tenth year to Shemaryav*. — *בשת העשרת לשמריו
Samaria 21:1–2

And at twenty-five years, he will come to st[an]d. — ובן חמש ועשרים שנה יבוא להת[יצ]ב
Community Rule (1QSa) 1:12

year (nf)	שנה	(7)	[שְׁנָה]

It is the sixth year of the reign of Darius the king. — הִיא שְׁנַת שֵׁת לְמַלְכוּת דָּרְיָוֶשׁ מַלְכָּא
Ezra 6:15 — עֶזְרָא ו, טו

שְׁנִין
שְׁנַת־: ---
---

sleep (nf)	שנה	(23)	שֵׁנָה\שֵׁנָא

Do not give sleep to your eyes! — אַל תִּתֵּן שֵׁנָה לְעֵינֶיךָ
Proverbs 6:4 — מִשְׁלֵי ו, ד

שֵׁנוֹת
שְׁנַת־: שְׁנָתִי, שְׁנָתֶךָ, שְׁנָתוֹ, שְׁנָתָם
---

scarlet, crimson (nm)	---	(42)	שָׁנִי

Your sins will be like scarlet. — יִהְיוּ חֲטָאֵיכֶם כַּשָּׁנִים
Isaiah 1:18 — יְשַׁעְיָהוּ א, יח

שָׁנִים
שְׁנֵי־: ---

In the midst of glory is an appearance of scarlet. — בתוך כבוד מראי שני
4Q405 f23ii:8

second (adj)	שנה	(156)	שֵׁנִי

And they went around the city on the second day one time. — וַיָּסֹבּוּ אֶת הָעִיר בַּיּוֹם הַשֵּׁנִי פַּעַם אַחַת
Joshua 6:14 — יְהוֹשֻׁעַ ו, יד

שֵׁנִי | שֵׁנִית | שְׁנִיִּם | ---

On the second sign is "Camp of God." — על אות השנית מחני אל
War Scroll (1QM) 4:9

two (adj, m dual)	שנה	(516)	שְׁנַיִם\שְׁנָיִם

Two by two they came to Noah, to the ark. — שְׁנַיִם שְׁנַיִם בָּאוּ אֶל נֹחַ אֶל הַתֵּבָה
Genesis 7:9 — בְּרֵאשִׁית ז, ט

שְׁנֵי־
שְׁנֵינוּ, שְׁנֵיכֶם, שְׁנֵיהֶם

On the testimony [lit., mouth] of two witnesses or three witnesses he will be killed. — על פי שנים עדים ועל פי שלושה עדים יומת
11Q19 64:8–9

he plundered (v, *qal*)	שסה	(10)	[שָׁסָה]

And the LORD was angry with Israel and put them in a hand of plunderers. — וַיִּחַר אַף יְהוָה בְּיִשְׂרָאֵל וַיִּתְּנֵם בְּיַד שֹׁסִים
Judges 2:14 — שׁוֹפְטִים ב, יד

שָׁסוּ
יִשְׁסֶה
שֹׁסִים (שֹׁסֵי־) | שֹׁסֵהוּ, שׁוֹסֵינוּ, שֹׁסֵיהֶם | שָׁסוּי
---

he looked, regarded, was concerned (v, *qal*)	שעה	(12)	שָׁעָה

And may I regard your statutes continually. — וְאֶשְׁעָה בְחֻקֶּיךָ תָמִיד
Psalm 119:117 — תְּהִלִּים קיט, קיז

שָׁעָה, שָׁעוּ

אֶשְׁעָה, תִּשְׁעֶה, יִשְׁעֶה\יִשַׁע, יִשְׁעוּ, תִּשְׁעֶינָה

שְׁעֵה, שְׁעוּ

short time, brief moment (nf)	שעה	(5)	(def) שָׁעָה\שַׁעֲתָה\שַׁעֲתָא

In that moment he will be thrown to the midst of the furnace of fire.
Daniel 3:6

בַּהּ שַׁעֲתָא יִתְרְמֵא לְגוֹא אַתּוּן נוּרָא
דָּנִיֵּאל ג, ו

male goat (nm)	שער	(53)	שָׂעִיר

And they brought the goats of the sin offering before the king.
2 Chronicles 29:23

וַיַּגִּישׁוּ אֶת שְׂעִירֵי הַחַטָּאת לִפְנֵי הַמֶּלֶךְ
דִּבְרֵי הַיָּמִים ב כט, כג

שְׂעִירִם
שְׂעִיר־: ---
שְׂעִירֵי־: ---

And he put them [i.e., the sins] on the head of the goat.
11Q19 26:12

ונתנמה על רואש השעיר

Seir, Edom (np)	שער	(35)	שֵׂעִיר\שֵׂעִירָה

And Esau settled in the hill of Seir; Esau is Edom.
Genesis 36:8

וַיֵּשֶׁב עֵשָׂו בְּהַר שֵׂעִיר עֵשָׂו הוּא אֱדוֹם
בְּרֵאשִׁית לו, ח

The sons of Esau are the dwell]ers in Seir.
4Q364 f23a_bi:5

בני עישיו היושב]ים בשעיר

hair (nm)	שער	(28)	שֵׂעָר

Your hair is like a flock of goats.
Song of Songs 4:1

שַׂעְרֵךְ כְּעֵדֶר הָעִזִּים
שִׁיר הַשִּׁירִים ד, א

שְׂעַר־\שַׂעַר־: שַׂעְרֵךְ\שְׂעָרֵךְ, שְׂעָרוֹ, שְׂעָרָהּ

The ones with beautiful hair the LORD did not choose.
11Q5 28:10

היפים בשערם לוא בחר יהוה

gate (nm)	שער	(372?)	שַׁעַר\שַׁעְרָה\שָׁעְרָה

This is the gate for the LORD; righteous ones will come in it.
Psalm 118:20

זֶה הַשַּׁעַר לַיהוָה צַדִּיקִים יָבֹאוּ בוֹ
תְּהִלִּים קיח, כ

שְׁעָרִים
שַׁעַר־: ---
שַׁעֲרֵי־: שְׁעָרֶיךָ, שְׁעָרַיִךְ\שְׁעָרָיִךְ, שְׁעָרָיו\שְׁעָרָו, שְׁעָרֶיהָ, שַׁעֲרֵיכֶם, שַׁעֲרֵיהֶם

And gates of salvation you opened for us. *War Scroll (1QM) 18:7*	ושערי ישועות פתחתה לנו

barley (nf)	שער	(34)	שְׂעֹרָה

And they came to Bethlehem in the beginning of the harvest of barley. *Ruth 1:22*	וְהֵמָּה בָּאוּ בֵּית לֶחֶם בִּתְחִלַּת קְצִיר שְׂעֹרִים רות א, כב

שְׂעֹרִים\שְׂעוֹרִים

A month is harvesting barley. *Gezer 1:4*	𐤉𐤓𐤇 𐤒𐤑𐤓 𐤔𐤏𐤓𐤌
[A festiv]al of barley is on the twenty-sixth (of the month). *4Q325 f1:3*	[מוע]ד֯ שעורים בעשרים וששה

lip, language, edge, shore (nf)	שפה	(176)	שָׂפָה

And all the earth was one language. *Genesis 11:1*	וַיְהִי כָל הָאָרֶץ שָׂפָה אֶחָת בְּרֵאשִׁית יא, א

שְׂפָתַיִם\שְׂפָתָיִם
שְׂפַת־: שְׂפָתוֹ, שְׂפָתָהּ, שְׂפָתָם
שִׂפְתֵי\שִׂפְתוֹת: שְׂפָתַי\שְׂפָתָי, שְׂפָתֶיךָ\שִׂפְתוֹתֶיךָ, שִׂפְתוֹתַיִךְ, שְׂפָתָיו\שְׂפָתָו\שִׂפְתוֹתָיו, שְׂפָתֶיהָ,
שְׂפָתֵינוּ, שִׂפְתוֹתֵיכֶם, שִׂפְתֵיהֶם\שְׂפָתֵימוֹ\שִׂפְתוֹתֵיהֶם

And lies will not be found on my lips. *Community Rule (1QS) 10:22*	וכזבים לוא ימצאו בשפתי

maidservant, female slave (nf)	שפח	(63)	שִׁפְחָה

And I am not like one of your maidservants. *Ruth 2:13*	וְאָנֹכִי לֹא אֶהְיֶה כְּאַחַת שִׁפְחֹתֶיךָ רות ב, יג

שְׁפָחוֹת\שְׁפָחֹת
שִׁפְחַת־: שִׁפְחָתִי, שִׁפְחָתְךָ\שִׁפְחָתֶךָ, שִׁפְחָתֵךְ, שִׁפְחָתוֹ, שִׁפְחָתָהּ
---: שִׁפְחֹתֶיךָ, שִׁפְחֹתָיו, שִׁפְחוֹתֵיכֶם

he judged, decided, ruled (v, *qal*)	שפט	(185)	שָׁפַט

The LORD, the judge, will judge today. *Judges 11:27*	יִשְׁפֹּט יְהוָה הַשֹּׁפֵט הַיּוֹם שׁוֹפְטִים יא, כז

שְׁפֹט\שְׁפוֹט\שְׁפֹט (שָׁפוֹט) | שָׁפְטֵךְ, שָׁפְטֵנוּ
שָׁפַטְתִּי, שָׁפַטְתָּ, שָׁפַט\שָׁפָט, שְׁפַטְתֶּם, שָׁפְטוּ\שָׁפָטוּ | שְׁפַטְתִּיךָ, שְׁפַטְתִּים, שְׁפָטְךָ, שְׁפָטוֹ, שְׁפָטָנוּ,
שְׁפָטוּךָ, שְׁפָטוּנוּ, שְׁפָטוּם
אֶשְׁפֹּט\אֶשְׁפּוֹט, תִּשְׁפֹּט\תִּשְׁפּוֹט\תִּשְׁפָּט, יִשְׁפֹּט\יִשְׁפּוֹט\יִשְׁפָּט, תִּשְׁפְּטוּ, יִשְׁפְּטוּ\יִשְׁפֹּטוּ\יִשְׁפּוּטוּ |
אֶשְׁפָּטֶךָּ, אֶשְׁפְּטֵם, יִשְׁפְּטֵנִי, (וְ)שְׁפָטֵהוּ
שֹׁפֵט\שׁוֹפֵט (שֹׁפֵט־), שֹׁפְטָה, שֹׁפְטִים (שֹׁפְטֵי־) | שֹׁפְטִי, שֹׁפְטֵנוּ, שֹׁפְטֵךְ, שֹׁפְטַיִךְ, שֹׁפְטָיו, שֹׁפְטֶיהָ,
שֹׁפְטֵינוּ, שֹׁפְטֵיכֶם, שֹׁפְטֵיהֶם
שְׁפָט\שָׁפְטָה, שִׁפְטוּ\שְׁפֹטוּ | שָׁפְטֵנִי

According to my guilt you judged me. — כְּאשמתי שפטתני
Thanksgiving Hymn (1QHa) 13:7

Shephatiah (np) — שפט\יהוה — (13) — **שְׁפַטְיָה\שְׁפַטְיָהוּ**

The descendants of Shephatiah were three hundred and seventy-two. — בְּנֵי שְׁפַטְיָה שְׁלֹשׁ מֵאוֹת שִׁבְעִים וּשְׁנָיִם
Ezra 2:4 — עֶזְרָא ב, ד

judgments (nm, pl only) — שפט — (16) — **שְׁפָטִים**

And on all the gods of Egypt I will make judgments. — וּבְכָל אֱלֹהֵי מִצְרַיִם אֶעֱשֶׂה שְׁפָטִים
Exodus 12:12 — שְׁמוֹת יב, יב

שְׁפָטִים

---: שְׁפָטֵי

You established them to do among them great judgments. — הכינותם לעשות בם שפטים גדולים
Thanksgiving Hymn (1QHa) 7:32

he poured, poured out, shed (v, *qal*) — שפך — (101) — **שָׁפַךְ**

I, the Lord, poured my wrath on you. — אֲנִי יְהוָה שָׁפַכְתִּי חֲמָתִי עֲלֵיכֶם
Ezekiel 22:22 — יְחֶזְקֵאל כב, כב

שְׁפֹךְ\שְׁפוֹךְ\שְׁפֹךְ\שְׁפָךְ | שָׁפְכְךָ
שָׁפַכְתִּי, שָׁפַכְתָּ\שָׁפָכְתָּ, שָׁפַכְתְּ, שָׁפַךְ\שָׁפָךְ, שָׁפְכוּ\שָׁפְכֻו | שְׁפָכַתְהוּ
אֶשְׁפֹּךְ\אֶשְׁפּוֹךְ\אֶשְׁפְּכָה, תִּשְׁפֹּךְ, תִּשְׁפְּכִי, יִשְׁפֹּךְ, תִּשְׁפְּכוּ\תִּשְׁפֹּכוּ, יִשְׁפְּכוּ | תִּשְׁפְּכֻנוּ, יִשְׁפְּכֵם
שֹׁפֵךְ\שׁוֹפֵךְ, שֹׁפֶכֶת, שֹׁפְכִים, שֹׁפְכוֹת\שֹׁפְכֹת | שֹׁפְכוֹ | שָׁפוּךְ, שְׁפוּכָה
שְׁפֹךְ\שְׁפוֹךְ\שְׁפָךְ, שִׁפְכִי, שִׁפְכוּ

You poured against us your wrath. — שפכתה אלינו את חמתכה
4Q504 f1_2Riii:10

he was low, brought down, humbled (v, *qal*) — שפל — (12) — **שָׁפֵל**

And eyes of haughty ones will be humbled. — וְעֵינֵי גְבֹהִים תִּשְׁפַּלְנָה
Isaiah 5:15 — יְשַׁעְיָהוּ ה, טו

שָׁפַל
שָׁפַלְתָּ, שָׁפֵל
יִשְׁפַּל, תִּשְׁפַּל, יִשָּׁפְלוּ, תִּשְׁפַּלְנָה

| His kingdom will be brought down in Is[rael]. | תִּשְׁפַּל מַלְכוּתוֹ בְּיִשְ[רָאֵל] |
| 4Q169 f3_4iv:3 | |

| low, deeper, humble (adj) | שפל | (17) | שָׁפָל |

| For the LORD is exalted but he will see a humble one. | כִּי רָם יְהוָה וְשָׁפָל יִרְאֶה |
| Psalm 138:6 | תְּהִלִּים קלח, ו |

שָׁפָל\שְׁפָלָה (שָׁפָל־) | שְׁפָלָה (שְׁפָלַת־) | שְׁפָלִים ---

| lowland, Shephelah (nf) | שפל | (20) | שְׁפֵלָה |

| And the Philistines raided in cities of the Shephelah and the Negev. | וּפְלִשְׁתִּים פָּשְׁטוּ בְּעָרֵי הַשְּׁפֵלָה וְהַנֶּגֶב |
| 2 Chronicles 28:18 | דִּבְרֵי הַיָּמִים ב כח, יח |

---: שְׁפֵלָתֹה

| Shaphan (np) | --- | (30) | שָׁפָן |

| And Hilkiah gave the book to Shaphan and he read it. | וַיִּתֵּן חִלְקִיָּה אֶת הַסֵּפֶר אֶל שָׁפָן וַיִּקְרָאֵהוּ |
| 2 Kings 22:8 | מְלָכִים ב כב, ח |

| sack, sackcloth (nm) | --- | (48) | שַׂק\שָׂק |

| And they called a fast and put on sackcloth. | וַיִּקְרְאוּ צוֹם וַיִּלְבְּשׁוּ שַׂקִּים |
| Jonah 3:5 | יוֹנָה ג, ה |

שַׂקִּים
--: שַׂקִּי, שַׂקּוֹ
---: שַׂקֵּיהֶם

| And clothes and sacks and skins will be washed. | וּבְגָדִים וְשַׂקִּים וְעוֹרוֹת יִתְכַּבְּסוּ |
| 11Q19 49:16 | |

| he was awake, watched, alert (v, qal) | שקד | (12) | שָׁקַד |

| I am watching over my word to do it. | שֹׁקֵד אֲנִי עַל דְּבָרִי לַעֲשֹׂתוֹ |
| Jeremiah 1:12 | יִרְמְיָהוּ א, יב |

שָׁקֵד

שָׁקַדְתִּי, שָׁקַד
אֶשְׁקֹד, יִשְׁקֹד\יִשְׁקוֹד
שֹׁקֵד, --- (שֹׁקְדֵי־)
שִׁקְדוּ

And we were alert to pursue knowledge. — ושקדנו לרדוף דעת
4Q418 f69ii:11

שִׁקּוּץ (28) **שקץ** abomination, something detestable (nm)

And they put their abominations in the house [i.e., the temple]. — וַיָּשִׂימוּ שִׁקּוּצֵיהֶם בַּבַּיִת
Jeremiah 32:34 — יִרְמְיָהוּ לב, לד

שִׁקּוּצִים\שִׁקֻּצִים
שִׁקֻּץ־: ---
שִׁקּוּצֵי־: שִׁקּוּצֶיךָ, שִׁקּוּצַיִךְ\שִׁקּוּצָיִךְ, שִׁקֻּצָיו, שִׁקּוּצֶיהָ, שִׁקּוּצֵיהֶם

And abominations will not be found in it. — ושקוצים לוא ימצא בה
Community Rule (1QS) 10:22–23

שָׁקַט (31) **שקט** he was at rest, at peace, quiet (v, *qal*)

And for the sake of Jerusalem I will not be quiet. — וּלְמַעַן יְרוּשָׁלַםִ לֹא אֶשְׁקוֹט
Isaiah 62:1 — יְשַׁעְיָהוּ סב, א

שָׁקַטְתִּי, שָׁקַט, שָׁקְטָה\שָׁקָטָה
אֶשְׁקוֹט\אֶשְׁקֳוטָה, תִּשְׁקֹט, תִּשְׁקֹטִי, יִשְׁקֹט, תִּשְׁקֹט
שֹׁקֵט, שֹׁקֶטֶת\שֹׁקָטֶת, שֹׁקְטִים

And] the land was quiet forever. — ו]שקטה הארץ לעולמים
4Q475 f1:6

שָׁקַל (19) **שקל** he weighed (v, *qal*)

And I weighed the silver with scales. — וָאֶשְׁקֹל הַכֶּסֶף בְּמֹאזְנָיִם
Jeremiah 32:10 — יִרְמְיָהוּ לב, י

שָׁקוֹל (שָׁקוֹל)
שָׁקַל
אֶשְׁקוֹל\אֶשְׁקֹל\אֶשְׁקְלָה\אֶשְׁקֳולָה, תִּשְׁקוֹל, יִשְׁקֹל, תִּשְׁקְלוּ, יִשְׁקְלוּ, יִשְׁקֹלוּ\יִשְׁקֹלוּ | יִשְׁקְלֵנִי
שֹׁקֵל

With scales of righteousness he weighed. — במוזני צדק שקל
4Q418 f127:6

shekel (nm)	שקל (88)	שֶׁקֶל\שָׁקֶל

And he weighed the hair of his head—two hundred shekels.
2 Samuel 14:26

וְשָׁקַל אֶת שְׂעַר רֹאשׁוֹ מָאתַיִם שְׁקָלִים
שְׁמוּאֵל ב יד, כו

שְׁקָלִים
שֶׁקֶל־: ---
שִׁקְלֵי־: ---

The [si]lver is eight shekels for the sons of Gealiah.
Arad 16:5

ה[כ]סף 8 ש' לבני גאליהו

For the LORD is the half shekel, an eternal statute.
11Q19 39:8

ליהוה מחצית השקל חוק עולם

detestable thing, abomination (nm)	שקץ (11)	שֶׁקֶץ

And they will be an abomination to you; from their flesh do not eat.
Leviticus 11:11

וְשֶׁקֶץ יִהְיוּ לָכֶם מִבְּשָׂרָם לֹא תֹאכֵלוּ
וַיִּקְרָא יא, יא

---

lie, falsehood (nm)	שקר (113)	שֶׁקֶר\שָׁקֶר

A word of falsehood a righteous one will hate.
Proverbs 13:5

דְּבַר שֶׁקֶר יִשְׂנָא צַדִּיק
מִשְׁלֵי יג, ה

שְׁקָרִים

---: שִׁקְרֵיהֶם

And they prophesied a lie to cause Israel to turn away.
Damascus Document (CD) 6:1

וינבאו שקר להשיב את ישראל

leader, chief, ruler, official, prince (nm)	שרר (421)	שַׂר\שָׂר

Our kings, our chiefs, our priests, and our elders did not do your law.
Nehemiah 9:34

מְלָכֵינוּ שָׂרֵינוּ כֹּהֲנֵינוּ וַאֲבֹתֵינוּ לֹא עָשׂוּ תּוֹרָתֶךָ
נְחֶמְיָה ט, לד

שָׂרִים
שַׂר־: שַׂרְכֶם
שָׂרֵי־: שָׂרַי, שָׂרַיִךְ, שָׂרָיו, שָׂרֶיהָ, שָׂרֵינוּ, שָׂרֵיכֶם, שָׂרֵיהֶם

May my lord, the official, hear the word of his servant.
Metsad ha-Shavyahu 1:1–2

ישמע אדני השר את דבר עבדה

God called all of them princes. — קרא אל את כולם שרים
Damascus Document (CD) 6:6

[שָׁר] (15) שור he beheld, watched, regarded (v, *qal*)

And my hope, who will regard it? — וְתִקְוָתִי מִי יְשׁוּרֶנָּה
Job 17:15 — אִיּוֹב יז, טו

אָשׁוּר, יָשׁוּר\יָשֹׁר | אֲשׁוּרֶנּוּ, תְּשׁוּרֶנּוּ, יְשׁוּרֶנּוּ, יְשׁוּרֶנָּה, תְּשׁוּרֵנִי, תְּשׁוּרֶנּוּ

שׁוּר

I will see him, but not close. — אשורנו ולא קרוב
4Q175 1:12

שָׁר (49) שיר he sang (v, *qal*)

Sing to the LORD a new song! — שִׁירוּ לַיהוָה שִׁיר חָדָשׁ
Psalm 149:1 — תְּהִלִּים קמט, א

שׁוּר
שָׁר
אָשִׁיר\אָשִׁירָה, יָשִׁיר, תָּשַׁר, נָשִׁיר\נָשִׁירָה, יָשִׁירוּ
שָׁר, שָׁרִים, שָׁרוֹת
שִׁירוּ

Sing to the king [of glory]! — שירו למלכ [הכבוד]
4Q427 f7i:13–14

שָׂרָה (38) שרר Sarah (np)

And Abraham hurried to the tent, to Sarah. — וַיְמַהֵר אַבְרָהָם הָאֹהֱלָה אֶל שָׂרָה
Genesis 18:6 — בְּרֵאשִׁית יח, ו

שָׂרַי (17) שרר Sarai (np)

And Sarai, the wife of Abraham, did not bear children for him. — וְשָׂרַי אֵשֶׁת אַבְרָם לֹא יָלְדָה לוֹ
Genesis 16:1 — בְּרֵאשִׁית טז, א

שָׂרִיד (28) שרד survivor (nm)

There will not be a survivor for the house of Esau. — וְלֹא יִהְיֶה שָׂרִיד לְבֵית עֵשָׂו
Obadiah 18 — עֹבַדְיָה יח

שְׂרִידִים

שְׂרִידֵי־: שְׂרִידָיו

לוא השארנו שריד

We did not leave a survivor.
4Q364 f24a_c:10

שְׂרָיָה\שְׂרָיָהוּ (20) --- Seraiah (np)

הַדָּבָר אֲשֶׁר צִוָּה יִרְמְיָהוּ הַנָּבִיא אֶת שְׂרָיָה

The word which Jeremiah the prophet commanded Seraiah.

יִרְמְיָהוּ נא, נט

Jeremiah 51:59

שָׂרַף (102) שרף he burned (v, *qal*)

אַתָּה שָׂרַפְתָּ אֶת הַמְּגִלָּה הַזֹּאת
יִרְמְיָהוּ לו, כט

You burned this scroll.
Jeremiah 36:29

שְׂרֹף (שָׂרוֹף) | שָׂרְפוֹ
שָׂרַפְתִּי, שָׂרַפְתָּ, שָׂרַף, שָׂרַפְנוּ, שָׂרְפוּ | שְׂרָפוֹ, שְׂרָפָהּ, שְׂרָפָם, שְׂרָפָתַם, שְׂרָפוּהָ\שְׂרָפֻהָ
אֶשְׂרֹף, תִּשְׂרֹף, יִשְׂרֹף, נִשְׂרֹף\נִשְׂרְפָה, תִּשְׂרֹפוּ\תִּשְׂרְפוּן, יִשְׂרְפוּ\יִשְׂרֹפוּ | תִּשְׂרְפֶנּוּ, יִשְׂרְפָהּ, יִשְׂרְפֵם, יִשְׂרְפוּהָ
שֹׂרֵף, שֹׂרְפִים | --- | שְׂרוּפָה\שְׂרֻפָה, שְׂרֻפִים, שְׂרוּפוֹת\שְׂרֻפוֹת

תקבוץ אל תוך רחובה ושרפתה באש את העיר

You will gather to the midst of its city square and burn with fire the city.
11Q19 55:8–9

שְׂרֵפָה (13) שרף burning, fire (nf)

וְלֹא עָשׂוּ לוֹ עַמּוֹ שְׂרֵפָה כִּשְׂרֵפַת אֲבֹתָיו

And his people did not make for him a fire like the fire of his fathers.

דִּבְרֵי הַיָּמִים ב כא, יט

2 Chronicles 21:19

שְׂרֵפַת־: ---

יסודי הרים לשרפה

Foundations of mountains are for burning.
Thanksgiving Hymn (1QHa) 11:32

שָׁרַץ (14) שרץ it swarmed, teemed, was numerous (v, *qal*)

וּבְנֵי יִשְׂרָאֵל פָּרוּ וַיִּשְׁרְצוּ

And the sons of Israel were fruitful and numerous.

שְׁמוֹת א, ז

Exodus 1:7

שָׁרַץ, שָׁרְצוּ
יִשְׁרֹץ, יִשְׁרְצוּ

שֹׁרֵץ, שֹׁרֶצֶת
שֹׁרְצוּ

swarm, swarming things (nm)	שרץ	(15)	שֶׁרֶץ\שָׁרֶץ

And God said, "Let the waters swarm with a swarm of living beings."
Genesis 1:20

וַיֹּאמֶר אֱלֹהִים יִשְׁרְצוּ הַמַּיִם שֶׁרֶץ נֶפֶשׁ חַיָּה
בְּרֵאשִׁית א, כ

שֶׁרֶץ־: ---

All the swarming things of the earth will be unclean.
11Q20 14:17

כול שרץ הארץ תטמאו

he hissed, whistled (v, *qal*)	שרק	(12)	שָׁרַק

And it will be on that day the LORD will whistle.
Isaiah 7:18

וְהָיָה בַּיּוֹם הַהוּא יִשְׁרֹק יְהוָה
יְשַׁעְיָהוּ ז, יח

שָׁרַק\שָׁרָק, שָׁרְקוּ
אֶשְׁרְקָה, יִשְׁרֹק

---

stubbornness (nf)	שרר	(10)	[שְׁרִרוּת]

And they will no longer walk after the stubbornness of their wicked heart.
Jeremiah 3:17

וְלֹא יֵלְכוּ עוֹד אַחֲרֵי שְׁרִרוּת לִבָּם הָרָע
יִרְמְיָהוּ ג, יז

שְׁרִרוּת־\שְׁרִירוּת־: ---

And their sons in Egypt walked in the stubbornness of their heart.
Damascus Document (CD) 3:5

ובניהם במצרים הלכו בשרירות לבם

root (nm)	שרש	(33)	שֹׁרֶשׁ

And I destroyed his fruit above and his roots below.
Amos 2:9

וָאַשְׁמִיד פִּרְיוֹ מִמַּעַל וְשָׁרָשָׁיו מִתָּחַת
עָמוֹס ב, ט

שֹׁרֶשׁ־: שָׁרְשִׁי, שָׁרְשֵׁךְ, שָׁרְשׁוֹ, שָׁרְשָׁם

שָׁרְשֵׁי־: שָׁרָשָׁיו, שָׁרָשֶׁיהָ\שָׁרָשֶׁיהָ

And they pursued after all roots of understanding. — וירדפו אחר כול שורשי בינה
4Q418 f55:9

he served, ministered (v, *piel*) — שרת (97) — **שֵׁרֵת**

And the boy Samuel was serving the LORD before Eli. — וְהַנַּעַר שְׁמוּאֵל מְשָׁרֵת אֶת יְהוָה לִפְנֵי עֵלִי
1 Samuel 3:1 — שְׁמוּאֵל א ג, א

שָׁרֵת\שָׁרֵת | שָׁרְתֵנִי, שָׁרְתוֹ, שָׁרַתְּם
שֵׁרֵת, שֵׁרְתוּ
יְשָׁרֵת, יְשָׁרְתוּ | יְשָׁרְתֵנִי, יְשָׁרְתֵהוּ, תְּשָׁרְתֵהוּ, יְשָׁרְתוּךָ, יְשָׁרְתוּנֶךָ, יְשָׁרְתֻהוּ
מְשָׁרֵת, מְשָׁרַת, מְשָׁרְתִים\מְשָׁרְתִם (מְשָׁרְתֵי־) | מְשָׁרְתוֹ, מְשָׁרְתַי, מְשָׁרְתָיו\מְשָׁרְתוֹ

And kings will serve you. — ומלכיהם ישרתוך
War Scroll (1QM) 12:14

he rejoiced, exulted (v, *qal*) — שוש\שיש (27) — **שָׂשׂ**

He will rejoice over you with joy. — יָשִׂישׂ עָלַיִךְ בְּשִׂמְחָה
Zephaniah 3:17 — צְפַנְיָה ג, יז

שׂוּשׂ (שׂוֹשׂ)
שַׂשְׂתִּי, שָׂשׂ, שָׂשׂוּ
אָשִׂישׂ, יָשִׂישׂ, תָּשִׂישׂ, נָשִׂישׂ, יָשִׂישׂוּ | יְשֻׂשׂוּם
שָׂשׂ
שִׂישִׂי, שִׂישׂוּ

They will rejoice and be glad and their heart will be strong. — ישישו וישמחו ויעז לבם
Damascus Document (CD) 20:33

six (adj fs) — שש? (135) — **שֵׁשׁ**

And David and his men (about six hundred) arose. — וַיָּקָם דָּוִד וַאֲנָשָׁיו כְּשֵׁשׁ מֵאוֹת אִישׁ
1 Samuel 23:13 — שְׁמוּאֵל א כג, יג

linen (nm) — --- (38) — **שֵׁשׁ**

And he dressed him (with) clothes of linen. — וַיַּלְבֵּשׁ אֹתוֹ בִּגְדֵי שֵׁשׁ
Genesis 41:42 — בְּרֵאשִׁית מא, מב

Priests from the sons of Aaron are wearing clothes of white linen. — כוהנים מבני אהרון לובשים בגדי שש לבן
War Scroll (1QM) 7:10

שִׁשָּׁה (80) שׁשׁ? — six (adj ms)

And their brothers to their generations are nine hundred and fifty-six. — וַאֲחֵיהֶם לְתֹלְדוֹתָם תְּשַׁע מֵאוֹת וַחֲמִשִּׁים וְשִׁשָּׁה
1 Chronicles 9:9 — דִּבְרֵי הַיָּמִים א ט, ט

שֵׁשֶׁת־

And in the hand of the six (men) will be the trumpets of convocation. — וביד הששה יהיו הצוצרות המקרא
War Scroll (1QM) 7:12

שָׂשׂוֹן\שָׂשֹׂן (22) שׂוש — joy (nm)

Return to me the joy of your salvation. — הָשִׁיבָה לִּי שְׂשׂוֹן יִשְׁעֶךָ
Psalm 51:12 — תְּהִלִּים נא, יד

שְׂשׂוֹן־: ---

And your correction is to me happiness and joy. — ותהי תוכחתכה לי לשמחה וֹשׂשון
Thanksgiving Hymn (1QHa) 17:24

שִׁשִּׁים (59) שׁשׁ? — sixty (adj m and f pl)

Sixty are queens and eighty are concubines. — שִׁשִּׁים הֵמָּה מְלָכוֹת וּשְׁמֹנִים פִּילַגְשִׁים
Song of Songs 6:8 — שִׁיר הַשִּׁירִים ו, ח

For all the days of the year are three hundred and sixty four. — לכול ימי השנה ארבעה וששים ושלוש מאות
11Q5 27:6–7

שֵׁת\שִׁת\שִׁתִּין (6) שׁשׁ? — six, sixty (adj)

He made an image of gold, its height was sixty cubits. — עֲבַד צְלֵם דִּי דְהַב רוּמֵהּ אַמִּין שִׁתִּין
Daniel 3:1 — דָּנִיֵּאל ג, א

שֵׁת\שִׁת | --- | שִׁתִּין | ---

שָׁת (83) שׁית — he put, placed, set (v, *qal*)

Everything you put under his feet. — כֹּל שַׁתָּה תַחַת רַגְלָיו
Psalm 8:6 — תְּהִלִּים ח, ז

שִׁית (שׁת) | שִׁתִי
שַׁתִּי, שַׁתָּה\שַׁתָּ, שָׁת, שָׁתָה, שָׁתוּ\שַׁתּוּ | שַׁתִּיהָ, שַׁתַּנִי, שָׁתָם
אָשִׁית, תָּשִׁית\תָּשֶׁת\תָּשֶׁת, תָּשִׁיתִי, יָשִׁית\יְשִׁית\יָשֵׁת\יָשֶׁת, תָּשִׁיתוּ, יָשִׁיתוּ | אֲשִׁיתְךָ, אֲשִׁיתֵךְ,
אֲשִׁיתֵנוּ\אֲשִׁיתֵהוּ, תָּשִׁיתֵהוּ, תְּשִׁיתֵמוֹ, יְשִׁיתֵהוּ, תְּשִׁיתֵהוּ, יְשִׁיתוּהוּ

שִׁית\שִׁיתָה, שִׁיתִי\שִׁתִי, שִׁיתוּ | שִׁיתֵמוֹ

ואתה תשיתני לעתות — And you set me as a sign.
4Q381 f33ab+35:2

שָׁתָה	(216) שתה	he drank (v, *qal*)

אֱכֹל בְּשִׂמְחָה לַחְמֶךָ וּשְׁתֵה בְלֶב טוֹב יֵינֶךָ — Eat your bread with joy, and drink your wine with a good heart.
קֹהֶלֶת ט, ז — *Ecclesiastes 9:7*

שְׁתוֹת\שְׁתוֹת\שְׁתֹת\שְׁתוֹ (שָׁתֹה\שָׁתוֹ\שָׁתוֹת | שְׁתוֹתוֹ, שְׁתוֹתָהּ, שְׁתוֹתָם
שָׁתִיתִי, שָׁתִית, שָׁתָה, שָׁתִינוּ, שְׁתִיתֶם, שָׁתוּ
אֶשְׁתֶּה\אֵשְׁתְּ, תִּשְׁתֶּה\תֵּשְׁתְּ, יִשְׁתֶּה\יֵשְׁתְּ, תִּשְׁתֶּה\תֵּשְׁתְּ, נִשְׁתֶּה, תִּשְׁתּוּ, יִשְׁתּוּ\יִשְׁתָּיוּן, תִּשְׁתֶּינָה |
יִשְׁתָּהוּ
שֹׁתֶה, שֹׁתָה, שֹׁתִים\שׁוֹתִים (שֹׁתֵי־\שׁוֹתֵי־) | שֹׁתָיו
שְׁתֵה, שְׁתוּ

אל תשת יין ואין אכל — Do not drink wine when there is no food.
4Q416 f2ii:19

[שְׁתָה]	(5) שתה	he drank (v, *peal*)

וְיִשְׁתּוֹן בְּהוֹן מַלְכָּא וְרַבְרְבָנוֹהִי — And the king and his lords were drinking with them.
דָּנִיֵּאל ה, ב — *Daniel 5:3*

אִשְׁתִּיו
יִשְׁתּוֹן
שָׁתֵה, שָׁתַיִן

שְׁתַּיִם\ שְׁתָּיִם	(252) שנה	two (adj, f dual)

וְאֶת שְׁתֵּי נָשָׁיו הִצִּיל דָּוִד — And David rescued his two wives.
שְׁמוּאֵל א ל, יח — *1 Samuel 30:18*

שְׁתֵּי־
שְׁתֵּיהֶם, שְׁתֵּיהֶן

וישם לו שתי רוחות — And he put for him [i.e., humanity] two spirits.
Community Rule (1QS) 3:18

he planted (v, *qal*) שתל (10) [שָׁתַל]

They are planted in the house of the LORD. שְׁתוּלִים בְּבֵית יְהוָה
Psalm 92:13 תְּהִלִּים צב, יד

שָׁתַלְתִּי
--- | אֶשְׁתֳּלֶנּוּ
--- | --- | שָׁתוּל, שְׁתוּלָה, שְׁתוּלִים

תא / א

chamber (nm)	---	(13)	תָּא

And the chamber is one reed long and one reed wide. — וְהַתָּא קָנֶה אֶחָד אֹרֶךְ וְקָנֶה אֶחָד רֹחַב
Ezekiel 40:7 — יְחֶזְקֵאל מ, ז

תָּאִים, תָּאוֹת
תָּאֵ־: ---
תָּאֵי־: תָּאָו

And chambers are made for the wall outside. — ותאים עשוים לקיר מחוץ
11Q19 38:15

desire, craving, delight (nf)	אוה	(21)	תַּאֲוָה

And a tree of life is a desire which comes. — וְעֵץ חַיִּים תַּאֲוָה בָאָה
Proverbs 13:12 — מִשְׁלֵי יג, יב

תַּאֲוַת־: תַּאֲוָתִי, תַּאֲוָתָם
---

fig, fig tree (nf)	---	(39)	תְּאֵנָה

And there are not figs on the fig tree. — וְאֵין תְּאֵנִים בַּתְּאֵנָה
Jeremiah 8:13 — יִרְמְיָהוּ ח, יג

תְּאֵנִים
---: תְּאֵנָתִי, תְּאֵנָתְךָ, תְּאֵנָתוֹ, תְּאֵנָתָהּ, תְּאֵנָתָם
תְּאֵנֵי־: תְּאֵנֵיכֶם

form, appearance (nm)	תאר	(15)	תֹּאַר

And he said to her, "What is his appearance?" And she said, "An old man is coming up." — וַיֹּאמֶר לָהּ מַה תָּאֳרוֹ וַתֹּאמֶר אִישׁ זָקֵן עֹלֶה
1 Samuel 28:14 — שְׁמוּאֵל א כח, יד

תֹּאַר־: תָּאֳרוֹ\תֹּאֲרוֹ, תָּאֳרָם

My brothers went out to meet him—handsome of appearance. — יצאו אחי לקראתו יפי התור
11Q5 28:9

ark, basket (nf)	---	(28)	תֵּבָה

And she saw the basket in the midst of the reeds. — וַתֵּרֶא אֶת הַתֵּבָה בְּתוֹךְ הַסּוּף
Exodus 2:5 — שְׁמוֹת ב, ה

תֵּבַת־: ---

On that day, Noah went out from the ark. — ביום ההוא יצא נוח מן התבה
4Q252 2:2

produce, harvest (nf) — בוא (42) — תְּבוּאָה

The LORD, your God, will bless you in all your produce. — יְבָרֶכְךָ יְהוָה אֱלֹהֶיךָ בְּכֹל תְּבוּאָתְךָ
Deuteronomy 16:15 — דְּבָרִים טז, טו

תְּבוּאוֹת\תְּבוּאֹת
תְּבוּאַת־: תְּבוּאָתִי, תְּבוּאָתְךָ\תְּבוּאָתֶךָ, תְּבוּאָתוֹ\תְּבוּאָתֹה, תְּבוּאָתָהּ
תְּבוּאֹת־: תְּבוּאֹתֵיכֶם

And gather your produce in its time. — ואסוף תבואתכה בעתה
4Q423 f5:5

understanding (nf) — בין (42) — תְּבוּנָה

In your wisdom and your understanding you made for yourself wealth. — בְּחָכְמָתְךָ וּבִתְבוּנָתְךָ עָשִׂיתָ לְּךָ חָיִל
Ezekiel 28:4 — יְחֶזְקֵאל כח, ד

תְּבוּנוֹת
---: תְּבוּנָתִי, תְּבוּנָתְךָ, תְּבוּנָתוֹ\תְּוּבְנָתוֹ, תְּבוּנָם
תְּבוּנוֹת־: תְּבוּנֹתֵיכֶם

In his understanding he stretched the heavens. — בתבונתו נטה שמים
11Q5 26:14

world, earth (nf/nm?) — אבל? (36) — תֵּבֵל

He will judge (the) world with righteousness and peoples with his faithfulness. — יִשְׁפֹּט תֵּבֵל בְּצֶדֶק וְעַמִּים בֶּאֱמוּנָתוֹ
Psalm 96:13 — תְּהִלִּים צו, יג

And he created humanity for the dominion of (the) world. — והואה ברא אנוש לממשלת תבל
Community Rule (1QS) 3:17–18

straw, chaff (nm)	---	(17)	תֶּבֶן

They will be like chaff before a wind. — יִהְיוּ כְּתֶבֶן לִפְנֵי רוּחַ
Job 21:18 — אִיּוֹב כא, יח

---

form, pattern, shape (nf)	בנה	(20)	תַּבְנִית

See the pattern of the altar of the LORD. — רְאוּ אֶת תַּבְנִית מִזְבַּח יְהוָה
Joshua 22:28 — יְהוֹשֻׁעַ כב, כח

תַּבְנִית־: תַּבְנִיתוֹ, תַּבְנִיתָם

. . . every form of spirits of wond[er] . . . — כֹּול תבנית רוחי פל[א]
11Q17 8:3

emptiness, desert, formlessness (nm)	---	(20)	תֹּהוּ

I saw the earth and behold emptiness and void. — רָאִיתִי אֶת הָאָרֶץ וְהִנֵּה תֹהוּ וָבֹהוּ
Jeremiah 4:23 — יִרְמְיָהוּ ד, כג

And he caused them to err in a desert without a path. — ויתעם בתוהו לא דרך
Damascus Document (CD) 1:15

deep, flood (nm, nf)	---	(36)	תְּהוֹם

By his knowledge deeps were split. — בְּדַעְתּוֹ תְּהוֹמוֹת נִבְקָעוּ
Proverbs 3:20 — מִשְׁלֵי ג, כ

תְּהוֹמוֹת\תְּהֹמוֹת\תְּהֹמֹת

תְּהוֹמוֹת־\תְּהֹמוֹת־: ---

All the springs of the great deep were split. — נבקעו כול מעינות תהום רבה
4Q252 1:5

praise (nf)	הלל	(57)	תְּהִלָּה

And they believed in his words; they will sing his praise. — וַיַּאֲמִינוּ בִדְבָרָיו יָשִׁירוּ תְּהִלָּתוֹ
Psalm 106:12 — תְּהִלִּים קו, יב

תְּהִלַּת־: תְּהִלָּתִי, תְּהִלָּתְךָ\תְּהִלָּתֶךָ, תְּהִלָּתוֹ
תְּהִלּוֹת\תְּהִלֹּת־: תְּהִלָּתֶיךָ

And on my lips you put a fountain of praise.
4Q511 f63iii:1–2

וּבִשְׂפָתַי שַׂמְתָּ מְקוֹר תְּהִלָּה

perversity, perverse thing (nf)	הפך	(10)	[תַּהְפּוּכָה]

And your heart will speak perversity.
Proverbs 23:33

וְלִבְּךָ יְדַבֵּר תַּהְפֻּכוֹת
מִשְׁלֵי כג, לג

תַּהְפֻּכוֹת\תַּהְפֻּכֹת

---

thanksgiving (nf)	ידה	(32)	תּוֹדָה

To you I will sacrifice a sacrifice of thanksgiving.
Psalm 116:17

לְךָ אֶזְבַּח זֶבַח תּוֹדָה
תְּהִלִּים קטז, יז

תּוֹדוֹת\תּוֹדֹת
תּוֹדַת־: ---
---

midst, middle (nm)	תוך	(418)	תָּוֶךְ

And the accuser came in their midst.
Job 1:6

וַיָּבוֹא גַם הַשָּׂטָן בְּתוֹכָם
אִיּוֹב א, ו

תּוֹךְ־: תּוֹכִי, תּוֹכְךָ, תּוֹכֶךְ\תּוֹכֵכִי, תּוֹכוֹ\תּוֹכֹה, תּוֹכָהּ, תּוֹכֵנוּ, תּוֹכְכֶם\תּוֹכְכֶם\תְּכֶם\תֹּכְכֶם, תּוֹכָם\תֹּכָם,
תּוֹכָהֵנָה

A man should not speak in the middle of his
friend's words.
Community Rule (1QS) 6:10

אל ידבר איש בתוך דברי רעהו

correction, reproof, rebuke (nf)	יכח	(24)	תּוֹכַחַת

One who hates correction will die.
Proverbs 15:10

שׂוֹנֵא תוֹכַחַת יָמוּת
מִשְׁלֵי טו, י

תּוֹכָחוֹת
תּוֹכַחַת־: תּוֹכַחְתִּי, תּוֹכַחְתּוֹ
תּוֹכְחוֹת־\תֹּכְחוֹת־: ---

And your reproof will be to me for [joy].
4Q381 f33ab+35:3

ותהי לי תכחתך ל[שמחת]

[תּוֹלְדוֹת] (39) ילד generations, descendants (nf, pl)

זֶה סֵפֶר תּוֹלְדֹת אָדָם — This is an account of the generations of Adam.
בְּרֵאשִׁית ה, א — *Genesis 5:1*

תּוֹלְדוֹת־\תּוֹלְדֹת־\תֹּלְדֹת־: תֹּלְדֹתָיו, תּוֹלְדֹתָם\תֹּלְדוֹתָם\תֹּלְדֹתָם

במעין אור תולדות האמת — In a spring of light is generations of truth.
Community Rule (1QS) 3:19

תּוֹלֵעָה\תּוֹלַעַת\תּוֹלָעַת (41) תלע worm, crimson (nf)

וְאָנֹכִי תוֹלַעַת וְלֹא אִישׁ — And I am a worm and not a man.
תְּהִלִּים כב, ז — *Psalm 22:6*

תּוֹלָעִים
תּוֹלַעַת־\תֹּלַעַת־: תּוֹלַעְתָּם

ולוא תספר חסדכה תולעה — And a worm will not tell of your lovingkindness.
11Q5 19:1

תּוֹעֵבָה\תֹּעֵבָה (117) יעב abomination (nf)

וְלֹא תָבִיא תוֹעֵבָה אֶל בֵּיתֶךָ — And do not bring an abomination to your house.
דְּבָרִים ז, כו — *Deuteronomy 7:26*

תּוֹעֵבוֹת\תּוֹעֵבֹת\תֹּעֵבוֹת
תּוֹעֲבַת־\תּוֹעֲבוֹת: ---
תּוֹעֲבוֹת־\תּוֹעֲבֹת־\תֹּעֲבוֹת־: תּוֹעֲבֹתַיִךְ\תּוֹעֲבוֹתַיִךְ\תּוֹעֲבֹתָיִךְ\תּוֹעֲבוֹתָיִךְ, תֹּעֲבֹתָיו, תּוֹעֲבוֹתֶיהָ\תּוֹעֲבֹתֶיהָ, תּוֹעֲבוֹתֵיכֶם\תּוֹעֲבֹתֵיכֶם, תּוֹעֲבוֹתָם\תּוֹעֲבֹתָם\תּוֹעֲבוֹתֵיהֶם\תּוֹעֲבֹתֵיהֶם\תֹּעֲבֹתֵיהֶם, תּוֹעֲבוֹתֵיהֶן

זבח רשעים תועבה — A sacrifice of wicked ones is an abomination.
Damascus Document (CD) 11:20–21

[תּוֹצָאָה] (23) יצא exit, boundary, limit (nf)

וַיְהִי תֹּצְאֹתָיו הַיַּרְדֵּן — And its boundaries will be the Jordan.
יְהוֹשֻׁעַ יט, לג — *Joshua 19:33*

תּוֹצָאוֹת

תּוֹצְאוֹת־\תֹּצְאוֹת־\תּוֹצְאֹת־: תּוֹצְאֹתָיו\תֹּצְאֹתָיו\תֹּצְאֹתָו, תּוֹצְאוֹתָם

תּוֹר\תֹּר (14) --- turtledove (nf, nm)

וְקוֹל הַתּוֹר נִשְׁמַע בְּאַרְצֵנוּ — The voice of the turtledove was heard in our land.
שִׁיר הַשִּׁירִים ב, יב — *Song of Songs 2:12*

תֹּרִים
---: תּוֹרֶךְ

והעוף על המזבח יעשה התורים — And (for) the birds on the altar he will make the turtledoves.
11Q19 35:15

bull, ox (nm) --- (7) [תּוֹר]

וְעִשְׂבָּא כְתוֹרִין יֵאכֻל — And the grass like bulls he will eat.
דָּנִיֵּאל ד, ל — *Daniel 4:33*

תּוֹרִין

---

law, instruction (nf) ירה (220) תּוֹרָה

שָׁלוֹם רָב לְאֹהֲבֵי תוֹרָתֶךָ — Great peace is for those who love your law.
תְּהִלִּים קיט, קסה — *Psalm 119:165*

תּוֹרֹת
תּוֹרַת־: תּוֹרָתִי, תּוֹרָתְךָ\תּוֹרָתֶךָ\תֹּרָותְךָ, תּוֹרָתוֹ\תֹּרָתוֹ
תּוֹרוֹת־: תּוֹרֹתַי\תּוֹרֹתָי, תּוֹרֹתָיו\תּוֹרֹתָו

אין להם חלק בבית התורה — They do not have a portion in the house of the law.
Damascus Document (CD) 20:10

sojourner, tenant (nm) ישב (14) תּוֹשָׁב

גֵּר וְתוֹשָׁב אָנֹכִי עִמָּכֶם — A stranger and sojourner I am with you.
בְּרֵאשִׁית כג, ד — *Genesis 23:4*

תּוֹשָׁבִים
תּוֹשַׁב־: ---
תֹּשָׁבֵי־: ---

wisdom, success (nf) --- (11) תּוּשִׁיָּה\תֻּשִׁיָּה

וְתוּשִׁיָּה לָרֹב הוֹדָעְתָּ — And wisdom for many you have made known.
אִיּוֹב כו, ג — *Job 26:3*

אל אהב דעת חכמה ותושייה — God loves knowledge, wisdom, and success.
Damascus Document (CD) 2:3

ritual prostitution, harlotry (nf) זנה (20) [תַּזְנוּת]

וַתַּרְבִּי אֶת תַּזְנֻתֵךְ לְהַכְעִיסֵנִי	And you multiplied your ritual prostitution to anger me.
יְחֶזְקֵאל טז, כו	*Ezekiel 16:26*

---: תַּזְנוּתֵךְ\תַּזְנֻתֵךְ, תַּזְנוּתָם
---: תַּזְנוּתַיִךְ\תַּזְנֻתַיִךְ\תַּזְנוּתָיִךְ, תַּזְנוּתֶיהָ

תְּחוֹת	(5)	תחת	under (prep)

וּרְבוּתָא דִּי מַלְכְוָת תְּחוֹת כָּל שְׁמַיָּא יְהִיבַת לְעַם קַדִּישֵׁי עֶלְיוֹנִין	And the greatness of the kingdoms under all the heavens were given to the people of the holy ones of the Most High.
דָּנִיֵּאל ז, כז	*Daniel 7:27*

---	---
---	---
---	---
תַּחְתּוֹהִי\תְּחֹתוֹהִי	---
---	---

תְּחִלָּה	(22)	חלל	beginning (nf)

תְּחִלַּת חָכְמָה יִרְאַת יְהוָה	The beginning of wisdom is the fear of the LORD.
מִשְׁלֵי ט, י	*Proverbs 9:10*

תְּחִלַּת־: ---

איזה תחלתו ואיזה סופו	Where then is its beginning and where then is its end?
	4Q268 f1:2

תְּחִנָּה	(25)	חנן	plea [for mercy] favor (nf)

שָׁמַע יְהוָה תְּחִנָּתִי יְהוָה תְּפִלָּתִי יִקָּח	The LORD heard my plea; the LORD received my prayer.
תְּהִלִּים ו, י	*Psalm 6:9*

תְּחִנַּת־: תְּחִנָּתִי, תְּחִנָּתְךָ, תְּחִנָּתוֹ, תְּחִנָּתֵנוּ, תְּחִנַּתְכֶם, תְּחִנָּתָם
---: תְּחִנֹּתֵיהֶם

ותתן תחנה בפי עבדכה	And you put a plea in the mouth of your servant.
	Thanksgiving Hymn (1QHa) 17:10–11

[תַּחֲנוּן]	(18)	חנן	plea [for mercy], supplication (nm)

Blessed is the LORD for he heard the voice of my plea.	בָּרוּךְ יְהוָה כִּי שָׁמַע קוֹל תַּחֲנוּנָי
Psalm 28:6	תְּהִלִּים כח, ו

תַּחֲנוּנִים

תַּחֲנוּנֵי־: תַּחֲנוּנַי\תַּחֲנוּנָי\תַּחֲנוּנוֹתַי, תַּחֲנוּנֶיךָ, תַּחֲנוּנָיו, תַּחֲנוּנֵינוּ

An]d you did not hide your face from my plea.	ולו]א הסתרתה פניך מן תחנוני
4Q437 f2i:7	

fine leather [of dolphin or porpoise?] (nm)	---	(14)	תַּחַשׁ\תָּחַשׁ

And they will cover it with a covering of fine leather skin.	וְכִסּוּ אֹתוֹ בְּמִכְסֵה עוֹר תָּחַשׁ
Numbers 4:11	בְּמִדְבַּר ד, יא

תְּחָשִׁים

---

under, below, instead of (prep)	תחת	(505?)	תַּחַת\תָּ֫חַת

And they will sit, each man under his vine and under his fig tree.	וְיָשְׁבוּ אִישׁ תַּחַת גַּפְנוֹ וְתַחַת תְּאֵנָתוֹ
Micah 4:4	מִיכָה ד, ד

תַּחְתַּי\תַּחְתָּ֫י\תַּחְתֵּנִי	תַּחְתֵּינוּ
תַּחְתֶּיךָ	תַּחְתֵּיכֶם
---	---
תַּחְתָּיו\תַּחְתָּו	תַּחְתָּם\תַּחְתֵּיהֶם
תַּחְתֶּיהָ\תַּחְתֶּנָּה	תַּחְתֵּיהֶן

And you put a pure heart instead of it.	ותשם לב טהור תחתיו
4Q436 f1a+bi:10	

lower (adj)	תחת	(13)	תַּחְתּוֹן

And you gathered the waters of the lower pool.	וַתְּקַבְּצוּ אֶת מֵי הַבְּרֵכָה הַתַּחְתּוֹנָה
Isaiah 22:9	יְשַׁעְיָהוּ כב, ט

תַּחְתּוֹן | תַּחְתּוֹנָה\תַּחְתֹּנָה | --- | תַּחְתֹּנוֹת

lower, depth, below (adj, nf)	תחת	(19)	[תַּחְתִּי]

Uncircumcised ones descended to a land below.	יָרְדוּ עֲרֵלִים אֶל אֶרֶץ תַּחְתִּיּוֹת
Ezekiel 32:24	יְחֶזְקֵאל לב, כד

--- | תַּחְתִּית\תַּחְתִּיָּה (תַּחְתִּית־) | תַּחְתִּיִּם | תַּחְתִּיּוֹת (תַּחְתִּיּוֹת־)

And also [in Sheo]l below you will ju[dg]e. — וגם [בשאו]ל תחתיה תשפ[ו]ט
Thanksgiving Hymn (1QHa) 25:14

middle (adj)	תוך	(11)	תִּיכוֹן\תִּיכֹן

And the middle bar is in the midst of the frames. — וְהַבְּרִחַ הַתִּיכֹן בְּתוֹךְ הַקְּרָשִׁים
Exodus 26:28 — שְׁמוֹת כו, כח

תִּיכוֹן\תִּיכֹן | תִּיכוֹנָה\תִּיכֹנָה | --- | תִּיכוֹנוֹת\תִּיכֹנוֹת

And they will go out from the middle gate. — ויצאו מן השער התיכון
War Scroll (1QM) 7:9

south (nf)	ימן	(23)	תֵּימָן\תֵּמָן\תֵּימָנָה

The went out to the land of the south. — יָצְאוּ אֶל אֶרֶץ הַתֵּימָן
Zechariah 6:6 — זְכַרְיָה ו, ו

new wine (nm)	ירש	(38)	תִּירוֹשׁ\תִּירֹשׁ

I gave to her the grain and new wine. — אָנֹכִי נָתַתִּי לָהּ הַדָּגָן וְהַתִּירוֹשׁ
Hosea 2:8 — הוֹשֵׁעַ ב, י

---: תִּירוֹשִׁי, תִּירֹשְׁךָ, תִּירוֹשֵׁךְ, תִּירוֹשָׁם

On] this day they will atone for the new wine. — ביו]ם הזה יכפרו על התירוש
11Q20 5:11

blue/purple material (nf)	---	(49)	תְּכֵלֶת

And over the altar of gold they will spread a garment of blue. — וְעַל מִזְבַּח הַזָּהָב יִפְרְשׂוּ בֶּגֶד תְּכֵלֶת
Numbers 4:11 — בְּמִדְבַּר ד, יא

---

he hung (v, *qal*)	תלה\תלא	(26)	תָּלָה\[תָּלָא]

And the king said, "Hang him on it!" — וַיֹּאמֶר הַמֶּלֶךְ תְּלֻהוּ עָלָיו
Esther 7:9 — אֶסְתֵּר ז, ט

תְּלוֹת־
תָּלִיתָ, תָּלָה, תָּלִינוּ, תָּלוּ | תָּלוּם
יִתְלוּ | יִתְלֵם
תְּלֵה | --- | תָּלוּי, תְּלוּיִם\תְּלוּאִים\תְּלֻאִים
--- | תְּלֻהוּ

And you hung him on the tree. | ותליתמה אותו על העץ
11Q19 64:8

three, thirty (adj m/f/pl)	תלת	(11)	תְּלָת

Were there not three men? | הֲלָא גֻבְרִין תְּלָתָא
Daniel 3:24 | דָּנִיֵּאל ג, כד

תְּלָת (---) | תְּלָתָה\תְּלָתָא | תְּלָתִין | ---
תְּלָתֵהוֹן

innocent, blameless, complete (n)	תמם	(15)	תָּם

There is none like him in the land—an innocent and upright man. | אֵין כָּמֹהוּ בָּאָרֶץ אִישׁ תָּם וְיָשָׁר
Job 2:3 | אִיּוֹב ב, ג

תָּם, תַּמִּים
--- | תַּמָּתִי

integrity, perfection (nm)	תמם	(23)	תֹּם

David, your father, walked in integrity of heart. | הָלַךְ דָּוִד אָבִיךָ בְּתָם לֵבָב
1 Kings 9:4 | מְלָכִים א ט, ד

תֹּם־\תָּם־: תֻּמִּי, תֻּמּוֹ, תֻּמָּם

To God is my judgment and in his hand is the perfection of my path. | לאל משפטי ובידו תום דרכי
Community Rule (1QS) 11:2

he was finished, completed, spent, died (v, *qal*)	תמם	(53)	תַּם

In the land of Egypt they will fall; by sword, by famine they will die. | בְּאֶרֶץ מִצְרַיִם יִפֹּלוּ בַּחֶרֶב בָּרָעָב יִתַּמּוּ
Jeremiah 44:12 | יִרְמְיָהוּ מד, יב

תֹּם\תָּם | תַּמִּי, תֻּמּוֹ\תֻּמָּם
תַּם, תַּמְנוּ\תָּמְנוּ, תַּמּוּ\תָּמּוּ
אֵיתָם, יִתֹּם, תִּתֹּם\תִּתַּם, יִתְּמוּ\יִתַּמּוּ\יִתָּמּוּ

And all iniquity will end until [the end of truth] will be complete. | וכול עולה תתם עד ישלם [קץ האמת]
4Q418 f2+2a_c:5

yesterday, previously (n, adv)	---	(23)	תְּמוֹל\תְּמֹל

And you went to a people which you did not know previously.
Ruth 2:11

וְתֵּלְכִי אֶל עַם אֲשֶׁר לֹא יָדַעַתְּ תְּמוֹל שִׁלְשׁוֹם
רוּת ב, יא

---

form, likeness (nf)	מין?	(10)	תְּמוּנָה

And a form you did not see except a voice.
Deuteronomy 4:12

וּתְמוּנָה אֵינְכֶם רֹאִים זוּלָתִי קוֹל
דְּבָרִים ד, יב

תְּמוּנַת־\תְּמֻנַת־: תְּמוּנָתֶךָ
---

continually, perpetuity (adv, nm)	מוד	(104)	תָּמִיד

He will arrange the lamps before the Lord continually.
Leviticus 24:4

יַעֲרֹךְ אֶת הַנֵּרוֹת לִפְנֵי יְהוָה תָּמִיד
וַיִּקְרָא כד, ד

I will bless your name always.
Thanksgiving Hymn (1QHa) 19:9

תמיד אברכה שמכה

complete, blameless, perfect (adj)	תמם	(91)	תָּמִים

Noah, a righteous man, was blameless in his generations.
Genesis 6:9

נֹחַ אִישׁ צַדִּיק תָּמִים הָיָה בְּדֹרֹתָיו
בְּרֵאשִׁית ו, ט

תָּמִים (תְּמִים־) | תְּמִימָה | תְּמִימִים\תְּמִימִם (תְּמִימֵי־) | תְּמִימֹת

You will be perfect with the Lord, your God.
11Q19 60:21

תמים תהיה עם יהוה אלוהיכה

he grasped, took hold, upheld, supported (v, *qal*)	תמך	(20)	[תָּמַךְ]

May your heart take hold of my words.
Proverbs 4:4

יִתְמָךְ דְּבָרַי לִבֶּךָ
מִשְׁלֵי ד, ד

תְּמֹךְ (תָּמֹךְ)
תָּמַכְתָּ, תָּמְכָה, תָּמְכוּ | תְּמַכְתִּיךָ
אֶתְמָךְ, יִתְמֹךְ\יִתְמָךְ, תִּתְמֹךְ, יִתְמְכוּ\יִתְמֹכוּ

תּוֹמֵךְ\תּוֹמִיךְ | תִּמְכֶיהָ

Blessed are those who take hold of your statutes, and do not take hold of ways of iniquity.
4Q525 f2ii+3:1–2

אשרי תומכי חוקיה ולוא יתמוכו בדרכי עולה

Timnah (np) --- (12) תִּמְנָה\תִּמְנָתָה

And Samson went down to Timnah and saw a woman.
Judges 14:1

וַיֵּרֶד שִׁמְשׁוֹן תִּמְנָתָה וַיַּרְא אִשָּׁה
שׁוֹפְטִים יד, א

date palm (nm) תמר (12) תָּמָר

A righteous one will flourish like a date palm.
Psalm 92:12

צַדִּיק כַּתָּמָר יִפְרָח
תְּהִלִּים צב, יג

תְּמָרִים

Tamar (np) תמר (22) תָּמָר

And Tamar put ashes on her head.
2 Samuel 13:19

וַתִּקַּח תָּמָר אֵפֶר עַל רֹאשָׁהּ
שְׁמוּאֵל ב יג, יט

palm tree (nf) תמר (19) תִּמֹרָה

And it was made of cherubim and palm trees.
Ezekiel 41:18

וְעָשׂוּי כְּרוּבִים וְתִמֹרִים
יְחֶזְקֵאל מא, יח

תִּמֹרוֹת\תִּמֹרֹת\תִּמֹרִים

---: תִּמֹרָו

jackal (nm, nf) --- (14) [תַּן]

I was a brother to jackals.
Job 30:29

אָח הָיִיתִי לְתַנִּים
אִיּוֹב ל, כט

תַּנִּים\תַּנִּין\תַּנּוֹת

---

swinging, waving, wave offering (nf) נוף (30) תְּנוּפָה

And Aaron waved them, a wave offering before the LORD.
Numbers 8:21

וַיָּנֶף אַהֲרֹן אֹתָם תְּנוּפָה לִפְנֵי יְהוָה
בְּמִדְבַּר ח, כא

תְּנוּפַת־: ---
תְּנוּפָת: ---

And they will wave them, a wave offering. — ויניפו אותמה תנופה
11Q19 20:16

oven (nm)	---	(15)	תַּנּוּר

Behold, the day is coming, burning like the oven. — הִנֵּה הַיּוֹם בָּא בֹּעֵר כַּתַּנּוּר
Malachi 4:1 — מַלְאָכִי ג, יט

תַּנּוּרִים
תַּנּוּר־: ---
---: תַּנּוּרֵךְ

serpent, sea monster, crocodile (nm)	---	(14)	תַּנִּין\תַּנִּים

And God created the sea monsters. — וַיִּבְרָא אֱלֹהִים אֶת הַתַּנִּינִם
Genesis 1:21 — בְּרֵאשִׁית א, כא

תַּנִּינִים\תַּנִּנִם

The serpents are the kings of the peoples. — התנינים הם מלכי העמים
Damascus Document (CD) 8:10

he abhorred, desecrated (v, *piel*)	תעב	(15)	[תִּעֵב]

And he abhorred his inheritance. — וַיְתָעֵב אֶת נַחֲלָתוֹ
Psalm 106:40 — תְּהִלִּים קו, מ

--- (תִּעֵב)
--- | תִּעֲבוּנִי
אֲתַעֲבָה, תְּתַעֵב, תְּתַעֲבִי, יְתָעֵב, תְּתַעֵב, יְתָעֵבוּ | תְּתַעֲבֻהוּ
מְתָעֵב, מְתַעֲבִים

And your sta]tutes their soul abhorred. — וחוקי]ך תעבה נפשם
Thanksgiving Hymn (1QHa) 7:31

he went astray, erred, wandered (v, *qal*)	תעה	(27)	תָּעָה

All of us, like sheep, have gone astray. — כֻּלָּנוּ כַּצֹּאן תָּעִינוּ
Isaiah 53:6 — יְשַׁעְיָהוּ נג, ו

תְּעוֹת
תָּעִיתִי, תָּעָה, תָּעִינוּ, תָּעוּ
תֵּתַע, יִתְעוּ

תֹּעֶה\תּוֹעֶה, --- (תֹּעֵי־)

I was young before I erred. — אני נער בטרם תעיתי
11Q5 21:11

תֹּף	(17)	תפף	tambourine, timbrel (nm)

With tambourine and lyre let them sing to him. — בְּתֹף וְכִנּוֹר יְזַמְּרוּ לוֹ
Psalm 149:3 — תְּהִלִּים קמט, ג

תֻּפִּים

---: תֻּפֶּיךָ, תֻּפַּיִךְ

תִּפְאֶרֶת\תִּפְאָרֶת	(49)	פאר	glory, beauty, ornament (nf)

A crown of glory is gray hair. — עֲטֶרֶת תִּפְאֶרֶת שֵׂיבָה
Proverbs 16:31 — מִשְׁלֵי טז, לא

תִּפְאֶרֶת־: תִּפְאַרְתִּי, תִּפְאַרְתְּךָ\תִּפְאַרְתֶּךָ, תִּפְאַרְתֵּךְ, תִּפְאַרְתּוֹ, תִּפְאַרְתֵּנוּ, תִּפְאַרְתְּכֶם, תִּפְאַרְתָּם

And his glory is over all his works. — ותפארתו על כול מעשיו
11Q5 18:7

תְּפִלָּה	(77)	פלל	prayer (nf)

And now, our God, listen to the prayer of your servant. — וְעַתָּה שְׁמַע אֱלֹהֵינוּ אֶל תְּפִלַּת עַבְדְּךָ
Daniel 9:17 — דָּנִיֵּאל ט, יז

תְּפִלַּת־: תְּפִלָּתִי, תְּפִלָּתְךָ\תְּפִלָּתֶךָ, תְּפִלָּתוֹ,, תְּפִלָּתָם
תְּפִלּוֹת־: ---

And a prayer of righteous ones is like a pleasing offering. — ותפלת צדקם כמנחת רצון
Damascus Document (CD) 11:21

תָּפַשׂ	(49)	תפש	he grasped, seized, caught (v, *qal*)

Seize the prophets of Baal! — תִּפְשׂוּ אֶת נְבִיאֵי הַבַּעַל
1 Kings 18:40 — מְלָכִים א יח, מ

תְּפֹשׂ\תְּפוֹשׂ (תָּפֹשׂ) | תָּפְשָׂה, תָּפְשְׂכֶם, תָּפְשָׂם
תָּפַשְׂתִּי, תָּפַשׂ, תְּפַשְׂתֶּם, תָּפְשׂוּ | תְּפָשָׂה

אֶתְפֹּשׂ, יִתְפֹּשׂ, יִתְפְּשׂוּ | יִתְפְּשֶׂהָ, יִתְפְּשֵׂם, תִּתְפְּשֵׂהוּ, נִתְפְּשֵׂם, יִתְפְּשׂוּם
תְּפֵשׂ, תִּפְשִׂי, --- (תִּפְשֵׂי־) | --- | תָּפוּשׂ
תִּפְשׂוּ | תִּפְשׂוּהוּ\תִּפְשֻׂהוּ, תִּפְשׂוּם

He seized them in Israel. — הוא תפש בהם בישראל
Damascus Document (CD) 4:16

hope (nf)	קוה	(32)	תִּקְוָה

Perhaps there is hope. — אוּלַי יֵשׁ תִּקְוָה
Lamentations 3:29 — אֵיכָה ג, כט

תִּקְוַת־: תִּקְוָתִי, תִּקְוָתְךָ, תִּקְוָתָהּ, תִּקְוָתֵנוּ, תִּקְוָתָם

They don't ha]ve hope in the land. — אין לה]ם תקוה בארץ
4Q221 f2i:1

strong, powerful (adj)	תקף	(5)	[תַּקִּיף]

And the fourth kingdom will be strong like iron. — וּמַלְכוּ רְבִיעָיָה תֶּהֱוֵא תַקִּיפָה כְּפַרְזְלָא
Daniel 2:40 — דָּנִיֵּאל ב, מ

תַּקִּיפָה\תַּקִּיפָא | --- | תַּקִּיפִין | ---

And I, Abraham, wept a powerful weeping. — ובכית אנה אברם בכי תקיף
1Q20 20:10

he blew, thrust, struck, clapped (v, *qal*)	תקע	(65)	תָּקַע

And the sons of Aaron, the priests, will blow on the trumpets. — וּבְנֵי אַהֲרֹן הַכֹּהֲנִים יִתְקְעוּ בַּחֲצֹצְרוֹת
Numbers 10:8 — בְּמִדְבַּר י, ח

תְּקוֹעַ\תְּקֹעַ (תָּקוֹעַ)
תָּקַעְתִּי, תָּקַעְתָּ, תָּקַע, תְּקַעְתֶּם, תָּקְעוּ | תְּקַעְתִּיו
יִתְקַע\יִתְקָע, תִּתְקַע, תִּתְקְעוּ, יִתְקְעוּ\יִתְקָעוּ | יִתְקָעֵהוּ, יִתְקָעֶהָ, יִתְקָעֵם
תּוֹקֵעַ\תֹּקֵעַ, תּוֹקְעִים (תֹּקְעֵי־) | --- | תְּקוּעָה
תִּקְעוּ

The priests will blow a second signal. — יתקעו הכוהנים תרועה שנית
4Q491 f11ii:20

he spied, sought out, explored (v, *qal*)	תור	(22)	[תָּר]

And Moses sent them to spy out the land of Canaan. — וַיִּשְׁלַח אֹתָם מֹשֶׁה לָתוּר אֶת אֶרֶץ כְּנָעַן
Numbers 13:17 — בְּמִדְבַּר יג, יז

תּוּר
תַּרְתִּי, תַּרְתֶּם, תָּרוּ
תָּתוּרוּ, יָתֻרוּ
תָּרִים

Do not explore after your heart.	לוֹא תתרו אחר[י] לְבַבכמ[ה]
4Q417 f1i:27	

offering, contribution (nf)	רום	(76)	**תְּרוּמָה**

This is the offering which you will offer.	זֹאת הַתְּרוּמָה אֲשֶׁר תָּרִימוּ
Ezekiel 45:13	יְחֶזְקֵאל מה, יג

תְּרוּמוֹת\תְּרוּמֹת
תְּרוּמַת־\תְּרֻמַת־: תְּרוּמָתִי, תְּרוּמַתְכֶם, תְּרוּמָתָם
תְּרוּמֹת־: תְּרוּמֹתַי, תְּרוּמֹתֵינוּ, תְּרוּמֹתֵיכֶם

And they offered to the LORD an offering.	וירימו ליהוה תרומה
11Q19 20:14	

shout(ing), trumpet blast [for alarm or joy] (nf)	רוע	(36)	**תְּרוּעָה**

And Philistines heard the sound of the shouting.	וַיִּשְׁמְעוּ פְלִשְׁתִּים אֶת קוֹל הַתְּרוּעָה
1 Samuel 4:6	שְׁמוּאֵל א ד, ו

תְּרוּעַת־: ---

The priests will blow for them a second trumpet blast.	יתקעו להם הכוהנים תרועה שנית
War Scroll (1QM) 8:7	

Terah	---	(11)	**תֶּרַח**

And Terah lived seventy years and fathered Abram.	וַיְחִי תֶרַח שִׁבְעִים שָׁנָה וַיּוֹלֶד אֶת אַבְרָם
Genesis 11:26	בְּרֵאשִׁית יא, כו

idols (nm, pl)	---	(15)	**תְּרָפִים**

And Rachel took the idols.	וְרָחֵל לָקְחָה אֶת הַתְּרָפִים
Genesis 31:34	בְּרֵאשִׁית לא, לד

תְּרָפִים

Tirzah (np)	רצה	(14)	תִּרְצָה\תִּרְצָתָה

And the wife of Jeroboam arose, went, and came to Tirzah. — וַתָּקָם אֵשֶׁת יָרָבְעָם וַתֵּלֶךְ וַתָּבֹא תִרְצָתָה

1 Kings 14:17 — מְלָכִים א יד, יז

Tarshish (np)	---	(24?)	תַּרְשִׁישׁ\תַּרְשִׁישָׁה

And Jonah arose to flee to Tarshish from before the LORD. — וַיָּקָם יוֹנָה לִבְרֹחַ תַּרְשִׁישָׁה מִלִּפְנֵי יְהוָה

Jonah 1:3 — יוֹנָה א, ג

salvation, deliverance, help, victory (nf)	ישע	(34)	תְּשׁוּעָה\תְּשֻׁעָה

And salvation of righteous ones is from the LORD. — וּתְשׁוּעַת צַדִּיקִים מֵיְהוָה

Psalm 37:39 — תְּהִלִּים לז, לט

תְּשׁוּעַת־: תְּשׁוּעָתִי, תְּשׁוּעָתְךָ\תְּשׁוּעָתֶךָ
---

ninth (adj)	תשע	(18)	תְּשִׁיעִי\תְּשִׁעִי

In the ninth month, they called a fast before the LORD. — בַּחֹדֶשׁ הַתְּשִׁעִי קָרְאוּ צוֹם לִפְנֵי יְהוָה

Jeremiah 36:9 — יִרְמְיָהוּ לו, ט

תְּשִׁיעִי\תְּשִׁעִי | תְּשִׁיעִית\תְּשִׁעִית\תְּשִׁיעִת

[In the nin]th (year) of the house of [–]yahu. — [𐤕𐤔𐤏]𐤕 𐤁𐤕 [–]𐤉𐤄𐤅

Lachish 20:1

In the ninth (year), they will fight with the sons of Ishmael. — בתשיעית ילחמו בבני ישמעאל

War Scroll (1QM) 2:13

nine (nf)	תשע	(41)	תֵּ֫שַׁע

And Abram was ninety-nine years old. — וַיְהִי אַבְרָם בֶּן תִּשְׁעִים שָׁנָה וְתֵשַׁע שָׁנִים

Genesis 17:1 — בְּרֵאשִׁית יז, א

תְּשַׁע־: ---

And the width of the wall is seven cubits and height is forty-nine cubits. — ורוחב הקיר שבע אמות וגובה תשע ורבעים באמה

11Q19 40:9–10

nine (nm)	תשע	(17)	תִּשְׁעָה

The LORD commanded to give to nine of the tribes. — צִוָּה יְהוָה לָתֵת לְתִשְׁעַת הַמַּטּוֹת

Numbers 34:13 — בְּמִדְבָּר לד, יג

תִּשְׁעַת־: ---

On (day) nine in it [i.e., the month] is Sabbath. — בתשעה בו שבת֯

4Q325 f1:4

ninety (n pl)	תשע	(20)	תִּשְׁעִים

And there were ninety-six pomegranates. — וַיִּהְיוּ הָרִמֹּנִים תִּשְׁעִים וְשִׁשָּׁה

Jeremiah 52:23 — יִרְמְיָהוּ נב, כג

תִּשְׁעִים

Ancient Sources Index

(All references are based on standard English versions; occasionally the Hebrew and English do not correspond.)

Hebrew Bible

Genesis

1:4 . . . 111
1:5 . . . 13, 15, 292
1:6 . . . 548
1:20 . . . 601
1:21 . . . 618
1:22 . . . 248
1:24 . . . 316
1:25 . . . 198
1:26 . . . 532
1:27 . . . 397, 492
2:2 . . . 558
2:3 . . . 555
2:12 . . . 130
2:15 . . . 432
2:16 . . . 22
2:21 . . . 493
2:25 . . . 456
3:1 . . . 456
3:2 . . . 478
3:5 . . . 230, 264
3:8 . . . 92, 171
3:10 . . . 375, 508
3:11 . . . 440
3:14 . . . 451
3:17 . . . 65
3:19 . . . 297
4:2 . . . 8
4:3 . . . 510
4:12 . . . 366
4:19 . . . 294
5:1 . . . 8, 104, 610
5:2 . . . 181
5:24 . . . 212
5:32 . . . 252
6:1 . . . 248
6:8 . . . 176, 374
6:9 . . . 616
6:15 . . . 580
6:17 . . . 301
7:2 . . . 557
7:7 . . . 43
7:9 . . . 592
7:19 . . . 299
8:21 . . . 380
9:3 . . . 541
9:7 . . . 477
9:9 . . . 46, 72, 154
9:11 . . . 568
9:13 . . . 450
9:21 . . . 574
9:22 . . . 207
9:23 . . . 455
9:25 . . . 277
9:26 . . . 582
10:22 . . . 438
10:32 . . . 394
11:1 . . . 594
11:4 . . . 240, 302
11:8 . . . 190
11:9 . . . 61, 148
11:16 . . . 428
11:26 . . . 621
11:29 . . . 324, 375
12:6 . . . 429, 573
12:7 . . . 309
12:10 . . . 7
12:13 . . . 46
13:6 . . . 539
13:13 . . . 414
13:17 . . . 41
13:18 . . . 583
14:18 . . . 267
14:20 . . . 335
15:3 . . . 186
15:18 . . . 282
16:1 . . . 599
16:9 . . . 81
16:12 . . . 476
16:15 . . . 260
17:1 . . . 622
17:10 . . . 57
17:13 . . . 248
17:17 . . . 7
18:1 . . . 25
18:6 . . . 599
18:15 . . . 270
18:24 . . . 211
19:3 . . . 36
19:30 . . . 497
19:36 . . . 291
20:2 . . . 94
20:5 . . . 117
20:16 . . . 278
21:4 . . . 253, 319
21:17 . . . 115, 392
21:19 . . . 50
21:26 . . . 238
21:30 . . . 216
22:7 . . . 43, 451
22:3 . . . 68
23:4 . . . 611
23:6 . . . 301
23:16 . . . 451
24:3 . . . 162
24:16 . . . 266
24:20 . . . 550
24:26 . . . 504
24:43 . . . 438
24:59 . . . 15
24:64 . . . 530
25:19 . . . 121
25:26 . . . 453
25:27 . . . 491
25:33 . . . 59
26:4 . . . 268
26:14 . . . 340
26:25 . . . 281
26:26 . . . 5

Exodus

Leviticus

Numbers

Deuteronomy

Joshua

Judges

1 Samuel

2 Samuel

1 Kings

2 Kings

Jeremiah

Ezekiel

Hosea

Malachi

Psalms

Proverbs

Job

Song of Songs

Ruth

Lamentations

Ecclesiastes

Esther

6:8 288
6:11 160
7:7 352
7:9 614
8:3 171
8:10 18
8:17 393
9:16 54
9:32 510

Daniel

1:7 60
1:12 388
1:17 105
2:3 204
2:4 .... 197, 205, 286
2:7 426
2:10 .... 222, 283
2:13 108
2:14 .... 172, 394
2:15 41
2:16 182
2:17 14
2:18 118
2:19 585
2:20 .... 130, 443
2:21 .... 166, 200
2:23 .... 120, 279
2:24 143
2:25 164
2:28 .... 21, 89, 243
2:30 545
2:31 190
2:36 .... 31, 324, 505
2:37 .... 34, 255
2:38 238
2:39 .... 17, 513
2:40 .... 264, 620
2:41 531
2:43 215
2:44 .... 26, 154
2:46 .... 359, 393
2:47 534
2:48 414
2:49 64
3:1 .... 100, 493, 603
3:5 413
3:6 593
3:7 512
3:9 448
3:10 .... 234, 522
3:11 175
3:13 27
3:15 588
3:16 .... 426, 561
3:17 570
3:18 469
3:21 85
3:23 .... 47, 254, 372
3:24 .... 109, 539, 615
3:25 .... 32, 38
3:26 317
3:28 290
4:8 .... 443, 504
4:9 .... 24, 533
4:10 20
4:13 349
4:15 232
4:16 .... 172, 557
4:18 193
4:20 .... 101, 533
4:21 .... 105, 198
4:22 .... 117, 529
4:23 70
4:28 314
4:30 .... 97, 528
4:31 321
4:32 .... 33, 577
4:33 .... 459, 611
4:35 305
4:36 529
5:1 530
5:2 .... 3, 210
5:3 .... 133, 300, 604
5:4 .... 35, 378, 555
5:7 .... 50, 199
5:8 287
5:9 180
5:11 .... 49, 82, 201
5:13 105
5:14 .... 262, 440
5:15 44
5:16 .... 247, 577
5:17 .... 74, 284, 482, 519
5:19 487
5:21 239
5:22 62
5:25 548
6:1 18
6:3 423
6:6 276
6:7 79
6:9 502
6:12 .... 35, 253, 520
6:18 8
6:21 444
6:22 .... 41, 471, 576
6:23 168
6:24 116
6:25 .... 29, 298, 444
6:26 .... 101, 196
7:1 284
7:2 .... 193, 293
7:3 418
7:4 288
7:5 .... 22, 560
7:7 477
7:8 .... 25, 325, 439
7:10 .... 102, 370
7:11 95
7:13 .... 39, 47
7:14 .... 242, 431, 577
7:15 .... 52, 526
7:16 105
7:17 42
7:18 429
7:21 425
7:23 .... 272, 530
7:24 .... 461, 590
7:25 431
7:27 612
7:28 415
8:7 522
9:17 619
10:6 .... 138, 295
10:8 403
10:11 .... 98, 576
10:13 316
10:14 521
10:20 479
11:14 362
11:15 418
11:44 52
12:4 516

Ezra

1:7 269
2:4 595

Nehemiah

1 Chronicles

2 Chronicles

Extrabiblical Texts

Inscriptions

Arad

Beit Lei

En Gedi

Gezer

Jerusalem

KAI 181

KAI 216

Ketef Hinnom

Khirbet el-Qom

Kuntillet Ajrud

Community Rule (1QS)

War Scroll (1QM)

1Q10

1Q14

1Q20

1Q22

1Q26

1Q27

1Q34bis

1Q37

2Q19

2Q24

3Q15

4Q88

4Q158

4Q160

4Q161

4Q162

4Q163

4Q164

4Q165

4Q166

4Q167

4Q169

11Q20

11Q22

Hebrew and Aramaic Roots Index

(There are instances below when two different words share the same root.
These are not identified, and a traditional lexicon should be consulted to discuss roots further.
Also, there are a few nouns listed below as stand alone, not by their root: ex. יהוה.)

כ

ל

מ

נ

ס

ת